師顧堂叢書

蔣鵬翔　沈楠　主編

孫氏覆宋本

說文解字

上

〔漢〕許慎　撰

廣西師范大學出版社
GUANGXI NORMAL UNIVERSITY PRESS
·桂林·

SUNSHI FU SONGBEN SHUOWENJIEZI

項目統籌：魯朝陽
策　　劃：馬豔超
責任編輯：黄婷婷　馬豔超
責任校對：趙　楠
責任技編：王增元
美術編輯：楊　威

圖書在版編目（CIP）數據

孫氏覆宋本説文解字 /（漢）許慎撰．—桂林：廣西師範大學出版社，2021.3
（師顧堂叢書 / 蔣鵬翔，沈楠主編）
ISBN 978-7-5598-3493-5

Ⅰ．①孫… Ⅱ．①許… Ⅲ．①漢字－古文字學－研究 ②《説文》 Ⅳ．①H161

中國版本圖書館 CIP 數據核字（2021）第 006422 號

廣西師範大學出版社出版發行
（廣西桂林市五里店路 9 號　郵政編碼：541004
網址：http://www.bbtpress.com）
出版人：黄軒莊
全國新華書店經銷
常州市金壇古籍印刷廠有限公司印刷
（江蘇省常州市金壇區晨風路 186 號　郵政編碼：213200）
開本：880 mm ×1 240 mm　1/32
印張：25　　　字數：800 千字
2021 年 3 月第 1 版　　2021 年 3 月第 1 次印刷
定價：288.00 元（上下册）

師顧堂叢書編纂委員會

叢書編委

蔣鵬翔　沈　楠

喬秀岩　張麗娟　史　睿　吴　飛　華　喆

蘇枕書　董婧宸　董岑仕

本書編輯（按姓氏筆畫爲序）

沈　楠　章　震　張　琦　董婧宸　蔣鵬翔

師顧堂據清嘉慶孫氏五松
書屋覆宋本景印原書框高
一八二毫米寬一一二六毫米

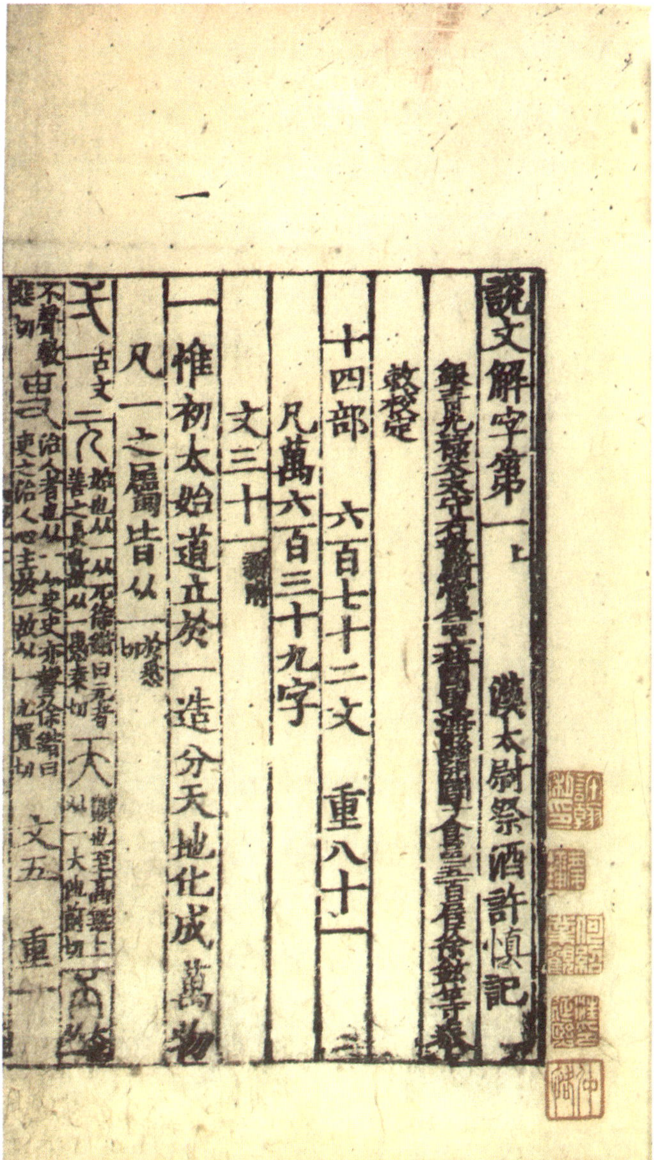
說文解字第一上
漢太尉祭酒許慎記
銀青光祿大夫守右散騎常侍上柱國東海縣開國子食邑五百戶臣徐鉉等奉
敕校定
十四部　六百七十二文　重八十一
凡萬六百三十九字
文三十一　新附
一　惟初太始道立於一造分天地化成萬物
凡一之屬皆从一　於悉切
弌　古文一　元　始也从一从兀徐鍇曰元者
善之長也故从一　愚袁切　天　顚也至高無上
从一大　他前切　丕
不聲　敷悲切　吏　治人者也从一
从史史亦聲　徐鍇曰吏之治人心主於一故从一　力置切　文五　重一

宋刻宋元遞修本一（中國國家圖書館藏額勒布舊藏本，圖片取自第一批國家珍貴古籍名録圖録）

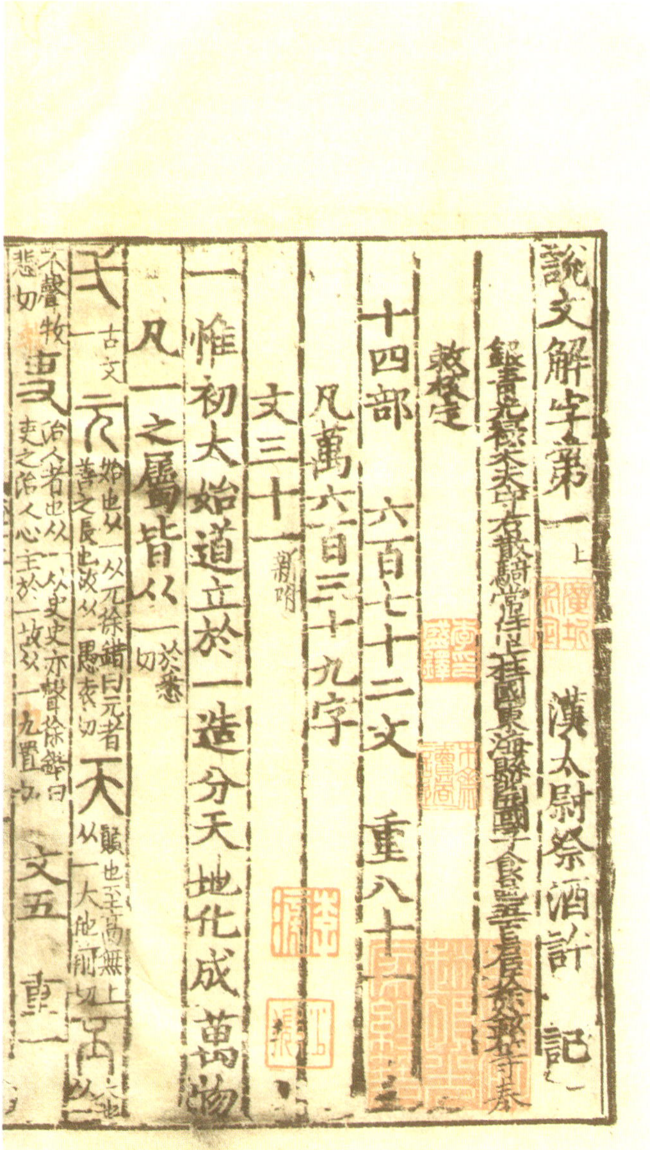

說文解字第一上　漢太尉祭酒許愼記

銀青光祿大夫守右散騎常侍上柱國東海縣開國子食邑五百戶臣徐鉉等奉

敕校定

十四部　六百七十二文　重八十一

凡萬六百三十九字

文三十一新附

一　惟初太始道立於一造分天地化成萬物凡一之屬皆从一　於悉切

弌　古文一

元　始也从一从兀徐鍇曰元者善之長也故从一　愚袁切

天　顚也至高無上从一大　他前切

丕　大也从一不聲　敷悲切

吏　治人者也从一从史史亦聲徐鍇曰吏之治人心主於一故从一　力置切

文五　重一

宋刻宋元遞修本二（北京大學圖書館藏本，圖片取自第一批國家珍貴古籍名録圖録）

說文解字第一上　漢太尉祭酒許慎記

銀青光祿大夫守右散騎常侍上柱國東海縣開國子食邑五百戸臣徐鉉等奉

敕校定

十四部　六百七十二文　重八十一

凡萬六百三十九字

文三十一新附

一　惟初太始道立於一。造分天地化成萬物。凡一之屬皆从一。於悉切

弌　古文一

元　始也从一从兀徐鍇曰元者善之長也故从一愚袁切

天　顛也。至高無上。从一大。他前切

丕　大也。从一不聲敷悲切

吏　治人者也。从一从史史亦聲。徐鍇曰吏之治人心主於一。故从一。力置切

文五　重一

清嘉慶孫星衍藏影寫王昶本一（上海圖書館藏本）

此本從王少寇藏相宗本影鈔戊辰正月錢文學侗到德州見付翻贈工價白銀七千兩時又借得顏監政宋本粗校一過大畧相同惟有一二處少異如又部曼此本作神也顏本仍作引也之類與是補葉改寫之異今擬重刊以顏本為定宋刻如蜾嫂蜉蝣之處不作婐嫂蜉蝣勝于毛本者猶不勝屈吾後人其寶藏之人日記于平津館　五松居士

清嘉慶孫星衍藏影寫王昶本二（上海圖書館藏本）

說文解字弟一上　漢太尉祭酒許慎記

銀青光祿大夫守右散騎常侍上柱國東海縣開國子食邑五百戶徐鉉等奉

敕校定

十四部　六百七十二文　重八十一

凡萬六百三十九字

文三十一　新附

一惟初太始道立於一造分天地化成

說文一上　一

毛氏汲古閣試印本（南京圖書館藏本）

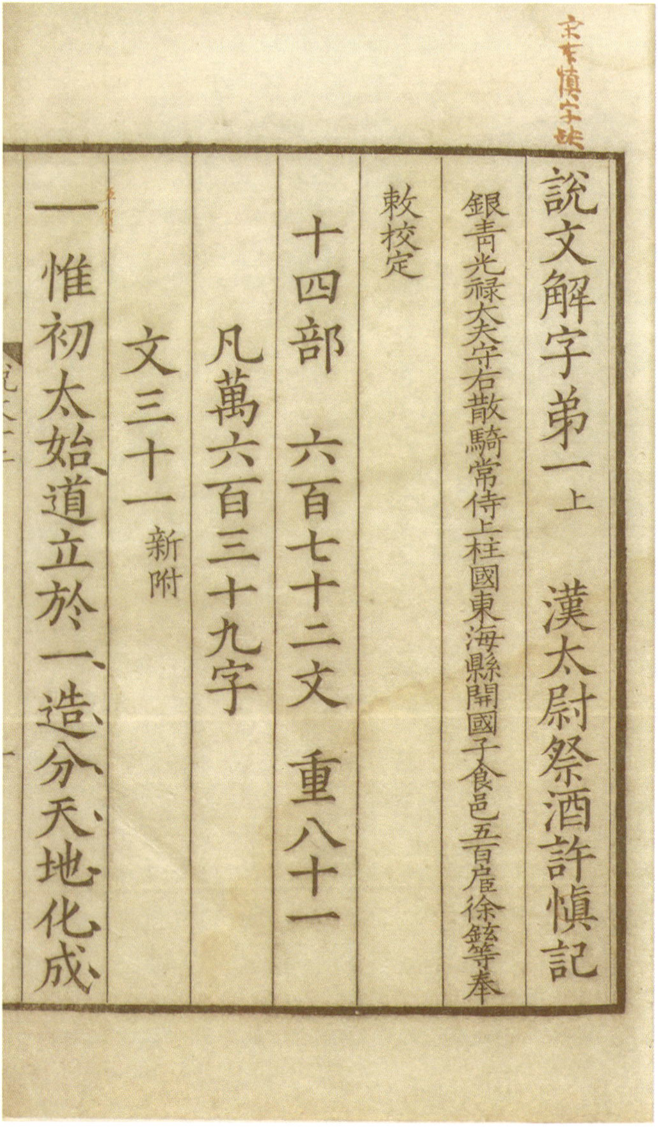
宋本慎字缺

說文解字弟一上　漢太尉祭酒許慎記

銀青光祿大夫守右散騎常侍上柱國東海縣開國子食邑五百戶徐鉉等奉

敕校定

十四部　六百七十二文　重八十一

凡萬六百三十九字

文三十一 新附

一　惟初太始、道立於一、造分天地、化成

毛氏汲古閣初印本（南京圖書館藏本）

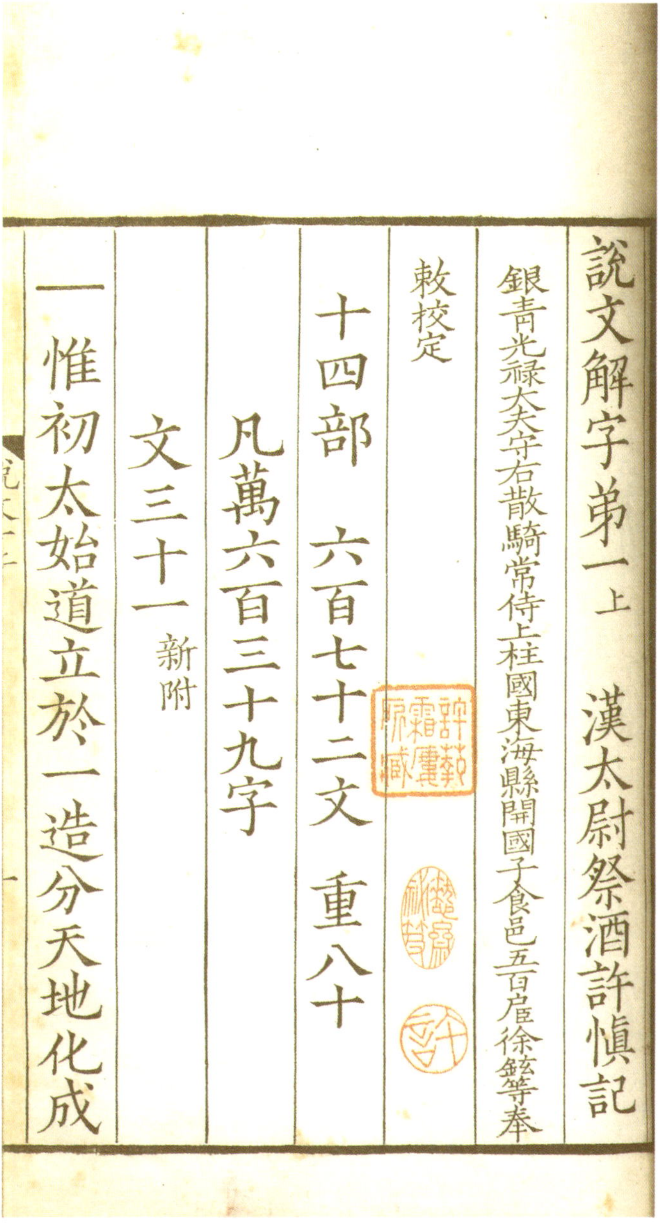
說文解字弟一上　漢太尉祭酒許愼記

銀青光禄大夫守右散騎常侍上柱國東海縣開國子食邑五百户臣徐鉉等奉

敕校定

十四部　六百七十二文　重八十

凡萬六百三十九字

文三十一　新附

一　惟初太始道立於一造分天地化成

毛氏汲古閣後印本（武漢大學圖書館藏本，圖片取自第一批湖北省珍貴古籍名録圖録）

說文解字弟一上　漢太尉祭酒許慎記

銀青光祿大夫守右散騎常侍上柱國東海縣開國子食邑五百戶徐鉉等奉

敕校定　大興朱筠依宋本重付開雕　宛平徐瀚校字

十四部　六百七十二文　重八十

凡萬六百三十九字

文三十一　新附

一　惟初太始道立於一造分天地化成

說文一上

清乾隆朱筠椒華吟舫本（中國國家圖書館藏本）

說文解字弟一上　漢太尉祭酒許慎記

銀青光祿大夫守右散騎常侍上柱國東海縣開國子食邑五百戶徐鉉等奉

敕校定

十四部　六百七十二文　重八十一

凡萬六百三十九字

文三十一新附

一　惟初太始道立於一造分天地化成

清孫星衍顧廣圻批校大字本（中國國家圖書館藏本）

說文解字弟一下

嘉慶丁卯秦小峴觀察處借寄小字宋本說文校一過十二月十六日雨風竟夜至次早息五松居士記于平津館

庚午六月覆勘　澗蘋顧廣圻記

清孫星衍顧廣圻批校大字本（中國國家圖書館藏本）

說文解字第一上　　漢太尉祭酒許愼記

銀青光祿大夫守右散騎常侍上柱國東海縣開國子食邑五百戶臣徐鉉等奉敕校定

十四部　六百七十二文　重八十一

凡萬六百三十九字

文三十一新附

一　惟初太始道立於一造分天地化成萬物凡一之屬皆从一於悉切

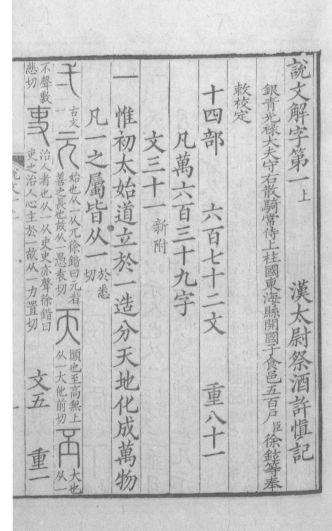

弌　古文一

元　始也从一从兀徐鍇曰元者善之長也故从一愚袁切

天　顚也至高無上从一大他前切

丕　大也从一不聲敷悲切

吏　治人者也从一从史史亦聲徐鍇曰吏之治人心主於一故从一力置切

文五　重一

清嘉慶孫星衍平津館本（上海圖書館藏本）

說文解字弟一上　漢太尉祭酒許愼記

銀青光祿大夫守右散騎常侍上柱國東海縣開國子食邑五百戶臣徐鉉等奉

敕校定

十四部　六百七十二文　重八十一

凡萬六百三十九字

文三十一新附

一　惟初太始道立於一造分天地化成萬物凡一之屬皆从一於悉切

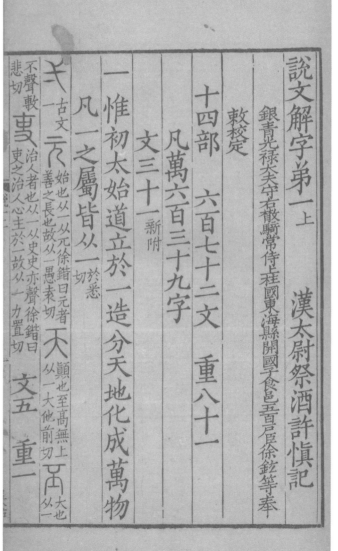

弌　古文一

元　始也从一从兀徐鍇曰元者善之長也故从一兀聲愚袁切

天　顚也至高無上从一大他前切

丕　大也从一不聲敷悲切

吏　治人者也从一从史史亦聲徐鍇曰吏之治人心主於一故从一力置切

文五　重一

說文解字弟一上

漢太尉祭酒許愼記

銀青光祿大夫守右散騎常侍上柱國東海縣開國子食邑五百戶臣徐鉉等奉

敕校定

十四部　六百七十二文　重八十一

凡萬六百三十九字

文三十一新附

一　惟初太始道立於一造分天地化成萬物凡一之屬皆从一於悉切

弌　古文一

元　始也从一从兀徐鍇曰元者善之長也故从一愚袁切

天　顚也至高無上从一大他前切

丕　大也从一不聲敷悲切

吏　治人者也从一从史史亦聲徐鍇曰吏之治人心主於一故从一力置切

文五　重一

清同治陶升甫本（中國國家圖書館藏本）

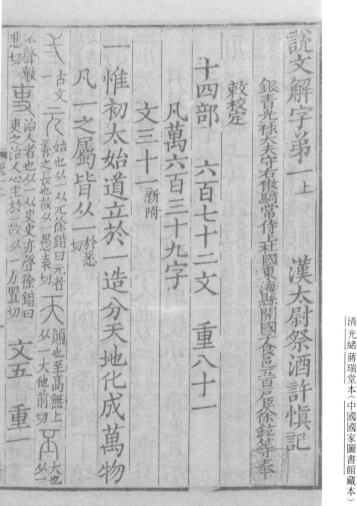

說文解字弟一上　漢太尉祭酒許愼記

銀青光祿大夫守右散騎常侍上柱國東海縣開國子食邑五百戶臣徐鉉等奉

敕校定

十四部　六百七十二文　重八十一

凡萬六百三十九字

文三十一新附

一　惟初太始道立於一造分天地化成萬物

凡一之屬皆从一於悉切

弌古文一　元始也从一从兀徐鍇曰元者善之長也故从一愚袁切　天顚也至高無上从一大他前切　丕大也从一不聲敷悲切　吏治人者也从一从史史亦聲徐鍇曰吏之治人心主於一故从一力置切　文五　重一

清光緒蔣瑞堂本（中國國家圖書館藏本）

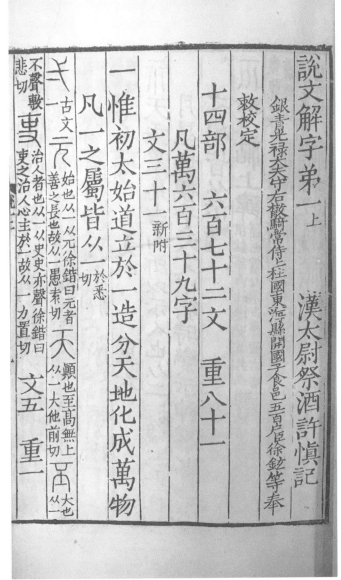

說文解字弟一上　漢太尉祭酒許愼記

銀青光禄大夫守右散騎常侍上柱國東海縣開國子食邑五百戶臣徐鉉等奉

敕校定

十四部　六百七十二文　重八十一

凡萬六百三十九字

文三十一新附

一　惟初太始道立於一造分天地化成萬物凡一之屬皆从一於悉切

弌　古文一

元　始也从一从兀徐鍇曰元者善之長也故从一愚袁切

天　顛也至高無上从一大他前切

丕　大也从一不聲敷悲切

吏　治人者也从一从史史亦聲徐鍇曰吏之治人心主於一故从一力置切

文五　重一

清光緒丁艮善本（南京圖書館藏本）

說文解字弟一上　　漢太尉祭酒許慎記

銀青光祿大夫守右散騎常侍上柱國東海縣開國子食邑五百戶臣徐鉉等奉

敕校定

十四部　六百七十二文　重八十一

凡萬六百三十九字

文三十一新附

一　惟初太始道立於一造分天地化成萬物凡一之屬皆从一於悉切

弌　古文一

元　始也从一从兀徐鍇曰元者善之長也故从一愚袁切

天　顛也至高無上从一大他前切

丕　大也从一不聲敷悲切

吏　治人者也从一从史史亦聲徐鍇曰吏之治人心主

說文解字弟一上

漢太尉祭酒許慎記

宋右散騎常侍徐鉉等校定

十四部　六百七十二文　重八十一

凡萬六百三十九字

文三十一 新附

一 惟初太始道立於一造分天地化成萬物凡一之屬皆从一 於悉切 弌 古文一

元 始也从一从兀 徐鍇曰元者善之長也故从一 愚袁切

天 顛也至高無上从一大 他前切

清同治陳昌治本（中國國家圖書館藏本）

影印説明

東漢許慎撰説文解字十五卷，是一部以五百四十部爲綱，全面分析小篆形體並説解本字本義的小學專書。南唐時期，徐鍇依説文原本，附以注釋，作説文解字繫傳四十卷，世稱「小徐本」，亦稱繫傳或通釋。宋太宗雍熙三年（九八六），徐鉉等人奉詔校定説文解字，整理爲説文解字三十卷，世稱「大徐本」，亦通稱説文。

關於徐鉉等人的校定工作，根據徐鉉、句中正等人的上表，主要包括七個部分：其一，「以集書正副本及群臣家藏者，備加詳考」，即據集賢院藏書正副本、群臣家藏舊本説文解字詳考文字。其二，「有許慎注義序例中所載，而諸部不見者，審知漏落，悉從補録」，即將不見於説文正文而説文偏旁及許慎説文解字敘中有的「詔」「志」「件」「借」等十九字，補入説文正篆，世稱「大徐十九篆」。其三，「復有經典相承傳寫及時俗要用而説文不載者，承詔皆附益之，以廣篆籀之路，亦皆形聲相從，不違六書之義者。其間説文具有正體，而時俗訛變者，則具於注中。」即將説文未收而經典傳承、時俗要用的文字，附在各部之末，以「新附」標出，注明本義、六書，或另注出説文正體、辨析文字訛變。其四，「其有義理乖舛、違戾六書者，並序列於後，俾夫學者無或致疑。」即將俗書訛謬、不合六書的「奮」「暮」「熟」

「迴」等二十八字，開列在「新修十九文」後。其五，「許慎注解，詞簡義奥，不可周知，陽冰之後，諸儒箋述，有可取者，亦從附益，猶有未盡，則臣等粗爲訓釋，以成一家之書。」即取李陽冰、徐鍇、徐鉉等人之説，別注於説文之下。其六，「説文之時，未有反切，後人附益，互有異同，孫愐唐韻行之已久，今並以孫愐音切爲定，庶夫學者有所適從。」即徐鉉等人取孫愐唐韻反切，注於各字之下。其七，「其書十五卷，以編袟繁重，每卷各分上下，共三十卷」，即釐爲三十卷。

説文解字經校定呈上後，即下國子監雕爲印板頒行，並仍由徐鉉負責點檢書寫雕造，這當是説文最早的刻本，也是説文從抄本紛繁到歸於定本的關鍵一環。北宋末年，金人南下，國子監的各書印板悉爲擄去。南渡之初，曾有詔尋訪舊監本刻板，以應時需。今所見的舊本説文解字俱開雕於南宋初年，並迭經宋元遞修，末附有北宋中書門下牒徐鉉等文，當即祖出北宋監本。宋本説文板框高約一八一毫米，寬一二八毫米，大字行十六至二十字左右，小字雙行，行二十至三十字不等，框格不大而版式狹湊，清人多稱爲「小字本」。根據板片、刻工、文字和相關文獻記述，存世的小字本説文有早修本和晚修本的差別，早修本經過元代一次修補板，板心下方一般有刻工姓名，保留了較多早期文字、反切的面貌，其修補板下限，約在元代大德年間。晚修本經過元代兩次修補板，與早修本相較，計補刻六頁，並有剜去刻工、改用俗字、修改訓釋、更改反切的修板現象，其修補板的年代大約是元代末年。有明之時，誠如段玉裁所言「多有刊刻五音韻譜者，而刊刻鉉書者絶少」。降及清代，説文解字的刊本概可分爲大字本系統和小字本系統。大字本系統，肇耑於明末清初毛氏汲古閣本説文解字，封面題「北宋本校刊／説文真本／汲古閣藏版」，板框高二一三毫米，寬一六一毫米，每半頁七行，大字十五字，小字雙行，約二十字。汲古閣本説文解字刊行後，學者始復見大徐本「始一終亥」的舊貌。然就汲古閣本的底本，毛扆題識云：「先君購得説文真本，係北宋板，嫌其字小，以大字開雕」，似以小字本爲底本，翻刻爲大字本。至嘉慶年間，段玉裁借得周錫瓚所藏汲古閣第五次校改校樣、趙均抄大字本説文、小字本説文、葉萬説文抄本並王昶藏小字本説文，始推測「毛氏所得小字本，與今所見三小字本略同，又參用趙氏大字本」。段玉裁跋趙均抄本又云：「宋刻説文多小字，獨此本大字。蓋宋刻有此大字本，而趙氏影抄也。」「今按毛版方幅字數，正與此本同，未知毛氏有此槧本，抑或當日趙抄在子晉家，故仿刻也。」即指出汲古閣本或與趙均抄本有關。段氏説文訂同時指出，汲古閣本經過毛扆多次剜改，「四次以前，微有校改，至五次則校改特多，往往取諸小徐繫傳，亦間用他書」。今據趙均抄本説文、南京圖書館藏毛扆康熙四十三年（一七〇四）試印本校樣、淮南書局翻刻毛扆康熙五十二年（一七一三）第五次校改校樣及現存的汲古閣本説文解字的諸多印本來看，汲古閣本説文解字蓋祖出趙均抄本或其録副本，並曾以宋小字本説文及其他字書、韻書校改，寫樣或在毛晉時已經完成，康熙年間汲古閣本刊成後，毛扆曾多次剜改書板，加以毛扆去世後板片易手，形成了汲古閣本複雜的印本面貌。康熙以迄乾嘉時期，通行的汲古閣本，是經過五次剜改的後印本。乾隆三十八年（一七七三）朱筠據汲古閣五次剜改本翻刻的椒華吟舫本，光緒七年（一八八一）據周錫瓚舊藏汲古閣本第五次校樣摹刻的淮南書局本，皆汲古閣本之餘緒。小字本系統，始於嘉慶年間額勒布刊藤花榭本説文解字，封面題「仿北宋小字本説文／嘉慶丁卯年開雕／藤花榭藏本」，刊於嘉慶十二年（一八〇七），書前有額勒布序，書末牒文後有「秣陵陶士立臨字」字，板框高二一五毫米，寬一五〇毫米，依宋小字本說文解字正文、行款翻刻，板心不依舊式，行字大小介於平津館本、汲古閣本之間，書目答問有「藤花榭額氏刻中字本」之說。孫星衍嘉慶十四年（一八〇九）作重刊說文解字序中云：「毛晉初印本亦依宋大字本翻刊，後以繫傳刓補，反多紕繆。朱學士筠視學安徽，閔文人之不能識字，因刊舊本說文，廣佈江左右，其學由是大行，按其本亦同毛氏。近有刻小字宋本者，改大其字，又依毛本校定，無復舊觀。」即分別評述汲古閣本、椒華吟舫本、藤花榭本之不足。孫星衍刊平津館本，約刊成於嘉慶十五年（一八一〇），封面題「嘉慶甲子歲仿宋刊本／說文解字／五松書屋藏」，標目卷末頁有「江寧劉文奎弟文楷模鐫」字，板框高一八二毫米，寬一二七毫米，版式、行格、文字一依宋本，故書目答問稱爲「平津館小字本」。

平津館本說文解字，祖出宋本，承上啓下，乃清代說文解字刊本中校勘最精、影響最大、流布最廣的版本，這得益於孫星衍、顧廣圻獨到的學術眼光與「不校校之」的刊刻理念。孫星衍刻本的底本，係孫星衍嘉慶十二年（一八〇七）冬自額勒布處借得的宋本說文，鈐有毛晉、毛扆、季寓庸、季振宜、戴大章、汪灝等人之印，約乾嘉之際歸額勒布氏，後經汪喜孫、楊以增、陳清華等人遞藏，今歸國家圖書館。在今存世的八帙說文宋元遞修本中，額勒布藏本流傳有緒，保存完整，且刷印時間較早，洵爲善本。孫星衍時又有錢侗影寫王昶本，經二本粗校後，孫氏決定以額勒布本爲底本，寄與「屢見宋槧」的顧廣圻主持翻刻。平津館本刊刻時，不僅忠實地依照宋本的板框大小、文字行款和文字內容翻刻，且翻刻了宋本元式的板心大小字和刻工，乃當時條件下最爲精審的説文仿宋刊本。至同治、光緒年間，陶升甫刻本、丁艮善刻本、蔣瑞堂刻本均依平津館本原行款翻刻，陳昌治刻本、小學彙函本則依平津館本文字，改易行款翻刻。然各本翻刻时，難免摹寫訛誤，疏舛轉多。

葉德輝書林餘話卷下有云：

乾嘉以來，黄蕘圃、孫伯淵、顧澗蘋、張古餘、汪閬源諸先生，影刊宋元明三朝善本，模印精工，校勘謹愼，遂使古來秘書舊槧，化身千億，流布人間。其裨益藝林津逮來學之盛心，千載以下，不可得而磨滅也。

平津館本説文解字，就是顧廣圻參與的諸多「模印精工，校勘謹愼」的影刊宋本中的一槧，今師顧堂取平津館本原刻影印，亦能「使古來秘書舊槧，化身千億，流布人間」。兹叙大徐諸刻之源流，略述平津館本於清代説文刊本之地位，並期該本之影印，能爲讀者研習説文解字提供一個重要讀本。

婧宸於京師爾雅居

凡例

一　本書據上海圖書館藏清嘉慶孫星衍覆宋本影印。

一　本書重新編製目録，記全書卷數、部首及頁碼。

一　全書書眉標識書名、卷數、本頁部首及頁碼。

一　孫本爲説文解字版本系統中承前啓後之作，今酌取説文解字重要版本之書影冠於書前，以見版本流變。

一　説文考異整理説明另行撰寫，置於考異前。

目録

上册

卷三下

卷四上

卷四下

卷五上

卷五下

卷六上

卷六下

卷七上

卷七下

卷八上

卷九下

下册

卷十上

卷十二上

卷十二下

卷十三上

卷十三下

卷十四上

卷十四下

卷十五上

卷十五下

附

嘉慶甲子歲仿宋刊本

說文解字

五松書屋藏

重刊宋本說文序

唐虞三代五經文字燬于暴秦而存于說文說文不作幾于不知六義六義不通唐虞三代古文不可復識五經不得其本解說文未作已前西漢諸儒得壁中古文書不能讀謂之逸十六篇禮記七十子之徒所作其釋孔悝鼎銘與舊耆欲及對揚以辟之勤大命或多不詞此其証也許叔重不妄作其九千三百五十三字即史籀大篆九千字故云敘篆文合以古籀既并倉頡爰歷博學凡將急就以成書又以壁經鼎彝

古文爲之左証得重文一千一百六十三字其云古文籀文者明本字篆文其云篆文者本字即籀古文如古文爲弌爲弍必先有一字二字知本字即古文而世人以說文爲大小篆非也倉頡之始作先有文而後有字六書象形指事多爲文會意諧聲多爲字轉注假借文字兼之象形如人爲大烏爲於黽爲𪓑之屬有側視形正視形牛羊犬豕馬兕之屬有面視形後視𦥑視形如龍之類从肉指事以童省諧聲有形兼事又兼聲不一而足諧聲有省聲轉聲社土聲

杏從可省聲之屬皆轉聲也指事别于會意者會合也二字相合爲會意故反正爲乏之爲指事止戈爲武皿蟲爲蠱爲會意也轉注最廣建類一首如禎祥祉福祐同在示部也同意相受如禎祥也祥祉福也福祐也同義轉注以明之推廣之如爾雅釋詁肇祖元胎始也始爲建類一首肇祖元胎爲同意相受後人泥考老二字有左回右注之説是不求之注義而求其字形謬矣説文作後同時鄭康成注經晉灼注史已多引據其文三國時嚴畯六朝江式諸人多爲其

學呂忱字林顧野王玉篇亦本此書增廣文字至唐李陽冰習篆書手爲寫定然不能墨守或改其筆蹟今戴侗六書故引唐本是也南唐徐鉉及弟鍇增修其文各執一見鍇有繫傳世無善本而諧聲讀若之字多于鉉本鉉不知轉聲即加刪落又增新附及新修十九文用俗字作篆然唐人引說文有在新附者豈鉉有所本與鍇又有五音韵譜依李舟切韵改亂次第不復分別新附僅有明刻舊本漢人之書多散佚獨說文有完帙蓋以歷代刻印得存而傳寫脫誤

亦所不免大氏一曰已下義多假借後人去之（如祖本始廟又爲祈請道神見初學記引嵇含祖道賦序渾本混流又爲測儀器也見太平御覽日本太陽之精又君象也見事類賦注苛本小草又曰尤劇也見一切經音義戲本偏軍又曰相弄也見太平御覽此類甚多姑舉一二）或節省其文（如稷田正也自商已來周弃主之見大觀本草唐本橘碧樹而冬生見韵會毌古人言毌猶今人言莫見尚書禮記疏山凡天下名山出銅之山四百六十七出鐵之山三千六百有九見爾雅釋文鯆一名江豚多膏少肉見晉書音義兕皮堅厚可以爲鎧嶓冢之山其獸多兕見蓺文類聚）或失其要義（如月食則望日食則朔見史記正義當在有字下耤古者天子躬耕使民如借見初學記無底曰囊有底曰槖見詩釋文大曰潢小曰洿天生曰鹵人生曰鹽見一切經音義桎所以質地梏所以告天見周禮釋文觝瓦器受六合見史記索隱）或引字移易（如御

說文序　三

覽引琛寶也乃珍字廣韵引睽耳不相聽也乃睽目不相聽也初學記引池陂也即陂下一曰沱也一切經音義引繐蜀布也乃繐解或妄改其文如坏丘一成也見水經注太平御覽今依僞孔傳改作再成墓兆域也葝大也見爾雅釋文及疏今葝作蓺墓作邱也茦裹如衺也見爾雅釋文今作表如裹也蟹六足二螯也見荀子楊倞注足當爲跪言足之屈折處今改八足二敖俱由增修者不通古義賴有唐人北宋書傳引據可以是正文字宋本亦有譌舛然長于今世所刊毛本者甚多如中而也而而爲誤字然知而是內之譌今改作和也便失其意誠引周書曰不能誠于小民今依書作丕不丕俱語助詞矯揉箭箝也今本箝作箱帗幓裂衺也今本作祭息喘也今本作端菊以秋華今本作似秋華揖攘也扶左也今本作讓作佐瘨腹張今本作脹或違說文本義或無其字毛晉初印本亦

依宋大字本翻刊後以繫傳刓補反多紕繆朱學士筠視學安徽閔文人之不能識字因刊舊本說文廣布江左右其學由是大行按其本亦同毛氏近有刻小字宋本者改大其字又依毛本校定無復舊觀吾友錢明經坫姚修撰文田嚴孝廉可均鈕居士樹玉及予手校本皆檢錄書傳所引說文異字異義參考本文至嚴孝廉爲說文校議引證最備今刊宋本依其舊式即有譌字不敢妄改庶存闕疑之意古人云誤書思之更是一適思其致誤之由有足正古本者

舊本既附以孫愐音切雖不合漢人聲讀傳之既久亦姑仍之以傳注所引文字異同別爲條記附書而行又屬顧文學廣圻手摹篆文辨白然否校勘付梓其有遺漏舛錯俟海内知音正定之今世多深于說文之學者蒙以爲漢人完帙僅存此書次苐尚可循求倘加校訂不合亂其舊次增加俗字唐人引據多誤以字林爲說文張參唐元度不通六書所引不爲典要並不宜取以更改正文後有同志或鑒于斯嘉慶十四年太歲己巳陽湖孫星衍撰

說文解字標目　漢太尉祭酒許愼記

銀青光祿大夫守右散騎常侍上柱國東海縣開國子食邑五百戶徐鉉等奉

敕校定

說文解字弟一

一 一於悉切　丄 上時掌切　示 示神至切　三 三穌甘切　王 王雨方切　玉 玉魚欲切

玨 玨古岳切　气 氣去既切　士 士鉏里切　丨 丨古本切　屮 屮丑列切　艸 艸倉老切

蓐 蓐而蜀切　茻 茻模朗切

說文解字弟二

小 小私兆切　八 八博拔切　釆 釆蒲莧切　半 半博幔切　牛 牛語求切　犛 犛莫交切

告 告古奧切　口 口苦后切　凵 凵口犯切　吅 吅況袁切　哭 哭苦屋切　走 走子苟切

止 諸市切　癶 北末切　步 薄故切　此 雌氏切　正 之盛切　是 承旨切
辵 丑略切　彳 丑亦切　廴 余忍切　㢟 丑連切　行 戶庚切　齒 昌里切
牙 五加切　足 即玉切　疋 所菹切　品 丕飲切　龠 以灼切　冊 楚革切

說文解字弟三

㗊 阻立切　舌 食列切　干 古寒切　𧮫 其虐切　㕯 女滑切　只 諸氏切
句 古侯切　丩 居虯切　古 公戶切　十 是執切　卅 蘇沓切　言 語軒切
誩 渠慶切　音 於今切　䇂 去虔切　丵 士角切　菐 蒲沃切　𠬞 居竦切
𠬜 普班切　共 渠用切　異 羊吏切　舁 以諸切　𦥑 居玉切　晨 食鄰切
爨 七亂切　革 古覈切　鬲 郎激切　䰜 郎激切　爪 側狡切　丮 几劇切
鬥 都豆切　又 于救切　𠂇 臧可切　史 疏士切　支 章移切　𦘒 尼輒切

聿 余律切　畫 胡麥切　隶 徒耐切　臤 苦閑切　臣 植鄰切　殳 市朱切

殺 所八切　几 市朱切　寸 倉困切　皮 符羈切　甍 而兗切　攴 普木切

教 古孝切　卜 博木切　用 余訟切　爻 胡茅切　㸚 力几切

說文解字第四

𥄎 火劣切　目 莫六切　䀠 九遇切　眉 武悲切　盾 食閏切　自 疾二切

白 疾二切　鼻 父二切　皕 博陌切　習 似入切　羽 王矩切　隹 職追切

奞 息遺切　萑 胡官切　𦫳 工瓦切　苜 徒結切　羊 與章切　羴 式連切

瞿 九遇切　雔 市流切　雥 徂合切　鳥 都了切　烏 哀都切　華 式潘切

冓 古候切　幺 於堯切　𢆶 於虯切　叀 職緣切　玄 胡涓切　予 余呂切

放 甫妄切　𠬪 平小切　𣦼 昨干切　歺 五割切　死 息姊切　冎 古瓦切

骨 古忽切　肉 如六切　筋 居銀切　刀 都牢切　刃 而振切　㓞 格八切

丯 古拜切　耒 盧對切　角 古岳切

說文解字弟五

竹 陟玉切　箕 居之切　丌 居之切　左 則箇切　工 古紅切　㠭 知衍切

巫 武扶切　甘 古三切　曰 王伐切　乃 奴亥切　丂 苦浩切　可 肯我切

兮 胡雞切　号 胡到切　亏 羽俱切　旨 職雉切　喜 虛里切　壴 中句切

鼓 工戶切　豈 墟喜切　豆 徒候切　豊 盧啓切　豐 敷戎切　䖒 許羈切

虍 荒烏切　虎 呼古切　虤 五閑切　皿 武永切　凵 去魚切　去 丘據切

血 呼決切　丶 知庾切　丹 都寒切　青 倉經切　井 子郢切　皀 皮及切

鬯 丑諒切　食 乘力切　亼 秦入切　會 古外切　倉 七岡切　入 人汁切

缶 方九切　矢 式視切　高 古牢切　冂 古熒切　𩫏 古博切　京 舉卿切

亯 許兩切　㫗 胡口切　畗 芳逼切　㐭 力甚切　嗇 所力切　來 洛哀切

麥 莫獲切　夊 楚危切　舛 昌兖切　舜 舒閏切　韋 宇非切　弟 特計切

夂 陟侈切　久 舉友切　桀 渠列切

說文解字弟六

木 莫卜切　東 得紅切　林 力尋切　才 昨哉切　叒 而灼切　之 止而切

帀 周荅切　出 尺律切　𣎵 普活切　生 所庚切　乇 陟格切　𠂹 是爲切

𠌶 況于切　華 戶瓜切　禾 古兮切　稽 古兮切　巢 鉏交切　桼 親吉切

束 書玉切　橐 胡本切　囗 羽非切　員 王權切　貝 博蓋切　邑 於汲切

𨛜 胡絳切

說文解字第七

日 人質切　旦 得案切　倝 古案切　㫃 於幰切　冥 莫經切　晶 子盈切
月 魚厥切　有 云九切　朙 武兵切　囧 俱永切　夕 祥易切　多 得何切
毌 古丸切　马 乎感切　東 胡感切　卤 徒遼切　齊 徂兮切　朿 七賜切
片 匹見切　鼎 都挺切　克 苦得切　彔 盧谷切　禾 戶戈切　秝 郎擊切
黍 舒呂切　香 許良切　米 莫禮切　毇 許委切　臼 其九切　凶 許容切
朩 匹刃切　林 匹卦切　麻 莫遐切　尗 式竹切　耑 多官切　韭 舉友切
瓜 古華切　瓠 胡誤切　宀 武延切　宮 居戎切　呂 力舉切　穴 胡決切
㝱 莫鳳切　疒 女戹切　冂 莫狄切　冃 莫保切　月 莫報切　㒳 良獎切
网 文紡切　襾 呼訝切　巾 居銀切　巿 分勿切　帛 旁陌切　白 旁陌切

㡀 㡀毗祭切　黹 黹陟几切

說文解字弟八

人 人如鄰切　匕 匕呼跨切　匕 匕卑履切　从 从疾容切　比 比毗至切　北 北博墨切

丘 丘去鳩切　㐺 㐺魚音切　𡈼 𡈼他鼎切　重 重柱用切　臥 臥吾貨切　身 身失人切

㐆 㐆於機切　衣 衣於稀切　裘 裘巨鳩切　老 老盧皓切　毛 毛莫袍切　毳 毳充芮切

尸 尸式脂切　尺 尺昌石切　尾 尾無斐切　履 履良止切　舟 舟職流切　方 方府良切

儿 儿如鄰切　兄 兄許榮切　兂 兂側岑切　皃 皃莫教切　𠑹 𠑹公戶切　先 先穌前切

禿 禿他谷切　見 見古甸切　覞 覞曳欠切　欠 欠去劒切　㱃 㱃於錦切　次 次叙連切

旡 旡居未切

說文解字弟九

大六九　小三六四

頁胡結切　百書九切　面弥箭切　丏弥兗切　𦣻書九切　県古堯切

須相俞切　彡所銜切　彣無分切　文無分切　髟必銜切　后胡口切

司息兹切　卮章移切　卩子結切　印於刃切　色所力切　卯去京切

辟必益切　勹布交切　包布交切　茍己力切　鬼居偉切　甶敷勿切

厶息夷切　嵬五灰切　山所閒切　屾所臻切　屵五葛切　广魚儉切

厂呼旱切　丸胡官切　危魚爲切　石常隻切　長直良切　勿文弗切

冄而琰切　而如之切　豕式視切　㣇羊至切　彑居例切　豚徒魂切

豸池尔切　𤉡徐姊切　易羊益切　象徐兩切

說文解字第十

馬莫下切　𢊁宅買切　鹿盧谷切　麤倉胡切　㲋丑略切　兔湯故切

萈胡官切　犬苦泫切　㹜語斤切　鼠書吕切　能奴登切　熊羽弓切
火呼果切　炎于廉切　黑呼北切　囪楚江切　焱以冉切　炙之石切
赤昌石切　大徒蓋切　亦羊益切　夨阻力切　夭於兆切　交古爻切
允烏光切　壺戶吳切　壹於悉切　㚔尼輒切　奢式車切　亢古郎切
夲土刀切　夰古老切　大他達切　夫甫無切　立力入切　竝蒲迥切
囟息進切　思息兹切　心息林切　惢累二切

說文解字第十一

水式軌切　沝之壘切　瀕符眞切　𡿨姑泫切　巜古外切　川昌緣切
泉疾緣切　灥詳遵切　永于憬切　𠂢匹卦切　谷古祿切　仌筆陵切
雨王矩切　雲王分切　魚語居切　𩺰語居切　燕於甸切　龍力鍾切

飛 甫微切　非 甫微切　卂 息晉切

說文解字弟十二

乚 烏轄切　不 方久切　至 脂利切　西 先稽切　鹵 郎古切　鹽 余廉切

戶 侯古切　門 莫奔切　耳 而止切　𦣝 與之切　手 書九切　𠦬 古侯切

女 尼呂切　毋 武扶切　民 弥鄰切　丿 房密切　厂 余制切　乁 弋支切

氏 承旨切　氐 丁礼切　戈 古禾切　戉 王伐切　我 五可切　亅 衢月切

珡 巨今切　乚 於謹切　亡 武方切　匸 胡礼切　匚 府良切　曲 丘玉切

甾 側詞切　瓦 五寡切　弓 居戎切　弜 其兩切　弦 胡田切　系 胡計切

說文解字弟十三

糸 莫狄切　素 桑故切　絲 息滋切　率 所律切　虫 許偉切　䖵 古魂切

蟲直弓切　風方戎切　它託何切　龜居追切　黽莫杏切　卵盧管切

二而至切　土它魯切　垚吾聊切　堇巨斤切　里良止切　田待季切

畕居良切　黃乎光切　男那含切　力林直切　劦胡頰切

說文解字弟十四

金居音切　幵古賢切　勺之若切　几居履切　且子也切　斤舉欣切

斗當口切　矛莫浮切　車尺遮切　𠂤都回切　𨸏房九切　𨺅房九切

厽力軌切　四息利切　宁直呂切　叕陟劣切　亞衣駕切　五疑古切

六力竹切　七親吉切　九舉有切　禸人九切　嘼許救切　甲古狎切

乙於筆切　丙兵永切　丁當經切　戊莫候切　己居擬切　巴伯加切

庚古行切　辛息鮮切　辡方免切　壬如林切　癸居誄切　子即里切

了 了盧鳥切　孨 孨旨兗切　去 去他骨切　丑 丑敕九切　寅 寅弋眞切　卯 卯莫飽切

辰 辰植鄰切　巳 巳詳里切　午 午疑古切　未 未無沸切　申 申失人切　酉 酉與九切

酋 酋字秋切　戌 戌辛聿切　亥 亥古攺切

說文解字標目

賜進士及第山東等處督糧道兼管德常臨清倉事務加三級孫星衍重校刊

江寧劉文奎弟文楷模鐫

說文解字第一上

漢太尉祭酒許愼記

銀青光祿大夫守右散騎常侍上柱國東海縣開國子食邑五百戶臣徐鉉等奉敕校定

十四部　六百七十二文　重八十一

凡萬六百三十九字

文三十一　新附

一　惟初太始道立於一造分天地化成萬物凡一之屬皆从一　於悉切

弌　古文一

元　始也从一从兀徐鍇曰元者善之長也故从一愚袁切

天　顚也至高無上从一大他前切

丕　大也从一不聲敷悲切

吏　治人者也从一从史史亦聲徐鍇曰吏之治人心主於一故从一力置切

文五　重一

丄 高也此古文上指事也凡丄之屬皆从丄 時掌切 上 篆文上

帝 諦也王天下之號也从丄朿聲 都計切 帝 古文帝古文諸丄字皆从一篆文皆从二二古文上字辛示辰龍童音章皆从古文上

旁 溥也从二闕方聲 步光切 旁 古文旁 旁 亦古文旁 雱 籒文

丅 底也指事胡雅切 下 篆文丅

文四　重七

示 天垂象見吉凶所以示人也从二 二古文上字 三垂日月星也觀乎天文以察時變示神事也凡示之屬皆从示 神至切 示 古文示

祜 上諱 臣鉉等曰此漢安帝名也 福也當从示古聲 候古切

禮 履也所以事神致福也从示从豊豊亦聲 靈啓切 禮 古文禮

禧 禮吉也从示喜聲 許其切

禛 以眞受福也从示眞聲 側鄰切

祿 福也从示彔聲 盧谷切

褫 福也从示虒聲 息移切

禎 祥也从示貞聲 陟盈切

祥 福也从示羊聲一云善 似羊切

祉福也从示止聲敕里切福祐也从示畐聲方六切祐助也从示右聲于救切祺吉也从示其聲渠之切禥
籀文从基祗敬也从示氐聲旨移切禔安福也从示是聲易曰禔既平市支切神天神引出萬物者也从示申食
鄰切祇地祇提出萬物者也从示氏聲巨支切祕神也从示必聲兵媚切齋戒潔也从示齊省聲側皆切𩼜籀文
齋从𩕾省𩕾音禱禋潔祀也一曰精意以享爲禋从示垔聲於真切𡪉籀文从宀祭祭祀也从示以手持肉子例切祀
祭無已也从示巳聲詳里切禩祀或从異祡燒柴樊燎以祭天神从示此聲虞書曰至于岱宗柴仕皆切𥛚古文祡从隋省
禷以事類祭天神从示類聲力遂切祪祔祪祖也从示危聲過委切祔後死者合食於先祖从示付聲符遇切祖始廟
也从示且聲則古切𥛱門內祭先祖所以徬徨从示彭聲詩曰祝祭于𥛱補盲切祊𥛱或从方祰告祭也从示从告聲苦
浩切祏宗廟主也周禮有郊宗石室一曰大夫以石爲主从示从石石亦聲常隻切𥘵以豚祠司命从示比聲漢律曰祠𥘵司命卑
履切祠春祭曰祠品物少多文詞也从示司聲仲春之月祠不用犧牲用圭璧及皮幣似茲切礿夏祭也从示勺聲以灼切禘
諦祭也从示帝聲周禮曰五歲一禘特計切祫大合祭先祖親疏遠近也从示合周禮曰三歲一祫侯夾切祼灌祭也从示果

聲古玩切

⿱毳示　數祭也从示毳聲讀若春麥爲毳之毳臣鉉等曰春麥爲毳今無此語且非異文所未詳也此芮切

祝　祭主贊詞者从示从人口一曰从兑省易曰兑爲口爲巫之六切

⿰示留　祝⿰示留也从示留聲力救切

祓　除惡祭也从示犮聲敷勿切

祈　求福也从示斤聲渠稀切

禱　告事求福也从示壽聲都浩切

𥛷　禱或省

𥜺　籀文禱

禜　設綿蕝爲營以禳風雨雪霜水旱癘疫於日月星辰山川也从示榮省聲一曰禜衛使灾不生禮記曰雩禜祭水旱爲命切

禳　磔禳祀除癘殃也古者燧人禜子所造从示襄聲汝羊切

禬　會福祭也从示从會會亦聲周禮曰禬之祝號古外切

禪　祭天也从示單聲時戰切

禦　祀也从示御聲魚舉切

𥙐　祀也从示𠯑聲古末切

禖　祭也从示某聲莫桮切

⿰示胥　祭具也从示胥聲私呂切

祳　社肉盛以蜃故謂之祳天子所以親遺同姓从示辰聲春秋傳曰石尚來歸祳時忍切

祴　宗廟奏祴樂从示戒聲古哀切

禡　師行所止恐有慢其神下而祀之曰禡从示馬聲周禮曰禡於所征之地莫駕切

禂　禱牲馬祭也从示周聲詩曰既禡既禂都晧切

䮞　或从馬壽省聲

社　地主也从示土春秋傳曰共工之子句龍爲社神周禮二十五家爲社各樹其土所宜之木常者切

⿰示⿱木土　古文社

禓　道上祭从示昜聲与章切

祲　精氣感祥从示侵省聲春秋傳曰見赤黑之祲子林切

禍　害也神不福也从示咼聲胡果切

祟 神禍也从示从出雖遂切 𥜂 籒文祟从𩏂省 䄏 地反物爲䄏也从示芺聲於喬切 祘 明視以筭之从二示逸周書曰士分民之祘均分以祘之也讀若筭蘇貫切 禁 吉凶之忌也从示林聲居蔭切 禫 除服祭也从示覃聲徒感切

文六十　重十三

禰 親廟也从示爾聲一本云古文𥙈也泥米切 祧 遷廟也从示兆聲他彫切 祆 胡神也从示天聲火千切 祚 福也从示乍聲臣鉉等曰凡祭必受胙胙即福也此字後人所加徂故切

文四 新附

三 天地人之道也从三數凡三之屬皆从三蘇甘切

弎 古文三从弋

文一　重一

王 天下所歸往也董仲舒曰古之造文者三畫而連其中謂之王三者天地人也而參通之者王也孔子曰一貫三爲王凡王之屬皆从

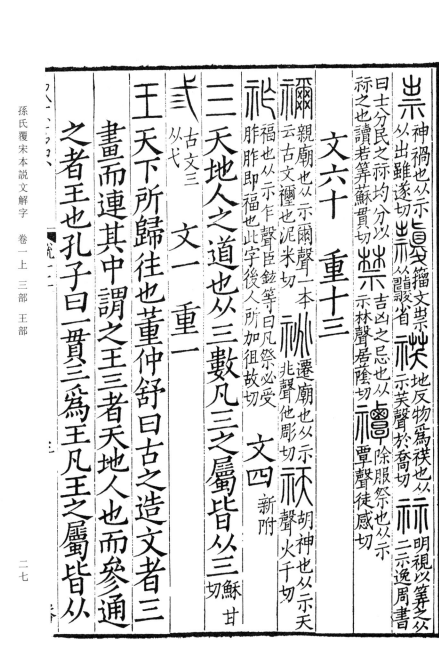

王 李陽冰曰中畫近上王者則天之義雨方切

𤣪 古文王

閏 餘分之月五歲再閏告朔之禮天子居宗廟閏月居門中从王在門中周禮曰閏月王居門中終月也如順切

皇 大也从自自始也始皇者三皇大君也自讀若鼻今俗以始生子爲鼻子胡光切

文三　重一

玉 石之美有五德潤澤以溫仁之方也䚡理自外可以知中義之方也其聲舒揚尃以遠聞智之方也不橈而折勇之方也銳廉而不技絜之方也象三玉之連丨其貫也凡玉之屬皆从玉 陽冰曰三畫正均如貫玉也魚欲切

𤣩 古文玉

璙 玉也从玉尞聲洛簫切

瓘 玉也从玉雚聲春秋傳曰瓘斝工玩切

璥 玉也从玉敬聲居領切

琠 玉也从玉典聲多殄切

瓇 玉也从玉夒聲讀若柔耳由切

⿰王毄 玉也从玉毄聲讀若鬲郎擊切

璠 璵璠魯之寶玉从玉番聲孔子曰美哉璵璠遠而望之奐若也近而視之瑟若也一則理勝二則孚勝附袁切

璵 璵璠也从玉與聲以諸切

瑾 瑾瑜美玉也从玉堇聲居隱切
瑜 瑾瑜美玉也从玉俞聲羊朱切
玒 玉也从玉工聲戶工切
琜 麥瓚 玉也从玉來聲落哀切
瓊 赤玉也从玉夐聲渠營切
璚 瓊或从矞
瓗 瓊或从巂
琁 瓊或从旋省 臣鉉等曰今與璿同
珦 玉也从玉向聲許亮切
瑓 玉也从玉剌聲盧達切
珣 醫無閭珣玗琪周書所謂夷玉也从玉旬聲一曰器讀若宣相倫切
璐 玉也从玉路聲洛故切
瓚 三玉二石也从玉贊聲禮天子用全純玉也上公用駹四玉一石侯用瓚伯用埒玉石半相埒也徂贊切
瑛 玉光也从玉英聲於京切
璑 三采玉也从玉無聲武扶切
珛 朽玉也从玉有聲讀若畜牧之畜許救切
璿 美玉也从玉睿聲春秋傳曰璿弁玉纓似沿切
𤨣 古文璿
壡 籀文璿
球 玉聲也从玉求聲巨鳩切
璆 球或从翏
琳 美玉也从玉林聲力尋切
璧 瑞玉圜也从玉辟聲比激切
瑗 大孔璧人君上除陛以相引从玉爰聲爾雅曰好倍肉謂之瑗肉倍好謂之璧王眷切
環 璧也肉好若一謂之環从玉睘聲戶關切
璜 半璧也从玉黃聲戶光切
琮 瑞玉大八寸似車釭从玉宗聲藏宗切
琥 發兵瑞玉爲虎文从玉从虎虎亦聲春秋傳曰賜子家雙琥呼古切
瓏 禱旱玉龍文从玉从龍龍亦聲力鍾切
琬 圭有琬者从玉宛聲於阮切
璋 剡上爲圭半圭爲璋

从玉章聲禮六幣圭以馬璋以皮璧以帛琮以錦琥以繡璜以黼諸良切

琰　璧上起美色也从玉炎聲以冉切

玠　大圭也从玉介聲周書曰稱奉介圭古拜切

瑒　圭尺二寸有瓚以祠宗廟者也从玉昜聲丑亮切

瓛　桓圭公所執从玉獻聲胡官切

珽　大圭長三尺抒上終葵首从玉廷聲他鼎切

瑁　諸侯執圭朝天子天子執玉以冒之似犂冠周禮曰天子執瑁四寸从玉冒冒亦聲莫報切

珇　古文省

璬　玉佩从玉敫聲古了切

珩　佩上玉也所以節行止也从玉行聲戶庚切

玦　玉佩也从玉夬聲古穴切

瑞　以玉爲信也从玉耑徐鍇曰耑諦也會意是僞切

珥　瑱也从玉耳耳亦聲仍吏切

瑱　以玉充耳也从玉眞聲詩曰玉之瑱兮臣鉉等曰今充耳字更从玉旁充非是他甸切

䡅　瑱或从耳

琫　佩刀下飾天子以玉諸侯以金从玉奉聲邊孔切

珌　佩刀下飾天子以玉从玉必聲卑吉切

璏　劒鼻玉也从玉彘聲直例切

瑵　車蓋玉瑵从玉蚤聲側絞切

瑑　圭璧上起兆瑑也从玉篆省聲周禮曰瑑圭璧直戀切

珇　琮玉之瑑从玉且聲則古切

璂　弁飾往往冒玉也从玉綦聲渠之切

琪　璂或从基

璪　玉飾如水藻之文从玉喿聲虞書曰璪火黺米子皓切

瑬　垂玉也冕飾从玉流聲力求切

璹　玉器也从玉𠷎聲讀若淑殊六切

瓃　玉器也从玉畾聲臣鉉等案靁字注象回轉之形畾不成字凡从畾

者並當从靁省。魯回切

瑳　玉色鮮白。从玉差聲。七何切

玼　玉色鮮也。从玉此聲。詩曰：新臺有玼。千礼切

璱　玉英華相帶如瑟弦。从玉瑟聲。詩曰：瑟彼玉瓚。所櫛切

瑮　玉英華羅列秩秩。从玉㮚聲。逸論語曰：玉粲之璱兮，其瑮猛也。力質切

瑩　玉色。从玉，熒省聲。一曰石之次玉者。逸論語曰：如玉之瑩。烏定切

璊　玉䞓色也。从玉㒼聲。禾之赤苗謂之虋，言璊玉色如之。莫奔切

玧　璊或从允。

瑕　玉小赤也。从玉叚聲。乎加切

琢　治玉也。从玉豖聲。竹角切

琱　治玉也。一曰石似玉。从玉周聲。都寮切

理　治玉也。从玉里聲。良止切

珍　寶也。从玉㐱聲。陟鄰切

玩　弄也。从玉元聲。五換切

貦　玩或从貝。

玲　玉聲。从玉令聲。郎丁切

瑲　玉聲也。从玉倉聲。詩曰：鞗革有瑲。七羊切

玎　玉聲也。从玉丁聲。齊太公子伋謚曰玎公。當經切

琤　玉聲也。从玉爭聲。楚耕切

瑣　玉聲也。从玉肖聲。蘇果切

瑝　玉聲也。从玉皇聲。乎光切

瑀　石之似玉者。从玉禹聲。王矩切

玤　石之次玉者，以為系璧。从玉丰聲。讀若詩曰：瓜瓞菶菶。一曰若盒蚌。補蠓切

玪　玪塾，石之次玉者。从玉今聲。古函切

塾　玪塾也。从玉勒聲。盧則切

琚　瓊琚。从玉居聲。詩曰：報之以瓊琚。九魚切

琇　石之次玉者。从玉莠聲。詩曰：充耳琇瑩。息救切

玖　石之次玉黑色者。从玉久聲。詩曰：貽我佩玖。讀若芑。或曰若人句脊之句。舉友切

㺿　石之似玉者。从玉㔶聲。讀若貽。與之切

珢　石之似玉者。从

玉艮聲語巾切

玴 石之似玉者从玉曳聲余制切

璅 石之似玉者从玉巢聲子浩切

璡 石之似玉者从玉進聲讀若津將鄰切

𤩽 石之似玉者从玉朁聲側岑切

璁 石之似玉者从玉悤聲讀若蔥倉紅切

𤨓 石之似玉者从玉號聲讀若鎬乎到切

𤦲 石之似玉者从玉𡍮聲讀若曷胡捌切

𤩃 石之似玉者从玉取聲烏貫切

𤫊 石之次玉者从玉燮聲穌叶切

玽 石之次玉者从玉句聲讀若苟古厚切

琂 石之似玉者从玉言聲語軒切

璶 石之似玉者从玉盡聲徐刃切

琟 石之似玉者从玉隹聲讀若維以追切

瑦 石之似玉者从玉烏聲安古切

瑂 石之似玉者从玉眉聲讀若眉武悲切

璒 石之似玉者从玉登聲都騰切

玜 石之似玉者从玉厶聲讀與私同息夷切

玗 石之似玉者从玉于聲羽俱切

𤥛 玉屬从玉𠬛聲讀若沒莫悖切

瑎 黑石似玉者从玉皆聲讀若諧戶皆切

碧 石之青美者从玉石白聲兵尺切

琨 石之美者从玉昆聲虞書曰楊州貢瑤琨古渾切

瑻 琨或从貫

珉 石之美者从玉民聲武巾切

瑤 玉之美者从玉䍃聲詩曰報之以瓊瑤余招切

珠 蚌之陰精从玉朱聲春秋國語曰珠以禦火灾是也章俱切

玓 玓瓅明珠色从玉勺聲都歷切

瓅 玓瓅从玉樂聲郎擊切

玭 珠也从玉比聲宋弘云淮水中出玭珠玭珠之有聲步因切

蠙

夏書玭从虫賓珕蜃屬从玉劦聲禮佩刀士珕琫而珧珌臣鉉等曰劦亦音麗故以爲聲郎計切珧蜃甲也所以飾物也从玉

兆聲禮云佩刀天子玉琫而珧珌余昭切玫火齊玫瑰也一曰石之美者从玉文聲莫桮切瑰玫瑰从玉鬼聲一曰圜好公回

切璣珠不圜也从玉幾聲居衣切琅琅玕似珠者从玉良聲魯當切玕琅玕也从玉干聲禹貢雝州球琳琅

玕古寒切𤤗古文玕珊珊瑚色赤生於海或生於山从玉刪省聲穌干切瑚珊瑚也从玉胡聲戶吳切

珋石之有光璧珋也出西胡中从玉丣聲力求切琀送死口中玉也从玉从含含亦聲胡紺切𤪌遺玉也从玉㱃聲以

周切璗金之美者與玉同色从玉湯聲禮佩刀諸侯璗琫而璆珌徒朗切靈靈巫以玉事神从玉霝聲郎丁切

靈靈或从巫

文一百二十六　重十七

珈婦人首飾从玉加聲詩曰副笄六珈古牙切璩環屬从玉豦聲見山海經彊魚切琖玉爵也夏曰琖

殷曰斝周曰爵从玉戔聲或从皿阻限切琛寶也从玉深省聲丑林切璫華飾也从玉當聲都郎切琲珠五百枚

也从玉非聲普乃切珂玉也从玉可聲苦何切玘玉也从玉己聲去里切珝玉也从玉羽聲况主切璀

璀璨玉光也从玉崔聲七罪切 璨玉光也从玉粲聲倉案切 琡玉也从玉叔聲昌六切 瑄璧六寸也从玉宣聲須緣切 珙玉也从玉共聲拘竦切

文十四 新附

玨 二玉相合爲一玨凡玨之屬皆从玨古岳切

瑴 玨或从㱿

班 分瑞玉从玨从刀布還切

𤦡 車笭間皮篋古者使奉玉以藏之从車玨讀與服同房六切

文三　重一

气 雲气也象形凡气之屬皆从气去既切

氛 祥气也从气分聲符分切

雰 氛或从雨

文二　重一

士 事也數始於一終於十从一从十孔子曰推十合一爲士凡士之屬皆从士鉏里切

壻 夫也从士胥聲詩曰女也不爽士貳其行士者夫也讀與細同穌計切

婿 壻或从女

壯 大也从士爿聲

側亮切

壿　舞也从士尊聲詩曰壿壿舞我慈損切

文四　重一

丨　上下通也引而上行讀若囟引而下行讀若逷凡丨之屬皆从丨古本切

中　而也从口丨上下通陟弓切　古文中　籀文中

𠁿　旌旗杠皃从丨从㫃㫃亦聲丑善切

文三　重二

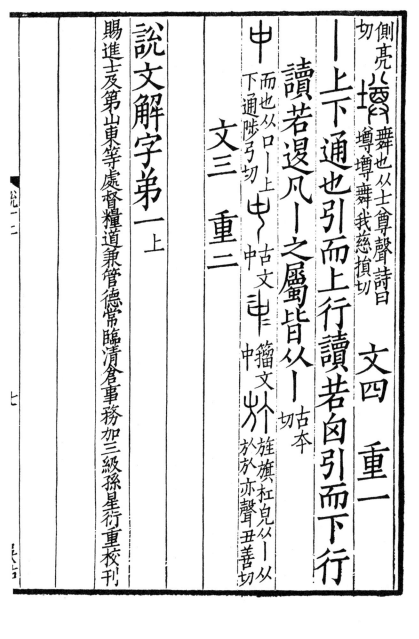

說文解字弟一上

賜進士及第山東等處督糧道兼管德常臨清倉事務加三級孫星衍重校刊

說文解字弟一下　漢太尉祭酒許氏記

銀青光祿大夫守右散騎常侍上柱國東海縣開國子食邑五百戸臣徐鉉等奉

敕校定

屮艸木初生也象丨出形有枝莖也古文或以爲艸字讀若徹凡屮之屬皆从屮尹形說臣鉉等曰丨上下通也象艸木萌芽通徹地上也丑列切

難也象艸木之初生屯然而難从屮貫一一地也尾曲易曰屯剛柔始交而難生陟倫切

艸盛上出也从屮母聲臣鉉等案左傳原田每每今別作莓非是武罪切

厚也害人之艸往往而生从屮从毒徒沃切

古文毒从刀䈞

艸初生其香分布从屮从分分亦聲撫文切

芬或从艸

菌𡴫地蕈叢生田中从屮六聲力竹切

籀文𡴫从三𡴫

火煙上出也从屮从黑屮黑熏黑也許云切

文七　重三

艸　百芔也从二屮凡艸之屬皆从艸倉老切

莊　上諱臣鉉等曰此漢明帝名也从艸从壯未詳側羊切　𦽜　古文莊

蓏　在木曰果在地曰蓏从艸从㼌郎果切

芝　神艸也从艸从之止而切

萐　萐莆瑞艸也堯時生於庖廚扇暑而涼从艸疌聲士洽切

莆　萐莆也从艸甫聲方矩切

虋　赤苗嘉穀也从艸釁聲莫奔切

荅　小尗也从艸合聲都合切

萁　豆莖也从艸其聲渠之切

藿　尗之少也从艸靃聲虛郭切

莥　鹿藿之實名也从艸狃聲敕久切

蓈　禾粟之𥝩生而不成者謂之董蓈从艸郎聲魯當切

稂　蓈或从禾

莠　禾粟下生莠从艸秀聲讀若酉与久切

萉　枲實也从艸肥聲房未切

䕡　萉或从麻賁

芓　麻母也从艸子聲一曰芓即枲也疾吏切

蕡　芓也从艸異聲羊吏切

蘇　桂荏也从艸穌聲素孤切

荏　桂荏蘇从艸任聲如甚切

苵　菜也从艸矢聲失匕切

䓘　菜之美者雲夢之䓘从艸豈聲驅喜切

葵　菜也从艸癸聲彊惟切

䕬　禦溼之菜也从艸彊聲居良切

蓼　辛菜薔虞也从艸翏聲盧鳥切

⿱艹祖　菜也从艸祖聲則古切

蘧　菜也似蘇者从艸豦聲彊魚切

薇　菜也似藿从艸微聲無非切

[illegible]

籒文薇省　蓶　菜也从艸唯聲以水切　菦　菜類蒿从艸近聲周禮有菦菹巨巾切　䕲　菜也从艸釀聲女亮切　莧　莧菜也从艸見聲侯澗切　芋　大葉實根駭人故謂之芋也从艸亏聲徐鍇曰芋猶言吁吁驚辭故曰駭人王遇切　莒　齊謂芋爲莒从艸呂聲居許切　蘧　蘧麥也从艸遽聲彊魚切　菊　大菊蘧麥从艸匊聲居六切　葷　臭菜也从艸軍聲許云切　蘘　蘘荷也一名蒚蒩从艸襄聲汝羊切　菁　韭華也从艸青聲子盈切　蘆　蘆菔也一曰薺根从艸盧聲落乎切　菔　蘆菔似蕪菁實如小尗者从艸服聲蒲北切　苹　蓱也無根浮水而生者从艸平聲符兵切　茞　艸也从艸臣聲稹鄰切　薲　大蓱也从艸賓聲符眞切　藍　染青艸也从艸監聲魯甘切　藼　令人忘憂艸也从艸憲聲詩曰安得藼艸況袁切　蕿　或从煖　萱　或从宣　营　营藭香艸也从艸宮聲去弓切　芎　司馬相如説营或从弓　藭　营藭也从艸窮聲渠弓切　蘭　香艸也从艸闌聲落干切　葌　艸出吳林山从艸姦聲古顏切　葰　薑屬可以香口从艸俊聲息遺切　芄　芄蘭莞也从艸丸聲詩曰芄蘭之枝胡官切　虈　楚謂之蘺晉謂之虈齊謂之茝从艸囂聲許嬌切　蘺　江蘺蘼蕪从艸

離聲呂之切茝虈也从艸𦣞聲昌改切蘪蘪蕪也从艸麋聲靡爲切薰香艸也从艸熏聲許云切⿱艹⿰氵毒
水萹茿从艸从水毒聲讀若督徒沃切萹萹茿也从艸扁聲方沔切茿萹茿也从艸筑省聲陟玉切藒
芞輿也从艸揭聲去謁切芞芞輿也从艸气聲去訖切苺馬苺也从艸母聲武辠切茖艸也从艸各聲古額切
苷甘艸也从艸甘聲古三切芧艸也从艸予聲可以爲繩直呂切藎艸也从艸盡聲徐刃切
蒁艸也从艸述聲食聿切荵荵冬艸从艸忍聲而軫切萇萇楚跳弋一名羊桃从艸長聲直良
切薊芺也从艸魝聲古詣切荲艸也从艸里聲讀若釐里之切藋釐艸也一曰拜商藋从艸翟聲徒
弔切芨菫艸也从艸及聲讀若急居立切葥山苺也从艸歬聲子賤切蓩毒艸也从艸務聲莫候切蓩
卷耳也从艸務聲亡考切蓡人蓡藥艸出上黨从艸浸聲山林切⿱艹攣鳧葵也从艸攣聲洛官切⿱艹戾艸也可以染留
黃从艸戾聲郎計切荍蚍虾也从艸收聲渠遥切⿱艹毗蒿也从艸毗聲房脂切萭艸也从艸禹聲王矩切
荑艸也从艸夷聲杜兮切薛艸也从艸辥聲私列切苦大苦苓也从艸古聲康杜切菩艸也

从艸吾聲步乃切

薔　薔薏苢从艸啻聲一曰蓄英於力切

茅　菅也从艸矛聲莫交切

菅　茅也从艸官聲古顏切

蘄　艸也从艸靳聲江夏有蘄春亭臣鉉等案說文無靳字他字書亦無此篆下有蘄字注云江夏平春亭名疑相承誤重出一字渠支切

莞　艸也可以作席从艸完聲胡官切

藺　莞屬从艸閵聲良刃切

蒢　黃蒢職也从艸除聲直魚切

蒲　水艸也可以作席从艸浦聲薄胡切

蒻　蒲子可以為平席从艸弱聲而灼切

⿱艹深　蒲蒻之類也从艸深聲式箴切

蓷　萑也从艸推聲詩曰中谷有蓷他回切

萑　艸多皃从艸隹聲職追切

茥　缺盆也从艸圭聲苦圭切

莙　井藻也从艸君聲讀若威渠殞切

⿱艹睆　夫蘺也从艸睆聲胡官切

⿱艹鬲　夫蘺上也从艸鬲聲力的切

苢　芣苢一名馬舄其實如李令人宜子从艸㠯聲周書所說羊止切

蕁　芜藩也从艸尋聲徒含切

⿱艹㸚尋　蕁或从爻

⿱艹毄　艸也从艸毄聲古歷切

蓲　艸也从艸區聲去鳩切

⿱艹固　艸也从艸固聲古慕切

⿱艹榦　艸也从艸榦聲古案切

藷　藷蔗也从艸諸聲章魚切

蔗　藷蔗也从艸庶聲之夜切

藙　[illegible]藙可以作縻綆从艸㲋聲女庚切

⿱艹賜　艸也从艸賜聲斯義切

⿱艹中　艸也从艸中聲陟宮切

萯　王萯也从艸負

聲房九切　芺艸也味苦江南食以下气从艸夭聲烏皓切　𦯬艸也从艸弦聲胡田切　⿱艹𡈚艸也从艸𡈚聲𡈚籀
文囿于救切　荂艸也从艸孚聲芳無切　⿱艹寅兔苽也从艸寅聲翼真切　荓馬帚也从艸幷聲薄經切
⿱艹猶水邊艸也从艸猶聲以周切　荌艸也从艸安聲烏旰切　藄綦月爾也从艸綦聲渠之切　莃
兔葵也从艸稀省聲香衣切　⿱艹夢灌渝从艸夢聲讀若萌莫中切　蕧盜庚也从艸復聲房六切　苓卷耳也从
艸令聲郎丁切　⿱艹贛艸也从艸贛聲一曰薏苢古送切又古禫切　藑茅葍也一名蕣从艸瞏聲渠營切　蕌
葍也从艸富聲方布切　葍蕌也从艸畐聲方六切　蓨苗也从艸脩聲徒聊切又湯彫切　苗蓨也从艸
由聲徒歷切　⿱艹昜艸枝枝相值葉葉相當从艸昜聲楮羊切　薁嬰薁也从艸奥聲於六切　葴
馬藍也从艸咸聲職深切　⿱艹魯艸也可以束从艸魯聲郎古切　蓾⿱艹魯或从鹵　⿱艹𣪊艸也从艸𣪊聲臣鉉等案說文
無𣪊字當是⿱宀𣪊字之省而聲不相近未詳苦怪切　蔞艸也可以亨魚从艸婁聲力朱切　蘲艸也从艸畾聲詩曰
莫莫葛藟一曰秬鬯也力軌切　蒬棘蒬也从艸冤聲於元切　茈茈艸也从艸此聲將此切　藐茈艸也从艸貌

聲莫覺切 萴烏喙也从艸則聲阻力切 蒐茅蒐茹藘人血所生可以染絳从艸从鬼所鳩切 茜茅蒐
也从艸西聲倉見切 蕼赤蕼也从艸肆聲息利切 薜牡贊也从艸辟聲蒲計切 莣杜榮也从艸忘聲武方切
苞艸也南陽以爲麤履从艸包聲布交切 艾冰臺也从艸乂聲五蓋切 蔁艸也从艸章聲諸良切
芹楚葵也从艸斤聲巨巾切 䕢豕首也从艸甄聲側鄰切 蔦寄生也从艸鳥聲詩曰蔦與女蘿都了切
樢蔦或从木 芸艸也似目宿从艸云聲淮南子說芸艸可以死復生王分切 ⿱艹㪘艸也从艸㪘聲麤最切
葎艸也从艸律聲呂戌切 茦莿也从艸朿聲楚革切 萿苦婁果蓏也从艸昏聲古活切 葑
須從也从艸封聲府容切 薺蒺棃也从艸齊聲詩曰牆有薺疾咨切又徂礼切 莿茦也从艸刺聲七賜切
董鼎董也从艸童聲杜林曰藕根多動切 蘻狗毒也从艸繫聲古詣切 ⿱艹嫂艸也从艸嫂聲蘇老切 芐
地黃也从艸下聲禮記鈃毛牛藿羊芐豕薇是侯古切 蘞白蘞也从艸僉聲良冉切 蘝蘞或从斂 菳
黃菳也从艸金聲具今切 芩艸也从艸今聲詩曰食野之芩巨今切 藨鹿藿也从艸麃聲讀若剽一曰蔽屬平表切

切

虉　綬也从艸鶪聲詩曰卬有旨鷊是五狄切

蔆　芰也从艸淩聲楚謂之芰秦謂之薢茩力膺切

⿱艹遴　司馬相如說蔆从遴

芰　蔆也从艸支聲奇記切

茤　杜林說芰从多

薢　薢茩也从艸解聲胡買切

茩　薢茩也从艸后聲胡口切

芡　雞頭也从艸欠聲巨險切

蘜　日精也以秋華从艸𥷚省聲居六切

⿱艹鞠　蘜或省

蘥　爵麥也从艸龠聲以勺切

⿱艹遬　牡茅也从艸遬聲遬籒文速桑谷切

𦯬　茅秀也从艸私聲息夷切

蒹　雚之未秀者从艸兼聲古恬切

薍　𦵧也从艸亂聲八月薍爲葦也五患切

𦵧　萑之初生一曰薍一曰騅从艸剡聲土敢切

菼　𦵧或从炎

薕　蒹也从艸廉聲力鹽切

薠　青薠似莎者从艸煩聲附袁切

茚　昌蒲也从艸卬聲益州云五剛切

⿱艹邪　芀⿱艹邪也从艸邪聲以遮切

芀　葦華也从艸刀聲徒聊切

茢　芀也从艸列聲良辪切

菡　菡䕾也从艸函聲胡感切

䕾　菡䕾芙蓉華未發爲菡䕾已發爲芙蓉从艸閻聲徒感切

蓮　芙蕖之實也从艸連聲洛賢切

茄　芙蕖莖从艸加聲古牙切

荷　芙蕖葉从艸何聲胡哥切

蔤　芙蕖本从艸密聲美必切

蕅　芙蕖根从艸水禺聲五厚切

蘢　天蘥也从艸龍聲盧紅切

蓍　蒿屬生十歲百莖易以爲數

天子蓍九尺諸侯七尺大夫五尺士三尺从艸耆聲式脂切

菣 香蒿也从艸臤聲去刃切

⿱艹堅 菣或从堅

莪 蘿莪蒿屬从艸我聲五何切

蘿 莪也从艸羅聲魯何切

菻 蒿屬从艸林聲力稔切

蔚 牡蒿也从艸尉聲於胃切

蕭 艾蒿也从艸肅聲蘇彫切

萩 蕭也从艸秋聲七由切

芍 鳧茈也从艸勺聲胡了切

藡 王彗也从艸湔聲昨先切

蔿 艸也从艸爲聲于鬼切

䒞 艸也从艸冘聲直深切

蘜 治牆也从艸鞠聲居六切

蘠 蘠蘼虋冬也艸牆聲賤羊切

芪 芪母也从艸氏聲常之切

菀 茈菀出漢中房陵从艸宛聲於阮切

莔 貝母也从艸明省聲武庚切

⿱艹朮 山薊也从艸朮聲直律切

蓂 析蓂大薺也从艸冥聲莫歷切

菋 荎藸也从艸味聲无沸切

荎 荎藸艸也从艸至聲直尼切

藸 荎藸也从艸豬聲直魚切

葛 絺綌艸也从艸曷聲古達切

蔓 葛屬从艸曼聲無販切

⿱艹皋 葛屬白華从艸皋聲古勞切

莕 菨餘也从艸杏聲何梗切

荇 莕或从行同

菨 菨餘也从艸妾聲子葉切

⿱艹罤 艸也从艸罤聲古渾切

芫 魚毒也从艸元聲愚袁切

蘦 大苦也从艸霝聲郎丁切

蕛 蕛英也从艸稊聲大兮切

苵 蕛苵也从艸失聲徒結切

艼 艼熒朐也从艸丁聲天經切

蕁 芜蔣

也从艸將聲子良切又即兩切 苽 雕苽一名蔣从艸瓜聲古胡切 ⿱艸育 艸也从艸育聲余六切 ⿱艸罷 艸也从艸罷聲符羈切 ⿱艸難 艸也从艸難聲如延切 莨 艸也从艸良聲魯當切 葽 艸也从艸要聲詩曰四月秀葽劉向說此味苦苦葽也於消切 薖 艸也从艸過聲苦禾切 菌 地蕈也从艸囷聲渠殞切 蕈 桑萸从艸覃聲慈衽切 ⿱艸耎 木耳也从艸耎聲一曰萮茈而兗切 葚 桑實也从艸甚聲常衽切 蒟 果也从艸竘聲俱羽切 芘 艸也一曰芘茮木从艸比聲房脂切 蕣 木菫朝華暮落者从艸䑞聲詩曰顏如蕣華舒閏切 萸 茱萸也从艸臾聲羊朱切 茱 茱萸茮屬从艸朱聲市朱切 茮 茮菉从艸尗聲子寮切 莍 茮樧實裏如表者从艸求聲巨鳩切 荊 楚木也从艸刑聲舉卿切 ⿱艸刅 古文荊 菭 水衣从艸治聲徒哀切 芽 萌芽也从艸牙聲五加切 萌 艸芽也从艸明聲武庚切 茁 艸初生出地皃从艸出聲詩曰彼茁者葭鄒滑切 莖 枝柱也从艸巠聲戶耕切 莛 莖也从艸廷聲特丁切 葉 艸木之葉也从艸枼聲与涉切 ⿱艸㓹 艸之小者从艸㓹聲㓹古文銳字讀若芮居例切 芣 華盛从艸不聲一曰芣苢縛牟切 葩 華也从艸皅聲普巴切 芛 艸之葟榮也从艸尹聲羊捶切 蘳 黃華

从艸黊聲讀若壞乎瓦切

蔈 苕之黃華也从艸㶾聲一曰末也方小切

英 艸榮而不實者一曰黃英从艸央聲於京切

薾 華盛从艸爾聲詩曰彼薾惟何兒氏切

萋 艸盛从艸妻聲詩曰菶菶萋萋七稽切

菶 艸盛从艸奉聲補蠓切

薿 茂也从艸疑聲詩曰黍稷薿薿魚己切

蕤 艸木華垂皃从艸甤聲儒隹切

葼 青齊沇冀謂木細枝曰葼从艸㚇聲子紅切

⿱艹移 艸萎⿱艹移从艸移聲弋支切

蒝 艸木形从艸原聲愚袁切

莢 艸實从艸夾聲古叶切

芒 艸耑从艸亾聲武方切

⿱艹隋 藍蓼秀从艸隨省聲羊捶切

蔕 瓜當也从艸帶聲都計切

荄 艸根也从艸亥聲古哀切又古諧切

荺 茇也茅根也从艸均聲于敏切

茇 艸根也从艸犮聲春艸根枯引之而發土為撥故謂之茇一曰艸之白華為茇北末切

芃 艸盛也从艸凡聲詩曰芃芃黍苗房戎切

⿱艹傅 華葉布从艸傅聲讀若傅方遇切

蓻 艸木不生也一曰茅芽从艸執聲姊入切

⿱艹狾 艸多皃从艸狾聲江夏平春有⿱艹⿰犭斤亭語斤切

茂 艸豐盛从艸戊聲莫候切

⿱艹暘 艸茂也从艸暘聲丑亮切

蔭 艸陰地从艸陰聲於禁切

⿱艹造 艸皃从艸造聲初救切

茲 艸木多益从艸兹省聲子之切

蔋 艸旱盡也从艸俶聲詩曰蔋蔋山川徒歷切

藃 艸皃从艸歊聲周禮

曰轂獘不藃許嬌切蔇艸多皃从艸既聲居味切薋艸多皃从艸資聲疾茲切蓁艸盛皃从艸秦聲側詵切䔒惡艸皃从艸肖聲所交切芮芮芮艸生皃从艸內聲讀若汭而銳切茬艸皃从艸在聲濟北有茬平縣仕甾切薈艸多皃从艸會聲詩曰薈兮蔚兮烏外切𦺇細艸叢生也从艸敄聲莫候切芼艸覆蔓从艸毛聲詩曰左右芼之莫抱切蒼艸色也从艸倉聲七岡切葻艸得風皃从艸風讀若婪盧含切萃艸皃从艸卒聲讀若瘁秦醉切蒔更別種从艸時聲時更切苗艸生於田者从艸从田武鑣切苛小艸也从艸可聲乎哥切蕪薉也从艸無聲武扶切薉蕪也从艸歲聲於廢切荒蕪也从艸巟聲一曰艸淹地也呼光切薴艸亂也从艸寍聲杜林說艸䓕薴皃女庚切䓕䓕薴皃从艸爭聲側莖切落凡艸曰零木曰落从艸洛聲盧各切蔽蔽蔽小艸也从艸敝聲必袂切蘀艸木凡皮葉落陊地爲蘀从艸擇聲詩曰十月隕蘀它各切薀積也从艸溫聲春秋傳曰薀利生孽於粉切蔫菸也从艸焉聲於乾切菸鬱也从艸於聲一曰𣨙也央居切䕯艸旋皃也从艸榮聲詩曰葛纍䕯之於營切蔡艸也从艸祭聲蒼大切茷艸葉多从艸伐

聲春秋傳曰晉糴茷符發切　菜 艸之可食者从艸采聲蒼代切　荋 艸多葉皃从艸而聲沛城父有楊荋亭如之切

⿱艹乏 艸浮水中皃从艸乏聲匹凡切　薄 林薄也一曰蠶薄从艸溥聲旁各切　苑 所以養禽獸也从艸夗聲於阮切

藪 大澤也从艸數聲九州之藪楊州具區荆州雲夢豫州甫田青州孟諸沇州大野雝州弦圃幽州奚養冀州楊紆并州昭餘祁是也蘇后切　菑 不耕田也从艸甾易曰不菑畬徐鍇曰當言从艸从巛从田田不耕則艸塞之故从巛巛音災若从甾則下有甾缶字相亂側詞切　甾 菑或省艸　蘨 艸盛皃从艸繇聲夏書曰厥艸惟蘨余招切　薙 除艸也明堂月令曰季夏燒薙从艸雉聲他計切

⿱艹耒 耕多艸从艸耒耒亦聲盧對切　⿱艹致 艸大也从艸致聲陟利切

蔪 艸相蔪苞也从艸斬聲書曰艸木蔪苞慈冉切　⿱艹槧 蔪或从槧　茀 道多艸不可行从艸弗聲分勿切

苾 馨香也从艸必聲毗必切　蔎 香艸也从艸設聲識列切　芳 香艸也从艸方聲敷方切　蕡 雜香艸从艸賁聲浮分切　藥 治病艸从艸樂聲以勺切　⿱艹麗 艸木相附麗土而生从艸麗聲易曰百穀艸木麗於地呂支切　蓆 廣多也从艸席聲祥易切　芟 刈艸也从艸从殳所銜切　荐 薦蓆也从艸存聲在甸切

藉 祭藉也一曰艸不編狼藉从艸耤聲慈夜切又秦昔切
蒩 茅藉也从艸租聲禮曰封諸侯以土蒩以白茅子余切
蕝 朝會束茅表位曰蕝从艸絶聲春秋國語曰致茅蕝表坐子說切
茨 以茅葦蓋屋从艸次聲疾茲切
葺 茨也从艸咠聲七入切
蓋 苫也从艸盇聲古太切
苫 蓋也从艸占聲失廉切
⿱艸渴 蓋也从艸渴聲於蓋切
⿱艸屈 刷也从艸屈聲區勿切
藩 屏也从艸潘聲甫煩切
菹 酢菜也从艸沮聲側魚切
⿱艸⿱沮皿 或从皿
⿱艸⿱⿰缶且皿 或从缶
荃 芥脃也从艸全聲此緣切
⿱艸酤 韭鬱也从艸酤聲苦步切
蘫 瓜菹也从艸監聲魯甘切
䓾 菹也从艸泜聲直宜切
⿱艸⿱泜皿 䓾或从皿　皿器也
䕩 乾梅之屬从艸橑聲周禮曰饋食之籩其實乾䕩後漢長沙王始煑艸爲䕩盧皓切
⿱艸潦 䕩或从潦
藙 煎茱萸从艸顡聲漢律會稽獻藙一斗魚既切
⿱艸宰 羹菜也从艸宰聲阻史切
若 擇菜也从艸右右手也一曰杜若香艸而灼切
蓴 蒲叢也从艸專聲常倫切
茜 以艸補缺从艸西聲讀若陸或以爲綴一曰約空也直例切
⿱艸尊 叢艸也从艸尊聲慈損切
莜 艸田器从艸條省聲論語曰以杖荷莜今作蓧徒弔切
萆 雨衣一曰衰衣从艸卑聲一曰萆藨似烏韭扶歷切
⿱艸是 艸也从艸是聲是支切
苴 履中艸从艸且聲子余切
⿱艸麤 艸履也从艸麤聲倉胡切
蕢 艸器也从

艸貴聲求位切 臾 古文蕢象形論語曰有荷臾而過孔氏之門 ⿱艸𠬛 覆也从艸侵省聲七朕切 茵 車重席从艸因聲於
眞切 鞇 司馬相如說茵从革 芻 刈艸也象包束艸之形叉愚切 茭 乾芻从艸交聲一曰牛蘄艸古肴切 荹 亂艸从艸
步聲薄故切 茹 飤馬也从艸如聲人庶切 莝 斬芻从艸坐聲麤臥切 萎 食牛也从艸委聲於僞切
⿱艸敊 以穀萎馬置莝中从艸敊聲楚革切 苖 蠶薄也从艸曲聲丘玉切 蔟 行蠶蓐从艸族聲千木切 苣 束葦
燒从艸巨聲臣鉉等曰今俗別作炬非是其呂切 蕘 薪也从艸堯聲如昭切 薪 蕘也从艸新聲息鄰切 蒸 折麻
中榦也从艸烝聲煑仍切 𦲸 蒸或省火 蕉 生枲也从艸焦聲卽消切 𦰩 糞也从艸胃省式視切 薶 瘞也从艸
貍聲莫皆切 ⿱艸侵 喪藉也从艸侵聲失廉切 折 斷也从斤斷艸譚長說食列切 𣂚 籒文折从艸在仌中仌寒故折 𣃚
篆文折从手 卉 艸之總名也从艸屮許偉切 艽 遠荒也从艸九聲詩曰至于艽野巨鳩切 蒜 葷菜从艸祘聲蘇貫切

左文五十三　重三　大篆从茻

芥 菜也从艸介聲古拜切 蔥 菜也从艸悤聲倉紅切 藿 艸也从艸雈聲詩曰食鬱及藿余六切 葶 亭歷

也从艸單聲多殄切 苟艸也从艸句聲古厚切 蕨鼈也从艸厥聲居月切 莎鎬侯也从艸沙聲蘇禾切 蓱
苹也从艸洴聲薄經切 蓳艸也根如薺葉如細柳蒸食之甘从艸堇聲居隱切 菲芴也从艸非聲芳尾切 芴
菲也从艸勿聲文弗切 ⿱艸鸛艸也从艸鸛聲呼旰切 萑薍也从艸雈聲胡官切 葦大葭也从艸韋聲于鬼切
葭葦之未秀者从艸叚聲古牙切 萊蔓華也从艸來聲洛哀切 荔艸也似蒲而小根可作㕞从艸劦聲郎計切
蒙王女也从艸冢聲莫紅切 薻水艸也从艸从水巢聲詩曰于以采薻子皓切 藻薻或从澡 菉王芻也从
艸彔聲詩曰菉竹猗猗力玉切 蓸艸也从艸曹聲昨牢切 蓾艸也从艸卣聲以周切 菬艸也从艸沼聲昨焦切
⿱艸吾艸也从艸吾聲楚詞有⿱艸吾蕭艸吾乎切 范艸也从艸氾聲房㚇切 艿艸也从艸乃聲如乘切 ⿱艸血艸也从艸
血聲呼決切 萄艸也从艸匋聲徒刀切 芑白苗嘉穀从艸己聲驅里切 藚水舄也从艸賷聲詩曰言
采其藚似足切 苳艸也从艸冬聲都宗切 薔薔虞蓼从艸嗇聲所力切 苕艸也从艸召聲徒聊切
⿱艸楙艸也从艸楙聲莫厚切 萺艸也从艸冒聲莫報切 茆鳧葵也从艸丣聲詩曰言采其茆力久切 荼

苦荼也从艸余聲同都切臣鉉等曰此即今之茶字

蘩 白蒿也从艸繁聲附袁切

蒿 菣也从艸高聲呼毛切

蓬 蒿也从艸逢聲薄紅切

𦿆 籀文蓬省

藜 艸也从艸黎聲郎奚切

蘬 薺實也从艸歸聲驅歸切

葆 艸盛皃从艸保聲博裦切

蕃 艸茂也从艸番聲甫煩切

茸 艸茸茸皃从艸聰省聲而容切

葏 艸皃从艸津聲子僊切

䕺 艸叢生皃从艸叢聲徂紅切

草 草斗櫟實也一曰象斗子从艸早聲自保切臣鉉等曰今俗以此爲艸木之艸別作皁字爲黑色之皁案櫟實可以染帛爲黑色故曰草通用爲草棧字今俗書皁或从白从十或从白从七皆無意義無以下筆

菆 麻蒸也从艸取聲一曰蓐也側鳩切

蓄 積也从艸畜聲丑六切

萅 推也从艸从日艸春時生也屯聲昌純切

菰 艸多皃从艸狐聲江夏平春有菰亭古狐切

菿 艸木倒从艸到聲都盜切

文四百四十五　重三十一

芙 芙蓉也从艸夫聲方無切

蓉 芙蓉也从艸容聲余封切

薳 艸也左氏傳楚大夫薳子馮从艸遠聲韋委切

荀 艸也从艸旬聲臣鉉等案今人姓荀氏本郇侯之後宜用郇字相倫切

莋 越巂縣名見史記从艸作聲在各切

蓀　香艸也从艸孫聲思渾切　蔬　菜也从艸疏聲所菹切　芊　艸盛也从艸千聲倉先切　茗　荼芽也从艸名聲莫迥切　薌　穀气也从艸鄉聲許良切　藏　匿也臣鉉等案漢書通用臧字从艸後人所加昨郎切　蕆　左氏傳以蕆陳事杜預注云蕆敕也从艸未詳丑善切　蘸　以物没水也此蓋俗語从艸未詳斬陷切

文十三　新附

蓐　陳艸復生也从艸辱聲一曰蔟也凡蓐之屬皆从蓐　而蜀切

蓐　籀文蓐从茻　薅　拔去田艸也从蓐好省聲呼毛切　薅　籀文薅省　茠　薅或从休詩曰既茠荼蓼

文二　重三

茻　眾艸也从四屮凡茻之屬皆从茻讀與冈同　模朗切

莫 日且冥也从日在茻中莫故切又慕各切 莽 南昌謂犬善逐菟艸中爲莽从犬从茻茻亦聲謀朗切 葬 藏也从死在茻中一其中所以薦之易曰古之葬者厚衣之以薪則浪切

文四

說文解字弟一下

賜進士及第山東等處督糧道兼管德常臨清倉事務加三級孫星衍重校刊

說文解字弟二上

漢太尉祭酒許慎記

銀青光祿大夫守右散騎常侍上柱國東海縣開國子食邑五百戶臣鉉等奉
敕校定

三十部　六百九十三文　重八十八

凡八千四百九十八字

文三十四新附

小　物之微也从八丨見而分之凡小之屬皆从小　私兆切

少　不多也从小丿聲書沼切

尐　少也从小乀聲讀若輟子結切

文三

八　別也象分別相背之形凡八之屬皆从八　博拔切

分　別也从八从刀刀以分別物也甫文切

尒　詞之必然也从入丨八八象气之分散兒氏切

曾　詞之舒也从八从曰四聲昨稜切

尚　曾也庶幾也从八向聲時亮切

㒸　从意也从八豕聲徐醉切

詹　多言也从言从八从厃臣鉉等曰厃高也八分也多故可分也職廉切

介　畫也从八从人人各有介古拜切

𠔁　分也从重八八別也亦聲孝經說曰故上下有別兵列切

公　平分也从八从厶厶音司八猶背也韓非曰背厶爲公古紅切

必　分極也从八弋弋亦聲卑吉切

余　語之舒也从八舍省聲以諸切

⿰余余　二余也讀與余同

文十二　重一

釆　辨別也象獸指爪分別也凡釆之屬皆从釆讀若辨蒲莧切

𠂔　古文釆

番　獸足謂之番从釆田象其掌附袁切

蹞　番或从足从煩

𠃵　古文番

宷　悉也知宷諦也从宀从釆徐鍇曰宀覆也釆別也包覆而深別之宷悉也式荏切

審　篆文宷从番

悉　詳盡也从心从釆息七切

𢚩　古文悉

釋　解也从釆釆取其分別物也从睪聲賞職切

文五　重五

半　物中分也从八从牛牛爲物大可以分也凡

半之屬皆从半 博慢切

[胖] 半體肉也一曰廣肉从半从肉半亦聲普半切

[叛] 半也从半反聲薄半切

文三

[牛] 大牲也牛件也件事理也象角頭三封尾之形凡牛之屬皆从牛 徐鍇曰件若言物一件二件也封高起也語求切

[牡] 畜父也从牛土聲莫厚切

[犅] 特牛也从牛岡聲古郎切

[特] 朴特牛父也从牛寺聲徒得切

[牝] 畜母也从牛匕聲易曰畜牝牛吉毗忍切

[犢] 牛子也从牛瀆省聲徒谷切

[𤘽] 二歲牛从牛市聲博蓋切

[犙] 三歲牛从牛參聲穌含切

[牭] 四歲牛从牛从四四亦聲息利切

[𤘻] 籒文牭从貳

[犗] 騬牛也从牛害聲古拜切

[牻] 白黑雜毛牛从牛尨聲莫江切

[㹀] 牻牛也从牛京聲春秋傳曰牻㹀呂張切

[𤛓] 牛白脊也从牛厲聲洛帶切

[㹐] 黃牛虎文从牛余聲讀若塗同都切

[犖] 駁牛也从牛勞省聲呂角切

[㸰] 牛白脊也从牛寽聲力輟切

[抨] 牛駁如星从牛平聲普耕切

[犥] 牛黃白色从牛麃聲補嬌切

[犉] 黃牛黑脣也从牛𦎧聲詩曰九十其犉如均切

[㸕] 白牛也从牛隺聲五角切

[㹌] 牛長脊也从牛

畺聲居良切㸰牛徐行也从牛攴聲讀若滔土刀切犨牛息聲从牛雔聲一曰牛名赤周切牟牛鳴也从牛象其聲
气从口出莫浮切⿰牛產畜牷也从牛產聲所簡切牲牛完全从牛生聲所庚切牷牛純色从牛全聲疾緣切牽
引前也从牛象引牛之縻也玄聲苦堅切牿牛馬牢也从牛告聲周書曰今惟牿牛馬古屋切牢閑養牛馬圈也
从牛冬省取其四周帀也魯刀切犓以芻莖養牛也从牛芻芻亦聲春秋國語曰犓豢幾何側愚切犪牛柔謹也从牛夒聲
而沼切犕易曰犕牛乘馬从牛葡聲平祕切犂耕也从牛黎聲郎奚切⿰牛非兩壁耕也从牛非聲一曰覆耕種也讀若
匪非尾切㹀牛羊無子也从牛𠷎聲讀若糗糧之糗徒刀切牴觸也从牛氐聲都礼切⿰牛衛牛踶衛也从牛衛聲于歲切
⿱臤牛牛很不從引也从牛从臤臤亦聲一曰大皃讀若賢喫善切牼牛厀下骨也从牛巠聲春秋傳曰宋司馬牼字牛口莖切⿰牛今
牛舌病也从牛今聲巨禁切犀南徼外牛一角在鼻一角在頂似豕从牛尾聲先稽切牣物滿也从牛刃聲詩曰於牣魚
躍而震切物萬物也牛爲大物天地之數起於牽牛故从牛勿聲文弗切犧宗廟之牲也从牛羲聲賈侍中說此非古字許
羈切

文四十五　重一

犍 犗牛也从牛建聲亦郡名居言切

犝 無角牛也从牛童聲古通用僮徒紅切

文二 新附

犛 西南夷長髦牛也从牛𠩺聲凡犛之屬皆从犛莫交切

氂 犛牛尾也从犛省从毛里之切

斄 彊曲毛可以箸起衣从犛省來聲洛哀切

庲 古文斄省

文三 重一

告 牛觸人角箸橫木所以告人也从口从牛易曰僮牛之告凡告之屬皆从告古奧切

嚳 急告之甚也从告學省聲苦沃切

文二

口 人所以言食也象形凡口之屬皆从口苦后切

噭 吼也从口敫聲一曰噭呼也古弔切

噣 喙也从口蜀聲陟救切

喙 口也从口彖聲許穢切

吻 口邊也从口勿聲武粉切

脗 吻或从肉从昏

嚨 喉也从口龍聲盧紅切

喉 咽也从口侯聲乎鉤切

噲 咽也从口會聲讀若快一曰嚵噲也苦夬切

吞 咽也从口天聲土根切

咽 嗌也从口因聲烏前切

嗌 咽也从口益聲伊昔切

𦤚 籀文嗌上象口下象頸脉理也

喗 大口也从口軍聲牛殞切

哆 張口也从口多聲丁可切

呱 小兒嗁聲从口瓜聲詩曰后稷呱矣古乎切

啾 小兒聲也从口秋聲即由切

喤 小兒聲从口皇聲詩曰其泣喤喤乎光切

咺 朝鮮謂兒泣不止曰咺从口宣省聲況晚切

唴 秦晉謂兒泣不止曰唴从口羌聲丘尚切

咷 楚謂兒泣不止曰噭咷从口兆聲徒刀切

喑 宋齊謂兒泣不止曰喑从口音聲於今切

㘈 小兒有知也从口疑聲詩曰克岐克嶷魚力切

咳 小兒笑也从口亥聲戶來切

孩 古文咳从子

嗛 口有所銜也从口兼聲戶監切

咀 含味也从口且聲慈呂切

啜 嘗也从口叕聲一曰喙也昌說切

㗱 噍也从口集聲讀若集子入切

嚌 嘗也从口齊聲周書曰大保受同祭嚌在詣切

噍 齧也从口焦聲才肖切

嚼 噍或从爵

吮 欶也从口允聲徂沇切

㖩 小歠也从口率聲讀若厀所劣切

嚵 小啐也从口毚聲一曰喙也士咸切

噬 啗也喙也从口筮聲時制切

啗 食也从口臽聲讀與含同徒濫切

嘰 小食也从口幾聲居衣切

噍皃从口尃聲補各切

含 嗛也从口今聲胡男切

哺 哺咀也从口甫聲薄故切

味 滋味也从

口未聲無沸切
嚛　食辛嚛也从口樂聲火沃切
⿰口竅　口滿食从口竅聲丁滑切
噫　飽食息也从口意聲於介切
嘽　喘息也一曰喜也从口單聲詩曰嘽嘽駱馬他干切
唾　口液也从口垂聲湯臥切
涶　唾或从水
咦　南陽謂大呼曰咦从口夷聲以之切
呬　東夷謂息爲呬从口四聲詩曰犬夷呬矣虛器切
喘　疾息也从口耑聲昌沇切
呼　外息也从口乎聲荒烏切
吸　內息也从口及聲許及切
噓　吹也从口虛聲朽居切
吹　噓也从口从欠昌垂切
喟　大息也从口胃聲丘貴切
嘳　喟或从貴
⿰口𦎫　口气也从口𦎫聲詩曰大車啍啍他昆切
嚔　悟解气也从口疐聲詩曰願言則嚔都計切
⿰口質　野人言之从口質聲之日切
唫　口急也从口金聲巨錦切又牛音切
噤　口閉也从口禁聲巨禁切
名　自命也从口从夕夕者冥也冥不相見故以口自名武幷切
吾　我自稱也从口五聲五乎切
哲　知也从口折聲陟列切
悊　哲或从心
嚞　古文哲从三吉
君　尊也从尹發號故从口舉云切
𠺝　古文象君坐形
命　使也从口从令眉病切
咨　謀事曰咨从口次聲即夷切
召　評也从口刀聲直少切
問　訊也从口門聲亡運切
唯　諾也从口隹聲以水切
唱　導也从口昌聲尺亮切
和　相應也从口禾聲戶戈切
咥　大笑也从口至聲詩曰咥其笑矣許旣切又直結切
啞　笑也从口亞聲易曰笑言啞啞於革切
噱　大笑也从口豦聲其虐切

唏 笑也从口稀省聲一曰哀痛不泣曰唏 虛豈切
听 笑皃从口斤聲 宜引切
呭 多言也从口世聲詩曰無然呭呭 余制切
嘄 聲嘄嘄也从口梟聲 古堯切
咄 相謂也从口出聲 當沒切
唉 譍也从口矣聲讀若埃 烏開切
哉 言之間也从口𢦏聲 祖才切
噂 聚語也从口尊聲詩曰噂沓背憎 子損切
咠 聶語也从口从耳詩曰咠咠幡幡 七入切
呷 吸呷也从口甲聲 呼甲切
嘒 小聲也从口彗聲詩曰嘒彼小星 呼惠切
嚖 或从慧
嘫 語聲也从口然聲 如延切
唪 大笑也从口奉聲讀若詩曰瓜瓞菶菶 方蠓切
嗔 盛气也从口眞聲詩曰振旅嗔嗔 待年切
嘌 疾也从口㶾聲詩曰匪車嘌兮 撫招切
嘑 號也从口虖聲 荒烏切
喅 音聲喅喅然从口昱聲 余六切
嘯 吹聲也从口肅聲 穌弔切
歗 籀文嘯从欠
台 說也从口㠯聲 與之切
嗂 喜也从口䍃聲 余招切
启 開也从戶从口 康礼切
嗿 聲也从口貪聲詩曰有嗿其饁 他感切
咸 皆也悉也从口从戌戌悉也 胡監切
呈 平也从口壬聲 直貞切
右 助也从口从又 徐鍇曰言不足以左復手助之 于救切
啻 語時不啻也从口帝聲一曰啻諟也讀若鞮 施智切
吉 善也从士口 居質切
周 密也从用口 職留切
𠮦 古文周字从古文及
唐 大言也从口庚聲 徒郎切
啺 古文唐从口昜
𠷎 誰也从口𠃧又聲𠃧古文疇 直由切
嘾 含深也从口覃聲 徒感切
噎 飯窒也从口壹聲 烏結切

嗢 咽也从口昷聲烏沒切 哯 不歐而吐也从口見聲胡典切 吐 寫也从口土聲他魯切 噦 气啎也从口歲聲於月切 咈 違也从口弗聲周書曰咈其耇長符弗切 嚘 語未定皃从口憂聲於求切 吃 言蹇難也从口气聲居乙切 嗜 嗜欲喜之也从口耆聲常利切 啖 噍啖也从口炎聲一曰噉徒敢切 哽 語爲舌所介也从口更聲讀若井級綆古杏切 嘐 誇語也从口翏聲古肴切 啁 啁嘐也从口周聲陟交切 哇 諂聲也从口圭聲讀若醫於佳切 𠯌 語相訶岠也从口岠辛辛惡聲也讀櫱五葛切 吺 讘吺多言也从口投省聲當侯切 呧 苛也从口氏聲都禮切 呰 苛也从口此聲將此切 嗻 遮也从口庶聲之夜切 唊 妄語也从口夾聲讀若莢古叶切 嗑 多言也从口盍聲讀若甲候榼切 嗙 謌聲嗙喻也从口旁聲司馬相如說淮南宋蔡舞嗙喻也補盲切 噧 高气多言也从口蠆省聲春秋傳曰噧言訶介切 叴 高气也从口九聲臨淮有叴猶縣巨鳩切 嘮 嘮呶讙也从口勞聲敕交切 呶 讙聲也从口奴聲詩曰載號載呶女交切 叱 訶也从口七聲昌栗切 噴 吒也从口賁聲一曰鼓鼻普魂切 吒 噴也叱怒也从口乇聲陟駕切 噊 危也从口矞聲余律切 啐 驚也从口卒聲七外切 唇 驚也从口辰聲側鄰切 吁 驚也从口于聲況于切 嘵 懼也从口堯聲詩曰唯予音之嘵嘵許幺切 嘖 大呼也从口責

說二上　五

聲士革切 謮 嘖或从言 嗷 衆口愁也从口敖聲詩曰哀鳴嗷嗷五牢切 唸 吚也从口念聲詩曰民之方唸吚都見切 吚

唸吚呻也从口尸聲馨伊切 㘖 呻也从口嚴聲五銜切 呻 吟也从口申聲失人切 吟 呻也从口今聲魚音切 𡁎 吟或

从音 訡 或从言 嗞 嗟也从口茲聲子之切 哤 哤異之言从口尨聲一曰雜語讀若尨莫江切 叫 嘑也从口丩聲古弔切

嘅 嘆也从口既聲詩曰嘅其嘆矣苦蓋切 唌 語唌嘆也从口延聲夕連切 嘆 吞歎也从口歎省聲一曰太息也他案切 喝

㵣也从口曷聲於介切 哨 不容也从口肖聲才肖切 吪 動也从口化聲詩曰尚寐無吪五禾切 噆 嗛也从口朁聲子荅切 吝

恨惜也从口文聲易曰以往吝臣鉉等曰今俗別作恡非是良刃切 𠫭 古文吝从彣 各 異辭也从口夂夂者有行而止之不

相聽也古洛切 否 不也从口从不方九切 唁 弔生也从口言聲詩曰歸唁衛侯魚變切 哀 閔也从口衣聲烏開切

嗁 號也从口虒聲杜兮切 㱿 歐皃从口㱿聲春秋傳曰君將㱿之許角切 咼 口戾不正也从口冎聲苦媧切 〔口叔〕 嗼也

从口叔聲前歷切 嗼 𠻎嗼也从口莫聲莫各切 𠯑 塞口也从口氒省聲氒音厥古活切 𡇼 古文从甘 嗾 使犬聲从

口族聲春秋傳曰公嗾夫獒穌奏切 吠 犬鳴也从犬口符廢切 咆 嗥也从口包聲薄交切 嗥 咆也从口皋聲乎刀切 獋

譚長說嘷从犬

喈 鳥鳴聲从口皆聲一曰鳳皇鳴聲喈喈古諧切

哮 豕驚聲也从口孝聲許交切

喔 雞聲也从口屋聲於角切

呝 喔也从口戹聲烏格切

咮 鳥口也从口朱聲章俱切

嚶 鳥鳴也从口嬰聲烏莖切

啄 鳥食也从口豕聲竹角切

唬 嗁聲也一曰虎聲从口从虎讀若暠呼訐切

呦 鹿鳴聲也从口幼聲伊虯切

⿰幼欠 呦或从欠

噳 麋鹿羣口相聚皃从口虞聲詩曰麀鹿噳噳魚矩切

喁 魚口上見从口禺聲魚容切

局 促也从口在尺下復局之一曰博所以行棊象形徐鍇曰人之無涯者唯口故口在尺下則為局博局外有垠堮周限也渠綠切

台 山閒陷泥地从口从水敗皃讀若沇州之沇九州之渥地也故以沇名焉以轉切

台 古文台

文二百八十　重二十一

哦 吟也从口我聲五何切

嗃 嗃嗃嚴酷皃从口高聲呼各切

售 賣去手也从口雔省聲詩曰賈用不售承臭切

噞 噞喁魚口上見也从口僉聲魚檢切

唳 鶴鳴也从口戾聲郎計切

喫 食也从口契聲苦擊切

喚 評也从口奐聲古通用奐呼貫切

咍 蚩笑也从口从台呼來切

嘲 謔也从口朝聲漢書通用啁陟交切

呀 張口皃从口牙聲許加切

文十　新附

凵 張口也象形凡凵之屬皆从凵 口犯切

文一

吅 驚嘑也从二口凡吅之屬皆从吅讀若讙 臣鉉等曰或通用讙今俗別作喧非是况袁切

𤕨 亂也从爻工交吅一曰窒𤕨讀若禳徐鍇曰二口噂沓也爻物相交質也工人所作也已象交構形女庚切 𤕨 籀文𤕨

嚴 教命急也从吅厰聲語杴切 𠪚 古文

咢 譁訟也从吅屰聲五各切

單 大也从吅甲吅亦聲闕都寒切

喌 呼雞重言之从吅州聲讀若祝之六切

文六　重二

哭 哀聲也从吅獄省聲凡哭之屬皆从哭 苦屋切

喪 亾也从哭从亾會意亾亦聲息郎切

文二

走 趨也从夭止夭止者屈也凡走之屬皆从走 徐鍇曰走則足屈故从夭子苟切

趨走也从走芻聲七逾切 赴趨也从走仆省聲臣鉉等曰春秋傳赴告用此字今俗作訃非是芳遇切 趣疾也从走取聲七句切 超跳也从走召聲敕宵切 趫善緣木走之才从走喬聲讀若王子蹻去嚻切 赳輕勁有才力也从走丩聲讀若鐈居黝切 ⿺走支緣大木也一曰行皃从走支聲巨之切 趮疾也从走喿聲臣鉉等曰今俗别作躁非是則到切 趯踊也从走翟聲以灼切 ⿺走厥蹠也从走厥聲居月切 越度也从走戉聲王伐切 趁𧼯也从走㐱聲讀若塵丑刃切 ⿺走亶趁也从走亶聲張連切 趞趞趞也一曰行皃从走昔聲七雀切 趬行輕皃一曰趬舉足也从走堯聲牽遙切 ⿺走弦急走也从走弦聲胡田切 趀蒼卒也从走𠦝聲讀若資取私切 ⿺走票輕行也从走票聲撫招切 ⿺走臤行皃从走臤聲讀若菣弃忍切 趥行皃从走酋聲千牛切 ⿺走蜀行皃从走蜀聲讀若燭之欲切 ⿺走匠行皃从走匠聲讀若匠疾亮切 ⿺走叡走皃从走叡聲讀若紃臣鉉等以爲叡聲遠疑从㕡祥遵切 ⿺走薊走意从走薊聲讀若髽結之結古屑切 ⿺走困走意从走困聲丘忿切 趖走意从走坐聲蘇和切 ⿺走憲走意从走憲聲許建切 ⿺走臱走意从走臱聲布賢切 ⿺走𢧢走也从走𢧢聲讀若詩威儀秩秩直質切 ⿺走有走也从走有聲讀若又于救切 ⿺走烏走輕也从走烏聲讀若鄔安古切 ⿺走瞿走顧皃从走瞿聲讀若劬其俱切 ⿺走寋走皃从走蹇省

聲九輦切

⿺走才　疑之等趑而去也从走才聲倉才切

⿺走此　淺渡也从走此聲雌氏切

赹　獨行也从走匀聲讀若煢渠營切

⿺走與　安行也从走與聲余呂切

起　能立也从走巳聲墟里切　⿺辵己　古文起从辵

⿺走里　留意也从走里聲讀若小兒孩戶來切

⿺走臭　行也从走臭聲香仲切

⿺走金　低頭疾行也从走金聲牛錦切

趌　趌⿺走曷怒走也从走吉聲去吉切

⿺走曷　趌⿺走曷也从走曷聲居謁切

⿺走瞏　疾也从走瞏聲讀若讙況袁切

⿺走乞　直行也从走气聲魚訖切

⿺走翼　趨進⿺走翼如也从走翼聲与職切

趹　踶也从走決省聲古穴切

趩　行聲也一曰不行皃从走異聲讀若敕丑亦切

趆　趨也从走氐聲都礼切

趍　趨趙夊也从走多聲直离切

趙　趨趙也从走肖聲治小切

赾　行難也从走斤聲讀若菫丘菫切

⿺走夐　走意也从走夐聲讀若繘居聿切

趠　遠也从走卓聲敕角切

⿺走龠　趠⿺走龠也从走龠聲以灼切

⿺走矍　大步也从走矍聲丘縛切

⿺走契　超特也从走契聲丑例切

⿺走幾　走也从走幾聲居衣切

⿺走弗　走也从走弗聲敷勿切

⿺走矞　狂走也从走矞聲余律切

⿺走曼　行遲也从走曼聲莫還切

趉　走也从走出聲讀若無尾之屈瞿勿切

趜　窮也从走匊聲居六切

趑　趑趄行不進也从走次聲取私切

趄　趑趄也从走且聲七余切

⿺走虔　蹇行⿺走虔⿺走虔也从走虔聲讀若愆去虔切

⿺走雚　行⿺走雚⿺走雚也一曰行曲脊皃从走雚聲巨員切

趢　趢趗也从走彔聲力玉切

⿺走戔　行趚趚也

从走夋聲七倫切

趀　側行也从走朿聲詩曰謂地蓋厚不敢不趀資昔切

𧼯　半步也从走圭聲讀若跬同丘弭切

𧽯　𧽯鷈輕薄也从走虒聲讀若池直离切

䞳　僵也从走音聲讀若匐朋北切

𧺤　距也从走㡿省聲漢令曰𧺤張百人車者切

𧾊　動也从走樂聲讀若春秋傳曰輔𧾊郎擊切

趡　動也从走隹聲春秋傳曰盟于趡趡地名千水切

𧼒　𧼒田易居也从走亘聲羽元切

𧾘　走頓也从走眞聲讀若顚都年切

𧻘　喪辟𧻘从走甬聲余隴切

𧾌　止行也一曰竈上祭名从走畢聲卑吉切

𧽩　進也从走斬聲藏監切

趧　趧婁四夷之舞各自有曲从走是聲都兮切

趒　雀行也从走兆聲徒遼切

赶　舉尾走也从走干聲巨言切

文八十五　重一

止　下基也象艸木出有址故以止爲足凡止之屬皆从止諸市切

歱　跟也从止重聲之隴切

𣥺　歫也从止尚聲丑庚切

峙　躇也从止寺聲直离切

歫　止也从止巨聲一曰槍也一曰超歫其呂切

歬　不行而進謂之歬从止在舟上昨先切

歷　過也从止厤聲郎擊切

𣦖　至也从止叔聲昌六切

𣦢　人不能行也从止辟聲必益切

歸　女嫁也从止从婦省𠂤聲舉韋切

㱕　籀文省

疌　疾也从止从又又手也屮聲疾葉切

𣥠　機下

足所履者从止㞢从又入聲尼輒切

𣥠蹈也从反止讀若撻他達切　歰不滑也从四止色立切　文十四　重一

癶足剌癶也从止𣥠凡癶之屬皆从癶讀若撥北末切

登上車也从癶豆象登車形都滕切　𤼷籒文登从𠬞　癹以足蹋夷艸从癶从殳春秋傳曰癹夷蘊崇之普活切

文三　重一

步行也从止𣥠相背凡步之屬皆从步薄故切

歲木星也越歷二十八宿宣徧陰陽十二月一次从步戌聲律歷書名五星爲五步相銳切

文二

此止也从止从匕匕相比次也凡此之屬皆从此雌氏切

啙窳也闕将此切　𣦶識也从此朿聲一曰藏也遵誄切　文三

些語辭也見楚辭从此从二其義未詳蘇箇切　文一　新附

說文解字弟二上

賜進士及第山東等處督糧道兼管德常臨清倉事務加三級孫星衍重校刊

說文解字弟二下　漢太尉祭酒許慎記

銀青光祿大夫守右散騎常侍上柱國東海縣開國子食邑五百戶臣徐鉉等奉

敕校定

正　是也从止一以止凡正之屬皆从正 徐鍇曰守一以止也　之盛切

𤴓　古文正从二二古上字　𤴔　古文正从一足足者亦止也

乏　春秋傳曰反正爲乏　房法切

文二　重二

是　直也从日正凡是之屬皆从是　承旨切

𣆪　籒文是从古文正

韙　是也从是韋聲春秋傳曰犯五不韙　于鬼切

愇　籒文韙从心

尟　是少也尟俱存也从是少賈侍中說　酥典切

文三　重二

辵　乍行乍止也从彳从止凡辵之屬皆从辵讀若春秋公羊傳曰辵階而走　丑略切

迹 步處也从辵亦聲資昔切 蹟 或从足責 𨒒 籒文迹从朿 䢔 無違也从辵舝聲讀若害胡蓋切 䢦 先道
也从辵率聲疏密切 邁 遠行也从辵蠆省聲莫話切 𨘷 邁或不省 巡 延行皃从辵川聲詳遵切 䢟 恭謹行也从辵㱿聲
讀若九 辻 步行也从辵土聲同都切 䢓 行䌛徑也从辵䌛聲以周切 延 正行也从辵正聲諸盈切 征 延或从彳
隨 从也从辵橢省聲旬爲切 𨑥 行皃从辵巿聲蒲撥切 迋 往也从辵王聲春秋傳曰子無我迋于放切 逝 往也
从辵折聲讀若誓時制切 𨑩 往也从辵且聲𨑩齊語全徒切 徂 𨑩或从彳 𨕙 籒文从䖒 述 循也从辵术聲食聿切 𨔼
籒文从秫 遵 循也从辵尊聲將倫切 適 之也从辵啻聲適宋魯語施隻切 過 度也从辵咼聲古禾切 遦
習也从辵貫聲工患切 𨗨 媟𨗨也从辵賣聲徒谷切 進 登也从辵閵省聲即刃切 造 就也从辵告聲譚長說造上士也七到切 𦨈
古文造从舟 逾 𨒾進也从辵俞聲周書曰無敢昬逾羊朱切 遝 迨也从辵眔聲徒合切 迨 遝也从辵合聲侯閤切 迮
迮迮起也从辵作省聲阻革切 逪 迹逪也从辵昔聲倉各切 遄 往來數也从辵耑聲易曰巳事遄往市緣切 速 疾也从辵束聲桑谷切
遬 籒文从欶 𨘋 古文从欶从言 迅 疾也从辵卂聲息進切 适 疾也从辵𠯑聲讀與括同古活切 逆 迎也从辵

屰聲關東曰逆關西曰迎宜戟切 迎 逢也从辵卬聲語京切 𨒪 會也从辵交聲古肴切 遇 逢也从辵禺聲牛具切 遭

遇也从辵曹聲一曰邐行作曹切 遘 遇也从辵冓聲古候切 逢 遇也从辵夆省聲符容切 遻 相遇驚也从辵从㖾㖾亦聲五各切 迪

道也从辵由聲徒歷切 遞 更易也从辵虒聲特計切 通 達也从辵甬聲他紅切 徙 迻也从辵止聲斯氏切 □ 徙或从彳

𡳐 古文徙 迻 遷徙也从辵多聲弋支切 遷 登也从辵䙴聲七然切 拪 古文遷从手西 運 迻徙也从辵軍聲王問切

遁 遷也一曰逃也从辵盾聲徒困切 遜 遁也从辵孫聲蘇困切 返 還也从辵从反反亦聲商書曰祖甲返扶版切 彶 春秋傳返

从彳 還 復也从辵瞏聲戶關切 選 遣也从辵巽巽遣之巽亦聲一曰選擇也思沇切 送 遣也从辵倂省蘇弄切 𨖼

籀文不省 遣 縱也从辵𦐇聲去衍切 邐 行邐邐也从辵麗聲力紙切 逮 唐逮及也从辵隶聲臣鉉等曰或作迨徒耐切 遲

徐行也从辵犀聲詩曰行道遲遲直尼切 迟 遲或从尸 遟 籀文遲从屖 𨘢 徐也从辵黎聲郎奚切 遰 去也从辵帶聲特

計切 □ 行皃从辵㞙聲烏玄切 □ 不行也从辵□聲讀若住中句切 逗 止也从辵豆聲田候切 迟 曲行也从辵只聲綺戟切

逶 逶迆衺去之皃从辵委聲於爲切 蟡 或从虫爲 迆 衺行也从辵也聲夏書曰東迆北會于匯移尒切 遹 回避也从辵矞聲余律切

避回也从辵辟聲毗義切違離也从辵韋聲羽非切遴行難也从辵粦聲易曰以往遴良刃切僯或从人逡

復也从辵夋聲七倫切⿺辶氐怒不進也从辵氐聲都礼切達行不相遇也从辵羍聲詩曰挑兮達徒葛切迏達或从大或曰迭逯

行謹逯逯也从辵彔聲盧谷切迵迵迭也从辵同聲徒弄切迭更迭也从辵失聲一曰达徒結切迷或也从辵米聲莫兮切連貟連

也从辵从車力延切逑斂聚也从辵求聲虞書曰㫄逑孱功又曰怨匹曰逑巨鳩切⿺辶貝斂也从辵貝聲周書曰我興受其退薄邁切

逭兆也从辵官聲胡玩切⿰兆雚逭或从雚从兆遯逃也从辵从豚徒困切逋亾也从辵甫聲博孤切⿺辶捕籀文逋从

捕遺亾也从辵貴聲以追切遂亾也从辵㒸聲徐醉切⿺辶朮古文遂逃亾也从辵兆聲徒刀切追逐也

从辵𠂤聲陟隹切逐追也从辵从豚省徐鍇曰豚走而豕追之會意直六切逎迫也从辵酉聲字秋切遒逎或从酋近

附也从辵斤聲渠遴切⿱屮斤古文近邋搚也从辵巤聲良涉切迫近也从辵白聲博陌切𨗬近也从辵臸聲人質切

邇近也从辵爾聲兒氏切迩古文邇遏微止也从辵曷聲讀若桑蟲之蝎烏割切遮遏也从辵庶聲止車切遱

遮遱也从辵羨聲于線切迣迾也晉趙曰迣从辵世聲讀若寘征例切迾遮也从辵列聲良辥切迀進也从辵干聲讀若干古寒切

[辵侃] 過也从辵侃聲去虔切 遱 連遱也从辵婁聲洛侯切 𨒪 前頡也从辵市聲賈侍中說一讀若拾又若郅北末切 迦 迦互令不得行也从辵枷聲徐鍇曰迦互猶犬牙左右相制也古牙切 [辵戉] 踰也从辵戉聲易曰雜而不𨒫王伐切 逞 通也从辵呈聲楚謂疾行爲逞春秋傳曰何所不逞欲丑郢切 遼 遠也从辵尞聲洛簫切 遠 遼也从辵袁聲雲阮切 [古文遠] 古文遠 逖 遠也从辵狄聲他歷切 [古文逖] 古文逖 迥 遠也从辵同聲戶穎切 逴 遠也从辵卓聲一曰蹇也讀若棹苕之棹臣鉉等案棹苕今無此語未詳敕角切 迂 避也从辵于聲憶俱切 [辵𦘔] 目進極也从辵𦘔聲子僊切 邍 高平之野人所登从辵备彔闕愚袁切 道 所行道也从辵从𩠐一達謂之道徒皓切 [古文道] 古文道从𩠐寸 遽 傳也一曰窘也从辵豦聲其倨切 迒 獸迹也从辵亢聲胡郎切 [足更] 迒或从足从更 [辵弔] 至也从辵弔聲都歷切 邊 行垂崖也从辵臱聲布賢切

文一百一十八　重三十一

邂 邂逅不期而遇也从辵解聲胡懈切 逅 邂逅也从辵后聲胡遘切 遑 急也从辵皇聲或从彳胡光切 逼 近也从辵畐聲彼力切 邈 遠也从辵貌聲莫角切 遐 遠也从辵叚聲臣鉉等曰或通用假字胡加切 迄 至也从辵气聲許訖切 迸 散走也从辵并

聲北諍切

透　跳也過也从辵秀聲他候切

邏　巡也从辵羅聲郎左切

迢　迢遰也从辵召聲徒聊切

逍　逍遙猶翱翔也从辵肖聲臣鉉等案詩只用消搖此二字字林所加相邀切

遙　逍遙也又遠也从辵䍃聲余招切

文十三　新附

彳　小步也象人脛三屬相連也凡彳之屬皆从彳　丑亦切

德　升也从彳㥁聲多則切

徑　步道也从彳巠聲徐鍇曰道不容車故曰步道居正切

復　往來也从彳复聲房六切

𢔶　復也从彳从柔柔亦聲人九切

徎　徑行也从彳呈聲丑郢切

往　之也从彳㞷聲于兩切　𨓜　古文从辵

忂　行皃从彳瞿聲其俱切

彼　往有所加也从彳皮聲補委切

徼　循也从彳敫聲古堯切

循　行順也从彳盾聲詳遵切

彶　急行也从彳及聲居立切

⿰彳翌　行皃从彳翌聲一曰此與馺同穌合切

微　隱行也从彳𢼸聲春秋傳曰白公其徒微之無非切

徥　徥徥行皃从彳是聲爾雅曰徥則也是支切

徐　安行也从彳余聲似魚切

⿰彳夷　行平易也从彳夷聲以脂切

⿰彳甹　使也从彳甹聲普丁切

𢓜　使也从彳夆聲讀若螽敷容切

䟗　迹也从彳戔聲慈衍切

徬　附行也从彳旁聲蒲浪切

徯　待也从彳奚聲胡計切

蹊　徯或从足

待　竢也从彳寺聲徒在切

⿰彳由　行⿰彳由⿰彳由也从彳由聲徒歷切

徧　帀也从彳扁聲比薦切

假　至也从彳叚聲

古雅切

復　卻也一曰行遲也从彳从日从夊他内切　衲　復或从内　退　古文从辵　後　遲也从彳幺夊者後也徐鍇曰幺猶纙躓之也胡口切　𨒌　古文後从辵　徲　久也从彳犀聲讀若遲杜兮切　很　不聽从也一曰行難也一曰盭也从彳皀聲胡懇切

⿰彳重　相迹也从彳重聲之隴切　得　行有所得也从彳㝵聲多則切　㝵　古文省彳　徛　舉脛有渡也从彳奇聲去奇切　㣔　行示也从彳勻聲司馬法斬以㣔詞閏切　律　均布也从彳聿聲呂戌切　御　使馬也从彳从卸徐鍇曰卸解車馬也或彳或卸皆御者之職牛據切　馭　古文御从又从馬　亍　步止也从反彳讀若畜丑玉切

文三十七　重七

廴　長行也从彳引之凡廴之屬皆从廴余忍切

廷　朝中也从廴壬聲特丁切　⿺廴正　行也从廴正聲諸盈切　建　立朝律也从聿从廴臣鉉等曰聿律省也居萬切

文四

㢟　安步㢟㢟也从廴从止凡㢟之屬皆从㢟丑連切

延　長行也从㢟丿聲以然切

文二

行　人之步趨也从彳从亍凡行之屬皆从行戶庚切

七、四十八

術　邑中道也从行术聲食聿切　街　四通道也从行圭聲古膎切　衢　四達謂之衢从行瞿聲其俱切　衝　通道也从行童聲春秋傳曰及衝以戈擊之昌容切　衕　通街也从行同聲徒弄切　𧗱　迹也从行戔聲才綫切　衙　行皃从行吾聲魚舉切又音牙

衎　行喜皃从行干聲空旱切　𧗳　行且賣也从行从言黃絢切　衒　𧗳或从玄　𧗿　將衛也从行率聲所律切　衛　宿衛也从韋帀从行行列衛也于歲切

文十二　重一

齒　口齗骨也象口齒之形止聲凡齒之屬皆从齒昌里切

𠚕　古文齒字

齗　齒本也从齒斤聲語斤切　齔　毀齒也男八月生齒八歲而齔女七月生齒七歲而齔从齒从七初堇切　⿰齒責　齒相值也一曰齧齒也从齒責聲春秋傳曰晳⿰齒責士革切　齜　齒相齗也一曰開口見齒之皃从齒柴省聲讀若柴仕街切　齘　齒相切也从齒介聲胡介切　齞　口張齒見从齒只聲研繭切　⿰齒兼　齒差也从齒兼聲五衘切　齺　齒搚也一曰齰也一曰馬口中糜也从齒芻聲側鳩切　齵　齒不正也从齒禺聲五婁切　⿰齒虘　齬齒也从齒虘聲側加切　齱　齵也从齒取聲側鳩切　齹　齒參差从齒差聲楚宜切　⿰齒佐　齒差跌皃从齒佐聲春秋傳曰鄭有子⿰齒佐臣鉉等曰說文無佐字此字當从⿺辶左傳寫之誤昨何切　齤　缺齒也一曰曲齒从齒𢍏聲讀若權巨員切　齳

無齒也从齒軍聲魚吻切
齾 缺齒也从齒獻聲五鎋切
⿰齒巨 齗腫也从齒巨聲區主切
齯 老人齒从齒兒聲五雞切
齮 齧也从齒奇聲魚綺切
⿰齒出 齚齒也从齒出聲仕乙切
齰 齧也从齒昔聲側革切
齚 齰或从乍
⿰齒咸 齧也从齒咸聲工咸切
齦 齧也从齒皀聲康很切
⿰齒干 齒見皃从齒干聲五版切
⿰齒卒 齰齚也从齒卒聲昨沒切
⿰齒列 齒分骨聲从齒列聲讀若剌盧達切
齩 齧骨也从齒交聲五巧切
⿰齒屑 齒差也从齒屑聲讀若切千結切
⿰齒吉 齒堅聲从齒吉聲赫鎋切
⿰齒豈 ⿰月齒牙也从齒豈聲五來切
齝 吐而噍也从齒台聲爾雅曰牛曰齝丑之切
齕 齧也从齒气聲戶骨切
⿰齒聯 齒見皃从齒聯聲力延切
齧 噬也从齒㓞聲五結切
⿰齒所 齒傷酢也从齒所聲讀若楚創舉切
齨 老人齒如臼也一曰馬八歲齒臼也从齒从臼臼亦聲其久切
齬 齒不相值也从齒吾聲魚舉切
齛 羊粻也从齒世聲私列切
齸 鹿麋粻从齒益聲伊昔切
⿰齒至 齒堅也从齒至聲陟栗切
⿰齒骨 齧骨聲从齒从骨骨亦聲戶八切
⿰齒昏 噍聲从齒昏聲古活切
⿰齒博 噍堅也从齒博省聲補莫切

文四十四　重二

齡 年也从齒令聲臣鉉等案禮記夢帝與我九齡疑通用靈武王初聞九齡之語不達其義乃云西方有九國若當時有此齡字則武王豈不達也蓋後人所加郎丁切

文一　新附

𤘐 牡齒也象上下相錯之形凡牙之屬皆从牙 五加切

𤘗 古文牙 𤘑 武牙也从牙从奇奇亦聲 去奇切 𤘒 齒蠹也从牙禹聲 區禹切 齲 𤘒或从齒

文三　重二

足 人之足也在下从止口凡足之屬皆从足 徐鍇曰口象股脛之形 即玉切

蹏 足也从足虒聲 杜兮切 跟 足踵也从足皀聲 古痕切 𧿹 跟或从止 踝 足踝也从足果聲 胡瓦切 跖 足下也从足石聲 之石切 踦 一足也从足奇聲 去奇切 跪 拜也从足危聲 去委切 跽 長跪也从足忌聲 渠几切 踧 行平易也从足叔聲詩云踧踧周道 子六切 躣 行皃从足瞿聲 其俱切 踖 長脛行也从足昔聲 一曰踧踖 資昔切 踽 疏行皃从足禹聲詩曰獨行踽踽 區主切 蹡 行皃从足將聲詩曰管磬蹡蹡 七羊切 躖 踐處也从足斷省聲 徒管切 𨁏 趣越皃从足卜聲 芳遇切 踰 越也从足俞聲 羊朱切 䟕 輕也从足戉聲 王伐切 蹻 舉足行高也从足喬聲詩曰小子蹻蹻 居勺切 跾 疾也長也从足攸聲 式竹切 蹌 動也从足倉聲 七羊切 踊 跳也从足甬聲 余隴切 躋 登也从足齊聲商書曰予顛躋 祖雞切 躍 迅也从足翟聲 以灼切 跧 蹴也

一曰甲也絭也从足全聲莊緣切蹴躡也从足就聲七宿切躡蹈也从足聶聲尼輒切跨渡也从足夸聲苦化切蹋踐也从足𦐇聲徒盍切踄蹈也从足步聲旁各切又音步蹈踐也从足舀聲徒到切躔踐也从足廛聲直連切踐履也从足戔聲慈衍切踵追也从足重聲一曰往來皃之隴切踔踶也从足卓聲知教切蹛踶也从足帶聲當蓋切蹩踶也从足敝聲一曰跛也蒲結切踶躗也从足是聲特計切躛衞也从足衞聲于歲切⿱執足蟄足也从足執聲徒叶切跃尌也从足氏聲承旨切蹢住足也从足適省聲或曰蹢躅賈侍中說足垢也直隻切躅蹢躅也从足蜀聲直録切踤觸也从足卒聲一曰駭也一曰蒼踤昨沒切蹶僵也从足厥聲一曰跳也亦讀若橜居月切蹷蹶或从闕跳蹶也从足兆聲一曰躍也徒遼切䟴動也从足辰聲側鄰切䠧峙䠧不前也从足屠聲直魚切⿰足弗跳也从足弗聲敷勿切蹠楚人謂跳躍曰蹠从足庶聲之石切⿰足荅趿也从足荅聲他合切⿰足䍃跳也从足䍃聲余招切趿進足有所擷取也从足及聲爾雅曰趿謂之擷穌合切⿰足貝步行獵跋也从足貝聲博蓋切躓跲也从足質聲詩曰載躓其尾陟利切跲躓也从足合聲居怯切跇述也从足世聲丑例切蹎跋也从足眞聲都年切跋蹎跋也从足犮聲北末切蹐小步也从足脊聲詩曰不敢不蹐資昔切跌踢也从足失聲一曰越也徒結切踢跌踢也从

說二下　六

足昜聲一曰搶也徒郎切　蹲　踞也从足尊聲徂尊切　踞　蹲也从足居聲居御切　跨　踞也从足夸聲苦化切　躩　足躩

如也从足矍聲丘縛切　踣　僵也从足咅聲春秋傳曰晉人踣之蒲北切　跛　行不正也从足皮聲一曰足排之讀若彼布火切　蹇　跛也从足

寒省聲臣鉉等案易王臣蹇蹇今俗作謇非九輦切　蹁　足不正也从足扁聲一曰拖後足馬讀若苹或曰徧部田切　⿰足厽　脛肉也一曰曲脛也

从足厽聲讀若逵渠追切　踒　足跌也从足委聲烏過切　跣　足親地也从足先聲穌典切　跔　天寒足跔也从足句聲其俱切　⿰足困　瘃足

也从足困聲苦本切　距　雞距也从足巨聲其呂切　躧　舞履也从足麗聲所綺切　⿰革麗　或从革　⿰足叚　足所履也从足叚聲乎加切

⿰足非　跀也从足非聲讀若匪扶味切　跀　斷足也从足月聲魚厥切　⿰足兀　跀或从兀　趽　曲脛馬也从足方聲讀與彭同薄庚切

趹　馬行皃从足決省聲古穴切　趼　獸足企也从足幵聲五甸切　路　道也从足从各臣鉉等曰言道路人各有適也洛故切

蹸　轢也从足粦聲良忍切　跂　足多指也从足支聲巨支切

文八十五　重四

蹮　蹁蹮旋行从足䙴聲穌前切　蹭　蹭蹬失道也从足曾聲七鄧切　蹬　蹭蹬也从足登聲徒亘切　蹉　蹉跎失時也从足差

聲臣鉉等案經史通用差池此亦後人所加七何切　跎　蹉跎也从足它聲徒何切　蹙　迫也从足戚聲臣鉉等案李善文選注通

蹴字子六切 踸 踸踔行無常皃从足甚聲五甚切

文七 新附

疋 足也上象腓腸下从止弟子職曰問疋何止古文以爲詩大疋字亦以爲足字或曰胥字一曰疋記也凡疋之屬皆从疋所菹切

𤴝 門戶疏窻也从疋疋亦聲囱象𤴝形讀若疏所菹切

𤕟 通也从爻从疋疋亦聲所菹切

文三

品 衆庶也从三口凡品之屬皆从品丕飲切

嵒 多言也从品相連春秋傳曰次于嵒北讀與聶同尼輒切

喿 鳥羣鳴也从品在木上穌到切

文三

龠 樂之竹管三孔以和衆聲也从品侖侖理也凡龠之屬皆从龠以灼切

龡 籥音律管壎之樂也从龠炊聲昌垂切

𪛖 管樂也从龠虒聲直离切

篪 𪛖或从竹

龢 調也从龠禾聲讀與

和同戶戈切

龤　樂和龤也从龠皆聲虞書曰八音克龤戶皆切

文五　重一

冊　符命也諸侯進受於王也象其札一長一短中有二編之形凡冊之屬皆从冊　楚革切

䇥　古文冊从竹

嗣　諸侯嗣國也从冊从口司聲徐鍇曰冊必於廟史讀其冊故从口祥吏切

㚸　古文嗣从子

扁　署也从戶冊戶冊者署門戶之文也方沔切

文三　重二

說文解字弟二下

賜進士及第山東等處督糧道兼管德常臨清倉事務加三級孫星衍重校刊

說文解字弟三上　漢太尉祭酒許慎記

銀青光祿大夫守右散騎常侍上柱國東海縣開國子食邑五百戶臣徐鉉等奉

敕校定

五十三部　文六百三十　重百四十五

凡八千六百八十四字

文十六新附

㗊　眾口也从四口凡㗊之屬皆从㗊讀若戢阻立切又讀若呶

嚚　語聲也从㗊臣聲語巾切　𡅧　古文嚚

囂　聲也气出頭上从㗊从頁頁首也許嬌切　𡅯　囂或省

嘂　高聲也一曰大呼也从㗊丩聲春秋公羊傳曰魯昭公叫然而哭古弔切

𠾱　呼也从㗊莧聲讀若讙呼官切

器　皿也象器之口犬所以守

之去冀切

文六　重二

舌　在口所以言也別味也从干从口干亦聲凡舌之屬皆从舌　徐鍇曰凡物入口必干於舌故从干　食列切

䑙　歠也从舌沓聲　他合切

舓　以舌取食也从舌易聲　神旨切

䑛　舓或从也

文三　重一

干　犯也从反入从一凡干之屬皆从干　古寒切

𢆉　撖也从干入一爲干入二爲𢆉讀若能言稍甚也　如審切

屰　不順也从干下屰之也　魚戟切

文三

谷　口上阿也从口上象其理凡谷之屬皆从谷　其虐切

𧮫　谷或如此

臄　或从肉从豦

㐁　舌皃从谷省象　他念切

㐁　古文㐁讀若三年導服之導一曰竹上皮讀若沾一曰讀若誓弼字从此

文二　重三

只　語已詞也从口象气下引之形凡只之屬皆从只　諸氏切

𠷎 聲也从只甹聲讀若聲 呼形切 文二

㕯 言之訥也从口从内凡㕯之屬皆从㕯 女滑切

矞 以錐有所穿也从矛从㕯一曰滿有所出也 余律切

商 从外知内也从㕯章省聲 式陽切 𠻝 古文商 𧶜 亦古文商 𧷦 籒文商 文三 重三

句 曲也从口丩聲凡句之屬皆从句 古侯切又九遇切

拘 止也从句从手句亦聲 舉朱切

笱 曲竹捕魚笱也从竹从句句亦聲 古厚切

鉤 曲也从金从句句亦聲 古侯切 文四

丩 相糾繚也一曰瓜瓠結丩起象形凡丩之屬皆从丩 居虯切

𦬔 艸之相丩者从茻从丩丩亦聲 居虯切

糾 繩三合也从糸丩 居黝切 文三

古 故也从十口識前言者也凡古之屬皆从古 臣鉉等曰十口

所傳是前言也公戸切　𠕉古文古　嘏大遠也从古叚聲古雅切　文二　重一

十　數之具也一爲東西丨爲南北則四方中央備矣凡十之屬皆从十是執切

丈十尺也从又持十直兩切　千十百也从十从人此先切　肸響布也从十从𦘒臣鉉等曰𦘒振𦘒也羲乙切　卙卙卙盛也从十从甚汝南名蠶盛曰卙子入切　博大通也从十从尃尃布也補各切　㔹材十人也从十力聲盧則切　廿二十幷也古文省人汁切　𠦃詞之𠦃矣从十咠聲秦入切

文九

㠭　三十幷也古文省凡㠭之屬皆从㠭蘇沓切

世三十年爲一世从㠭而曳長之亦取其聲也舒制切

文二

言　直言曰言論難曰語从口䇂聲凡言之屬皆从言語軒切

譻聲也从言賏聲烏莖切　謦欬也从言殸聲殸籒文磬字去挺切　語論也从言吾聲魚舉切　談語也从言炎聲徒甘切　謂報也从言胃聲于貴切　諒信也从言京聲力讓切　詵致言也从言从先先亦聲詩曰螽斯羽詵詵兮所臻切　請謁也从言青聲七井切　謁白也从言曷聲於歇切　許聽也从言午聲虛呂切　諾譍也从言若聲奴各切　譍以言對也从言雁聲於證切　讎猶譍也从言雔聲市流切　諸辯也从言者聲章魚切　詩志也从言寺聲書之切　𧥺古文詩省　讖驗也从言韱聲楚蔭切　諷誦也从言風聲芳奉切　誦諷也从言甬聲似用切　讀誦書也从言賣聲徒谷切　[illegible]快也从言从中於力切　訓說教也从言川聲許運切　誨曉教也从言每聲荒內切　譔專教也从言巽聲此緣切　譬諭也从言辟聲匹至切　謜徐語也从言原聲孟子曰故謜謜而來魚怨切　詇早知也从言央聲於亮切　諭告也从言俞聲羊戍切　詖辯論也古文以爲頗字从言皮聲彼義切　諄告曉之孰也从言𦎧聲讀若庉章倫切　謘語諄謘也从言屖聲直离切　詻論訟也傳曰詻詻孔子容从言各聲五陌切　誾和說而諍也从言門聲語巾切　謀慮難曰謀从言某聲莫浮切　𢘊古文謀　𧧜亦古文　謨議謀也从言莫

聲虞書曰咎繇謨莫胡切
古文謨从口
汎謀曰訪从言方聲敷亮切
聚謀也从言取聲子于切
議也从言侖聲盧昆切
語也从言義聲宜寄切
平議也从言丁聲他頂切
審議也从言羊聲似羊切
理也从言是聲承旨切
審也从言帝聲都計切
常也一曰知也从言戠聲賞職切
問也从言卂聲思晉切
古文訊从鹵
言微親詧也从言察省聲楚八切
慎也从言堇聲居隱切
厚也从言乃聲如乘切
誠諦也从言甚聲詩曰天難諶斯是吟切
誠也从人从言會意息晉切
古文从言省
古文信
燕代東齊謂信訦从言冘聲是吟切
信也从言成聲氏征切
敕也从言戒聲古拜切
誡也从言忌聲渠記切
誋也从言韋聲許貴切
告也从言告聲古到切
古文誥
告也从言从召召亦聲之紹切
約束也从言折聲時制切
問也从言僉聲周書曰勿以譣人息廉切
訓故言也从言古聲詩曰詁訓公戶切
臣盡力之美从言葛聲詩曰藹藹王多吉士於害切
餔旋促也从言束聲桑谷切
知也从言胥聲私呂切
諫也从言正聲之盛切
証也从言柬聲古晏切

深諫也从言念聲春秋傳曰辛伯諗周桓公式荏切

課 試也从言果聲苦臥切

試 用也从言式聲虞書曰明試以功式吏切

諴 和也从言咸聲周書曰不能諴于小民胡毚切

䚻 徒歌从言肉余招切

詮 具也从言全聲此緣切

訢 喜也从言斤聲許斤切

說 說釋也从言兑一曰談說失爇切又弋雪切

計 會也筭也从言从十古詣切

諧 詥也从言皆聲戶皆切

詥 諧也从言合聲候閤切

調 和也从言周聲徒遼切

話 合會善言也从言𠯑聲傳曰告之話言胡快切

譮 籀文話从會

諈 諈諉纍也从言垂聲竹寘切

諉 纍也从言委聲女恚切

警 戒也从言从敬敬亦聲居影切

謐 靜語也从言𥁑聲一曰無聲也彌必切

謙 敬也从言兼聲苦兼切

誼 人所宜也从言从宜宜亦聲儀寄切

詡 大言也从言羽聲況羽切

諓 善言也从言戔聲一曰謔也慈衍切

誐 嘉善也从言我聲詩曰誐以溢我五何切

詷 共也一曰譀也从言同聲周書曰在夏后之詷徒紅切

設 施陳也从言从殳殳使人也識列切

護 救視也从言蒦聲胡故切

譞 譞慧也从言圜省聲許緣切

誧 大也一曰人相助也从言甫聲讀若逋博孤切

諰 思之意从言从思胥里切

託 寄也从言乇聲他各切

記 疏也从言己聲居吏切

譽 稱也从言與聲羊茹切

譒 敷也从言番聲商書曰王譒告之補過切

謝 辭去也从言䠶聲辭夜切

謳

齊歌也从言區聲烏侯切
歌也从言永聲爲命切
詠或从口
止也从言爭聲側迸切
召也从言乎聲荒烏切
評謼也从言虖聲荒故切
止也从言气聲居迄切
傳言也从言彥聲魚變切
相迎也从言牙聲周禮曰諸侯有卿訝發吾駕切
訝或从辵
候至也从言旨聲五計切
和解也从言冓聲古項切
迻書也从言朕聲徒登切
頓也从言刃聲論語曰其言也訒而振切
言難也从言从內內骨切
謯娽也从言虘聲側加切
待也从言伿聲讀若餐食胡禮切
痛呼也从言敫聲古弔切
恚呼也从言堯聲女交切
小聲也从言熒省聲詩曰謍謍青蠅余傾切
大聲也从言昔聲讀若笮壯革切
諎或从口
諂也从言臾聲羊朱切
諛也从言閻聲丑琰切
讇或省
詐也从言爰聲況袁切
不肖人也从言敖聲一曰哭不止悲聲謷謷五牢切
誘也从言术聲思律切
沇州謂欺曰詑从言它聲託何切
欺也从言曼聲母官切
譇拏羞窮也从言奢聲陟加切
慙語也从言作聲鉏駕切
謺讘也从言執聲之涉切
謰謱也从言連聲力延切
謰謱也从言婁聲陟侯切
相欺詒也一曰遺也从言台聲與之切
相怒使也从言參聲倉南切
欺也从言狂聲居況切
騃也从言

疑聲五介切

䛡 相誤也从言狊聲古罵切

訕 謗也从言山聲所晏切

譏 誹也从言幾聲居衣切

誣 加也从言巫聲武扶切

誹 謗也从言非聲敷尾切

謗 毀也从言旁聲補浪切

譸 詶也从言壽聲讀若醻周書曰無或譸張爲幻張流切

詶 譸也从言州聲市流切

詛 詶也从言且聲莊助切

油 詶也从言由聲直又切

誃 離别也从言多聲讀若論語跢予之足周景王作洛陽誃臺尺氏切

誖 亂也从言孛聲蒲沒切

悖 誖或从心

⿰或或 籒文誖从二或

䜌 亂也一曰治也一曰不絕也从言絲呂員切

𢑥 古文䜌

誤 謬也从言吳聲五故切

詿 誤也从言圭聲古賣切

誒 可惡之辭从言矣聲一曰誒然春秋傳曰誒誒出出許其切

譆 痛也从言喜聲火衣切

詯 膽气滿聲在人上从言自聲讀若反目相睞荒內切

謧 謧詍多言也从言离聲呂之切

詍 多言也从言丗聲詩曰無然詍詍余制切

訾 不思稱意也从言此聲詩曰翕翕訿訿將此切

䛌 往來言也一曰小兒未能正言也一曰祝也从言匋聲大牢切

⿰言包 䛌或从包

諵 諵諵多語也从言冄聲樂浪有諵邯縣汝閻切

⿰言遝 語相反⿰言遝也从言遝聲他合切

誻 ⿰言遝誻也从言沓聲徒合切

訮 諍語訮訮也从言开聲呼堅切

讗 言壯皃一曰數相怒也从言巂聲讀若畫呼麥切

訇 駭言聲从言勻省聲漢中西城有訇鄉又讀若玄虎橫切

⿹勻言 籒文不省

諞

便巧言也从言扁聲周書曰截截善諞言論語曰友諞佞部田切
⿰言頻匹也从言頻聲符眞切
⿰言口扣也如求婦先⿰言口叕之从言从口口亦聲苦后切
誽言相說司也从言兒聲女家切
誂相呼誘也从言兆聲徒了切
譄加也从言从曾聲作滕切
詄忘也从言失聲徒結切
諅忌也从言其聲周書曰上不諅于凶德渠記切
譀誕也从言敢聲下闞切
⿰言忘俗譀从忘
誇譀也从言夸聲苦瓜切
誕詞誕也从言延聲徒旱切
⿰言㢟籒文誕省正
⿰言萬譀也从言萬聲莫話切
謔戲也从言虐聲詩曰善戲謔兮虛約切
詪眼戾也从言皀聲乎懇切
訌讀也从言工聲詩曰蟊賊內訌戶工切
⿰言貴中止也从言貴聲司馬法曰師多則人⿰言貴⿰言貴止也胡對切
譢聲也从言歲聲詩曰有譢其聲呼會切
諣疾言也从言咼聲呼卦切
⿰言魋譟也从言魋聲杜回切
譟擾也从言喿聲蘇到切
訆大呼也从言丩聲春秋傳曰或訆于宋大廟古弔切
諕號也从言从虎乎刀切
讙譁也从言雚聲呼官切
譁讙也从言華聲呼瓜切
謣妄言也从言雩聲羽俱切
⿰言荂謣或从荂
譌譌言也从言爲聲詩曰民之譌言五禾切
詿誤也从言佳省聲古賣切
誤謬也从言吳聲五故切
謬狂者之妄言也从言翏聲靡幼切
詤夢言也从言巟聲呼光切
⿱暴言大呼自勉也从言暴省聲蒲角切
訬訬擾也一曰訬獪从言少聲讀

若堯。楚交切。
諆　欺也。从言其聲。去其切。
譎　權詐也。益梁曰謬欺，天下曰譎。从言矞聲。古穴切。
詐　欺也。从言乍聲。側駕切。
訏　詭譌也。从言于聲。一曰訏⿱耆言。齊楚謂信曰訏。況于切。
𧪂　咨也。一曰痛惜也。从言差聲。子邪切。
讋　失气言。一曰不止也。从言龖省聲。傅毅讀若慴。之涉切。
⿱龖言　籀文讋不省。
謵　言謵讋也。从言習聲。秦入切。
⿰言亞　相毀也。从言亞聲。一曰畏亞。宛古切。
⿰言隋　相毀也。从言隨省聲。雖遂切。
⿰言闟　嗑也。从言闟聲。徒盍切。
詾　說也。从言匈聲。許容切。
訩　或省。
⿰言兇　詾或从兇。
訟　爭也。从言公聲。一曰謌訟。似用切。
⿰谷言　古文訟。
謓　恚也。从言眞聲。賈侍中說謓笑。一曰讀若振。昌眞切。
讘　多言也。从言聶聲。河東有狐讘縣。之涉切。
訶　大言而怒也。从言可聲。虎何切。
⿰臣言　訐也。从言臣聲。讀若指。職雉切。
訐　面相厈罪相告訐也。从言干聲。居謁切。
訴　告也。从言厈省聲。論語曰：訴子路於季孫。臣鉉等曰：厈非聲。蓋古之字音多與今異，如皀亦音香，釁亦音門，乃亦音仍，他皆放此。古今失傳，不可詳究。桑故切。
⿰言朔　訴或从言朔。
⿱朔心　訴或从朔心。
譖　愬也。从言朁聲。莊蔭切。
讒　譖也。从言毚聲。士咸切。
譴　謫問也。从言遣聲。去戰切。
謫　罰也。从言啻聲。陟革切。
諯　數也。一曰相讓也。从言耑聲。讀若專。尺絹切。
讓　相責讓。从言襄聲。人漾切。
譙　嬈譊也。从言焦聲。讀若嚼。才肖切。
⿰言肖　古文

譙从肖周書曰亦未敢誚公

誎　數諫也从言朿聲七賜切

誶　讓也从言卒聲國語曰誶申胥雖遂切

詰　問也从言吉聲去吉切

⿰言望　責望也从言望聲巫放切

詭　責也从言危聲過委切

證　告也从言登聲諸應切

詘　詰詘也曰屈襞从言出聲區勿切

誳　詘或从屈

⿰言夗　尉也从言夗聲於願切

詗　知處告言之从言冋聲朽正切

讂　流言也从言夐聲火縣切

詆　苛也一曰訶也从言氏聲都禮切

誰　何也从言隹聲示隹切

諽　飾也一曰更也从言革聲讀若戒古覈切

讕　怟讕也从言闌聲洛干切

𧬺　讕或从閒

診　視也从言㐱聲直刃切又之忍切

⿱斯言　悲聲也从言斯省聲先稽切

訧　罪也从言尤聲周書曰報以庶訧羽求切

誅　討也从言朱聲陟輸切

討　治也从言从寸他皓切

諳　悉也从言音聲烏含切

讄　禱也累功德以求福論語云讄曰禱尒于上下神祇从言纍省聲力軌切

讄　或不省

謚　行之迹也从言兮皿闕徐鍇曰兮聲也神至切

誄　謚也从言耒聲力軌切

謑　恥也从言奚聲胡禮切

䜋　謑或从奊

詬　謑詬恥也从言后聲呼寇切

訽　詬或从句

諜　軍中反閒也从言枼聲徒叶切

該　軍中約也从言亥聲讀若心中滿該古哀切

譯　傳譯四夷之言者从言睪聲羊昔切

訄　迫也从言九聲讀若求巨鳩切

謚　笑皃从言益聲

伊昔切又呼狄切

譶　疾言也从三言讀若沓徒合切

文二百四十五　重三十三

訽　謀也从言句聲相倫切

讜　直言也从言黨聲多朗切

譜　籍録也从言普聲史記从並博古切

詎　詎猶豈也从言巨聲其呂切

謏　小也誘也从言叜聲禮記曰足以謏聞先鳥切

謎　隱語也从言迷迷亦聲莫計切

誌　記誌也从言志聲職吏切

訣　訣別也一曰法也从言決省聲古穴切

文八　新附

誩　競言也从二言凡誩之屬皆从誩讀若競渠慶切

譱　吉也从誩从羊此與義美同意常衍切

善　篆文善从言

競　彊語也一曰逐也从誩从二人渠慶切

讟　痛怨也从誩賣聲春秋傳曰民無怨讟徒谷切

文四　重一

音　聲也生於心有節於外謂之音宮商角徵羽聲絲竹金石匏土革木音也从言含一凡音

之屬皆从音於今切

響聲也从音鄉聲許兩切　韽下徹聲从音酓聲恩甘切　韶虞舜樂也書曰簫韶九成鳳皇來儀从音召聲市招切

章樂竟爲一章从音从十十數之終也諸良切　竟樂曲盡爲竟从音从人居慶切

文六

韻和也从音員聲裴光遠云古與均同未知其審王問切

文一　新附

辛辠也从干二二古文上字凡辛之屬皆从辛讀若愆張林說去虔切

童男有辠曰奴奴曰童女曰妾从辛重省聲徒紅切　𥫴籒文童中與竊中同从廿廿以爲古文疾字　妾有辠女子給事之得接於君者从辛从女春秋云女爲人妾妾不娉也七接切

文三　重一

丵叢生艸也象丵嶽相竝出也凡丵之屬皆从丵讀若浞士角切

業　大版也所以飾縣鍾鼓捷業如鋸齒以白畫之象其鉏鋙相承也从丵从巾巾象版詩曰巨業維樅魚怯切　古文業

叢　聚也从丵取聲徂紅切

對　譍無方也从丵从口从寸都隊切

對　對或从士漢文帝以爲責對而爲言多非誠對故去其口以从士也

文四　重二

菐　瀆菐也从丵从廾廾亦聲凡菐之屬皆从菐

臣鉉等曰瀆讀爲煩瀆之瀆一本注云丵衆多也兩手奉之是煩瀆也蒲沃切

僕　給事者从人从菐菐亦聲蒲沃切

古文从臣

䈋　賦事也从菐从八八分之也八亦聲讀若頒一曰讀若非布還切

文三　重一

廾　竦手也从𠂇从又凡廾之屬皆从廾　居竦切今變隸作廾

𢪏　楊雄說廾从兩手

奉　承也从手从廾丰聲扶隴切

丞　翊也从廾从卪从山山高奉承之義署陵切

奐　取奐也一曰大也从廾夐省

臣鉉等曰夐營求也取之義也呼貫切

弇　蓋也从廾从合古南切又一儉切

古文弇

𢍉　引給也从廾睪聲羊益切

𢍏　舉也从廾由聲春秋傳曰晉人或以廣墜楚人㫒之黃顥說廣車陷楚人爲舉之杜林以爲騏麟字渠記切

𢍋　舉也

从廾吕聲虞書曰岳曰异哉羊吏切

玩也从廾持玉盧貢切

兩手盛也从廾聲余六切

摶飯也从廾釆聲釆古文辨字讀若書卷居券切

持弩拊从廾肉讀若逵臣鉉等曰从肉未詳渠追切

警也从廾持戈以戒不虞居拜切

械也从廾持斤并力之皃補明切

古文兵从人廾干

籀文

慤也从廾龍聲紀庸切

圍棊也从廾亦聲論語曰不有博弈者乎羊益切

共置也从廾从貝省古以貝爲貨其遇切

文十七　重四

引也从反廾凡之屬皆从普班切今變隸作大

或从手从樊

騺不行也从从棥棥亦聲附袁切

樊也从䜌聲呂員切

文三　重一

同也从廿廾凡共之屬皆从共渠用切

古文共

給也从共龍聲俱容切

文二　重一

異 分也从廾从畀畀予也凡異之屬皆从異徐鍇曰將欲與物先分異之也禮曰賜君子小人不同日羊吏切

戴 分物得增益曰戴从異𢦏聲都代切

𢍰 籀文戴

文二　重一

舁 共舉也从臼从廾凡舁之屬皆从舁讀若余以諸切

𦥯 升高也从舁囟聲七然切

䙲 𦥯或从卩

𡕝 古文

與 黨與也从舁从与余吕切

𦦝 古文與

興 起也从舁从同同力也虛陵切

文四　重三

臼 叉手也从𦥑彐凡臼之屬皆从臼居玉切

要 身中也象人要自臼之形从臼交省聲於消切又於笑切

𡝩 古文要

文二　重一

晨 早昧爽也从臼从辰辰時也辰亦聲丮夕為㚏臼辰為晨皆同意凡晨之屬皆从晨食鄰切

農　耕也从晨囟聲徐鍇曰當从凶乃得聲奴冬切　䢉　籒文農从林　𦥸　古文農　辳　亦古文農

文二　重三

爨　齊謂之炊爨臼象持甑冂爲竈口廾推林內火凡爨之屬皆从爨七亂切

𤒅　籒文爨省　䰞　所以枝鬲者从爨省鬲省渠容切　釁　血祭也象祭竈也从爨省从酉酉所以祭也从分分亦聲臣鉉等曰分布也虛振切

文三　重一

說文解字弟三上

賜進士及第山東等處督糧道兼管德常臨清倉事務加三級孫星衍重校刊

說文解字弟三下

漢太尉祭酒許慎記

銀青光祿大夫守右散騎常侍上柱國東海縣開國子食邑五百戶臣徐鉉等奉

敕校定

革　獸皮治去其毛革更之象古文革之形凡革之屬皆从革　古覈切

革　古文革从三十三十年爲一世而道更也臼聲　鞹　去毛皮也論語曰虎豹之鞹从革郭聲苦郭切　靬　靬乾革也武威有麗靬縣从革干聲苦旰切　䩚　生革可以爲縷束也从革各聲盧各切　鞄　柔革工也从革包聲讀若朴周禮曰柔皮之工鮑氏鞄即鮑也蒲角切　韗　攻皮治鼓工也从革軍聲讀若運王問切　韗　韗或从韋　鞣　耎也从革从柔柔亦聲耳由切　靼　柔革也从革从旦聲旨熱切　䪙　古文靼从亶　鞼　韋繡也从革貴聲求位切　鞶　大帶也易曰或錫之鞶帶男子帶鞶婦人帶絲从革般聲薄官切　鞏　以韋束也易曰鞏用黃牛之革从革巩聲居竦切　鞔　履空也从革免聲徐鍇曰履空猶言履殼也

母官切

靸 小兒履也从革及聲讀若沓穌合切

䩕 鞮角鞮屬从革卬聲五岡切

鞮 革履也从革是聲都兮切

⿰革夾 鞮⿰革夾沙也从革从夾夾亦聲古洽切

⿰革徙 鞮屬从革徙聲所綺切

鞵 革生鞮也从革奚聲戶佳切

靪 補履下也从革丁聲當經切

鞠 蹋鞠也从革匊聲居六切

⿰革⿱竹執 鞠或从⿱竹執

鞀 鞀遼也从革召聲徒刀切

鞉 鞀或从兆

鼗 鞀或从鼓从兆

⿰殸召 籀文鞀从殸召

⿰革冤 量物之⿰革冤一曰抒井⿰革冤古以革从革冤聲於袁切

⿰革宛 ⿰革冤或从宛

鞞 刀室也从革卑聲并頂切

鞎 車革前曰鞎从革艮聲戶恩切

鞃 車軾也从革弘聲詩曰鞹鞃淺幭讀若穹丘弘切

鞪 車軸束也从革敄聲莫卜切

⿰革必 車束也从革必聲毗必切

⿰革爨 車衡三束也曲轅⿰革贊縛直轅⿱篹車縛从革爨聲讀若論語鑽燧之鑽借官切

⿰革贊 ⿰革爨或从革贊

⿰革旨 蓋杠絲也从革旨聲徐鍇曰絲其繫系也脂利切

鞁 車駕具也从革皮聲平祕切

鞥 轡鞥从革弇聲讀若譍一曰龍頭繞者烏合切

靶 轡革也从革巴聲必駕切

韅 著掖鞥也从革顯聲呼典切

靳 當膺也从革斤聲居近切

⿰革蚩 驂具也从革蚩聲讀若騁蜃丑郢切

靷 引軸也从革引聲余忍切

⿰革𡕢 籀文靷

⿰革官 車鞁具也从革官聲古滿切

⿰革豆 車鞁具也从革豆聲田候切

⿰革于 輨內環靼也从革于聲羽俱切

⿰革尃 車下索也从革尃聲補各切

鞧

車具也从革奄聲烏合切

⿰革叕 車具也从革叕聲陟劣切

鞌 馬鞁具也从革从安烏寒切

⿰革茸 鞌毳飾也从革茸聲而隴切

鞊 鞌飾从革占聲他叶切

鞈 防汗也从革合聲古洽切

勒 馬頭絡銜也从革力聲盧則切

鞙 大車縛軛靼从革肙聲狂沇切

⿰革面 勒靼也从革面聲弥沇切

靲 鞮也从革今聲巨今切

鞬 所以戢弓矢从革建聲居言切

韇 弓矢韇也从革賣聲徒谷切

⿰革巂 綏也从革巂聲山垂切

⿰革亟 急也从革亟聲紀力切

鞭 驅也从革便聲卑連切 ⿱亼攴 古文鞭

鞅 頸靼也从革央聲於兩切

韄 佩刀絲也从革蒦聲乙白切

⿰革它 馬尾⿰革它也从革它聲今之般緧徒何切

⿰革見 繫牛脛也从革見聲己彳切

文五十七　重十一

鞘 刀室也从革肖聲私妙切

韉 馬鞁具也从革薦聲則前切

鞾 鞮屬从革華聲許騰切

靮 馬羈也从革勺聲都歷切

文四　新附

鬲 鼎屬實五觳斗二升曰觳象腹交文三足凡鬲之屬皆从鬲郎激切

大十小四、九十

𤭛鬲或从瓦　𤮿漢令鬲从瓦厤聲　鬹三足鍑也一曰滫米器也从鬲支聲魚綺切　鬶三足釜也有柄喙讀若嬀从鬲規聲居隨切　鬷釜屬从鬲㚇聲子紅切　𩰲秦名土釜曰𩰲从鬲干聲讀若過古禾切　鬵大釜也一曰鼎大上小下若甑曰鬵从鬲兟聲讀若岑才林切　𩱅籒文鬵　䰝鬵屬从鬲曾聲子孕切　鬴鍑屬从鬲甫聲扶雨切　釜鬴或从金父聲　鬳鬲屬从鬲虍聲牛建切　融炊气上出也从鬲蟲省聲以戎切　𧖯籒文融不省　𩱇炊气皃从鬲嚻聲許嬌切　鬺煑也从鬲羊聲式羊切　𩱙涫也从鬲沸聲芳未切

文十三　重五

䰜歷也古文亦鬲字象孰飪五味气上出也凡䰜之屬皆从䰜郎激切

𩱦䰜也从䰜侃聲諸延切　餰𩱦或从食衍聲　飦或从干聲　𩞑或从建聲　鬻健也从䰜米聲武悲切臣鉉等曰今俗粥作粥音之六切　𩱡健也从䰜古聲戶吳切　鬻五味盉羹也从䰜从羔詩曰亦有和鬻古行切　𩱭

鬻或省 𩱴 或从美鬻省 羹 小篆从羔从美

𩱦 鼎實惟葦及蒲陳留謂鍵爲𩱦从鬻速聲桑谷切 餗 𩱦或从食束聲

𩱚 鬻也从鬻毓聲余六切 𩱙 𩱚或省从米

𩰲 涼州謂鬻爲𩰲从鬻𥻆聲莫結切 𥻆 𩰲或省从末

䰜 粉餅也从鬻耳聲仍吏切 餌 䰜或从食耳聲

𩱛 熬也从鬻芻聲臣鉉等曰今俗作炒別作𤍠非是尺沼切

𩰳 内肉及菜湯中薄出之从鬻翟聲以勺切

鬻 孚也从鬻者聲章與切 𩱾 鬻或从火 𩰾 鬻或从水在其中

𩱥 吹聲沸也从鬻孛聲蒲没切

文十三　重十二

爪 丮也覆手曰爪象形凡爪之屬皆从爪側狡切

孚 卵孚也从爪从子一曰信也徐鍇曰鳥之孚卵皆如其期不失信也鳥裒恒以爪反覆其卵也芳無切 𤓰 古文孚从禾禾古文保

爲 母猴也其爲禽好爪爪母猴象也下腹爲母猴形王育曰爪象形也薳支切 𤔔 古文爲象兩母猴相對形

爫 亦丮也从反爪闕諸兩切

文四　重二

丮 持也象手有所丮據也凡丮之屬皆从丮

讀若戟几劇切

種也从坴丮持亟種之書曰我埶黍稷徐鍇曰坴土也魚祭切

食飪也从丮𦎫聲易曰孰飪殊六切

設飪也从丮从食才聲讀若載作代切

褱也从丮工聲居悚切

巩或加手

相踦之也从丮谷聲其虐切

擊踝也从丮从戈讀若踝胡瓦切

拖持也从反丮闕居玉切

文八　重一

兩士相對兵杖在後象鬥之形凡鬥之屬皆从鬥都豆切

遇也从鬥斲聲都豆切

鬭也从鬥共聲孟子曰鄒與魯鬨下降切

經繆殺也从鬥翏聲力求切

鬭取也从鬥龜聲讀若三合繩糾古矦切

智少力劣也从鬥爾聲奴礼切

鬭連結鬪紛相牽也从鬥燹聲臣鉉等案燹今先典切从豩聲豩呼還切蓋燹亦有豩音故得爲聲一本从燹說文無燹字撫文切

鬭也从鬥賓省聲讀若賓匹賓切

恒訟也詩云兄弟鬩于牆从鬥从兒兒善訟者也許激切

試力士錘也从鬥从戈或从戰省讀若縣胡畎切

文十

鬧 不靜也从市鬥 奴教切

文一 新附

又 手也象形三指者手之𠝹多略不過三也凡又之屬皆从又 于救切

右 手口相助也从又从口臣鉉等曰今俗別作佑于救切

厷 臂上也从又从古文 古薨切

𠃋 古文厷象形

肱 厷或从肉

叉 手指相錯也从又象叉之形初牙切

𠬶 手足甲也从又象叉形側狡切

父 矩也家長率教者从又舉杖扶雨切

叜 老也从又从灾闕穌后切

𡩟 籒文从寸

傁 叜或从人

燮 和也从言从又炎籒文燮从羊 羊音飪讀若溼臣鉉等案燮字義大孰也从炎从又即孰物可持也此燮蓋从燮省言語以和之也二字義相出入故也穌叶切

曼 引也从又冒聲無販切

𡕥 引也从又𦥔聲𦥔古文申失人切

夬 分決也从又𠃌象決形徐鍇曰𠃌物也丨所以決之古賣切

尹 治也从又丿握事者也余準切

𠂈 古文尹

𪠵 又卑也从又虘聲側加切

𠭴 引也从又𠩺聲里之切

㕞 拭也从又持巾在尸下所劣切

及 逮也从又从人徐鍇曰及前人也巨立切

乀 古文及秦刻石及如此

弓 亦古文及

𨗩 亦古文及

𢓊

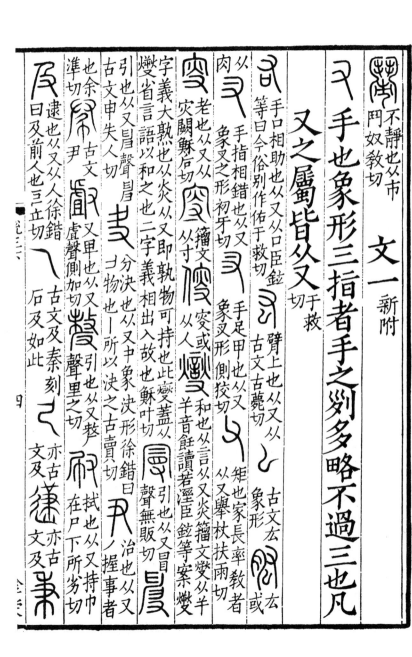

禾束也从又持禾兵永切 反 覆也从又厂反形府遠切 反 古文 𠬝 治也从又从卩卩事之節也房六切 叏 滑也
詩云叏兮達兮从又中一曰取也土刀切 𠭖 楚人謂卜問吉凶曰𠭖从又持祟祟亦聲讀若贅之芮切 叔 拾也从又尗聲
汝南名收芌爲叔式竹切 㕝 叔或从寸 𠬧 入水有所取也从又在回下回古文回回淵水也讀若沫莫勃切 取 捕取也从
又从耳周禮獲者取左耳司馬法曰載獻聝聝者耳也七庾切 彗 埽竹也从又持甡祥歲切 篲 彗或从竹 𥲤 古文彗从
竹从習 叚 借也闕古雅切 𠬗 古文叚 叚 譚長說叚如此 友 同志爲友从二又相交友也云久切 𠬶
古文友 𦥏 亦古文友 度 法制也从又庶省聲徒故切
文二十八　重十六
ナ ナ手也象形凡ナ之屬皆从ナ臧可切
卑 賤也執事也从ナ甲徐鍇曰右重而左卑故在甲下補移切
文二
史 記事者也从又持中中正也凡史之屬
皆从史疏士切

事 職也从史之省聲鉏史切 𠭯 古文事

文二　重一

支 去竹之枝也从手持半竹凡支之屬皆从支章移切

𠂿 古文支

攲 持去也从支奇聲去奇切

文二　重一

聿 手之疌巧也从又持巾凡聿之屬皆从聿尼輒切

肄 習也从聿𣏂聲羊至切 𦘔 籀文肄 肆 篆文肄

肅 持事振敬也从聿在𣶒上戰戰兢兢也息逐切 𢻃 古文肅从心从卪

文三　重三

聿 所以書也楚謂之聿吳謂之不律燕謂之弗从聿一聲凡聿之屬皆从聿余律切

筆 秦謂之筆从聿从竹徐鍇曰筆尚便疌故从聿鄙密切

𦘠 聿飾也从聿从彡俗語以書好爲𦘠讀若津將鄰切

書 箸也从聿者聲商魚切

文四

畫 界也象田四界聿所以畫之凡畫之屬皆从畫胡麥切

𤱪 古文畫省

劃 亦古文畫

晝 日之出入與夜爲界从畫省从日陟救切

𦘠 籒文晝

文二　重三

隶 及也从又从尾省又持尾者从後及之也凡隶之屬皆从隶徒耐切

𨽸 及也从隶枲聲詩曰𨽸天之未陰雨臣鉉等曰枲非聲未詳徒耐切

隸 附箸也从隶柰聲郎計切

隸 篆文隸从古文之體臣鉉等未詳古文所出

文三　重一

臤 堅也从又臣聲凡臤之屬皆从臤讀若鏗鏘

之鏗古文以爲賢字苦閑切

緊纏絲急也从臤从絲省糾忍切　堅剛也从臤从土古賢切　豎豎立也从臤豆聲臣庚切　䜾籀文豎从殳

文四　重一

臣牽也事君也象屈服之形凡臣之屬皆从

臣植鄰切

𦣞乖也从二臣相違讀若誑居況切　臧善也从臣戕聲則郎切　𢧟籀文

文三　重一

殳以杸殊人也禮殳以積竹八觚長丈二尺建於

兵車旅賁以先驅从又几聲凡殳之屬皆从

殳市朱切

祋　殳也从殳示聲或說城郭市里高縣羊皮有不當入而欲入者暫下以驚牛馬曰祋故从示殳詩曰何戈與祋丁外切

杸　軍中士所持殳也从木从殳司馬法曰執羽从杸市朱切

毄　相擊中也如車相擊故从殳从軎古歷切

㱿　从上擊下也一曰素也从殳青聲苦角切青苦江切

𣪊　下擊上也从殳冘聲知朕切

𣪘　繇擊也从殳豆聲古文祋如此度侯切

𣪍　縣物殹擊从殳𠷎聲市流切

𣪠　椎毄物也从殳豖聲冬毒切

毆　捶毄物也从殳區聲烏后切

毃　擊頭也从殳高聲口卓切

殿　擊聲也从殳屍聲堂練切

殹　擊中聲也从殳医聲於計切

段　椎物也从殳耑省聲徒玩切

𣪯　擊空聲也从殳宮聲徒冬切又火宮切

殽　相雜錯也从殳肴聲胡茅切

毅　妄怒也一曰有決也从殳豙聲魚既切

𣪏　揉屈也从殳从皀皀古文叀字廏字从此臣鉉等曰叀小謹也亦屈服之意居又切

役　戍邊也从殳从彳臣鉉等曰彳步也彳亦聲營隻切

伇　古文役从人

㱾　㱾攺大剛卯也以逐精鬼从殳亥聲古哀切

文二十重一

殺　戮也从殳杀聲凡殺之屬皆从殺臣鉉等曰說文無杀字相傳云音察未知所出所八切

𢿣古文殺 𢽟古文殺 杀古文殺 弒臣殺君也易曰臣弒其君从殺省式聲式吏切

文二　重四

几鳥之短羽飛几几也象形凡几之屬皆从几讀若殊市朱切

𠘧新生羽而飛也从几从彡之忍切 鳧舒鳧鶩也从鳥几聲房無切

文三

寸十分也人手卻一寸動𧖴謂之寸口从又从一凡寸之屬皆从寸倉困切

寺廷也有法度者也从寸之聲祥吏切 將帥也从寸牆省聲即諒切 尋繹理也从工从口从又从寸工口亂也又寸分理之彡聲此與䍜同意度人之兩臂爲尋八尺也徐林切 專六寸簿也从寸叀聲一曰專紡專職緣切 尃布也从寸甫聲芳無切

導導引也从寸道聲徒皓切

文七

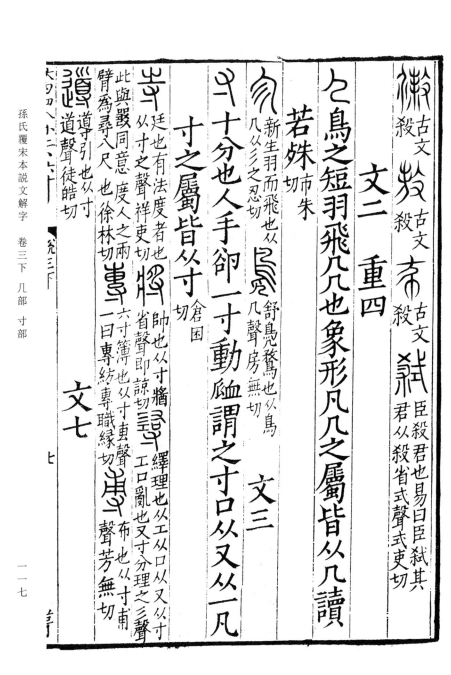

皮　剝取獸革者謂之皮从又爲省聲凡皮之屬皆从皮　符羈切

𠴲　古文皮　𡰦　籒文皮

皰　面生气也从皮包聲旁教切

皯　面黑气也从皮干聲古旱切

文二　重二

皸　足坼也从皮軍聲矩云切

皴　皮細起也从皮夋聲七倫切

文二　新附

㼱　柔韋也从北从皮省从夐省凡㼱之屬皆从㼱讀若耎一曰若儁　臣鉉等曰北者反覆柔治之也夐營也而兖切

𤿭　古文㼱　𤿮　籒文㼱从夐省

䙡　羽獵韋絝从㼱灷聲而隴切　𧝐　或从衣从朕虞書曰鳥獸䙡毛

文三　重三

攴　小擊也从又卜聲凡攴之屬皆从攴　普木切

啟 教也从攴启聲論語曰不憤不啓康礼切 徹 通也从彳从攴从育丑列切 𢾾 古文徹 肇 擊也从攴肈省聲治小切 敏 疾也从攴每聲眉殞切 敃 彊也从攴民聲眉殞切 敄 彊也从攴矛聲亡遇切 敀 迮也从攴白聲周書曰常敀常任博陌切 整 齊也从攴从束从正正亦聲之郢切 效 象也从攴交聲胡教切 故 使爲之也从攴古聲古慕切 政 正也从攴从正正亦聲之盛切 𢻱 敷也从攴也聲讀與施同式支切 敷 𢻱也从攴尃聲周書曰用敷遺後人芳无切 敟 主也从攴典聲多殄切 𢿱 數也从攴麗聲力米切 數 計也从攴婁聲所矩切 瀲 辟瀲鐵也从攴从湅郎電切 孜 汲汲也从攴子聲周書曰孜孜無怠子之切 攽 分也从攴分聲周書曰乃惟孺子攽亦讀與彬同布還切 𢾊 止也从攴旱聲周書曰𢾊我于艱侯旰切 敳 有所治也从攴豈聲讀若豤五來切 敞 平治高土可以遠望也从攴尚聲昌兩切 敒 理也从攴伸聲直刃切 改 更也从攴己李陽冰曰己有過攴之即改古亥切 變 更也从攴䜌聲祕戀切 更 改也从攴丙聲古孟切又古行切 敕 誡也臿地曰敕从攴束聲恥力切 𢾷 使也从攴耴省聲而涉切 斂 收也从攴僉聲良冉切 敹 擇也从攴𡩜聲周書曰敹乃甲

冑洛籥切
敿　繫連也从攴喬聲周書曰敿乃干讀若矯居夭切
敆　合會也从攴从合合亦聲古沓切
敶　列也从攴陳聲直刃切
敵　仇也从攴啻聲徒歷切
救　止也从攴求聲居又切
敓　彊取也周書曰敓攘矯虔从攴兌聲徒活切
斁　解也从攴睪聲詩云服之無斁斁猒也一曰終也羊益切
赦　置也从攴赤聲始夜切
赦　赦或从亦
攸　行水也从攴从人水省徐鍇曰攴入水所杖也以周切
汥　秦刻石繹山文攸字如此
⿰亡攴　撫也从攴亾聲讀與撫同芳武切
敉　撫也从攴米聲周書曰亦未克敉公功讀若弭緜婢切
㑈　敉或从人
⿰易攴　侮也从攴从易易亦聲以豉切
⿰韋攴　戾也从攴韋聲羽非切
敦　怒也詆也一曰誰何也从攴𦎫聲都昆切又丁回切
⿰羣攴　朋侵也从攴从羣羣亦聲渠云切
敗　毀也从攴貝敗賊皆从貝會意薄邁切
𣀒　籒文敗从賏
⿰𤔔攴　煩也从攴从𤔔𤔔亦聲郎段切
寇　暴也从攴从完徐鍇曰當其完聚而欲寇之苦候切
⿰蚩攴　刺也从攴蚩聲豬几切
⿰度攴　閉也从攴度聲讀若杜徒古切
剫　⿰度攴或从刀
敜　塞也从攴念聲周書曰敜乃穽奴叶切
⿰畢攴　⿰畢攴盡也从攴畢聲甲吉切
收　捕也从攴丩聲式州切
鼓　擊鼓也从攴从壴壴亦聲公戶切
攷　敂也从攴丂聲苦浩切

敂擊也从攴句聲讀若扣苦候切　攻擊也从攴工聲古洪切　敲橫擿也从攴高聲口交切　豛擊也从攴豕聲竹角切　𢼛放也从攴圭聲迂往切　𢽾坼也从攴从厂厂之性坼果孰有味亦坼故謂之𢽾从未聲徐鍇曰厂厓也許其切　斀去陰之刑也从攴蜀聲周書曰刖劓斀黥竹角切　敯冒也从攴昬聲周書曰敯不畏死眉殞切　敔禁也一曰樂器椌楬也形如木虎从攴吾聲魚舉切　敤研治也从攴果聲舜女弟名敤首苦果切　鈙持也从攴金聲讀若琴巨今切　𢿌棄也从攴𠷎聲周書以爲討詩云無我𢿌兮市流切　畋平田也从攴田周書曰畋尒田待年切　攺毅改大剛卯以逐鬼鬽也从攴巳聲讀若巳古亥切　敘次弟也从攴余聲徐呂切　𢾊毀也从攴卑聲辟米切　𢿣𢾊也从攴兒聲五計切　牧養牛人也从攴从牛詩曰牧人乃夢莫卜切　𢻨擊馬也从攴朿聲楚革切　𣀔小舂也从攴算聲初絭切　𢿯敫角田也从攴堯聲牽遙切

文七十七　重六

敎上所施下所效也从攴从孝凡敎之屬皆从敎古孝切

大下十二　小四　七十四　說三下　九　易宗

𢽾古文教　𤕝亦古文教　斆覺悟也从教从冂冂尚矇也臼聲胡覺切　學篆文斆省

文二　重三

卜灼剥龜也象炙龜之形一曰象龜兆之從橫也凡卜之屬皆从卜博木切

𠂁古文卜　卦筮也从卜圭聲臣鉉等曰圭字聲不相近當从挂省聲古壞切　卟卜以問疑也从口卜讀與稽同書云卟疑古兮切　貞卜問也从卜貝以爲贄一曰鼎省聲京房所說陟盈切　𠧧易卦之上體也商書曰貞曰𠧧从卜每聲荒内切　占視兆問也从卜从口職廉切　𠨑卜問也从卜召聲市沼切　𠧞灼龜坼也从卜兆象形治小切　兆古文兆省

文八　重二

用可施行也从卜从中衛宏說凡用之屬皆从用臣鉉等曰卜中乃可用也余訟切

古文用 甫 男子美稱也从用父父亦聲方矩切 庸 用也从用从庚庚更事也易曰先庚三日余封切

𤰈 具也从用苟省臣鉉等曰苟急敕也會意平祕切 甯 所願也从用寧省聲乃定切

文五 重一

爻 交也象易六爻頭交也凡爻之屬皆从爻胡茅切

棥 藩也从爻从林詩曰營營青蠅止于棥附袁切

文二

㸚 二爻也凡㸚之屬皆从㸚力几切

爾 麗爾猶靡麗也从冂从㸚其孔㸚尒聲此與爽同意兒氏切

爽 明也从㸚从大徐鍇曰大其中隙縫光也䟽兩切 𤕦 篆文爽

文三 重一

說文解字弟三下

賜進士及第山東等處督糧道兼管德常臨清倉事務加三級孫星衍重校刊

說文解字弟四上　漢太尉祭酒許慎記

銀青光祿大夫守右散騎常侍上柱國東海縣開國子食邑五百戶臣徐鉉等奉

敕校定

四十五部　文七百四十八　重百一十二

凡七千六百三十八字

文二十四新附

旻　舉目使人也从攴从目凡旻之屬皆从旻讀若颭　火劣切

夐　營求也从旻从人在穴上商書曰高宗夢得說使百工夐求得之傅巖巖穴也徐鍇曰人與目隔穴經營而見之然後指使以求之攴所指畫也朽正切

閺　低目視也从旻門聲弘農湖縣有閺鄉汝南西平有閺亭無分切

奭　大視也从大旻讀若齤況晚切

文四

目 人眼象形重童子也凡目之屬皆从目　莫六切

𡇂 古文目

眼 目也从目艮聲五限切

䁱 兒初生瞥者从目睘聲邦免切

眩 目無常主也从目玄聲黃絢切

眥 目匡也从目此聲在詣切

䀹 目旁毛也从目夾聲子葉切

𥉈 盧童子也从目縣聲胡畎切

𥉭 目童子精也从目喜聲讀若禧許其切

矈 目旁薄緻宀宀也从目𦤎聲武延切

𥇒 大目也从目非聲芳微切

𥈤 大目也从目臤聲矦簡切

睅 大目也从目旱聲戶版切

睆 睅或从完

瞣 大目也从目爰聲況晚切

瞞 平目也从目㒼聲母官切

睴 大目出也从目軍聲古鈍切

矕 目䜌䜌也从目䜌聲武版切

睔 目大也从目侖春秋傳有鄭伯睔古本切

盼 詩曰美目盼兮从目分聲匹莧切

盰 目多白也一曰張目也从目干聲古旱切

眅 多白眼也从目反聲春秋傳曰鄭游眅字子明普班切

睍 出目也从目見聲胡典切

矔 目多精也从目雚聲益州謂瞋目曰矔古玩切

瞵 目精也从目粦聲力珍切

窅 深目也从穴中目烏皎切

眊 目少精也从目毛聲虞書耄字从此亡報切

矘 目無精直視也从目黨聲他朗切

睒 暫視皃从目炎聲讀若白蓋謂之苫相似失冉切

眮 吳楚謂瞋目顧視曰眮从目同聲徒弄切

䀣 直視也从目必聲讀若詩云泌彼泉水兵媚切

瞴 瞴婁微視也从目無聲莫浮切

𥆧 蔽人視也从目幵聲

讀若攜手一曰直視也又苦兮切 盰 盰或在下 睌 睌賢目視皃从目免聲武限切 眂 眂皃从目氏聲承旨切 睨 衺視也从
目兒聲研計切 䁅 低目視也从目冒聲周書曰武王惟䁅亡保切 眓 視高皃从目戉聲讀若詩曰施罛濊濊呼哲切 眈 視近而志
遠从目冘聲易曰虎視眈眈丁含切 䀡 相顧視而行也从目从延延亦聲于線切 盱 張目也从目于聲一曰朝鮮謂盧童子白盱況于切 睘
目驚視也从目袁聲詩曰獨行睘睘渠營切 睻 視而止也从目宣聲旨善切 䀛 目冥遠視也从目勿聲一曰久也一曰旦明也莫佩切 眕
目有所恨而止也从目㐱聲之忍切 瞟 瞭也从目票聲敷沼切 䀏 察也从目祭聲戚細切 睹 見也从目者聲當古切 覩
古文从見 眔 目相及也从目从隶省徒合切 睽 目不相聽也从目癸聲苦圭切 眜 目不明也从目末聲莫撥切 䀿 轉目視也从目
般聲薄官切 䁪 小兒白眼也从目辡聲蒲莧切 眽 目財視也从目𠂢聲莫獲切 䀪 失意視也从目脩聲他歷切 䁆 謹鈍
目也从目𦎫聲之閏切 瞤 目動也从目閏聲如勻切 矉 恨張目也从目賓聲詩曰國步斯矉符眞切 眢 目無明也从目夗聲一丸切 睢
仰目也从目隹聲許惟切 旬 目搖也从目勻省聲黃絢切 眴 旬或从旬 矆 大視也从目蒦聲許縛切 睦 目順也从目坴聲一曰敬和也
莫卜切 𡘸 古文睦 瞻 臨視也从目詹聲職廉切 瞀 氐目謹視也从目敄聲莫侯切 䁹 小視也从目買聲莫佳切 䁾

視也从目監聲古銜切

䁈 省視也从目啓省聲苦系切

相 省視也从目从木易曰地可觀者莫可觀於木詩曰相鼠有皮息良切

瞋 張目也从目眞聲昌眞切

⿰目戌 祕書瞋从戌

瞗 目孰視也从目鳥聲讀若雕都僚切

睗 目疾視也从目易聲施隻切

睊 視皃从目肙聲於絢切

⿰目窅 目深皃从目窅讀若易曰勿卹之卹於悅切

睼 迎視也从目是聲讀若珥瑱之瑱也計切

⿰目晏 目相戲也从目晏聲詩曰⿰目晏婉之求於殄切

⿰目取 短深目皃从目取聲烏括切

眷 顧也从目𢍏聲詩曰乃眷西顧居倦切

督 察也一曰目痛也从目叔聲冬毒切

睎 望也从目稀省聲海岱之間謂眄曰睎香衣切

看 睎也从手下目苦寒切

⿰倝目 看或从倝

瞫 深視也一曰下視也又竊見也从目覃聲式荏切

睡 坐寐也从目垂是僞切

瞑 翕目也从目冥冥亦聲臣鉉等曰今俗別作眠非是武延切

眚 目病生翳也从目生聲所景切

瞥 過目也又目翳也从目敝聲一曰財見也普滅切

眵 目傷眥也从目多聲一曰曹兜叱支切

⿱苜戍 目眵也从目蔑省聲莫結切

⿰目夬 涓目也从目夬聲臣鉉等曰當从決省古穴切

⿰目良 目病也从目良聲力讓切

眛 目不明也从目未聲莫佩切

瞯 戴目也从目閒聲江淮之間謂眄曰瞯戶間切

眯 艸入目中也从目米聲莫禮切

眺 目不正也从目兆聲他弔切

睞 目童子不正也从目來聲洛代切

睩 目睞謹也从目彔聲讀若鹿盧谷切

⿰目攸 眣也从目攸聲敕鳩切

⿰目丩 ⿰目攸或从丩

眣

眣 目不正也从目失聲丑栗切
矇 童矇也一曰不明也从目蒙聲莫中切
眇 一目小也从目从少少亦聲亡沼切
眄 目偏合也一曰衺視也秦語从目丏聲莫甸切
䀩 眄也从目各聲盧各切
盲 目無牟子从目亡聲武庚切
䁍 目陷也从目咸聲苦夾切
瞽 目但有眹也从目鼓聲公戶切
瞍 無目也从目叜聲穌后切
⿱𤇾目 惑也从目熒省聲戶扃切
睉 目小也从目坐聲臣鉉等曰案尚書元首叢脞哉叢脞猶細碎也今从肉非是昨禾切
⿰目叉 捾目也从目叉聲烏括切
睇 目小視也从目弟聲南楚謂眄曰睇特計切
瞚 開闔目數搖也从目寅聲臣鉉等曰今俗別作瞬非是舒問切
眙 直視也从目台聲丑吏切
眝 長眙也一曰張目也从目宁聲陟呂切
盻 恨視也从目兮聲胡計切
⿱弗目 目不明也从目弗聲普未切

文百十三　重八

瞼 目上下瞼也从目僉聲居奄切
眨 動目也从目乏聲側洽切
眭 深目也亦人姓从目圭聲許規切
眹 目精也从目𠔄聲案勝字賸皆从朕聲疑古以朕爲眹直引切
眸 目童子也从目牟聲說文直作牟莫浮切
睚 目際也从目厓五隘切

文六　新附

䀠 左右視也从二目凡䀠之屬皆从䀠讀若拘又若良士瞿瞿九遇切

𥄕 目圍也从䀠丿讀若書卷之卷古文以爲醜字居倦切 [illegible] 目衺也从䀠从大大人也舉朱切 文三

眉 目上毛也从目象眉之形上象頟理也凡眉之屬皆从眉 武悲切

省 視也从眉省从屮臣鉉等曰屮通識也所景切 [illegible] 古文从少从囧 文二 重一

盾 瞂也所以扞身蔽目象形凡盾之屬皆从盾 食閏切

瞂 盾也从盾犮聲扶發切 [illegible] 盾握也从盾圭聲苦圭切 文三

自 鼻也象鼻形凡自之屬皆从自 疾二切

𦣹 古文自 [illegible] 宮不見也闕 武延切 文二 重一

白 此亦自字也省自者詞言之气从鼻出與口相助也凡白之屬皆从白 疾二切

皆 俱詞也从比从白古諧切

魯 鈍詞也从白羨省聲論語曰參也魯郎古切

者 別事詞也从白𣥂聲𣥂古文旅字之也切

𠷎 詞也从白𠃓聲𠃓與疇同虞書帝曰𠷎咨直由切

𥏼 識詞也从白从亐从知知義切

𣉻 古文𥏼

百 十十也从一白數十百爲一貫相章也博陌切

○ 古文百从自

文七　重二

鼻 引气自畀也从自畀凡鼻之屬皆从鼻父二切

齅 以鼻就臭也从鼻从臭臭亦聲讀若畜牲之畜許救切

鼾 臥息也从鼻干聲讀若汗厗幹切

鼽 病寒鼻窒也从鼻九聲巨鳩切

齂 臥息也从鼻隶聲讀若虺許介切

文五

皕 二百也凡皕之屬皆从皕讀若祕彼力切

奭 盛也从大从皕皕亦聲此燕召公名讀若郝史篇名醜徐鍇曰史篇謂所作蒼頡十五篇也詩亦切

○ 古文奭

文二　重一

習 數飛也从羽从白凡習之屬皆从習似入切

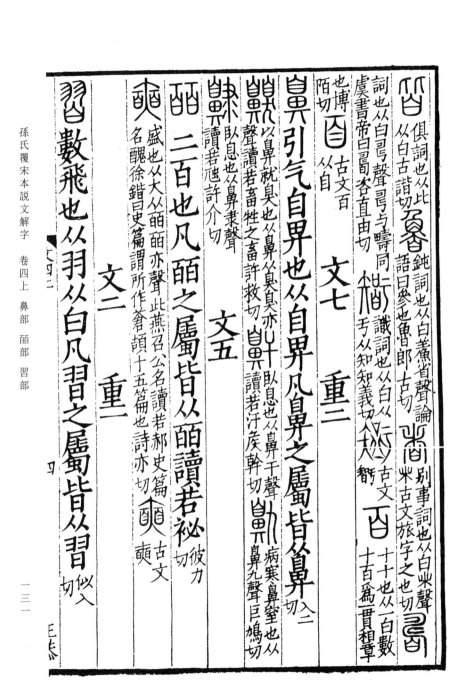

翫　習猒也从習元聲春秋傳曰翫歲而愒日五換切

文二

羽　鳥長毛也象形凡羽之屬皆从羽　王矩切

翨　鳥之彊羽猛者从羽是聲俱豉切　翰　天雞赤羽也从羽倝聲逸周書曰大翰若翬雉一名鷐風周成王時蜀人獻之矦幹切　翟　山雉尾長者从羽从隹徒歷切

翡　赤羽雀也出鬱林从羽非聲房味切　翠　青羽雀也出鬱林从羽卒聲七醉切　翦　羽生也一曰矢羽从羽前聲即淺切

翁　頸毛也从羽公聲烏紅切　翄　翼也从羽支聲施智切　𦐅　翄或从氏　𦑣　翅也从羽革聲古翮切　翹　尾長毛也从羽堯聲渠遙切

翭　羽本也一曰羽初生皃从羽矦聲乎溝切　翮　羽莖也从羽鬲聲下革切　翑　羽曲也从羽句聲其俱切　羿　羽之羿風亦古諸侯也一曰射師从羽开聲五計切

翥　飛舉也从羽者聲章庶切　翕　起也从羽合聲許及切　翾　小飛也从羽睘聲許緣切

翬　大飛也从羽軍聲一曰伊雒而南雉五采皆備曰翬詩曰如翬斯飛臣鉉等曰當从揮省許歸切　翏　高飛也从羽从㐱力救切　翩　疾飛也从羽扁聲芳連切

翜　捷也飛之疾也从羽夾聲讀若瀒一曰俠也山洽切　翊　飛皃从羽立聲與職切　𦐔　飛盛皃从羽从冃臣鉉等曰犯冒而飛是盛也土盍切

𦐒　飛盛皃从羽之聲侍之切　翱　翱翔也从羽皋聲五牢切　翔　回飛也从羽羊聲似羊切　翽　飛聲

也从羽歲聲詩曰鳳皇于飛翽翽其羽呼會切

翯 鳥白肥澤皃从羽高聲詩云白鳥翯翯胡角切

翌 樂舞以羽翿自翳其首以祀星辰也从羽王聲讀若皇胡光切

翇 樂舞執全羽以祀社稷也从羽犮聲讀若紱分勿切

翿 翳也所以舞也从羽𣪊聲詩曰左執翿徒到切

翳 華蓋也从羽殹聲於計切

翣 棺羽飾也天子八諸侯六大夫四士二下垂从羽妾聲山洽切

文三十四 重一

翻 飛也从羽番聲孚袁切

翎 羽也从羽令聲郎丁切

翃 飛聲从羽工聲戶公切

文三 新附

隹 鳥之短尾總名也象形凡隹之屬皆从隹 職追切

雅 楚烏也一名鸒一名卑居秦謂之雅从隹牙聲 臣鉉等曰今俗別作鴉非是五下切

隻 鳥一枚也从又持隹持一隹曰隻二隹曰雙之石切

雒 鵋鵙也从隹各聲盧各切

閵 今閵似鴝鵒而黃从隹𦊆省聲良刃切 **藺** 籀文不省

巂 周燕也从隹屮象其冠也冏聲一曰蜀王望帝婬其相妻慙亡去爲子巂鳥故蜀人聞子巂鳴皆起云望帝戶圭切

䧿 鳥也从隹方聲讀若方府良切

雀 依人小鳥也从小隹讀與爵同即略切

𨾴 鳥也从隹犬聲睢陽有𨾴水五加切

雗 雗鷽也从隹倝聲侯幹切

雉 有十四種盧諸雉喬雉鳪雉鷩雉秩秩海雉翟山雉翰雉卓雉伊洛而南曰翬江淮而南曰搖南方曰𩿧東方曰甾北方曰稀西方曰蹲

从隹矢聲直几切
⿰弟隹 古文雉从弟
雊 雄雌鳴也雷始動雉鳴而雊其頸从隹从句句亦聲古侯切
雞 知時畜也从隹奚聲古兮切
鷄 籀文雞从鳥
雛 雞子也从隹芻聲士于切
鶵 籀文雛从鳥
雡 鳥大雛也从隹翏聲一曰雉之莫子為雡力救切
離 黃倉庚也鳴則蠶生从隹离聲呂支切
雕 鷻也从隹周聲都僚切
鵰 籀文雕从鳥
䧹 鳥也从隹瘖省聲或从人人亦聲徐鍇曰鷹隨人所指蹤故从人於凌切
鷹 籀文䧹从鳥
⿰氐隹 ⿰垂隹也从隹氐聲處脂切
⿰氐鳥 籀文⿰氐隹从鳥
⿰垂隹 ⿰垂隹也从隹垂聲是僞切
雃 石鳥一名雝𪄑一曰精列从隹幵聲春秋傳秦有士雃苦堅切
雝 雝𪄑也从隹邕聲於容切
雂 鳥也从隹今聲春秋傳有公子苦雂巨淹切
雁 鳥也从隹从人厂聲讀若鴈臣鉉等曰雁知時鳥大夫以為摯昏禮用之故从人五晏切
⿰黎隹 ⿰黎隹黃也从隹黎聲一曰楚雀也其色黎黑而黃郎兮切
雐 鳥也从隹虍聲荒鳥切
雓 牟母也从隹奴聲人諸切
鴽 雓或从鳥
雇 九雇農桑候鳥扈民不婬者也从隹戶聲春雇鳻盾夏雇竊玄秋雇竊藍冬雇竊黃棘雇竊丹行雇唶唶宵雇嘖嘖桑雇竊脂老雇鷃也侯古切
鶚 雇或从雩
鳸 籀文雇从鳥
⿰𦎫隹 ⿰酓隹屬从隹𦎫聲常倫切
⿰酓隹 ⿰𦎫隹屬从隹酓聲恩含切
⿰酓鳥 籀文⿰酓隹从鳥
⿰支隹 鳥也从隹支聲一曰雄度章移切
䧆 鳥肥大䧆䧆也从隹工聲戶工切
鳿 䧆或从鳥

𨿅 繳𢿏也从隹椒聲一曰飛𢿏也臣鉉等曰繳之若切𢿏繳以取鳥也穌旰切 隿 繳射飛鳥也从隹弋聲與職切 雄 鳥父也从隹厷聲羽弓切 雌 鳥母也从隹此聲此移切 䍜 覆鳥令不飛走也从网隹讀若到都校切 雋 肥肉也从弓所以射隹長沙有下雋縣徂沇切

𨿡 飛也从隹隓聲山垂切

文三十九　重十二

奞 鳥張毛羽自奮也从大从隹凡奞之屬皆从奞讀若睢 息遺切

奪 手持隹失之也从又从奞徒活切 奮 翬也从奞在田上詩曰不能奮飛方問切

文三

萑 鴟屬从隹从𦫳有毛角所鳴其民有旤凡萑之屬皆从萑讀若和 胡官切

蒦 規蒦商也从又持萑一曰視遽皃一曰蒦度也徐鍇曰商度也萑善度人禍福也乙虢切 彠 蒦或从尋尋亦度也楚詞曰求矩彠之所同

雚 小爵也从萑吅聲詩曰雚鳴于垤工奐切 舊 雎舊舊留也从萑臼聲巨救切 鵂 舊或从鳥休聲

文四　重二

𦫳 羊角也象形凡𦫳之屬皆从𦫳讀若菲工瓦切

乖 戾也从𦫳而𠔁𠔁古文別臣鉉等曰𠔁兵列切篆文分別字也古懷切

芇 相當也闕讀若宀母官切

文三

𥄕 目不正也从𦫳从目凡𥄕之屬皆从𥄕莧从此讀若末徐鍇曰𦫳角戾也徒結切

瞢 目不明也从𥄕从旬旬目數搖也木空切

𦾧 火不明也从𥄕从火𥄕亦聲周書曰布重𦾧席織蒻席也讀與蔑同莫結切

蔑 勞目無精也从𥄕人勞則蔑然从戍莫結切

文四

羊 祥也从𦫳象頭角足尾之形孔子曰牛羊之字以形舉也凡羊之屬皆从羊與章切

羋 羊鳴也从羊象聲气上出與牟同意緜婢切

羔 羊子也从羊照省聲古牢切

羜 五月生羔也从羊宁聲讀若煑

直呂切

⿰羊敄　六月生羔也从羊敄聲讀若霧己遇切又亡遇切

羍　小羊也从羊大聲讀若達他末切

𦍒　羍或省

⿰羊兆　羊未卒歲也从羊兆聲或曰夷羊百斤左右爲⿰羊兆讀若春秋盟于洮治小切

羝　牡羊也从羊氐聲都兮切

羒　牂羊也从羊分聲符分切

牂　牡羊也从羊爿聲則郎切

羭　夏羊牡曰羭从羊俞聲羊朱切

羖　夏羊牡曰羖从羊殳聲公戶切

羯　羊羖犗也从羊曷聲居謁切

羠　騬羊也从羊夷聲徐姊切

羳　黃腹羊从羊番聲附袁切

羥　羊名从羊巠聲口莖切

⿱執羊　羊名从羊執聲汝南平輿有摯亭讀若晉臣鉉曰執非聲未詳即刃切

羸　瘦也从羊𣎆聲臣鉉等曰羊主給膳以瘦爲病故从羊力爲切

䍴　羊相羵也从羊委聲於僞切

羵　䍴羵也从羊責聲子賜切

羣　輩也从羊君聲臣鉉等曰羊性好羣故从羊渠云切

⿰羊垔　羣羊相積也一曰黑羊从羊垔聲烏閑切

⿱此羊　羊名蹏皮可以割桼从羊此聲此思切

美　甘也从羊从大羊在六畜主給膳也美與善同意臣鉉等曰羊大則美故从大無鄙切

羌　西戎牧羊人也从人从羊羊亦聲南方蠻閩从虫北方狄从犬東方貉从豸西方羌从羊此六種也西南僰人僬僥从人蓋在坤地頗有順理之性唯東夷从大大人也夷俗仁仁者壽有君子不死之國孔子曰道不行欲之九夷乘桴浮於海有以也去羊切

𢑚　古文羌如此

羑　進善也从羊久聲文王拘羑里在湯陰與久切

文二十六　重二

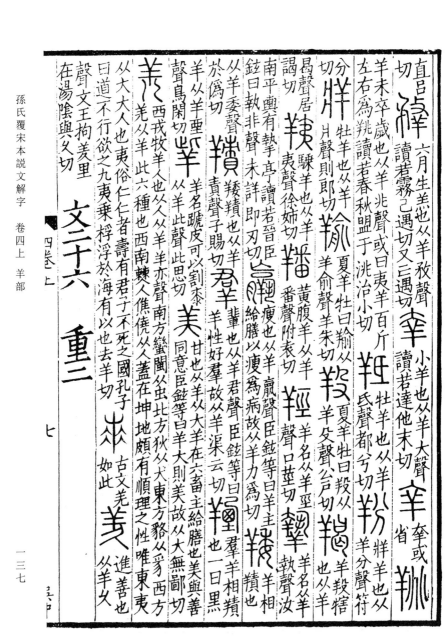

羴 羊臭也从三羊凡羴之屬皆从羴式連切

羶 羴或从亶 羼 羊相厠也从羴在尸下尸屋也一曰相出前也初限切

文二　重一

瞿 鷹隼之視也从隹从䀠䀠亦聲凡瞿之屬皆从瞿讀若章句之句九遇切又音衢

矍 隹欲逸走也从又持之矍矍也讀若詩云穬彼淮夷之穬一曰視遽皃九縛切

文二

雔 雙鳥也从二隹凡雔之屬皆从雔讀若醻市流切

靃 飛聲也雨而雙飛者其聲靃然呼郭切 雙 隹二枚也从雔又持之所江切

文三

雥 羣鳥也从三隹凡雥之屬皆从雥徂合切

䨊 鳥羣也从雥𣶒聲烏玄切 雧 羣鳥在木上也从雥从木秦入切 集 雧或省

文三　重一

鳥 長尾禽總名也象形鳥之足似匕从匕凡鳥之屬皆从鳥 都了切

鳳 神鳥也天老曰鳳之象也鴻前麐後蛇頸魚尾鸛顙鴛思龍文虎背燕頷雞喙五色備舉出於東方君子之國翶翔四海之外過崐崘飲砥柱濯羽弱水莫宿風穴見則天下大安寧从鳥凡聲 馮貢切 䨿 古文鳳象形鳳飛羣鳥從以萬數故以爲朋黨字 鵬 亦古文鳳

鸞 亦神靈之精也赤色五采雞形鳴中五音頌聲作則至从鳥䜌聲周成王時氐羌獻鸞鳥 洛官切

鸑 鸑鷟鳳屬神鳥也从鳥獄聲春秋國語曰周之興也鸑鷟鳴於岐山江中有鸑鷟似鳧而大赤目 五角切

鷟 鸑鷟也从鳥族聲 士角切

鷫 鷫鷞也五方神鳥也東方發明南方焦明西方鷫鷞北方幽昌中央鳳皇从鳥肅聲 息逐切 鸘 司馬相如說从䎘聲

鷞 鷫鷞也从鳥爽聲 所莊切

鳩 鶻鵃也从鳥九聲 居求切

鶌 鶌鳩也从鳥屈聲 九勿切

鵻 祝鳩也从鳥隹聲 思允切

隼 鵻或从隹一 一曰鶉字

鶻 鶻鵃也从鳥骨聲 古忽切

鵃 鶻鵃也从鳥舟聲 張流切

鵴 秸鵴尸鳩从鳥⿱竹匊聲臣鉉等曰⿱竹匊居六切與⿱竹鞠同 居六切

鴿 鳩屬从鳥合聲 古沓切

鴠 渴鴠也从鳥旦聲 得案切

鶪 伯勞也从鳥狊聲 古闃切

鵙 鶪或从隹

鷚 天龠也从鳥翏聲 力救切

鸒 卑居也从鳥與聲 羊茹切

鷽 雗鷽山鵲

說四上 頁八

知來事鳥也从鳥學省聲胡角切
雤　鷽或从隹
鷲　鳥黑色多子師曠曰南方有鳥名曰羌鷲黃頭赤目五色皆備从鳥就聲疾僦切
鴞　鴟鴞寧鴂也从鳥号聲于嬌切
鴂　寧鴂也从鳥夬聲古穴切
⿰崇鳥　鳥也从鳥崇聲辛聿切
鴋　澤虞也从鳥方聲分兩切
⿰截鳥　鳥也从鳥截聲子結切
⿰桼鳥　鳥也从鳥桼聲親吉切
鴩　鋪豉也从鳥失聲臣鉉等曰鋪豉鳥名徒結切
鶤　鶤雞也从鳥軍聲讀若運古渾切
⿰芺鳥　鳥也从鳥芺聲烏浩切
⿰臼鳥　鳥也从鳥臼聲居玉切
鷦　鷦⿰眇鳥桃蟲也从鳥焦聲即消切
⿰眇鳥　鷦⿰眇鳥也从鳥眇聲亡沼切
鶹　鳥少美長醜爲鶹離从鳥留聲力求切
⿰堇鳥　鳥也从鳥堇聲那干切
難　⿰堇鳥或从隹
古文⿰堇鳥
古文⿰堇鳥
古文⿰堇鳥
鶨　欺老也从鳥彖聲丑絹切
⿰兌鳥　鳥也从鳥説省聲弋雪切
鴸　鳥也从鳥主聲天口切
⿰昏鳥　鳥也从鳥昏聲武巾切
鷯　刀鷯剖葦食其中蟲从鳥尞聲洛簫切
鶠　鳥也其雌皇从鳥匽聲一曰鳳皇也於幰切
鴲　瞑鴲也从鳥旨聲旨夷切
鵅　烏鸔也从鳥各聲盧各切
鸔　烏鸔也从鳥暴聲蒲木切
鶴　鳴九皐聲聞于天从鳥隺聲下各切
鷺　白鷺也从鳥路聲洛故切
鵠　鴻鵠也从鳥告聲胡沃切
鴻　鴻鵠也从鳥江聲戶工切
⿰尗鳥　禿⿰尗鳥也从鳥尗聲臣鉉等曰尗非聲未詳七由切
鶖　⿰尗鳥或从秋
鴛　鴛鴦也从鳥夗聲於袁切
鴦　鴛鴦也从鳥央聲於良切
鵽　鵽鳩也从鳥叕聲丁刮切

鵱 蔞鵝也从鳥坴聲力竹切 鴚 鴚鵝也从鳥可聲古俄切 鵝 鴚鵝也从鳥我聲五何切 鴈 鵝也从鳥人厂聲臣鉉等曰从人从
厂義無所取當从雁省聲五晏切 鶩 舒鳧也从鳥敄聲莫卜切 鷖 鳧屬从鳥殹聲詩曰鳧鷖在梁烏雞切 ⿱契鳥 ⿱契鳥⿰鳥辥鳧屬
从鳥契聲古節切 ⿰鳥辥 ⿱契鳥⿰鳥辥也从鳥辥聲魚列切 鸏 水鳥也从鳥蒙聲莫紅切 鷸 知天將雨鳥也从鳥矞聲禮記曰知天文者冠鷸
余律切 鷸 鷸或从遹 鸊 鸊鷉也从鳥辟聲普擊切 鷉 鸊鷉也从鳥虒也士雞切 鸕 鸕鷀也从鳥盧聲洛乎切 鷀 鸕鷀也从
鳥茲聲疾之切 鷧 鷧鷀也从鳥壹聲乙冀切 鴔 鴔鵖也从鳥乏聲平立切 鵖 鴔鵖也从鳥皀聲彼及切 鴇 鳥也肉出尺胾从鳥𠤏
聲博好切 鳵 鴇或从包 鸈 雝鸈也从鳥渠聲強魚切 鷗 水鴞也从鳥區聲烏侯切 𩿧 鳥也从鳥犮聲讀若撥蒲達切 鷛
鳥也从鳥庸聲余封切 鶃 鳥也从鳥兒聲春秋傳曰六鶃退飛五歷切 鷊 鶃或从鬲 𪂴 司馬相如說鶃从赤 鵜 鵜胡污澤也从
鳥夷聲杜兮切 鵜 鵜或从弟 鴗 天狗也从鳥立聲力入切 鶬 麋鴰也从鳥倉聲七岡切 䳻 鶬或从隹 鴰 麋鴰也从鳥昏聲古
活切 鵁 鵁鶄也从鳥交聲一曰鵁鸕也古肴切 鶄 鵁鶄也从鳥青聲子盈切 鳽 鵁鶄也从鳥幵聲古賢切 ⿰鳥箴 ⿰鳥箴鴜也从鳥箴聲職
深切 鴜 ⿰鳥箴鴜也从鳥此聲即夷切 鷻 雕也从鳥敦聲詩曰匪鷻匪鳶度官切 ⿱屰鳥 鷙鳥也从鳥屰聲臣鉉等曰屰非聲一本从屮

疑从萑省今俗别作鵒非是與專切　鷳鴟也从鳥閒聲戶閒切　鷂鷙鳥也从鳥䍃聲弋笑切　鷢白鷢王鴡也从鳥厥聲居月切　鴡王鴡也从鳥且聲七余切　鸛鸛專畐蹂如誰短尾射之銜矢射人从鳥雚聲呼官切　鸇鷐風也从鳥亶聲諸延切　鸇籀文鸇从廛　鷐鷐風也从鳥晨聲植鄰切　鷙擊殺鳥也从鳥執聲脂利切　鴥鸇飛皃从鳥穴聲詩曰鴥彼晨風余律切　鶯鳥也从鳥榮省聲詩曰有鶯其羽烏莖切　鴝鴝鵒也从鳥句聲其俱切　鵒鴝鵒也从鳥谷聲古者鴝鵒不踰泲余蜀切　䳑鵒或从隹从臾

鷩赤雉也从鳥敝聲周禮曰孤服鷩冕并列切　鵔鵔鸃鷩也从鳥夋聲私閏切　鸃鵔鸃也从鳥義聲秦漢之初侍中冠鵔鸃冠魚羈切　鸐雉屬戇鳥也从鳥適省聲都歷切　鶡似雉出上黨从鳥曷聲胡割切　鴧鳥似鶡而青出羌中从鳥介聲古拜切　鸚鸚䳇能言鳥也从鳥嬰聲烏莖切　䳇鸚䳇也从鳥母聲文甫切　鷮走鳴長尾雉也乘輿以為防釳著馬頭上从鳥喬聲巨嬌切　鷕雌雉鳴也从鳥唯聲詩曰有鷕雉鳴以沼切　鸓鼠形飛走且乳之鳥也从鳥畾聲力軌切　𪇰籀文鸓　鶾雉肥鶾音者也从鳥倝聲魯郊以丹雞祝曰以斯鶾音赤羽去魯侯之咎矦幹切　鴳雇也从鳥安聲烏諫切　鴆毒鳥也从鳥冘聲一名運日直禁切

㲉鳥子生哺者从鳥㱿聲口豆切　鳴鳥聲也从鳥从口武兵切　鶱飛皃从鳥寒省聲虛言切　鳻鳥聚皃一曰飛皃从鳥分

聲府文切

文百十六　重十九

鷓　鷓鴣鳥名从鳥庶聲之夜切　鴣　鷓鴣也从鳥古聲古乎切　鴨　鶩也俗謂之鴨从鳥甲聲烏狎切　鶒　谿鶒水鳥从鳥式聲恥力切

文四　新附

烏　孝鳥也象形孔子曰烏盱呼也取其助气故以爲烏呼凡烏之屬皆从烏　哀都切臣鉉等曰今俗作嗚非是

𠃾　古文烏象形　於　象古文烏省

舄　䧿也象形七雀切　䧿　篆文舄从隹昔

焉　焉鳥黃色出於江淮象形凡字朋者羽蟲之屬烏者日中之禽舄者知太歲之所在燕者請子之候作巢避戊己所貴者故皆象形焉亦是也有乾切

文三　重三

說文解字弟四上

賜進士及第山東等處督糧道兼管德常臨清倉事務加三級孫星衍重校刊

說文解字弟四下　漢太尉祭酒許氏記

銀青光祿大夫守右散騎常侍上柱國東海縣開國子食邑五百戶臣徐鉉等奉

敕校定

華　箕屬所以推棄之器也象形凡華之屬皆从華官溥說北潘切

畢　田罔也从華象畢形微也或曰由聲臣鉉等曰由音弗畢吉切

糞　棄除也从廾推華棄釆也官溥說似米而非米者矢字方問切

棄　捐也从廾推華棄之从㐬㐬逆子也臣鉉等曰㐬他忽切詰利切　弃　古文棄　𣦼　籀文棄

文四　重二

冓　交積材也象對交之形凡冓之屬皆从冓古候切

再　一舉而二也从冓省作代切

爯　并舉也从爪冓省處陵切

文三

幺 小也象子初生之形凡幺之屬皆从幺 於堯切

幼 少也从幺从力 伊謬切

文二

麼 細也从幺麻聲 亡果切

文一　新附

𢆶 微也从二幺凡𢆶之屬皆从𢆶 於虯切

幽 隱也从山中𢆶𢆶亦聲 於虯切

幾 微也殆也从𢆶从戍戍兵守也𢆶而兵守者危也 居衣切

文三

叀 專小謹也从幺省屮屮財見也屮亦聲凡叀之屬皆从叀 職緣切

𠮦 古文叀

𢀩 亦古文叀

惠 仁也从心从叀 徐鍇曰為惠者心專也 胡桂切

𢡆 古文惠从芔

疐 礙不行也从叀引而止之也叀者如叀馬之鼻从此與牽同意 陟利切

文三　重三

玄 幽遠也黑而有赤色者為玄象幽而入覆之

也凡玄之屬皆从玄胡涓切

古文玄

黑也从二玄春秋傳曰何故使吾水兹子之切

文二　重一

黑色也从玄旅省聲義當用黸洛平切

文一　新附

推予也象相予之形凡予之屬皆从予余呂切

伸也从舍从予予亦聲一曰舒緩也傷魚切

相詐惑也从反予周書曰無或譸張爲幻胡辦切

文三

逐也从攴方聲凡放之屬皆从放甫妄切

出游也从出从放五牢切

光景流也从白从放讀若龠以灼切

文二

物落上下相付也从爪从又凡受之屬皆从受讀若詩標有梅平小切

引也从受从于籀文以爲車轅字羽元切

治也幺子相亂受治之也讀若亂同一曰理也徐鍇曰冂坰也界也郎段切

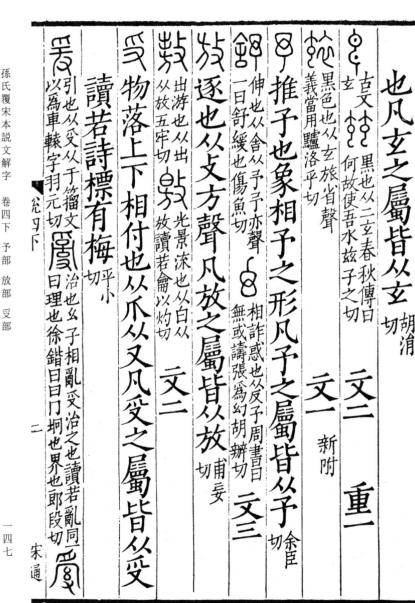

古文受

受　相付也从𠬪舟省聲殖酉切

寽　撮也从𠬪从己臣鉉等曰己者物也又爪掫取之指事力輟切

爭　引也从𠬪丿臣鉉等曰丿音曳𠬪二手也而曳之爭之道也側莖切

㥯　所依據也从𠬪工讀與隱同於謹切

𤔌　五指持也从𠬪一聲讀若律呂戌切

敢　進取也从𠬪古聲古覽切

𢽾　籒文𢽾

𣪏　古文𢽾

文九　重三

𣦼　殘穿也从又从歺凡𣦼之屬皆从𣦼讀若殘昨干切

叡　溝也从𣦼从谷讀若郝呼各切

壑　叡或从土

𣪊　𣦼探堅意也从𣦼从貝貝堅寶也讀若概古代切

𣦿　坑也从𣦼从井井亦聲疾正切

叡　深明也通也从𣦼从目从谷省以芮切

睿　古文叡

壡　籒文叡从土

文五　重三

歺　𠛱骨之殘也从半冎凡歺之屬皆从歺讀若櫱岸之櫱徐鍇曰冎剔肉置骨也歺殘骨也故从半冎臣鉉等曰義不應有中一秦刻石文有之五割切

𣦵　古文歺

𣧑　病也从歺委聲於爲切

殙　瞀也从歺昏聲呼昆切

殰　胎敗也从歺賣聲徒谷切

歾　終也从歺勿聲莫勃切

殁　歾或从𣦸

𣨛　大夫死曰𣨛从歺卒聲子聿切

殊　死也从歺朱聲漢令曰蠻夷長有罪當殊之市朱切

殟 胎敗也从歺𥁓聲烏沒切 殤 不成人也人年十九至十六死爲長殤十五至十二死爲中殤十一至八歲死爲下殤从歺傷省聲式陽切 殂 往死也从歺且聲虞書曰勛乃殂昨胡切 ⿰歺作 古文殂从歺从作 殛 殊也从歺亟聲虞書曰殛鯀于羽山巳力切 殪 死也从歺壹聲於計切 ⿱壹死 古文殪从死 ⿰歺莫 死宋⿰歺莫也从歺莫聲莫各切 殯 死在棺將遷葬柩賓遇之从歺从賓賓亦聲夏后殯於阼階殷人殯於兩楹之閒周人殯於賓階必刃切 ⿰歺隶 瘞也从歺隶聲羊至切 殣 道中死人人所覆也从歺堇聲詩曰行有死人尚或殣之渠吝切 殠 腐气也从歺臭聲尺救切 殨 爛也从歺貴聲胡對切 㱙 腐也从歺丂聲許久切 朽 㱙或从木

殆 危也从歺台聲徒亥切 殃 咎也从歺央聲於良切 殘 賊也从歺戔聲昨干切 殄 盡也从歺㐱聲徒典切 ⺄ 古文殄如此 殲 微盡也从歺韱聲春秋傳曰齊人殲于遂子廉切 殫 殛盡也从歺單聲都寒切 殬 敗也从歺睪聲商書曰彝倫攸殬當故切 ⿰歺羸 畜產疫病也从歺从羸郎果切 ⿰歺豈 殺羊出其胎也从歺豈聲五來切 ⿰歺肉 禽獸所食餘也从歺从肉昨干切 殖 脂膏久殖也从歺直聲常職切 ⿰歺古 枯也从歺古聲苦孤切 ⿰歺奇 棄也从歺奇聲俗語謂死曰大⿰歺奇去其切

文三十二　重六

死 澌也人所離也从歺从人凡死之屬皆从死息姊切

㱠 古文死如此　薨 公矦卒也从死瞢省聲呼肱切　薧 死人里也从死蒿省聲呼毛切　㱡 戰見血曰傷亂或爲惽死而復生爲㱡从死次聲咨四切

文四　重一

冎 剔人肉置其骨也象形頭隆骨也凡冎之屬皆从冎古瓦切

別 分解也从冎从刀憑列切　⿰冎卑 別也从冎卑聲讀若罷府移切

文三

骨 肉之覈也从冎有肉凡骨之屬皆从骨古忽切

髑 髑髏頂也从骨蜀聲徒谷切　髏 髑髏也从骨婁聲洛侯切　髆 肩甲也从骨尃聲補各切　髃 肩前也从骨禺聲午口切　骿 并脅也从骨并聲晉文公骿脅臣鉉等曰骿胝字同今別作胼非部田切　髀 股也从骨卑聲并弭切　⿰足卑 古文髀　髁 髀骨也从骨果聲苦臥切　⿰骨厥 ⿰骨厥骨也从骨厥聲居月切　髖 髀上也从骨寬聲苦官切　髕 厀耑也从骨賓聲毗忍切　⿰骨𠯑 骨耑也从骨𠯑聲古活切　⿰骨貴 厀脛間骨也从骨貴聲丘媿切　骹 脛也从骨交聲口交切　骭 骹也从骨干聲

古案切

骸　脛骨也从骨亥聲戶皆切

髓　骨中脂也从骨隓聲息委切

⿰骨易　骨閒黃汁也从骨易聲讀若易曰夕惕若厲他歷切

體　總十二屬也从骨豊聲他禮切

髍　瘺病也从骨麻聲莫鄱切

骾　食骨留咽中也从骨叓聲古杏切

骼　禽獸之骨曰骼从骨各聲古覈切

骴　鳥獸殘骨曰骴骴可惡也从骨此聲明堂月令曰掩骼薶骴骴或从肉資四切

骫　骨耑骫奊也从骨丸聲於詭切

⿰骨會　骨擿之可會髮者从骨會聲詩曰⿰骨會弁如星古外切

文二十五　重一

肉　胾肉象形凡肉之屬皆从肉　如六切

腜　婦始孕腜兆也从肉某聲莫桮切

胚　婦孕一月也从肉不聲匹桮切

胎　婦孕三月也从肉台聲土來切

肌　肉也从肉几聲居夷切

臚　皮也从肉盧聲力居切

膚　籀文臚

肫　面額也从肉屯聲章倫切

⿰肉幾　頰肉也从肉幾聲讀若譏居衣切

脣　口耑也从肉辰聲食倫切

⿰辰頁　古文脣从頁

脰　項也从肉豆聲徒候切

肓　心上鬲下也从肉亡聲春秋傳曰病在肓之下呼光切

腎　水藏也从肉臤聲時忍切

肺　金藏也从肉巿聲芳吠切

脾　土藏也从肉卑聲符支切

肝　木藏也从肉干聲古寒切

膽　連肝之府从肉詹聲都敢切

胃　穀府也从肉㽕象形云貴切

脬　膀光也从肉孚聲匹交切

腸　大小腸也从肉昜聲

直良切
肥也从肉高聲古勞切
肥也从肉方聲甫良切
胷也从肉雁聲於陵切
胷骨也从肉乙聲於力切
肊或从意
脊也从肉北聲補妹切
兩膀也从肉劦聲虛業切
脅也从肉旁聲步光切
膀或从骨
脅肉也从肉寽聲一曰脟腸間肥也一曰膫也力輟切
脅骨也从肉力聲盧則切
夾脊肉也从肉申聲矢人切
背肉也从肉每聲易曰咸其脢莫桮切
髆也从肉象形古賢切
俗肩从戶
亦下也从肉各聲古洛切
亦下也从肉去聲去劫切
手上也从肉辟聲卑義切
臂羊矢也从肉需聲讀若襦那到切
臂節也从肉从寸寸手寸口也陟柳切
肶齎也从肉齊聲徂兮切
厚也从肉复聲方六切
腹下肥也从肉臾聲羊朱切
屍也从肉隹聲示隹切
孔也从肉決省聲讀若決水之決古穴切
股也从肉夸聲苦故切
髀也从肉殳聲公戶切
脛也从肉卻聲居勺切
胻也从肉巠聲胡定切
脛耑也从肉行聲戶更切
脛腨也从肉非聲符飛切
腓腸也从肉耑聲市沇切
體四胑也从肉只聲章移切
胑或从支
足大指毛也从肉亥聲古哀切
骨肉相似也从肉小聲不似其先故曰不肖也私妙切
子孫相承續也从肉从八象其長也从幺象重累也羊晉切

古文胤

胤也从肉由聲直又切

振肸也从肉八聲許訖切

肉膻也从肉亶聲詩曰膻裼暴虎徒旱切

益州鄙言人盛諱其肥謂之䑋从肉襄聲如兩切

臞也从肉皆聲古諧切

少肉也从肉瞿聲其俱切

消肉臞也从肉兌聲徒活切

齊人謂臞脙也从肉求聲讀若休止巨鳩切

臞也从肉䜌聲一曰切肉臠也詩曰棘人臠臠兮力沇切

瘦也从肉脊聲資昔切

古文膌从疒从朿朿亦聲

騃也从肉丞聲讀若丞署陵切

脣瘍也从肉㐱聲之忍切

籀文胗从疒

瘢胝也从肉垂聲竹垂切

腄也从肉氏聲竹尼切

贅也从肉尤聲羽求切

籀文肬从黑

搔生創也从肉丸聲胡岸切

癰也从肉重聲之隴切

骨差也从肉失聲讀與跌同徒結切

創肉反出也从肉希聲香近切

瘢也从肉引聲一曰遽也羊晉切

冬至後三戌臘祭百神从肉巤聲盧盍切

楚俗以二月祭飲食也从肉婁聲一曰祈穀食新曰離膢力俱切

祭也从肉兆聲士了切

祭福肉也从肉乍聲臣鉉等曰今俗別作祚非是昨誤切

裂肉也从肉从隓省徒果切

具食也从肉善聲常衍切

嘉善肉也从肉柔聲耳由切

啖也从肉爻聲徐鍇曰謂已修庖之可食也胡茅切

設膳腆腆多也从肉典聲他典切

古文腆

牛羊曰肥豕曰腯从肉盾聲他骨切

肥肉

也从肉必聲蒲結切

胡　牛顄垂也从肉古聲戶孤切

胘　牛百葉也从肉弦省聲胡田切

膍　牛百葉也从肉𣪘聲一曰鳥膍胵房脂切

肶　膍或从比

胵　鳥胃也从肉至聲一曰胵五藏總名也處脂切

膘　牛脅後髀前合革肉也从肉㶾聲讀若繇敷紹切

𦞤　血祭肉也从肉帥聲呂戌切

膟　𦞤或从率

膫　牛腸脂也从肉尞聲詩曰取其血膫洛蕭切

膋　膫或从勞省聲

脯　乾肉也从肉甫聲方武切

脩　脯也从肉攸聲息流切

膎　脯也从肉奚聲戶皆切

脼　膎肉也从肉兩聲良獎切

膊　薄脯膊之屋上从肉尃聲匹各切

脘　胃府也从肉完聲讀若患舊云脯古卵切

朐　脯挺也从肉句聲其俱切

膴　無骨腊也楊雄說鳥腊也从肉無聲周禮有膴判讀若謨荒烏切

胥　蟹醢也从肉疋聲相居切

腒　北方謂鳥腊曰腒从肉居聲傳曰堯如腊舜如腒九魚切

肍　孰肉醬也从肉九聲讀若舊巨鳩切

䐹　乾魚尾䐹䐹也从肉肅聲周禮有腒䐹所鳩切

腝　有骨醢也从肉耎聲人移切

臡　腝或从難

脠　生肉醬也从肉延聲丑連切

⿰月否　豕肉醬也从肉否聲薄口切

胹　爛也从肉而聲如之切

⿰月員　切孰肉內於血中和也从肉員聲讀若遜穌本切

胜　犬膏臭也从肉生聲一曰不孰也桑經切

臊　豕膏臭也从肉喿聲穌遭切

膮　豕肉羹也从肉堯聲許幺切

腥　星見食豕令肉中生小息肉也从肉从星星亦聲穌佞切

脂　戴角者脂無角者膏从肉旨聲旨夷切

⿰肉𧴪 鬻也从肉𧴪聲穌果切

膩 上肥也从肉貳聲女利切

膜 肉閒胲膜也从肉莫聲慕各切

⿰肉弱 肉表革裏也从肉弱聲而勺切

臛 肉羮也从肉隺聲呼各切

膹 臛也从肉賁聲房吻切

臇 臛也从肉雋聲讀若纂子沇切

⿰火巽 臇或从火巽

胾 大臠也从肉𢦏聲側吏切

䐑 薄切肉也从肉枼聲直葉切

膾 細切肉也从肉會聲古外切

腌 漬肉也从肉奄聲於業切

脃 小耎易斷也从肉从絕省此芮切

膬 耎易破也从肉毳聲七絕切

散 雜肉也从肉㪔聲穌旰切

膞 切肉也从肉專聲市沇切

腏 挑取骨閒肉也从肉叕聲讀若詩曰啜其泣矣陟劣切

⿳人肉土 食所遺也从肉仕聲易曰噬乾⿳人肉土阻史切

胏 楊雄說⿳人肉土从𠂔

⿰肉臽 食肉不猒也从肉臽聲讀若陷戶猪切

肰 犬肉也从犬肉讀若然如延切

〓 古文然

〓 亦古文然

⿰肉眞 起也从肉眞聲昌眞切

⿰肉冘 肉汁滓也从肉冘聲他感切

膠 昵也作之以皮从肉翏聲古肴切

〓 或曰嘼名象形闕郎果切

胆 蠅乳肉中也从肉且聲七余切

肙 小蟲也从肉口聲一曰空也烏玄切

腐 爛也从肉府聲扶雨切

肎 骨閒肉肎肎箸也从肉从冎省一曰骨無肉也苦等切

〓 古文肎

肥 多肉也从肉从卪臣鉉等曰肉不可過多故从卪符非切

文一百四十　重二十

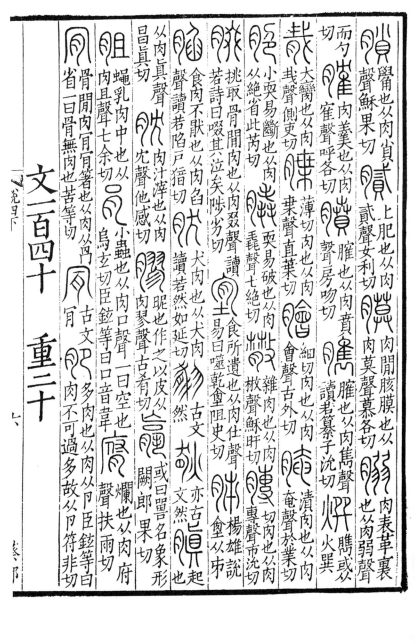

䏌 肥腸也从肉啓省聲康禮切

朘 赤子陰也从肉夋聲或从血子回切

腔 內空也从肉从空空亦聲苦江切

胊 胊䏰蟲名漢中有胊䏰縣地下多此蟲因以爲名从肉句聲考其義當作潤蠢如順切

䏰 胊䏰也从肉忍聲尺尹切

文五 新附

筋 肉之力也从力从肉从竹竹物之多筋者凡筋之屬皆从筋居銀切

䈇 筋之本也从筋从夗省聲渠建切

腱 䈇或从肉建

⿱竹肑 手足指節鳴也从筋省勺聲北角切

肑 筋或省竹

文三　重三

刀 兵也象形凡刀之屬皆从刀都牢切

⿰缶刀 刀握也从刀缶聲方九切

⿰咢刀 刀劒刃也从刀咢聲臣鉉等曰今俗作鍔非是五各切

⿱㓞各 籀文⿰咢刀从㓞从各

削 鞞也一曰析也从刀肖聲息約切

⿰句刀 鎌也从刀句聲古矦切

剴 大鎌也一曰摩也从刀豈聲五來切

剞 剞剧曲刀也从刀奇聲居綺切

剧 剞剧也从刀屈聲九勿切

利 銛也从刀和然後利从和省易曰利者義之和也力至切

𥝢 古文利

剡 銳利也从刀炎聲

以冉切

初　始也从刀从衣裁衣之始也楚居切

前　齊斷也从刀歬聲子善切

則　等畫物也从刀从貝貝古之物貨也子德切

𠟭　古文則

𠞏　亦古文則

𠟊　籒文則从鼎

剛　彊斷也从刀岡聲古郎切

㓻　古文剛如此

剬　斷齊也从刀耑聲旨兖切

劊　斷也从刀會聲古外切

切　刌也从刀七聲千結切

刌　切也从刀寸聲倉本切

𠜂　斷也从刀辥聲私列切

刉　劃傷也从刀气聲一曰斷也又讀若殪一曰刀不利於瓦石上刉之古外切

劌　利傷也从刀歲聲居衞切

刻　鏤也从刀亥聲苦得切

副　判也从刀畐聲周禮曰副辜祭芳逼切

疈　籒文副

剖　判也从刀咅聲浦后切

辨　判也从刀辡聲蒲莧切

判　分也从刀半聲普半切

剫　判也从刀度聲徒洛切

刳　判也从刀夸聲苦孤切

列　分解也从刀𡿪聲良薛切

刊　剟也从刀干聲苦寒切

剟　刊也从刀叕聲陟劣切

删　剟也从刀冊冊書也所姦切

劈　破也从刀辟聲普擊切

剝　裂也从刀从彔彔刻割也彔亦聲北角切

𠞂　剝或从卜

割　剝也从刀害聲古達切

剺　剝也劃也从刀𠩺聲里之切

劃　錐刀曰劃从刀从畫畫亦聲呼麥切

剈　挑取也从刀肙聲一曰窐也烏玄切

劀　刮去惡創肉也从刀矞聲周禮曰劀殺之齊古鎋切

劑　齊也从刀从齊齊亦聲在詣切

刷　刮也从刀㕞省聲禮布刷巾所劣切

刮　掊把也从刀𠯑聲古八切

剽　砭刺也从刀㶾聲一曰剽劫人也匹妙切

刲　刺也从刀

卜七六十五七乙十一

說四下　七

圭聲易曰士刲羊苦圭切
折傷也从刀坐聲麤臥切
絕也从刀喿聲周書曰天用剿絕其命子小切
絕也从刀月聲魚厥切
擊也从刀弗聲分勿切
傷也从刀桼聲親結切
斷也从刀毚聲一曰剽也釗也鉏銜切
剸也从刀元聲一曰齊也五丸切
刓也从刀从金周康王名止遙切
裁也从刀从未未物成有滋味可裁斷一曰止也征例切
古文制如此
缺也从刀占聲詩曰白圭之玷丁念切
辠之小者从刀从詈未以刀有所賊但持刀罵詈則應罰房越切
斷耳也从刀从耳仍吏切
刑鼻也从刀臬聲易曰天且劓魚器切
臬或从鼻
剄也从刀幵聲戶經切
刑也从刀巠聲古零切
減也从刀尊聲茲損切
楚人謂治魚也从刀从魚讀若鍥古屑切
契也从刀𢍏聲券別之書以刀判契其旁故曰契券去願切
君殺大夫曰刺刺直傷也从刀从朿朿亦聲七賜切
解骨也从刀易聲他歷切

文六十二　重九

剄也从刀勿聲武粉切
削也从刀宛聲一丸切
尤甚也从刀未詳豦聲渠力切
柱也从刀未詳殺省聲初轄切

文四　新附

刀堅也象刀有刃之形凡刃之屬皆从刃而振切

刅 傷也从刀从一楚良切 創 或从刀倉聲臣鉉等曰今俗別作瘡非是也 劒 人所帶兵也从刃僉聲居欠切 劍 籀文劒从刀

文三　重二

㓞 巧㓞也从刀丯聲凡㓞之屬皆从㓞恪八切

契 齘契刮也从㓞夬聲一曰契畫堅也古黠切 栔 刻也从㓞从木苦計切

文三

丯 艸蔡也象艸生之散亂也凡丯之屬皆从丯讀若介古拜切

挌 枝挌也从丯各聲古百切

文二

耒 手耕曲木也从木推丯古者垂作耒梠以振民也凡耒之屬皆从耒盧對切

耕 犂也从耒井聲一曰古者井田古莖切 耦 耒廣五寸爲伐二伐爲耦从耒禺聲五口切 耤 帝耤千畝也古者使民如

借故謂之耤从耒昔聲秦昔切
䎣冊叉可以劃麥河內用之从耒圭聲古攜切
䅽除苗閒穢也从耒員聲羽文切
𦔳䅽或从芸
耡商人七十而耡耡耤稅也从耒助聲周禮曰以興耡利萌牀倨切

文七　重一

角獸角也象形角與刀魚相似凡角之屬皆从角

角　古岳切

䚋揮角皃从角雚聲梁隱縣有䚋亭又讀若繕況袁切
觻角也从角樂聲張掖有觻得縣盧谷切
䚡角中骨也从角思聲穌來切
觠曲角也从角𢍏聲巨員切
觬角觬曲也从角兒聲西河有觬氏縣研啓切
觢一角仰也从角㓞聲易曰其牛觢臣鉉等當从契省乃得聲尺制切
⿰角虎角傾也从角虎聲救家切
觭角一俛一仰也从角奇聲去奇切
觓角皃从角丩聲詩曰兕觵其觓渠幽切
⿰角畏角曲中也从角畏聲烏賄切
⿰角爿角長皃从角爿聲士角切
⿰角厥角有所觸發也从角厥聲居月切
觸抵也从角蜀聲尺玉切
觲用角低仰便也从羊牛角詩曰觲觲角弓息營切
䚗舉角也从角公聲古雙切
觷治角也从角學省聲胡角切
衡牛觸橫大木其角从角从大行聲詩曰設其楅衡戶庚切
⿱卜奥古文衡如此
觿角觿獸也狀似豕角善爲

弓出胡休多國从角耑聲多官切

觰　觰挐獸也从角者聲一曰下大者也陟加切

觤　羊角不齊也从角危聲過委切

觟　牝牂羊生角者也从角圭聲下瓦切

觡　骨角之名也从角各聲古百切

觜　鴟舊頭上角觜也一曰觜觿也从角此聲遵爲切

解　判也从刀判牛角一曰解廌獸也佳買切又戶賣切

觿　佩角銳耑可以解結从角巂聲詩曰童子佩觿戶圭切

觵　兕牛角可以飲者也从角黃聲其狀觵觵故謂之觵古橫切

觥　俗觵从光

觶　鄉飲酒角也禮曰一人洗舉觶觶受四升从角單聲臣鉉等曰當从戰省乃得聲之義切

䚀　觶或从辰

觗　禮經觶

觛　小觶也从角旦聲徒旱切

觴　觶實曰觴虛曰觶从角煬省聲式陽切

⿱爵昜　籀文觴从爵省

觚　鄉飲酒之爵也一曰觴受三升者謂之觚从角瓜聲古乎切

⿰角亘　角匕也从角亘聲讀若讙臣鉉等曰亘音宣俗作古鄧切篆文有異況袁切

⿰敫角　杖耑角也从角敫聲胡狄切

觼　環之有舌者从角夐聲古穴切

鐍　觼或从金矞

⿰角弱　調弓也从角弱省聲於角切

⿰角發　雉射收繁具也从角發聲方肺切

⿰角酋　雉射收繳具从角酋聲讀若鰌字秋切

觳　盛觵卮也一曰射具从角㱿聲讀若斛胡谷切

觱　羌人所吹角屠觱以驚馬也从角𤇾聲𤇾古文誖字卑吉切

文三十九　重六

說文解字弟四下

賜進士及第山東等處督糧道兼管德常臨清倉事務加三級孫星衍重校刊

說文解字弟五上　漢太尉祭酒許愼記

銀青光祿大夫守右散騎常侍上柱國東海縣開國子食邑五百戶臣徐鉉奉

勑校定

六十三部　五百二十七文　重百二十二

凡七千二百七十三字

文十五新附

竹　冬生艸也象形下垂者箁箬也凡竹之屬皆从竹　陟玉切

箭　矢也从竹歬聲子賤切

箘　箘簬也从竹囷聲一曰博棊也渠隕切

簬　箘簬也从竹路聲夏書曰惟箘簬楛洛故切

簵　古文簬从輅

筱　箭屬小竹也从竹攸聲先杳切

簜　大竹也从竹湯聲夏書曰瑤琨筱簜簜可爲幹筱可爲

矢徒朗切 ⿱竹微 竹也从竹微聲無非切 ⿱竹𢼸 籀文从微省 筍 竹胎也从竹旬聲思允切 箈 竹萌也从竹怠聲徒哀切

箁 竹箬也从竹咅聲薄侯切 箬 楚謂竹皮曰箬从竹若聲而勺切 節 竹約也从竹即聲子結切 筡 折竹笢也从竹

余聲讀若絮同都切 ⿱竹臱 筡也从竹臱聲武移切 笢 竹膚也从竹民聲武盡切 笨 竹裏也从竹本聲布忖切 䈵

竹皃从竹翁聲烏紅切 篸 差也从竹參聲所今切 篆 引書也从竹彖聲持兗切 籀 讀書也从竹㩅聲春秋傳曰卜籀云直又

切 篇 書也一曰關西謂榜曰篇从竹扁聲芳連切 籍 簿書也从竹耤聲秦昔切 篁 竹田也从竹皇聲戶光切 ⿱竹將 剖竹

未去節謂之⿱竹將从竹將聲即兩切 䈎 籥也从竹枼聲与接切 籥 書僮竹笘也从竹龠聲以灼切 ⿱竹劉 竹聲也从竹劉聲力

求切 簡 牒也从竹閒聲古限切 笐 竹列也从竹亢聲古郎切 篰 滿爰也从竹部聲薄口切 等 齊簡也从竹从寺寺官

曹之等平也多肯切 笵 法也从竹竹簡書也氾聲古法有竹刑防𤇾切 箋 表識書也从竹戔聲則前切 符 信也漢制以竹長六寸

分而相合从竹付聲防無切 筮 易卦用著也从竹从𢍰𢍰古文巫字時制切 笄 簪也从竹幵聲古兮切 ⿱竹𦣞 取蟣比也从竹𦣞聲

居之切 籆 收絲者也从竹蒦聲王縛切 ⿰角閒 籆或从竹从閒 筳 繀絲筦也从竹廷聲特丁切 筦 筟也从竹完聲古滿切

筟 筳也从竹孚聲讀若春秋魯公子彄芳無切 笮 迫也在瓦之下棼上从竹乍聲阻厄切 簾 堂簾也从竹廉聲力鹽切 簀 牀棧也从竹責聲阻厄切 笫 牀簀也从竹𠂔聲阻史切 筵 竹席也从竹延聲周禮曰度堂以筵筵一丈以然切 簟 竹席也从竹覃聲徒念切 籧 籧篨粗竹席也从竹遽聲彊魚切 篨 籧篨也从竹除聲直魚切 籭 竹器也可以取粗去細从竹麗聲所宜切 籓 大箕也从竹潘聲一曰蔽也甫煩切 䉛 漉米籔也从竹奥聲於六切 籔 炊薁也从竹數聲蘇后切 箅 蔽也所以蔽甑底从竹畀聲必至切 䈰 飯筥也受五升从竹稍聲秦謂筥曰䈰山樞切 𥳑 陳留謂飯帚曰𥳑从竹捎聲一曰飯器容五升一曰宋魏謂箸筩爲𥳑所交切 筥 𥳑也从竹呂聲居許切 笥 飯及衣之器也从竹司聲相吏切 簞 笥也从竹單聲漢律令簞小筐也傳曰簞食壺漿都寒切 箄 簁箄竹器也从竹卑聲并弭切 簁 簁箄也从竹徙聲所綺切 簍 竹籠也从竹婁聲洛侯切 筤 籃也从竹良聲盧黨切 籃 大篝也从竹監聲魯甘切 𥫣 古文籃如此 篝 答也可熏衣从竹冓聲宋楚謂竹篝牆以居也古侯切 笿 桮答也从竹各聲盧各切 [illegible] 桮笿也从竹夅聲或曰盛箸籠古送切 籢 鏡籢也从竹斂聲力鹽切 篹 竹器也从竹贊聲讀若纂一曰叢作管切 [illegible] 笭也

从竹贏聲以成切

⿱竹刪 竹器也从竹刪聲蘇旰切

簋 黍稷方器也从竹从皿从皀居洧切

⿷匚飢 古文簋从匚飢

匭 古文簋或从軌

朹 亦古文簋

簠 黍稷圜器也从竹从皿甫聲方矩切

医 古文簠从匚从夫

籩 竹豆也从竹邊聲布玄切

⿷匚臱 籀文籩

⿱竹屯 篅也从竹屯聲徒損切

篅 以判竹圜以盛穀也从竹耑聲市緣切

簏 竹高篋也从竹鹿聲盧谷切

箓 簏或从录

簜 大竹筩也从竹昜聲徒朗切

筩 斷竹也从竹甬聲徒紅切

箯 竹輿也从竹便聲旁連切

笯 鳥籠也从竹奴聲乃故切

竿 竹梃也从竹干聲古寒切

籱 罩魚者也从竹靃聲竹角切

篧 籱或省

箇 竹枚也从竹固聲古賀切

筊 竹索也从竹交聲胡茅切

筰 筊也从竹作聲在各切

⿱竹沾 蔽絮簀也从竹沾聲讀若錢昨鹽切

箑 扇也从竹疌聲山洽切

⿱竹妾 箑或从女

籠 舉土器也一曰笭也从竹龍聲盧紅切

⿱竹襄 哀也从竹襄聲如兩切

⿱竹互 可以收繩也从竹象形中象人手所推握也胡誤切

互 ⿱竹互或省

簝 宗廟盛肉竹器也从竹尞聲周禮供盆簝以待事洛蕭切

⿱竹豦 飲牛筐也从竹豦聲方曰筐圜曰⿱竹豦居許切

篼 飲馬器也从竹兜聲當侯切

籚 積竹矛戟矜也从竹盧聲春秋國語曰朱儒扶籚洛乎切

箝 籋也从竹拑聲巨淹切

籋 箝也从竹爾聲臣鉉等曰爾非聲未詳尼輒切

簦 笠蓋也从竹登聲都滕切

笠 簦無柄也从竹立聲

力入切

箱 大車牝服也从竹相聲息良切

篚 車笭也从竹匪聲敷尾切

笭 車笭也从竹令聲一曰笭籯也郎丁切

⿱竹剡 搔馬也从竹剡聲丑廉切

策 馬箠也从竹朿聲楚革切

箠 擊馬也从竹垂聲之壘切

⿱竹朵 箠也从竹朵聲陟瓜切

笍 羊車騶箠也箸箴其耑長半分从竹内聲陟衛切

籣 所以盛弩矢人所負也从竹闌聲洛干切

箙 弩矢箙也从竹服聲周禮仲秋獻矢箙房六切

⿱竹朱 棒雙也从竹朱聲陟輸切

笘 折竹箠也从竹占聲潁川人名小兒所書寫爲笘失廉切

笪 笞也从竹旦聲當割切

笞 擊也从竹台聲丑之切

籤 驗也一曰銳也貫也从竹韱聲七廉切

⿱竹殿 楬也从竹殿聲臣鉉等曰當从臀省聲徒魂切

箴 綴衣箴也从竹咸聲職深切

箾 以竿擊人也从竹削聲虞舜樂曰箾韶所角切又音簫

竽 管三十六簧也从竹亏聲羽俱切

笙 十三簧象鳳之身也笙正月之音物生故謂之笙大者謂之巢小者謂之和从竹生聲古者隨作笙所庚切

簧 笙中簧也从竹黃聲古者女媧作簧戶光切

⿱竹是 簧屬从竹是聲是支切

簫 參差管樂象鳳之翼从竹肅聲穌彫切

筒 通簫也从竹同聲徒弄切

籟 三孔龠也大者謂之笙其中謂之籟小者謂之箹从竹賴聲洛帶切

箹 小籟也从竹約聲於角切

管 如篪六孔十二月之音物開地牙故謂之管从竹官聲古滿切

琯 古者玉琯以玉舜之時西王母來獻其白琯前零陵文學姓奚於伶道舜祠下得笙玉琯夫以玉

作音故神人以和鳳皇來儀也从竹官聲

篎 小管謂之篎从竹眇聲亡沼切

笛 七孔筩也从竹由聲羌笛三孔徐鍇曰當从胄省乃得聲徒歷切

筑 以竹曲五弦之樂也从竹从巩巩持之也竹亦聲張六切

箏 鼓弦竹身樂也从竹爭聲側莖切

箛 吹鞭也从竹孤聲古乎切

篍 吹筩也从竹秋聲七肖切

籌 壺矢也从竹壽聲直由切

簺 行棊相塞謂之簺从竹从塞塞亦聲先代切

簙 局戲也六箸十二棊也从竹博聲古者烏胄作簙補各切

篳 藩落也从竹畢聲春秋傳曰篳門圭窬卑吉切

⿱竹愛 蔽不見也从竹愛聲烏代切

⿱竹嚴 雉射所蔽者也从竹嚴聲語杴切

篽 禁苑也从竹御聲春秋傳曰澤之目篽魚舉切

⿱竹魰 篽或从又魚聲

筭 長六寸計歷數者从竹从弄言常弄乃不誤也蘇貫切

算 數也从竹从具讀若筭蘇管切

笑 此字本闕臣鉉等案孫愐唐韻引說文云喜也从竹从犬而不述其義今俗皆从犬又案李陽冰刊定說文从竹从夭義云竹得風其體夭屈如人之笑未知其審私妙切

文百四十四　重十五

簃 閣邊小屋也从竹移聲說文通用誃弋支切

筠 竹皮也从竹均聲王春切

笏 公及士所搢也从竹勿聲案籀文作曶象形義云佩也古笏佩之此字後人所加呼骨切

篦 導也今俗謂之篦从竹𣬉聲邊兮切

篙 所以進船也从竹高聲古牢切

文五　新附

箕簸也从竹𠀠象形下其丌也凡箕之屬皆从箕居之切

𠀠古文箕省 𠑹亦古文箕 𠀡亦古文箕 𠁕籀文箕 𠥍籀文箕 簸揚米去糠也从箕皮聲布火切

文二　重五

丌下基也薦物之丌象形凡丌之屬皆从丌讀若箕同居之切

⿺辶丌古之遒人以木鐸記詩言从辵从丌丌亦聲讀與記同徐鍇曰遒人行而求之故从辵丌薦而進之於上也居吏切 典五帝之書也从冊在丌上尊閣之也莊都說典大冊也多殄切 𠔤古文典从竹 顨巽也从丌从頭此易顨卦爲長女爲風者臣鉉等曰頭之義亦選具也蘇困切 畀相付與之約在閣上也从丌甶聲必至切 巺具也从丌⿰巳巳聲臣鉉等曰庶物皆具丌以薦之蘇困切 𢁉古文巽 巽篆文巽 奠置祭也从酋酋酒也下其丌也禮有奠祭者堂練切

文七　重三

比九二　允茂

左　手相左助也从𠂇工凡左之屬皆从左（則箇切臣鉉等曰今俗別作佐）

差　貳也差不相值也从左从𠂹（徐鍇曰左於事是不當值也初牙切又楚佳切）　𢀩　籀文𢀩从二

文二　重一

工　巧飾也象人有規榘也與巫同意凡工之屬皆从工（徐鍇曰爲巧必遵規矩法度然後爲工否則目巧也巫事無形失在於詭亦當遵規榘故曰與巫同意古紅切）

𢒄　古文工从彡

式　法也从工弋聲（賞職切）

巧　技也从工丂聲（苦絞切）

巨　規巨也从工象手持之（其呂切）

榘　巨或从木矢矢者其中正也

[古文巨]　古文巨

文四　重三

㠭　極巧視之也从四工凡㠭之屬皆从㠭（知衍切）

𡫳　窒也从㠭从廾窒宀中㠭猶齊也（穌則切）

文二

巫　祝也女能事無形以舞降神者也象人兩褎舞形與工同意古者巫咸初作巫凡巫之屬

皆从巫武扶切

𢍏古文巫 覡能齋肅事神明也在男曰覡在女曰巫从巫从見徐鍇曰能見神也胡狄切 文二 重一

甘美也从口含一一道也凡甘之屬皆从甘古三切

甛美也从甘从舌舌知甘者徒兼切 ⿸麻甘和也从甘从麻麻調也甘亦聲讀若函古三切 猒飽也从甘从肰於鹽切 猒猒或从㠯

甚尤安樂也从甘从匹耦也常枕切 𠤚古文甚 文五 重二

曰詞也从口乙聲亦象口气出也凡曰之屬皆从曰王伐切

𣍘告也从曰从冊冊亦聲楚革切 曷何也从曰匃聲胡葛切 曶出气詞也从曰象气出形春秋傳曰鄭太子曶呼骨切 曶籀文曶一曰佩也象形 朁曾也从曰兓聲詩曰朁不畏明臣鉉等曰今俗有昝字蓋朁之譌七感切 沓語多沓沓也从水从曰遼東有沓縣臣鉉等曰語多沓沓若水之流故从水會意徒合切 𣍟獄之兩曹也在廷東从棘治事者从曰徐鍇曰以言詞治獄也故从曰

昨宰切

文七　重一

乃　曳詞之難也象气之出難凡乃之屬皆从乃　奴亥切臣鉉等曰今隸書作乃

𠄎　古文乃　𠄎　籀文乃

𠧟　驚聲也从乃省西聲籀文𠧟不省或曰𠧟往也讀若仍臣鉉等曰西非聲未詳如乘切

𠧟　古文𠧟

卣　气行皃从乃卤聲讀若攸以周切

文三　重一

丂　气欲舒出勹上礙於一也丂古文以爲亏字又以爲巧字凡丂之屬皆从丂　苦浩切

甹　亟詞也从丂从由或曰甹俠也三輔謂輕財者爲甹臣鉉等曰由用也任俠用气也普丁切

寧　願詞也从丂寍聲奴丁切

𠀀　反丂也讀若呵虎何切

文四

可　𠕁也从口丂丂亦聲凡可之屬皆从可　肯我切

奇 異也一曰不耦从大从可渠羈切 哿 可也从可加聲詩曰哿矣富人古我切 哥 聲也从二可古文以爲謌字古俄切 文四

叵 不可也从反可普火切 文一 新附

兮 語所稽也从丂八象气越亏也凡兮之屬皆从兮 胡雞切

𦏧 驚辭也从兮旬聲思允切 𢜴 𦏧或从心 羲 气也从兮義聲許羈切 乎 語之餘也从兮象聲上越揚之形也戶吳切

文四 重一

号 痛聲也从口在丂上凡号之屬皆从号 胡到切

號 呼也从号从虎乎刀切

文二

亏 於也象气之舒亏从丂从一一者其气平之也凡亏之屬皆从亏 羽俱切今變隸作于

虧 气損也从亏雐聲去爲切 虧 虧或从兮

粵 亏也審慎之詞者从亏从宷周書曰粵三日丁亥王伐切

吁 驚語也从口从亏亏亦聲臣鉉等案口部有吁此重出况于切

平 語平舒也从亏从八八分也爰礼說符兵切 𠀭 古文平如此

文五　重二

旨 美也从甘匕聲凡旨之屬皆从旨職雉切

𠤔 古文旨

嘗 口味之也从旨尚聲市羊切

文二　重一

喜 樂也从壴从口凡喜之屬皆从喜虛里切

歖 古文喜从欠與歡同

憙 說也从心从喜喜亦聲許記切

嚭 大也从喜否聲春秋傳吳有太宰嚭匹鄙切

文三　重一

壴 陳樂立而上見也从屮从豆凡壴之屬皆从壴中句切

尌 立也从壴从寸持之也讀若駐常句切

鼜 夜戒守鼓也从壴蚤聲禮昏鼓四通爲大鼓夜半三通爲戒晨旦明五通爲發明讀若戚倉歷切

彭 鼓聲也从壴彡聲臣鉉等曰當从形省乃得聲薄庚切

嘉 美也从壴加聲古牙切

文五

鼓 郭也春分之音萬物郭皮甲而出故謂之鼓从壴支象其手擊之也周禮六鼓靁鼓八面靈鼓六面路鼓四面鼖鼓皋鼓晉鼓皆兩面凡鼓之屬皆从鼓 徐鍇曰郭者覆冒之意工戸切

⿰壴古 籒文鼓从古聲

鼛 大鼓也从鼓咎聲詩曰鼛鼓不勝古勞切

鼖 大鼓謂之鼖鼖八尺而兩面以鼓軍事从鼓賁省聲符分切

⿰革賁 鼖或从革賁不省

鼙 騎鼓也从鼓卑聲部迷切

⿰隆鼓 鼓聲也从鼓隆聲徒冬切

鼘 鼓聲也从鼓𣶒聲詩曰鼗鼓鼘鼘烏玄切

鼞 鼓聲也从鼓堂聲詩曰擊鼓其鼞土郎切

⿰鼓合 鼓聲也从鼓合聲徒合切

鞈 古文⿰鼓合从革

⿰鼓咠 鼓無聲也从鼓咠聲他叶切

⿰鼓缶 鼓鼙聲从鼓缶聲土盍切

文十　重三

豈　還師振旅樂也一曰欲也登也从豆微省聲凡豈之屬皆从豈墟喜切

愷　康也从心豈豈亦聲苦亥切

⿱幾豈　幾也訖事之樂也从豈幾聲臣鉉等曰說文無幾字从幾从气義無所取當是訖字之誤尒渠稀切

文三

豆　古食肉器也从口象形凡豆之屬皆从豆徒候切

𣅁　古文豆

梪　木豆謂之梪从木豆徒候切

⿱𧖄豆　蠡也从豆蒸省聲居隱切

⿱𢍏豆　豆屬从豆𢍏聲居倦切

⿰夗豆　豆飴也从豆夗聲一丸切

豋　禮器也从廾持肉在豆上讀若鐙同都滕切

文六　重一

豊　行禮之器也从豆象形凡豊之屬皆从豊讀與禮同盧啓切

豑　爵之次弟也从豊从弟虞書曰平豑東作直質切

文二

豐 豆之豐滿者也从豆象形一曰鄉飲酒有豐侯者凡豐之屬皆从豐 敷戎切

𧰫 古文豐

豔 好而長也从豐豐大也盇聲春秋傳曰美而豔以贍切

文二 重一

䖒 古陶器也从豆虍聲凡䖒之屬皆从䖒 許羈切

䖓 土鍪也从䖒号聲讀若鎬胡到切

䖔 器也从䖒宔宔亦聲闕直呂切

文三

虍 虎文也象形凡虍之屬皆从虍 徐鍇曰象其文章屈曲也荒烏切

虞 騶虞也白虎黑文尾長於身仁獸食自死之肉从虍吳聲詩曰于嗟乎騶虞五俱切

虙 虎皃从虍必聲房六切

虔 虎行皃从虍文聲讀若矜臣鉉等曰文非聲未詳渠焉切

虘 虎不柔不信也从虍且聲讀若鄌縣昨何切

虖 哮虖也从虍乎聲荒烏切

虐 殘也从虍虎足反爪人也魚約切

𧆩 古文虐如此

虨 虎文彪也从虍彬聲布還切

虡 鐘鼓之柎也飾爲猛獸从虍異象其下足其呂切

鐻 虡或从金豦聲

虞 篆文虡省

文九 重三

虎　山獸之君。从虍，虎足象人足，象形。凡虎之屬皆从虎。呼古切

𧆞　古文虎

𧆭　亦古文虎

⿰毄虎　虎聲也。从虎毄聲。讀若隔。古覈切

⿰虎日　白虎也。从虎，昔省聲。讀若鼏。莫狄切

⿰虎去　⿸虍包屬。从虎去聲。臣鉉等曰：去非聲，未詳。呼濫切

虪　黑虎也。从虎儵聲。式竹切

虦　虎竊毛謂之虦苗。从虎戔聲。竊，淺也。昨閑切

彪　虎文也。从虎，彡象其文也。甫州切

⿰乂虎　虎皃。从虎乂聲。魚廢切

⿰气虎　虎皃。从虎气聲。魚迄切

虓　虎鳴也。一曰師子。从虎九聲。許交切

虒　委虒，虎之有角者也。从虎厂聲。息移切

⿰虎騰　黑虎也。从虎騰聲。徒登切

⿰斤虎　虎聲也。从虎斤聲。語斤切

虩　《易》：「履虎尾虩虩。」恐懼。一曰蠅虎也。从虎㝹聲。許隙切

虢　虎所攫畫明文也。从虎寽聲。古伯切

文十五　重二

虣　虐也。急也。从虎从武。見《周禮》。薄報切

䖘　楚人謂虎爲烏䖘。从虎兔聲。同都切

文二　新附

虤　虎怒也。从二虎。凡虤之屬皆从虤。五閑切

⿱虤曰　兩虎爭聲。从虤从曰。讀若憖。臣鉉等曰：曰，口气出也。語巾切

贙　分別也。从虤對爭貝。讀若迴。胡畎切

文三

皿 飯食之用器也象形與豆同意凡皿之屬皆从皿讀若猛武永切

盂 飯器也从皿亏聲羽俱切

盌 小盂也从皿夗聲烏管切

盛 黍稷在器中以祀者也从皿成聲氏征切

齍 黍稷在器以祀者从皿齊聲即夷切

⿱有皿 小甌也从皿有聲讀若灰一曰若賄于救切

⿱右皿 ⿱有皿或从右

盧 飯器也从皿𠧪聲洛乎切

⿱⿸虍⿴田⿻乂十皿 籒文盧

⿱⿰缶古皿 器也从皿从缶古聲公戶切

盄 器也从皿弔聲止遥切

盎 盆也从皿央聲烏浪切

㼜 盎或从瓦

盆 盎也从皿分聲步奔切

⿱宁皿 器也从皿宁聲直呂切

盨 檳須負戴器也从皿須聲相庾切

⿱漻皿 器也从皿漻聲古巧切

⿱必皿 械器也从皿必聲彌畢切

醯 酸也作醯以鬻以酒从鬻酒並省从皿皿器也呼雞切

盉 調味也从皿禾聲戶戈切

益 饒也从水皿皿益之意也伊昔切

盈 滿器也从皿夃臣鉉等曰夃古乎切益多之義也古者以買物多得爲夃故从夃以成切

盡 器中空也从皿㶳聲慈刃切

盅 器虛也从皿中聲老子曰道盅而用之直弓切

盦 覆蓋也从皿酓聲臣鉉等曰今俗别作罯非是烏合切

昷 仁也从皿以食囚也官溥說烏渾切

盥 澡手也从臼水臨皿春秋傳曰奉匜沃盥古玩切

盪 滌器也从皿湯聲徒朗切

文二十五　重三

盋　盋器盂屬从皿犮聲或从金从本北末切

文一　新附

凵　凵盧飯器以柳爲之象形凡凵之屬皆从凵去魚切

𥫱　凵或从竹去聲

文一　重一

去　人相違也从大凵聲凡去之屬皆从去丘據切

朅　去也从去曷聲丘竭切

[夌+去]　去也从去夌聲讀若陵力膺切

文三

血　祭所薦牲血也从皿一象血形凡血之屬皆从血呼決切

衁　血也从血亡聲春秋傳曰士刲羊亦無衁也呼光切

衃　凝血也从血不聲芳桮切

[血+𦘒]　气液也从血𦘒聲將鄰切

[血+甹]　定息也从血甹省聲讀若亭特丁切

衄　鼻出血也从血丑聲女六切

[血+農]　腫血也从血農省聲奴冬切

膿　俗[血+農]从肉農聲

䀌　血醢也从血肬聲禮記有䀌醢以牛乾脯粱𥼶鹽酒也臣鉉等曰肬肉汁滓也故从肬肬亦聲他感切

[菹+血]　醢也从血菹聲側余切

切

⿰缶⿱艹盇 ⿱艹盇或从缶

⿱幾血 以血有所刏涂祭也从血幾聲渠稀切

卹 憂也从血卩聲一曰鮮少也徐鍇曰血者言憂之切至也辛聿切

衋 傷痛也从血聿皕聲周書曰民罔不衋傷心許力切

衉 羊凝血也从血臽聲苦紺切

⿰贛血 衉或从贛

盇 覆也从血大臣鉉等曰大象蓋覆之形胡臘切

衊 汚血也从血蔑聲莫結切

文十五　重三

丶 有所絕止丶而識之也凡丶之屬皆从丶 知庾切

主 鐙中火主也从𡈼象形从丶丶亦聲臣鉉等曰今俗別作炷非是之庾切

咅 相與語唾而不受也从丶从否否亦聲天口切

⿰豆欠 咅或从豆从欠

文三　重一

說文解字弟五上

賜進士及第山東等處督糧道兼管德常臨清倉事務加三級孫星衍重校刊

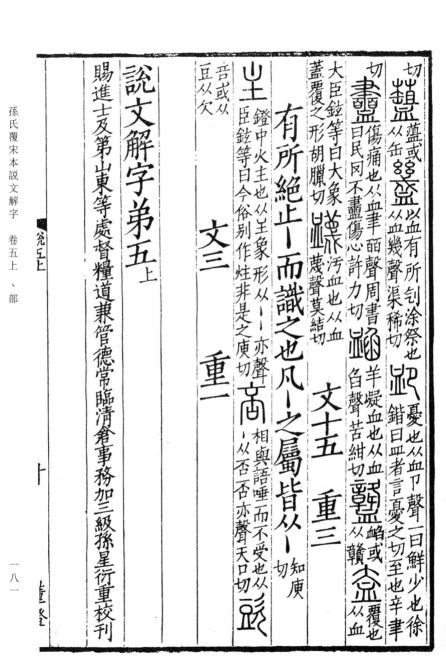

說文解字弟五下　漢太尉祭酒許慎記

銀青光祿大夫守右散騎常侍上柱國東海縣開國子食邑五百戶臣徐鉉等奉
敕校定

丹　巴越之赤石也象采丹井一象丹形凡丹之屬皆从丹都寒切

古文丹　亦古文丹

雘　善丹也从丹蒦聲周書曰惟其敷丹雘讀若隺烏郭切

彤　丹飾也从丹从彡彡其畫也徒冬切

文三　重二

青　東方色也木生火从生丹丹青之信言象然凡青之屬皆从青倉經切

古文青

靜　審也从青爭聲徐鍇曰丹青明審也疾郢切

文二　重一

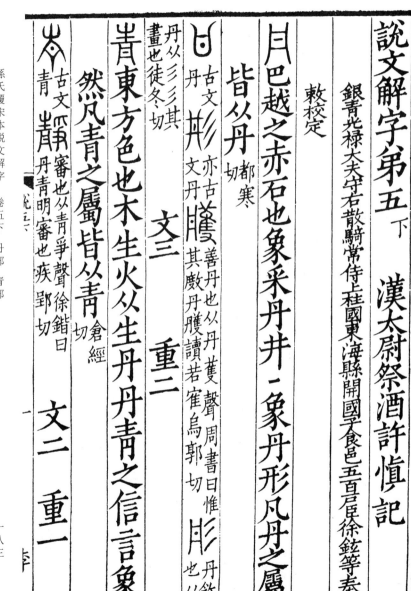

丼 八家一井象構韓形・甕之象也古者伯益初作井凡井之屬皆从井子郢切

𤥬 深池也从井塋省聲烏迥切

阱 陷也从𨸏从井井亦聲疾正切

穽 阱或从穴

汬 古文阱从水

荆 罰辠也从井从刀易曰井法也井亦聲户經切

刱 造法刱業也从井刅聲讀若創初亮切

文五　重二

皀 穀之馨香也象嘉穀在裹中之形匕所以扱之或說皀一粒也凡皀之屬皆从皀又讀若香皮及切

即 即食也从皀卪聲徐鍇曰即就也子力切

既 小食也从皀旡聲論語曰不使勝食既居未切

冟 飯剛柔不調相著从皀冂聲讀若適施隻切

文四

鬯 以秬釀鬱艸芬芳攸服以降神也从凵凵器也中象米匕所以扱之易曰不喪匕鬯

凡鬯之屬皆从鬯丑諒切

鬱芳艸也十葉爲貫百廾貫築以煮之爲鬱从臼冂缶鬯彡其飾也一曰鬱鬯百艸之華遠方鬱人所貢芳艸合釀之以降神鬱今鬱林郡也迂勿切

爵禮器也象爵之形中有鬯酒又持之也所以飲器象爵者取其鳴節節足足也即略切

𠻞古文爵象形

𪏰黑黍也一稃二米以釀也从鬯矩聲其呂切

秬𪏰或从禾

䰜列也从鬯吏聲讀若迅疏吏切

文五　重二

食一米也从皀亼聲或說亼皀也凡食之屬皆从食乘力切

𩞁滫飯也从食桒聲臣鉉等曰桒音忽非聲疑桒字之誤府文切

饙𩞁或从賁

餴𩞁或从奔

餾飯气蒸也从食留聲力救切

飪大孰也从食壬聲如甚切

𦛜古文飪

恁亦古文飪

饔孰食也从食雝聲於容切

飴米蘖煎也从食台聲與之切

𩛊籒文飴从異省

餳飴和饊者也从食昜聲徐盈切

饊熬稻粻程也从食散聲穌旱切

餅麪餈也从食并聲必郢切

餈稻餅也从食次聲疾資切

𩝜餈或从齊

粢餈或从米

饘糜也从食亶聲周謂之饘宋謂之

餬。諸延切。

餱　乾食也。从食矦聲。周書曰：峙乃餱粻。乎溝切。

餥　餱也。从食非聲。陳楚之閒相謁食麥飯曰餥。非尾切。

饎　酒食也。从食喜聲。詩曰：可以饙饎。昌志切。

𩜅　饎或从巸。

糦　饎或从米。

籑　具食也。从食算聲。士戀切。

饌　籑或从巽。

養　供養也。从食羊聲。余兩切。

𦎫　古文養。

飯　食也。从食反聲。符萬切。

𩚵　雜飯也。从食丑聲。女久切。

飤　糧也。从人、食。祥吏切。

饡　以羹澆飯也。从食贊聲。則榦切。

𩞁　晝食也。从食象聲。書兩切。

𩜇　𩞁或从傷省聲。

飧　餔也。从夕、食。思魂切。

餔　日加申時食也。从食甫聲。博狐切。

𨟻　籀文餔从皿浦聲。

餐　吞也。从食奴聲。七安切。

湌　餐或从水。

䭑　嘰也。从食兼聲。讀若風溓溓。一曰廉潔也。力鹽切。

饁　餉田也。从食盍聲。詩曰：饁彼南畝。筠輒切。

饟　周人謂餉曰饟。从食襄聲。人漾切。

餉　饟也。从食向聲。式亮切。

饋　餉也。从食貴聲。求位切。

饗　鄉人飲酒也。从食从鄉，鄉亦聲。許兩切。

饛　盛器滿皃。从食蒙聲。詩曰：有饛簋飧。莫紅切。

飵　楚人相謁食麥曰飵。从食乍聲。在各切。

𩛉　相謁食麥也。从食占聲。奴兼切。

䭇　秦人謂相謁而食麥曰䭇䭈。从食㥯聲。烏困切。

䭈　䭇䭈也。从食豈聲。五困切。

餬　寄食也。从食胡聲。戶吳切。

飶　食之香也。从食必聲。詩曰：有飶其香。毗必切。

饫　燕食也。从食芺聲。詩曰：飲酒之饫。依據切。

飽　猒也。从食包聲。博巧切。

𩛚　古文飽从采。

𩜙　亦古文飽从卯聲。

𩛩　猒也。从食肙聲。

烏玄切 饒 飽也从食堯聲如昭切 餘 饒也从食余聲以諸切 䬸 食臭也从食艾聲爾雅曰䬸謂之喙呼艾切 餞 送去也从食戔聲詩曰顯父餞之才線切 餫 野饋曰餫从食軍聲王問切 館 客舍也从食官聲周禮五十里有市市有館館有積以待朝聘之客古玩切 饕 貪也从食號聲土刀切 叨 饕或从口刀聲 𩟧 籀文饕从號省 飻 貪也从食殄省聲春秋傳曰謂之饕飻他結切 饖 飯傷熱也从食歲聲於廢切 饐 飯傷溼也从食壹聲乙冀切 餲 飯餲也从食曷聲論語曰食饐而餲乙例切又烏介切 饑 穀不孰爲饑从食幾聲居衣切 饉 蔬不孰爲饉从食堇聲渠吝切 𩛛 飢也从食尼聲讀若楚人言恚人於革切 餧 飢也从食委聲一曰魚敗曰餧奴罪切 飢 餓也从食几聲居夷切 餓 飢也从食我聲五箇切 餽 吳人謂祭曰餽从食从鬼鬼亦聲俱位切又音饋 餟 祭酹也从食叕聲陟衛切 䬽 小餟也从食兌聲輸芮切 䭑 馬食穀多气流四下也从食夌聲里甑切 䬴 食馬穀也从食末聲莫撥切

文六十二　重十八

餕 食之餘也从食夋聲子峻切 餻 餌屬从食羔聲古牢切

文二　新附

亼 三合也从入一象三合之形凡亼之屬皆从亼

讀若集秦入切臣鉉等曰此疑只象形非从入一也

合合口也从亼从口侯閤切　僉皆也从亼从吅从从虞書曰僉曰伯夷七廉切　侖思也从亼从冊力屯切　侖籒文侖

今是時也从亼从乛乛古文及居音切　舍市居曰舍从亼屮象屋也口象築也始夜切

文六　重一

會合也从亼从曾省曾益也凡會之屬皆从會黃外切

㣛古文會如此　朇益也从會卑聲符支切　𣌭日月合宿爲辰从會从辰辰亦聲植鄰切

文三　重一

倉穀藏也倉黃取而藏之故謂之倉从食省口象倉形凡倉之屬皆从倉七岡切

仺奇字倉　牄鳥獸來食聲也从倉爿聲虞書曰鳥獸牄牄七羊切

文二　重一

入內也象从上俱下也凡入之屬皆从入人汁切

內入也从冂自外而入也奴對切　㒳入山之深也从山从入闕鉏箴切　糴市穀也从入从糴徒歷切　仝完也从入从工疾緣切

全　篆文仝从玉純玉曰全　𠓜　古文全　㒳　二入也兩从此闕良獎切

文六　重二

缶　瓦器所以盛酒漿秦人鼓之以節謌象形凡缶之屬皆从缶　方九切

𣫭　未燒瓦器也从缶㱿聲讀若筩莩又苦候切　匋　瓦器也从缶包省聲古者昆吾作匋案史篇讀與缶同徒刀切　罌　缶也从缶賏聲烏莖切　𦈢　小口罌也从缶𠂹聲池僞切　𦈸　小缶也从缶咅聲蒲候切　缾　𤮐也从缶并聲薄經切　瓶　缾或从瓦

罋　汲缾也从缶雝聲烏貢切　𦈛　下平缶也从缶乏聲讀若昪羽土盍切　罃　備火長頸缾也从缶熒省聲烏莖切　缸　瓨也从缶工聲下江切　𦈵　瓦器也从缶或聲于逼切　𦉜　瓦器也从缶薦聲作甸切　䍃　瓦器也从缶肉聲臣鉉等曰當从䚻省乃得聲以周切

䍅　瓦器也从缶霝聲郎丁切　𦈰　缺也从缶占聲都念切　缺　器破也从缶決省聲傾雪切　罅　裂也从缶虖聲缶燒善裂也呼迓切　罄　器中空也从缶㱿聲㱿古文磬字詩云缾之罄矣苦定切　罊　器中盡也从缶毄聲苦計切　缿　受錢器也从缶后聲古以瓦今以竹大口切又胡講切

文二十一　重一

罐　器也从缶雚聲古玩切

文一　新附

矢　弓弩矢也从入象鏑栝羽之形古者夷牟初作矢凡矢之屬皆从矢　式視切

䠶　弓弩發於身而中於遠也从矢从身食夜切　射　篆文䠶从寸寸法度也亦手也　矯　揉箭箝也从矢喬聲居夭切　矰　惟䠶矢也从矢曾聲作滕切　矦　春饗所䠶矦也从人从厂象張布矢在其下天子䠶熊虎豹服猛也諸矦䠶熊豕虎大夫射麋麋惑也士䠶鹿豕爲田除害也其祝曰毋若不寧矦不朝于王所故伉而䠶汝也乎溝切　𥎦　古文矦　𥏻　傷也从矢昜聲式陽切　短　有所長短以矢爲正从矢豆聲都管切　矤　况也詞也从矢引省聲从矢取詞之所之如矢也式忍切　知　詞也从口从矢陟离切　矣　語以詞也从矢以聲于已切

文十　重二

矮　短人也从矢委聲烏蟹切

文一　新附

高　崇也象臺觀高之形从冂口與倉舍同意

凡高之屬皆从高。古牢切

高（亯）小堂也。从高省，冋聲。去潁切　廎 高或从广，頃聲。　亭 民所安定也。亭有樓，从高省，丁聲。特丁切　亳 京兆杜陵亭也。从高省，乇聲。旁各切

文四　重一

冂 邑外謂之郊，郊外謂之野，野外謂之林，林外謂之冂。象遠界也。凡冂之屬皆从冂。古熒切

冋 古文冂从口，象國邑。　坰 冋或从土。　市 買賣所之也。市有垣，从冂从㇇。㇇，古文及，象物相及也。之省聲。時止切　冘 淫淫，行皃。从人出冂。余箴切　央 中央也。从大在冂之内。大，人也。央旁同意。一曰久也。於良切　隺 高至也。从隹上欲出冂。易曰：夫乾隺然。胡沃切

文五　重二

𩫖 度也。民所度居也。从回，象城𩫖之重，兩亭相對也。或但从口。音韋　凡𩫖之屬皆从𩫖。古博切

𩫕 缺也古者城闕其南方謂之𩫕从𩫖缺省讀若拔物爲決引也傾雪切

文二

京 人所爲絕高丘也从高省丨象高形凡京之屬皆从京舉卿切

就 就高也从京从尤尤異於凡也疾僦切 𡭇 籀文就

文二　重一

亯 獻也从高省曰象進孰物形孝經曰祭則鬼亯之凡亯之屬皆从亯許兩切又普庚切又許庚切

𦎫 篆文亯

𩫖 孰也从亯从羊讀若純一曰鬻也常倫切 𦏧 篆文𩫖

𥫱 厚也从亯竹聲讀若篤冬毒切

𩫏 用也从亯从自自知臭香所食也讀若庸余封切

文四　重二

𣆪 厚也从反亯凡𣆪之屬皆从𣆪 徐鍇曰亯者進上也以進上之具反之於下則厚也胡口切

覃 長味也从𣆪鹹省聲詩曰實覃實吁徒含切 覃 古文覃 覃 篆文覃省 厚 山陵之厚也从𣆪从厂胡口切

垕 古文厚从后土

文三　重三

畗 滿也从高省象高厚之形凡畗之屬皆从畗讀若伏芳逼切

良 善也从畗省亡聲徐鍇曰良甚也故从畗呂張切 良 古文良 良 亦古文良 良 亦古文良

文三　重三

㐭 穀所振入宗廟粢盛倉黃㐭而取之故謂之㐭从入回象屋形中有戶牖凡㐭之屬皆从㐭力甚切

廩 㐭或从广从禾

稟 賜穀也从㐭从禾筆錦切

亶 多穀也从㐭旦聲多旱切

啚 嗇也从口㐭㐭受也方美切

啚 古文啚如此

文四　重二

嗇 愛濇也从來从㐭來者㐭而藏之故田夫謂之嗇夫凡嗇之屬皆从嗇所力切

𠷔 古文嗇从田

牆 垣蔽也从嗇爿聲才良切 𤖨 籒文从二禾 𤗹 籒文亦从二來

文二　重三

來 周所受瑞麥來麰一來二縫象芒朿之形天所來也故為行來之來詩曰詒我來麰凡來之屬皆从來洛哀切

𥎦 詩曰不𥎦不來从來矣聲牀史切 竢 𥎦或从彳

文二　重一

麥 芒穀秋穜厚薶故謂之麥麥金也金王而生火王而死从來有穗者从夊凡麥之

屬皆从麥　臣鉉等曰夊足也周受瑞麥來麰如行來故从夊莫獲切

麰　來麰麥也从麥牟聲莫浮切　⿱艸牟　麰或从艸　麧　堅麥也从麥乞聲乎沒切　⿺麥貞　小麥屑之覈从麥貞聲穌果切　䴾　䴾麥也从麥差聲一曰擣也昨何切　麩　小麥屑皮也从麥夫聲甫無切　麱　麩或从甫　麪　麥末也从麥丏聲弥箭切　⿺麥啇　麥覈屑也十斤爲三斗从麥啇聲直隻切　麷　煑麥也从麥豐聲讀若馮敷戎切　麮　麥甘鬻也从麥去聲丘據切　⿺麥㱿　餅䴸也从麥㱿聲讀若庫空谷切　䴸　餅䴸也从麥穴聲戶八切　⿺麥才　餅䴸也从麥才聲昨哉切

文十三　重二

夊　行遲曳夊夊象人兩脛有所躧也凡夊之屬皆从夊　楚危切

夋　行夋夋也一曰倨也从夊允聲七倫切　复　行故道也从夊畗省聲房六切　夌　越也从夊从圥圥高也一曰夌偁也力膺切　致　送詣也从夊从至陟利切　憂　和之行也从夊㥑聲詩曰布政憂憂於求切　愛　行皃从夊㤅聲烏代切　⿸尸夊　行⿸尸夊⿸尸夊也从夊闕讀若僕又卜切　竷　繇也舞也樂有章从章从夅从夊詩曰竷竷舞我苦感切　⿱亚夊　䍐蓋也象皮包覆䍐下有兩臂而夊在下讀若范亡范切　夏

中國之人也从夊从頁从臼臼兩手夊兩足也胡雅切　𡕾古文夏

畟治稼畟畟進也从田人从夊詩曰畟畟良耜初力切

㚇斂足也鵲鵙醜其飛也㚇从夊兇聲子紅切

夒貪獸也一曰母猴似人从頁巳止夊其手足臣鉉等曰巳止皆象形也奴刀切

夔神魖也如龍一足从夊象有角手人面之形渠追切

文十五　重一

夎拜失容也从夊坐聲則卧切

文一　新附

舛對卧也从夊㐄相背凡舛之屬皆从舛昌兖切

踳揚雄說舛从足春

舞樂也用足相背从舛無聲文撫切

𦏶古文舞从羽亡

舝車軸耑鍵也兩穿相背从舛禼省聲禼古文偰字胡戛切

文三　重二

䑞艸也楚謂之葍秦謂之藑蔓地連華象形从舛舛亦聲凡䑞之屬皆从䑞舒閏切今隸變作舜

𠎤古文䑞

𩇯華榮也从舜生聲讀若皇爾雅曰𩇯華也戶光切

𦱊𩇯或从艸皇

文二　重二

韋　相背也。从舛口聲。獸皮之韋，可以束枉戾相韋背，故借以爲皮韋。凡韋之屬皆从韋。宇非切

（古文韋）　古文韋

韠　韍也。所以蔽前，以韋。下廣二尺，上廣一尺，其頸五寸。一命緼韠，再命赤韠。从韋畢聲。卑吉切

韎　茅蒐染韋也。一入曰韎。从韋末聲。莫佩切

韢　櫜紐也。从韋惠聲。一曰盛虜頭櫜也。徐鍇曰：謂戰伐以盛首級。胡計切

韜　劒衣也。从韋舀聲。土刀切

韝　射臂決也。从韋冓聲。古矦切

韘　射決也。所以拘弦，以象骨，韋系，著右巨指。从韋枼聲。詩曰：童子佩韘。失涉切

弽　韘或从弓。

韣　弓衣也。从韋蜀聲。之欲切

韔　弓衣也。从韋長聲。詩曰：交韔二弓。丑亮切

⿰韋叚　履也。从韋叚聲。乎加切

⿰韋段　履後帖也。从韋段聲。徒玩切

緞　⿰韋段或从糸。

韤　足衣也。从韋蔑聲。臣鉉等曰：今俗作韈，非是。望發切

⿰韋尃　軶裹也。从韋尃聲。匹各切

韏　革中辨謂之韏。从韋𢍏聲。九萬切

⿰韋⿰米焦　收束也。从韋⿰米焦聲。讀若酋。臣鉉等曰：⿰米焦，側角切，聲不相近，未詳。即由切

（或體）　⿰韋⿰米焦或从要。

（或體）　⿰韋⿰米焦或从秋手。

韓　井垣也。从韋，取其帀也；倝聲。胡安切

文十六　重五

韌 柔而固也从韋刃聲而進切

文一 新附

弟 韋束之次弟也从古字之象凡弟之屬皆从弟 特計切

𠂖 古文弟从古文韋省丿聲

罤 周人謂兄曰罤从弟从眔臣鉉等曰眔目相及也兄弟親比之義古𡖖切

文二　重一

夂 从後至也象人兩脛後有致之者凡夂之屬皆从夂讀若黹 陟侈切

夆 相遮要害也从夂丰聲南陽新野有夆亭乎蓋切

夆 啎也从夂丰聲讀若縫敷容切

夅 服也从夂午相承不敢竝也下江切

𡕢 秦以市買多得爲𡕢从乃从夂益至也从乃詩曰我𡕢酌彼金罍臣鉉等曰乃難意也古乎切

𡰪 跨步也从反夂䣑从此苦瓦切

文六

夂　从後炙之象人兩脛後有距也周禮曰夊諸牆以觀其橈凡夊之屬皆从夊舉友切

文一

桀　磔也从舛在木上也凡桀之屬皆从桀渠列切

磔　辜也从桀石聲陟格切

乘　覆也从入桀桀黠也軍法曰乘食陵切

椉　古文乘从几

文三　重一

說文解字第五下

賜進士及第山東等處督糧道兼管德常臨清倉事務加三級孫星衍重校刊

說文解字弟六上　漢太尉祭酒許氏記

銀青光禄大夫守右散騎常侍上柱國東海縣開國子食邑五百户臣徐鉉等奉

敕校定

二十五部　文七百五十三　重六十一

凡九千四百四十三字　文二十新附

木　冒也冒地而生東方之行从屮下象其根凡木之屬皆从木徐鍇曰屮者木始甲拆萬物皆始於微故木从屮莫卜切

橘　果出江南从木矞聲居聿切

橙　橘屬从木登聲丈庚切

柚　條也似橙而酢从木由聲夏書曰厥包橘柚余救切

樝　果似棃而酢从木虘聲側加切

棃　果名从木𥝢聲𥝢古文利力脂切

梬　棗也似柹从木甹聲以整切

柹　赤實果从木𠂔聲鉏里切

枏　梅也从木冄聲汝閻切

梅　枏也可食从木每聲莫桮切

楳　或从某

杏

杏　果也从木可省聲何梗切
柰　果也从木示聲奴帶切
李　果也从木子聲良止切
杍　古文
桃　果也从木兆聲徒刀切
楙　冬桃从木敄聲讀若髦莫候切
亲　果實如小栗从木辛聲春秋傳曰女摯不過亲栗側詵切
楷　木也孔子冢蓋樹之者从木皆聲苦駭切
梫　桂也从木侵省聲七荏切
桂　江南木百藥之長从木圭聲古惠切
棠　牡曰棠牝曰杜从木尚聲徒郎切
杜　甘棠也从木土聲徒古切
槢　木也从木習聲似入切
樿　木也可以爲櫛从木單聲旨善切
椲　木也可屈爲杅者从木韋聲于鬼切
楢　柔木也工官以爲耎輪从木酋聲讀若糗以周切
桏　榴椐木也从木邛聲渠容切
棆　毋杶也从木侖聲讀若易卦屯陟倫切
楈　木也从木胥聲讀若芟刈之芟私閭切
柍　梅也从木央聲一曰江南橦材其實謂之柍於京切
楑　木也从木癸聲又度也求癸切
⿰木咎　木也从木咎聲讀若皓古老切
椆　木也从木周聲讀若丩職留切
樕　樸樕木从木敕聲桑谷切
⿰木彝　木也从木彝聲羊皮切
梣　青皮木从木岑聲子林切
𣓌　或从𡨄省𡨄籒文寑
棳　木也从木叕聲益州有棳縣職說切
椃　木也从木號省聲乎刀切
棪　遬其也从木炎聲讀若三年導服之導以冉切
⿰木遄　木也从木遄聲市緣切
椋　即來也从木京聲呂張切

檍　杻也从木意聲於力切
櫠　木也从木費聲房未切
樗　木也从木虖聲丑居切
楀　木也从木禹聲王矩切
櫐　木也从木藟聲力軌切
𣝗　籒文
桋　赤桋也从木夷聲詩曰隰有杞桋以脂切
栟　栟櫚也从木幷聲府盈切
椶　栟櫚也可作萆从木㚇聲子紅切
檟　楸也从木賈聲春秋傳曰樹六檟於蒲圃古雅切
椅　梓也从木奇聲於离切
梓　楸也从木宰省聲即里切
榟　或不省
楸　梓也从木秋聲七由切
檣　梓屬大者可爲棺椁小者可爲弓材从木嗇聲於力切
柀　檆也从木皮聲一曰折也甫委切
檆　木也从木煔聲臣鉉等曰今俗作杉非是所銜切
榛　木也从木秦聲一曰菆也側詵切
栲　山樗也从木尻聲苦浩切
杶　木也从木屯聲夏書曰杶榦栝柏敕倫切
櫄　或从熏
杻　古文杶
橁　杶也从木筍聲相倫切
桵　白桵棫从木妥聲臣鉉等曰當从綏省儒隹切
棫　白桵也从木或聲于逼切
⿰木息　木也从木息聲相即切
椐　樻也从木居聲九魚切
樻　椐也从木貴聲求位切
栩　柔也从木羽聲其皁一曰樣況羽切
⿱予木　栩也从木予聲讀若杼直呂切
樣　栩實从木羕聲徐兩切
杙　劉劉杙从木弋聲与職切
枇　枇杷木也从木比聲房脂切
桔　桔梗藥名从木吉聲

一曰直木古肩切

柞　木也从木乍聲在各切

⿰木乎　木出橐山从木乎聲他乎切

榗　木也从木晉聲書曰竹箭如榗子善切

檖　羅也从木㒸聲詩曰隰有樹檖徐醉切

椵　木可作牀几从木叚聲讀若賈古雅切

橞　木也从木惠聲胡計切

楛　木也从木苦聲詩曰榛楛濟濟侯古切

櫅　木也可以爲大車軸从木齊聲祖雞切

⿰木乃　木也从木乃聲讀若仍如乘切

櫇　木也从木頻聲符眞切

樲　酸棗也从木貳聲而至切

樸　棗也从木僕聲博木切

橪　酸小棗从木然聲一曰染也人善切

柅　木也實如棃从木尼聲女履切

梢　木也从木肖聲所交切

⿰木隸　木也从木隸聲郎計切

⿰木寽　木也从木寽聲力輟切

梭　木也从木夋聲臣鉉等曰今人别音穌禾切以爲機杼之屬私閏切

⿰木畢　木也从木畢聲卑吉切

⿰木刺　木也从木刺聲盧達切

枸　木也可爲醬出蜀从木句聲俱羽切

樜　木出發鳩山从木庶聲之夜切

枋　木可作車从木方聲府良切

橿　枋也从木畺聲一曰鉏柄名居良切

樗　木也以其皮裹松脂从木雩聲讀若華乎化切

檴　或从蒦

檗　黄木也从木辟聲博戹切

梤　香木也从木芬聲撫文切

榝　似茱萸出淮南从木殺聲所八切

槭　木可作大車輮从木戚聲子六切

楊　木也从木昜聲与章切

檉河柳也从木聖聲敕貞切　柳小楊也从木丣聲丣古文酉力九切　樳大木可爲鉏柄从木㝷聲詳遵切　欒木似欄从木䜌聲禮天子樹松諸矦柏大夫欒士楊洛官切　栘棠棣也从木多聲弋支切　棣白棣也从木隶聲特計切　枳木似橘从木只聲諸氏切　楓木也厚葉弱枝善搖一名欇从木風聲方戎切　權黄華木从木雚聲一曰反常巨員切　柜木也从木巨聲其呂切　槐木也从木鬼聲戶恢切　榖楮也从木𣪊聲古祿切　楮榖也从木者聲丑呂切　柠楮或从宁　檵枸杞也从木繼省聲一曰監木也古詣切　杞枸杞也从木己聲墟里切　枒木也从木牙聲一曰車輞會也五加切　檀木也从木亶聲徒乾切　櫟木也从木樂聲郎擊切　梂櫟實一曰鑿首从木求聲巨鳩切　楝木也从木柬聲郎電切　檿山桑也从木厭聲詩曰其檿其柘於琰切　柘桑也从木石聲之夜切　㯉木可爲杖从木厀聲親吉切　檈檈味稔棗从木還聲似沿切　梧梧桐木从木吾聲一名櫬五胡切　榮桐木也从木熒省聲一曰屋梠之兩頭起者爲榮永兵切　桐榮也从木同聲徒紅切　橎木也从木番聲讀若樊附轅切　榆榆白枌从木俞聲羊朱切　枌榆也从木分聲扶分切　梗山枌榆有朿莢可爲蕪夷者从

說六上　三

木更聲古杏切　樵散也从木焦聲昨焦切　松木也从木公聲祥容切　㮤松或从容　樠松心木从木㒼聲莫奔切　檜柏葉松身从木會聲古外切　樅松葉柏身从木從聲七恭切　柏鞠也从木白聲博陌切　机木也从木几聲居履切　枮木也从木占聲息廉切　梇木也从木弄聲益州有梇棟縣盧貢切　楰鼠梓木从木臾聲詩曰北山有楰羊朱切　桅黃木可染者从木危聲過委切　杒桎杒也从木刃聲而震切　𣞠榙𣞠木也从木遝聲徒合切　榙榙𣞠果似李从木荅聲讀若嚃土合切　某酸果也从木从甘闕莫厚切　槑古文某从口　櫾崐崘河隅之長木也从木繇聲以周切　樹生植之總名从木尌聲常句切　尌籒文　本木下曰本从木一在其下徐鍇曰一記其處也本末朱皆同義布忖切　𣎵古文　柢木根也从木氐聲都礼切　朱赤心木松柏屬从木一在其中章俱切　根木株也从木艮聲古痕切　株木根也从木朱聲陟輸切　末木上曰末从木一在其上莫撥切　㮨細理木也从木畟聲子力切　果木實也从木象果形在木之上古火切　樏木實也从木絫聲力追切　杈枝也从木叉聲初牙切　枝木別生條也从木支聲章移切　朴木皮也从木卜聲匹角切　條小枝也从木攸聲徒

遾切　枚　榦也可爲杖从木从攴詩曰施于條枚莫桮切　栞　槎識也从木㚔闕夏書曰隨山栞木讀若刊苦寒切　栞　篆文

从开　欇　木葉榣白也从木聶聲之涉切　栠　弱皃从木任聲如甚切　枖　木少盛皃从木夭聲詩曰桃之枖枖於喬切

槙　木頂也从木眞聲一曰仆木也都季切　梃　一枚也从木廷聲徒頂切　㮰　衆盛也从木驫聲逸周書曰疑沮事闕所臻切

標　木杪末也从木㶾聲敷沼切　杪　木標末也从木少聲亡沼切　朶　樹木垂朶朶也从木象形此與采同意丁果切

桹　高木也从木良聲魯當切　橌　大木皃从木閒聲古限切　枵　木根也从木号聲春秋傳曰歲在玄枵玄枵虛也許嬌切　柖

樹搖皃从木召聲止搖切　榣　樹動也从木䍃聲余昭切　樛　下句曰樛从木翏聲吉虯切　朻　高木也从木丩聲吉虯切

枉　衺曲也从木㞷聲迂往切　橈　曲木从木堯聲女敎切　扶　扶疏四布也从木夫聲防無切　檹　木檹施从木旖聲

賈侍中說檹即椅木可作琴於离切　⿰木小　相高也从木小聲私兆切　⿰木曶　高皃从木曶聲呼骨切　槮　木長皃从木參

聲詩曰槮差荇菜所今切　梴　長木也从木延聲詩曰松桷有梴丑連切　橚　長木皃从木肅聲山巧切　杕　樹皃

从木大聲詩曰有杕之杜特計切　⿱𠂤木　木葉陊也从木𠂤聲讀若薄他各切　格　木長皃从木各聲古百切　槸　木相

摩也从木埶聲魚祭切

𣗲　槸或从艸

枯　槀也从木古聲夏書曰唯箘輅枯木名也苦孤切

槀　木枯也从木高聲苦浩切

樸　木素也从木菐聲匹角切

楨　剛木也从木貞聲上郡有楨林縣陟盈切

柔　木曲直也从木矛聲耳由切

㯷　判也从木㡿聲易曰重門擊㯷他各切

朸　木之理也从木力聲平原有朸縣盧則切

材　木梃也从木才聲昨哉切

柴　小木散材从木此聲臣鉉等曰師行野次豎散木爲區落名曰柴籬後人語譌轉入去聲又別作寨字非是士佳切

榑　榑桑神木日所出也从木尃聲防無切

杲　明也从日在木上古老切

杳　冥也从日在木下烏皎切

[⿰木郤]　角械也从木郤聲一曰木下白也其逆切

栽　築牆長版也从木𢦏聲春秋傳曰楚圍蔡里而栽昨代切

築　擣也从木筑聲陟玉切

[⿱𥫗亘]　古文

榦　築牆耑木也从木倝聲臣鉉等曰今別作幹非是矢榦亦同古案切

檥　榦也从木義聲魚羈切

構　蓋也从木冓聲杜林以爲椽桷字古后切

模　法也从木莫聲讀若嫫母之嫫莫胡切

桴　棟名从木孚聲附柔切

棟　極也从木東聲多貢切

極　棟也从木亟聲渠力切

柱　楹也从木主聲直主切

楹　柱也从木盈聲春秋傳曰丹桓宮楹以成切

樘　衺柱也从木堂聲臣鉉等曰今俗别作撐非是丑庚切

榰　柱砥古用木今以石

从木耆聲易楷恒凶章移切楶欂櫨也从木咨聲子結切欂壁柱从木薄省聲弼戟切櫨柱上柎也从木
盧聲伊尹曰果之美者箕山之東青鳧之所有櫨橘焉夏孰也一曰宅櫨木出弘農山也落胡切枅屋櫨也从木幵聲古兮切
栵栭也从木𠛱聲詩曰其灌其栵良辥切栭屋枅上標从木而聲爾雅曰栭謂之㮧如之切檼棼也从木㥯聲
於靳切橑椽也从木尞聲盧浩切桷榱也椽方曰桷从木角聲春秋傳曰刻桓宮之桷古岳切椽榱也
从木彖聲直專切榱秦名爲屋椽周謂之榱齊魯謂之桷从木衰聲所追切楣秦名屋櫋聯也齊謂之檐楚謂之梠
从木眉聲武悲切梠楣也从木吕聲力舉切榌梠也从木毘聲讀若枇杷之枇房脂切櫋屋櫋聯也从木邊省
聲武延切檐㮰也从木詹聲臣鉉等曰今俗作簷非是余廉切橝屋梠前也从木覃聲一曰蠶槌徒含切樀
戶樀也从木啻聲爾雅曰檐謂之樀讀若滴都歷切植戶植也从木直聲常職切⿰木置或从置樞戶樞也从木區聲昌
朱切槏戶也从木兼聲苦減切樓重屋也从木婁聲洛侯切櫳房室之疏也从木龍聲盧紅切楯闌楯
也从木盾聲食允切櫺楯閒子也从木霝聲郎丁切杗棟也从木亡聲爾雅曰杗廇謂之梁武方切棟短椽也从

木東聲丑錄切

杇 所以涂也秦謂之杇關東謂之槾从木亏聲哀都切

槾 杇也从木曼聲母官切

椳 門樞謂之椳从木畏聲烏恢切

楣 門樞之橫梁从木冒聲莫報切

梱 門橛也从木困聲苦本切

榍 限也从木屑聲先結切

柤 木閑从木且聲側加切

槍 歫也从木倉聲一曰槍欀也七羊切

楗 限門也从木建聲其獻切

櫼 楔也从木韱聲子廉切

楔 櫼也从木契聲先結切

柵 編樹木也从木从冊冊亦聲楚革切

杝 落也从木也聲讀若他池尒切

㯲 夜行所擊者从木槖聲易曰重門擊㯲他各切

桓 亭郵表也从木亘聲胡官切

楃 木帳也从木屋聲於角切

橦 帳極也从木童聲宅江切

杠 牀前橫木也从木工聲古雙切

桯 牀前几从木呈聲他丁切

桱 桱桯也東方謂之蕩从木巠聲古零切

牀 安身之坐者从木爿聲徐鍇曰左傳薳子馮詐病掘地下冰而牀焉至於恭坐則席也故从爿爿則爿之省象人衺身有所倚箸至於牆壯戕狀之屬竝當从牀省聲李陽冰言木右爲片左爲爿音牆且說文無爿字其書亦異故知其妄仕莊切

枕 臥所薦首者从木冘聲章衽切

楲 楲窬褻器也从木威聲於非切

櫝 匱也从木賣聲一曰木名又曰大梡也徒谷切

櫛 梳比之總名也从木節聲阻瑟切

梳 理髮也从木疏省聲所葅切

𣐈 劒柙也从木合聲胡甲切

椷

薅器也从木辱聲奴豆切鎒或从金苿兩刃臿也从木𠆢象形宋魏曰苿也互瓜切
釫或从金从于枱耒耑也从木台聲弋之切鈶或从金辝籀文从辝
㭒臿也从木㠯聲一曰徙土輂齊人語也臣鉉等曰今俗作耜詳里切梩或从里
楎六叉犂一曰犂上曲木犂轅从木軍聲讀若渾天之渾戶昆切
櫌摩田器从木憂聲論語曰櫌而不輟於求切
欘斫也齊謂之鎡錤一曰斤柄性自曲者从木屬聲陟玉切
櫡斫謂之櫡从木箸聲張略切
杷收麥器从木巴聲蒲巴切⿰木役穜樓也一曰燒麥柃⿰木役从木役聲与辟切
柃木也从木令聲郎丁切
柫擊禾連枷也从木弗聲敷勿切
枷拂也从木加聲古牙切
杵舂杵也从木午聲昌與切
槩杚斗斛从木既聲工代切
杚平也从木气聲古没切
⿰木省木參交以枝炊籅者也从木省聲讀若驪駕臣鉉等曰驪駕未詳所綆切
柶禮有柶柶匕也从木四聲息利切
桮𧈬也从木否聲布回切㔸籀文桮
槃承槃也从木般聲薄官切鎜古文从金盤籀文从皿
榹槃也从木虒聲息移切
案几屬从木安聲烏旰切
檈圜案也从木睘聲似沿切
械篋也从木咸聲古咸切
枓勺也从木从斗之庾切
杓枓柄

也从从木从勺臣鉉等曰今俗作市若切以爲桮杓之杓甫搖切櫑龜目酒尊刻木作雲雷象象施不窮也从木畾聲魯回切罍

櫑或从缶䍣櫑或从皿𣡿籀文櫑椑圜榼也从木卑聲部迷切榼酒器也从木盍聲枯蹋切橢車笭

中橢橢器也从木隋聲徒果切槌關東謂之槌關西謂之持从木追聲直類切持槌也从木特省聲陟革切栚槌之

橫者也關西謂之㮇从木灷聲臣鉉等曰當从朕省直衽切槤瑚槤也从木連聲臣鉉等曰今俗作璉非是里典切櫎所以几器

从木廣聲一曰帷屏風之屬臣鉉等曰今別作幌非是胡廣切㯩舉食者从木具聲俱燭切檕繘耑木也从木毄聲古詣切

檷絡絲檷从木爾聲讀若柅奴礼切機主發謂之機从木幾聲居衣切縢機持經者从木朕聲詩證切杼

機之持緯者从木予聲直呂切椱機持繒者从木复聲扶富切楥履法也从木爰聲讀若指撝吁券切㮴

𢊁夷以木皮爲篋狀如籢尊从木亥聲古哀切棚棧也从木朋聲薄衡切棧棚也竹木之車曰棧从木戔聲士限切栫

以柴木壅也从木存聲徂悶切槶筐當也从木國聲古悔切梯木階也从木弟聲土雞切棖杖也从木長聲一曰法也

宅耕切桊牛鼻中環也从木𠔉聲居倦切椯箠也从木耑聲一曰椯度也一曰剟也兜果切橜弋也从木厥聲

一曰門梱也瞿月切

樴 弋也从木戠聲之弋切

杖 持也从木丈聲臣鉉等曰今俗別作仗非是直兩切

柭 棓也从木犮聲北末切

棓 棁也从木咅聲步項切

椎 擊也齊謂之終葵从木隹聲直追切

柯 斧柄也从木可聲古俄切

棁 木杖也从木兌聲他活切又之說切

柄 柯也从木丙聲陂病切

棅 或从秉

柲 欑也从木必聲兵媚切

欑 積竹杖也从木贊聲一曰穿也一曰叢木在丸切

屎 籆柄也从木尸聲女履切

柅 屎或从木尼聲臣鉉等曰柅女氏切木若桼此重出

榜 所以輔弓弩从木旁聲補盲切臣鉉等案李舟切韻一音北孟切進船也又音北朗切木片也今俗作牓非

檠 榜也从木敬聲巨京切

檃 栝也从木隱省聲於謹切

栝 檃也从木昏聲一曰矢栝築弦處古活切

棊 博棊从木其聲渠之切

椄 續木也从木妾聲子葉切

栙 栙雙也从木夅聲讀若鴻下江切

栝 炊竈木从木舌聲臣鉉等曰當从甛省乃得聲他念切

槽 畜獸之食器从木曹聲昨牢切

臬 射準的也从木从自李陽冰曰自非聲从劓省五結切

桶 木方受六升从木甬聲他奉切

櫓 大盾也从木魯聲郎古切

樐 或从鹵

樂 五聲八音總名象鼓鞞木虡也玉角切

柎 闌足也从木付聲甫無切

枹 擊鼓杖也从木包聲甫無切

椌 柷樂

也从木空聲苦江切

柷　樂木空也所以止音爲節从木祝省聲昌六切

槧　牘樸也从木斬聲自琰切

札　牒也从木乙聲側入切

檢　書署也从木僉聲居奄切

檄　二尺書从木敫聲胡狄切

棨　傳信也从木啓省聲康礼切

楘　車歷錄束文也从木敄聲詩曰五楘梁輈莫卜切

枑　行馬也从木互聲周禮曰設梐枑再重胡誤切

梐　梐枑也从木陛省聲邊兮切

极　驢上負也从木及聲或讀若急其輒切

⿰木去　极也从木去聲去魚切

槅　大車枙从木鬲聲古覈切

橾　車轂中空也从木喿聲讀若藪山樞切

楇　盛膏器从木咼聲讀若過乎臥切

枊　馬柱从木卬聲一曰堅也吾浪切

棝　梱斗可射鼠从木固聲古慕切

欙　山行所乘者从木纍聲虞書曰予乘四載水行乘舟陸行乘車山行乘欙澤行乘䡅力追切

榷　水上橫木所以渡者也从木隺聲江岳切

橋　水梁也从木喬聲巨驕切

梁　水橋也从木从水刅聲呂張切

𣚘　古文

⿰木叜　船總名从木叜聲臣鉉等曰今俗別作艘非是穌遭切

橃　海中大船从木發聲臣鉉等曰今俗別作筏非是房越切

楫　舟櫂也从木咠聲子葉切

欚　江中大船名从木蠡聲盧啓切

校　木囚也从木交聲古孝切

樔　澤中守艸樓从木巢聲鉏交切

采　捋取也从木从爪倉宰切

柿　削木札樸也从木巿聲陳楚謂櫝爲柿芳吠切

橫　闌木也从

木黃聲戶盲切

梜　檢柙也从木夾聲古洽切

桄　充也从木光聲古曠切

檇　以木有所擣也从木雋聲春秋傳曰越敗吳於檇李遵爲切

椓　擊也从木豖聲竹角切

朾　橦也从木丁聲宅耕切

柧　棱也从木瓜聲又柧棱殿堂上最高之處也古胡切

棱　柧也从木夌聲魯登切

𣡵　伐木餘也从木獻聲商書曰若顛木之有甹𣡵五葛切

櫱　𣡵或从木辥聲

𣎵　古文𣡵从木無頭

枿　亦古文𣡵

枰　平也从木从平平亦聲蒲兵切

拉　折木也从木立聲盧合切

槎　衺斫也从木差聲春秋傳曰山不槎側下切

柮　斷也从木出聲讀若爾雅貀無前足之貀女滑切

檮　斷木也从木𠷎聲春秋傳曰檮柮徒刀切

析　破木也一曰折也从木从斤先激切

棷　木薪也从木取聲側鳩切

梡　棞木薪也从木完聲胡本切

棞　梡木未析也从木圂聲胡昆切

楄　楄部方木也从木扁聲春秋傳曰楄部薦榦部田切

楅　以木有所逼束也从木畐聲詩曰夏而楅衡彼即切

枼　楄也枼薄也从木世聲臣鉉等曰當从卅乃得聲卅穌合切与涉切

槱　積火燎之也从木从火酉聲詩曰薪之槱之周禮以槱燎祠司中司命余救切

禉　柴祭天神或从示

休　息止也从人依木許尤切

庥　休或从广

𣓌　竟也从木恒聲古鄧切

亙　古文𣓌

械　桎梏也从木戒聲一曰器之總名

一曰持也一曰有盛爲械無盛爲器胡戒切 杽 械也从木从手手亦聲敕九切 桎 足械也从木至聲之日切 梏 手械也从木告聲古沃切 櫪 櫪㯕椑指也从木歷聲郎擊切 㯕 櫪㯕也从木斯聲先稽切 檻 櫳也从木監聲一曰圈胡黯切 櫳 檻也从木龍聲盧紅切 柙 檻也以藏虎兕从木甲聲烏匣切 㽕 古文柙 棺 關也所以掩尸从木官聲古丸切 櫬 棺也从木親聲春秋傳曰士輿櫬初僅切 槥 棺櫝也从木彗聲祥歲切 椁 葬有木𩫏也从木𩫏聲古博切 楬 楬櫫也从木曷聲春秋傳曰楬而書之其謁切 梟 不孝鳥也日至捕梟磔之从鳥頭在木上古堯切 棐 輔也从木非聲敷尾切

文四百二十一　重三十九

梔 木實可染从木巵聲章移切 榭 臺有屋也从木䠶聲詞夜切 槊 矛也从木朔聲所角切 椸 衣架也从木施聲以支切 榻 牀也从木㙮聲土盍切 櫍 柎也从木質聲之日切 櫂 所以進船也从木翟聲或从卓史記通用濯直教切 橰 桔橰汲水器也从木皋聲古牢切 椿 橛杙也从木舂聲啄江切 櫻 果也从木嬰聲烏莖切 栜 梜也从木策省聲所厄切

文十二　新附

東 動也从木官溥說从日在木中凡東之屬皆从東 得紅切

㯥 二東曹从此闕

文二

林 平土有叢木曰林从二木凡林之屬皆从林 力尋切

無 豐也从林奭或說規模字从大卌數之積也林者木之多也卌與庶同意商書曰庶草繁無徐鍇曰或說大卌爲規模之模諸部無者不審信也文甫切

鬱 木叢生者从林鬱省聲迂弗切

楚 叢木一名荊也从林疋聲創舉切

棽 木枝條棽儷皃从林今聲丑林切

楙 木盛也从林矛聲莫候切

麓 守山林吏也从林鹿聲一曰林屬於山爲麓春秋傳曰沙麓崩盧谷切

𥶄 古文从彔

棼 複屋棟也从林分聲符分切

森 木多皃从林从木讀若曾參之參所今切

文九　重一

梵 出自西域釋書未詳意義扶泛切

文一 新附

才 艸木之初也从丨上貫一將生枝葉一地也凡才之屬皆从才 徐鍇曰上一初生歧枝也下一地也昨哉切

文一

說文解字弟六上

賜進士及第山東等處督糧道兼管德常臨清倉事務加三級孫星衍重校刊

說文解字弟六下　漢太尉祭酒許氏記

銀青光祿大夫守右散騎常侍上柱國東海縣開國子食邑五百戶臣徐鉉等奉
勑校定

叒 日初出東方湯谷所登榑桑叒木也象形凡叒之屬皆从叒 而灼切

𠭯 籒文

桑 蠶所食葉木从叒木 息郎切

文二　重一

之 出也象艸過屮枝莖益大有所之一者地也凡之之屬皆从之 止而切

㞢 艸木妄生也从之在土上讀若皇 徐鍇曰反生謂非所宜生傳曰門上生莠从之在土上土上益高非所宜也 戶光切

文二　重一

周也从反之而帀也凡帀之屬皆从帀周盛說子荅切

二千五百人爲師从帀从𠂤𠂤四帀衆意也疎夷切　古文師

文二　重一

進也象艸木益滋上出達也凡出之屬皆从出尺律切

游也从出从放五牢切　出物貨也从出从買莫邂切　出穀也从出从糶糶亦聲他弔切　槷䵶不安也从出臬聲易曰槷䵶徐鍇曰物不安則出不在也五結切

文五

艸木盛𣎵𣎵然象形八聲凡𣎵之屬皆从𣎵讀若輩普活切

艸木𣎵孛之皃从𣎵畀聲于貴切　艸有莖葉可作繩索从𣎵糸杜林說𣎵亦朱市字蘇各切　㚃也从𣎵人色

也从子論語曰色孛如也蒲妹切

𣏂 止也从𣎵盛而一橫止之也即里切

南 艸木至南方有枝任也从𣎵羊聲那含切

古文

文六　重一

生 進也象艸木生出土上凡生之屬皆从生所庚切

丰 艸盛丰丰也从生上下達也敷容切

產 生也从生彥省聲所簡切

隆 豐大也从生降聲徐鍇曰生而不已益高大也力中切

甤 艸木實甤甤也从生豨省聲讀若綏儒隹切

甡 衆生並立之皃从二生詩曰甡甡其鹿所臻切

文六

乇 艸葉也从𠂹穗上貫一下有根象形凡乇之屬皆从乇陟格切

文一

𠂹 艸木華葉𠂹象形凡𠂹之屬皆从𠂹是爲切

古文

文一　重一

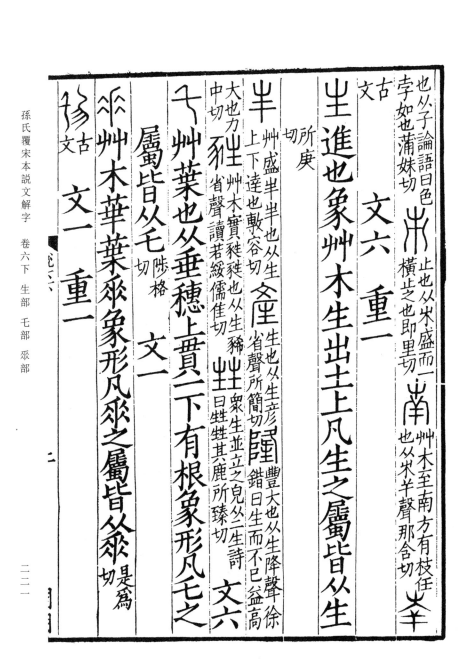

𠌶　艸木華也从𠂹亏聲凡𠌶之屬皆从𠌶　况于切

荂　𠌶或从艸从夸

韡　𠌶盛也从𠌶韋聲詩曰萼不韡韡　于鬼切

文二　重一

華　榮也从艸从𠌶凡華之屬皆从華　戶瓜切

皣　艸木白華也从華从白　筠輒切

文二

禾　木之曲頭止不能上也凡禾之屬皆从禾　古兮切

𥡴　多小意而止也从禾从支只聲一曰木也　職雉切

𥝩　𥡴𥝩也从禾从又句聲又者从丑省一曰木名徐鍇曰丑者束縛也𥡴𥝩不伸之意　俱羽切

文三

稽　留止也从禾从尤旨聲凡稽之屬皆从稽　古兮切

𥣲　特止也从稽省卓聲徐鍇曰特止卓立也　竹角切

𥡳　𥡴𥝩而止也从稽省咎聲讀若皓賈侍中說稽𥣲𥡳三字皆木名　古老切

文三

鳥在木上曰巢在穴曰窠从木象形凡巢之屬皆从巢鉏交切

傾覆也从寸臼覆之寸人手也从巢省杜林說以爲貶損之貶方斂切

文二

木汁可以髤物象形桼如水滴而下凡桼之屬皆从桼親吉切

桼也从桼髟聲許由切

桼垸巳復桼之从桼包聲匹皃切

文三

縛也从口木凡束之屬皆从束書玉切

分別簡之也从束从八八分別也古限切

小束也从束幵聲讀若繭古典切

戾也从束从刀刀者刺之也徐鍇曰

剌　乖違也束而乖違者莫若刀也盧達切

文四

㯻　橐也从束圂聲凡㯻之屬皆从㯻胡本切

橐　囊也从㯻省石聲他各切

囊　橐也从㯻省襄省聲奴當切

櫜　車上大橐从㯻省咎聲詩曰載櫜弓矢古勞切

㯤　囊張大皃从㯻省匋省聲符宵切

文五

口　回也象回帀之形凡口之屬皆从口羽非切

圜　天體也从口瞏聲王權切

團　圜也从口專聲度官切

㘣　規也从口肙聲似沇切

𡇒　回也从口云聲羽巾切

圓　圜全也从口員聲讀若員王問切

回　轉也从口中象回轉形戶恢切

　古文

圖　畫計難也从口从啚啚難意也徐鍇曰規畫之也故从口同都切

圛　回行也从口睪聲尚書曰圛圛升雲半有半無讀若驛羊益切

國　邦也从口从或古惑切

壼　宮中道从口象宮垣道上之形詩曰室家之壼苦本切

囷　廩之圜者从禾在口中圜謂之囷方謂之京南

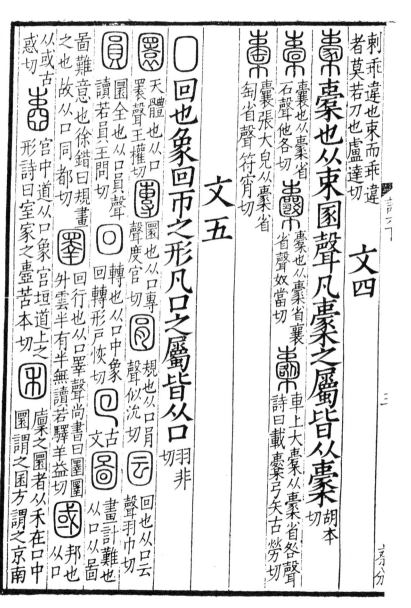

倫切
養畜之閑也从口卷聲渠篆切
苑有垣也从口有聲一曰禽獸曰囿于救切
籀文囿
所以樹果也从口袁聲羽元切
種菜曰圃从口甫聲博古切
就也从口大徐鍇曰左傳曰植有禮因重固能大者眾圍就之於眞切
下取物縮藏之从口从又讀若聶女洽切
獄也从口令聲郎丁切
守之也从口吾聲魚舉切
繫也从人在口中似由切
四塞也从口古聲古慕切
守也从口韋聲羽非切
故廬也从木在口中苦悶切
古文困
廁也从口象豕在口中也會意胡困切
譯也从口化率鳥者繫生鳥以來之名曰囮讀若譌五禾切
囮或从繇又音由

文二十六　重四

物數也从貝口聲凡員之屬皆从員徐鍇曰古以貝爲貨故數之王權切
籀文从鼎
物數紛䢵亂也从員云聲讀若春秋傳曰宋皇鄖羽文切

文二　重一

海介蟲也居陸名猋在水名蜬象形古者貨貝而寶龜周而有泉至秦廢貝行錢凡貝之屬

皆从貝博蓋切

𧴪 貝聲也从小貝酥果切

賄 財也从貝有聲呼罪切

財 人所寶也从貝才聲昨哉切

貨 財也从貝化聲呼臥切

𧶠 資也从貝爲聲或曰此古貨字讀若貴詭僞切

資 貨也从貝次聲即夷切

贎 貨也从貝萬聲無販切

賑 富也从貝辰聲之忍切

賢 多才也从貝臤聲胡田切

賁 飾也从貝卉聲彼義切

賀 以禮相奉慶也从貝加聲胡箇切

貢 獻功也从貝工聲古送切

贊 見也从貝从兟臣鉉等曰兟音詵進也執贄而進有司贊相之則旰切

賮 會禮也从貝㶳聲徐刃切

齎 持遺也从貝齊聲祖雞切

貸 施也从貝代聲他代切

貣 从人求物也从貝弋聲他得切

賂 遺也从貝各聲臣鉉等曰當从路省乃得聲洛故切

賸 物相增加也从貝朕聲一曰送也副也以證切

贈 玩好相送也从貝曾聲昨鄧切

貱 迻予也从貝皮聲彼義切

贛 賜也从貝竷省聲臣鉉等曰竷非聲未詳古送切

𧹅 籒文贛

賚 賜也从貝來聲周書曰賚介秬鬯洛帶切

賞 賜有功也从貝尚聲書兩切

賜 予也从貝易聲斯義切

貤 重次弟物也从貝也聲以豉切

贏 有餘賈利也从貝𣎆聲臣鉉等曰當从𣎆省乃得聲以成切

賴

贏也从貝剌聲洛帶切
負　恃也从人守貝有所恃也一曰受貸不償房九切
貯　積也从貝宁聲直吕切
貳　副益也从貝弍聲弍古文二而至切
賓　所敬也从貝𡧍聲必鄰切
賔　古文
賒　貰買也从貝余聲式車切
貰　貸也从貝世聲神夜切
贅　以物質錢从敖貝敖者猶放貝當復取之也之芮切
質　以物相贅从貝从所闕之日切
貿　易財也从貝丣聲莫候切
贖　貿也从貝𧶠聲殊六切
費　散財用也从貝弗聲房未切
責　求也从貝朿聲側革切
賈　賈市也从貝襾聲一曰坐賣售也公戸切
𧶠　行賈也从貝商省聲式陽切
販　買賤賣貴者从貝反聲方願切
買　市也从网貝孟子曰登壟斷而网市利莫蟹切
賤　賈少也从貝戔聲才線切
賦　斂也从貝武聲方遇切
貪　欲物也从貝今聲他含切
貶　損也从貝从乏方斂切
貧　財分少也从貝从分分亦聲符巾切
穷　古文从宀分
賃　庸也从貝任聲尼禁切
賕　以財物枉法相謝也从貝求聲一曰戴質也巨留切
購　以財有所求也从貝冓聲古候切
⿰貝疋　齎財卜問爲⿰貝疋从貝疋聲讀若所疏舉切
貲　小罰以財自贖也从貝此聲漢律民不繇貲錢二十二即夷切
賨　南蠻賦也从貝宗聲徂紅切
賣　衙也从貝𡨄聲𡨄古文睦讀若育余六切
貴　物不賤也从貝臾聲臾古文蕢居胃切
賏

頸飾也从二貝烏莖切

文五十九　重三

貺　賜也从貝兄聲許訪切　賵　贈死者从貝从冒冒者衣衾覆冒之意撫鳳切　賭　博簺也从貝者聲當古切　貼　以物爲質也从貝占聲他叶切　貽　贈遺也从貝台聲經典通用詒與之切　賺　重買也錯也从貝廉聲佇陷切　賽　報也从貝塞省聲先代切　賻　助也从貝尃聲符遇切　贍　給也从貝詹聲時豔切

文九　新附

邑　國也从囗先王之制尊卑有大小从卪凡邑之屬皆从邑　於汲切

邦　國也从邑丰聲博江切　𡵨　古文

郡　周制天子地方千里分爲百縣縣有四郡故春秋傳曰上大夫受郡是也至秦初置三十六郡以監其縣从邑君聲渠運切

都　有先君之舊宗廟曰都从邑者聲周禮距國五百里爲都當孤切

鄰　五家爲鄰从邑粦聲力珍切

酇　百家爲酇酇聚也从邑贊聲南陽有酇縣作管切又作旦切

鄙　五酇爲鄙从邑啚聲兵美切

郊　距國百里爲郊从邑交聲古肴切

邸　屬國舍从邑氐聲都禮切

郛　郭也从邑孚聲甫無切

郵　境上行書

舍从邑垂垂邊也羽求切

鄁 國甸大夫稍稍所食邑从邑肖聲周禮曰任鄁地在天子三百里之內所敎切

鄯 鄯善西胡國也从邑从善善亦聲時戰切

竆 夏后時諸侯夷羿國也从邑窮省聲渠弓切

𨚍 周封黃帝之後於𨚍也从邑契聲讀若薊上谷有𨚍縣古詣切

邰 炎帝之後姜姓所封周棄外家國从邑台聲右扶風斄縣是也詩曰有邰家室土來切

𨙸 周文王所封在右扶風美陽中水鄉从邑支聲巨支切

岐 𨙸或从山支聲因岐山以名之也

𡵍 古文𨙸从枝从山

邠 周太王國在右扶風美陽从邑分聲補巾切

豳 美陽亭即豳也民俗以夜市有豳山从山从豩闕

郿 右扶風縣从邑眉聲武悲切

郁 右扶風郁夷也从邑有聲於六切

鄠 右扶風縣名从邑雩聲胡古切

扈 夏后同姓所封戰於甘者在鄠有扈谷甘亭从邑戶聲胡古切

𡵨 古文扈从山弓

⿰崩阝 右扶風鄠鄉从邑崩聲沛城父有⿰崩阝鄉讀若陪薄回切

⿰且阝 右扶風鄠鄉从邑且聲子余切

郝 右扶風鄠盩厔鄉从邑赤聲呼各切

酆 周文王所都在京兆杜陵西南从邑豐聲敷戎切

鄭 京兆縣周厲王子友所封从邑奠聲宗周之滅鄭徙潧洧之上今新鄭是也直正切

郃 左馮翊郃陽縣从邑合聲詩曰在郃之陽候閤切

⿰口阝 京兆藍田鄉从邑口聲苦后切

⿰樊阝 京兆杜陵鄉从邑樊聲附袁切

鄜 左馮翊縣从邑麃聲甫無切

⿰屠阝 左馮翊鄏陽亭从邑屠聲同都切

邮左馮翊高陵从邑由聲徒歷切⿰秊阝左馮翊谷口鄉从邑秊聲讀若寧奴顛切邽隴西上邽也从邑圭聲古畦切部天水
狄部从邑咅聲蒲口切郖弘農縣庾地从邑豆聲當侯切鄏河南縣直城門官陌地也从邑辱聲春秋傳曰成王定鼎于郟鄏而蜀切
鄻周邑也从邑輦聲力展切⿰祭阝周邑也从邑祭聲側介切邙河南洛陽北亡山上邑从邑亡聲莫郎切鄩周邑也从邑尋聲徐
林切郗周邑也在河內从邑希聲丑脂切鄆河內沁水鄉从邑軍聲魯有鄆地王問切邶故商邑自河內朝歌以北是也从邑北聲補妹
切邘周武王子所封在河內野王是也从邑于聲又讀若區況于切𨛫殷諸侯國在上黨東北从邑𥝢聲𥝢古文利商書西伯戡𨛫
郎奚切邵晉邑也从邑召聲寔照切鄍晉邑也从邑冥聲春秋傳曰伐鄍三門莫經切鄐晉邢侯邑从邑畜聲丑六切
鄇晉之温地从邑侯聲春秋傳曰爭鄇田胡遘切邲晉邑也从邑必聲春秋傳曰晉楚戰于邲毗必切郤晉大夫叔虎邑
也从邑谷聲綺戟切⿱非邑河東聞喜縣从邑非聲薄回切⿰虔阝河東聞喜聚从邑虔聲渠焉切⿰匡阝河東聞喜鄉从邑匡
聲去王切鄈河東臨汾地即漢之所祭后土處从邑癸聲揆唯切邢周公子所封地近河內懷从邑幵聲戶經切鄔
太原縣从邑烏聲安古切祁太原縣从邑示聲巨支切鄴魏郡縣从邑業聲魚怯切郱鄭地郱亭从邑井聲戶經切邯

趙邯鄲縣从邑甘聲胡安切
鄲　邯鄲縣从邑單聲都寒切
郇　周武王子所封國在晉地从邑旬聲讀若泓相倫切
鄃　清河縣从邑俞聲式朱切
鄗　常山縣世祖所即位今爲高邑从邑高聲呼各切
鄡　鉅鹿縣从邑梟聲牽遥切
鄚　涿郡縣从邑莫聲慕各切
郅　北地郁郅縣从邑至聲之日切
鄋　北方長狄國也在夏爲防風氏在殷爲汪茫氏从邑叜聲春秋傳曰鄋瞞侵齊所鳩切
䣜　炎帝太嶽之胤甫侯所封在潁川从邑無聲讀若許虛呂切
邟　潁川縣从邑亢聲苦浪切
郾　潁川縣从邑匽聲於建切
郟　潁川縣从邑夾聲工洽切
郪　新郪汝南縣从邑妻聲七稽切
鄎　姬姓之國在淮北从邑息聲今汝南新鄎相即切
郋　汝南邵陵里从邑自聲讀若奚胡雞切
⿰㫄阝　汝南鮦陽亭从邑㫄聲步光切
郹　蔡邑也从邑狊聲春秋傳曰郹陽封人之女奔之古闃切
鄧　曼姓之國今屬南陽从邑登聲徒亘切
鄾　鄧國地也从邑憂聲春秋傳曰鄧南鄙鄾人攻之於求切
⿰号阝　南陽淯陽鄉从邑号聲乎刀切
鄛　南陽棗陽鄉从邑巢聲鉏交切
⿰襄阝　今南陽穰縣是从邑襄聲汝羊切
⿰婁阝　南陽穰鄉从邑婁聲力朱切
⿰里阝　南陽西鄂亭从邑里聲良止切
⿰羽阝　南陽舞陰亭从邑羽聲王榘切
郢　故楚都在南郡江陵北十里从邑呈聲以整切
⿰𡈼阝　郢或省
鄢　南郡縣孝惠三年改名宜城从邑焉聲於乾切
鄳　江夏縣从邑黽聲莫杏切
鄸

大六十五小八百二十九
說六下
七
東沂

南陽陰鄉从邑葛聲古達切

鄂　江夏縣从邑咢聲五各切

邔　南陽縣从邑已聲居擬切

邾　江夏縣从邑朱聲陟輸切

鄖　漢南之國从邑員聲漢中有鄖關羽文切

鄘　南夷國从邑庸聲余封切

郫　蜀縣也从邑卑聲符支切

⿰壽阝　蜀江原地从邑壽聲市流切

⿰耤阝　蜀地也从邑耤聲秦昔切

鄤　蜀廣漢鄉也从邑蔓聲讀若蔓無販切

邡　什邡廣漢縣邑方聲府良切

⿰馬阝　存⿰馬阝犍爲縣从邑馬聲莫駕切

鄨　牂牁縣从邑敝聲讀若鷩雉之鷩必袂切

⿰包阝　地名从邑包聲布交切

那　西夷國从邑冄聲安定有朝那縣諾何切

鄱　鄱陽豫章縣从邑番聲薄波切

酃　長沙縣从邑霝聲郎丁切

郴　桂陽縣从邑林聲丑林切

⿰耒阝　今桂陽耒陽縣从邑耒聲盧對切

鄮　會稽縣从邑貿聲莫候切

鄞　會稽縣从邑堇聲語斤切

⿰巿阝　沛郡从邑巿聲博蓋切

邴　宋下邑从邑丙聲兵永切

⿰虘阝　沛國縣从邑虘聲昨何切

⿰少阝　地名从邑少聲書沼切

⿰臣阝　地名从邑臣聲植鄰切

⿰毚阝　宋地也从邑毚聲讀若讒士咸切

鄑　宋魯閒地从邑晉聲即移切

郜　周文王子所封國从邑告聲古到切

鄄　衞地今濟陰鄄城从邑垔聲吉掾切

邛　邛地在濟陰縣从邑工聲渠容切

鄶　祝融之後妘姓所封潧洧之閒鄭滅之从邑會聲古外切

邧　鄭邑也从邑元聲虞遠切

郔　鄭地从邑延聲以然切

郠　琅邪莒邑从邑更聲春秋傳曰取郠古杏切

鄅　妘姓之國从邑

禹聲春秋傳曰鄅人籍稻讀若規榘之榘王榘切

鄒 魯縣古邾國帝顓頊之後所封从邑芻聲側鳩切

𨛜 邾下邑地从邑余聲魯東有𨛜城讀若塗同都切

邿 附庸國在東平亢父邿亭从邑寺聲春秋傳曰取邿書之切

郰 魯下邑孔子之鄉从邑取聲側鳩切

郕 魯孟氏邑从邑成聲氏征切

䣕 周公所誅䣕國在魯从邑奄聲依檢切

酄 魯下邑从邑雚聲春秋傳曰齊人來歸酄呼官切

郎 魯亭也从邑良聲魯當切

邳 奚仲之後湯左相仲虺所封國在魯薛縣从邑丕聲敷悲切

鄣 紀邑也从邑章聲諸良切

邗 國也今屬臨淮从邑干聲一曰邗本屬吳胡安切

𨟎 臨淮徐地从邑義聲春秋傳曰徐𨟎楚魚羈切

郈 東平無鹽鄉从邑后聲胡口切

郯 東海縣帝少昊之後所封从邑炎聲徒甘切

郚 東海縣故紀侯之邑也从邑吾聲五乎切

酅 東海之邑从邑巂聲戶圭切

鄫 姒姓國在東海从邑曾聲疾陵切

邪 琅邪郡从邑牙聲以遮切

邞 琅邪縣一名純德从邑夫聲甫無切

𨞠 齊地也从邑桼聲親吉切

郭 齊之郭氏虛善善不能進惡惡不能退是以亡國也从邑𩫏聲古博切

郳 齊地从邑兒聲春秋傳曰齊高厚定郳田五雞切

郣 郣海地从邑孛聲一曰地之起者曰郣臣鉉等曰今俗作渤非是蒲沒切

鄿 國也齊桓公之所滅从邑覃聲臣鉉等曰今作譚非是說文注義有譚長疑後人傳寫之誤徒含切

邭 地名从邑句聲

其俱切

郂　陳留鄉从邑亥聲古哀切

𨞰　故國在陳留从邑𢦏聲作代切

䣍　地名从邑燕聲烏前切

邱　地名从邑丘聲去鳩切

𨛷　地名从邑如聲人諸切

𨚔　地名从邑丑聲女九切

𨚐　地名从邑几聲居履切

𨞼　地名从邑翕聲希立切

𨛽　地名从邑求聲巨鳩切

䣐　地名从邑嬰聲於郢切

𨜶　地名从邑尚聲多朗切

郱　地名从邑并聲薄經切

𨞶　地名从邑虖聲呼古切

邩　地名从邑火聲呼果切

鄝　地名从邑翏聲盧鳥切

鄬　地名从邑爲聲居爲切

邨　地名从邑屯聲臣鉉等曰今俗作村非是此尊切

䣄　地名从邑舍聲式車切

𨟻　地名从邑盍聲胡蠟切

𨜺　地名从邑乾聲古寒切

𨞃　地名从邑㐭聲讀若淫力荏切

邖　地名从邑山聲所閒切

𨟇　地名从邑臺聲臺古堂字徒郎切

𨟪　姬姓之國从邑馮聲房成切

𨞪　汝南安陽鄉从邑敲省聲苦怪切

郙　汝南上蔡亭从邑甫聲方矩切

酈　南陽縣从邑麗聲郎擊切

𨟠　地名从邑䙴聲七然切

𨸏　从反邑𨛜字从此闕

文一百八十四　重六

𨛜　鄰道也从邑从𨸏凡𨛜之屬皆从𨛜闕胡絳切今隸變作𨙨

鄉　國離邑民所封鄉也嗇夫別治封圻之内六鄉六鄉治之从䣈皀聲許良切

䢼　里中道从䣈从共皆在邑中所共也胡絳切

巷　篆文从䣈省

文三　重一

說文解字弟六下

賜進士及第山東等處督糧道兼管德常臨清倉事務加三級孫星衍重校刊

說文解字第七上　漢太尉祭酒許慎記

銀青光禄大夫守右散騎常侍上柱國東海縣開國子食邑五百户臣徐鉉等奉

敕校定

五十六部　文七百一十四　重百一十五

凡八千六百四十七字

文四十二新附

日　實也太陽之精不虧从囗一象形凡日之屬皆从日人質切

𡆸　古文象形

旻　秋天也从日文聲虞書曰仁閔覆下則稱旻天武巾切

時　四時也从日寺聲市之切

旹　古文時从之日

早　晨也从日在甲上子浩切

昒　尚冥也从日勿聲呼骨切

昧　爽旦明也从日未聲一曰闇也莫佩切

𣈆

旦明也从日者聲當古切

晢 昭晣明也从日折聲禮曰晣明行事旨熱切

昭 日明也从日召聲止遙切

晤 明也从日吾聲詩曰晤辟有摽五故切

旳 明也从日勺聲易曰爲旳顙都歷切

晄 明也从日光聲胡廣切

曠 明也从日廣聲苦謗切

旭 日旦出皃从日九聲讀若勖一曰明也臣鉉等曰九非聲未詳許玉切

晉 進也日出萬物進从日从臸易曰明出地上晉臣鉉等案臸到也會意即刃切

暘 日出也从日昜聲虞書曰暘谷與章切

晵 雨而晝姓也从日啓省聲康礼切

晹 日覆雲暫見也从日易聲羊益切

昫 日出温也从日句聲北地有昫衍縣火于切又火句切

晛 日見也从日从見見亦聲詩曰見晛曰消胡甸切

晏 天清也从日安聲烏諫切

曣 星無雲也从日燕聲於甸切

景 光也从日京聲居影切

晧 日出皃从日告聲胡老切

暤 皓旰也从日皋聲胡老切

曄 光也从日从𠌶筠輒切

暉 光也从日軍聲許歸切

旰 晚也从日干聲春秋傳曰日旰君勞古案切

暆 日行暆暆也从日施聲樂浪有東暆縣讀若酏弋支切

晷 日景也从日咎聲居洧切

𣅡 日在西方時側也从日仄聲易曰日𣅡之離臣鉉等曰今俗別作昊非是阻力切

晚 莫也从日免聲無遠切

昏 日冥也从日氐省氐者下也一曰民聲呼昆切

曫 日旦昏時从日䜌聲讀若新城䜌中洛官切

晻 不明也从日奄聲烏感切

暗 日無光也从日音聲烏紺切

晦 月盡也从日每聲荒内切

𣈆 埃𣈆日無光也从日

能聲奴代切

曀　陰而風也从日壹聲詩曰終風且曀於計切

旱　不雨也从日干聲乎旰切

㫑　望遠合也从日匕匕合也讀若窈窕之窈徐鍇曰比相近也故曰合也烏皎切

昴　白虎宿星从日卯聲莫飽切

曏　不久也从日鄉聲春秋傳曰曏役之三月許兩切

曩　曏也从日襄聲奴朗切

昨　曡日也从日乍聲在各切

暇　閑也从日叚聲胡嫁切

暫　不久也从日斬聲藏濫切

昪　喜樂皃从日弁聲皮變切

昌　美言也从日从曰一曰日光也詩曰東方昌矣臣鉉等曰曰亦言也尺良切

昌　籒文昌

暀　光美也从日往聲于放切

昄　大也从日反聲補綰切

昱　明日也从日立聲余六切

㬈　溫溼也从日赧省聲讀與赧同女版切

暍　傷暑也从日曷聲於歇切

暑　熱也从日者聲舒呂切

㬮　安㬮溫也从日難聲奴案切

㬎　衆微杪也从日中視絲古文以爲顯字或曰衆口皃讀若唫唫或以爲繭繭者絸中往往有小繭也五合切

㬥　晞也从日从出从𠬞从米薄報切

曓　古文㬥从日麃聲

曬　暴也从日麗聲所智切

暵　乾也耕暴田曰暵从日𦰩聲易曰燥萬物者莫暵于離臣鉉等曰當从漢省乃得聲呼旰切

晞　乾也从日希聲香衣切

昔　乾肉也从殘肉日以晞之與俎同意思積切

㫺　籒文从肉

暱　日近也从日匿聲春秋傳曰私降暱燕尼質切

昵　暱或从尼

暬　日狎習相慢也从日執聲私列切

㫻　不見也从日否省聲美畢切

昆　同也从日

从比徐鍇曰日日比之是同也古渾切晐兼晐也从日亥聲古哀切普日無色也从日从並徐鍇曰日無光則遠近皆同故从並滂古切

曉明也从日堯聲呼鳥切昕旦明日將出也从日斤聲讀若希許斤切

文七十　重六

曈曈曨日欲明也从日童聲徒紅切曨曈曨也从日龍聲盧紅切昈明也从日戶聲侯古切昉明也从日方聲分兩切

晙明也从日夋聲子峻切晟明也从日成聲承正切昶日長也从日永會意丑兩切暈日月气也从日軍聲王問切

晬周年也从日卒卒亦聲子內切映明也隱也从日央聲於敬切曙曉也从日署聲常恕切昳日昃也从日失聲徒結切

曇雲布也从日雲會意徒含切曆曆象也从日厤聲史記通用歷郎擊切昂舉也从日卬聲五岡切

昇日上也从日升聲古只用升識蒸切

文十六　新附

旦明也从日見一上一地也凡旦之屬皆从旦得案切

暨日頗見也从旦既聲其異切

文二

倝日始出光倝倝也从旦㫃聲凡倝之屬皆

从倝古案切

𠦝闕　朝旦也从倝舟聲陟遥切

文三

㫃旌旗之游㫃蹇之皃从屮曲而下垂㫃相出入也讀若偃古人名㫃字子游凡㫃之屬皆从㫃於幰切

𠇱古文㫃字象形及象旌旗之游

旐龜蛇四游以象營室游游而長从㫃兆聲周禮曰縣鄙建旐治小切

旗熊旗五游以象罰星士卒以爲期从㫃其聲周禮曰率都建旗渠之切

旆繼旐之旗也沛然而垂从㫃𣳾聲蒲蓋切

旌游車載旌析羽注旄首所以精進士卒从㫃生聲子盈切

旟錯革畫鳥其上所以進士衆旟旟衆也从㫃與聲周禮曰州里建旟以諸切

旂旗有衆鈴以令衆也从㫃斤聲渠希切

旞導車所以載全羽以爲允允進也从㫃遂聲徐醉切

䢒旞或从遺

旝建大木置石其上發以機以追敵也从㫃會聲春秋傳曰旝動而鼓詩曰其旝如林古外切

旃旗曲柄也所以旃表士衆

从㫃丹聲周禮曰通帛爲旃諸延切

旜 旃或从亶

㫋 旌旗之流也从㫃攸聲以周切

𣄠 旗屬从㫃要聲烏皎切

施 旗皃从㫃也聲亝欒施字子旗知施者旗也式支切

旖 旗旖施也从㫃奇聲於離切

旚 旌旗旚繇也从㫃㶾聲匹招切

𣄴 旌旗飛揚皃从㫃猋聲甫遙切

游 旌旗之流也从㫃汓聲以周切

𨒪 古文游

旇 旌旗披靡也从㫃皮聲敷羈切

旋 周旋旌旗之指麾也从㫃从疋疋足也徐錯曰人足隨旌旗以周旋也似沿切

旄 幢也从㫃从毛毛亦聲莫袍切

旛 幅胡也从㫃番聲臣鉉等曰胡幅之下垂者也孚袁切

旅 軍之五百人爲旅从㫃从从从俱也力舉切

𣃨 古文旅古文以爲魯衞之魯

族 矢鋒也束之族族也从㫃从矢昨木切

文二十三　重五

冥 幽也从日从六冖聲日數十十六日而月始虧幽也凡冥之屬皆从冥莫經切

鼆 冥也从冥黽聲讀若黽蛙之黽武庚切

文二

晶 精光也从三日凡晶之屬皆从晶子盈切

曐 萬物之精上爲列星从晶生聲一曰象形从口古口復注中故與日同桑經切 星 古文星 星 曐或省

曑 商星也从晶㐱聲臣鉉等曰㐱非聲未詳所今切 曑 曑或省

曟 房星爲民田時者从晶辰聲植鄰切 晨 曟或省

曡 楊雄說以爲古理官決罪三日得其宜乃行之从晶从宜亡新以爲曡从三日太盛改爲三田徒叶切

文五 重四

月 闕也大陰之精象形凡月之屬皆从月 魚厥切

朔 月一日始蘇也从月屰聲所角切

朏 月未盛之明从月出周書曰丙午朏普乃切又芳尾切

霸 月始生霸然也承大月二日承小月三日从月䨣聲周書曰哉生霸普伯切臣鉉等曰今俗作必駕切以爲霸王字 䨣 古文霸

朗 明也从月良聲盧黨切

朓 晦而月見西方謂之朓从月兆聲土了切

肭 朔而月見東方謂之縮肭从月内聲女六切

期 會也从月其聲渠之切 𣅀 古文期从日丌

文八 重二

朦 月朦朧也从月蒙聲莫工切

朧 朦朧也从月龍聲盧紅切

文二 新附

不宜有也春秋傳曰日月有食之从月又聲凡有之屬皆从有云九切

有文章也从有惑聲於六切

兼有也从有龍聲讀若聾盧紅切

文三

照也从月从囧凡朙之屬皆从朙武兵切

古文朙从日

翌也从明亡聲呼光切

文二　重一

窻牖麗廔闓明象形凡囧之屬皆从囧讀若獷賈侍中說讀與明同俱永切

周禮曰國有疑則盟諸侯再相與會十二歲一盟北面詔天之司愼司命盟殺牲歃血朱盤玉敦以立牛耳从囧从血武兵切

篆文从朙

古文从明

文二　重二

莫也从月半見凡夕之屬皆从夕祥易切

夜 舍也天下休舍也从夕亦省聲羊謝切

夢 不明也从夕瞢省聲莫忠切又亡貢切

夗 轉卧也从夕从卩卧有卩也於阮切

夤 敬惕也从夕寅聲易曰夕惕若夤翼真切

𡖖 籀文夤

㚈 雨而夜除星見也从夕生聲臣鉉等曰今俗别作晴非是疾盈切

外 遠也卜尚平旦今夕卜於事外矣五會切

𡖄 古文外

𡖍 早敬也从丮持事雖夕不休早敬者也臣鉉等曰今俗書作夙譌息逐切

㐭 古文夙从人㐭

𠈖 亦古文夙从人西宿从此

𡖀 宗也从夕莫聲莫白切

文九　重四

多 重也从重夕夕者相繹也故爲多重夕爲多重日爲疊凡多之屬皆从多得何切

𠖲 古文多

夥 齊謂多爲夥从多果聲乎果切

𡖧 大也从多圣聲苦回切

𡗉 厚脣皃从多从尚徐鍇曰多即厚也陟加切

文四　重一

毌 穿物持之也从一橫貫象寶貨之形凡毌之

屬皆从毌讀若冠古丸切

貫錢貝之貫从毌貝古玩切　虜獲也从毌从力虍聲郎古切

文三

马嘾也艸木之華未發圅然象形凡马之屬皆从马讀若含乎感切

圅舌也象形舌體马马从马马亦聲胡男切　肣俗圅从肉今　𢎘木生條也从马由聲商書曰若顛木之有𢎘枿古文言由枿徐鍇曰說文無由字今尚書只作由枿蓋古文省马而後人因省之通用爲因由等字从马上象枝條華圅之形臣鉉等案孔安国注尚書直訓由作用也用枿之語不通以州切　甬艸木華甬甬然也从马用聲余隴切　𢎍艸木马盛也从二马胡先切

文五　重一

東木垂華實从木马马亦聲凡東之屬皆从東胡感切

𩏑 束也从𣐺韋聲徐鍇曰言束之象木華實之相累也千非切

文二

𠧪 艸木實垂𠧪𠧪然象形凡𠧪之屬皆从𠧪𠧪讀若調徒遼切

𠧪𠧪𠧪 籒文三𠧪爲𠧪

㮚 木也从木其實下垂故从𠧪力質切

𣡌 古文㮚从西从二𠧪徐巡說木至西方戰㮚

粟 嘉穀實也从𠧪从米孔子曰粟之爲言續也相玉切

𥻆 籒文粟

文三　重三

亝 禾麥吐穗上平也象形凡亝之屬皆从亝徐鍇曰生而齊者莫若禾麥二地也兩傍在低處也徂兮切

𪗉 等也从亝妻聲徂兮切

文二

朿 木芒也象形凡朿之屬皆从朿讀若刺七賜切

棗 羊棗也从重朿子皓切

棘 小棗叢生者从並朿己力切

文三

片 判木也从半木凡片之屬皆从片匹見切

版 判也从片反聲布綰切 畐 判也从片畐聲芳逼切 牘 書版也从片賣聲徒谷切 牒 札也从片枼聲徒叶切 牑 牀版也从片扁聲讀若邊方田切 牖 穿壁以木爲交窻也从片戶甫譚長以爲甫上日也非戶也牖所以見日與久切 牏 築牆短版也从片俞聲讀若俞一曰若紐度矦切

文八

鼎 三足兩耳和五味之寶器也昔禹收九牧之金鑄鼎荆山之下入山林川澤螭魅蝄蜽莫能逢之以協承天休易卦巽木於下者爲鼎象析木以炊也籒文以鼎爲貞字凡鼎之屬皆从鼎都挺切

鼒 鼎之圜掩上者从鼎才聲詩曰鼐鼎及鼒子之切 鎡 俗鼒从金从兹 鼐 鼎之絶大者从鼎乃聲魯詩

說鼐小鼎奴代切

鼏以木橫貫鼎耳而舉之从鼎冂聲周禮廟門容大鼏七箇即易玉鉉大吉也莫狄切

文四　重一

克肩也象屋下刻木之形凡克之屬皆从克徐鍇曰肩任也負何之名也與人肩膊之義通能勝此物謂之克苦得切

古文克　亦古文克

文一　重二

彔刻木彔彔也象形凡彔之屬皆从彔盧谷切

文一

禾嘉穀也二月始生八月而孰得時之中故謂之禾禾木也木王而生金王而死从木从𠂹省𠂹象其穗凡禾之屬皆从禾戶戈切

秀 上諱 漢光武帝名也徐鍇曰禾實也有實之象下垂也息救切
稼 禾之秀實爲稼莖節爲禾从禾家聲一曰稼家事也一曰在野曰稼古訝切
穡 穀可收曰穡从禾嗇聲所力切
穜 埶也从禾童聲之用切
稙 早穜也从禾直聲詩曰稙稚尗麥常職切
種 先穜後孰也从禾重聲直容切
稑 疾孰也从禾坴聲詩曰黍稷穜稑力竹切
穋 稑或从翏
稺 幼禾也从禾犀聲直利切
稹 穜穊也从禾真聲周禮曰稹理而堅之忍切
稠 多也从禾周聲直由切
穊 稠也从禾旣聲利切
稀 疏也从禾希聲徐鍇曰當言从爻从巾無聲字爻者稀疏之義與爽同意巾象禾之根莖至於莃晞皆當从稀省何以知之說文無莃字故也香依切
𥞩 禾也从禾蔑聲莫結切
穆 禾也从禾㣎聲莫卜切
私 禾也从禾厶聲北道名禾主人曰私主人息夷切
⿰禾糞 稻紫莖不黏也从禾糞聲讀若靡扶沸切
稷 齋也五穀之長从禾畟聲子力切
𥡴 古文稷省
齋 稷也从禾垐聲即夷切
秶 齋或从次
秫 稷之黏者从禾术象形食聿切
术 秫或省禾
穄 縻也从禾祭聲子例切
稻 稌也从禾舀聲徒皓切
稌 稻也从禾余聲周禮曰牛宜稌徒古切
稬 沛國謂稻曰稬从禾耎聲奴亂切
稴 稻不黏者从禾兼聲讀若風廉之廉力兼切
秔 稻屬从禾亢聲古行切
稉 秔或

从更聲

秏 稻屬从禾毛聲伊尹曰飯之美者玄山之禾南海之秏呼到切

穬 芒粟也从禾廣聲古猛切

秜 稻今年落來年自生謂之秜从禾尼聲里之切

稗 禾别也从禾卑聲琅邪有稗縣旁卦切

移 禾相倚移也从禾多聲一曰禾名臣鉉等曰多與移聲不相近蓋古有此音弋支切

穎 禾末也从禾頃聲詩曰禾穎穟穟余頃切

⿰禾來 齊謂麥⿰禾來也从禾來聲洛哀切

采 禾成秀也人所以收从爪禾徐醉切

穗 采或从禾惠聲

䄶 禾危穗也从禾勺聲都了切

穟 禾采之皃从禾遂聲詩曰禾穎穟穟徐醉切

𦺝 穟或从艸

䅂 禾垂皃从禾耑聲讀若端丁果切

⿰禾曷 禾舉出苗也从禾曷聲居謁切

秒 禾芒也从禾少聲亡沼切

穖 禾穖也从禾幾聲居狶切

秠 二稃二米从禾丕聲詩曰誕降嘉穀惟秬惟秠天賜后稷之嘉穀也敷悲切

秨 禾搖皃从禾乍聲讀若昨在各切

穮 耕禾閒也从禾麃聲春秋傳曰是穮是衮甫嬌切

案 轢禾也从禾安聲烏旰切

秄 壅禾本从禾子聲即里切

穧 穫刈也一曰撮也从禾齊聲在詣切

穫 刈穀也从禾蒦聲胡郭切

⿰禾資 積禾也从禾資聲詩曰⿰禾資之秩秩即夷切

積 聚也从禾責聲則歷切

秩 積也从禾失聲詩曰⿰禾資之秩秩直質切

稛 豢束也从禾囷聲苦本切

稞 穀之善者从禾果聲一曰無皮穀胡瓦切

秳 舂粟不漬也从禾昏聲戶括切

[illegible] 稭也

从禾气聲居气切 稃 稽也从禾孚聲芳無切 粰 稃或从米付聲 穭 穅也从禾會聲苦會切 穅 穀皮也从禾从米庚聲苦岡切 康 穅或省 䅯 禾皮也从禾羔聲臣鉉等曰羔聲不相近未詳之若切 稭 禾稾去其皮祭天以爲席从禾皆聲古黠切 稈 禾莖也从禾旱聲春秋傳曰或投一秉稈古旱切 秆 稈或从干 稾 稈也从禾高聲古老切 秕 不成粟也从禾比聲卑履切 䅌 麥莖也从禾肙聲古玄切 𥝩 黍穰也从禾㓹聲良薛切 穰 黍㓹已治者从禾襄聲汝羊切 秧 禾若秧穰也从禾央聲於良切 䅊 䅊䅣穀名从禾旁聲蒲庚切 䅣 䅊䅣也从禾皇聲戶光切 秊 穀孰也从禾千聲春秋傳曰大有秊奴顚切 穀 續也百穀之總名从禾㱿聲古祿切 稔 穀孰也从禾念聲春秋傳曰鮮不五稔而甚切 租 田賦也从禾且聲則吾切 稅 租也从禾兌聲輸芮切 䆃 禾也从禾道聲司馬相如曰道禾一莖六穗徒到切 𥡴 虛無食也从禾荒聲呼光切 穌 把取禾若也从禾魚聲素孤切 稍 出物有漸也从禾肖聲所教切 秋 禾穀孰也从禾龜省聲七由切 𪛁 籒文不省 秦 伯益之後所封國地宜禾从禾舂省一曰秦禾名匠鄰切 𥓛 籒文秦从秝 稱 銓也从禾爯聲春分而禾生日夏至晷景可度禾有秒秋分而秒定律數十二秒而當一分十分而寸其以爲重十二粟爲一分十二分爲一銖故諸

程品皆从禾處陵切

科　程也从禾从斗斗者量也苦禾切

程　品也十髮爲程十程爲分十分爲寸从禾呈聲直貞切

稯　布之八十縷爲稯从禾嵏聲子紅切

䅮　籀文稯省

秭　五稯爲秭从禾𠂔聲一曰數億至萬曰秭將几切

秅　二秭爲秅从禾乇聲周禮曰二百四十斤爲秉四秉曰筥十筥曰稯十稯曰秅四百秉爲一秅宅加切

䄷　百二十斤也稻一䄷爲粟二十升禾黍一䄷爲粟十六升大半升从禾石聲常隻切

稘　復其時也从禾其聲虞書曰稘三百有六旬居之切

文八十七　重十三

穩　蹂穀聚也一曰安也从禾隱省古通用安隱烏本切

稕　束稈也从禾𦎧聲之閏切

文二　新附

秝　稀疏適也从二禾凡秝之屬皆从秝讀若歷郎擊切

兼　并也从又持秝兼持二禾秉持一禾古甜切

文二

黍　禾屬而黏者也以大暑而穜故謂之黍从禾雨省聲孔子曰黍可爲酒禾入水也凡黍之屬皆从黍舒呂切

䵇穄也从黍麻聲靡爲切　䵝黍屬从黍卑聲并弭切　黏相箸也从黍占聲女廉切　䵚黏也从黍古聲戶吳切　粘黏或从米　䵒黏也从黍日聲春秋傳曰不義不䵒尼質切　𪏰䵒或从刃　黎履黏也从黍𥝢省聲𥝢古文利作履黏以黍米郎奚切　䵺治黍禾豆下潰葉从黍畐聲蒲北切

文八　重二

香芳也从黍从甘春秋傳曰黍稷馨香凡香之屬皆从香許良切

馨香之遠聞者从香殸聲殸籒文磬呼形切

文二

馥香气芬馥也从香复聲房六切

文一　新附

米粟實也象禾實之形凡米之屬皆从米莫禮切

粱米名也从米梁省聲呂張切　䊕早取穀也从米焦聲一曰小側角切　粲稻重一秙爲粟二十斗爲米十斗曰毇爲米六斗太半斗曰粲从米𣦼聲倉案切　糲粟重一秙爲十六斗太半斗舂爲米一斛曰糲从米萬聲洛帶切　精擇也从米

青聲子盈切

粺　毇也从米卑聲旁卦切

粗　疏也从米且聲徂古切

粊　惡米也从米北聲周書有粊誓兵媚切

糱　牙米也从米辥聲魚列切

粒　糂也从米立聲力入切

⿰㕯食　古文粒

⿰米睪　漬米也从米睪聲施隻切

糂　以米和羹也一曰粒也从米甚聲桑感切

⿰米朁　籒文糂从朁

糝　古文糂从參

糪　炊米者謂之糪从米辟聲博戹切

糜　糝也从米麻聲靡爲切

䊢　糜和也从米覃聲讀若鄿徒感切

⿱尼米　潰米也从米尼聲交阯有麊泠縣武夷切

⿰米䈝　酒母也从米䈝省聲馳六切

麴　⿰米䈝或从麥鞠省聲

糟　酒滓也从米曹聲作曹切

⿱曹酉　籒文从酉

糒　乾也从米𠬪聲平祕切

糗　熬米麥也从米臭聲去九切

⿱臼米　舂糗也从臼米其九切

糈　糧也从米胥聲私呂切

糧　穀也从米量聲呂張切

粈　雜飯也从米丑聲女久切

⿰米翟　穀也从米翟聲他弔切

⿰米蔑　⿰麥夬也从米蔑聲莫撥切

粹　不雜也从米卒聲雖遂切

氣　饋客芻米也从米气聲春秋傳曰齊人來氣諸侯許既切

⿱既米　氣或从既

⿰食氣　氣或从食

粠　陳臭米从米工聲戶工切

粉　傅面者也从米分聲方吻切

⿰米卷　粉也从米卷聲去阮切

⿰米悉　⿰米悉⿱殺米也从米悉聲私列切

⿱殺米　⿰米悉⿱殺米散之也从米殺聲桑割切

⿰米靡　碎也从米靡聲摸臥切

竊　盜自中出曰竊从穴从米禼廿皆聲廿古文

疾离古文偰千結切
文三十六　重七

食米也从米長聲陟良切　糟粕酒滓也从米白聲匹各切　粔籹膏環也从米巨聲其呂切　粔籹也从米女聲人渚切　蘆葉裹米也从米㚇聲作弄切　飴也从米唐聲徒郎切

文六　新附

米一斛舂爲八斗也从臭从殳凡毇之屬皆从毇　許委切

糲米一斛舂爲九斗曰䊪从毇丵聲則各切

文二

舂也古者掘地爲臼其後穿木石象形中米也凡臼之屬皆从臼　其九切

擣粟也从廾持杵臨臼上午杵省也古者雝父初作舂書容切　齊謂舂曰𦥸从臼屰聲讀若膊匹各切　舂去麥皮也从臼干所以臿之楚洽切　抒臼也从爪臼詩曰或簸或舀以沼切　舀或从手从宂　舀或从臼宂

臽 小阱也从人在臼上戶猶切

文六　重二

凶 惡也象地穿交陷其中也凡凶之屬皆从凶 許容切

兇 擾恐也从人在凶下春秋傳曰曹人兇懼許拱切

文二

說文解字第七上

賜進士及第山東等處督糧道兼管德常臨清倉事務加三級孫星衍重校刊

說文解字弟七下　漢太尉祭酒許氏記

銀青光祿大夫守右散騎常侍上柱國東海縣開國子食邑五百戶臣徐鉉等奉

敕校定

朩　分枲莖皮也从屮八象枲之皮莖也凡朩之屬皆从朩 匹刃切 讀若髕

枲　麻也从朩台聲 胥里切　[illegible]　籒文枲从林从辝

文二　重一

𣏟　葩之總名也𣏟之爲言微也微纖爲功象形凡𣏟之屬皆从𣏟 匹卦切

檾　枲屬从𣏟熒省詩曰衣錦檾衣 去穎切

㪔　分離也从攴从𣏟𣏟分㪔之意也 穌旰切

文三

麻　與𣏟同人所治在屋下从广从𣏟凡麻之屬皆

从麻莫遐切

𪎊 未練治纑也从麻後聲臣鉉等曰後非聲疑復字譌當从復省乃得聲空谷切 𪎋 麻藍也从麻取聲側鳩切 𪎌 檾屬从麻俞聲度侯切

文四

尗 豆也象尗豆生之形也凡尗之屬皆从尗式竹切

枝 配鹽幽尗也从尗支聲是義切 豉 俗枝从豆

文二　重一

耑 物初生之題也上象生形下象其根也凡耑之屬皆从耑臣鉉等曰中一地也多官切

文一

韭 菜名一種而久者故謂之韭象形在一之上一地也此與耑同意凡韭之屬皆从韭舉友切

䪞 齏也从韭隊聲徒對切 䪢 䪞也从韭次朿皆聲祖雞切 齏 䪢或从齊 韱 菜也葉似韭从韭𢦏聲胡戒切

韱 山韭也从韭𢦏聲息廉切 䪤 小蒜也从韭番聲附袁切

文六　重一

瓜 㼌也象形凡瓜之屬皆从瓜古華切

瓝 小瓜也从瓜交聲臣鉉等曰交非聲未詳蒲角切 瓞 瓝也从瓜失聲詩曰緜緜瓜瓞徒結切 𤬧 瓞或从弗

𤬪 小瓜也从瓜熒省聲戶扃切 ⿰䌛瓜 瓜也从瓜䌛省聲余昭切 瓣 瓜中實从瓜辡聲蒲莧切 㼊 本不勝末微弱也从二瓜讀若庾以主切

文七　重一

瓠 匏也从瓜夸聲凡瓠之屬皆从瓠胡誤切

瓢 蠡也从瓠省票聲符宵切

文二

宀 交覆深屋也象形凡宀之屬皆从宀武延切

家 居也从宀豭省聲古牙切 𠖔 古文家 宅 所託也从宀乇聲場伯切 𡧚 古文宅 𡨀 亦古文宅 室 實也从宀从至至所止也式質切 宣 天子宣室也从宀亘聲須緣切 向 北出牖也从宀从口詩曰塞向墐戶徐鍇曰牖所以通人气

故从口許諒切

宧　養也室之東北隅食所居从宀𦣞聲與之切

宎　戶樞聲也室之東南隅从宀皀聲烏皎切

奧　宛也室之西南隅从宀𢍏聲臣鉉等曰𢍏非聲未詳烏到切

宛　屈草自覆也从宀夗聲於阮切

惌　宛或从心

宸　屋宇也从宀辰聲植鄰切

宇　屋邊也从宀于聲易曰上棟下宇王榘切

㝢　籒文宇从禹

寷　大屋也从宀豐聲易曰寷其屋敷戎切

寏　周垣也从宀奐聲胡官切

院　寏或从𠂤又爰眷切

宏　屋深響也从宀厷聲戶萌切

宖　屋響也从宀弘聲戶萌切

寪　屋皃从宀爲聲韋委切

㝩　屋㝩㝗也从宀康聲苦岡切

㝗　㝩也从宀良聲音良又力康切

宬　屋所容受也从宀成聲氏征切

寍　安也从宀心在皿上人之飲食器所以安人奴丁切

定　安也从宀从正徒徑切

寔　止也从宀是聲常隻切

安　靜也从女在宀下烏寒切

宓　安也从宀必聲美畢切

㝣　靜也从宀契聲於計切

宴　安也从宀妟聲於甸切

宋　無人聲从宀尗聲前歷切

𧦝　宋或从言

察　覆也从宀祭臣鉉等曰祭祀必天質明明察也故从祭初八切

寴　至也从宀親聲初僅切

完　全也从宀元聲古文以爲寬字胡官切

富　備也一曰厚也从宀畐聲方副切

實　富也从宀从貫貫貨貝也神質切

㝉　藏也从宀㚏聲㚏古文保周書曰陳宗赤刀博裒切

容　盛也从宀谷臣鉉等曰屋與谷皆所以盛受也余封切

㝐 古文容从公

宂 㪔也从宀人在屋下無田事周書曰宮中之宂食而隴切

⿱宀臱 ⿱宀臱⿱宀臱不見也一曰⿱宀臱⿱宀臱不見省人从宀臱聲武延切

寶 珍也从宀从王从貝缶聲博皓切

𡧯 古文寶省貝

宭 羣居也从宀君聲渠云切

宦 仕也从宀从臣胡慣切

宰 辠人在屋下執事者从宀从辛辛辠也作亥切

守 守官也从宀从寸寺府之事者从寸寸法度也書九切

寵 尊居也从宀龍聲丑壟切

宥 寬也从宀有聲于救切

宜 所安也从宀之下一之上多省聲魚羈切

㝖 古文宜

𡧪 亦古文宜

寫 置物也从宀舄聲悉也切

宵 夜也从宀宀下冥也肖聲相邀切

宿 止也从宀㑥聲㑥古文夙息逐切

寑 臥也从宀𠬶聲七荏切

𡪹 籀文寑省

⿱宀丏 冥合也从宀丏聲讀若周書若藥不眄眩莫甸切

寬 屋寬大也从宀萈聲苦官切

⿱宀吾 寤也从宀吾聲五故切

寁 居之速也从宀疌聲子感切

寡 少也从宀从頒頒分賦也故爲少古瓦切

客 寄也从宀各聲苦格切

寄 託也从宀奇聲居義切

寓 寄也从宀禺聲牛具切

庽 寓或从广

寠 無禮居也从宀婁聲其榘切

㝌 貧病也从宀久聲詩曰煢煢在㝌居又切

寒 凍也从人在宀下以茻薦覆之下有仌胡安切

害 傷也从宀从口宀口言从家起也丰聲胡蓋切

𡩋 入家搜也从宀索聲所責切

𡫳 窮也从宀𥨪聲𥨪與竆同居六切

𡫠 𡫳或从穴

宄 姦也外爲盜内爲宄

說七下　三　弓

从宀九聲讀若軌居洧切　𠃷古文宄　𡧱亦古文宄　𡫥塞也从宀敹聲讀若虞書曰敹三苗之敹麤最切　宕過也一曰洞屋从宀碭省聲汝南項有宕鄉徒浪切　宋居也从宀从木讀若送臣鉉等曰木者所以成室以居人也蘇統切　㝪屋傾下也从宀執聲都念切　宗尊祖廟也从宀从示作冬切　宔宗廟宔祏从宀主聲之庾切　宙舟輿所極覆也从宀由聲直又切

文七十一　重十六

寘置也从宀眞聲支義切　寰王者封畿内縣也从宀睘聲戶關切　寀同地爲寀从宀采聲倉宰切　文三新附

宮室也从宀躳省聲凡宮之屬皆从宮居戎切

營市居也从宮熒省聲余傾切

文二

呂脊骨也象形昔太嶽爲禹心呂之臣故封呂矦凡呂之屬皆从呂力舉切

膂篆文呂从肉从旅　躳身也从身从呂居戎切　躬躳或从弓

文二　重二

穴 土室也从宀八聲凡穴之屬皆从穴胡決切

⿱穴皿 北方謂地空因以爲土穴爲盆戶从穴皿聲讀若猛武永切

窨 地室也从穴音聲於禁切

窯 燒瓦竈也从穴羔聲余招切

⿱穴復 地室也从穴復聲詩曰陶⿱穴復陶穴芳福切

竈 炊竈也从穴鼀省聲則到切

竈 竈或不省

窐 甑空也从穴圭聲烏瓜切

罙 深也一曰竈突从穴从火从求省式鍼切

穿 通也从牙在穴中昌緣切

竂 穿也从穴尞聲論語有公伯竂洛蕭切

⿱穴夬 穿也从穴決省聲於決切

⿱穴抉 深抉也从穴从抉於決切

竇 空也从穴瀆省聲徒奏切

⿱穴喬 空皃从穴喬聲呼決切

窠 空也穴中曰窠樹上曰巢从穴果聲苦禾切

窻 通孔也从穴忽聲楚江切

窊 污衺下也从穴瓜聲烏瓜切

竅 空也从穴敫聲牽料切

空 竅也从穴工聲苦紅切

⿱穴巠 空也从穴巠聲詩曰瓶之⿱穴巠矣去徑切

⿱穴乙 空大也从穴乙聲烏黠切

窳 污窬也从穴㼌聲朔方有窳渾縣以主切

窞 坎中小坎也从穴从臽臽亦聲易曰入于坎窞一曰旁入也徒感切

窌 窖也从穴卯聲匹皃切

窖 地藏也从穴告聲古孝切

窬 穿木戶也从穴俞聲一曰空中也羊朱切

窵 窵窅深也从穴鳥聲多嘯切

窺 小視也从穴規聲去隓切

竀 正視也从穴中正見也正亦聲敕貞切

窡 穴中見也从穴叕聲丁滑切

窋 物在穴中皃从穴中出丁滑切

窴 塞也从穴眞聲待季切 窒 塞也从穴至聲陟栗切 突 犬从穴中暫出也从犬在穴中一曰滑也徒骨切 竄 墜也从鼠在穴中七亂切 窣 从穴中卒出从穴卒聲蘇骨切 窘 迫也从穴君聲渠隕切 窕 深肆極也从穴兆聲讀若挑徒了切 穹 窮也从穴弓聲去弓切 究 窮也从穴九聲居又切 竆 極也从穴躳聲渠弓切 ⿱穴皀 冥也从穴皀聲烏皎切 窔 窅窔深也从穴交聲烏叫切 邃 深遠也从穴遂聲雖遂切 窈 深遠也从穴幼聲烏皎切 窱 杳窱也从穴條聲徒弔切 竁 穿地也从穴毳聲一曰小鼠周禮曰大喪甫竁充芮切 窆 葬下棺也从穴乏聲周禮曰及窆執斧方驗切 窀 葬之厚夕从穴屯聲春秋傳曰窀穸从先君於地下陟倫切 穸 窀穸也从穴夕聲詞亦切 ⿱穴甲 入衇刺穴謂之⿱穴甲从穴甲聲烏狎切

文五十一　重一

㝱 寐而有覺也从宀从疒夢聲周禮以日月星辰占六㝱之吉凶一曰正㝱二曰咢㝱三曰思㝱四曰悟㝱五曰喜㝱六曰懼㝱凡㝱之屬皆从㝱莫鳳切

寢 病臥也从𡪢省𡬶省聲七荏切　寐 臥也从𡪢省未聲蜜二切　寤 寐覺而有信曰寤从𡪢省吾聲一曰晝見而夜𡪢也五故切　⿱宀⿰爿夢 籀文寤　⿸𡪢女 楚人謂寐曰⿸𡪢女从𡪢省女聲依倨切　⿸𡪢米 寐而未厭从𡪢省米聲莫礼切　⿸𡪢水 孰寐也从𡪢省水聲讀若悸求癸切　寎 臥驚病也从𡪢省丙聲皮命切　寱 瞑言也从𡪢省臬聲牛例切　寣 臥驚也一曰小兒號寣寣一曰河内相評也从𡪢省从言火滑切

文十　重一

疒 倚也人有疾病象倚箸之形凡疒之屬皆从疒 女戹切

疾 病也从疒矢聲秦悉切　𤕫 古文疾　𤶇 籀文疾　痛 病也从疒甬聲他貢切　病 疾加也从疒丙聲皮命切　瘣 病也从疒鬼聲詩曰譬彼瘣木一曰腫旁出也胡罪切　疴 病也从疒可聲五行傳曰時即有口痾烏何切　痡 病也从疒甫聲詩曰我僕痡矣普胡切　瘽 病也从疒堇聲巨斤切　瘵 病也从疒祭聲側介切　瘨 病也从疒眞聲一曰腹張都秊切　瘼 病也从疒莫聲慕各切　㽲 腹中急也从疒丩聲古巧切　⿸疒員 病也从疒員聲王問切　⿸疒冋 病也从疒

閒聲。戶閒切
⿸疒出　病也。从疒出聲。五忽切
疵　病也。从疒此聲。疾咨切
癈　固病也。从疒發聲。方肺切
瘏　病也。从疒者聲。詩曰：我馬瘏矣。同都切
瘲　病也。从疒從聲。即容切
㾕　寒病也。从疒辛聲。所臻切
⿸疒或　頭痛也。从疒或聲。讀若溝洫之洫。吁逼切
痟　酸痟，頭痛。从疒肖聲。周禮曰：春時有痟首疾。相邀切
疕　頭瘍也。从疒匕聲。卑履切
瘍　頭創也。从疒昜聲。與章切
痒　瘍也。从疒羊聲。似陽切
⿸疒馬　目病。一曰惡气箸身也。一曰蝕創。从疒馬聲。莫駕切
⿸疒斯　散聲。从疒斯聲。先稽切
⿸疒爲　口咼也。从疒爲聲。韋委切
疦　⿸疒爲也。从疒，決省聲。古穴切
瘖　不能言也。从疒音聲。於今切
癭　頸瘤也。从疒嬰聲。於郢切
瘻　頸腫也。从疒婁聲。力豆切
⿸疒又　顫也。从疒又聲。于救切
瘀　積血也。从疒於聲。依倨切
疝　腹痛也。从疒山聲。所晏切
疛　小腹病。从疒，肘省聲。陟柳切
⿸疒奰　滿也。从疒奰聲。平祕切
⿸疒付　俛病也。从疒付聲。方榘切
痀　曲脊也。从疒句聲。其俱切
瘚　屰气也。从疒从屰从欠。居月切
欮　瘚或省疒
痵　气不定也。从疒季聲。其季切
痱　風病也。从疒非聲。蒲罪切
瘤　腫也。从疒留聲。力求切
痤　小腫也。从疒坐聲。一曰族絫。臣鉉等曰：今別作瘯蠡，非是。昨禾切
疽　癰也。从疒且聲。七余切
𤻡　癰也。从疒麗聲。一曰瘦黑。讀若隸。郎計切
癰　腫也。从疒雝聲。於容切
瘜　寄肉也。从疒息

聲相即切

癬 乾瘍也从疒鮮聲息淺切

疥 搔也从疒介聲古拜切

痂 疥也从疒加聲古牙切

瘕 女病也从疒叚聲乎加切

癘 惡疾也从疒蠆省聲洛帶切

瘧 熱寒休作从疒从虐虐亦聲魚約切

痁 有熱瘧从疒占聲春秋傳曰齊侯疥遂痁失廉切

痎 二日一發瘧从疒亥聲古諧切

痳 疝病从疒林聲力尋切

痔 後病也从疒寺聲直里切

痿 痹也从疒委聲儒隹切

痹 溼病也从疒畀聲必至切

⿸疒畢 足气不至也从疒畢聲毗至切

瘃 中寒腫覈从疒豖聲陟玉切

㾫 半枯也从疒扁聲匹連切

瘇 脛气足腫从疒童聲詩曰既微且瘇時重切

尰 籀文从尣

⿸疒盍 跛病也从疒盍聲讀若脅又讀若掩烏盍切

疻 毆傷也从疒只聲諸氏切

痏 疻痏也从疒有聲榮美切

⿸疒巂 創裂也一曰疾⿸疒巂从疒巂聲以水切

⿸疒冄 皮剝也从疒冄聲赤占切

⿸疒及 籀文从及

癑 痛也从疒農聲奴動切

痍 傷也从疒夷聲以脂切

瘢 痍也从疒般聲薄官切

痕 胝瘢也从疒艮聲戶恩切

痙 彊急也从疒巠聲其頸切

痋 動病也从疒蟲省聲徒冬切

瘦 臞也从疒叜聲所又切

疢 熱病也从疒从火臣鉉等曰今俗別作疹非是丑刃切

癉 勞病也从疒單聲丁榦丁賀二切

疸 黃病也从疒旦聲丁榦切

㾜 病息也从疒夾聲苦叶切

痞 痛也从疒否聲符鄙切

瘍

脉瘍也从疒易聲羊益切

⿸疒术 狂走也从疒术聲讀若欻食聿切

疲 勞也从疒皮聲符羈切

⿸疒𠂔 瑕也从疒𠂔聲側史切

疧 病也从疒氏聲渠支切

⿸疒及 病劣也从疒及聲呼合切

⿸疒殹 劇聲也从疒殹聲於賣切

癃 罷病也从疒隆聲力中切

⿸疒夅 籀文癃省

疫 民皆疾也从疒役省聲營隻切

瘛 小兒瘛瘲病也从疒恝聲臣鉉等曰說文無恝字疑从疒从心契省聲尺制切

痑 馬病也从疒多聲詩曰痑痑駱馬丁可切

痥 馬脛瘍也从疒兊聲一曰將傷徒活切

⿸疒樂 治也从疒樂聲力照切

療 或从尞

⿸疒古 久病也从疒古聲古慕切

瘌 楚人謂藥毒曰痛瘌从疒剌聲盧達切

癆 朝鮮謂藥毒曰癆从疒勞聲郎到切

⿸疒䍃 瘉也从疒䍃聲楚懈切又才他切

⿸疒衰 減也从疒衰聲一曰耗也楚追切

瘉 病瘳也从疒俞聲臣鉉等曰今別作愈非是以主切

瘳 疾瘉也从疒翏聲敕鳩切

癡 不慧也从疒疑聲丑之切

文一百二　重七

冖 覆也从一下垂也凡冖之屬皆从冖 臣鉉等曰今俗作冪同莫狄切

冠 絭也所以絭髮弁冕之總名也从冖从元元亦聲冠有法制从寸 徐鍇曰取其在首故从元 古丸切

冣 積也从冖从取取亦聲才句切

⿱冖託 奠爵酒也从冖託聲周書曰王三宿三祭三託當故切

文四

冃　重覆也从冂一凡冃之屬皆从冃讀若艸苺苺　莫保切

同　合會也从冃从口　臣鉉等曰同爵名也周書曰太保受同嚌故从口史籀亦从口李陽冰云从口非是　徒紅切

𠕁　幬帳之象从冃㞢其飾也　苦江切

冡　覆也从冃豕　莫紅切

文四

冃　小兒蠻夷頭衣也从冂二其飾也凡冃之屬皆从冃　莫報切

冕　大夫以上冠也邃延垂瑬紞纊从冃免聲古者黃帝初作冕　亡辡切

絻　冕或从糸

胄　兜鍪也从冃由聲　直又切

䩜　司馬法胄从革

冒　冡而前也从冃从目　莫報切

𡇯　古文冒

最　犯而取也从冃从取　祖外切

文五　重三

㒳　再也从冂闕易曰參天㒳地凡㒳之屬皆从

㒳良獎切

兩二十四銖爲一兩从一㒳平分亦聲良獎切　㒼平也从廿五行之數二十分爲一辰㒳㒼平也讀若蠻母官切

文三

网庖犧所結繩以漁从冂下象网交文凡网之屬皆从网今經典變隸作罔文紡切

罔网或从亡　網网或从糸　𠔿古文网　𦉳籒文网　罨罕也从网奄聲於業切　罕网也从网干聲呼旱切　䍤网也从网繯繯亦聲一曰綰也古眩切　䍙网也从网每聲莫桮切　𦌤网也从网巽聲思沇切逸周書曰不卵不𦋂以成鳥獸𦋂者䍞獸足也故或从足

罙周行也从网米聲詩曰罙入其阻武移切　𥁕罙或从卢

罩捕魚器也从网卓聲都教切　罾魚网也从网曾聲作騰切　罪捕魚竹网从网非聲秦以罪爲辠字徂賄切　罽魚网也从网劂聲劂籒文銳居例切　罛魚罟也从网瓜聲詩曰施罛濊濊古胡切　罟网也从网古聲公戶切　罶曲梁寡婦之笱魚所留也从网留留亦聲力九切　䍡罶或从婁春秋國語曰溝罛䍡　罜罜䍧魚罟也从网主聲之庾切　䍧

罜麗也从网鹿聲盧谷切

罧　積柴水中以聚魚也从网林聲所今切

罠　釣也从网民聲武巾切

羅　以絲罟鳥也从网从維古者芒氏初作羅魯何切

罬　捕鳥覆車也从网叕聲陟劣切

輟　罬或从車

罿　罬也从网童聲尺容切

罦　覆車也从网包聲詩曰雉離于罦縛牟切

𦊦　罦或从孚

罻　捕鳥网也从网尉聲於位切

罘　兔罟也从网否聲臣鉉等曰隸書作罘縛牟切

⿱罒互　罟也从网互聲胡誤切

罝　兔网也从网且聲子邪切

𦊦　罝或从糸

䍜　籀文从虘

⿱罒舞　牖中网也从网舞聲文甫切

署　部署有所网屬从网者聲徐鍇曰署置之言羅絡之若罘网也常恕切

罷　遣有辠也从网能言有賢能而入网而貰遣之周禮曰議能之辟薄蟹切

置　赦也从网直徐鍇曰从直與罷同意陟吏切

罯　覆也从网音聲烏感切

詈　罵也从网从言网辠人力智切

罵　詈也从网馬聲莫駕切

羈　馬絡頭也从网从馬馬馬絆也居宜切

羈　羈或从革

文三十四　重十二

罭　魚網也从网或或聲于逼切

罳　罘罳屏也从网思聲息兹切

罹　心憂也从网未詳古多通用離吕支切

文三新附

襾　覆也从冂上下覆之凡襾之屬皆从襾呼訝切讀

若晉

覂 反覆也从襾乏聲方勇切

覈 實也考事襾笮邀遮其辤得實曰覈从襾敫聲下革切

䨝 覈或从雨

覆 覂也一曰蓋也从襾復聲敷救切

文四　重一

巾 佩巾也从冂丨象糸也凡巾之屬皆从巾居銀切

帉 楚謂大巾曰帉从巾分聲撫文切

帥 佩巾也从巾𠂤聲所律切

帨 帥或从兌又音稅

𢄙 禮巾也从巾从執輸芮切

帗 一幅巾也从巾犮聲讀若撥北末切

⿰巾刃 枕巾也从巾刃聲而振切

幋 覆衣大巾从巾般聲或以爲首鞶薄官切

帤 巾帤也从巾如聲一曰幣巾女余切

幣 帛也从巾敝聲毗祭切

幅 布帛廣也从巾畐聲方六切

㡆 設色之工治絲練者从巾巟聲一曰㡆隔讀若荒呼光切

帶 紳也男子鞶帶婦人帶絲象繫佩之形佩必有巾从巾當蓋切

幘 髮有巾曰幘从巾責聲側革切

⿰巾句 領耑也从巾句聲相倫切

帔 弘農謂帬帔也从巾皮聲披義切

常 下帬也从巾尚聲市羊切

裳 常或从衣

帬 下裳也从巾君聲渠云切

裠 帬或从衣

帴 帬也一曰帗也一曰婦人脅衣从巾戔聲讀若末殺之殺所八切

幝 幒也从巾軍聲古渾切
褌 幝或从衣
幒 幝也从巾忽聲一曰帙職茸切
松 幒或从松
𢅦 楚謂無緣衣也从巾監聲魯甘切
幎 幔也从巾冥聲周禮有幎人莫狄切
幔 幕也从巾曼聲莫半切
幬 襌帳也从巾𠷎聲直由切
㡘 帷也从巾兼聲力鹽切
帷 在旁曰帷从巾隹聲洧悲切
古文帷
帳 張也从巾長聲知諒切
幕 帷在上曰幕覆食案亦曰幕从巾莫聲慕各切
㡜 𢄼裂也从巾匕聲卑履切
𢄼 殘帛也从巾祭聲先列切又所例切
㡏 正耑裂也从巾俞聲山樞切
帖 帛書署也从巾占聲他叶切
帙 書衣也从巾失聲直質切
袠 帙或从衣
𢃰 幡幟也从巾前聲則前切
幑 幟也以絳徽帛箸於背从巾微省聲春秋傳曰揚徽者公徒許歸切
幖 幟也从巾㶾聲方招切
帵 幡也从巾夗聲於袁切
幡 書兒拭觚布也从巾番聲甫煩切
㡃 剌也从巾剌聲盧達切
𢅥 拭也从巾韱聲精廉切
幝 車弊皃从巾單聲詩曰檀車幝幝昌善切
幏 蓋衣也从巾冢聲莫紅切
幭 蓋幭也从巾蔑聲一曰禪被莫結切
幠 覆也从巾無聲荒烏切
飾 㕞也从巾从人食聲讀若式一曰襐飾賞隻切
幃 囊也从巾韋聲許歸切
帣 囊也今鹽官三斛爲一帣从巾𢍏聲居倦切
帚 糞也从又持巾埽冂內古者少康初作箕帚秫酒少康杜康也葬長垣支手切
席 籍也禮天子諸侯席有黼繡純飾

从巾庶省臣鉉等曰席以待賓客之禮賓客非一人故从庶祥易切 㡯 古文席从石省 幐 囊也从巾朕聲徒登切 ⿰巾奮 以囊盛穀大滿而裂也从巾奮聲方吻切 ⿰巾盾 載米齗也从巾盾聲讀若易屯卦之屯陟倫切 ⿰巾及 蒲席齗也从巾及聲讀若蛤古沓切 幩 馬纏鑣扇汗也从巾賁聲詩曰朱幩鑣鑣符分切 ⿰巾夒 墀地以巾撋之从巾夒聲讀若水温㬈難也一曰箸也乃昆切 帑 金幣所藏也从巾奴聲乃都切 布 枲織也从巾父聲博故切 幏 南郡蠻夷賨布从巾家聲古訝切 ⿰巾弦 布出東萊从巾弦聲胡田切 ⿰巾敄 髤布也一曰車上衡衣从巾敄聲讀若項莫卜切 幦 髤布也从巾辟聲周禮曰駹車大幦莫狄切 ⿰巾耴 領耑也从巾耴聲陟葉切 文六十二 重八

幢 旌旗之屬从巾童聲宅江切 幟 旌旗之屬从巾戠聲昌志切 帟 在上曰帟从巾亦聲羊益切 幗 婦人首飾从巾國聲古對切 幧 斂髮也从巾喿聲七搖切 帒 囊也从巾代聲或从衣徒耐切 帊 帛三幅曰帊从巾巴聲普駕切 幞 帊也从巾菐聲房玉切 幰 車幔也从巾憲聲虛偃切 文九 新附

巿 韠也上古衣蔽前而已巿以象之天子朱巿諸矦赤巿大夫葱衡从巾象連帶之形凡

巿之屬皆从巿分勿切

韍 篆文巿从韋从犮臣鉉等曰今俗作紱非是

帢 士無巿有帢制如榼缺四角爵弁服其色韎賤不得與裳同司農曰裳纁色从巿合聲古洽切

韐 帢或从韋

文二　重二

帛 繒也从巾白聲凡帛之屬皆从帛旁陌切

錦 襄邑織文从帛金聲居飲切

文二

白 西方色也陰用事物色白从入合二二陰數凡白之屬皆从白旁陌切

𠁧 古文白

皎 月之白也从白交聲詩曰月出皎兮古了切

皢 日之白也从白堯聲呼鳥切

皙 人色白也从白析聲先擊切

皤 老人白也从白番聲易曰賁如皤如薄波切

䪿 皤或从頁

皠 鳥之白也从白隺聲胡沃切

皚 霜雪之白也从白豈聲五來切

皅 艸華之白也从白巴聲普巴切

皦 玉石之白也从白敫聲古了切

㿥 際見之白也从白上下小見

起戟切

皛　顯也从三白讀若皎烏皎切

文十一　重二

㡀　敗衣也从巾象衣敗之形凡㡀之屬皆从㡀毗祭切

敝　帗也一曰敗衣从攴从㡀㡀亦聲毗祭切

文二

黹　箴縷所紩衣从㡀丵省凡黹之屬皆从黹臣鉉等曰丵衆多也言箴縷之工不一也陟几切

𪓐　合五采鮮色从黹虘聲詩曰衣裳𪓐𪓐創舉切

黼　白與黑相次文从黹甫聲方榘切

黻　黑與青相次文从黹犮聲分勿切

𪓕　會五采繒色从黹綷省聲子對切

黺　衮衣山龍華蟲黺畫粉也从黹从粉省衛宏說方吻切

文六

說文解字第七下

賜進士及第山東等處督糧道兼管德常臨清倉事務加三級孫星衍重校刊

說文解字弟八上　漢太尉祭酒許愼記

銀青光祿大夫守右散騎常侍上柱國東海縣開國子食邑五百戶臣徐鉉等奉

敕校定

三十七部　六百一十一文　重六十三

凡八千五百三十九字　文三十五新附

人　天地之性最貴者也此籀文象臂脛之形凡人之屬皆从人如鄰切

僮　未冠也从人童聲徒紅切

保　養也从人从孚省孚古文孚博袌切　呆　古文保　㑜　古文保不省

仁　親也从人从二臣鉉等曰仁者兼愛故从二如鄰切　忎　古文仁从千心　𡰥　古文仁或从尸

企　舉踵也从人止聲去智切　𨀕　古文企从足

仞　伸臂一尋八尺从人刃聲而震切

仕　學也从人从士鉏里切

佼　交也从人

从交下功切 僎具也从人巽聲士勉切 俅冠飾皃从人求聲詩曰弁服俅俅巨鳩切 佩大帶佩也从人从凡

从巾佩必有巾巾謂之飾臣鉉等曰今俗别作珮非是蒲妹切 儒柔也術士之偁从人需聲人朱切 俊材千人也

从人夋聲子峻切 傑傲也从人桀聲渠列切 倱人姓从人軍聲吾昆切 伋人名从人及聲居立切 伉

人名从人亢聲論語有陳伉苦浪切 伯長也从人白聲博陌切 仲中也从人从中中亦聲直衆切 伊殷聖人阿衡尹

治天下者从人从尹於脂切 古文伊从古文死 偰高辛氏之子堯司徒殷之先从人契聲私列切 倩人字

从人青聲東齊壻謂之倩倉見切 伃婦官也从人予聲以諸切 伀志及衆也从人公聲職茸切 儇慧也从人

睘聲許緣切 倓安也从人炎聲讀若談徒甘切 倓或从剡 侚疾也从人旬聲辭閏切 傛不安也从人容

聲一曰華余隴切 僷宋衛之間謂華僷僷从人葉聲與涉切 佳善也从人圭聲古膎切 侅奇侅非常

也从人亥聲古哀切 傀偉也从人鬼聲周禮曰大傀異公回切 瓌傀或从玉褢聲 偉奇也从人韋聲于鬼

切 份文質僣也从人分聲論語曰文質份份府巾切 彬古文份从彡林林者从焚省聲臣鉉等曰今俗作斌非是

僚　好皃。从人尞聲。力小切
佖　威儀也。从人必聲。詩曰：威儀佖佖。毗必切
僝　具也。从人孨聲。讀若汝南潺水。虞書曰：旁救僝功。士戀切
儠　長壯儠儠也。从人巤聲。春秋傳曰：長儠者相之。良涉切
儦　行皃。从人麃聲。詩曰：行人儦儦。甫嬌切
儺　行人節也。从人難聲。詩曰：佩玉之儺。諾何切
倭　順皃。从人委聲。詩曰：周道倭遲。於爲切
僓　嫺也。从人貴聲。一曰長皃。吐猥切，又魚罪切
僑　高也。从人喬聲。巨嬌切
俟　大也。从人矣聲。詩曰：伾伾俟俟。牀史切
侗　大皃。从人同聲。詩曰：神罔時侗。他紅切
佶　正也。从人吉聲。詩曰：既佶且閑。巨乙切
俁　大也。从人吳聲。詩曰：碩人俁俁。魚禹切
仜　大腹也。从人工聲。讀若紅。戸工切
僤　疾也。从人單聲。周禮曰：句兵欲無僤。徒案切
健　伉也。从人建聲。渠建切
倞　彊也。从人京聲。渠竟切
傲　倨也。从人敖聲。五到切
仡　勇壯也。从人气聲。周書曰：仡仡勇夫。魚訖切
倨　不遜也。从人居聲。居御切
儼　昂頭也。从人嚴聲。一曰好皃。魚儉切
傪　好皃。从人參聲。倉含切
俚　聊也。从人里聲。良止切
伴　大皃。从人半聲。薄滿切
俺　大也。从人奄聲。於業切
僩　武皃。从人閒聲。詩曰：瑟兮僩兮。下簡切
伾　有力也。从人丕聲。詩曰：以車伾伾。敷悲切
偲　彊力也。从人思聲。詩曰：其人美且偲。倉才切
倬　箸大也。从人卓聲。詩曰：倬彼雲漢。竹角切
侹　長皃。一曰箸地。一曰代也。从人廷聲

他鼎切傰輔也从人朋聲讀若陪位步崩切偏熾盛也从人扇聲詩曰豔妻偏方處式戰切儆戒也从人
敬聲春秋傳曰儆宮居影切俶善也从人叔聲詩曰令終有俶一曰始也昌六切傭均直也从人庸聲余封切
僾仿佛也从人愛聲詩曰僾而不見烏代切仿相似也从人方聲妃罔切𠊧籀文仿从丙佛見不
審也从人弗聲敷勿切僁聲也从人悉聲讀若屑私列切僟精謹也从人幾聲明堂月令數將僟終巨衣切佗
負何也从人它聲臣鉉等案史記匈奴奇畜有橐佗今俗譌誤謂之駱駝非是徒何切何儋也从人可聲臣鉉等曰儋何即負
何也借爲誰何之何今俗別作檐荷非是胡歌切儋何也从人詹聲都甘切供設也从人共聲一曰供給俱容切偫待也从人从待
直里切儲偫也从人諸聲直魚切備愼也从人𤰈聲平祕切𠈈古文備位列中庭之左右謂之位从人立于備切
儐導也从人賓聲必刃切擯儐或从手偓佺也从人屋聲於角切佺偓佺仙人也从人全聲此緣切㒆
心服也从人聶聲齒涉切仢約也从人勺聲徒歷切儕等輩也从人齊聲春秋傳曰吾儕小人仕皆切倫輩也从人
侖聲一曰道也田屯切侔齊等也从人牟聲莫浮切偕彊也从人皆聲詩曰偕偕士子一曰俱也古諧切俱偕也

从人具聲舉朱切儧最也从人贊聲作管切併並也从人并聲卑正切傅相也从人尃聲方遇切侙惕也
从人式聲春秋國語曰於其心侙然恥力切俌輔也从人甫聲讀若撫芳武切倚依也从人奇聲於綺切依
倚也从人衣聲於稀切仍因也从人乃聲如乘切佽便利也从人次聲詩曰決拾既佽一曰遞也七四切佴佽也从人
耳聲仍吏切倢佽也从人疌聲子葉切侍承也从人寺聲時吏切傾仄也从人从頃頃亦聲去營切側
旁也从人則聲阻力切侒宴也从人安聲烏寒切侐靜也从人血聲詩曰閟宮有侐況逼切付与也从寸持物對人
臣鉉等曰寸手也方遇切俜使也从人甹聲普丁切俠俜也从人夾聲胡頰切儃儃何也从人亶聲徒
干切侁行皃从人先聲所臻切仰舉也从人从卬魚兩切侸立也从人豆聲讀若樹常句切儽垂皃从人
纍聲一曰嬾解落猥切侳安也从人坐聲則臥切偁揚也从人爯聲處陵切伍相參伍也从人从五疑古切什
相什保也从人十是執切佰相什伯也从人百博陌切佸會也从人昏聲詩曰曷其有佸一曰佸佸力皃古活切佮
合也从人合聲古沓切𢼸妙也从人从攴豈省聲臣鉉等案豈字从𢼸省𢼸不應从豈省蓋傳寫之誤疑从耑省耑物初生之

題尚散也無非切
傆 黠也从人原聲魚福切
作 起也从人从乍則洛切
假 非眞也从人叚聲古疋切一曰至也虞書曰假于上下古領切
借 假也从人昔聲資昔切
侵 漸進也从人又持帚若埽之進又手也七林切
儥 賣也从人𧶠聲余六切
候 伺望也从人矦聲胡遘切
償 還也从人賞聲食章切
僅 材能也从人堇聲渠吝切
代 更也从人弋聲臣鉉等曰弋非聲說文忒字與此義訓同疑兼有忒音徒耐切
儀 度也从人義聲魚羈切
傍 近也从人旁聲步光切
佀 象也从人㠯聲詳里切
便 安也人有不便更之从人更房連切
任 符也从人壬聲如林切
俔 譬諭也一曰間見从人从見詩曰俔天之妹苦甸切
優 饒也从人憂聲一曰倡也於求切
僖 樂也从人喜聲許其切
偆 富也从人春聲尺允切
俒 完也逸周書曰朕實不明以俒伯父从人从完胡困切
儉 約也从人僉聲巨險切
偭 鄉也从人面聲少儀曰尊壺者偭其鼻彌箭切
俗 習也从人谷聲似足切
俾 益也从人卑聲一曰俾門侍人并弭切
倪 俾也从人兒聲五雞切
億 安也从人意聲於力切
使 伶也从人吏聲踈士切
⿰亻癸 ⿰亻癸左右兩視从人癸聲其季切
伶 弄也从人令聲益州有建伶縣郎丁切
儷 棽儷也从人麗聲呂支切
傳 遽也从人專聲直戀切
倌 小臣也从人从官詩曰命彼倌人古患切
价 善也从人介聲

詩曰价人惟藩古拜切

仔 克也从人子聲子之切

俟 送也从人㚉聲呂不韋曰有侁氏以伊尹俟女古文以爲訓字臣鉉等曰㚉不成字當从朕省案勝字从朕聲疑古者朕或音俟以證切

徐 緩也从人余聲似魚切

偋 僻宴也从人屏聲防正切

伸 屈伸从人申聲失人切

伹 拙也从人且聲似魚切

㒓 意膬也从人然聲臣鉉等曰膬耎易破也人善切

偄 弱也从人从耎奴亂切

倍 反也从人咅聲薄亥切

傿 引爲賈也从人焉聲於建切

僭 假也从人朁聲子念切

儗 僭也一曰相疑从人从疑魚已切

偏 頗也从人扁聲芳連切

倀 狂也从人長聲一曰什也楮羊切

儔 翳也从人𠷎聲直由切

侜 有廱蔽也从人舟聲詩曰誰侜予美張流切

俴 淺也从人戔聲慈衍切

佃 中也从人田聲春秋傳曰乘中佃一轅車堂練切

㐹 小皃从人囟聲詩曰㐹㐹彼有屋斯氏切

侊 小皃从人光聲春秋國語曰侊飯不及一食古横切

佻 愉也从人兆聲詩曰視民不佻土彫切

僻 避也从人辟聲詩曰宛如左僻一曰从旁牽也普擊切

伭 很也从人弦省聲胡田切

伎 與也从人支聲詩曰籟人伎忒渠綺切

侈 掩脅也从人多聲一曰奢也尺氏切

佁 癡皃从人台聲讀若騃夷在切

僠 騷也从人蚤聲穌遭切

僞 詐也从人爲聲危睡切

伿 隋也

从人只聲以豉切 佝 務也从人句聲苦候切 僄 輕也从人票聲匹妙切 倡 樂也从人昌聲尺亮切 俳 戲也从人

非聲步皆切 僐 作姿也从人善聲堂演切 儳 儳互不齊也从人毚聲士咸切 佚 佚民也从人失聲一曰佚忽也

夷質切 俄 行頃也从人我聲詩曰仄弁之俄五何切 傜 喜也从人䍃聲自關以西物大小不同謂之傜余招切 㑴

徼㑴受屈也从人卻聲其虐切 傞 醉舞皃从人差聲詩曰屢舞傞傞素何切 僛 醉舞皃从人欺聲詩曰屢舞僛僛去其切

侮 傷也从人每聲文甫切 㑄 古文从母 㑵 姎也从人疾聲一曰毒也秦悉切 嫉 㑵或从女 傷 輕也从人易聲

一曰交傷以豉切 俙 訟面相是从人希聲喜皆切 僨 僵也从人賁聲匹問切 僵 僨也从人畺聲居良切 仆 頓也

从人卜聲芳遇切 偃 僵也从人匽聲於幰切 傷 創也从人傷省聲少羊切 㑜 刺也从人肴聲一曰痛聲胡茅切 侉

備詞从人夸聲苦瓜切 催 相儔也从人崔聲詩曰室人交徧催我倉回切 俑 痛也从人甬聲他紅切又余隴切 伏

司也从人从犬臣鉉等曰司今人作伺房六切 促 迫也从人足聲七玉切 例 比也从人𠛱聲力制切 係 絜束也从人从系

系亦聲胡計切 伐 擊也从人持戈一曰敗也房越切 俘 軍所獲也从人孚聲春秋傳曰以爲俘聝芳無切 但 裼也从人

旦聲徒旱切

傴 僂也从人區聲於武切

僂 尫也从人婁聲周公韈僂或言背僂力主切

僇 癡行僇僇也从人翏聲讀若雡一曰且也力救切

仇 讎也从人九聲巨鳩切

儡 相敗也从人畾聲讀若雷魯回切

咎 災也从人从各各者相違也其久切

仳 別也从人比聲詩曰有女仳離芳比切

倃 毀也从人咎聲其久切

倠 仳倠醜面从人隹聲許惟切

值 措也从人直聲直吏切

侂 寄也从人庑聲庑古文宅他各切

僔 聚也从人尊聲詩曰僔沓背僧慈損切

像 象也从人从象象亦聲讀若養徐兩切

倦 罷也从人卷聲渠眷切

傮 終也从人曹聲作曹切

偶 桐人也从人禺聲五口切

弔 問終也古之葬者厚衣之以薪从人持弓會歐禽多嘯切

佋 廟佋穆父爲佋南面子爲穆北面从人召聲市招切

⿰亻身 神也从人身聲失人切

僊 長生僊去从人从䙴䙴亦聲相然切

僰 犍爲蠻夷从人棘聲蒲北切

仚 人在山上从人从山呼堅切

僥 南方有焦僥人長三尺短之極从人尭聲五聊切

⿰亻對 帀也从人對聲都隊切

俇 遠行也从人狂聲居況切

件 分也从人从牛牛大物故可分其輦切

文三百四十五　重十四

侶 徒侶也从人吕聲力舉切

侲 僮子也从人辰聲章刃切

倅 副也从人卒聲七內切

傔 從也从人兼聲苦念切

倜 倜儻不羈也从人周聲未詳他歷切 儻 倜儻也从人黨聲他朗切 佾 舞行列也从人肙聲夷質切 倒 什也从人到聲當老切

儈 合市也从人會會亦聲古外切 低 下也从人氐氐亦聲都兮切 債 債負也从人責責亦聲側賣切 價 物直也从人賈賈亦聲古訝切

停 止也从人亭聲特丁切 僦 賃也从人就就亦聲即就切 伺 候望也从人司聲相吏切 自低已下六字从人皆後人所加

僧 浮屠道人也从人曾聲穌曾切 佇 久立也从人从宁直呂切 偵 問也从人貞聲丑鄭切

文十八 新附

匕 變也从到人凡匕之屬皆从匕 呼跨切

𠤕 未定也从匕吴聲 吴古文矢字語期切

真 僊人變形而登天也从匕从目从乚 乚音隱 八所乘載也側鄰切 𥄂 古文真

化 教行也从匕从人匕亦聲呼跨切

文四 重一

匕 相與比敘也从反人匕亦所以用比取飯一名柶凡匕之屬皆从匕 卑履切

匙 匕也从匕是聲是支切

𠤏 相次也从匕从十鴇从此博抱切

⿰匕支 頃也从匕支聲匕頭頃也詩曰歧彼織女去智切

頃 頭不正也从匕从頁臣鉉等曰匕者有所比附不正也去營切

匘 頭髓也从匕匕相匕著也巛象髮囟象匘形奴皓切

卬 望欲有所庶及也从匕从卪詩曰高山卬止伍岡切

卓 高也早匕爲卓匕卪爲卬皆同義竹角切

𠦝 古文卓

艮 很也从匕目匕目猶目相匕不相下也易曰艮其限匕目爲艮匕目爲眞也古恨切

文九 重一

从 相聽也从二人凡从之屬皆从从疾容切

從 隨行也从辵从从从亦聲慈用切

并 相從也从从幵聲一曰从持二爲并府盈切

文三

比 密也二人爲从反从爲比凡比之屬皆从比毗至切

𣬉 古文比

毖 愼也从比必聲周書曰無毖于卹兵媚切

文二 重一

北 菲也从二人相背凡北之屬皆从北博墨切

冀 北方州也从北異聲几利切

文二

丘　土之高也非人所爲也从北从一一地也人居在丘南故从北中邦之居在崐崘東南一曰四方高中央下爲丘象形凡丘之屬皆从丘去鳩切今隸變作丘　古文从土

虛　大丘也崐崘丘謂之崐崘虛古者九夫爲井四井爲邑四邑爲丘丘謂之虛从丘虍聲臣鉉等曰今俗別作墟非是丘如切又朽居切

泥　反頂受水丘从丘泥省聲奴低切

文三　重一

乑　衆立也从三人凡乑之屬皆从乑讀若欽崟魚音切

眾　多也从乑目衆意之仲切

聚　會也从乑取聲邑落云聚才句切

臮　衆詞與也从乑自聲虞書曰臮咎繇其冀切　古文臮

文四　重一

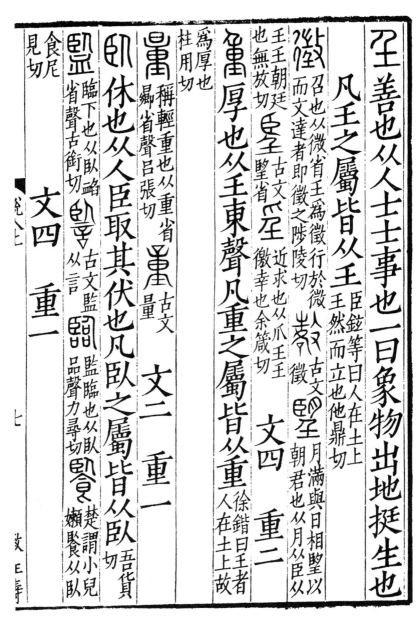

𡈼 善也从人士士事也一曰象物出地挺生也凡𡈼之屬皆从𡈼臣鉉等曰人在土上𡈼然而立也他鼎切

徵 召也从微省𡈼爲徵行於微而文達者即徵之陟陵切 𢿛 古文徵

朢 月滿與日相朢以朝君也从月从臣从𡈼𡈼朝廷也無放切 𦣠 古文朢省

㸒 近求也从爪𡈼𡈼徼幸也余箴切

文四　重二

重 厚也从𡈼東聲凡重之屬皆从重徐鍇曰𡈼者人在土上故爲厚也柱用切

量 稱輕重也从重省曏省聲呂張切 𨤾 古文量

文二　重一

臥 休也从人臣取其伏也凡臥之屬皆从臥吾貨切

監 臨下也从臥䘓省聲古銜切 古文監从言

臨 監臨也从臥品聲力尋切

𦣝 楚謂小兒嬾𦣝从臥食尼見切

文四　重一

躳　躳也象人之身从人厂聲凡身之屬皆从身　失人切

軀　體也从身區聲　豈俱切

文二

㐆　歸也从反身凡㐆之屬皆从㐆　徐鍇曰古人所謂反身修道故曰歸也　於機切

殷　作樂之盛稱殷从㐆从殳易曰殷薦之上帝　於身切

文二

衣　依也上曰衣下曰裳象覆二人之形凡衣之屬皆从衣　於稀切

裁　制衣也从衣𢦏聲　昨哉切

衮　天子享先王卷龍繡於下幅一龍蟠阿上鄉从衣公聲　古本切

𧜁　丹縠衣从衣㺬聲　知扇切

褕　翟羽飾衣从衣俞聲一曰直裾謂之襜褕　羊朱切

袗　玄服从衣㐱聲　之忍切

裖　袗或从辰

表　上衣也从衣从

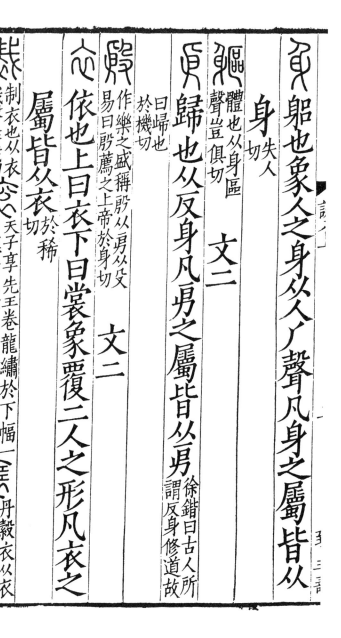

毛古者衣裘以毛爲表陂矯切

⿰衣麃 古文表从麃

裏 衣内也从衣里聲良止切

襁 負兒衣从衣強聲居兩切

襋 衣領也从衣棘聲詩曰要之襋之己力切

襮 黼領也从衣暴聲詩曰素衣朱襮蒲沃切

衽 衣裣也从衣壬聲如甚切

褸 衽也从衣婁聲力主切

褽 衽也从衣尉聲於胃切

⿰衣疌 裣緣也从衣疌聲七入切

裣 交衽也从衣金聲居音切

褘 蔽厀也从衣韋聲周禮曰王后之服褘衣謂畫袍許歸切

衭 襲袂也从衣夫聲甫無切

襲 左衽袍从衣龖省聲似入切

⿱龖衣 籀文襲不省

袍 襺也从衣包聲論語曰衣弊緼袍薄褒切

襺 袍衣也从衣繭聲以絮曰襺以緼曰袍春秋傳曰盛夏重襺古典切

褋 南楚謂禪衣曰褋从衣枼聲徒叶切

袤 衣帶以上从衣矛聲一曰南北曰袤東西曰廣莫候切

⿱楙衣 籀文袤从楙

襘 帶所結也从衣會聲春秋傳曰衣有襘古外切

褧 檾也詩曰衣錦褧衣示反古从衣耿聲去潁切

袛 袛裯短衣从衣氏聲都兮切

裯 衣袂袛裯从衣周聲都牢切

襤 裯謂之襤褸襤無緣也从衣監聲魯甘切

䙕 無袂衣謂之䙕从衣惰省聲徒臥切

裻 衣躬縫从衣毒聲讀若督冬毒切

袪 衣袂也从衣去聲一曰袪褱也褱者裛也袪尺二寸春秋傳曰披斬其袪去魚切

褎 袂也从衣采聲似又切

袖 俗褎从由

袂 袖也从衣夬聲彌弊切

褱 袖也一曰

藏也从衣鬼聲戶乖切褱俠也从衣眔聲一曰橐臣鉉等曰眔非聲未詳戶乖切袌褱也从衣包聲臣鉉等曰今俗作袍
非是抱與捊同薄保切襜衣蔽前从衣詹聲處占切袥衣衸从衣石聲他各切衸袥也从衣介聲胡介切
襗絝也从衣睪聲徒各切袉裾也从衣它聲論語曰朝服袉紳唐左切裾衣袍也从衣居聲讀與居同九魚切
衧諸衧也从衣于聲羽俱切褰絝也从衣寒省聲春秋傳曰徵褰與襦去虔切襱絝踦也从衣龍聲丈冢切
襩襱或从賣袑絝上也从衣召聲市沼切襑衣博大从衣尋聲他感切褒衣博裾从衣保省聲保古文保博
毛切褅緥也从衣啻聲詩曰載衣之褅臣鉉等曰緥即襁緥也今俗別作褓非是他計切褍衣正幅从衣耑聲多官切
⿰衤圍重衣皃从衣圍聲爾雅曰⿰衤圍⿰衤圍禮禮臣鉉等曰說文無禮字爾雅亦無此語疑後人所加羽非切複重衣皃从衣复聲一
曰褚衣方六切褆衣厚褆褆从衣是聲杜兮切襛衣厚皃从衣農聲詩曰何彼襛矣汝容切裻新衣聲一曰背
縫从衣叔聲冬毒切袳衣張也从衣多聲春秋傳曰公會齊侯于袳尺氏切裔衣裾也从衣冏聲臣鉉等曰冏非聲疑象衣
裾之形余制切𧘇古文裔衯長衣皃从衣分聲撫文切袁長衣皃从衣叀省聲羽元切⿰衤鳥短衣也从衣鳥聲春秋

傳曰有空[illegible]都僚切
褺重衣也从衣執聲巴郡有褺虹縣徒叶切
裴長衣皃从衣非聲臣鉉等案漢書裴回用此今俗作徘徊非是薄回切
襡短衣也从衣蜀聲讀若蜀市玉切
[illegible]衣至地也从衣斲聲竹角切
襦短衣也从衣需聲一曰㬊衣人朱切
褊衣小也从衣扁聲方沔切
袷衣無絮从衣合聲古洽切
襌衣不重从衣單聲都寒切
襄漢令解衣耕謂之襄从衣𤕦聲息良切
[illegible]古文襄
被寑衣長一身有半从衣皮聲平義切
衾大被从衣今聲去音切
襐飾也从衣象聲徐兩切
衵日日所常衣从衣从日日亦聲人質切
褻私服从衣埶聲詩曰是褻袢也臣鉉等曰从熱省乃得聲私列切
衷裏褻衣从衣中聲春秋傳曰皆衷其衵服陟弓切
袾好佳也从衣朱聲詩曰靜女其袾昌朱切
袓事好也从衣且聲才与切
裨接益也从衣卑聲府移切
袢無色也从衣半聲一曰詩曰是紲袢也讀若普博幔切
雜五彩相會从衣集聲徂合切
裕衣物饒也从衣谷聲易曰有孚裕無咎羊孺切
襞韏衣也从衣辟聲臣鉉等曰韏革中辨也衣襞積如辨也必益切
衦摩展衣从衣干聲古案切
裂繒餘也从衣列聲良辥切
[illegible]弊衣从衣奴聲女加切
袒衣縫解也从衣旦聲丈莧切
補完衣也从衣甫聲博古切
[illegible]紩衣也从衣黹黹亦聲豬几切
褫

說八上 七

奪衣也从衣虒聲讀若池直离切

𧞤　袒也从衣嬴聲郎果切

裸　𧞤或从果

裎　袒也从衣呈聲丑郢切

裼　袒也从衣易聲先擊切

衺　𧙯也从衣牙聲似嗟切

襭　以衣衽扱物謂之襭从衣頡聲胡結切

擷　襭或从手

袺　執衽謂之袺从衣吉聲格八切

褿　帴也从衣曹聲昨牢切又七刀切

裝　裹也从衣壯聲側羊切

裹　纏也从衣果聲古火切

𧝈　書囊也从衣邑聲於業切

⿰衤齊　緶也从衣齊聲即夷切

裋　豎使布長襦从衣豆聲常句切

⿰衤區　編枲衣从衣區聲一曰頭⿰衤區一曰次裹衣於武切又於矦切

褐　編枲韤一曰粗衣从衣曷聲胡葛切

褗　⿰衤區領也从衣匽聲於幰切

裺　褗謂之裺从衣奄聲依檢切

衰　艸雨衣秦謂之萆从衣象形穌禾切

𠘻　古文衰

卒　隸人給事者衣爲卒卒衣有題識者臧沒切

褚　卒也从衣者聲一曰製衣丑呂切

製　裁也从衣从制征例切

袚　蠻夷衣从衣犮聲一曰蔽厀北末切

襚　衣死人也从衣遂聲春秋傳曰楚使公親襚徐醉切

⿰衤弔　棺中縑裏从衣弔讀若雕都僚切

裞　贈終者衣被曰裞从衣兌聲輸芮切

褮　鬼衣从衣熒省聲讀若詩曰葛藟縈之一曰若靜女其袾之袾於營切

䘰　車溫也从衣延聲式連切

褭　以組帶馬也从衣从馬奴鳥切

文一百一十六　重十一

盛服也从衣玄聲黃絢切　衣也从衣彡聲所銜切　裘屬从衣奧聲烏皓切　文三新附

皮衣也从衣求聲一曰象形與衰同意凡裘之屬皆从裘巨鳩切

古文省衣　裘裏也从裘鬲聲讀若擊楷革切

文二　重一

考也七十曰老从人毛匕言須髮變白也凡老之屬皆从老盧皓切

年八十曰耋从老省从至徒結切　年九十曰耄从老从蒿省莫報切　老也从老省旨聲渠脂切　老人面凍黎若垢从老省句聲古厚切　老人面如點也从老省占聲讀若耿介之耿丁念切　老人行才相逮从老省易省行象讀若樹常句切　久也从老省𠷎聲殖酉切　老也从老省丂聲苦浩切　善事父母者从老省

从子子承老也呼教切

文十

毛　眉髮之屬及獸毛也象形凡毛之屬皆从毛莫袍切

氄　毛盛也从毛隼聲虞書曰鳥獸氄髦而尹切又人勇切

𣯛　獸豪也从毛倝聲侯幹切

毨　仲秋鳥獸毛盛可選取以爲器用从毛先聲讀若選穌典切

𣮎　以毳爲罽色如虋故謂之𣮎虋禾之赤苗也从毛㒼聲詩曰毳衣如𣮎莫奔切

氈　撚毛也从毛亶聲諸延切

文六

毦　羽毛飾也从毛耳聲仍吏切

氍　氍毹毾㲪皆氈緂之屬蓋方言也从毛瞿聲其俱切

毹　氍毹也从毛俞聲羊朱切

毾　毾㲪也从毛㬎聲土盍切

㲪　毾㲪也从毛登聲都滕切

毬　鞠丸也从毛求聲巨鳩切

氅　析鳥羽爲旗纛之屬从毛敞聲昌兩切

文七　新附

毳　獸細毛也从三毛凡毳之屬皆从毳此芮切

𣰎　毛紛紛也从毳非聲甫微切

文二

尸 陳也象臥之形凡尸之屬皆从尸 式脂切

𡰥 偫也从尸奠聲堂練切

居 蹲也从尸古者居从古臣鉉等曰居从古者言法古也九魚切

踞 俗居从足

屓 臥息也从尸自臣鉉等曰自古者以爲鼻字故从自許介切

屑 動作切切也从尸㑌聲私列切

展 轉也从尸𧝓省聲知衍切

屆 行不便也一曰極也从尸由聲古拜切

尻 脽也从尸九聲苦刀切

𡱂 髀也从尸下丌居几臣鉉等曰丌几皆所以凥止也徒魂切

脽 𡱂或从肉隼

𩪍 𡱂或从骨殿聲

𡰯 尻也从尸旨聲詰利切

尼 從後近之从尸匕聲女夷切

𡳐 從後相臿也从尸从臿楚洽切

𡰝 届屖也从尸乏聲直立切

㞋 柔皮也从申尸之後尸或从又臣鉉等曰注似闕脫未詳人善切

屒 伏皃从尸辰聲一曰屋宇珍忍切

屖 屖遅也从尸辛聲先稽切

屝 履也从尸非聲扶沸切

屍 終主从尸从死式脂切

屠 刳也从尸者聲同都切

屟 履中薦也从尸枼聲穌叶切

屋 居也从尸尸所主也一曰尸象屋形从至至所至止室屋皆从至烏谷切

𡱙 籀文屋从厂

𡲲 古文屋

屛 屛蔽也从尸并聲必郢切

層 重屋也从尸曾聲昨稜切

文二十三　重五

屢 數也案今之婁字本是屢空字此字後人所加从尸未詳丘羽切

文一 新附

說文解字弟八上

賜進士及第山東等處督糧道兼管德常臨清倉事務加三級孫星衍重校刊

說文解字弟八下　漢太尉祭酒許氏記

銀青光祿大夫守右散騎常侍上柱國東海縣開國子食邑五百戶臣徐鉉等奉

敕校定

尺　十寸也人手卻十分動脈爲寸口十寸爲尺尺所以指尺規榘事也从尸从乙乙所識也周制寸尺咫尋常仞諸度量皆以人之體爲法凡尺之屬皆从尺昌石切

咫　中婦人手長八寸謂之咫周尺也从尺只聲諸氏切

文二

尾　微也从到毛在尸後古人或飾系尾西南夷亦然凡尾之屬皆从尾無斐切今隸變作尾

屬 連也从尾蜀聲之欲切 屈 無尾也从尾出聲九勿切 尿 人小便也从尾从水奴弔切

文四

履 足所依也从尸从彳从夊舟象履形一曰尸聲凡履之屬皆从履良止切 䪨 古文履从頁从足 屨 履也从履省婁聲一曰鞮也九遇切 𡳐 履下也从履省歷聲郎擊切 𡳏 履屬从履省予聲徐吕切 屩 屐也从履省喬聲居勺切 屐 屩也从履省支聲奇逆切

文六　重一

舟 船也古者共鼓貨狄刳木爲舟剡木爲楫以濟不通象形凡舟之屬皆从舟職流切 俞 空中木爲舟也从亼从舟从巜巜水也羊朱切 船 舟也从舟鉛省聲食川切 彤 船行也从舟彡聲丑林切 舳 艫也从舟由聲漢律名船方長爲舳艫一曰舟尾臣鉉等曰當从胄省乃得聲直六切 艫 舳艫也一曰船頭从舟盧聲洛乎切 𦨈 船行不安也从舟从刖省讀若兀五忽切 艐 船著不行也从舟㚇聲讀若莘子紅切 朕 我也闕直禁切 舫 船師也明堂月令曰舫人習水者从舟方

聲甫妄切　般辟也象舟之旋从舟从殳殳所以旋也北潘切　𣪒古文般从攴　服用也一曰車右騑所以舟旋从舟𠬝聲房六切　𦨈古文服从人

文十二　重二

舸舟也从舟可聲古我切　艇小舟也从舟廷聲徒鼎切　艅艅艎舟名从舟余聲經典通用餘皇以諸切　艎艅艎也从舟皇聲胡光切

文四　新附

方併船也象兩舟省總頭形凡方之屬皆从方府良切

㳒方或从水　斻方舟也从方亢聲禮天子造舟諸侯維舟大夫方舟士特舟臣鉉等曰今俗別作航非是胡郎切

文二　重一

儿仁人也古文奇字人也象形孔子曰在人下故詰屈凡儿之屬皆从儿如鄰切

兀　高而上平也从一在人上讀若敻茂陵有兀桑里五忽切　兒　孺子也从儿象小兒頭囟未合汝移切　允　信也从儿㠯聲樂準切　兌　說也从儿㕣聲臣鉉等曰㕣古文兗字非聲當从口从八象气之分散易曰兌爲巫爲口大外切　充　長也高也从儿育省聲昌終切

文六

兄　長也从儿从口凡兄之屬皆从兄許榮切

兢　競也从二兄二兄競意从丰聲讀若矜一曰兢敬也居陵切

文二

先　首笄也从人匕象簪形凡先之屬皆从先側岑切

簪　俗先从竹从朁

兓　朁朁銳意也从二先子林切

文二　重一

皃　頌儀也从人白象人面形凡皃之屬皆从皃莫教切

貌　皃或从頁豹省聲

貌　籒文皃从豹省

覍　冕也周曰覍殷曰吁夏曰收从皃象形皮變切

𥄉　籒文覍从廾上象形

弁　或覍字

文二　重四

兜 廱蔽也从人象左右皆蔽形凡兜之屬皆从兜讀若瞽公戶切

兜 兜鍪首鎧也从兜从皃省皃象人頭也當侯切

文二

先 前進也从儿从之凡先之屬皆从先臣鉉等曰之人上是先也穌前切

兟 進也从二先贊从此闕所臻切

文二

禿 無髮也从人上象禾粟之形取其聲凡禿之屬皆从禿王育說蒼頡出見禿人伏禾中因以制字未知其審他谷切

穨 禿皃从禿貴聲杜回切

文二

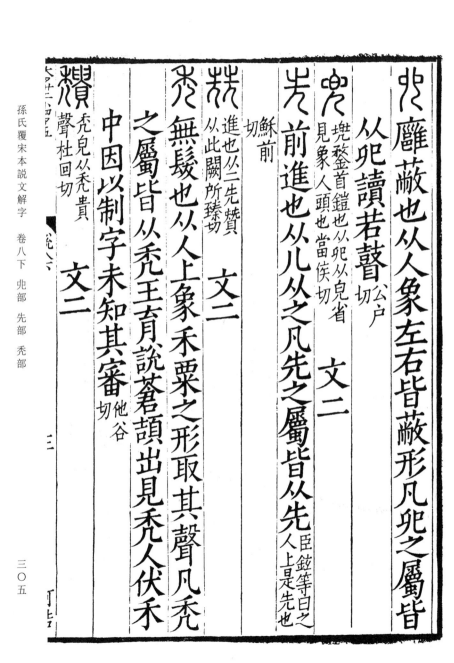

見　視也。从儿从目。凡見之屬皆从見。古甸切

視　瞻也。从見示。神至切　眎　古文視　眂　亦古文視　𧢈　求也。从見麗聲。讀若池。郎計切　覣　好視也。从見委聲。於爲切　䚕　旁視也。从見兒聲。五計切　覶　好視也。从見𤔔聲。洛戈切　𧡡　笑視也。从見彔聲。王問切　𧡫　大視也。从見爰聲。況晚切　覝　察視也。从見𡗗聲。讀若鎌。力鹽切　䙹　外博衆多視也。从見員聲。讀若運。王問切　觀　諦視也。从見雚聲。古玩切　𥉂　古文觀从囧　㝵　取也。从見从寸。寸，度之，亦手也。臣鉉等案：彳部作古文得字，此重出。多則切

覽　觀也。从見、監，監亦聲。盧敢切　𧡍　内視也。从見來聲。洛代切　題　顯也。从見是聲。杜兮切　𧢱　目有察省見也。从見票聲。方小切　𧡨　𧡨覰，闚觀也。从見朿聲。七四切　覷　拘覰，未致密也。从見虘聲。七句切　覭　小見也。从見冥聲。《爾雅》曰：「覭髳弗離。」莫經切　䚋　内視也。从見甚聲。丁含切　覯　遇見也。从見冓聲。古后切　𧢼　注目視也。从見歸聲。渠追切　覘　窺也。从見占聲。《春秋傳》曰：「公使覘之，信。」救豔切　覹　司也。从見微聲。無非切　覢　暫見也。从炎見聲。《春秋公羊傳》曰：「覢然公子陽生。」失冉切　𧢿　暫見也。从見賓聲。必刃切　𧢾　觀𧢾也。从見樊聲。讀若幡。附袁切　𧡱　病人

視也从見氏聲讀若迷莫兮切

下視深也从見鹵聲讀若攸以周切

私出頭視也从見彤聲讀若郴丑林切

突前也从見冃臣鉉等曰冃重覆也犯冃而見是突前也莫紅亡漢二切

㱃幸也从見豈聲几利切

欲也从見俞聲羊朱切

視不明也一曰直視从見春聲丑尨切

視誤也从見龠聲弋笑切

寤也从見學省聲一曰發也古岳切

目赤也从見𩑋省聲臣鉉等曰𩑋非聲未詳才的切

召也从見青聲疾正切

至也从見亲聲七人切

諸侯秋朝曰覲勞王事从見堇聲渠吝切

諸侯三年大相聘曰覜覜視也从見兆聲他弔切

擇也从見毛聲讀若苗莫袍切

蔽不相見也从見必聲莫結切

司人也从見它聲讀若馳式支切

目蔽垢也从見[illegible]聲讀若兆當侯切

文四十五　重三

見也从見賣聲徒歷切

文一　新附

並視也从二見凡覞之屬皆从覞弋笑切

很視也从覞肩聲齊景公之勇臣有成䙹者苦閑切

見雨而比息从覞从雨讀若歘虛器切

文三

欠張口气悟也象气从人上出之形凡欠之屬皆从欠去劒切

欽欠皃从欠金聲去音切　𣣋欠皃从欠䜌聲洛官切　欯喜也从欠吉聲許吉切　吹出气也从欠从口臣鉉等案口部已有吹嘘此重出昌垂切　欨吹也一曰笑意从欠句聲況于切　歑温吹也从欠虖聲虎烏切　㰲吹气也从欠或聲於六切　歟安气也从欠與聲以諸切　𣢑翕气也从欠脅聲虛業切　歕吹气也从欠賁聲普䰟切　歇息也一曰气越泄从欠曷聲許謁切　歡喜樂也从欠雚聲呼官切　欣笑喜也从欠斤聲許斤切　弞笑不壞顏曰弞从欠引省聲式忍切　款意有所欲也从欠窾省臣鉉等曰窾塞也意有所欲而猶塞款款然也苦管切　𣢮款或从柰　𣢐㚔也从欠气聲一曰口不便言居气切　欲貪欲也从欠谷聲余蜀切　歌詠也从欠哥聲古俄切　謌謌或从言　歂口气引也从欠耑聲讀若車輇市緣切　歍心有所惡若叶也从欠烏聲一曰口相就哀都切　𣤚𣢼𣤚也从欠鼀聲才六切　噈俗𣤚从口从就　𣢼惄然也从欠尗聲孟子曰曾西𣢼然才六切　欦含笑也从欠今聲丘嚴切　歋人相笑相歋瘉从欠虒聲以支切　歊歊歊气出皃从欠高高亦聲許嬌切　欻

有所吹起从欠炎聲讀若忽許物切

欰　欰欰戲笑皃从欠之聲許其切

⿰䍃欠　⿰䍃欠⿰䍃欠气出皃从欠䍃聲余招切

歗　吟也从欠肅聲詩曰其歗也謌臣鉉等案口部此籒文嘯字此重出穌弔切

歎　吟也从欠鷬省聲他案切

⿰堇欠　籒文歎不省

歖　卒喜也从欠从喜許其切

欸　訾也从欠矣聲凶戒切又烏開切

⿰此欠　歐也从欠此聲前智切

歐　吐也从欠區聲烏后切

歔　欷也从欠虛聲一曰出气也朽居切

欷　歔也从欠稀省聲香衣切

歜　盛气怒也从欠蜀聲尺玉切

⿰卣欠　言意也从欠从卤卤亦聲讀若酉与久切

⿰渴欠　欲歠歠从欠渴聲苦葛切

⿰臭欠　所謌也从欠噭省聲讀若叫呼之叫古弔切

⿰嗇欠　悲意从欠嗇聲火力切

⿰⿰米焦欠　盡酒也从欠⿰米焦聲子肖切

⿰緘欠　監持意口閉也从欠緘聲古咸切

⿰辰欠　指而笑也从欠辰聲讀若蜃時忍切

⿰鰥欠　昆干不可知也从欠鰥聲古渾切

歃　歠也从欠臿聲春秋傳曰歃而忘山洽切

欶　吮也从欠束聲所角切

歁　食不滿也从欠甚聲讀若坎苦感切

欿　欲得也从欠臽聲讀若貪他含切

欱　歠也从欠合聲呼合切

歉　歉食不滿从欠兼聲苦簟切

⿰骨欠　咽中息不利也从欠骨聲烏八切

欭　嚘也从欠因聲乙冀切

欬　屰气也从欠亥聲苦蓋切

⿰毄欠　且唾聲一曰小笑从欠毄聲許壁切

歙　縮鼻也从欠翕聲丹陽有歙縣許及切

⿰咎欠　蹴鼻也从欠咎聲讀若爾雅曰麔豭短脰於糾切

⿰幼欠　愁皃从欠幼聲臣鉉等案口部呦字或作⿰幼欠此重出

說八下　五

於蚪切

欪　咄欪無慙一曰無腸意从欠出聲讀若卉丑律切

欥　詮詞也从欠从曰曰亦聲詩曰欥求厥寧余律切

次　不前不精也从欠二聲七四切

㳄　古文次

㰞　飢虛也从欠康聲苦岡切

欺　詐欺也从欠其聲去其切

歆　神食气也从欠音聲許今切

文六十五　重五

歈　歌也从欠俞聲切韻云巴歈歌也案史記渝水之人善歌舞漢高祖采其聲後人因加此字羊朱切

文一　新附

㱃　歠也从欠酓聲凡㱃之屬皆从㱃於錦切

㱃　古文㱃从今水

㱃　古文㱃从今食

歠　㱃也从㱃省叕聲昌說切

吷　歠或从口从夬

文二　重三

㳄　慕欲口液也从欠从水凡㳄之屬皆从㳄叙連切

㳄　㳄或从侃

㳄　籒文㳄

羨　貪欲也从㳄从羑省羑呼之羑文王所拘羑里似面切

㳄　歠也从㳄厂聲讀若移以支切

盜　私利物也从㳄㳄欲皿者徒到切

文四　重二

旡㱃食气屰不得息曰旡从反欠凡旡之屬皆从旡居未切今變隸作旡

[古文]古文旡

旤屰惡驚詞也从旡咼聲讀若楚人名多夥乎果切

琼事有不善言琼也爾雅琼薄也从旡京聲臣鉉等曰今俗隸書作亮力讓切

文三　重一

說文解字弟八下

賜進士及第山東等處督糧道兼管德常臨清倉事務加三級孫星衍重校刊

說文解字弟九上　漢太尉祭酒許慎記

銀青光祿大夫守右散騎常侍上柱國東海縣開國子食邑五百戶臣徐鉉等奉

敕校定

四十六部　四百九十六文　重六十三

凡七千二百四十七字

文三十八新附

頁 頭也从𦣻从儿古文䭫首如此凡頁之屬皆从頁𦣻者䭫首字也胡結切

頭 首也从頁豆聲度矦切 顏 眉目之閒也从頁彥聲五姦切 𩕄 籀文 頌 皃也从頁公聲余封切又似用切 額 籀文 𩔁 顱也从頁毛聲徒谷切 顱 頊顱首骨也从頁盧聲洛乎切 𩔰 顚頂也从頁䍜聲魚怨切 顛

頂也从頁眞聲都秊切頂顚也从頁丁聲都挺切𩕄或从𩠐作⿰鼎頁籒文从鼎顙頟也从頁桑聲蘇朗切
題頟也从頁是聲杜兮切頟顙也从頁各聲臣鉉等曰今俗作額五陌切頞鼻莖也从頁安聲烏割切⿰鼻曷或从
鼻曷頯權也从頁𠃬聲渠追切頰面旁也从頁夾聲古叶切⿰𡗗頁籒文頰⿰皀頁頰後也从頁皀聲古恨切頜
顄也从頁合聲胡感切顄頤也从頁𢎘聲胡男切頸頭莖也从頁巠聲居郢切領項也从頁令聲良郢切項頭後
也从頁工聲胡講切⿰冘頁項枕也从頁冘聲章衽切顀出頟也从頁隹聲直追切⿰不頁曲頤也从頁不聲薄回切顩鬑皃
从頁僉聲魚檢切⿰尹頁面目不正皃从頁尹聲余準切頵頭頵頵大也从頁君聲於倫切⿱員頁面色顚顚皃从頁員聲讀若隕
于閔切⿰兼頁頭頰長也从頁兼聲五咸切碩頭大也从頁石聲常隻切頒大頭也从頁分聲一曰鬢也詩曰有頒其首布還切
顒大頭也从頁禺聲詩曰其大有顒魚容切⿰羔頁大頭也从頁羔聲口幺切⿰骨頁大頭也从頁骨聲讀若魁苦骨切願
大頭也从頁原聲魚怨切顤高長頭从頁堯聲五弔切⿱敖頁贅⿱敖頁高也从頁敖聲五到切⿰岳頁面前岳岳也从頁岳聲五角切
⿰㬎頁昧前也从頁㬎聲讀若昧莫佩切⿱霝頁面瘦淺⿱霝頁⿱霝頁也从頁霝聲郎丁切顡頭蔽顡也从頁豙聲五怪切頑

梱頭也从頁元聲五還切
⿰枝頁　小頭蘇蘇也从頁枝聲讀若規又已恚切
顆　小頭也从頁果聲苦惰切
頢　短面也从頁昏聲五活切又下括切
頲　狹頭頲也从頁廷聲他挺切
頠　頭閑習也从頁危聲語委切
頷　面黃也从頁含聲胡感切
⿰爰頁　面不正也从頁爰聲于反切
頍　舉頭也从頁支聲詩曰有頍者弁丘弭切
𩔉　內頭水中也从頁𠬧𠬧亦聲烏沒切
顧　還視也从頁雇聲古慕切
順　理也从頁从巛食閏切
⿰㐱頁　顏色⿰㐱頁䫲慎事也从頁㐱聲之忍切
䫲　⿰㐱頁䫲也从頁粦聲一曰頭少髮良刃切
顓　頭顓顓謹皃从頁耑聲職緣切
頊　頭頊頊謹皃从頁玉聲許玉切
顉　低頭也从頁金聲春秋傳曰迎于門顉之而已五感切
頓　下首也从頁屯聲都困切
頫　低頭也从頁逃省太史卜書頫仰字如此楊雄曰人面頫臣鉉等曰頫首者逃亡之皃故从逃省今俗作俯非是方矩切
俛　頫或从人免
頣　舉目視人皃从頁臣聲式忍切
⿰善頁　倨視人也从頁善聲旨善切
頡　直項也从頁吉聲胡結切
⿰出頁　頭頡⿰出頁也从頁出聲讀又若骨之出切
顥　白皃从頁从景楚詞曰天白顥顥南山四顥白首人也臣鉉等曰景日月之光明白也胡老切
⿰樊頁　大醜皃从頁樊聲附袁切
⿰爭頁　好皃从頁爭聲詩所謂⿰爭頁首疾正切
⿰翩頁　頭妍也从頁翩省聲讀若翩臣鉉等曰从翩聲又讀若翩則是古今異音也王矩切
顗　謹莊皃从頁豈聲魚豈切
顅　頭鬢少髮也从頁肩聲周禮數目顅脰苦閑切

顐 無髮也一曰耳門也从頁困聲苦昆切 ⿰气頁 禿也从頁气聲苦骨切 頛 頭不正也从頁从耒耒頭傾也讀又若春秋陳夏齧之齧盧對切 顊 傾首也从頁卑聲匹米切 ⿰契頁 司人也一曰恐也从頁契聲讀若禊胡計切 ⿰鬼頁 頭不正也从頁鬼聲口猥切 頗 頭偏也从頁皮聲滂禾切 ⿰尤頁 顫也从頁尤聲于救切 疣 ⿰尤頁或从疒 顫 頭不正也从頁亶聲之繕切 顑 飯不飽面黃起行也从頁咸聲讀若戇下感下坎二切 顲 面顑顲皃从頁㐭聲盧感切 煩 熱頭痛也从頁从火一曰焚省聲附袁切 顡 癡不聰明也从頁豪聲五怪切 頪 難曉也从頁米一曰鮮白皃从粉省 臣鉉等曰難曉亦不聰之義盧對切 顦 顦顇也从頁焦聲昨焦切 顇 顦顇也从頁卒聲秦醉切 ⿰昏頁 繫頭殟也从頁昏聲莫奔切 頦 醜也从頁亥聲戶來切 ⿰其頁 醜也从頁其聲今逐疫有⿰其頁頭去其切 籲 呼也从頁籥聲讀與籥同商書曰率籲衆戚羊戌切 顯 頭明飾也从頁㬎聲 臣鉉等曰㬎古以爲顯字故从㬎聲呼典切 顨 選具也从二頁士戀切

文九十三　重八

預 安也案經典通用豫从頁未詳羊洳切

文一　新附

𦣻 頭也象形凡𦣻之屬皆从𦣻書九切

脜 面和也从百从肉讀若柔 耳由切

文二

面 顏前也从百象人面形凡面之屬皆从面 彌箭切

靦 面見也从面見見亦聲詩曰有靦面目 他典切 䩄 或从旦 酺 頰也从面甫聲 符遇切 醮 面焦枯小也从面焦 即消切

文四 重一

靨 姿也从面厭聲 於叶切

文一 新附

丏 不見也象壅蔽之形凡丏之屬皆从丏 彌兖切

文一

首 百同古文百也巛象髮謂之鬊鬊即巛也凡首之屬皆从首 書九切

䭫 下首也从首旨聲 康礼切 𩠐 截也从首从斷 大丸旨沇二切 剸 或从刀專聲

文三 重一

県 到首也賈侍中說此斷首到縣県字凡県之

屬皆从県古堯切

繫也从系持県臣鉉等曰此本是縣挂之縣借爲州縣之縣今俗加心別作懸義無所取胡涓切

文二

面毛也从頁从彡凡須之屬皆从須臣鉉等曰此本須鬢之須頁首也彡毛飾也借爲所須之須俗書从水非是相俞切

口上須也从須此聲臣鉉等曰今俗別作髭非是即移切

頰須也从須从冄冄亦聲臣鉉等曰今俗別作髯非是汝鹽切

須髮半白也从須卑聲府移切

短須髮皃从須否聲敷悲切

文五

毛飾畫文也象形凡彡之屬皆从彡所銜切

象形也从彡幵聲戶經切

稠髮也从彡从人詩曰㐱髮如雲之忍切

㐱或从髟眞聲

飾也从彡攸聲息流切

文彰也从彡从章章亦聲諸良切

琢文也从彡周聲都僚切

清飾也从彡青聲疾郢切

細文也从彡𡭴省聲莫卜切

橈也上象橈曲彡象毛氂橈弱也弱物并故从二弓而勺切

文九　重一

彩 文章也从彡采聲倉宰切

文一 新附

彣 戫也从彡从文凡彣之屬皆从彣 無分切

彥 美士有文人所言也从彣厂聲魚變切

文二

文 錯畫也象交文凡文之屬皆从文 無分切

斐 分別文也从文非聲易曰君子豹變其文斐也敷尾切

辬 駁文也从文辡聲布還切

嫠 微畫也从文𠩺聲里之切

文四

髟 長髮猋猋也从長从彡凡髟之屬皆从髟 必凋切又所銜切

髮 根也从髟犮聲方伐切

頿 髮或从首

𩠐 古文

鬢 頰髮也从髟賓聲必刃切

鬗 髮長也从髟㒼聲讀若蔓母官切

[髟監] 髮長也从髟監聲讀若春秋黑肱以濫來奔魯甘切

𩬊 髮好也从髟差聲千可切

鬈 髮好也从髟卷聲詩曰其人美且鬈衢員切

髦 髮也从髟从毛莫袍切

[髟臱] 髮皃从髟臱聲讀若宀莫賢切

[髟周] 髮多也从髟周

聲直由切
⿱髟爾 髮皃从髟爾聲讀若江南謂酢母爲⿱髟爾奴礼切
⿱髟咅 髮皃从髟咅聲步矛切
⿱髟敄 髮至眉也从髟敄聲詩曰紞彼兩⿱髟敄亡牢切
髳 ⿱髟敄或省漢令有髳長
鬋 女鬢垂皃从髟前聲作踐切
鬑 鬋也一曰長皃从髟兼聲讀若慊力鹽切
⿱髟截 束髮少也从髟截聲子結切
鬄 髲也从髟易聲先彳切又大計切
髢 鬄或从也聲
髲 鬄也从髟皮聲平義切
⿱髟次 用梳比也从髟次聲七四切
髺 潔髮也从髟昏聲古活切
⿱髟般 臥結也从髟般聲讀若槃薄官切
⿱髟付 結也从髟付聲方遇切
⿱髟莫 帶結飾也从髟莫聲莫駕切
⿱髟貴 屈髮也从髟貴聲丘媿切
⿱髟介 簪結也从髟介聲古拜切
鬣 髮鬣也从髟巤聲良涉切
⿰毛巤 鬣或从毛
⿰豕巤 或从豕
⿱髟盧 鬣也从髟盧聲洛乎切
髴 髴若似也从髟弗聲敷勿切
髶 亂髮也从髟茸省聲而容切
鬌 髮隋也从髟隋省直追切
鬊 鬊髮也从髟春聲舒閏切
鬝 鬝禿也从髟閒聲苦閑切
⿱髟剔 鬄髮也从髟从刀易聲他歷切
髡 鬄髮也从髟兀聲苦昆切
髨 或从元
鬀 鬄髮也从髟弟聲大人曰髡小人曰鬀盡及身毛曰鬄臣鉉等曰今俗別作剃非是他計切
⿱髟竝 ⿱髟彔也从髟竝聲蒲浪切
⿱髟彔 ⿱髟竝也忽見也从髟彔聲彔籀文魅亦忽見意芳未切
髽 喪結禮女子髽衰弔則不髽魯臧武仲與齊戰于狐鮐魯人迎喪者始髽从髟坐聲莊華切

文三十八　重六

鬐 馬鬣也从髟耆聲渠脂切 髫 小兒垂結也从髟召聲徒聊切 髻 總髮也从髟吉聲古通用結古詣切 鬟 總髮也从髟睘聲案古婦人首飾琢玉爲兩環此二字皆後人所加戶關切

文四 新附

后 繼體君也象人之形施令以告四方故厂之从一口發號者君后也凡后之屬皆从后胡口切

㖃 厚怒聲从口后后亦聲呼后切

文二

司 臣司事於外者从反后凡司之屬皆从司息茲切

詞 意內而言外也从司从言似茲切

文二

卮 圜器也一名觛所以節飲食象人卪在其下也易曰君子節飲食凡卮之屬皆从卮章移切

䏙 小卮有耳蓋者从卮專聲市沇切 𦛁 小卮也从卮耑聲讀若捶擊之捶旨沇切

文三

卩 瑞信也守國者用玉卩守都鄙者用角卩使山邦者用虎卩土邦者用人卩澤邦者用龍卩門關者用符卩貨賄用璽卩道路用旌卩象相合之形凡卩之屬皆从卩 子結切

令 發號也从亼卩徐鍇曰號令者集而爲之卩制也力正切

𠨘 輔信也从卩比聲虞書曰𠨘成五服毗必切

卶 有大度也从卩多聲讀若侈充豉切

𠨍 宰之也从卩必聲兵媚切

卲 高也从卩召聲寔照切

厄 科厄木節也从卩厂聲賈侍中說以爲厄裹也一曰厄蓋也臣鉉等曰厂非聲未詳五果切

厀 脛頭卩也从卩桼聲臣鉉等曰今俗作膝非是息七切

卷 厀曲也从卩𢍏聲居轉切

卻 節欲也从卩谷聲去約切

卸 舍車解馬也从卩止午讀若汝南人寫書之寫臣鉉等曰午馬也故从午司夜切

𠨔 二卩也巽从此闕士戀切

𠨐 卩也闕則候切

文十三

印 執政所持信也从爪从卩凡印之屬皆从印 於刃切

𢑏 按也从反印於棘切 抑 俗从手

文二　重一

色 顏气也从人从卪凡色之屬皆从色所力切 𢒼 古文

艴 色艴如也从色弗聲論語曰色艴如也蒲没切

艵 縹色也从色并聲普丁切

文三　重一

卯 事之制也从卪卪凡卯之屬皆从卯闕去京切

卿 章也六卿天官冢宰地官司徒春官宗伯夏官司馬秋官司寇冬官司空从卯皀聲去京切

文二

辟 法也从卪从辛節制其辠也从口用法者也凡辟之屬皆从辟必益切

𨐨 治也从辟从井周書曰我之不𨐨必益切

𤔔 治也从辟乂聲虞書曰有能俾𤔔魚廢切

文三

勹 裹也象人曲形有所包裹凡勹之屬皆从勹布交切

匑 曲脊也从勹䈞省聲巨六切

匍 手行也从勹甫聲簿乎切

匐 伏地也从勹畐聲蒲北切

匊 在手曰匊从勹

米臣鉉等曰今俗作掬非是居六切

少也从勹二羊倫切

聚也从勹九聲讀若鳩居求切

徧也十日爲旬从勹日詳遵切

古文

覆也从勹覆人薄皓切

聲也从勹凶聲許容切

匈或从肉

帀徧也从勹舟聲職流切

帀也从勹从合合亦聲矦閤切

飽也从勹𣪘聲民祭祝曰厭匓巳又切又乙庾切

重也从勹復聲扶富切

或省彳

高墳也从勹豕聲知隴切

文十五　重三

象人裹妊巳在中象子未成形也元气起於子子人所生也男左行三十女右行二十俱立於巳爲夫婦裹妊於巳巳爲子十月而生男起巳至寅女起巳至申故男秊始寅女秊始申也凡包之屬皆从包布交切

兒生裹也从肉从包匹交切

瓠也从包从夸聲包取其可包藏物也薄交切

文三

茍　自急敕也从羊省从包省从口口猶慎言也从羊羊與義善美同意凡茍之屬皆从茍　己力切

𦍌　古文羊不省

敬　肅也从攴茍　居慶切

文二　重一

鬼　人所歸爲鬼从人象鬼頭鬼陰气賊害从厶凡鬼之屬皆从鬼　居偉切

𩲡　古文从示

䰠　神也从鬼申聲　食鄰切

魂　陽气也从鬼云聲　戶昆切

魄　陰神也从鬼白聲　普百切

魅　厲鬼也从鬼失聲　丑利切

魖　耗鬼也从鬼虛聲　朽居切

魃　旱鬼也从鬼友聲周禮有赤魃氏除牆屋之物也詩曰旱魃爲虐　蒲撥切

鬽　老精物也从鬼彡彡鬼毛　密祕切

魅　或从未聲

𩳁　古文

𣎆　籀文从彖首从尾省聲

魕　鬼服也一曰小兒鬼从鬼支聲韓詩傳曰鄭交甫逢二女魕服　奇寄切

𩲸　鬼皃从鬼虎聲　虎烏切

𩴵　鬼俗也从鬼幾聲淮南傳曰吳人鬼越人𩴵　居衣切

𩴂　鬼鬽聲𩴂𩴂不止也从鬼需聲　奴豆切

䰥　鬼變也从鬼化聲　呼駕切

𩴲　見鬼驚詞从鬼難省聲讀若詩受福不儺　諾何切

切

䰡　鬼皃从鬼賓聲符眞切

醜　可惡也从鬼酉聲昌九切

魋　神獸也从鬼隹聲杜回切

文十七　重四

魑　鬼屬从鬼从离离亦聲丑知切

魔　鬼也从鬼麻聲莫波切

魘　寱驚也从鬼厭聲於琰切

文三　新附

甶　鬼頭也象形凡甶之屬皆从甶　敷勿切

畏　惡也从甶虎省鬼頭而虎爪可畏也於胃切　𤰞　古文省

禺　母猴屬頭似鬼从甶从禸牛具切

文二　重一

厶　姦衺也韓非曰蒼頡作字自營爲厶凡厶之屬皆从厶　息夷切

篡　屰而奪取曰篡从厶算聲初官切

𠫸　相訹呼也从厶从羑與久切　誘　或从言秀　䛻　或如此

羑　古文臣鉉等案羊部有羑羑進善也此古文重出

文三　重三

嵬　高不平也从山鬼聲凡嵬之屬皆从嵬　五灰切

巍　高也从嵬委聲牛威切臣鉉等曰今人省山以爲魏國之魏語韋切

文二

説文解字弟九上

賜進士及第山東等處督糧道兼管德常臨清倉事務加三級孫星衍重校刊

說文解字弟九下　　漢太尉祭酒許氏記

銀青光禄大夫守右散騎常侍上柱國東海縣開國子食邑五百戶臣徐鉉等奉

勑校定

山 宣也宣气散生萬物有石而高象形凡山之屬皆从山所閒切

嶽 東岱南䨺西華北恒中泰室王者之所以巡狩所至从山獄聲五角切 㟧 古文象高形

岱 太山也从山代聲徒耐切

島 海中往往有山可依止曰島从山鳥聲讀若詩曰蔦與女蘿都皓切

峱 山在齊地从山狃聲詩曰遭我于峱之閒兮奴刀切

嶧 葛嶧山在東海下邳从山睪聲夏書曰嶧陽孤桐羊益切

嵎 封嵎之山在吳楚之閒汪芒之國从山禺聲噳俱切

嶷 九嶷山舜所葬在零陵營道从山疑聲語其切

崏 山在蜀湔氐西徼外从山敃聲武巾切

⿰山几 山也或曰弱水之所出从山几聲居履切

巀 巀嶭山在馮翊池陽从山𢧜聲才葛切

嶭 巀嶭山也从山辥聲五葛切

崋 山在弘農華陰从山華省聲胡化切

山在鴈門从山𩫏聲古博切 崵 崵山在遼西从山昜聲一曰嵎鐵崵谷也與章切 岵 山有草木也从山古聲詩曰陟彼岵兮矦古切

屺 山無草木也从山己聲詩曰陟彼屺兮墟里切 嶨 山多大石也从山學省聲胡角切 嶅 山多小石也从山敖聲五交切

岨 石戴土也从山且聲詩曰陟彼岨矣七余切 岡 山脊也从山网聲古郎切 岑 山小而高从山今聲鉏箴切 崟 山之岑崟也从山金聲魚

音切 崒 崒危高也从山卒聲醉綏切 巒 山小而銳从山䜌聲洛官切 密 山如堂者从山宓聲美畢切 岫 山穴也从山由聲似又切 䆌

籀文从穴 ⿱山陖 高也从山陖聲私閏切 峻 陖或省 嶞 山之嶞嶞者从山从憜省聲讀若相推落之憜徒果切 嶘

尤高也从山棧聲士限切 崛 山短高也从山屈聲衢勿切 ⿰山蠆 巍高也从山蠆聲讀若厲力制切 峯 山耑也从山夆聲敷容切

巖 岸也从山嚴聲五緘切 喦 山巖也从山品讀若吟臣鉉等曰从品象巖厓連屬之形五咸切 ⿱山絫 巀嶭也从山絫聲落

猥切 嶵 山皃从山辠聲徂賄切 ⿱告山 山皃一曰山名从山告聲古到切 ⿰阝⿱山隓 山皃从山隓聲徒果切臣鉉等案隓與墯同墯今亦

音徒果切則是隓兼有此音 嵯 山皃从山𢀩聲昨何切 峨 嵯峨也从山我聲五何切 崝 嶸也从山青聲臣鉉等曰今俗

別作崢非是七耕切 嶸 崝嶸也从山榮聲戶萌切 㛋 谷也从山巠聲戶經切 崩 山壞也从山朋聲北縢切 𨸏朋 古文

从𠂤

岪 山脅道也从山弗聲敷勿切

嵍 山名从山敄聲亡遇切

嶢 焦嶢山高皃从山堯聲古僚切

嶈 山陖也从山戕聲慈良切

嵏 九嵏山在馮翊谷口从山㚇聲子紅切

岊 陬隅高山之節从山从卪子結切

崇 嵬高也从山宗聲鉏弓切

崔 大高也从山隹聲昨回切

文五十三　重四

嶙 嶙峋深崖皃从山粦聲力珍切

峋 嶙峋也从山旬聲相倫切

岌 山高皃从山及聲魚汲切

嶠 山銳而高也从山喬聲古通用喬渠廟切

嵌 山深皃从山歁省聲口銜切

嶼 島也从山與聲徐呂切

嶺 山道也从山領聲良郢切

嵐 山名从山葻省聲盧含切

嵩 中岳嵩高山也从山从高亦从松韋昭國語注云古通用崇字息弓切

崑 崑崙山名从山昆聲漢書楊雄文通用昆侖古暉切

崙 崑崙也从山侖聲盧昆切

嵇 山名从山稽省聲奚氏避難特造此字非古胡雞切

文十二　新附

屾 二山也凡屾之屬皆从屾所臻切

嵞 會稽山一曰九江當嵞也民以辛壬癸甲之日嫁娶从屾余聲虞書曰予娶嵞山同都切

文二

屵 岸高也从山厂厂亦聲凡屵之屬皆从屵五葛切

岸 水厓而高者从屵干聲五旰切

崖 高邊也从屵圭聲五佳切

嵟 高也从屵隹聲都回切

嶏 崩也从屵肥聲符鄙切

⿱山⿸厂配 崩聲从屵配聲讀若費蒲沒切

文六

广 因广爲屋象對刺高屋之形凡广之屬皆从广讀若儼然之儼魚儉切

府 文書藏也从广付聲臣鉉等曰今藏腑字俗書从肉非是方矩切

廱 天子饗飲辟廱从广雝聲於容切

庠 禮官養老夏曰校殷曰庠周曰序从广羊聲似陽切

廬 寄也秋冬去春夏居从广盧聲力居切

庭 宮中也从广廷聲特丁切

廇 中庭也从广畱聲力救切

庉 樓牆也从广屯聲徒損切

庌 廡也从广牙聲周禮曰夏庌馬五下切

廡 堂下周屋从广無聲文甫切

𢊁 籀文从舞

𢉐 廡也从广虜聲讀若鹵郎古切

庖 廚也从广包聲薄交切

廚 庖屋也从广尌聲直株切

庫 兵車藏也从車在广下苦故切

廄 馬舍也从广𣪘聲周禮曰馬有二百十四匹爲廄廄有僕夫居又切

𢇲 古文从九

序 東西牆也从广予聲徐呂切

廦 牆也从广辟聲比激切

廣 殿之大屋也从广黃聲古晃切

㢈 芻藁之藏从广會聲古外切

庾　水槽倉也从广臾聲一曰倉無屋者以主切

廦　蔽也从广辟聲必郢切

廁　清也从广則聲初吏切

廛　一畝半一家之居从广里八土直連切

⿸广閔　屋牝瓦下一曰維綱也从广閔省聲讀若環戶關切

𢈔　屋階中會也从广忽聲倉紅切

⿸广侈　廣也从广侈聲春秋國語曰俠溝而⿸广侈我尺氏切

廉　仄也从广兼聲力兼切

⿸广秅　開張屋也从广秅聲濟陰有⿸广秅縣宅加切

龐　高屋也从广龍聲薄江切

底　山居也一曰下也从广氐聲都礼切

庢　礙止也从广至聲陟栗切

廮　安止也从广嬰聲鉅鹿有廮陶縣於郢切

⿸广犮　舍也从广犮聲詩曰召伯所⿸广犮蒲撥切

庳　中伏舍从广卑聲一曰屋庳或讀若逋便俾切

庇　蔭也从广比聲必至切

庶　屋下衆也从广炗炗古文光字臣鉉等曰光亦衆盛也商署切

庤　儲置屋下也从广寺聲直里切

廙　行屋也从广異聲與職切

廔　屋麗廔也从广婁聲一曰種也洛侯切

⿸广隹　屋从上傾下也从广隹聲都回切

廢　屋頓也从广發聲方肺切

庮　久屋朽木从广酉聲周禮曰牛夜鳴則庮臭如朽木與久切

廑　少劣之居从广堇聲巨斤切

廟　尊先祖皃也从广朝聲眉召切

庿　古文

⿸广且　人相依⿸广且也从广且聲子余切

⿸广曷　屋迫也从广曷聲於歇切

⿸广屰　卻屋也从广屰聲昌石切

廞　陳輿服於庭也从广欽聲讀若歆許今切

⿸广膠　空虛也从广膠聲臣鉉等曰今別作寥非是洛蕭切

文四十九　重三

廈　屋也从广夏聲胡雅切
廊　東西序也从广郎聲漢書通用郎魯當切
廂　廊也从广相聲息良切
庪　祭山曰庪縣从广技聲過委切
庱　地名从广未詳丑拼切
廖　人姓从广未詳當是省廫字尒力救切

文六　新附

厂　山石之厓巖人可居象形凡厂之屬皆从厂　呼旱切
厈　籒文从干
厓　山邊也从厂圭聲五佳切
厜　厜㕒山顛也从厂垂聲姊宜切
㕒　厜㕒也从厂義聲魚爲切
厰　崟也一曰地名从厂敢聲魚音切
厬　仄出泉也从厂晷聲讀若軌居洧切
厎　柔石也从厂氐聲職雉切
砥　厎或从石
厥　發石也从厂欮聲俱月切
厲　旱石也从厂蠆省聲力制切
蠆　或不省
厱　厱諸治玉石也从厂僉聲讀若藍魯甘切
厤　治也从厂秝聲郎擊切
⿸厂異　石利也从厂異聲讀若枲胥里切
⿸厂古　美石也从厂古聲侯古切
厗　唐厗石也从厂屖省聲杜兮切
⿸厂立　石聲也从厂立聲盧荅切
⿸厂兒　石地惡也从厂兒聲五歷切
⿸厂金　石地也从厂金聲讀若紟巨今切
⿸厂甫　石閒見从厂甫聲讀若敷芳無切
厝　厲石也从厂昔聲詩曰他山之石可以爲厝倉各切又七互切
厖　石大也从厂尨聲莫江切
厃　岸上見也从厂从之省讀若躍

以灼切

⿸厂夾 辟也从厂夾聲胡甲切

仄 側傾也从人在厂下阻力切

仄 籀文从矢矢亦聲

⿸厂辟 仄也从厂辟聲普擊切

厞 隱也从厂非聲扶沸切

厭 笮也从厂猒聲一曰合也於輒切又一琰切

厃 仰也从人在厂上一曰屋梠也秦謂之桷齊謂之厃魚毀切

文二十七　重四

丸 圜傾側而轉者从反仄凡丸之屬皆从丸胡官切

⿰丸咼 鷙鳥食已吐其皮毛如丸从丸咼聲讀若骫於跪切

⿰丸而 丸之孰也从丸而聲奴禾切

⿰丸皮 闕芳萬切

文四

危 在高而懼也从厃自卪止之凡危之屬皆从危魚爲切

⿰危支 ⿰危支㩻也从危支聲去其切

文二

石 山石也在厂之下口象形凡石之屬皆从石常隻切

礦 銅鐵樸石也从石黃聲讀若穬古猛切

卝 古文礦周禮有卝人

碭 文石也从石昜聲徒浪切

碝 石次

王者从石奊聲而沇切　砮　石可以爲矢鏃从石奴聲夏書曰梁州貢砮丹春秋國語曰肅慎氏貢楛矢石砮乃都切　礜　毒石也出
漢中从石與聲羊茹切　碣　特立之石東海有碣石山从石曷聲渠列切　𥓄　古文　磏　厲石也一曰赤色从石兼聲讀若鎌力
鹽切　碫　厲石也从石段聲春秋傳曰鄭公孫碫字子石乎加切　礫　小石也从石樂聲郎擊切　⿱巩石　水邊石从石巩聲春秋傳曰闕⿱巩石
之甲居竦切　磧　水陼有石者从石責聲七迹切　碑　豎石也从石卑聲府眉切　䃍　陊也从石㒸聲徒對切　磒　落也
从石員聲春秋傳曰磒石于宋五于敏切　䂹　碎石隕聲从石炙聲所責切　硞　石聲从石告聲苦角切　硠　石聲从石良聲魯
當切　礐　石聲从石學省聲胡角切　硈　石堅也从石吉聲一曰突也格八切　磕　石聲从石盍聲口太切又若盍切　硻　餘堅
者从石堅省口莖切　磿　石聲也从石厤聲郎擊切　磛　礹石也从石斬聲鉏銜切　礹　石山也从石嚴聲五銜切　礊　堅也
从石毄聲楷革切　确　礊石也从石角聲臣鉉等曰今俗作確非是胡角切　㱿　确或从㱿　磽　礊石也从石堯聲口交切　硪
石巖也从石我聲五何切　碞　磛碞也从石品周書曰畏于民碞讀與巖同臣鉉等曰从品與碞同意五銜切　磬　樂石也从石殸象縣虡之
形殳擊之也古者毋句氏作磬苦定切　殸　籒文省　硜　古文从巠　礙　止也从石疑聲五漑切　硩　上摘巖空青珊瑚

墮之从石折聲周禮曰有晢蔟氏丑列切

硟　以石扞繒也从石延聲尺戰切

碎　䃺也从石卒聲蘇對切

破　石碎也从石皮聲普過切

礱　䃺也从石龍聲天子之桷椓而礱之盧紅切

研　䃺也从石开聲五堅切

䃺　石磑也从石靡聲模卧切

磑　䃺也从石豈聲古者公輸班作磑五對切

碓　舂也从石隹聲都隊切

䃔　舂已復擣之曰䃔从石沓聲徒合切

磻　以石箸隹繳也从石番聲博禾切

⿰石箸　斫也从石箸聲張略切

硯　石滑也从石見聲五甸切

砭　以石刺病也从石乏聲方彡切又方驗切

⿰石鬲　石也惡也从石鬲聲下革切

砢　磊砢也从石可聲來可切

磊　衆石也从三石落猥切

文四十九　重五

礪　䃺也从石厲聲經典通用厲力制切

䃜　左氏傳衞大夫石䃜唐韻云敬也从石未詳昔聲七削切

磯　大石激水也从石幾聲居衣切

碌　石皃从石彔聲盧谷切

砧　石柎也从石占聲知林切

砌　階甃也从石切聲千計切

礩　柱下石也从石質聲之日切

礎　礩也从石楚聲創舉切

硾　擣也从石垂聲直類切

文九　新附

長　久遠也从兀从匕兀者高遠意也久則變化亾聲𠑿者倒亾也凡長之屬皆从長　臣鉉等曰倒亾不亾也長久之義也直良切

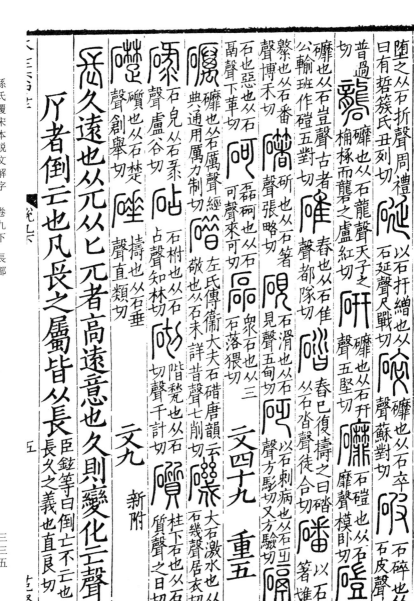

長古文長 長亦古文長 肆極陳也从長隶聲息利切 肆或从髟 镾久長也从長爾聲武夷切 镻蛇惡毒長也从長失聲徒結切

文四　重三

勿州里所建旗象其柄有三游雜帛幅半異所以趣民故遽稱勿勿凡勿之屬皆从勿文弗切 㫚勿或从㫃 昜開也从日一勿一曰飛揚一曰長也一曰彊者衆皃與章切

文二　重一

冄毛冄冄也象形凡冄之屬皆从冄而琰切

文一

而頰毛也象毛之形周禮曰作其鱗之而凡而之屬皆从而臣鉉等曰今俗別作髵非是如之切 耏罪不至髡也从而从彡奴代切 耐或从寸諸法度字从寸

文二　重一

豕彘也竭其尾故謂之豕象毛足而後有尾讀

與豨同按今世字誤以豕爲彘以彘爲豕何以明之爲啄琢从豕蠡从彘皆取其聲以是明之臣鉉等曰此語未詳或後人所加凡豕之屬皆从豕式視切

𢑚 古文

豬 豕而三毛叢居者从豕者聲陟魚切

豰 小豚也从豕𣪊聲步角切

豯 生三月豚腹豯豯皃也从豕奚聲胡雞切

豵 生六月豚从豕從聲一曰一歲豵尚叢聚也子紅切

豝 牝豕也从豕巴聲一曰一歲能相把拏也詩曰一發五豝伯加切

豣 三歲豕肩相及者从豕幵聲詩曰並驅从兩豣兮古賢切

豶 羠豕也从豕賁聲符分切

豭 牡豕也从豕叚聲古牙切

䝒 上谷名豬豭从豕役省聲營隻切

䝐 豶也从豕隋聲臣鉉等曰當从隓省以水切

豤 齧也从豕皀聲康很切

豷 豕息也从豕壹聲春秋傳曰生敖及豷許利切

豧 豕息也从豕甫聲芳無切

豢 以穀圈養豕也从豕类聲胡慣切

豠 豕屬从豕且聲疾余切

豲 逸也从豕原聲周書曰豲有爪而不敢以撅讀若桓胡官切

豨 豕走豨豨从豕希聲古有封豨脩虵之害虛豈切

豖 豕絆足行豖豖从豕繫二足丑六切

豦 鬭相丮不解也从豕虍豕虍之鬭不解也讀若蘮蒘草之蘮司馬相如說豦封豕

之屬。一曰虎兩足舉。彊魚切

豙　豕怒毛豎。一曰殘艾也。从豕辛。臣鉉等曰：从辛未詳。魚既切

豩　二豕也。豳从此。闕。伯貧切，又呼關切

文二十二　重一

㣇　脩豪獸。一曰河内名豕也。从彑，下象毛足。凡㣇之屬皆从㣇。讀若弟。羊至切

𢑚　籒文。

𧰨　古文。

[㣇㠯]　豕屬。从㣇㠯聲。呼骨切

𧰯　豕鬣如筆管者。出南郡。从㣇高聲。乎刀切

豪　籒文从豕。臣鉉等曰：今俗別作毫，非是。

彙　蟲，似豪豬者。从㣇，胃省聲。于貴切

蝟　或从虫。

𦏧　㣇屬。从二㣇。息利切

𦏧　古文𦏧。虞書曰：𦏧類于上帝。

文五　重五

彑　豕之頭。象其銳，而上見也。凡彑之屬皆从彑。讀若罽。居例切

彘　豕也。後蹏發謂之彘。从彑矢聲。从二匕。彘足與鹿足同。直例切

𧰲　豕也。从彑从豕。讀若弛。式視切

彖　豕也。从彑

下象其足讀若瑕乎加切

彖　豕走也从彑从豕省通貫切

文五

豚　小豕也从彖省象形从又持肉以給祠祀凡豚之屬皆从豚徒魂切

豚　篆文从肉豕

𧱏　豚屬从豚衛聲讀若罽于歲切

文二　重一

豸　獸長脊行豸豸然欲有所司殺形凡豸之屬皆从豸池爾切　司殺讀若伺候之伺

豹　似虎圜文从豸勺聲北教切

貙　貙獌似貍者从豸區聲敕俱切

貚　貙屬也从豸單聲徒干切

貔　豹屬出貉國从豸㲋聲詩曰獻其貔皮周書曰如虎如貔貔猛獸房脂切

豼　或从比

豺　狼屬狗聲从豸才聲士皆切

貐　猰貐似貙虎爪食人迅走从豸俞聲以主切

貘　似熊而黃黑色出蜀中从豸莫聲莫白切

𧳜　猛獸也从豸庸聲余封切

貜　㲈貜也从豸矍聲王縛切

貀　獸無前足从豸出聲漢律能捕豺貀購百錢女滑切

貈　似狐善睡獸从豸舟聲論語曰狐貈之厚以居臣鉉等曰舟非聲未詳下各切

豻 胡地野狗从豸干聲五旰切 犴 豻或从犬詩曰宜犴宜獄 貂 鼠屬大而黃黑出胡丁零國从豸召聲都僚切 貉 北方豸種从豸各聲孔子曰貉之爲言惡也莫白切 貆 貉之類从豸亘聲胡官切 貍 伏獸似貙从豸里聲里之切 貒 獸也从豸耑聲讀若湍他耑切 貛 野豕也从豸雚聲呼官切 貁 鼠屬善旋从豸穴聲余救切

文二十　重二

貓 貍屬从豸苗聲莫交切

文一　新附

𤉢 如野牛而青象形與禽离頭同凡𤉢之屬皆从𤉢徐姊切

兕 古文从儿

文一　重一

易 蜥易蝘蜓守宮也象形祕書說日月爲易象陰陽也一曰从勿凡易之屬皆从易羊益切

文一

象 長鼻牙南越大獸三秊一乳象耳牙四足之

形凡象之屬皆从象徐兩切

豫象之大者賈侍中說不害於物从象予聲羊茹切　古文

文二　重一

說文解字弟九下

賜進士及第山東等處督糧道兼管德常臨清倉事務加三級孫星衍重校刊

師顧堂叢書

蔣鵬翔 沈楠 主編

孫氏覆宋本

說文解字

下

〔漢〕許慎 撰

廣西師範大學出版社
GUANGXI NORMAL UNIVERSITY PRESS
·桂林·

說文解字第十上　漢太尉祭酒許慎記

銀青光祿大夫守右散騎常侍上柱國東海縣開國子食邑五百戶臣徐鉉等奉

敕校定

四十部　八百一十文　重八十七

凡萬四字

文三十一新附

馬　怒也武也象馬頭髦尾四足之形凡馬之屬皆从馬　莫下切

𢒠　古文　𩣡　籀文馬與影同有髦

騭　牡馬也从馬陟聲讀若郅之日切

𩡧　馬一歲也从馬一絆其足讀若弦一曰若環戶關切

駒　馬二歲曰駒三歲曰駣从馬句聲舉朱切

𩡩　馬八歲也从馬从八博拔切

䮍　馬一目白曰䮍二目白曰魚从馬閒聲

說文十上　一

戶間切

騏 馬青驪文如博棊也从馬其聲渠之切

驪 馬深黑色从馬麗聲呂支切

駽 青驪馬从馬肙聲詩曰駜彼乘駽火玄切

騩 馬淺黑色从馬鬼聲俱位切

騮 赤馬黑毛尾也从馬留聲力求切

騢 馬赤白雜毛从馬叚聲謂色似鰕魚也乎加切

騅 馬蒼黑雜毛从馬隹聲職追切

駱 馬白色黑鬣尾也从馬各聲盧各切

駰 馬陰白雜毛黑从馬因聲詩曰有駰有騢於眞切

驄 馬青白雜毛也从馬悤聲倉紅切

驈 驪馬白胯也从馬矞聲詩曰有驈有騜食聿切

駹 馬面顙皆白也从馬尨聲莫江切

騧 黃馬黑喙从馬咼聲古華切

𩨍 籀文騧

驃 黃馬發白色一曰白髦尾也从馬㮾聲毗召切

駓 黃馬白毛也从馬丕聲敷悲切

驖 馬赤黑色从馬戴聲詩曰四驖孔阜他結切

駻 馬頭有發赤色者从馬岸聲五旰切

馰 馬白額也从馬的省聲一曰駿也易曰爲的顙都歷切

駁 馬色不純从馬爻聲臣鉉等曰爻非聲疑象駁文北角切

馵 馬後左足白也从馬二其足讀若注之戍切

驔 驪馬黃脊从馬覃聲讀若簟徒玷切

驠 馬白州也从馬燕聲於甸切

騽 馬豪骭也从馬習聲似入切

䮑 馬毛長也从馬幹聲侯旰切

騛 馬逸足也从馬从飛司馬法曰飛衛斯輿甫微切

驁 駿馬以壬申日死乘馬忌之从馬敖聲五到切

驥 千里馬也孫陽所相者从馬冀聲天水有驥縣几利切

駿 馬之良材者从馬夋聲子峻切

驍 良馬也从

馬堯聲古堯切
䮔 馬小皃从馬垂聲讀若箠之壘切
⿰馬𠂹 籀文从𠂹
驕 馬高六尺爲驕从馬喬聲詩曰我馬唯驕一曰野馬舉喬切
騋 馬七尺爲騋八尺爲龍从馬來聲詩曰騋牝驪牡洛哀切
驩 馬名从馬雚聲呼官切
驗 馬名从馬僉聲魚窆切
䮚 馬名从馬此聲雌氏切
⿰馬休 馬名从馬休聲許尤切
馼 馬赤鬣縞身目若黃金名曰媽吉皇之乘周文王時犬戎獻之从馬从文文亦聲春秋傳曰媽馬百駟畫馬也西伯獻紂以全其身無分切
馶 馬彊也从馬支聲章移切
駜 馬飽也从馬必聲詩云有駜有駜毗必切
駫 馬盛肥也从馬光聲詩曰四牡駫駫古熒切
騯 馬盛也从馬旁聲詩曰四牡騯騯薄庚切
⿰馬卬 ⿰馬卬⿰馬卬馬怒皃从馬卬聲吾浪切
驤 馬之低仰也从馬襄聲息良切
驀 上馬也从馬莫聲莫白切
騎 跨馬也从馬奇聲渠羈切
駕 馬在軛中从馬加聲古訝切
⿰牛各 籀文
騑 驂旁馬从馬非聲甫微切
駢 駕二馬也从馬并聲部田切
驂 駕三馬也从馬參聲倉含切
駟 一乘也从馬四聲息利切
駙 副馬也从馬付聲一曰近也一曰疾也符遇切
⿰馬皆 馬和也从馬皆聲戶皆切
騀 馬搖頭也从馬我聲五可切
駊 駊騀也从馬皮聲普火切
⿰馬臽 馬行皃从馬臽聲土刀切
篤 馬行頓遲从馬竹聲冬毒切
騤 馬行威儀也从馬癸聲詩曰四牡騤騤渠追切
⿱學馬 馬行徐而疾也从馬學省聲於角切
駸 馬行疾也从馬侵省聲詩曰載驟駸駸子林切
馺 馬行相及也从馬从及讀若爾雅

十上　二　丁松年

小山駁大山峘蘇苔切 馮 馬行疾也从馬冫聲臣鉉等曰本音皮冰切經典通用爲依馮之馮今別作憑非是房戎切 䮄 馬步疾也

从馬耴聲尼輒切 騃 馬行仡仡也从馬矣聲五駭切 驟 馬疾步也从馬聚聲鉏又切 𩢊 馬疾走也从馬匄聲古達切 颿

馬疾步也从馬風聲臣鉉等曰舟船之颿本用此字今別作帆非是符嚴切 驅 馬馳也从馬區聲豈俱切 敺 古文驅从攴 馳

大驅也从馬也聲直离切 騖 亂馳也从馬敄聲亡遇切 𩣡 次弟馳也从馬列聲力制切 騁 直馳也从馬甹聲丑郢切 駾

馬行疾來皃从馬兌聲詩曰昆夷駾矣他外切 駃 馬有疾足从馬失聲大結切 駻 馬突也从馬旱聲矦旰切 駧 馳馬洞去也从

馬同聲徒弄切 驚 馬駭也从馬敬聲舉卿切 駭 驚也从馬亥聲矦楷切 𩤓 馬奔也从馬巟聲呼光切 騫 馬腹縶也

从馬寒省聲去虔切 駐 馬立也从馬主聲中句切 馴 馬順也从馬川聲詳遵切 駗 馬載重難也从馬㐱聲張人切 驙 駗驙

也从馬亶聲易曰乘馬驙如張連切 驇 馬重皃从馬執聲陟利切 驧 馬曲脊也从馬鞠聲巨六切 騬 犗馬也从馬乘聲食

陵切 𩢡 系馬尾也从馬介聲古拜切 騷 擾也一曰摩馬从馬蚤聲穌遭切 馽 絆馬也从馬口其足春秋傳曰韓厥執馽前讀若

輒陟立切 縶 馽或从糸執聲 駘 馬銜脫也从馬台聲徒哀切 駔 牡馬也从馬且聲一曰馬蹲駔也子朗切 騶

廄御也从馬芻聲側鳩切

驛　置騎也从馬睪聲羊益切

馹　驛傳也从馬日聲人質切

騰　傳也从馬朕聲一曰騰犗馬也徒登切

𩦠　苑名一曰馬白額从馬隺聲下各切

駉　牧馬苑也从馬冋聲詩曰在駉之野古熒切

駪　馬衆多皃从馬先聲所臻切

駮　獸如馬倨牙食虎豹从馬交聲北角切

駃　駃騠馬父贏子也从馬夬聲臣鉉等曰今俗與快同用古穴切

騠　駃騠也从馬是聲杜兮切

驘　驢父馬母从馬𣎆聲洛戈切

騾　或从羸

驢　似馬長耳从馬盧聲力居切

䮝　驢子也从馬冡聲莫紅切

驒　驒騱野馬也从馬單聲一曰青驪白鱗文如鼉魚代何切

騱　驒騱馬也从馬奚聲胡雞切

騊　騊駼北野之良馬从馬匋聲徒刀切

駼　騊駼也从馬余聲同都切

驫　衆馬也从三馬甫虯切

文一百十五　重八

駛　疾也从馬吏聲疏吏切

駥　馬高八尺从馬戎聲如融切

騣　馬鬣也从馬㚇聲子紅切

馱　負物也从馬大聲此俗語也唐佐切

騂　馬赤色也从馬觲省聲息營切

文五　新附

廌　解廌獸也似山牛一角古者決訟令觸不直象形从豸省凡廌之屬皆从廌宅買切

𢊁　解廌屬从廌孝聲闕古孝切

薦　獸之所食艸从廌从艸古者神人以廌遺黃帝帝曰何食何處曰食薦夏處水澤冬處松栢作甸切

灋　刑也平之如水从水廌所以觸不直者去之从去方乏切

法　今文省

⿱亼正　古文

文四　重二

鹿　獸也象頭角四足之形鳥鹿足相似从匕凡鹿之屬皆从鹿盧谷切

麚　牡鹿从鹿叚聲以夏至解角古牙切

麟　大牝鹿也从鹿粦聲力珍切

⿸鹿耎　鹿麛也从鹿耎聲讀若便弱之便奴亂切

⿸鹿速　鹿迹也从鹿速聲桑谷切

麛　鹿子也从鹿弭聲莫兮切

麉　鹿之絕有力者从鹿幵聲古賢切

麒　仁獸也麇身牛尾一角从鹿其聲渠之切

麐　牝麒也从鹿吝聲力珍切

麋　鹿屬从鹿米聲麋冬至解其角武悲切

麎　牝麋也从鹿辰聲植鄰切

⿸鹿旨　大麋也狗足从鹿旨聲居履切

麂　或从几

麇　麞也从鹿囷省聲居筠切

麕　籀文不省

麞　麋屬从鹿章聲諸良切

麔　麋牝者从鹿咎聲其久切

麠　大鹿也牛尾一角从鹿畺聲舉卿切

麖

或从京　麠屬从鹿𤰈省聲薄交切　麋屬从鹿主聲之庾切　狻麑獸也从鹿兒聲五雞切　如小麋臍有香

山羊而大者細角从鹿咸聲胡毚切　大羊而細角从鹿霝聲郎丁切　鹿屬从鹿圭聲古攜切

从鹿䠶聲神夜切　似鹿而大也从鹿與聲羊茹切　旅行也鹿之性見食急則必旅行

从鹿丽聲禮麗皮納聘蓋鹿皮也

郎計切　古文　篆文麗字　牝鹿也从鹿从牝省於虯切　或从幽聲

文二十六　重六

行超遠也从三鹿凡麤之屬皆从麤倉胡切

鹿行揚土也从麤从土直珍切　籀文

文二　重一

獸也似兔青色而大象形頭與兔同足與鹿同凡㲋之屬皆从㲋丑略切

篆文　狡兔也兔之駿者从㲋兔士咸切　獸名从㲋吾聲讀若寫司夜切　獸也似牲牲从㲋夬聲古穴切

文四　重一

兔　獸名象踞後其尾形兔頭與㲋頭同凡兔之屬皆从兔　湯故切

逸　失也从辵兔兔謾訑善逃也　夷質切

冤　屈也从兔从冂兔在冂下不得走益屈折也　於袁切

娩　兔子也娩疾也从女兔　芳萬切

㝹　疾也从三兔闕　芳遇切

文五

⿰夋兔　狡兔也从兔夋聲　七旬切

文一　新附

莧　山羊細角者从兔足苜聲凡莧之屬皆从莧讀若丸寬字从此　臣鉉等曰苜徒結切非聲疑象形　胡官切

文一

犬　狗之有縣蹏者也象形孔子曰視犬之字如畫狗也凡犬之屬皆从犬　苦泫切

狗　孔子曰狗叩也叩气吠以守从犬句聲古厚切

獀　南趙名犬獿獀从犬叜聲所鳩切

尨　犬之多毛者从犬从彡詩曰無使尨也吠莫江切

狡　少狗也从犬交聲匈奴地有狡犬巨口而黑身古巧切

獪　狡獪也从犬會聲古外切

⿰犭農　犬惡毛也从犬農聲奴刀切

猲　短喙犬也从犬曷聲詩曰載獫猲獢爾雅曰短喙犬謂之猲獢許謁切

獢　猲獢也从犬喬聲許嬌切

獫　長喙犬一曰黑犬黃頭从犬僉聲虛檢切

㹥　黃犬黑頭从犬主聲讀若注之戍切

猈　短脛狗从犬卑聲薄蟹切

猗　犗犬也从犬奇聲於离切

狊　犬視皃从犬目古闃切

⿰犭音　竇中犬聲从犬从音音亦聲乙咸切

默　犬暫逐人也从犬黑聲讀若墨莫北切

猝　犬从艸暴出逐人也从犬卒聲麤沒切

猩　猩猩犬吠聲从犬星聲桑經切

⿰犭兼　犬吠不止也从犬兼聲讀若檻一曰兩犬爭也胡黯切

⿰犭敢　小犬吠从犬敢聲南陽新亭有⿰犭敢鄉荒檻切

猥　犬吠聲从犬畏聲烏賄切

獿　獿𤡅也从犬夒聲女交切

𤡅　犬獿𤡅咳吠也从犬翏聲火包切

⿰犭參　犬容頭進也从犬參聲一曰賊疾也山檻切

獎　嗾犬厲之也从犬將省聲即兩切

⿰犭戔　齧也从犬戔聲初版切

狦　惡健犬也从犬刪省聲所晏切

狠　吠鬭聲从犬艮聲五還切

⿰犭番　犬鬭聲从犬番聲附袁切

狋　犬怒皃从犬示聲一曰犬難得代郡有狋氏縣讀又若銀語其切

⿰犭斤　犬吠聲从犬斤聲語斤切

獡　犬獡獡不附人

大六十二八八六十二　說十七　五　七

也从犬舄聲南楚謂相驚曰獡讀若愬式略切　獷　犬獷獷不可附也从犬廣聲漁陽有獷平縣古猛切　狀　犬形也从犬爿聲𪻐亮切　奘

妄彊犬也从犬从壯壯亦聲徂朗切　獒　犬如人心可使者从犬敖聲春秋傳曰公嗾夫獒五牢切　獳　怒犬皃从犬需聲讀若槈奴豆切又

乃矦切　狧　犬食也从犬从舌讀若比目魚鰈之鰈他合切　狎　犬可習也从犬甲聲胡甲切　狃　犬性驕也从犬丑聲女久切

犯　侵也从犬巳聲防險切　猜　恨賊也从犬青聲倉才切　猛　健犬也从犬孟聲莫杏切　犺　健犬也从犬亢聲苦浪切

㹤　多畏也从犬去聲去劫切　怯　杜林說㹤从心　獜　健也从犬粦聲詩曰盧獜獜力珍切　獧　疾跳也一曰急也从犬睘

聲古縣切　倏　走也从犬攸聲讀若叔式竹切　狟　犬行也从犬亘聲周書曰尚狟狟胡官切　𤡸　過弗取也从犬市聲讀若孛蒲沒切

㺧　犬張耳皃从犬易聲陟革切　猌　犬張齗怒也从犬來聲讀又若銀魚僅切　犮　走犬皃从犬而丿之曳其足則剌犮也蒲撥切

戾　曲也从犬出戶下戾者身曲戾也郎計切　獨　犬相得而鬬也从犬蜀聲羊爲羣犬爲獨也一曰北嚻山有獨𤞷獸如虎白身豕鬣尾

如馬徒谷切　𤞷　獨𤞷獸也从犬谷聲余蜀切　獮　秋田也从犬璽聲息淺切　禰　獮或从豕宗廟之田也故从豕示　獵

放獵逐禽也从犬巤聲良涉切　獠　獵也从犬尞聲力昭切　狩　犬田也从犬守聲易曰明夷于南狩書究切　臭　禽走臭而

知其迹者犬也从犬从自臣鉉等曰自古鼻字犬走以鼻知臭故从自尺救切

獲 獵所獲也从犬蒦聲胡伯切

獘 頓仆也从犬敝聲春秋傳曰與犬犬獘毗祭切

斃 獘或从死

獻 宗廟犬名羹獻犬肥者以獻之从犬鬳聲許建切

猏 獟犬也从犬幵聲一曰逐虎犬也五甸切

獟 狾犬也从犬堯聲五弔切

狾 狂犬也从犬折聲春秋傳曰狾犬入華臣氏之門征例切

狂 狾犬也从犬㞷聲巨王切

𢘐 古文从心

類 種類相似唯犬爲甚从犬頪聲力遂切

狄 赤狄本犬種狄之爲言淫辟也从犬亦省聲徒歷切

狻 狻麑如虦貓食虎豹者从犬夋聲見爾雅素官切

玃 母猴也从犬矍聲爾雅云玃父善顧攫持人也俱縛切

猶 玃屬从犬酋聲一曰隴西謂犬子爲猷以周切

狙 玃屬从犬且聲一曰狙犬也暫齧人者一曰犬不齧人也親去切

猴 夒也从犬侯聲乎溝切

㺃 犬屬要已上黃要已下黑食母猴从犬殸聲讀若構或曰穀似牂羊出蜀北囂山中犬首而馬尾火屋切

狼 似犬銳頭白頰高前廣後从犬良聲魯當切

狛 如狼善驅羊从犬白聲讀若蘗宵甯嚴讀之若淺泊匹各切

獌 狼屬从犬曼聲爾雅曰貙獌似貍舞販切

狐 祅獸也鬼所乘之有三德其色中和小前大後死則丘首从犬瓜聲戶吳切

獺 如小狗也水居食魚从犬賴聲他達切

猵 獺屬从犬扁聲布兹切

獱 或从賓

猋 犬走皃从三犬甫遙切

文八十三　重五

獸走皃从犬戉聲許月切

獸名从犬軍聲許韋切

褊急也从犬肙聲古縣切

猰貐獸名从犬契聲烏黠切

文四　新附

㹜　兩犬相齧也从二犬凡㹜之屬皆从㹜　語斤切

司空也从㹜臣聲復説獄司空息兹切

确也从㹜从言二犬所以守也魚欲切

文三

鼠　穴蟲之總名也象形凡鼠之屬皆从鼠　書呂切

鼠也从鼠番聲讀若樊或曰鼠婦附袁切

鼠出胡地皮可作裘从鼠各聲下各切

地行鼠伯勞所作也一曰偃鼠从鼠分聲芳吻切

或从虫分

䶄令鼠从鼠平聲薄經切

鼠也从鼠虒聲息移切

竹鼠也如犬从鼠畱省聲力求切

五技鼠也能飛不能過屋能緣不能窮木能游不能渡谷能穴不能掩身能走不能先人从鼠石聲常隻切

豹文鼠也从鼠冬聲職戎切

籀文省

鼠屬从鼠益聲於革切

或从豸

小鼠也从鼠奚聲胡雞切

鼩 精鼩鼠也从鼠句聲其俱切 鼸 䶃也从鼠兼聲丘檢切 䶃 鼠屬从鼠今聲讀若含胡男切 鼬 如鼠赤黃而大食鼠者从鼠由聲余救切 䶂 胡地風鼠从鼠勺聲之若切 ⿰宂鼠 鼠屬从鼠宂聲而隴切 ⿱此鼠 鼠似雞鼠尾从鼠此聲即移切 鼲 鼠出丁零胡皮可作裘从鼠軍聲乎昆切 ⿰鼠胡 斬鼬鼠黑身白腰若帶手有長白毛似握版之狀類蝯蜼之屬从鼠胡聲戶吳切

文二十　重三

能 熊屬足似鹿从肉㠯聲能獸堅中故稱賢能而彊壯稱能傑也凡能之屬皆从能 臣鉉等曰㠯非聲疑皆象形 奴登切

文一

熊 獸似豕山居冬蟄从能炎省聲凡熊之屬皆从熊 羽弓切

羆 如熊黃白文从熊罷省聲彼爲切 ⿰皮熊 古文从皮

文二　重一

火 毀也南方之行炎而上象形凡火之屬皆从火呼果切

炟 上諱臣鉉等曰漢章帝名也唐韻曰火起也从火旦聲當割切

𤈦 火也从火尾聲詩曰王室如𤈦許偉切

燬 火也从火毀聲春秋傳曰衞侯燬許偉切

燹 火也从火豩聲穌典切

焌 然火也从火夋聲周禮曰遂籥其焌焌火在前以焞焯龜子寸切又倉聿切

尞 柴祭天也从火从眘眘古文愼字祭天所以愼也力照切

然 燒也从火肰聲臣鉉等曰今俗別作燃蓋後人增加如延切

𧅫 或从艸難臣鉉等案艸部有𧅫注云艸也此重出

爇 燒也从火蓺聲春秋傳曰爇僖負羈臣鉉等曰說文無蓺字當从火从艸熱省聲如劣切

燔 爇也从火番聲附袁切

燒 爇也从火堯聲式昭切

烈 火猛也从火列聲良辥切

炪 火光也从火出聲商書曰予亦炪謀讀若巧拙之拙職悅切

熚 熚𤎅火皃从火畢聲卑吉切

𤎅 熚𤎅也从火𢿨聲𢿨籒文悖字敷勿切

烝 火气上行也从火丞聲煑仍切

烰 烝也从火孚聲詩曰烝之烰烰縛牟切

煦 烝也一曰赤皃一曰溫潤也从火昫聲香句切

熯 乾皃从火漢省聲詩曰我孔熯矣人善切

炥 火皃从火弗聲普活切

熮 火皃从火翏聲逸周書曰味辛而不熮洛蕭切

焛 火皃从火門省

聲讀若粦　良刃切
⿰火雁 火色也从火雁聲　讀若鴈　五晏切
熲 火光也从火頃聲　古迥切
爚 火飛也从火龠聲　一曰熱也　以灼切
熛 火飛也从火𤐫聲　讀若摽　甫遙切
熇 火熱也从火高聲　詩曰多將熇熇　臣鉉等曰高非聲當从嗃省　火屋切
烄 交木然也从火交聲　古巧切
⿱干火 小熱也从火干聲　詩曰憂心⿱干火⿱干火　臣鉉等曰干非聲未詳　直廉切
燋 所以然持火也从火焦聲　周禮曰以明火爇燋也　即消切
炭 燒木餘也从火岸省聲　他案切
⿱差火 束炭也从火差省聲　讀若齹　楚宜切
⿰教火 交灼木也从火教省聲　讀若狡　古巧切
炦 火气也从火犮聲　蒲撥切
灰 死火餘㶳也从火从又　又手也　火既滅可以執持　呼恢切
炱 灰炱煤也从火台聲　徒哀切
煨 盆中火从火畏聲　烏灰切
熄 畜火也从火息聲　亦曰滅火　相即切
烓 行竈也从火圭聲　讀若冋　口迥切
煁 烓也从火甚聲　氏任切
燀 炊也从火單聲　春秋傳曰燀之以薪　充善切
炊 爨也从火吹省聲　昌垂切
烘 尞也从火共聲　詩曰卬烘于煁　呼東切
齌 炊餔疾也从火齊聲　在詣切
熹 炙也从火喜聲　許其切
煎 熬也从火前聲　子仙切
熬 乾煎也从火敖聲　五牢切
䵅 熬或从麥
炮 毛炙肉也从火包聲　薄交切
㶶 炮肉以微火溫肉也从火衣聲　烏痕切
熷 置魚筩中炙也从火曾聲　作滕切
⿰火稫 以火乾肉从火稫聲　臣鉉等案說文無稫字當从䵋省疑傳寫之誤　符逼切
⿰稫火 籀文不省
爆 灼也从火暴聲

蒲木切臣鉉等曰今俗音豹火裂也

煬　炙燥也从火昜聲余亮切

㸌　灼也从火隺聲胡沃切

爤　孰也从火蘭聲郎旰切

燗　或从簡

爢　爛也从火靡聲靡爲切

尉　从上案下也从𡰣又持火以尉申繒也臣鉉等曰今俗别作熨非是於胃切

𤓯　灼龜不兆也从火从龜春秋傳曰龜𤓯不兆讀若焦即消切

灸　灼也从火久聲舉友切

灼　炙也从火勺聲之若切

煉　鑠治金也从火柬聲郎電切

燭　庭燎火燭也从火蜀聲之欲切

熜　然麻蒸也从火悤聲作孔切

灺　燭㶳也从火也聲徐野切

㶳　火餘也从火聿聲一曰薪也臣鉉等曰聿非聲疑从𦘒省今俗别作燼非是徐刃切

焠　堅刀刃也从火卒聲七内切

煣　屈申木也从火柔柔亦聲人又切

燓　燒田也从火楙楙亦聲附袁切

熑　火煣車網絶也从火兼聲周禮曰煣牙外不熑力鹽切

燎　放火也从火尞聲力小切

熛　火飛也从火𤐫與䙴同意方昭切

⿰火曹　焦也从火曹聲作曹切

𤓰　火所傷也从火雥聲即消切

焦　或省

烖　天火曰烖从火𢦏聲祖才切

灾　或从宀火

𤆎　古文从才

災　籒文从巛

煙　火气也从火垔聲烏前切

烟　或从因

𡩀　古文

𡩀　籒文从宀

焆　焆焆煙皃从火肙聲因悅切

熅　鬱煙也从火𥁕聲於云切

⿰火皀　望火皃从火皀聲讀若馰顙之馰都歷切

燂　火熱也从火覃聲火甘切又徐鹽切

焞　明也从火𦎧聲春秋傳曰焞燿天地他昆切

炳 明也从火丙聲兵永切 焯 明也从火卓聲周書曰焯見三有俊心之若切 照 明也从火昭聲之少切 煒 盛赤

也从火韋聲詩曰彤管有煒于鬼切 㶴 盛火也从火从多昌氏切 熠 盛光也从火習聲詩曰熠熠宵行羊入切 煜 熠也从火

昱聲余六切 燿 照也从火翟聲弋笑切 煇 光也从火軍聲況韋切 煌 煌煇也从火皇聲胡光切 焜 煌也

从火昆聲孤本切 炯 光也从火同聲古迥切 爗 盛也从火曅聲詩曰爗爗震電筠輒切 爓 火門也从火閻聲余廉切

炫 燿燿也从火玄聲胡畎切 光 明也从火在人上光明意也古皇切 𡕍 古文 炗 古文 熱 温也从火埶聲如列切

熾 盛也从火戠聲昌志切 熾 古文熾 燠 熱在中也从火奥聲烏到切 煖 温也从火爰聲況袁切 煗

温也从火耎聲乃管切 炅 見也从火日古迥切 炕 乾也从火亢聲苦浪切 燥 乾也从火喿聲穌到切 威 滅也从火

戌火死於戌陽氣至戌而盡詩曰赫赫宗周褒似滅之許劣切 焅 旱气也从火告聲苦沃切 燾 溥覆照也从火壽聲徒到切 爟 取火

於日官名舉火曰爟周禮曰司爟掌行火之政令从火雚聲古玩切 烜 或从亘 熢 燧候表也邊有警則舉火从火逢聲敷容切 爝

苣火祓也从火爵聲呂不韋曰湯得伊尹爝以爟火釁以犧猳子肖切 熭 暴乾火也从火彗聲于歲切 熙 燥也从火巸聲許其切

文一百一十二　重十五

爞　旱气也从火蟲聲直弓切

煽　熾盛也从火扇聲式戰切

烙　灼也从火各聲盧各切

爍　灼爍光也从火樂聲書藥切

燦　燦爛明瀞皃从火粲聲倉案切

煥　火光也从火奐聲呼貫切

文六　新附

炎　火光上也从重火凡炎之屬皆从炎　于廉切

燄　火行微燄燄也从炎臽聲以冉切

𦧇　火光也从炎舌聲臣鉉等曰舌非聲當从甛省以冉切

燣　侵火也从炎㐭聲讀若桑葚之葚力荏切

煔　火行也从炎占聲舒贍切

燅　於湯中爚肉从炎从熱省徐鹽切

⿱坴炙　或从炙

燮　大熟也从又持炎辛辛者物熟味也蘇俠切

粦　兵死及牛馬之血爲粦粦鬼火也从炎舛良刃切徐鍇曰案博物志戰鬬死亡之處有人馬血積中爲粦粦著地入艸木如霜露不可見有觸者著人體後有光拂拭即散無數又有吒聲如鬻豆舛者人足也言光行著人

文八　重一

黑　火所熏之色也从炎上出囪囪古窗字凡黑之屬皆从黑　呼北切

黸　齊謂黑爲黸从黑盧聲洛乎切
⿰黑會　沃黑色从黑會聲惡外切
黯　深黑也从黑音聲乙減切
黶　中黑也从黑厭聲於琰切
黳　小黑子从黑殹聲烏雞切
䵣　白而有黑也从黑旦聲五原有莫䵣縣當割切
黬　雖晳而黑也从黑箴聲古人名黬字晳古咸切
⿰黑昜　赤黑也从黑昜聲讀若煬餘亮切
黲　淺青黑也从黑參聲七感切
黭　青黑也从黑奄聲於檻切
黝　微青黑色从黑幼聲爾雅曰地謂之黝於糾切
黗　黃濁黑从黑屯聲他衮切
點　小黑也从黑占聲多忝切
黚　淺黃黑也从黑甘聲讀若染繒中束緅黚巨淹切
黅　黃黑也从黑金聲古咸切
黦　黑有文也从黑冤聲讀若飴登字於月切
⿱算黑　黃黑而白也从黑算聲一曰短黑讀若以芥爲齏名曰芥荃也初刮切
⿱幵黑　黑皴也从黑幵聲古典切
黠　堅黑也从黑吉聲切八切
黔　黎也从黑今聲秦謂民爲黔首謂黑色也周謂之黎民易曰爲黔喙巨淹切
黕　滓垢也从黑冘聲都感切
黨　不鮮也从黑尚聲多朗切
黷　握持垢也从黑賣聲易曰再三黷徒谷切
黵　大污也从黑詹聲當敢切
黴　中久雨青黑从黑微省聲武悲切
黜　貶下也从黑出聲丑律切
⿱般黑　盤黑姍下哂从黑般聲薄官切
黱　畫眉也从黑朕聲徒耐切
儵　青黑繒縫白色也从黑攸聲式竹切
⿰黑或　羔文之縫从黑或聲于逼切
黖　黖謂之垽垽滓也从黑殿省聲堂練切
黮　桑葚之黑也从黑甚

大四十九

聲他感切黭果實黭黯黑也从黑弇聲烏感切黥墨刑在面也从黑京聲渠京切⿰黑刀黥或从刀⿰黑敢⿰黑敢者忘而

息也从黑敢聲於檻切黟黑木也从黑多聲丹陽有黟縣烏雞切

文三十七　重一

說文解字第十上

賜進士及第山東等處督糧道兼管德常臨清倉事務加三級孫星衍重校刊

說文解字弟十下　漢太尉祭酒許愼記

銀青光祿大夫守右散騎常侍上柱國東海縣開國子食邑五百戶臣徐鉉等奉

勑校定

囪　在牆曰牖在屋曰囪象形凡囪之屬皆从囪楚江切

窗　或从穴　囱　古文

悤　多遽悤悤也从心囪囪亦聲倉紅切

文二　重二

焱　火華也从三火凡焱之屬皆从焱以冄切

熒　屋下鐙燭之光从焱冂戶扃切

燊　盛皃从焱在木上讀若詩莘莘征夫一曰役也所臻切

文三

炙　炮肉也从肉在火上凡炙之屬皆从炙之石切

𤎅　籒文

𤎅　宗廟火孰肉从炙番聲春秋傳曰天子有事𤎅焉以饋同姓諸侯附袁切

𤒹　炙也从炙尞聲讀若䰍燎力照切

文三　重一

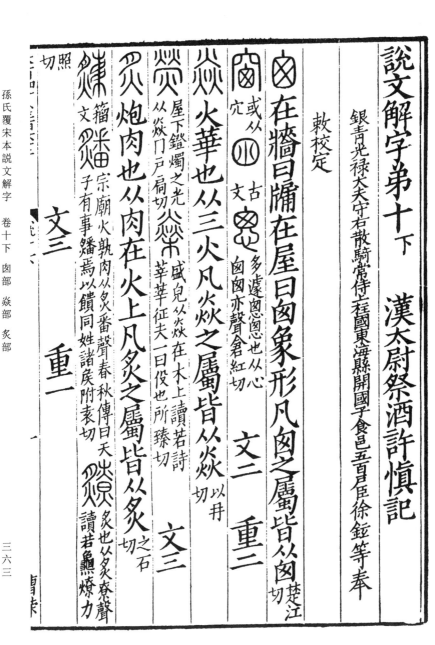

赤　南方色也从大从火凡赤之屬皆从赤昌石切

烾　古文从炎土

赨　赤色也从赤蟲省聲徒冬切

𧹛　日出之赤从赤穀省聲火沃切

赧　面慙赤也从赤𠬝聲周失天下於赧王女版切

䞓　赤色也从赤巠聲詩曰魴魚䞓尾敕貞切

赬　䞓或从貞

䞋　或从丁

浾　䞓棠棗之汁或从水

泟　浾或从正

赭　赤土也从赤者聲之也切

䞨　赤色也从赤倝聲讀若浣胡玩切

赫　火赤皃从二赤呼格切

文八　重五

赩　大赤也从赤色色亦聲許力切

赮　赤色也从赤叚聲乎加切

文二　新附

大　天大地大人亦大故大象人形古文大他達切也

凡大之屬皆从大徒蓋切

奎　兩髀之間从大圭聲苦圭切

夾　持也从大俠二人古狎切

奄　覆也大有餘也又欠也从大从申申展也依檢切

夸　奢也从大于聲苦瓜切

𡘋　奢𡘋也从大亘聲胡官切

㚁　㚁大也从大瓜聲烏瓜切

奯　空大也从大歲聲讀若詩施

罟濊濊呼括切

⿱𢦔大 大也从大𢦔聲讀若詩𢦔𢦔大猷直質切

奅 大也从大卯聲匹貌切

夽 大也从大云聲魚吻切

奃 大也从大氐聲讀若氐都兮切

⿱大介 大也从大介聲讀若蓋古拜切

⿱大此 瞋大也从大此聲火戒切

⿱大弗 大也从大弗聲讀若予違汝弼弼房密切

⿱大屯 大也从大屯聲讀若鶉常倫切

契 大約也从大从㓞易曰後代聖人易之以書契苦計切

夷 平也从大从弓東方之人也以脂切

文十八

亦 人之臂亦也从大象兩亦之形凡亦之屬皆从亦

臣鉉等曰今別作腋非是羊益切

夾 盜竊褱物也从亦有所持俗謂蔽人俾夾是也弘農陝字从此失冉切

文二

夨 傾頭也从大象形凡夨之屬皆从夨阻力切

⿱吉夨 頭傾也从夨吉聲讀若孑古屑切

奊 頭衺骫奊態也从夨圭聲胡結切

吳 姓也亦郡也一曰吳大言也从夨口五乎切徐鍇曰大言故夨口以出聲詩曰不吳不揚今寫詩者改吳作吴又音乎化切其謬甚矣

𡗿 古文如此

文四　重一

夭 屈也从大象形凡夭之屬皆从夭 於兆切

喬 高而曲也从夭从高省詩曰南有喬木 巨嬌切

幸 吉而免凶也从屰从夭夭死之事故死謂之不幸 胡耿切

奔 走也从夭賁省聲與走同意俱从夭 博昆切

文四

交 交脛也从大象交形凡交之屬皆从交 古爻切

𩐁 衺也从交韋聲 羽非切

絞 縊也从交从糸 古巧切

文三

尣 𡯌曲脛也从大象偏曲之形凡尣之屬皆从尣 烏光切

尪 古文从㞷

尳 厀病也从尣从骨骨亦聲 戶骨切

𡯌 蹇也从尣皮聲 布火切

𡯂 𡯂𡯂行不正从尣左聲 則箇切

尦 行不正也从尣良聲讀若耀 弋笑切

尲 不正也从尣兼聲 古咸切

尬 尲尬也从尣介聲 公八切又古拜切

尥 行脛相交也从尣勺聲牛行脚相交爲尥 力弔切

𡰯 𡯌不能行爲人所引曰𡰯𡰰从尣从爪是聲 都兮切

𡰰 𡰯𡰰也从尣从爪巂聲 戶圭切

𡯅 股尰也从尣于聲 乙于切

𡰫 厀中病也从尣从羸 郎果切

文十二 重一

壺 昆吾圜器也象形从大象其蓋也凡壺之屬皆从壺 戶吴切

壼 壹壼也从凶从壺不得泄凶也易曰天地壹壼 於云切

文二

壹 嫥壹也从壺吉聲凡壹之屬皆从壹 於悉切

懿 嫥久而美也从壹从恣省聲 乙兾切

文二

㚔 所以驚人也从大从羊一曰大聲也凡㚔之屬皆从㚔一曰讀若瓠一曰俗語以盜不止爲㚔㚔讀若籋 尼輒切

睪 目視也从橫目从㚔令吏將目捕罪人也 羊益切

執 捕罪人也从丮从㚔㚔亦聲 之入切

圉 囹圄所以拘罪人从㚔从口一曰圉垂也一曰圉人掌馬者 魚舉切

盩 引擊也从㚔攴見血也扶風有盩厔縣 張流切

報 當罪人也从㚔从艮艮服罪也博号

切𥷚窮理罪人也从羍从人从言竹聲居六切𥶺或省言

文七　重一

奢張也从大者聲凡奢之屬皆从奢式車切

奓籒文臣鉉等曰今俗作陟加切以爲奓厚之奓非是

奲富奲奲皃从奢單聲丁可切

文二　重一

亢人頸也从大省象頸脈形凡亢之屬皆从亢古郎切

頏亢或从頁

𢓜直項莽𢓜皃从亢从夋夋倨也亢亦聲岡朗切又胡朗切

文二　重一

夲進趣也从大从十大十猶兼十人也凡夲之屬皆从夲讀若滔土刀切

𠦬疾也从夲卉聲拜从此呼骨切

暴疾有所趣也从日出夲廾之薄報切

𠧪進也从夲从屮允聲易曰𠧪升大吉余準切

奏奏進也从夲从廾从屮屮上進之義則候切𠬈古文𡔹亦古文

皋气皋白之進也从夲从白禮

祝曰皋登謌曰奏故皋奏皆从夲周禮曰詔來鼓皋舞皋告之也古勞切

文六　重二

夰　放也从大而八分也凡夰之屬皆从夰古老切

𡚁　舉目驚𡚁然也从夰从䀠䀠亦聲九遇切

奡　嫚也从百从夰夰亦聲虞書曰若丹朱奡讀若傲論語奡湯舟五到切

昦　春爲昦天元气昦昦从日夰夰亦聲胡老切

臩　驚走也一曰往來也从夰臦周書曰伯臩古文臦古文囧字臣鉉等臦居況切臦猶乖也臦亦聲言古囧字未詳具往切

文五

亣　籀文大改古文亦象人形凡大之屬皆从大他達切

奕　大也从大亦聲詩曰奕奕梁山羊益切

奘　駔大也从大从壯壯亦聲徂朗切

臭　大白澤也从大从白古文以爲澤字古老切

奚　大腹也从大𦃃省聲𦃃籀文系字胡雞切

耎　稍前大也从大而聲讀若畏偄而沇切

𡙇　大皃从大㗊聲或曰拳勇字一曰讀若傿乙獻切

奰　壯大也从三大三目二目爲㗊三目爲奰益大也一曰迫也讀若易虙羲氏詩曰不醉而怒謂之奰平祕切

文八

夫　丈夫也从大一以象簪也周制以八寸爲尺十

尺爲丈人長八尺故曰丈夫凡夫之屬皆从夫甫無切

規 有法度也从夫从見居隨切

㚘 竝行也从二夫輦字从此讀若伴侶之伴薄旱切

文三

立 住也从大立一之上臣鉉等曰大人也一地也會意凡立之屬皆从立力入切

𥩟 臨也从立从隶力至切

𥪕 磊𥪕重聚也从立享聲丁罪切

端 直也从立耑聲多官切

竱 等也从立專聲春秋國語曰竱本肇末旨兖切

竦 敬也从立从束束自申束也息拱切

竫 亭安也从立爭聲疾郢切

靖 立竫也从立青聲一曰細皃疾郢切

竢 待也从立矣聲牀史切

䇞 或从巳

竘 健也一曰匠也从立句聲讀若齲逸周書有竘匠丘羽切

竵 不正也从立𠧪聲火媧切

竭 負舉也从立曷聲渠列切

須 待也从立須聲相俞切

𩒺 或从芻聲

𥪠 痿也从立𧶠聲力臥切

竣 偓竣也从立夋聲國語曰有司已事而竣七倫切

𥪡 見鬼魅皃从立从彔彔籀文魅字讀若虙羲氏之虙房六切

𥪰 驚皃从立昔聲七雀切

𥫄 短人立碑碑皃从立卑聲傍下切

𥪻 北地高樓無屋者从立曾聲七耕切

文十九　重二

竝 併也从二立凡竝之屬皆从竝蒲迥切

㬱 廢一偏下也从竝白聲他計切 㬱或从曰 𣊧或从兟从曰臣鉉等曰今俗作替非是

文二 重二

囟 頭會匘蓋也象形凡囟之屬皆从囟息進切

𦞤 或从肉宰

古文囟字

毛巤也象髮在囟上及毛髮巤巤之形此與籀文子字同良涉切

𡿺 人臍也从囟囟取气通也从比聲房脂切

文三 重二

思 容也从心囟聲凡思之屬皆从思息茲切

慮 謀思也从思虍聲良據切

文二

心 人心土藏在身之中象形博士說以爲火藏凡心之屬皆从心息林切

息 喘也从心从自自下聲相即切

情 人之陰气有欲者从心青聲疾盈切

性 人之陽气性善者也从心生聲息正切

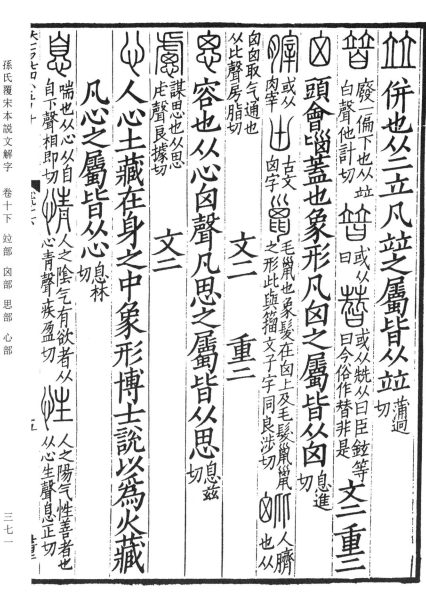

說文十下　五

志　意也从心之聲職吏切

意　志也从心察言而知意也从心从音於記切

恉　意也从心旨聲職雉切

惪　外得於人内得於己也从直从心多則切

⿱直心　古文

應　當也从心𤷔聲於陵切

慎　謹也从心眞聲時刃切

昚　古文

忠　敬也从心中聲陟弓切

愨　謹也从心𣪊聲苦角切

⿱貌心　美也从心貌聲莫角切

快　喜也从心夬聲苦夬切

愷　樂也从心豈豈聲臣鉉等曰豈部已有此重出苦亥切

㥛　快心从心匧聲苦叶切

念　常思也从心今聲奴店切

怤　思也从心付聲甫無切

憲　敏也从心从目害省聲許建切

憕　平也从心登聲直陵切

戁　敬也从心難聲女版切

忻　闓也从心斤聲司馬法曰善者忻民之善閉民之惡許斤切

⿰忄重　遲也从心重聲直隴切

惲　重厚也从心軍聲於粉切

惇　厚也从心享聲都昆切

忼　慨也从心亢聲一曰易忼龍有悔臣鉉等曰今俗別作慷非是苦浪切又口朗切

慨　忼慨壯士不得志也从心既聲古溉切

悃　愊也从心困聲苦本切

愊　誠志也从心畐聲芳逼切

愿　謹也从心原聲魚怨切

慧　儇也从心彗聲胡桂切

憭　慧也从心尞聲力小切

㤓　憭也从心交聲下交切又古了切

瘱　静也从心瘱聲臣鉉等曰瘱非聲未詳於計切

悊　敬也从心折聲陟列切

悰　樂也从心宗聲藏宗切

恬　安也从心甛省聲徒兼切

恢

大也从心灰聲苦回切 恭 肅也从心共聲俱容切 憼 敬也从心从敬敬亦聲居影切 恕 仁也从心如聲商署切 㣽 古文省

怡 和也从心台聲與之切 慈 愛也从心兹聲疾之切 忯 愛也从心氏聲巨支切 㦎 忯㦎不憂事也从心虒聲讀若移移尒切

㤩 謹也从心全聲此緣切 恩 惠也从心因聲烏痕切 慸 高也一曰極也一曰困劣也从心帶聲特計切

憖 問也謹敬也从心猌聲一曰說也一曰甘也春秋傳曰昊天不憖又曰兩君之士皆未憖魚覲切 懬 闊也一曰廣也大也一曰寬也从心从廣廣亦聲苦謗切

悈 飾也从心戒聲司馬法曰有虞氏悈於中國古拜切 㥶 謹也从心㬎聲於靳切 慶 行賀人也从心从夊吉禮以鹿皮爲贄故从鹿省丘竟切

愃 寬嫺心腹皃从心宣聲詩曰赫兮愃兮況晚切 愻 順也从心孫聲唐書曰五品不愻蘇困切 𡨄 實也从心塞省聲虞書曰剛而𡨄先則切

恂 信心也从心旬聲相倫切 忱 誠也从心冘聲詩曰天命匪忱氏任切 惟 凡思也从心隹聲以追切 懷 念思也从心褱聲戶乖切 惀 欲知之皃从心侖聲盧昆切 想 冀思也从心相聲息兩切

㥞 深也从心㒸聲徐醉切 慉 起也从心畜聲詩曰能不我慉許六切 𢡃 滿也从心啻聲一曰十萬曰𢡃於力切 意 籒文省

悹 憂也从心官聲古玩切 憀 憀然也从心翏聲洛蕭切 愘 敬也从心客聲春秋傳曰以

陳備三恪臣鉉等曰今俗作恪苦各切　懼也从心雙省聲春秋傳曰駟氏愯息拱切　恐也从心瞿聲其遇切
古文　恃也从心古聲侯古切　賴也从心寺聲時止切　慮也从心曹聲藏宗切　覺也从心吾聲
五故切　古文悟　愛也韓鄭曰憮一曰不動从心無聲文甫切　惠也从心旡聲烏代切　古文
知也从心胥聲私呂切　安也从心尉聲一曰恚怒也於胃切　謹也从心𣪊聲讀若毳此芮切　⿱竹𠷎箸也从心⿱竹𠷎聲
直由切　朗也从心由聲詩曰憂心且怞直又切　煤撫也从心某聲讀若侮亡甫切　彊也从心文聲周書
曰在受德忞讀若旻武巾切　勉也从心莫聲莫故切　勉也从心面聲弥殄切　習也从心曳聲余制切
勉也从心楙聲虞書曰時惟懋哉莫候切　或省　習也从心莫聲莫故切　止也从心㚇聲此緣切　肆也
从心隶聲他骨切　趣步𢡮𢡮也从心與聲余呂切　說也从心舀聲土刀切　安也从心厭聲詩曰懕懕夜飲
於鹽切　安也从心詹聲徒敢切　無為也从心白聲匹白切又葩亞切　憂也收也从心血聲辛聿切
極也从心干聲古寒切　喜歗也从心雚聲爾雅曰懽懽愮愮憂無告也古玩切　懽也琅邪朱虛有㥥亭从心禺聲噳俱切

飢餓也一曰憂也从心叔聲詩曰惄如朝飢奴歷切　勞也从心卻聲其虐切　憸詖也憸利於上佞人也从心僉聲
息廉切　息也从心曷聲臣鉉等曰今別作憩非是去例切　精戇也从心毳聲千短切　疾利口也从心
从冊詩曰相時思民徐鍇曰冊言衆也息廉切　褊也从心及聲居立切　憂也从心辡聲一曰急也方沔切
疾也从心亟聲一曰謹重皃己力切　急也从心睘聲讀若絹古縣切　恨也从心巠聲胡頂切　急也从心从弦弦亦
聲河南密縣有慈亭胡田切　疾也从心票聲敷沼切　駑弱者也从心需聲人朱切　下齎也从心任聲如甚切
失常也从心代聲他得切　驕也从心且聲子去切　不安也从心邑聲於汲切　忘也嘾也从心余聲周書曰
有疾不念念喜也羊茹切　更也从心弋聲他得切　愉也从心閒聲戶閒切　薄也从心俞聲論語曰私覿愉愉如
也羊朱切　輕易也从心蔑聲商書曰以相陵懱莫結切　戇也从心从禺禺猴屬獸之愚者麌俱切　愚也从心
贛聲陟絳切　戇也从心采聲倉宰切　愚也从心舂聲丑江切　騃也从心从疑疑亦聲一曰惶也五溉切
很也从心支聲之義切　勇也从心旱聲侯旰切　意也从心从能徐鍇曰心能其事然後有態度也他代切　或从人

怪 異也从心圣聲古壞切 ⿰忄象 放也从心象聲徒朗切 慢 惰也从心曼聲一曰慢不畏也謀晏切 怠 慢也从心台聲徒亥切 懈 怠也从心解聲古隘切 憜 不敬也从心𡐦省春秋傳曰執玉憜徒果切 惰 憜或省𠂤 媠 古文 慫 驚也从心從聲讀若悚息拱切 怫 鬱也从心弗聲符弗切 忦 忽也从心介聲孟子曰孝子之心不若是忦呼介切 忽 忘也从心勿聲呼骨切 忘 不識也从心从亡亡亦聲武方切 慲 忘也慲兜也从心㒼聲母官切 恣 縱也从心次聲資四切 愓 放也从心易聲一曰平也徒朗切 憧 意不定也从心童聲尺容切 悝 啁也从心里聲春秋傳有孔悝一曰病也苦回切 憰 權詐也从心矞聲古穴切 ⿱狂心 誤也从心狂聲居況切 怳 狂之皃从心況省聲許往切 恑 變也从心危聲過委切 ⿰忄巂 有二心也从心巂聲戶圭切 悸 心動也从心季聲其季切 憿 幸也从心敫聲古堯切 懖 善自用之意也从心銛聲商書曰今汝懖懖古活切 𢥜 古文从耳 忨 貪也从心元聲春秋傳曰忨歲而𣣣日五換切 惏 河内之北謂貪曰惏从心林聲盧含切 懜 不明也从心夢聲武亘切 愆 過也从心衍聲去虔切 ⿱𡨄心 或从寒省 諐 籒文 慊 疑也从心兼聲戶兼切 惑 亂也从心或聲胡國切 怋 怓也从心民聲呼昆切 怓 亂也从心奴聲詩曰

以謹惛怓女交切
亂也从心春聲春秋傳曰王室曰惷惷焉一曰厚也尺允切
不憭也从心昏聲呼昆切
癡皃从心气聲許既切
瘛言不慧也从心衛聲于歲切
亂也从心貴聲胡對切
憎惡也从心己聲渠記切
悁也从心分聲敷粉切
忿也从心肙聲一曰憂也於緣切
籀文
恨也从心黎聲一曰怠也郎尸切
恨也从心圭聲於避切
恚也从心夗聲於願切
古文
恚也从心奴聲乃故切
怨也从心敦聲周書曰凡民罔不憝徒對切
怒也从心𥁕聲於問切
過也从心亞聲烏各切
惡也从心曾聲作滕切
恨怒也从心市聲詩曰視我怖怖蒲昧切
怒也从心刃聲讀若顡李陽冰曰刃非聲當从刈省魚既切
怨恨也从心彖聲讀若膎臣鉉等曰彖非聲未詳戶佳切
怨也从心艮聲胡艮切
怨也从心對聲丈淚切
悔恨也从心每聲荒內切
小怒也从心壴聲充世切
不服懟也从心央聲於亮切
煩也从心从滿莫困切
懣也从心賁聲房吻切
懣也从心門聲莫困切
失意也从心周聲敕鳩切
望恨也从心長聲丑亮切
大息也从心从氣氣亦聲詩曰愾我寤歎許既切
愁不安也从心喿聲詩曰念子懆懆七早切
傷也从心倉聲初亮切
憯也从心

旦聲得案切又當割切 𢚔 或从心在旦下詩曰信誓𢚔𢚔 憯 痛也从心替聲七感切 慘 毒也从心參聲七感切

悽 痛也从心妻聲七稽切 恫 痛也一曰呻吟也从心同聲他紅切 悲 痛也从心非聲府眉切 惻 痛也从心則聲初力切

惜 痛也从心昔聲思積切 愍 痛也从心敃聲眉殞切 慇 痛也从心殷聲於巾切 㥣 痛聲也从心依聲孝經曰哭不偯於豈切

𥳑 簡存也从心簡省聲讀若簡古限切 慅 動也从心蚤聲一曰起也穌遭切 感 動人心也从心咸聲古禫切

忧 不動也从心尤聲讀若祐于救切 㤾 怨仇也从心咎聲其久切 愪 憂皃从心員聲王分切 怮 憂皃从心幼聲於虯切

忦 憂也从心介聲五介切 恙 憂也从心羊聲余亮切 惴 憂懼也从心耑聲詩曰惴惴其慄之瑞切

憌 憂也从心鈞聲常倫切 怲 憂也从心丙聲詩曰憂心怲怲兵永切 惔 憂也从心炎聲詩曰憂心如惔徒甘切

惙 憂也从心叕聲詩曰憂心惙惙一曰意不定也陟劣切 慯 憂也从心殤省聲式亮切 愁 憂也从心秋聲士尤切

愵 憂皃从心弱聲讀與惄同奴歷切 㥲 憂困也从心臽聲苦感切 悠 憂也从心攸聲以周切 悴 憂也从心卒聲讀與易萃卦同秦醉切

慁 憂也从心圂聲一曰擾也胡困切 慹 楚潁之閒謂憂曰慹从心埶聲力至切 忬

憂也从心于聲讀若吁況于切
忡 憂也从心中聲詩曰憂心忡忡敕中切
悄 憂也从心肖聲詩曰憂心悄悄親小切
慽 憂也从心戚聲倉歷切
𢝊 愁也从心从頁徐鍇曰𢝊形於顏面故从頁於求切
患 憂也从心上貫吅吅亦聲胡丱切
𢟦 古文从關省
𢠭 亦古文患
恇 怯也从心匡匡亦聲去王切
㥦 思皃从心夾聲苦叶切
懾 失气也从心聶聲一曰服也之涉切
憚 忌難也从心單聲一曰難也徒案切
悼 懼也陳楚謂懼曰悼从心卓聲臣鉉等曰卓非聲當从罩省徒到切
恐 懼也从心巩聲丘隴切
𢖶 古文
慴 懼也从心習聲讀若疊之涉切
怵 恐也从心术聲丑律切
惕 敬也从心易聲他歷切
悐 或从狄
供 戰慄也从心共聲戶工切又工恐切
核 苦也从心亥聲胡槩切
惶 恐也从心皇聲胡光切
悑 惶也从心甫聲普故切
怖 或从布聲
慹 悑也从心執聲之入切
𢡱 憊也从心毄聲苦計切
㦏 𢡱也从心葡聲蒲拜切
憊 或从疒
惎 毒也从心其聲周書曰來就惎惎渠記切
恥 辱也从心耳聲敕里切
㥏 青徐謂慙曰㥏从心典聲他典切
忝 辱也从心天聲他點切
慙 媿也从心斬聲昨甘切
恧 慙也从心而聲女六切
怍 慙也从心作省聲在各切
憐 哀也从心粦聲落賢切
㦁 泣下也从心連聲易曰泣涕㦁如力延切
忍 能也从心刃聲而軫切

⿰忄弭 厲也一曰止也从心弭聲讀若沔彌兖切 ⿱乂心 懲也从心乂聲魚肺切 懲 忿也从心徵聲直陵切 憬 覺寤也从心景聲詩曰憬彼淮夷俱永切

文二百六十三　重二十二

慵 嬾也从心庸聲蜀容切 悱 口悱悱也从心非聲敷尾切 怩 忸怩慙也从心尼聲女夷切 惉 惉懘煩聲也从心沾聲尺詹切 懘 惉懘也从心滯聲尺制切 懇 悃也从心豤聲康恨切 忖 度也从心寸聲倉本切 怊 悲也从心召聲敕宵切 慟 大哭也从心動聲徒弄切 惹 亂也从心若聲人者切 恰 用心也从心合聲苦狹切 悌 善兄弟也从心弟聲經典通用弟特計切 懌 說也从心睪聲經典通用釋羊益切

文十三　新附

惢 心疑也从三心凡惢之屬皆从惢讀若易旅瑣瑣又才規才累二切

繠 垂也从惢系聲如壘切

文二

說文解字弟十下

賜進士及第山東等處督糧道兼管德常臨清倉事務加三級孫星衍重校刊

說文解字弟十一上　漢太尉祭酒許慎記

銀青光禄大夫守右散騎常侍上柱國東海縣開國子食邑五百戶臣徐鉉等奉

敕校定

二十一部　六百八十五文　重六十二

凡九千七百六十九字　文三十一新附

水　準也北方之行象衆水並流中有微陽之气也凡水之屬皆从水式軌切

汃　西極之水也从水八聲爾雅曰西至汃國謂四極府巾切

河　水出焞煌塞外昆侖山發原注海从水可聲乎哥切

泑　澤在昆侖下从水幼聲讀與㓜同於糾切

涷　水出發鳩山入於河从水東聲德紅切

涪　水出廣漢剛邑道徼外南入漢从水咅聲縛牟切

潼　水出廣漢梓潼北界南入墊江从水童聲徒紅切

江　水出蜀湔氐徼外崏山入海从水工聲古雙切

沱　江别流也

大字小六百廿六

出峨山東別爲沱从水它聲臣鉉等曰沱沼之沱通用此字今別作池非是徒何切

浙 江水東至會稽山陰爲浙江从水折聲旨熱切

涐 水出蜀汶江徼外東南入江从水我聲五何切

湔 水出蜀郡緜虒玉壘山東南入江从水前聲一曰手瀚之子仙切

沬 水出蜀西徼外東南入江从水末聲莫割切

溫 水出犍爲涪南入黔水从水昷聲烏魂切

灊 水出巴郡宕渠西南入江从水鬵聲昨鹽切

沮 水出漢中房陵東入江从水且聲子余切

滇 益州池名从水眞聲都年切

涂 水出益州牧靡南山西北入澠从水余聲同都切

沅 水出牂牁故且蘭東北入江从水元聲愚袁切

淹 水出越巂徼外東入若水从水奄聲英廉切

溺 水自張掖刪丹西至酒泉合黎餘波入于流沙从水弱聲桑欽所說而灼切

洮 水出隴西臨洮東北入河从水兆聲土刀切

涇 水出安定涇陽开頭山東南入渭雝州之川也从水巠聲古靈切

渭 水出隴西首陽渭首亭南谷東入河从水胃聲杜林說夏書以爲出鳥鼠山雝州浸也云貴切

漾 水出隴西相道東至武都爲漢从水羕聲余亮切

瀁 古文从養

漢 漾也東爲滄浪水从水難省聲臣鉉等曰从難省當作堇而前作相承去土从大疑兼从古文省呼旰切

𣶢 古文

浪 滄浪水也南入江从水良聲來宕切

沔 水出武都沮縣東狼谷東南入江或曰入夏水从水丏聲彌兖切

湟 水出金城臨羌塞外東入河从水皇聲乎光切

汧

水出扶風汧縣西北入渭从水幵聲苦堅切

澇 水出扶風鄠北入渭从水勞聲魯刀切

漆 水出右扶風杜陵岐山東入渭一曰入洛从水桼聲親吉切

滻 水出京兆藍田谷入霸从水產聲所簡切

洛 水出左馮翊歸德北夷界中東南入渭从水各聲盧各切

淯 水出弘農盧氏山東南入海从水育聲或曰出酈山西余六切

汝 水出弘農盧氏還歸山東入淮从水女聲人渚切

潩 水出河南密縣大隗山南入潁从水異聲与職切

汾 水出太原晉陽山西南入河从水分聲或曰出汾陽北山冀州浸符分切

澮 水出靃山西南入汾从水會聲古外切

沁 水出上黨羊頭山東南入河从水心聲七鴆切

沾 水出壺關東入淇一曰沾益也从水占聲臣鉉等曰今别作添非是他兼切

潞 冀州浸也上黨有潞縣从水路聲洛故切

漳 濁漳出上黨長子鹿谷山東入清漳清漳出沾山大要谷北入河南漳出南郡臨沮从水章聲諸良切

淇 水出河内共北山東入河或曰出隆慮西山从水其聲渠之切

蕩 水出河内蕩陰東入黃澤从水蕩聲徒朗切

沇 水出河東東垣王屋山東爲泲从水允聲以轉切

㕣 古文沇臣鉉等曰口部已有此重出

泲 流也東入于海从水朿聲子礼切

洈 水出南郡高城洈山東入繇从水危聲過委切

溠 水在漢南从水差聲荆州浸也春秋傳曰脩涂梁溠側駕切

洭 水出桂陽縣盧聚山洭浦關爲桂水从水匡聲去王切

潓 水出盧江入淮从水惠聲胡計切

灌 水出

盧江雩婁北入淮从水雚聲古玩切

漸 水出丹陽黟南蠻中東入海从水斬聲慈冉切

泠 水出丹陽宛陵西北入江从水令聲郎丁切

溧 水出丹陽溧陽縣从水栗聲力質切

湘 水出零陵陽海山北入江从水相聲息良切

汨 長沙汨羅淵屈原所沈之水从水冥省聲莫狄切

溱 水出桂陽臨武入匯从水秦聲側詵切

深 水出桂陽南平西入營道从水罙聲式針切

潭 水出武陵鐔成玉山東入鬱林从水覃聲徒含切

油 水出武陵孱陵西東南入江从水由聲以周切

⿰氵買 水出豫章艾縣西入湘从水買聲莫蟹切

湞 水出南海龍川西入溱从水貞聲陟盈切

溜 水出鬱林郡从水留聲力救切

瀷 水出河南密縣東入潁从水翼聲与職切

潕 水出南陽舞陽東入潁从水無聲文甫切

滶 水出南陽魯陽入城父从水敖聲五勞切

瀙 水出南陽舞陽中陽山入潁从水親聲七吝切

淮 水出南陽平氏桐柏大復山東南入海从水隹聲戶乖切

滍 水出南陽魯陽堯山東北入汝从水蚩聲直几切

澧 水出南陽雉衡山東入汝从水豊聲盧啓切

溳 水出南陽蔡陽東入夏水从水貟聲王分切

淠 水出汝南弋陽垂山東入淮从水畀聲匹備切又匹制切

澺 水出汝南上蔡黑閭澗入汝从水意聲於力切

⿰氵囟 水出汝南新郪入潁从水囟聲穌計切

灈 水出汝南吳房入瀙从水瞿聲其俱切

潁

水出潁川陽城乾山東入淮从水頃聲豫州浸余頃切

洧　水出潁川陽城山東南入潁从水有聲榮美切

濦　水出潁川陽城少室山東入潁从水㥯聲於謹切

渦　水受淮陽扶溝浪湯渠東入淮从水過聲古禾切

泄　水受九江博安洵波北入氐从水世聲余制切

汳　水受陳留浚儀陰溝至蒙爲雝水東入于泗从水反聲臣鉉等曰今作汴非是皮變切

潧　水出鄭國从水曾聲詩曰潧與洧方渙渙兮側詵切

淩　水在臨淮从水夌聲力膺切

濮　水出東郡濮陽南入鉅野从水僕聲博木切

濼　齊魯閒水也从水樂聲春秋傳曰公會齊侯于濼盧谷切

漷　水在魯从水郭聲苦郭切

淨　魯北城門池也从水爭聲士耕切又才性切

濕　水出東郡東武陽入海从水㬎聲桑欽云出平原高唐他合切

泡　水出山陽平樂東北入泗从水包聲匹交切

菏　菏澤水在山陽胡陵禹貢浮于淮泗達于菏从水苛聲古俄切

泗　受泲水東入淮从水四聲息利切

洹　水在齊魯閒从水亘聲羽元切

灉　河灉水在宋从水雝聲於容切

澶　澶淵水在宋从水亶聲市連切

洙　水出泰山蓋臨樂山北入泗从水朱聲市朱切

沭　水出青州浸从水术聲食聿切

沂　水出東海費東西入泗从水斤聲一曰沂水出泰山蓋青州浸魚衣切

洋　水出齊臨朐高山東北入鉅定从水羊聲似羊切

濁　水出齊郡厲嬀山東北入鉅定从水蜀聲直角切

溉　水出東海桑瀆覆甑山東北入海一曰灌注也从水既聲古代切

濰　水出琅邪箕屋山東

入海徐州浸夏書曰濰淄其道从水維聲以追切

浯　水出琅邪靈門壺山東北入濰从水吾聲五乎切

汶　水出琅邪朱虛東泰山東入濰从水文聲桑欽說汶水出泰山萊蕪西南入泲亡運切

治　水出東萊曲城陽丘山南入海从水台聲直之切

寖　水出魏郡武安東北入呼沱水从水𡩠聲𡩠籒文寑字子鴆切

湡　水出趙國襄國之西山東北入寖从水禺聲噳俱切

⿰氵虒　水出趙國襄國東入湡从水虒聲息移切

渚　水在常山中丘逢山東入湡从水者聲爾雅曰小洲曰渚章与切

洨　水出常山石邑井陘東南入于泜从水交聲鄗國有洨縣下交切

濟　水出常山房子贊皇山東入泜从水齊聲子礼切

泜　水在常山从水氐聲直尼切

濡　水出涿郡故安東入漆涑从水需聲人朱切

灅　水出右北平浚靡東南入庚从水畾聲力軌切

沽　水出漁陽塞外東入海从水古聲古胡切

沛　水出遼東番汗塞外西南入海从水巿聲普蓋切

浿　水出樂浪鏤方東入海从水貝聲一曰出浿水縣普拜切

瀤　北方水也从水褱聲戶乖切

漯　水出鴈門陰館累頭山東入海或曰治水也从水㬪聲力追切

⿰氵虘　水出北地直路西東入洛从水虘聲側加切

泒　水起鴈門葰人戍夫山東北入海从水瓜聲古胡切

滱　水起北地靈丘東入河从水寇聲滱水即漚夷水并州川也苦候切

淶　水起北地廣昌東入河从水來聲并州浸洛哀切

泥　水出北地郁郅北蠻中从水尼聲奴低切

湳　西河

美稷保東北水从水南聲奴感切

漹 水出西河中陽北沙南入河从水焉聲乙乾切

涶 河津也在西河西从水垂聲土禾切

⿰氵旟 水也从水旟聲以諸切

洵 過水中也从水旬聲相倫切

涻 水出北嚻山入邙澤从水舍聲始夜切

⿰氵刃 水也从水刃聲乃見切

淔 水也从水直聲恥力切

⿰氵妾 水也从水妾聲七接切

涺 水也从水居聲九魚切

⿰氵臮 水也从水臮聲其冀切

沋 水也从水尤聲羽求切

洇 水也从水因聲於眞切

淉 水也从水果聲古火切

溑 水也从水貨聲讀若瑣穌果切

浝 水也从水尨聲莫江切

⿰氵乳 水也从水乳聲乃后切

泈 水也从水夂聲夂古文終職戎切

洦 淺水也从水百聲匹白切

汘 水也从水千聲倉先切

洍 水也从水𦣞聲詩曰江有洍詳里切

澥 郣澥海之別也从水解聲一說澥即澥谷也胡買切

漠 北方流沙也一曰清也从水莫聲慕各切

海 天池也以納百川者从水每聲呼改切

溥 大也从水尃聲滂古切

⿰氵闇 水大至也从水闇聲乙感切

洪 洚水也从水共聲戶工切

洚 水不遵道一曰下也从水夅聲戶工切又下江切

衍 水朝宗于海也从水从行以淺切

潮 水朝宗于海从水朝省臣鉉等曰隸書不省直遙切

濥 水脈行地中濥濥也从水夤聲弋刃切

滔 水漫漫大皃从水舀聲土刀切

涓 小流也从水肙聲爾雅曰汝爲涓古玄切

混 豐流也从水昆聲胡本切

潒 水潒瀁也从水象聲讀若蕩徒朗切

[illegible] 順流也一曰水名从水[illegible]聲侯留切

汭 水相入也从水从内内亦聲而銳切

潚 深清也从水肅聲子叔切

演 長流也一曰水名从水寅聲以淺切

渙 流散也从水奐聲呼貫切

泌 俠流也从水必聲兵媚切

活 水流聲从水𠯑聲古活切

[illegible] 活或从聒

湝 水流湝湝也从水皆聲一曰湝湝寒也詩曰風雨湝湝古諧切

泫 湝流也从水玄聲上黨有泫氏縣胡畎切

淲 水流皃从水彪省聲詩曰淲沱北流皮彪切

淢 疾流也从水或聲于逼切

瀏 流清皃从水劉聲詩曰瀏其清矣力久切

濊 礙流也从水薉聲詩云施罟濊濊呼括切

滂 沛也从水旁聲臣鉉等曰今俗別作霶霈非是普郎切

汪 深廣也从水𡉚聲一曰汪池也烏光切

漻 清深也从水翏聲洛蕭切

泚 清也从水此聲千礼切

況 寒水也从水兄聲許訪切

沖 涌搖也从水中讀若動直弓切

汎 浮皃从水凡聲孚梵切

沄 轉流也从水云聲王分切

浩 澆也从水告聲虞書曰洪水浩浩胡老切

沆 莽沆大水也从水亢聲一曰大澤皃胡朗切

泬 水从孔穴疾出也从水从穴穴亦聲呼穴切

濞 水暴至聲从水鼻聲匹備切

灂 水小聲从水爵聲士角切

潝 水疾聲从水翕聲許及切

滕 水超涌也从水朕聲徒登切

潏 涌出也一曰水中坻人所爲爲潏一曰潏水名在京兆杜陵从水矞聲古穴切

洸 水涌光也从水从光光亦聲詩曰有洸有潰古黃切 波 水涌流也从水皮聲博禾切 澐 江水大波謂之澐从水雲聲王分切

瀾 大波爲瀾从水闌聲洛干切 漣 瀾或从連臣鉉等曰今俗音力延切 淪 小波爲淪从水侖聲詩曰河水淸且淪漪一曰沒也力迍切

漂 浮也从水票聲匹消切又匹妙切 浮 氾也从水孚聲縛牟切 濫 氾也从水監聲一曰濡上及下也詩曰觱沸濫泉一曰淸也盧瞰切

氾 濫也从水㔾聲孚梵切 泓 下深皃从水弘聲烏宏切 湋 回也从水韋聲羽非切

測 深所至也从水則聲初側切 湍 疾瀨也从水耑聲他耑切 淙 水聲也从水宗聲藏宗切 激 水礙衺疾波也从水敫聲一曰半遮也古歷切

洞 疾流也从水同聲徒弄切 瀿 大波也从水播聲孚袁切 洶 涌也从水匈聲許拱切

涌 滕也从水甬聲一曰涌水在楚國余隴切 湁 湁湒灪也从水拾聲丑入切 𣶒 直流也从水空聲苦江切又哭工切

汋 激水聲也从水勺聲井一有水一無水謂之瀱汋市若切 瀱 井一有水一無水謂之瀱汋从水罽聲居例切

渾 混流聲也从水軍聲一曰洿下皃戶昆切 洌 水淸也从水列聲易曰井洌寒泉食良辥切 淑 淸湛也从水叔聲殊六切

溶 水盛也从水容聲余隴切又音容 澂 淸也从水徵省聲臣鉉等曰今俗作澄非是直陵切 淸 朖也澂水之皃从水

八八七

說十一上七

青聲七情切湜水清底見也从水是聲詩曰湜湜其止常職切潣水流浼浼皃从水閔聲眉殞切滲下漉也从水參
聲所禁切潿不流濁也从水圍聲羽非切溷亂也一曰水濁皃从水圂聲胡困切淈濁也从水屈聲一曰滒泥一曰水出
皃古忽切漩回泉也从水旋省聲似沿切漼深也从水崔聲詩曰有漼者淵七罪切淵回水也从水象形左右岸也中
象水皃烏玄切囦淵或省水𡇼古文从口水濔滿也从水爾聲奴礼切澹水搖也从水詹聲徒濫切潯
旁深也从水尋聲徐林切泙谷也从水平聲符兵切泏水皃从水出聲讀若窋竹律切又口兀切瀳水至也从水薦聲讀若
尊又在甸切⿰氵𣂑土得水沮也从水𣂑聲讀若麵竹隻切滿盈溢也从水㒼聲莫旱切滑利也从水骨聲戶八切濇
不滑也从水嗇聲色立切澤光潤也从水睪聲丈伯切淫侵淫隨理也从水㸒聲一曰久雨爲淫余箴切瀸漬也从水韱聲爾
雅曰泉一見一否爲瀸子廉切泆水所蕩泆也从水失聲夷質切潰漏也从水貴聲胡對切沴水不利也从水㐱聲五行
傳曰若其沴作郎計切淺不深也从水戔聲七衍切洔水暫益且止未減也从水寺聲直里切消少減也一曰水門又
水出丘前謂之消丘从水省聲息井切淖泥也从水卓聲奴教切濢小溼也从水翠聲遵誄切溽溼暑也从水辱聲而

蜀切

涅 黑土在水中也从水从土日聲奴結切

滋 益也从水茲聲一曰滋水出牛飲山白陘谷東入呼沱子之切

㴊 青黑色从水曶聲呼骨切

浥 溼也从水邑聲於及切

沙 水散石也从水从少水少沙見楚東有沙水所加切

𣲡 譚長說沙或从尐尐子結切

瀨 水流沙上也从水賴聲洛帶切

濆 水厓也从水賁聲詩曰敦彼淮濆符分切

涘 水厓也从水矣聲周書曰王出涘牀史切

汻 水厓也从水午聲臣鉉等曰今作滸非是呼古切

氿 水厓枯土也从水九聲爾雅曰水醮曰氿居洧切

漘 水厓也从水脣聲詩曰寘河之漘常倫切

浦 瀕也从水甫聲滂古切

沚 小渚曰沚从水止聲詩曰于沼于沚諸市切

沸 滭沸濫泉从水弗聲分勿切又方未切

潀 小水入大水曰潀从水从眾詩曰鳧鷖在潀徂紅切

派 別水也从水从𠂢𠂢亦聲匹賣切

汜 水別復入水也一曰汜窮瀆也从水巳聲詩曰江有汜詳里切臣鉉等案前洍字音義同蓋或體也

湀 湀辟深水處也从水癸聲求癸切

濘 滎濘也从水寧聲乃定切

滎 絕小水也从水熒省聲戶扃切

洼 深池也从水圭聲一佳切又於瓜切

漥 清水也一曰窊也从水窐聲一穎切又屋瓜切

潢 積水池从水黃聲乎光切

沼 池水从水召聲之少切

湖 大陂也从水胡聲揚州浸有五湖浸川澤所仰以灌溉也戶吳切

汥 水都也从水支聲章移切

洫 十里爲成成閒廣八尺深八尺謂之洫从水血聲論

語曰盡力于溝洫況逼切溝水瀆廣四尺深四尺从水冓聲古矦切瀆溝也从水賣聲一曰邑中溝徒谷切渠水所居从水榘省聲彊魚切瀶谷也从水臨聲讀若林一曰寒也力尋切湄水艸交爲湄从水眉聲武悲切洐溝水行也从水从行戶庚切澗山夾水也从水閒聲一曰澗水出弘農新安東南入洛古莧切澳隈厓也其內曰澳其外曰隈从水奥聲於六切澩夏有水冬無水曰澩从水學省聲讀若學胡角切㶖澩或不省灘水濡而乾也从水鷬聲詩曰鷬其乾矣呼旰切又他干切灘俗鷬从隹汕魚游水皃从水山聲詩曰烝然汕汕所晏切決行流也从水从夬廬江有決水出於大別山古穴切灓漏流也从水䜌聲洛官切滴水注也从水啻聲都歷切注灌也从水主聲之戍切沃溉灌也从水芺聲烏鵠切⿰氵昔所以攤水也从水昔聲漢律曰及其門首洒⿰氵昔所責切澨埤增水邊土人所止者从水筮聲夏書曰過三澨時制切津水渡也从水聿聲將鄰切𣴎古文津从舟从淮淜無舟渡河也从水朋聲皮冰切⿰氵橫小津也从水橫聲一曰以船渡也戶孟切泭編水以渡也从水付聲芳無切渡濟也从水度聲徒故切沿緣水而下也从水㕣聲春秋傳曰王沿夏与專切泝逆流而上曰泝洄泝向也水欲下違之而上也从水㡯聲桑故切遡泝或从朔洄泝洄也从水从回戶

灰切泳潛行水中也从水永聲爲命切潛涉水也一曰藏也一曰漢水爲潛从水朁聲昨鹽切淦水入船中也一曰泥也从水金
聲古暗切汵淦或从今泛浮也从水乏聲孚梵切汓浮行水上也从水从子古或以汓爲没似由切泅汓或从囚聲
砅履石渡水也从水从石詩曰深則砅力制切濿砅或从厲湊水上人所會也从水奏聲倉奏切湛没也从水甚聲
一曰湛水豫章浸宅減切□古文湮没也从水垔聲於眞切㲻没也从水从人奴歷切𣸣沈也从水从𠬛黃勃切渨
没也从水畏聲烏恢切滃雲气起也从水翁聲烏孔切泱滃也从水央聲於良切淒雲雨起也从水妻聲詩曰有渰淒淒
淒七稽切渰雲雨皃从水弇聲衣檢切溟小雨溟溟也从水冥聲莫經切涑小雨零皃从水束聲所責切瀑疾雨
也一曰沫也一曰瀑資也从水暴聲詩曰終風且瀑平到切澍時雨澍生萬物从水尌聲常句切湒雨下也从水咠聲一曰沸涌皃
姊入切澬久雨涔資也一曰水名从水資聲水私切又即夷切潦雨水大皃从水尞聲盧皓切濩雨流霤下从水蒦聲胡
郭切涿流下滴也从水豖聲上谷有涿縣竹角切□奇字涿从日乙瀧雨瀧瀧皃从水龍聲力公切渿
沛之也从水柰聲奴帶切滈久雨也从水高聲乎老切漊雨漊漊也从水婁聲一曰汝南謂飲酒習之不醉爲漊力主切溦

文十一上　七　王志

小雨也从水微省聲無非切　微雨也从水蒙聲莫紅切　陵上滈水也从水冘聲一曰濁黕也臣鉉等曰今俗别作沉冗不成字非是
直深切又尸甚切　雷震洅洅也从水再聲作代切　泥水淊淊也一曰繅絲湯也从水臽聲胡感切　水澤多也从水
函聲詩曰僭始既涵胡男切　漸溼也从水拏聲人庶切　澤多也从水憂聲詩曰既瀀既渥於求切　漬也一曰涔陽
渚在郢中从水岑聲鉏箴切　漚也从水責聲前智切　久漬也从水區聲烏候切　濡也从水足聲士角切
霑也从水屋聲於角切　灌也从水隺聲口角切又公沃切　霑也从水合聲侯夾切　露多也从水農聲詩曰
零露濃濃女容切　雨雪瀌瀌从水麃聲甫嬌切　薄水也一曰中絕小水从水兼聲力鹽切　水石之理也从
水从阞周禮曰石有時而泐徐鍇曰言石因其脈理而解裂也盧則切　凝也从水帶聲直例切　著止也从水氏聲直尼切
水裂去也从水虢聲古伯切　水索也从水斯聲息移切　水涸也或曰泣下从水气聲詩曰汔可小康許訖切　渴也
从水固聲讀若狐貈之貈下各切　涸亦从水鹵舟　盡也从水肖聲相幺切　盡也从水焦聲子肖切　盡也
从水曷聲苦葛切　水虛也从水康聲苦岡切　幽溼也从水一所以覆也覆而有土故溼也㬎省聲失入切　幽溼

也从水音聲去急切
洿　濁水不流也一曰窳下也从水夸聲哀都切
浼　汙也从水免聲詩曰河水浼浼孟子曰汝安能浼我武辠切
汙　薉也一曰小池爲汙一曰涂也从水于聲烏故切
湫　隘下也一曰有湫水在周地春秋傳曰晏子之宅秋隘安定朝那有湫泉从水秋聲子了切又即由切
潤　水曰潤下从水閏聲如順切
準　平也从水隼聲之允切
汀　平也从水丁聲他丁切
𣲥　汀或从平
沑　水吏也又溫也从水丑聲人九切
瀵　水浸也从水糞聲爾雅曰瀵大出尾下方問切
滜　新也从水皋聲七皋切
瀞　無垢薉也从水靜聲疾正切
瀎　拭滅皃从水蔑聲莫達切
泧　瀎泧也从水戉聲讀若椒樧之樧又火活切
洎　灌釜也从水自聲其冀切
湯　熱水也从水昜聲土郎切
渜　湯也从水耎聲乃管切
洝　渜水也从水安聲烏旰切
洏　洝也一曰煑孰也从水而聲如之切
涗　財溫水也从水兌聲周禮曰以涗漚其絲輸芮切
涫　灊也从水官聲酒泉有樂涫縣古丸切
涾　涫溢也今河朔方言謂沸溢爲涾从水沓聲徒合切
汏　淅灡也从水大聲代何切又徒蓋切
㵎　淅也从水簡聲古限切
淅　汏米也从水析聲先擊切
滰　浚乾漬米也从水竟聲孟子曰夫子去齊滰淅而行其兩切
溲　浸沃也从水叜聲踈有切
浚　抒也从水夋聲私閏切
瀝　浚也从水歷聲一曰水下滴瀝郎擊切
漉　浚也从水鹿聲盧谷切
淥　漉或从彔
潘

淅米汁也一曰水名在河南滎陽从水番聲普官切

瀾　潘也从水蘭聲洛干切

泔　周謂潘曰泔从水甘聲古三切

滫　久泔也从水脩聲息流切又思酒切

澱　滓滋也从水殿聲堂練切

淤　澱滓濁泥从水於聲依據切

滓　澱也从水宰聲阻史切

淰　濁也从水念聲乃忝切

瀹　漬也从水龠聲以灼切

[illegible]　釃酒也一曰浚也从网从水焦聲讀若夏書天用勦絕臣鉉等曰以縑帛漉酒故从网子小切

漀　側出泉也从水殸聲殸籀文磬字去挺切

湑　莤酒也一曰浚也一曰露皃从水胥聲詩曰有酒湑我又曰零露湑兮私呂切

湎　沈於酒也从水面聲周書曰罔敢湎于酒彌兗切

漿　酢漿也从水將省聲即良切

𤖅　古文漿省

涼　薄也从水京聲呂張切

淡　薄味也从水炎聲徒敢切

涒　食已而復吐之从水君聲爾雅曰太歲在申曰涒灘他昆切

澆　漢也从水堯聲古堯切

液　盡也从水夜聲羊益切

汁　液也从水十聲之入切

滒　多汁也从水哥聲讀若哥古俄切

灝　豆汁也从水顥聲乎老切

溢　器滿也从水益聲夷質切

洒　滌也从水西聲古文爲灑埽字先礼切

滌　洒也从水條聲徒歷切

濈　和也从水戢聲阻立切

瀋　汁也从水審聲春秋傳曰猶拾瀋昌枕切

渳　飲也从水弭聲緜婢切

[illegible]　飲歃也一曰吮也从水算聲衫洽切又先活切

漱　盪口也从水欶聲所右切

泂　滄也从水冋聲戶褧切

滄　寒也从水倉聲七岡切
⿰氵靚　冷寒也从水靚聲七定切
淬　滅火器也从水卒聲七内切
沐　濯髮也从水木聲莫卜切
沬　洒面也从水未聲荒内切
湏　古文沬从頁
浴　洒身也从水谷聲余蜀切
澡　洒手也从水喿聲子皓切
洗　洒足也从水先聲穌典切
汲　引水於井也从水从及及亦聲居立切
淳　渌也从水享聲常倫切
淋　以水沃也从水林聲一曰淋淋山下水皃力尋切
渫　除去也从水枼聲私列切
澣　濯衣垢也从水榦聲胡玩切
浣　澣或从完
濯　瀚也从水翟聲直角切
涑　瀚也从水束聲河東有涑水速矦切
潎　於水中擊絮也从水敝聲匹蔽切
⿰氵⿱尨土　涂也从水从土尨聲讀若隴又亡江切
灑　汛也从水麗聲山豉切
汛　灑也从水卂聲息晉切
染　以繒染爲色从水杂聲徐鍇曰說文無杂字裴光遠云从木木者所以染枕茜之屬也从九九者染之數也未知其審而琰切
泰　滑也从廾从水大聲他蓋切臣鉉等曰本音他達切今左氏傳作汏輔非是
夳　古文泰
⿰氵閻　海岱之間謂相汙曰⿰氵閻从水閻聲余廉切
灒　汙灑也一曰水中人从水贊聲則旰切
⿰氵愁　腹中有水气也从水从愁愁亦聲士尤切
湩　乳汁也从水重聲多貢切
洟　鼻液也从水夷聲他計切
潸　涕流皃从水𣪠省聲詩曰潸焉出涕所姦切
汗　人液也从水干聲矦旰切
泣　無聲出涕曰泣从水立聲

去急切

涕　泣也从水弟聲他礼切

湅　𤃬也从水柬聲郎甸切

讞　議辠也从水獻與法同意魚列切

渝　變汙也从水俞聲一曰渝水在遼西臨俞東出塞羊朱切

減　損也从水咸聲古斬切

滅　盡也从水烕聲亡列切

漕　水轉轂也一曰人之所乘及船也从水曹聲在到切

泮　諸侯鄉射之宮西南爲水東北爲牆从水从半半亦聲普半切

漏　以銅受水刻節晝夜百刻从水屚聲盧后切

澒　丹沙所化爲水銀也从水項聲呼孔切

萍　苹也水艸也从水苹苹亦聲薄經切

濊　水多皃从水歲聲呼會切

汨　治水也从水曰聲于筆切

文四百六十八　重二十二

瀼　露濃皃从水襄聲汝羊切

漙　露皃从水專聲度官切

汍　泣淚皃从水丸聲胡官切

泯　滅也从水民聲武盡切

瀣　沆瀣气也从水瀣省聲胡介切

瀘　水名从水盧聲洛乎切

瀟　水名从水肅聲相邀切

瀛　水名从水嬴聲以成切

滁　水名从水除聲直魚切

洺　水名从水名聲武并切

潺　水聲从水孱聲昨閑切

湲　潺湲水聲从水爰聲王權切

濤　大波也从水壽聲徒刀切

漵　水浦也从水敘聲徐吕切

港　水派也从水巷聲古項切

瀦　水所亭也从水瀦聲

陟魚切

瀰　大水也从水彌聲武移切

淼　大水也从三水或作渺亡沼切

潔　瀞也从水絜聲古屑切

浹　洽也从也从水夾聲子協切

溘　奄忽也从水盍聲口荅切

潠　含水噴也从水巽聲穌困切

涯　水邊也从水从厓厓亦聲魚羈切

文二十三　新附

説文解字第十一上

賜進士及第山東等處督糧道兼管德常臨清倉事務加三級孫星衍重校刊

說文解字弟十一下　漢太尉祭酒許慎記

銀青光禄大夫守右散騎常侍上柱國東海縣開國子食邑五百户臣徐鉉等奉

敕校定

沝　二水也闕凡沝之屬皆从沝（之壘切）

𣸈　水行也从沝㐬㐬突忽也（力求切）　流　篆文从水

𣥺　徒行厲水也从沝从步（時攝切）　涉　篆文从水

文三　重二

頻　水厓人所賓附頻蹙不前而止从頁从涉凡頻之屬皆从頻（臣鉉等曰今俗别作水濱非是符眞切）

顰　涉水顰蹙从頻卑聲（符眞切）

文二

く　水小流也周禮匠人爲溝洫相廣五寸二相爲

耦一耦之伐廣尺深尺謂之く倍く謂之遂倍遂曰溝倍溝曰洫倍洫曰巜凡く之屬皆从く姑泫切

𤰝古文く从田从川　畎篆文く从田犬聲六畎爲一畝

文一　重二

巜水流澮澮也方百里爲巜廣二尋深二仞凡巜之屬皆从巜古外切

粼水生厓石閒粼粼也从巜粦聲力珍切

文二

川貫穿通流水也虞書曰濬く巜距川言深く巜之水會爲川也凡川之屬皆从川昌緣切

巠水脈也从川在一下一地也壬省聲一曰水冥巠也古靈切　𢀖古文巠不省

巟水廣也从川亡聲易曰包巟用馮河呼光切

𡿧 水流也从川或聲于逼切

𡿫 水流也从川曰聲于筆切

𡿪 水流㓞㓞也从川列省聲臣鉉等曰列字从㓞此疑誤當从歺省良辥切

邕 四方有水自邕城池者从川从邑於容切

𨛜 籒文邕

𡿦 害也从一雝川春秋傳曰川雝爲澤凶祖才切

侃 剛直也从㐰㐰古文信从川取其不舍晝夜論語曰子路侃侃如也空旱切

州 水中可居曰州周遶其旁从重川昔堯遭洪水民居水中高土或曰九州詩曰在河之州一曰州疇也各疇其土而生之臣鉉等曰今别作洲非是職流切

𡿾 古文州

文十　重三

泉 水原也象水流出成川形凡泉之屬皆从泉疾緣切

[篆] 泉水也从泉䋣聲讀若飯符萬切

文二

灥 三泉也闕凡灥之屬皆从灥詳遵切

厵 水泉本也从灥出厂下愚袁切

原 篆文从泉臣鉉等曰今别作源非是

文二　重一

永 長也象水巠理之長詩曰江之永矣凡永

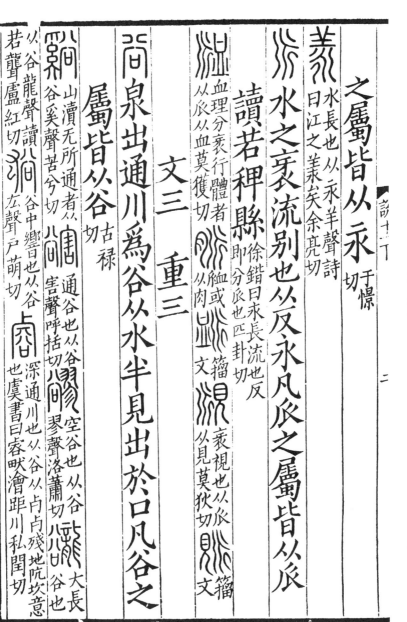

之屬皆从𠄓于憬切

羕 水長也从永羊聲詩曰江之羕矣余亮切

𠂢 水之衺流別也从反永凡𠂢之屬皆从𠂢讀若稗縣徐鍇曰永長流也反即分𠂢也匹卦切

衇 血理分衺行體者从𠂢从血莫獲切 脈 衇或从肉 䘑 籒文

覛 衺視也从𠂢从見莫狄切 䙿 籒文

文三　重三

谷 泉出通川爲谷从水半見出於口凡谷之屬皆从谷古祿切

谿 山瀆无所通者从谷奚聲苦兮切

𧮫 通谷也从谷害聲呼括切

𧯎 空谷也从谷翏聲洛蕭切

𧯷 大長谷也从谷龍聲讀若聾盧紅切

谹 谷中響也从谷厷聲戶萌切

睿 深通川也从谷从𣦼𣦼殘地阬坎意也虞書曰睿畎澮距川私閏切

濬 㕡或从水 濬 古文濬

谸 望山谷谸谸青也从谷千聲倉絢切

文八 重二

仌 凍也象水凝之形凡仌之屬皆从仌 筆陵切

冰 水堅也从仌从水魚陵切臣鉉等曰今作筆陵切以爲冰凍之冰

凝 俗冰从疑

凜 寒也从仌廩聲力稔切

凊 寒也从仌青聲七正切

凍 仌也从仌東聲多貢切

𠗲 仌出也从仌朕聲詩曰納于𠗲陰力膺切

凌 𠗲或从夌

凘 流仌也从仌斯聲息移切

凋 半傷也从仌周聲都僚切

冬 四時盡也从仌从夂夂古文終字都宗切

𣅡 古文冬从日

冶 銷也从仌台聲羊者切

凔 寒也从仌倉聲初亮切

冷 寒也从仌令聲魯打切

𠗣 寒也从仌南聲胡男切

滭 風寒也从仌畢聲卑吉切

冹 一之日滭冹从仌犮聲分勿切

凓 寒也从仌栗聲力質切

瀨 寒也从仌賴聲洛帶切

文十七 重三

雨 水从雲下也一象天冂象雲水霝其閒也凡雨之屬皆从雨 王矩切

雨古文

靁陰陽薄動靁雨生物者也从雨畾象回轉形魯回切 靁古文靁 靁古文靁 靁籒文靁間有回回靁聲也

霣雨也齊人謂靁爲霣从雨員聲一曰雲轉起也于敏切 霣古文霣

霆雷餘聲也鈴鈴所以挺出萬物从雨廷聲特丁切

霅霅霅震電皃一曰衆言也从雨譶省聲丈甲切

電陰陽激燿也从雨从申堂練切 電古文電

震劈歷振物者从雨辰聲春秋傳曰震夷伯之廟臣鉉等曰今俗别作霹靂非是章刃切 震籒文震

雪凝雨說物者从雨彗聲相絕切

霄雨霓爲霄从雨肖聲齊語也相邀切

霰稷雪也从雨散聲穌甸切 霰霰或从見

雹雨冰也从雨包聲蒲角切 雹古文雹

霝雨零也从雨㗊象零形詩曰霝雨其濛郎丁切

䨄雨零也从雨各聲盧各切

零餘雨也从雨令聲郎丁切

𩅝小雨財零也从雨鮮聲讀若斯息移切

霢霢霂小雨也从雨脈聲莫獲切

霂霢霂也从雨沐聲莫卜切

䨖小雨也从雨酸聲素官切

𩃎微雨也从雨𢦔聲又讀若芟子廉切

䨢小雨也从雨眾聲明堂月令曰䨢雨職戎切

霃久陰也从雨沈聲直深切

䨴久雨也从雨兼聲力鹽切

䨡久雨也从雨圅聲胡男切

霖雨三日已往从雨林聲力尋切

䨲霖雨也南陽謂霖䨲从雨㐺聲銀箴切

䨩雨聲从雨眞聲讀若資即夷切

䨞雨皃方語也从雨禹聲讀若禹王矩切

𩅞小雨也从雨酓聲子

廉切

霑　雨䨩也从雨沾聲張廉切

䨩　濡也从雨染聲而琰切

霤　屋水流也从雨留聲力救切

屚　屋穿水下也从雨在尸下尸者屋也盧后切

䨣　雨濡革也从雨从革讀若膊匹各切

霽　雨止也从雨齊聲子計切

𩃬　霽謂之𩃬从雨妻聲七稽切

霩　雨止雲罷皃从雨郭聲臣鉉等曰今別作廓非是苦郭切

露　潤澤也从雨路聲洛故切

霜　喪也成物者从雨相聲所莊切

霚　地气發天不應从雨敄聲臣鉉等曰今俗从務亡遇切

雺　籒文省

霾　風雨土也从雨貍聲詩曰終風且霾莫皆切

霿　天气下地不應曰霿霿晦也从雨瞀聲莫弄切

霓　屈虹青赤或白色陰气也从雨兒聲五雞切

䨝　寒也从雨執聲或曰早霜讀若春秋傳墊阨都念切

雩　夏祭樂于赤帝以祈甘雨也从雨于聲羽俱切

𦏸　或从羽雩羽舞也

需　𩂣也遇雨不進止𩂣也从雨而聲易曰雲上於天臣鉉等案李陽冰據易雲上於天云當从天然諸本及前作所書皆从而無有从天者相俞切

𩂳　水音也从雨羽聲王矩切

文四十七　重十一

霞　赤雲气也从雨段聲胡加切

霏　雨雲皃从雨非聲芳非切

霎　小雨也从雨妾聲山洽切

䨴　䨴䨺雲黑皃从雨對聲徒對切

靄　雲皃从雨藹省聲於蓋切

文五　新附

雲　山川气也从雨云象雲回轉形凡雲之屬皆从雲王分切

云　古文省雨　⿱二乙　亦古文雲

霒　雲覆日也从雲今聲於今切　侌　古文或省　⿱今乙　亦古文霒

文二　重四

魚　水蟲也象形魚尾與燕尾相似凡魚之屬皆从魚語居切

鰖　魚子已生者从魚憜省聲徒果切　⿰魚隋　籒文

鮞　魚子也一曰魚之美者東海之鮞从魚而聲讀若而如之切

魼　魚也从魚去聲去魚切

魶　魚似鼈無甲有尾無足口在腹下从魚納聲奴荅切

鰨　虛鰨也从魚𦐇聲土盍切

鱒　赤目魚从魚尊聲慈損切

⿱粦魚　魚也从魚粦聲力珍切

鰫　魚也从魚容聲余封切

⿰魚胥　魚也从魚胥聲相居切

鮪　鮥也周禮春獻王鮪从魚有聲榮美切

⿰魚亘　鯍也周禮謂之⿰魚亘从魚恒聲古恒切

鯍　⿰魚亘鯍也从魚亢聲武登切

鮥　叔鮪也从

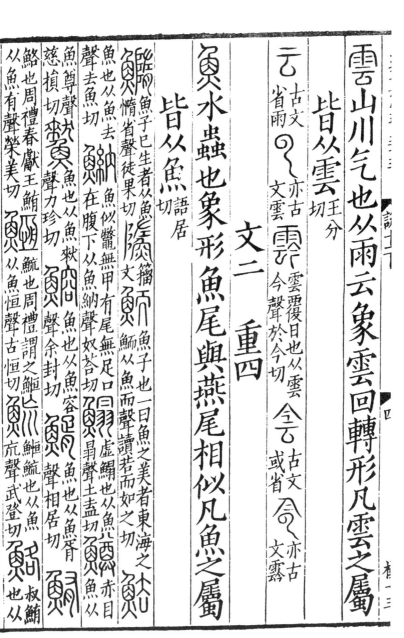

魚名聲盧各切

鯀 魚也从魚系聲臣鉉等曰系非聲疑从孫省古本切

鰥 魚也从魚眔聲李陽冰曰當从罤省古頑切

鯉 鱣也从魚里聲良止切

鱣 鯉也从魚亶聲張連切

鱣 籒文鱣

鱄 魚也从魚專聲旨兖切

鮦 魚名从魚同聲一曰⿰魚蠡也讀若絝襱直隴切

⿰魚蠡 鮦也从魚蠡聲盧啟切

⿰魚婁 魚名一名鯉一名鰜从魚婁聲洛侯切

鰜 魚名从魚兼聲古拈切

鯈 魚名从魚攸聲直由切

⿰魚豆 魚名从魚豆聲天口切

鯾 魚名从魚便聲房連切

鯿 鯾又从扁

魴 赤尾魚从魚方聲符方切

鰟 魴或从旁

鱮 魚名从魚與聲徐呂切

鰱 魚名从魚連聲力延切

鮍 魚名从魚皮聲敷羈切

⿰魚幼 魚名从魚幼聲讀若幽於糾切

鮒 魚名从魚付聲符遇切

⿰魚巠 魚名从魚巠聲仇成切

鰿 魚名从魚脊聲資昔切

鱺 魚名从魚麗聲郎兮切

鰻 魚名从魚曼聲母官切

鱯 魚名从魚蒦聲胡化切

魾 大鱯也其小者名鮡从魚丕聲敷悲切

鱧 鱯也从魚豊聲盧啟切

⿰魚果 鱧也从魚果聲胡瓦切

鱨 揚也从魚嘗聲市羊切

鱏 魚名从魚覃聲傳曰伯牙鼓琴鱏魚出聽余箴切

鯢 刺魚也从魚兒聲五雞切

鰼 鰌也从魚習聲似入切

鰌 鰼也从魚酋聲七由切

鯇 魚名从魚完聲戶版切

魠 哆口魚也从魚乇聲他各切

鮆 飲而不食刀魚

也九江有之从魚此聲徂礼切

鮀 鮎也从魚它聲徒何切

鮎 鰋也从魚占聲奴兼切

⿰魚妟 鮀也从魚妟聲於幰切

鰋 鰋或从匽

鮷 大鮎也从魚弟聲杜兮切

⿰魚賴 魚名从魚賴聲洛帶切

⿰魚朁 魚名从魚朁聲鉏箴切

⿰魚翁 魚名从魚翁聲烏紅切

⿰魚臽 魚名从魚臽聲尸賺切

鱖 魚名从魚厥聲居衛切

鯫 白魚也从魚取聲士垢切

鱓 魚名皮可爲鼓从魚單聲常演切

鮸 魚名出薉邪頭國从魚免聲亡辨切

魵 魚名出薉邪頭國从魚分聲符分切

⿰魚虜 魚名出樂浪潘國从魚虜聲郎古切

鰸 魚名狀似蝦無足長寸大如叉股出遼東从魚區聲豈俱切

鯜 魚名出樂浪潘國从魚妾聲七接切

魳 魚名出樂浪潘國从魚市聲博蓋切

⿰魚匊 魚名出樂浪潘國从魚匊聲一曰鰌魚出江東有兩乳居六切

魦 魚名出樂浪潘國从魚沙省聲所加切

鱳 魚名出樂浪潘國从魚樂聲盧谷切

鮮 魚名出貉國从魚羴省聲相然切

鰅 魚名皮有文出樂浪東暆神爵四年初捕收輸考工周成王時揚州獻鰅从魚禺聲魚容切

鱅 魚名从魚庸聲蜀容切

鰂 烏鰂魚名从魚則聲昨則切

鯽 鰂或从即

鮐 海魚名从魚台聲徒哀切

鮊 海魚名从魚白聲旁陌切

鰒 海魚名从魚复聲蒲角切

鮫 海魚皮可飾刀从魚交聲古肴切

⿰魚畺 海大魚也从魚畺聲春秋傳曰取其⿰魚畺鯢渠京切

鯨 ⿰魚畺或从京

鯁 魚骨也从魚更聲古杏切

鱗　魚甲也从魚粦聲力珍切
鮏　魚臭也从魚生聲臣鉉等曰今俗作鯹桑經切
鱢　鮏臭也从魚喿聲周禮曰膳膏鱢穌遭切
鮨　魚胎醬也出蜀中从魚旨聲一曰鮪魚名旨夷切
鮺　藏魚也南方謂之䰼北方謂之鮺从魚差省聲側下切
䰼　鮺也一曰大魚爲鮺小魚爲䰼从魚今聲徂慘切
鮑　饐魚也从魚包聲薄巧切
魿　蟲連行紆行者从魚令聲郎丁切
鰕　魵也从魚叚聲乎加切
鰝　大鰕也从魚高聲胡到切
鯦　當互也从魚咎聲其久切
魧　大貝也一曰魚膏从魚亢聲讀若岡古郎切
⿰魚丙　蚌也从魚丙聲兵永切
鮚　蚌也从魚吉聲漢律會稽郡獻鮚醬巨乙切
鮅　魚名从魚必聲毗必切
⿰魚瞿　魚名从魚瞿聲九遇切
鯸　魚名从魚侯聲乎鉤切
鯛　骨耑脃也从魚周聲都僚切
⿰魚卓　烝然⿰魚卓⿰魚卓从魚卓聲都教切
鮁　鱣鮪鮁鮁从魚犮聲北末切
⿰魚夫　鯕魚出東萊从魚夫聲甫無切
鯕　魚名从魚其聲渠之切
鮡　魚名从魚兆聲治小切
魤　魚名从魚匕聲呼跨切
鱻　新魚精也从三魚不變魚徐鍇曰三衆也衆而不變是鱻也相然切

文一百三　重七

鰈　比目魚也从魚枼聲土盍切
魮　文魮魚名从魚比聲房脂切
鰩　文鰩魚名从魚䍃聲余招切

文三　新附

䲆　二魚也凡䲆之屬皆从䲆語居切

瀺　捕魚也从䲆从水語居切　漁　篆文瀺从魚

文二　重一

燕　玄鳥也籋口布翄枝尾象形凡燕之屬皆从燕於甸切

文一

龍　鱗蟲之長能幽能明能細能巨能短能長春分而登天秋分而潛淵从肉飛之形童省聲臣鉉等曰象宛轉飛動之皃凡龍之屬皆从龍力鍾切

龗　龍也从龍霝聲郎丁切　龕　龍皃从龍合聲口含切　䶬　龍耆脊上䶬䶬从龍幵聲古賢切　龖　飛龍也从二龍讀若沓徒合切

文五

飛　鳥翥也象形凡飛之屬皆从飛甫微切

𩙪 翄也从飛異聲与職切 翼 篆文𩙪从羽

文二 重一

非 違也从飛下翄取其相背凡非之屬皆从非 甫微切

𩇕 別也从非己聲非尾切 靡 披靡也从非麻聲文彼切 靠 相違也从非告聲苦到切 𩇖 牢也所以拘非从非陛省聲邊兮切

文五

卂 疾飛也从飛而羽不見凡卂之屬皆从卂 息晋切

煢 回疾也从卂營省聲渠營切

文二

說文解字第十一下

賜進士及第山東等處督糧道兼管德常臨清倉事務加三級孫星衍重校刊

說文解字弟十二上　漢太尉祭酒許慎記

銀青光祿大夫守右散騎常侍上柱國東海縣開國子食邑五百戶臣徐鉉等奉

敕校定

三十六部　七百七十九文　重八十四

凡九千二百三字

文三十新附

玄鳥也齊魯謂之乙取其鳴自呼象形凡乙之屬皆从乙　徐鍇曰此與甲乙之乙相類其形舉首下曲與甲乙字少異烏轄切

乙或从鳥

通也从乙从子乙請子之候鳥也乙至而得子嘉美之也古人名嘉字子孔康董切

人及鳥生子曰乳獸曰產从孚从乙乙者玄鳥也明堂月令玄鳥至之日祠于高禖以請子故乳从乙請子必以乙至之日者乙春分來秋分去開生之候鳥帝少昊司分之官也而主切

文三　重一

不　鳥飛上翔不下來也从一一猶天也象形凡不之屬皆从不　方久切

否　不也从口从不不亦聲徐鍇曰不可之意見於言故从口　方久切

文二

至　鳥飛从高下至地也从一一猶地也象形不上去而至下來也凡至之屬皆从至　脂利切

𦤳　古文至

到　至也从至刀聲　都悼切

臻　至也从至秦聲　側詵切

𡎟　忿戾也从至至而復遜遜遁也周書曰有夏氏之民叨𡎟𡎟讀若摯　丑利切

臺　觀四方而高者从至从之从高省與室屋同意　徒哀切

臸　到也从二至　人質切

文六　重一

西　鳥在巢上象形日在西方而鳥棲故因以爲

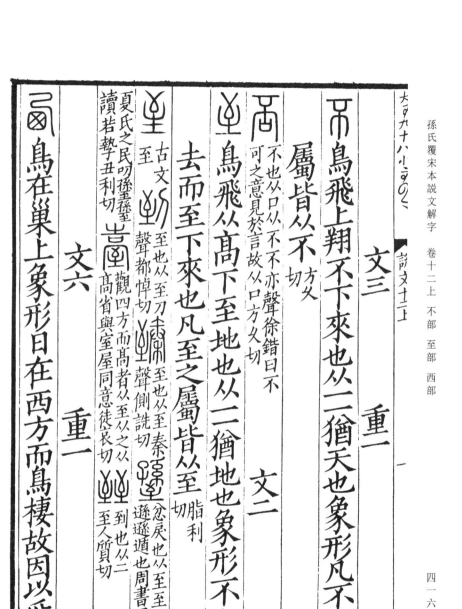

東西之西凡西之屬皆从西先稽切

棲西或从木妻　卤古文西　卤籒文西　𧟹姓也从西圭聲戶圭切　文三　重三

鹵西方鹹地也从西省象鹽形安定有鹵縣東方謂之㡿西方謂之鹵凡鹵之屬皆从鹵郎古切

䶈鹹也从鹵差省聲河内謂之䶈沛人言若虘昨河切　鹹銜也北方味也从鹵咸聲胡毚切　文三

鹽鹹也从鹵監聲古者宿沙初作煑海鹽凡鹽之屬皆从鹽余廉切

盬河東鹽池袤五十一里廣七里周百十六里从鹽省古聲公戶切　鹼鹵也从鹽省僉聲魚欠切　文三

戶護也半門曰戶象形凡戶之屬皆从戶矦古切

㦾古文戶从木　扉戶扇也从戶非聲甫微切　扇扉也从戶从翄聲式戰切　房室在旁也从戶方聲符方切

戾 輜車旁推戶也从戶大聲讀與釱同徒蓋切 戹 隘也从戶乙聲於革切 肁 始開也从戶从聿臣鉉等曰聿者始也治矯切 扆 戶牖之間謂之扆从戶衣聲於豈切 ⿸戶劫 閉也从戶劫省聲口盍切 扃 外閉之關也从戶冋聲古熒切

文十　重一

門 聞也从二戶象形凡門之屬皆从門莫奔切

閶 天門也从門昌聲楚人名門曰閶闔尺量切 闈 宮中之門也从門韋聲羽非切 ⿵門詹 闔謂之樀樀廟門也从門詹聲余廉切

閎 巷門也从門厷聲戶萌切 閨 特立之戶上圜下方有似圭从門圭聲古攜切 閤 門旁戶也从門合聲古沓切 闒 樓上戶也从門𦐇聲徒盍切 閈 門也从門干聲汝南平輿里門曰閈侯旰切 閭 里門也从門呂聲周禮五家爲比五比爲閭閭侶也二十五家相群侶也力居切 閻 里中門也从門臽聲余廉切 壛 閻或从土 闠 市外門也从門貴聲胡對切 闉 城内重門也从門垔聲詩曰出其闉闍於眞切 闍 闉闍也从門者聲當孤切 闕 門觀也从門欮聲去月切 閞 門欂櫨也从門弁聲皮變切 ⿵門介 門扇也从門介聲胡介切 闔 門扇也一曰閉也从門盍聲胡臘切 闑 門梱也从門臬聲魚列切

閾門榍也从門或聲論語曰行不履閾于逼切⿵門洫古文閾从洫閬門高也从門良聲巴郡有閬中縣來宕切闢
開也从門辟聲房益切⿵門𢪒虞書曰闢四門从門从𢪒闈闈門也从門爲聲國語曰闈門而與之言韋委切闡開也从門單聲
易曰闡幽昌善切開張也从門从幵苦哀切⿵門幵古文闓開也从門豈聲苦亥切閜大開也从門可聲大杯亦
爲閜火下切閘開閉門也从門甲聲烏甲切閟閉門也从門必聲春秋傳曰閟門而與之言兵媚切閣所以止扉也从門各
聲古洛切閒隟也从門从月徐鍇曰夫門夜閉閉而見月光是有閒隟也古閑切⿵門外古文閒⿵門阿門傾也从門阿聲烏可切閼
遮攤也从門於聲烏割切⿵門䌛開閉門利也从門䌛聲一曰縷十紘也臣鉉等曰䌛非聲未詳旨沇切⿵門曷門聲也从門曷聲乙鎋切⿵門鄉門響
也从門鄉聲許亮切闌門遮也从門柬聲洛干切閑闌也从門中有木戶閒切閉闔門也从門才所以距門也博計切閡外閉
也从門亥聲五溉切闇閉門也从門音聲烏紺切關以木橫持門戶也从門丱聲古還切⿵門龠關下牡也从門龠聲以灼切闐
盛皃从門眞聲待季切闛闛闛盛皃从門堂聲徒郎切閹豎也宮中奄閽閉門者从門奄聲英廉切閽常以昏閉
門隸也从門从昏昏亦聲呼昆切闚閃也从門規聲去隓切⿵門䜌妄入宮掖也从門䜌聲讀若闌洛干切⿵門二登也从門三古文

下字讀若軍敶之敶臣鉉等曰下言自下而登上也故从下商書曰若升高必自下直刃切

閃　闚頭門中也从人在門中失冉切

閱　具數於門中也从門說省聲弋垂切

闋　事已閉門也从門癸聲傾雪切

闞　望也从門敢聲苦濫切

闊　疏也从門活聲苦括切

閔　弔者在門也从門文聲臣鉉等曰今別作憫非是眉殞切

𢘅　古文閔

闖　馬出門皃从馬在門中讀若郴丑禁切

文五十七　重六

闤　市垣也从門瞏聲戶關切

闥　門也从門達聲他達切

閌　閌閬高門也从門亢聲苦浪切

閥　閥閱自序也从門伐聲義當通用伐房越切

闃　靜也从門狊聲臣鉉等案易窺其戶闃其無人窺小視也狊大張目也言始小視之雖大張目亦不見人也義當只用狊字苦狊切

文五　新附

耳　主聽也象形凡耳之屬皆从耳而止切

耴　耳垂也从耳下垂象形春秋傳曰秦公子輒者其耳下垂故以爲名陟葉切

䎎　小垂耳也从耳占聲丁兼切

耽　耳大垂也从耳冘聲詩曰士之耽兮丁含切

聃　耳曼也从耳冉聲他甘切

𦕒　聃或从甘

聸　垂耳也从耳詹聲南方聸耳之國都

甘切 耿 耳箸頰也从耳烓省聲杜林說耿光也从光聖省凡字皆左形右聲杜林非也徐鍇曰凡字多右形左聲此說或後人所加或傳寫之誤古杏切

聯 連也从耳耳連於頰也从絲絲連不絕也力延切 聊 耳鳴也从耳卯聲洛蕭切 聖 通也从耳呈聲式正切 聰 察也从耳悤聲倉紅切

聽 聆也从耳恴壬聲他定切 聆 聽也从耳令聲郎丁切 職 記微也从耳戠聲之弋切 聒 讙語也从耳昏聲古活切 聥 張耳有所聞也从耳禹聲王矩切 聲 音也从耳殸聲殸籒文磬書盈切 聞 知聞也从耳門聲無分切 䎽 古文从昏 聘 訪也从耳甹聲匹正切 聾 無聞也从耳龍聲盧紅切 聳 生而聾曰聳从耳從省聲息拱切 聹 益梁之州謂聾爲聹秦晉聽而不聞聞而不達謂之聹从耳宰聲作亥切 聵 聾也从耳貴聲五怪切 𦖃 聵或从欳臣鉉等曰當从蔽省義見蔽字注 聉 無知意也从耳出聲讀若孼五滑切 ⿰耳闋 吳楚之外凡無耳者謂之⿰耳闋言若斷耳爲盟从耳闋聲五滑切 聅 軍法以矢貫耳也从耳从矢司馬法曰小罪聅中罪刵大罪剄 聝 軍戰斷耳也春秋傳曰以爲俘聝从耳或聲古獲切 馘 聝或从首 ⿰耳月 墮耳也从耳月聲魚厥切 ⿱麻耳 乘輿金馬耳也从耳麻聲讀若湖水一曰若月令靡草之靡亡彼切 耹 國語曰回祿信於耹遂闕巨今切 聑 安也从二耳丁帖切 聶 附耳私小語也从三耳尼輒切

文三十二 重四

聱　不聽也从耳敖聲五交切

文一　新附

𦣝　顄也象形凡𦣝之屬皆从𦣝與之切

頤　篆文𦣝　𩠐　籀文从首

巸　廣𦣝也从𦣝巳聲與之切　戺　古文巸从戶臣鉉等曰今俗作牀史切以爲階戺之戺

文三　重三

手　拳也象形凡手之屬皆从手書九切

𠂿　古文手

掌　手中也从手尚聲諸兩切

拇　將指也从手母聲莫厚切

指　手指也从手旨聲職雉切

拳　手也从手𢍏聲巨員切

掔　手掔也揚雄曰掔握也从手取聲烏貫切

攕　好手皃詩曰攕攕女手从手韱聲所咸切

𢸁　人臂皃从手削聲周禮曰輻欲其𢸁徐鍇曰人臂𢸁長纖好也所角切

摳　繑也一曰摳衣升堂从手區聲口侯切

攐　摳衣也从手褰聲去虔切

撎　舉手下手也从手壹聲於計切

揖　攘也从手咠聲一曰手箸胷曰揖伊入切

攘　推也从手襄聲汝羊切

拱　斂手也从手共聲居竦切

撿　拱也从手僉聲良冉切

𢷎　首至地也从手𠦬𠦬音忽徐鍇曰𠦬進趣之疾也故拜从之博怪切

拜　揚雄說拜从兩手下

古文拜

捾　搯捾也从手官聲一曰援也烏括切

搯　捾也从手舀聲周書曰師乃搯搯者拔兵刃以習擊刺詩曰左旋右搯土刀切

⿰扌巩　攤也从手巩聲居竦切臣鉉等案巩部有拲與巩同此重出

推　排也从手隹聲他回切

捘　推也从手夋聲春秋傳曰捘衛侯之手子寸切

排　擠也从手非聲步皆切

擠　排也从手齊聲子計切

抵　擠也从手氐聲丁礼切

摧　擠也从手崔聲一曰挏也一曰折也昨回切

拉　摧也从手立聲盧合切

⿰扌亞　摧也从手亞聲則臥切

扶　左也从手夫聲防無切

古文扶

⿰扌爿　扶也从手爿聲七良切

持　握也从手寺聲直之切

挈　縣持也从手㓞聲苦結切

拑　脅持也从手甘聲巨淹切

揲　閱持也从手枼聲今折切

摯　握持也从手从執脂利切

操　把持也从手喿聲七刀切

⿰扌瞿　爪持也从手瞿聲臣鉉等曰今俗別作掬非是居玉切

捦　急持衣裣也从手金聲巨今切

㩒　捦或从禁

搏　索持也一曰至也从手尃聲補各切

據　杖持也从手豦聲居御切

攝　引持也从手聶聲書涉切

⿰扌冄　并持也从手冄聲他含切

抪　捫持也从手布聲普胡切

挾　俾持也从手夾聲胡頰切

捫　撫持也从手門聲詩曰莫捫朕舌莫奔切

擥　撮持也从手監聲盧敢切

擸　理持也从手巤聲良涉切

握　搤持也从手屋聲於角切

古文握

撣　提持也从手單聲讀若行遟驒驒徒旱切

把　握也从手巴聲搏下切

[搹] 把也从手鬲聲於革切 [㧖] 搹或从戹 [拏] 牽引也从手奴聲女加切 [攜] 提也从手巂聲戶圭切 [提] 挈也从手是聲杜兮切 [㧊] 拈也从手耴聲丁愜切 [拈] 掫也从手占聲奴兼切 [摛] 舒也从手离聲丑知切 [捨] 釋也从手舍聲書冶切 [擪] 一指按也从手厭聲於協切 [按] 下也从手安聲烏旰切 [控] 引也从手空聲詩曰控于大邦匈奴名引弓控弦苦貢切 [揗] 摩也从手盾聲食尹切 [掾] 緣也从手彖聲以絹切 [拍] 拊也从手百聲普百切 [拊] 揗也从手付聲芳武切 [掊] 把也今鹽官入水取鹽爲掊从手音聲父溝切 [捋] 取易也从手寽聲郎括切 [撩] 理也从手尞聲洛蕭切 [措] 置也从手昔聲倉故切 [插] 刺肉也从手从臿楚洽切 [掄] 擇也从手侖聲盧昆切 [擇] 柬選也从手睪聲丈伯切 [捉] 搤也从手足聲一曰握也側角切 [搤] 捉也从手益聲於革切 [挻] 長也从手从延延亦聲式連切 [揃] 搣也从手前聲即淺切 [搣] 批也从手威聲亡列切 [批] 捽也从手此聲側氏切 [揤] 捽也从手即聲魏郡有揤裴侯國子力切 [捽] 持頭髮也从手卒聲昨沒切 [撮] 四圭也一曰兩指撮也从手最聲倉括切 [掬] 撮也从手𥷚省聲居六切 [摕] 撮取也从手帶聲讀若詩曰螮蝀在東都計切 [𢶍] 摕或从折从示兩手急持人也 [捊] 引取也从手孚聲步矦切 [抱] 捊或从包臣鉉等曰今作薄報切以爲褱袌字非是 [揜] 自關以東

謂取曰揜一曰覆也从手弇聲衣檢切 授 予也从手从受受亦聲殖酉切 承 奉也受也从手从卩从収臣鉉等曰謹節其事承奉之義也故从卩署陵切 挋 給也从手臣聲一曰約也章刃切 [扌堇] 拭也从手堇聲居焮切 攩 朋群也从手黨聲多朗切 接 交也从手妾聲子葉切 [扌市] 攤也从手市聲普活切 挏 攤引也漢有挏馬官作馬酒从手同聲徒總切 招 手呼也从手召止搖切 撫 安也从手無聲一曰循也芳武切 㧗 古文从辵亡 捪 撫也从手昏聲一曰摹也武巾切 揣 量也从手耑聲度高曰揣一曰捶之徐鍇曰此字與耑聲不相近如喘遄之類皆當从瑞省初委切 抧 開也从手只聲讀若抵掌之抵諸氏切 摜 習也从手貫聲春秋傳曰摜瀆鬼神古患切 投 擿也从手从殳度侯切 擿 搔也从手適聲一曰投也直隻切 搔 括也从手蚤聲穌遭切 扴 刮也从手介聲古黠切 摽 擊也从手票聲一曰挈門壯也符少切 挑 撓也从手兆聲一曰摷也國語曰郤至挑天土凋切 抉 挑也从手夬聲於說切 撓 擾也从手堯聲一曰捄也奴巧切 擾 煩也从手夒聲而沼切 挶 戟持也从手局聲居玉切 据 戟挶也从手居聲九魚切 擖 刮也从手葛聲一曰撻也口八切 摘 拓果樹實也从手啻聲一曰指近之也臣鉉等曰當从適省乃得聲他歷切又竹戹切 搳 擖也从手害聲胡秸切 摲 暫也从手斬聲昨甘切 拹 摺也从手劦聲一曰拉也虛業切 摺 敗也从手習聲之涉切

揫　束也从手秋聲詩曰百祿是揫即由切
摟　曳聚也从手婁聲洛侯切
抎　有所失也春秋傳曰抎子辱矣从手云聲于敏切
披　从旁持曰披从手皮聲敷羈切
𢳎　引縱曰𢳎从手瘛省聲尺制切
𢫦　積也詩曰助我舉𢫦搣頰旁也从手此聲前智切
掉　搖也从手卓聲春秋傳曰尾大不掉徒弔切
搖　動也从手䍃聲余招切
搈　動搈也从手容聲余隴切
𢷎　當也从手貳聲直異切
揂　聚也从手酋聲即由切
掔　固也从手臤聲讀若詩赤舄掔掔臣鉉等曰今別作慳非是苦閑切
捀　奉也从手夆聲敷容切
𢹎　對舉也从手輿聲以諸切
揚　飛舉也从手昜聲與章切
敭　古文
舉　對舉也从手與聲居許切
掀　舉出也从手欣聲春秋傳曰掀公出於淖虛言切
揭　高舉也从手曷聲去例切又基竭切
抍　上舉也从手升聲易曰抍馬壯吉蒸上聲
撜　抍或从登臣鉉等曰今俗別作拯非是
振　舉救也从手辰聲一日奮也章刃切
扛　橫關對舉也从手工聲古雙切
扮　握也从手分聲讀若粉房吻切
撟　舉手也从手喬聲一曰撟擅也居少切
捎　自關已西凡取物之上者爲撟捎从手肖聲所交切
擁　抱也从手雝聲於隴切
擩　染也从手需聲周禮六日擩祭而主切
揄　引也从手俞聲羊朱切
搫　搫擭不正也从手般聲薄官切
擭　搫擭也一日布擭也一日握也从手蒦聲一虢切
拚　拊手也从手弁聲皮變切
擅　專也

从手亶聲時戰切　揆　葵也从手癸聲求癸切　擬　度也从手疑聲魚巳切　損　減也从手員聲穌本切　失　縱也

从手乙聲式質切　捝　解捝也从手兌聲他括切　撥　治也从手發聲北末切　挹　抒也从手邑聲於汲切　抒　挹也从手

予聲神與切　抯　挹也从手且聲讀若樝梨之樝側加切　攫　扟也从手矍聲居縛切　扟　从上挹也从手卂聲讀若莘所臻切

拓　拾也陳宋語从手石聲之石切　摭　拓或从庶　攈　拾也从手麇聲居運切　拾　掇也从手合聲是執切　掇

拾取也从手叕聲都括切　擐　貫也从手瞏聲春秋傳曰擐甲執兵胡慣切　揯　引急也从手恒聲古恒切　摍　蹴引也从手宿

聲所六切　⿰扌虔　相援也从手虔聲巨言切　援　引也从手爰聲雨元切　㨨　引也从手留聲敕鳩切　抽　㨨或从由

⿰扌秀　籀或从秀　擢　引也从手翟聲直角切　拔　擢也从手犮聲蒲八切　揠　拔也从手匽聲烏黠切　擣

手推也一曰築也从手𠷎聲都皓切　攣　係也从手䜌聲吕員切　挺　拔也从手廷聲徒鼎切　攐　拔取也南楚語从手寒聲楚詞

曰朝攐批之木蘭九輦切　探　遠取之也从手罙聲他含切　撢　探也从手覃聲他紺切　捼　推也从手委聲一曰兩手相切摩也

臣鉉等曰今俗作挼非是奴禾切　撆　別也一曰擊也从手敝聲芳滅切　揻　搖也从手咸聲臣鉉等曰今別作撼非是胡感切　搖

按也从手弱聲尼革切掎偏引也从手奇聲居綺切揮奮也从手軍聲許歸切摩研也从手麻聲莫婆切⿰扌毘反手擊也从手毘聲匹齊切攪亂也从手覺聲詩曰祇攪我心古巧切搑推擣也从手茸聲而隴切撞卂擣也从手童聲宅江切⿰扌因就也从手因聲於眞切扔因也从手乃聲如乘切括絜也从手𠯑聲古活切抲抲撝也从手可聲周書曰盡執抲虎何切擘撝也从手辟聲博戹切撝裂也从手爲聲一曰手指也許歸切捇裂也从手赤聲呼麥切扐易筮再扐而後卦从手力聲盧則切技巧也从手支聲渠綺切摹規也从手莫聲莫胡切拙不巧也从手出聲職說切⿰扌沓縫指⿰扌沓也一曰韜也从手沓聲讀若眔徒合切摶圜也从手專聲度官切⿰扌圂手推之也从手圂聲戶骨切捄盛土於梩中也一曰擾也詩曰捄之陾陾从手求聲舉朱切拮手口共有所作也从手吉聲詩曰予手拮据古屑切搰掘也从手骨聲戶骨切掘搰也从手屈聲衢勿切掩斂也小上曰掩从手奄聲衣檢切摡滌也从手既聲詩曰摡之釜鬵古代切揟取水沮也从手胥聲武威有揟次縣相居切播種也一曰布也从手番聲補過切𢿌古文播挃穫禾聲也从手至聲詩曰穫之挃挃陟栗切㨖刺也从手致聲一曰刺之財至也陟利切扤動也从手兀聲五忽切抈

折也从手月聲魚厥切
摎 縛殺也从手翏聲居求切
撻 鄉飲酒罰不敬撻其背从手達聲他達切
𢾂 古文撻周書曰遽以記之
掕 止馬也从手夌聲里甑切
抨 撣也从手平聲普耕切
捲 气勢也从手卷聲國語曰有捲勇一曰捲收也臣鉉等曰今俗作居轉切以爲捲舒之捲巨員切
扱 收也从手及聲楚洽切
摷 拘擊也从手巢聲子小切
挨 擊背也从手矣聲於駭切
撲 挨也从手菐聲蒲角切
㩧 旁擊也从手敫聲苦弔切
扚 疾擊也从手勺聲都了切
抶 笞擊也从手失聲敕栗切
抵 側擊也从手氐聲諸氏切
抰 以車鞅擊也从手央聲於兩切
[illegible] 衣上擊也从手保聲方苟切
捭 兩手擊也从手卑聲北買切
捶 以杖擊也从手垂聲之壘切
搉 敲擊也从手隺聲苦角切
摬 中擊也从手竟聲一敬切
拂 過擊也从手弗聲徐鍇曰擊而過之也敷物切
摼 擣頭也从手堅聲讀若鏗尔舍瑟而作口莖切
抌 深擊也从手冘聲讀若告言不正曰抌竹甚切
[illegible] 傷擊也从手毀毀亦聲許委切
擊 攴也从手毄聲古歷切
扞 忮也从手干聲侯旰切
抗 扞也从手亢聲苦浪切
杭 抗或从木臣鉉等曰今俗作胡郎切
捕 取也从手甫聲薄故切
簎 刺也从手籍省聲周禮曰簎魚鼈士革切
撚 執也从手然聲一曰蹂也乃殄切
挂 畫也从手圭聲古賣切
拕 曳也从手它聲託何切
捈 臥引也从

說十二七

手余聲同都切

抴　捈也从手世聲余制切

揙　撫也从手扁聲婢沔切

撅　从手有所把也从手厥聲居月切

攎　挐持也从手盧聲洛乎切

挐　持也从手如聲女加切

搵　没也从手昷聲烏困切

搒　掩也从手旁聲北孟切

挌　擊也从手各聲古覈切

拲　兩手同械也从手从共共亦聲周禮上辠梏拲而桎居竦切

拲或从木

掫　夜戒守有所擊从手取聲春秋傳曰賓將掫子侯切

捐　棄也从手肙聲與專切

掤　所以覆矢也从手朋聲詩曰抑釋掤忌筆陵切

扜　指麾也从手亏聲億俱切

攠　旌旗所以指麾也从手靡聲許爲切

捷　獵也軍獲得也从手疌聲春秋傳曰齊人來獻戎捷疾葉切

扣　牽馬也从手口聲丘后切

掍　同也从手昆聲古本切

搜　衆意也一曰求也从手叜聲詩曰束矢其搜所鳩切

換　易也从手奐聲胡玩切

掖　以手持人臂投地也从手夜聲一曰臂下也羊益切

文二百六十五　重十九

摦　横大也从手瓠聲胡化切

攙　刺也从手毚聲楚銜切

搢　插也从手晉聲搢紳前史皆作薦紳即刃切

掠　奪取也从手京聲本音亮唐韻或作擽離灼切

掐　爪刺也从手臽聲苦洽切

捻　指捻也从手念聲奴協切

拗　手拉也从手幼聲於絞切

摵　捎也从手戚聲沙劃切

捌　方言云無齒杷从手別聲百轄切

攤　開也从手難聲他干切

抛　棄也从手从尤

从力或从手尥聲案左氏傳通用摽詩摽有梅摽落也義亦同匹交切

摴 舒也又摴蒱戲也从手雩聲丑居切

打 擊也从手丁聲都挺切

文十三 新附

𠦬 背呂也象脅肋也凡𠦬之屬皆从𠦬 古懷切

脊 背呂也从𠦬从肉 資昔切

文二

說文解字弟十二上

賜進士及第山東等處督糧道兼管德常臨清倉事務加三級孫星衍重校刊

說文解字第十二下　漢太尉祭酒許氏記

銀青光祿大夫守右散騎常侍上柱國東海縣開國子食邑五百戶臣徐鉉等奉
敕校定

女　婦人也象形王育說凡女之屬皆从女　尼呂切

姓　人所生也古之神聖母感天而生子故稱天子从女从生生亦聲春秋傳曰天子因生以賜姓息正切　姜　神農居姜水以爲姓从女羊聲居良切　姬　黃帝居姬水以爲姓从女匝聲居之切　姞　黃帝之後百鯈姓后稷妃家也从女吉聲巨乙切　嬴　少昊氏之姓从女嬴省聲以成切　姚　虞舜居姚虛因以爲姓从女兆聲或爲姚嬈也史篇以爲姚易也余招切　媯　虞舜居媯汭因以爲氏从女爲聲居爲切　妘　祝融之後姓也从女云聲王分切　□　籀文妘从員　姺　殷諸侯爲亂疑姓也从女先聲春秋傳曰商有姺邳所臻切　⿰女然　人姓也从女然聲奴見切　妞　人姓也从女丑聲商書曰無有作妞呼到切　娸　人姓也从女其聲杜林說娸醜也去其切　奼　少女也从女毛聲坼下切　媒　謀也謀合二姓从女某聲莫桮切　妁　酌也斟酌二姓也从女勺聲市勺切　嫁　女適人也从女家聲古訝切　娶　取婦也从女从取取亦聲七句切　婚　婦家也禮娶婦以昏時婦人陰也故曰婚从女从昏昏亦聲呼昆切　□　籀文婚　姻　壻家也女之所因故曰姻从女

因因亦聲於眞切
𡟊 籀文婣从𣶒
妻 婦與夫齊者也从女从屮从又又持事妻職也臣鉉等曰屮者進也齊之義也故从屮七稽切
𡜊 古文妻从𡿪女𡿪古文貴字
婦 服也从女持帚灑掃也房九切
妃 匹也从女己聲芳非切
媲 妃也从女𦙶聲匹計切
妊 孕也从女从壬壬亦聲如甚切
娠 女妊身動也从女辰聲春秋傳曰后緡方娠一曰宮婢女隸謂之娠失人切
媰 婦人妊身也从女芻聲周書曰至于媰婦側鳩切
嬎 生子齊均也从女从生免聲芳萬切
嫛 婗也从女殹聲烏雞切
婗 嫛婗也从女兒聲一曰婦人惡皃五雞切
母 牧也从女象褱子形一曰象乳子也莫后切
嫗 母也从女區聲衣遇切
媪 女老偁也从女𥁕聲讀若奧烏皓切
姁 嫗也从女句聲況羽切
姐 蜀謂母曰姐淮南謂之社从女且聲茲也切
姑 夫母也从女古聲古胡切
威 姑也从女从戌漢律曰婦告威姑徐鍇曰土盛於戌土陰之主也故从戌於非切
妣 殁母也从女比聲卑履切
𡚱 籀文妣省
姊 女兄也从女𠂔聲將几切
妹 女弟也从女未聲莫佩切
娣 女弟也从女从弟弟亦聲徒礼切
媦 楚人謂女弟曰媦从女胃聲公羊傳曰楚王之妻媦云貴切
嫂 兄妻也从女叜聲穌老切
姪 兄之女也从女至聲徒結切
姨 妻之女弟同出爲姨从女夷聲以脂切
妿 女師也从女加聲杜林說加教於女也讀若阿烏何切
娒 女師也从女毐聲讀若母莫后切
媾 重婚也从女冓聲易曰匪寇婚媾古候切
姼 美女也从女多聲尺氏切
𡛖 姼或从氏

婦人美也从女犮聲蒲撥切
女隸也从女奚聲胡雞切
女之卑者也从女从卑卑亦聲便俾切
奴婢皆古之辠人也周禮曰其奴男子入于辠隸女子入于舂藁从女从又臣鉉等曰又手也持事者也乃都切
古文奴从人
婦官也从女弋聲與職切
甘氏星經曰太白上公妻曰女媊女媊居南斗食厲天下祭之曰明星从女前聲昨先切
古之神聖女化萬物者也从女咼聲古蛙切
籀文媧从𩰫
帝高辛之妃偰母號也从女戎聲詩曰有娀方將息弓切
帝堯之女舜妻娥皇字也秦晉謂好曰娙娥从女我聲五何切
台國之女周棄母字也从女原聲愚袁切
女字也从女燕聲於甸切
女字也从女可聲讀若阿烏何切
女字也楚詞曰女顉之嬋媛賈侍中說楚人謂姊爲顉从女須聲相俞切
女字也从女疌聲子葉切
女字也从女與聲讀若余以諸切
女字也从女霝聲郎丁切
女字也从女尞聲洛蕭切
女字也从女衣聲讀若衣於稀切
女字也从女周聲職流切
女字也从女合聲春秋傳曰嬖人婤姶一曰無聲烏合切
女字也从女己聲居擬切
女字也从女主聲天口切
女字也从女久聲舉友切
女之初也从女台聲詩止切
說也从女眉聲美祕切
媚也从女無聲文甫切
色好也从女从美美亦聲無鄙切
媚也从女畜聲丑六切
南楚之外謂好曰嫷从女隋聲臣鉉等曰今俗省作嫷唐韻作妥非是徒

果切姝好也从女朱聲昌朱切好美也从女子徐鍇曰子者男子之美偁會意呼皓切嬹説也从女興聲許應切嬮
好也从女厭聲於鹽切⿰女殳好也从女殳聲詩曰靜女其⿰女殳昌朱切姣好也从女交聲胡茅切嬽好也从女㬈聲讀若蜀郡布名
委員切娧好也从女兌聲杜外切媌目裏好也从女苗聲莫交切嫿靜好也从女畫聲呼麥切婠體德好也从女官聲
讀若楚郤宛一完切娙長好也从女巠聲五莖切⿰女贊白好也从女贊聲則旰切⿰女𤔔順也从女𤔔聲詩曰婉兮⿰女𤔔兮力沇切孌
籀文⿰女𤔔妴婉也从女夗聲於阮切婉順也从女宛聲春秋傳曰太子痤婉於阮切⿰女同直項皃从女同聲他孔切嫣長皃从女
焉聲於建切姌弱長皃从女冄聲而琰切嫋姌也从女从弱奴鳥切孅兌細也从女韱聲息廉切嫇嬰嫇也从女冥聲一
曰嫇嫇小人皃莫經切媱曲肩行皃从女䍃聲余招切嬛材緊也从女瞏聲春秋傳曰嬛嬛在疚許緣切姽閑體行姽姽也从女危聲過
委切委委隨也从女从禾臣鉉等曰委曲也取其禾穀垂穗委曲之皃故从禾於詭切婐㛂也一曰女侍曰婐讀若騧或若委从女果聲孟軻曰舜爲
天子二女婐㛂婐㛂也一曰弱也从女厄聲五果切⿰女占小弱也一曰女輕薄善走也一曰多技藝也从女占聲或讀若占齒懾切⿰女沾
妗也从女沾聲丑廉切妗⿱沾女妗也一曰善笑皃从女今聲火占切⿰女篕竦身也从女篕聲讀若詩糾糾葛屨居夭切婧竦立也从女青

聲一曰有才也讀若韭菁七正切 竫也从女井聲疾正切 婦人皃从女乏聲房法切 好也从女旋聲似沿切

村也从女齊聲祖雞切 面醜也从女昏聲古活切 直好皃一曰嬈也从女翟聲徒了切 媞也从女規聲讀若癸秦晉謂細爲嫢居隨切

諦也一曰妍黠也一曰江淮之間謂母曰媞从女是聲承旨切 不繇也从女敄聲亡遇切 雅也从女閒聲戶閒切

說樂也从女𦣞聲許其切 美也从女臤聲苦閑切 樂也从女吳聲噳俱切 戲也从女矣聲一曰卑賤名也遏在切

樂也从女甚聲丁含切 順也从女尾聲讀若媚無匪切 孎也从女啻聲都歷切 謹也从女屬聲讀若人不孫爲孎之欲切

宴娩也从女冤聲於願切 女有心媕媕也从女弇聲衣檢切 諟也从女深聲而琰切 壹也从女専聲一曰嫥嫥職緣切

从隨也从女从口徐鍇曰女子从父之教从夫之命故从口會意人諸切 齊也从女責聲側革切 謹也从女束聲讀若謹敕數數測角切

敏疾也一曰莊敬皃从女僉聲息廉切 服也从女賓聲符眞切 至也从女執聲周書曰大命不摯讀若摯同一曰虞書雉摯脂利切

俛伏也从女沓聲一曰伏意他合切 安也从女日詩曰以晏父母烏諫切 緩也从女亶聲一曰傳也時戰切 保任也从女辜聲古胡切

奢也从女般聲臣鉉等曰今俗作婆非是薄波切 舞也从女沙聲詩曰市也媻娑素何切 耦也从女有聲讀若祐于救切

姰或从人 鈞適也男女併也从女旬聲居勻切 婦人小物也从女此聲詩曰屢舞姕姕即移切 婦人小物也从女支
聲讀若跂行渠綺切 頸飾也从女賏賏其連也於盈切 三女爲㛃㛃美也从女奴省聲倉案切 美女也人所援也从女从爰爰引
也詩曰邦之媛兮王眷切 問也从女甹聲匹正切 隨從也从女彔聲力玉切 飾也从女牀省聲側羊切 慕也从女
䜌聲力沇切 嬻也从女枼聲私列切 媟嬻也从女賣聲徒谷切 短面也从女窡聲丁滑切 便嬖愛也从女辟
聲博計切 難也从女毄聲苦賣切 妒也从女介聲胡蓋切 婦妒夫也从女戶聲當故切 夫妒婦也从女冒
聲一曰相視也莫報切 巧也一曰女子笑皃詩曰桃之妖妖从女芺聲於喬切 巧讇高材也从女信省臣鉉等曰女子之信近於佞也乃定切
小心態也从女熒省聲烏莖切 婟也从女翏聲郎到切 嫪也从女固聲胡誤切 態也从女次聲即夷切
嫭也从女虘聲將預切 害也从女方聲敷方切 亂也从女亡聲巫放切 巧黠也从女俞聲託侯切 [illegible]
貪也从女污聲胡古切 小小侵也从女肖聲息約切 量也从女朶聲丁果切 動也从女由聲徐鍇曰當从胄省徒歷切
不平於心也一曰疑也从女兼聲戶兼切 減也从女省聲所景切 不順也从女若聲春秋傳曰叔孫婼丑略切 很也从女幸聲楚詞

曰鯀婞直胡頂切

嫳易使怒也从女敝聲讀若擊擎匹滅切

嫸好枝格人語也一曰靳也从女善聲旨善切

娺疾悍也从女叕聲讀若唾丁滑切

㜝含怒也一曰難知也从女酓聲詩曰碩大且㜝五感切

娿陰娿也从女阿聲烏何切

妍技也一曰不省錄事一曰難侵也一曰惠也一曰安也从女幵聲讀若研五堅切

娃圜深目皃或曰吳楚之閒謂好曰娃从女圭聲於佳切

⿱陜女不媚前却⿱陜女⿱陜女也从女陜聲失冉切

妜鼻目閒皃讀若煙火炔炔从女決省聲於說切

孈愚戇多態也从女巂聲讀若隓式吹切

⿰女恚不說也从女恚聲於避切

嫼怒皃从女黑聲呼北切

⿰女戉輕也从女戉聲王伐切

嫖輕也从女票聲匹招切

⿰女坐訬疾也从女坐聲昨禾切

姎女人自偁我也从女央聲烏浪切

媁不說皃从女韋聲羽非切

婎姿婎姿也从女隹聲一曰醜也許惟切

⿰女弦有守也从女弦聲胡田切

媥輕皃从女扁聲芳連切

嫚侮易也从女曼聲謀患切

⿰女臿疾言失次也从女臿聲讀若懾丑聶切

嬬弱也一曰下妻也从女需聲相俞切

娝不肖也从女否聲讀若竹皮箁匹才切

嬯遲鈍也从女臺聲闒嬯亦如之徒哀切

⿰女覃下志貪頑也从女覃聲讀若深乃忝切

⿰女參婪也从女參聲七感切

婪貪也从女林聲杜林說卜者黨相詐驗爲婪讀若潭盧含切

嬾懈也怠也一曰臥也从女賴聲洛旱切

婁空也从母中女空之意也一曰婁務也洛侯切

𡝓古文

娎娎⿰女夾也从女折聲許列切

⿰女夾得志⿰女夾⿰女夾一曰⿰女夾息也一曰少气也从女夾聲呼帖切

嬈

苛也一曰擾戲弄也一曰嬥也从女堯聲奴鳥切

㜣　惡也一曰人皃从女毀聲許委切

姍　誹也一曰翼便也从女刪省聲所晏切

媨　醜也一曰老嫗也从女酋聲讀若蹴七宿切

嫫　嫫母都醜也从女莫聲莫胡切

婓　往來斐斐也一曰醜皃从女非聲芳非切

孃　煩擾也一曰肥大也从女襄聲女良切

嬒　女黑色也从女會聲詩曰嬒兮蔚兮古外切

媆　好皃从女耎聲而沇切臣鉉等案切韻又音奴困切今俗作嫩非是

媕　誣挐也从女奄聲依劒切

𡣍　過差也从女監聲論語曰小人窮斯爁矣盧瞰切

嫯　侮易也从女敖聲五到切

婬　私逸也从女㸒聲余箴切

姘　除也漢律齊人予妻婢姦曰姘从女并聲普耕切

奸　犯婬也从女从干干亦聲古寒切

姅　婦人汙也从女半聲漢律曰見姅變不得侍祠博慢切

娗　女出病也从女廷聲徒鼎切

婥　女病也从女卓聲奴教切

娷　諉也从女垂聲竹恚切

𡠜　有所恨也从女𡿺聲今汝南人有所恨曰𡠜臣鉉等曰𡿺古囟字非聲當从𡿺省奴皓切

媿　慙也从女鬼聲俱位切

愧　媿或从恥省

㚣　訟也从二女女還切

姦　私也从三女古顏切

𢙎　古文姦从心旱聲

文二百三十八　重十三

嬙　婦官也从女牆省聲才良切

妲　女字妲己紂妃从女旦聲當割切

嬌　姿也从女喬聲舉喬切

嬋　嬋娟態也从女單聲市連切

娟　嬋娟也从女肙聲於緣切

嫠　無夫也从女𠩺聲里之切

姤　偶也从女后聲古候切

文七　新附

毋 止之也从女有奸之者凡毋之屬皆从毋 武扶切

毐 人無行也从士从毋賈侍中說秦始皇母與嫪毐淫坐誅故世罵淫曰嫪毐讀若娭 遏在切

文二

民 衆萌也从古文之象凡民之屬皆从民 彌鄰切

𢀲 古文民

氓 民也从民亡聲讀若盲 武庚切

文二　重一

丿 右戾也象左引之形凡丿之屬皆从丿 徐鍇曰其爲文舉首而申體也 房密切

乂 芟艸也从丿从乀相交 魚廢切

刈 乂或从刀

弗 撟也从丿从乀从韋省 分勿切 臣鉉等曰韋所以束枉戾也

乀 左戾也从反丿讀與弗同 分勿切

文四　重一

厂 抴也明也象抴引之形凡厂之屬皆从厂虒字从此 徐鍇曰象丿而不舉首 余制切

𠂆 𣪊也象折木衺鋭著形从厂象物挂之也與職切

文二

乁 流也从反厂讀若移凡乁之屬皆从乁弋支切

也 女陰也象形羊者切 𠁥 秦刻石也字

文三　重一

氏 巴蜀山名岸脅之旁箸欲落墮者曰氏氏崩聞數百里象形乁聲凡氏之屬皆从氏楊雄賦響若氏隤承旨切

氒 木本从氏大於末讀若厥居月切

文二

氐 至也从氏下箸一一地也凡氐之屬皆从氐丁礼切

臥也从氐垔聲於進切　觸也从氐失聲徒結切　闕臣鉉等案今篇韻音皓又音效注云誤也

文四

戈平頭戟也从弋一橫之象形凡戈之屬皆从戈古禾切

肇上諱臣鉉等曰後漢和帝名也案李舟切韻云擊也从戈肁聲直小切 戎兵也从戈从甲如融切 戣周禮侍臣執戣立于東垂兵也从戈癸聲渠追切 𢦹盾也从戈旱聲侯旰切 戟有枝兵也从戈倝周禮戟長丈六尺讀若棘臣鉉等曰倝非聲義當从榦省榦枝也紀逆切 戛戟也从戈从首讀若棘古黠切 賊敗也从戈則聲昨則切 戍守邊也从人持戈傷遇切 戰鬭也从戈單聲之扇切 戲三軍之偏也一曰兵也从戈䖒聲香義切 戜利也一曰剔也从戈呈聲徒結切 或邦也从口从戈以守一一地也于逼切臣鉉等曰今俗作胡國切以爲疑或不定之意 域或又从土臣鉉等曰今無復或音 截斷也从戈雀聲昨結切 𢦟投也从戈今聲商書曰西伯既𢦟黎口含切 戕搶也他國臣來弒君曰戕从戈爿聲士良切 戮殺也从戈翏聲力六切 戡刺也从戈甚聲竹甚口含二切 戭長搶也从戈寅聲春秋傳有檮戭弋刃以淺二切 𢦏傷也从戈才聲祖才切 戩滅也从戈晉聲詩曰實始戩商即淺切 㦰絕也一曰田器从从持戈古文讀若咸讀若詩云攕攕女手臣鉉等曰㦰鋭意也故从从子廉切 武楚莊王曰夫武定功戢兵故止戈爲武文甫切 戢

藏兵也从戈咠聲詩曰載戢干戈阻立切

戠　闕从戈从音之弋切

戔　賊也从二戈周書曰戔戔巧言徐鍇曰兵多則殘也故从二戈昨千切

文二十六　重一

戉　斧也从戈𠄌聲司馬法曰夏執玄戉殷執白戚左杖黃戉右秉白髦凡戉之屬皆从戉　臣鉉等曰今俗別作鉞非是王伐切

戚　戉也从戉尗聲倉歷切

文二

我　施身自謂也或說我頃頓也从戈从手手或說古垂字一曰古殺字凡我之屬皆从我　徐鍇曰从戈者取戈自持也五可切

𢦐　古文我

義　己之威儀也从我羊　臣鉉等曰此與善同意故从羊宜寄切

羛　墨翟書義从弗魏郡有羛陽鄉讀若錡今

屬鄴本内黃北二十里

文二　重二

亅　鉤逆者謂之亅象形凡亅之屬皆从亅讀若橜衢月切

乚　鉤識也从反亅讀若捕鳥罬居月切

文二

珡　禁也神農所作洞越練朱五弦周加二弦象形凡珡之屬皆从珡巨今切

𢅅　古文珡从金

瑟　庖犧所作弦樂也从珡必聲所櫛切

𤨨　古文瑟

文二　重二

琵　琵琶樂器从珡比聲房脂切

琶　琵琶也从珡巴聲義當用枇杷蒲巴切

文二新附

乚　匿也象迟曲隱蔽形凡乚之屬皆从乚讀若隱於謹切

直　正見也从乚从十从目徐鍇曰乚隱也今十目所見是直也除力切　𣅀　古文直

文二　重一

亡　逃也从入从乚凡亡之屬皆从亡武方切

乍　止也一曰亡也从亡从一徐鍇曰出亡得一則止暫止也鉏駕切

望　出亡在外望其還也从亡望省聲巫放切

無　亡也从亡無聲武扶切　无　奇字无通於元者王育說天屈西北爲无

匃　气也逯安說亡人爲匃古代切

文五　重一

匸　衺徯有所俠藏也从乚上有一覆之凡匸之屬皆从匸讀與徯同胡礼切

區　踦區藏匿也从品在匸中品衆也豈俱切

匿　亡也从匸若聲讀如羊騶箠女力切

㔷　側逃也从匸丙聲一曰箕屬臣鉉等曰丙非聲義當从内會意疑傳寫之誤盧候切

匽　匿也从匸妟聲於蹇切

医　盛弓弩矢器也从匸从矢國語曰兵不解医於計切

匹　四丈也从八匸八揲一匹八亦聲普吉切

文七

匚　受物之器象形凡匚之屬皆从匚讀若方府良切

匚　籀文匚

匠　木工也从匚从斤斤所以作器也疾亮切

匧　藏也从匚夾聲苦叶切

篋　匧或从竹

匡　飲器筥也从匚㞷聲去王切

筐　匡或从竹

匜　似羹魁柄中有道可以注水从匚也聲移尒切

匴　渌米籔也从匚算聲穌管切

⿷匚贛　小桮也从匚贛聲古送切

⿰木贛　⿷匚贛或从木

匪　器似竹筐从匚非聲逸周書曰實玄黃于匪非尾切

⿷匚倉　古器也从匚倉聲七岡切

⿷匚攸　田器也从匚攸聲徒聊切

⿷匚異　田器也从匚異聲與職切

匫　古器也从匚曶聲呼骨切

匬　甌器也从匚俞聲度侯切

匱　匣也从匚貴聲求位切

匵　匱也从匚賣聲徒谷切

匣　匱也从匚甲聲胡甲切

匯　器也从匚淮聲胡罪切

柩　棺也从匚从木久聲巨救切

匶　籀文柩

匰　宗廟盛主器也周禮曰祭祀共匰主从匚單聲都寒切

文十九　重五

曲　象器曲受物之形或說曲蠶薄也凡曲之屬皆从曲丘玉切

曲　古文曲

⿰曲玉　骫曲也从曲玉聲丘玉切

⿰曲舀　古器也从曲舀聲土刀切

文三　重一

甾 東楚名缶曰甾象形凡甾之屬皆从甾　側詞切

甾 古文

疀 㽬也古田器也从甾疌聲　楚洽切

𢍱 𤱿屬蒲器也所以盛種从甾弁聲　布忖切

𤱿 㽬也从甾并聲杜林以爲竹筥楊雄以爲蒲器讀若軿　薄經切

𥂁 𤮻也从甾虍聲讀若盧同　洛乎切

𥂁 篆文𥂁

𥂁 籀文𥂁

文五　重三

瓦 土器已燒之總名象形凡瓦之屬皆从瓦　五寡切

瓬 周家搏埴之工也从瓦方聲讀若抵破之抵　臣鉉等曰抵音瓦非聲未詳　分兩切

甄 匋也从瓦垔聲　居延切

甍 屋棟也从瓦夢省聲　徐鍇曰所以承瓦故从瓦　莫耕切

甑 甗也从瓦曾聲　子孕切

𤭛 籀文甑从鬲

甗 甑也一曰穿也从瓦鬳聲讀若言　魚蹇切

瓵 甌瓿謂之瓵从瓦台聲　與之切

瓽 大盆也从瓦尚聲　丁浪切

甌 小盆也从瓦區聲　烏侯切

瓮 罌也从瓦公聲　烏貢切

瓨 似罌長頸受十升讀若洪从瓦工聲　古雙切

㼝 小盂也从瓦夗聲　臣鉉等曰今俗別作椀非是　烏管切

瓴 瓮似瓶也从瓦令聲　郎丁切

㼜 罌謂之㼜从瓦卑聲　部迷切

甂 似小瓿大口而卑用食从瓦扁聲　芳連切

瓿 甂也从瓦音聲　蒲口切

⿰容瓦 器也从瓦容聲上封切

甓 瓴甓也从瓦辟聲詩曰中唐有甓扶歷切

甃 井壁也从瓦秋聲側救切

甈 康瓠破罌从瓦臬聲魚例切

⿰埶瓦 甈或从埶

㼽 瑳垢瓦石从瓦爽聲初兩切

⿰耎瓦 蹈瓦聲从瓦耎聲零帖切

⿰今瓦 治橐榦也从瓦今聲胡男切

⿰卒瓦 破也从瓦卒聲穌對切

瓪 敗也从瓦反聲布綰切

文二十五　重一

瓷 瓦器从瓦次聲疾資切

瓻 酒器从瓦稀省聲丑脂切

文二　新附

弓 以近窮遠象形古者揮作弓周禮六弓王弓弧弓以射甲革甚質夾弓庾弓以射干矦鳥獸唐弓大弓以授學射者凡弓之屬皆从弓居戎切

弴 畫弓也从弓享聲都昆切

弭 弓無緣可以解轡紛者从弓耳聲緜婢切

⿰弓兒 弭或从兒

弲 角弓也洛陽名弩曰弲从弓肙聲烏玄切

弧 木弓也从弓瓜聲一曰往體寡來體多曰弧戶吳切

弨 弓反也从弓召聲詩曰彤弓弨兮尺招切

⿰弓雚 弓曲也从弓雚聲九院切

彄 弓弩耑弦所居也从弓區聲恪矦切

⿰弓繇 弓便利也从弓繇聲讀若燒火招切

張 施弓弦也从弓

長聲陟良切　彏弓急張也从弓矍聲許縛切　弸弓彊皃从弓朋聲父耕切　彊弓有力也从弓畺聲巨良切　彎持弓關矢也从弓䜌聲烏關切　引開弓也从弓丨臣鉉等曰象引弓之形余忍切　弙滿弓有所鄉也从弓于聲哀都切　弘弓聲也从弓厶聲厶古文肱字胡肱切　彃弛弓也从弓璽聲斯氏切　弛弓解也从弓从也施氏切　⿰弓虒弛或从虒　弢弓衣也从弓从犮犮垂飾與鼓同意土刀切　弩弓有臂者周禮四弩夾弩庾弩唐弩大弩从弓奴聲奴古切　彀張弩也从弓𣪊聲古候切　彉弩滿也从弓黃聲讀若郭苦郭切　彃䠶也从弓畢聲楚詞曰芎焉彈日畢吉切　彈行丸也从弓單聲徒案切　⿰弓丸彈或从弓持丸　發䠶發也从弓癹聲方伐切　𢏳帝嚳䠶官夏少康滅之从弓幵聲論語曰芎善䠶五計切

文二十七　重三

弜彊也从二弓凡弜之屬皆从弜其兩切

弼輔也重也从弜丙聲徐鍇曰丙舌也非聲舌柔而弜剛以柔从剛輔弼之意房密切　𢐀弼或如此　𢏏𢐁並古文弼

文二　重三

弦　弓弦也从弓象絲軫之形凡弦之屬皆从弦 臣鉉等曰今别作絃非是胡田切

盭　弼戾也从弦省从盩讀若戾臣鉉等曰盩者盩皐人見血也弼戾之意郎計切

玅　急戾也从弦省少聲於霄切

㢸　不成遂急戾也从弦省曷聲讀若瘞葬於罽切

文四

系　繫也从系丿聲凡系之屬皆从系 胡計切

𣪠　系或从毄處

𢇁　籀文系从爪絲

孫　子之子曰孫从子从系系續也思魂切

緜　聯微也从系从帛武延切

繇　隨從也从系䍃聲臣鉉等曰今俗从䍃余招切

文四　重二

說文解字弟十二下

賜進士及第山東等處督糧道兼管德常臨清倉事務加三級孫星衍重校刊

說文解字弟十三上　漢太尉祭酒許慎記

銀青光祿大夫守右散騎常侍上柱國東海縣開國子食邑五百戶臣徐鉉等奉

敕校定

二十三部　文六百九十九　重一百二十三

凡八千三百九十八字　文三十七新附

糸 細絲也象束絲之形凡糸之屬皆从糸讀若覛徐鍇曰一蠶所吐爲忽十忽爲絲糸五忽也莫狄切

[古文糸] 古文糸

繭 蠶衣也从糸从虫黹省古典切

𦃃 古文繭从糸見

繅 繹繭爲絲也从糸巢聲穌遭切

繹 抽絲也从糸睪聲羊益切

緒 絲耑也从糸者聲徐呂切

緬 微絲也从糸面聲弭沇切

純 絲也从糸屯聲論語曰今也純儉常倫切

綃 生絲也从糸肖聲相幺切

[糸皆] 大絲也从糸皆聲口皆切

[糸巟] 絲曼延也从糸巟聲呼光切

紇 絲下也从糸气聲春秋傳有臧孫紇下沒切

紙　絲滓也从糸氏聲節兮切　絓　繭滓絓頭也一曰以囊絮練也从糸圭聲胡卦切　纅　絲色也从糸樂聲以灼切　䌢　著絲於筟車也从糸崔聲穌對切　經　織也从糸巠聲九丁切　織　作布帛之總名也从糸戠聲之弋切　紝　樂浪挈令織从糸从式　臣鉉等曰挈令蓋律令之書也　紝　機縷也从糸壬聲如甚切　絍　紝或从任　綜　機縷也从糸宗聲子宋切　綹　緯十縷為綹从糸咎聲讀若柳力久切　緯　織橫絲也从糸韋聲云貴切　緷　緯也从糸軍聲王問切　繢　織餘也从糸貴聲胡對切　統　紀也从糸充聲他綜切　紀　絲別也从糸己聲居擬切　繈　觕類也从糸強聲居兩切　纇　絲節也从糸類聲盧對切　紿　絲勞即紿从糸台聲徒亥切　納　絲溼納納也从糸內聲奴荅切　紡　網絲也从糸方聲妃兩切　絕　斷絲也从糸从刀从卩情雪切　𢇍　古文絕象不連體絕二絲　繼　續也从糸𢇍一曰反𢇍為繼古詣切　續　連也从糸賣聲似足切　賡　古文續从庚貝　臣鉉等曰今俗作古行切　纘　繼也从糸贊聲作管切　紹　繼也从糸召聲一曰紹緊糾也市沼切　䋹　古文紹从邵　⿰糸羨　偏緩也从糸羨聲昌善切　⿰糸盈　緩也从糸盈聲讀與聽同他丁切　⿰糸呈　緩或从呈　縱　緩也一曰舍也从糸從聲足用切　紓　緩也从糸予聲傷魚切　繎　絲勞也从糸然聲如延切　紆　詘也从糸于聲億俱切　緈　直也从糸幸聲讀若陘胡頂切　纖　細也从糸

纖聲息廉切　細微也从糸囟聲穌計切　緢旄絲也从糸苗聲周書曰惟緢有稽武儦切　縒參縒也从糸差聲楚宜切　繙冕也从糸番聲附袁切　縮亂也从糸宿聲一曰蹴也所六切　紊亂也从糸文聲商書曰有條而不紊亡運切　級絲次弟也从糸及聲居立切　總聚束也从糸悤聲臣鉉等曰今俗作摠非是作孔切　䋁約也从糸具聲居玉切　約纏束也从糸勺聲於略切　繚纏也从糸尞聲盧鳥切　纏繞也从糸廛聲直連切　繞纏也从糸堯聲而沼切　紾轉也从糸㐱聲之忍切　繯落也从糸瞏聲胡畎切　辮交也从糸辡聲頻犬切　結締也从糸吉聲古屑切　縎結也从糸骨聲古忽切　締結不解也从糸帝聲特計切　縛束也从糸尃聲符钁切　繃束也从糸崩聲墨子曰禹葬會稽桐棺三寸葛以繃之補盲切　絿急也从糸求聲詩曰不競不絿巨鳩切　絅急引也从糸同聲古熒切　⿰糸𠂢散絲也从糸𠂢聲匹卦切　⿰糸羸不均也从糸羸聲力臥切　給相足也从糸合聲居立切　綝止也从糸林聲讀若郴丑林切　縪止也从糸畢聲卑吉切　紈素也从糸丸聲胡官切　終絿絲也从糸冬聲職戎切　𠔦古文終　⿱集糸合也从糸从集讀若捷姊入切　繒帛也从糸曾聲疾陵切　⿰糸宰省籀文繒从宰省楊雄以為漢律祠宗廟丹書告　緭繒也从糸胃聲云貴切　絩綺絲

之數也漢律曰綺絲數謂之絩布謂之總綬組謂之首从糸兆聲治小切　綺　文繒也从糸奇聲袪彼切　縠　細縛也从糸𣪊聲胡谷切　縳　白鮮色也从糸專聲持沇切　縑　并絲繒也从糸兼聲古甛切　綈　厚繒也从糸弟聲杜兮切　練　湅繒也从糸柬聲郎甸切

縞　鮮色也从糸高聲古老切　䌈　粗緒也从糸璽聲臣鉉等曰今俗別作絁非是式支切　紬　大絲繒也从糸由聲直由切　綮　撽繒也一曰微幟信也有齒从糸𢼄聲康礼切　綾　東齊謂布帛之細曰綾从糸夌聲力膺切　縵　繒無文也从糸曼聲漢律曰賜衣者縵表白裏莫半切

繡　五采備也从糸肅聲息救切　絢　詩云素以爲絢兮从糸旬聲臣鉉等案論語注絢文皃許掾切　繪　會五采繡也虞書曰山龍華蟲作繪論語曰繪事後素从糸會聲黃外切　緀　白文皃詩曰緀兮斐兮成是貝錦从糸妻聲七稽切　絑　繡文如聚細米也从糸从米米亦聲莫礼切

絹　繒如麥稍从糸肙聲吉掾切　綠　帛青黃色也从糸彔聲力玉切　縹　帛青白色也从糸𤋮聲敷沼切　䋮　帛青經縹緯一曰育陽染也从糸育聲余六切　絑　純赤也虞書丹朱如此从糸朱聲章俱切　纁　淺絳也从糸熏聲許云切

絀　絳也从糸出聲丑律切　絳　大赤也从糸夅聲古巷切　綰　惡也絳也从糸官聲一曰綃也讀若雞卵烏版切　縉　帛赤色也春秋傳縉雲氏禮有縉緣从糸晉聲即刃切　綪　赤繒也从茜染故謂之綪从糸青聲倉絢切　緹　帛丹黃色从糸是聲他礼切

衹 緹或从氏

縓 帛赤黃色一染謂之縓再染謂之䞓三染謂之纁从糸原聲七絹切

紫 帛青赤色从糸此聲將此切

紅 帛赤白色从糸工聲戶公切

繱 帛青色从糸蔥聲倉紅切

紺 帛深青揚赤色从糸甘聲古暗切

綥 帛蒼艾色从糸畀聲詩縞衣綥巾未嫁女所服一曰不借綥渠之切

綦 綥或从其

繰 帛如紺色或曰深繒从糸喿聲讀若喿親小切

緇 帛黑色也从糸甾聲側持切

纔 帛雀頭色一曰微黑色如紺纔淺也讀若讒从糸毚聲士咸切

緂 帛騅色也从糸剡聲詩曰毳衣如緂臣鉉等曰今俗別作毯非是土敢切

綟 帛戾艸染色从糸戾聲郎計切

紑 白鮮衣皃从糸不聲詩曰素衣其紑匹丘切

緂 白鮮衣皃从糸炎聲謂衣采色鮮也充三切

繻 繒采色从糸需聲讀若易繻有衣臣鉉等曰漢書傳符帛也相俞切

縟 繁采色也从糸辱聲而蜀切

纚 冠織也从糸麗聲所綺切

紘 冠卷也从糸厷聲戶萌切

紭 紘或从弘

紞 冕冠塞耳者从糸冘聲臣鉉等曰今俗別作髧非是都感切

纓 冠系也从糸嬰聲於盈切

紻 纓卷也从糸央聲於兩切

緌 系冠纓也从糸委聲儒隹切

緄 織帶也从糸昆聲古本切

紳 大帶也从糸申聲失人切

繟 帶緩也从糸單聲昌善切

綬 韍維也从糸受聲植酉切

組 綬屬其小者以爲冕纓从糸且聲則古切

緺 綬紫青也从糸咼聲古蛙切

縌 綬維也从糸逆聲宜戟切

纂 似組而赤从糸算聲作管切

紐

系也一曰結而可解从糸丑聲女久切

綸　青絲綬也从糸侖聲古還切

綎　系綬也从糸廷聲他丁切

絙　緩也从糸亘聲胡官切

繐　細疏布也从糸惠聲私銳切

𦅾　頸連也从糸暴省聲補各切

紟　衣系也从糸今聲居音切

䌘　籀文从金

緣　衣純也从糸彖聲以絹切

纀　裳削幅謂之纀从糸僕聲博木切

絝　脛衣也从糸夸聲苦故切

繑　絝紐也从糸喬聲牽搖切

緥　小兒衣也从糸保聲臣鉉等曰今俗作褓非是博抱切

繜　薉貉中女子無絝以帛爲脛空用絮補核名曰繜衣狀如襜褕从糸尊聲子昆切

紴　絛屬从糸皮聲讀若被或讀若水波之波博禾切

絛　扁緒也从糸攸聲土刀切

[糸戉]　采彰也一曰車馬飾从糸戉聲王伐切

[糸從]　[糸戉]屬从糸从從省聲足容切

紃　圜采也从糸川聲詳遵切

緟　增益也从糸重聲直容切

纕　援臂也从糸襄聲汝羊切

纗　維綱中繩从糸巂聲讀若畫或讀若維戶圭切

綱　維紘繩也从糸岡聲古郎切

[古文綱]　古文綱

縜　持綱紐也从糸員聲周禮曰縜寸臣鉉等曰縜長寸也爲贇切

綅　絳綫也从糸侵省聲詩曰貝冑朱綅子林切

縷　綫也从糸婁聲力主切

綫　縷也从糸戔聲私箭切

[古文綫]　古文綫

[糸穴]　縷一枚也从糸穴聲乎決切

縫　以鍼紩衣也从糸逢聲符容切

緁　緶衣也从糸疌聲七接切

[糸習]　緁或从習

紩　縫也从糸失聲直質切

緛　衣戚也从糸耎聲而沇切

[糸旦]　補縫也从糸旦聲丈莧切

繕　補也从糸善聲時戰切
絬　論語曰絬衣長短右袂从糸舌聲私列切
纍　綴得理也一曰大索也从糸畾聲力追切
縭　以絲介履也从糸离聲力知切
緱　刀劒緱也从糸侯聲古矦切
繄　戟衣也从糸殹聲一曰赤黑色繒烏雞切
縿　旌旗之游也从糸參聲所銜切
徽　衺幅也一曰三糾繩也从糸微省聲許歸切
⿰糸折　扁緒也一曰弩要鉤帶从糸折聲并列切
紉　繟繩也从糸刃聲女鄰切
繩　索也从糸蠅省聲食陵切
⿰糸爭　紆未縈繩一曰急弦之聲从糸爭聲讀若旌側莖切
縈　收韏也从糸熒省聲於營切
絇　纑繩絇也从糸句聲讀若鳩其俱切
縋　以繩有所縣也春秋傳曰夜縋納師从糸追聲持僞切
絭　攘臂繩也从糸类聲居願切
緘　束篋也从糸咸聲古咸切
縢　緘也从糸朕聲徒登切
編　次簡也从糸扁聲布玄切
維　車蓋維也从糸隹聲以追切
絥　車絥也从糸伏聲平祕切
茯　絥或从艸
鞴　絥或从革葡聲
⿰糸正　乘輿馬飾也从糸正聲諸盈切
綊　⿰糸正綊也从糸夾聲胡頰切
緐　馬髦飾也从糸每聲春秋傳曰可以稱旌緐乎附袁切
⿰糸𢍏　緐或从𢍏𢍏籒文弁
繮　馬紲也从糸畺聲居良切
紛　馬尾韜也从糸分聲撫文切
紂　馬緧也从糸肘省聲除柳切
緧　馬紂也从糸酋聲七由切
絆　馬縶也从糸半聲博幔切
⿰糸須　絆前兩足也从糸須聲漢令蠻夷卒有⿰糸須相主切
紖　牛系也从糸引聲讀若矤直引切
縼

以長繩繫牛也从糸旋聲辭戀切縻牛轡也从糸麻聲靡爲切䌖縻或从多紲系也从糸世聲春秋傳曰臣負羈紲私列切

緤紲或从枼纆索也从糸黑聲莫北切緪大索也一曰急也从糸恒聲古恒切繘綆也从糸矞聲余聿切𦄣

古文从絲繘籒文繘綆汲井綆也从糸更聲古杏切絠彈彄也从糸有聲弋宰切又古亥切繳生絲縷也

从糸敫聲之若切繴繴謂之罿罿謂之罬罬謂之罦捕鳥覆車也从糸辟聲博戹切緍釣魚繁也从糸昏聲吳人解衣相被

謂之緍武巾切絮敝緜也从糸如聲息據切絡絮也一曰麻未漚也从糸各聲盧各切纊絮也从糸廣聲春秋傳曰皆如

挾纊苦謗切絖纊或从光紙絮一苫也从糸氏聲諸氏切䋈治敝絮也从糸咅聲芳武切⿱奴糸絜縕也一曰敝絮从

糸奴聲易曰需有衣絮女余切繫繫䌳也一曰惡絮从糸毄聲古詣切䌳繫䌳也一曰維也从糸虒聲郎兮切緝績也从糸

咠聲七入切絘績所緝也从糸次聲七四切績緝也从糸責聲則歷切纑布縷也从糸盧聲洛乎切紨布也

一曰粗紬从糸付聲防無切繐蜀細布也从糸彗聲祥歲切絺細葛也从糸希聲丑脂切綌粗葛也从糸谷聲綺戟切

㢾綌或从巾縐絺之細也詩曰蒙彼縐絺一曰蹴也从糸芻聲側救切絟細布也从糸全聲此緣切紵檾屬細者爲絟

粗者爲紵从糸宁聲直呂切

䋞 紵或从緒省

緦 十五升布也一曰兩麻一絲布也从糸思聲息茲切

𢂑 古文緦从糸省

緆 細布也从糸易聲先擊切

𪎭 緆或从麻

緰 緰貲布也从糸俞聲度侯切

縗 服衣長六寸博四寸直心从糸衰聲倉回切

絰 喪首戴也从糸至聲臣鉉等曰當从姪省乃得聲徒結切

緶 交枲也一曰緁衣也从糸便聲房連切

𦃃 履也一曰青絲頭履也讀若阡陌之陌从糸戶聲亡百切

𦅾 枲履也从糸封聲博蠓切

緉 履兩枚也一曰絞也从糸从兩兩亦聲力讓切

絜 麻一耑也从糸㓞聲古屑切

繆 枲之十絜也一曰綢繆从糸翏聲武彪切

綢 繆也从糸周聲直由切

縕 紼也从糸𥁕聲於云切

紼 亂系也从糸弗聲分勿切

絣 氐人殊縷布也从糸并聲北萌切

紕 氐人𦄼也讀若禹貢玭珠从糸比聲卑履切

𦄼 西胡毳布也从糸罽聲居例切

縊 經也从糸益聲春秋傳曰夷姜縊於賜切

綏 車中把也从糸从妥徐鍇曰礼升車必正立執綏所以安也當从爪从安省說文無妥字息遺切

彝 宗廟常器也从糸糸綦也廾持米器中寶也彑聲此與爵相似周禮六彝雞彝鳥彝黄彝虎彝蟲彝斝彝以待祼將之禮以脂切

𢑱 𢑚 皆古文彝

緻 密也从糸致聲直利切

文二百四十八　重三十一

緗 帛淺黃色也从糸相聲息良切

緋 帛赤色也从糸非聲甫微切

緅 帛青赤色也从糸取聲子侯切

繖 蓋也从糸散聲

穌旱切

綀 布屬从糸束聲所葅切

縡 事也从糸宰聲子代切

繾 繾綣不相離也从糸遣聲去演切

綣 繾綣也从糸卷聲去阮切

文九　新附

素 白緻繒也从糸𠂹取其澤也凡素之屬皆从素 桑故切

𦃃 素屬从素𤰇聲居玉切

𦅾 白約縞也从素勺聲以灼切

𦃳 素屬从素率聲所律切

繛 鬆也从素卓聲昌約切

綽 繛或省

𦆀 繛也从素爰聲胡玩切

緩 緩或省

文六　重二

絲 蠶所吐也从二糸凡絲之屬皆从絲 息兹切

轡 馬轡也从絲从軎與連同意詩曰六轡如絲 兵媚切

𢇁 織絹从糸貫杼也从絲省丱聲 古還切臣鉉等曰丱古磺字

文三

率 捕鳥畢也象絲罔上下其竿柄也凡率之屬皆从率 所律切

文一

虫一名蝮博三寸首大如擘指象其臥形物之微細或行或毛或蠃或介或鱗以虫爲象凡虫之屬皆从虫許偉切

蝮 虫也从虫复聲芳目切 螣 神蛇也从虫朕聲徒登切 蚦 大蛇可食从虫冄聲人占切 螼 螾也从虫堇聲弃忍切 螾 側行者从虫寅聲余忍切 蚓 螾或从引 螉 蟲在牛馬皮者从虫翁聲烏紅切 蜙 蜙蝑也从虫從聲子紅切 蠁 知聲蟲也从虫鄉聲許兩切 𧌒 司馬相如蠁从向 蛁 蟲也从虫召聲都僚切 ⿰虫𣪠 蟲也从虫𣪠聲祖外切 蛹 繭蟲也从虫甬聲余隴切 螝 蛹也从虫鬼聲讀若潰胡罪切 蛕 腹中長蟲也从虫有聲戶恢切 蟯 腹中短蟲也从虫堯聲如招切 雖 似蜥蜴而大从虫唯聲息遺切 虺 虺以注鳴詩曰胡爲虺蜥从虫兀聲臣鉉等曰兀非聲未詳許偉切 蜥 蜥易也从虫析聲先擊切 蝘 在壁曰蝘蜓在艸曰蜥易从虫匽聲於殄切 䗼 蝘或从䖵 蜓 蝘蜓也从虫廷聲一曰螾蜓徒典切 蚖 榮蚖蛇醫以注鳴者从虫元聲愚袁切 蠸 蟲也一曰大螫也讀若蜀都布名从虫雚聲巨員切 螟 蟲食穀葉者吏冥冥犯法即生螟从虫从冥冥亦聲莫經切 蟘 蟲食苗葉者吏乞貸則生蟘从虫从貸

貣亦聲詩曰去其螟蟘臣鉉等曰今俗作蟘非是徒得切
蝨子也一曰齊謂蛭曰蟣从虫幾聲居狶切
蟣也从虫至聲之日切
蛭蝚至掌也从虫柔聲耳由切
蛣蚰蝎也从虫吉聲去吉切
蛣蚰也从虫出聲區勿切
白魚也从虫覃聲余箴切
丁蛵負勞也从虫巠聲戶經切
毛蠹也从虫臽聲乎感切
蟲也从虫喬聲居夭切
毛蟲也从虫𢦏聲千志切
蠆也从虫圭聲烏蝸切
畫也从虫氏聲巨支切
毒蟲也象形丑芥切
蠆或从䖵
蝤蠐也从虫酋聲字秋切
蠐螬也从虫齊聲徂兮切
蝤蠐也从虫曷聲胡葛切
蚚也从虫弘聲徐鍇曰弘與强聲不相近秦刻石文从口疑从籀文省巨良切
籀文强从䖵从彊
强也从虫斤聲巨衣切
葵中蠶也从虫上目象蜀頭形中象其身蜎蜎詩曰蜎蜎者蜀市玉切
馬蠲也从虫目益聲了象形明堂月令曰腐艸爲蠲古玄切
齧牛蟲也从虫𣬉聲邊兮切
尺蠖屈申蟲从虫蒦聲烏郭切
復陶也劉歆說蝝蚍蜉子董仲舒說蝗子也从虫彖聲與專切
螻蛄也从虫婁聲一曰螜天螻洛矦切
螻蛄也从虫古聲古乎切
丁螘也从虫龍聲盧紅切
羅也从虫我聲臣鉉等案爾雅蛾羅蠽蛾也䖵部已有𧓝或作蛾此重出五何切
蚍蜉也从虫豈聲魚綺切
螘子也从虫氐聲周禮有蚳醢讀若祁直尼切
籀文蚳从䖵
古文蚳从辰土
自蠜也从虫樊聲附袁切

悉䘌也从虫帥聲臣鉉等曰今俗作蟀非是所律切 蝒 馬蜩也从虫面聲武延切 蟷 蟷蠰不過也从虫當聲都郎切 蠰 蟷蠰也从虫襄聲汝羊切 蜋 堂蜋也从虫良聲一名蚚父魯當切 蛸 蟲蛸堂蜋子从虫肖聲相邀切 蛢 蟜蟥以翼鳴者从虫并聲薄經切 蟜 蟜蟥也从虫矞聲余律切 蟥 蟜蟥也从虫黃聲乎光切 䗐 蛅䗐强芈也从虫施聲式支切 蛅 蛅斯墨也从虫占聲職廉切 蜆 縊女也从虫見聲胡典切 蜰 盧蜰也从虫肥聲符非切 蝌 渠蝌一曰天社从虫却聲其虐切 蝸 蝸蠃蒲盧細要土蠭也天地之性細要純雄無子詩曰螟蠕有子蝸蠃負之从虫𠱴聲古火切 蜾 蝸或从果 蠃 蜾蠃也从虫𣎆聲一曰虒蝓郎果切 蠕 螟蠕桑蟲也从虫霝聲郎丁切 蛺 蛺蜨也从虫夾聲兼叶切 蜨 蛺蜨也从虫疌聲臣鉉等曰今俗作蝶非是徒叶切 蚩 蟲也从虫之聲赤之切 螌 螌蝥毒蟲也从虫般聲布還切 蝥 螌蝥也从虫敄聲臣鉉等曰今俗作蟊非是蟊即蠿蟊蜘蛛之別名也莫交切 蟠 鼠婦也从虫番聲附袁切 蛜 蛜威委黍委黍鼠婦也从虫伊省聲於脂切 蜙 蜙蝑以股鳴者从虫松聲息恭切 蚣 蜙或省臣鉉等曰今俗作古紅切以爲蜈蚣蟲名 蝑 蜙蝑也从虫胥聲相居切 蟅 蟲也从虫庶聲之夜切 蝗 螽也从虫皇聲乎光切 蜩 蟬也从虫周聲詩曰五月鳴蜩徒聊切 𧊔 蜩或从舟 蟬 以旁鳴者从虫單聲市連切 蜺 寒蜩也从虫兒聲五雞切 螇 螇鹿蛁蟟也从虫奚聲胡雞切 蚗

蛥蚗蛁蟟也从虫夬聲於悅切

蛃　蛥蚗蟬屬讀若周天子赧从虫丙聲武延切

蛚　蜻蛚也从虫列聲良薛切

蜻　蜻蛚也从虫青聲子盈切

蛉　蜻蛉也从虫令聲一名桑根郎丁切

蠓　蠛蠓也从虫蒙聲莫孔切

⿰虫⿱小京　⿱⿱小京虫⿰虫京也一曰蜉游朝生莫死者从虫⿱小京聲离灼切

蜹　秦晉謂之蜹楚謂之蚊从虫芮聲而銳切

蠨　蠨蛸長股者从虫肅聲穌彫切

⿰虫省　蟲也从虫省聲息正切

蛶　商何也从虫寽聲力輟切

蜡　蠅胆也周禮蜡氏掌除骴从虫昔聲鉏駕切

蝡　動也从虫耎聲而沇切

蚑　行也从虫支聲巨支切

蠉　蟲行也从虫睘聲香沇切

⿱屮虫　蟲曳行也从虫屮聲讀若騁丑善切

螸　螽醜螸垂腴也从虫欲聲余足切

⿰虫扇　蠅醜⿰虫扇搖翼也从虫扇聲式戰切

蛻　蛇蟬所解皮也从虫捝省輸芮切

蠚　螫也从虫若省聲呼各切

螫　蟲行毒也从虫赦聲施隻切

蝁　蚨也从虫亞聲烏各切

蛘　搔蛘也从虫羊聲余兩切

蝕　敗創也从虫人食食亦聲乘力切

蛟　龍之屬也池魚滿三千六百蛟來爲之長能率魚飛置笱水中即蛟去从虫交聲古肴切

螭　若龍而黃北方謂之地螻从虫离聲或云無角曰螭丑知切

虯　龍子有角者从虫丩聲渠幽切

蜦　蛇屬黑色潛于神淵能興風雨从虫侖聲讀若戾艸力屯切

蜧　蜦或从戾

螊　海蟲也長寸而白可食从虫兼聲讀若嗛力鹽切

蜃　雉入海化爲蜃从虫辰聲時忍切

蛤　蜃屬有三皆生於海千歲化爲蛤秦謂之牡厲又云百歲燕所化魁蛤一名復累老服翼所化从虫合聲古沓切

螷　階也脩爲螷圜爲蠇从虫庳臣鉉等

曰今俗作鮩或作蠯非是蒲猛切 蝸 蝸蠃也从虫咼聲古華切 蚌 蜃屬从虫丰聲步項切 蠇 蚌屬似螊微大出海中今民食之从虫萬聲讀若賴力制切 蝓 虒蝓也从虫俞聲羊朱切 蜎 蜎也从虫肙聲在沇切 蟺 夗蟺也从虫亶聲常演切 蚴 蚴蟉也从虫幼聲於虯切 蟉 蚴蟉也从虫翏聲力幽切 蟄 藏也从虫執聲直立切 蚨 青蚨水蟲可還錢从虫夫聲房無切 ⿰虫匊 ⿰虫匊䵶詹諸以脰鳴者从虫匊聲居六切 蝦 蝦蟆也从虫叚聲乎加切 蟆 蝦蟆也从虫莫聲莫遐切 蠵 大龜也以胃鳴者从虫巂聲戶圭切 ⿰虫夐 司馬相如說蠵从夐 螹 螹離也从虫漸省聲慈染切 蠏 有二敖八足旁行非蛇鮮之穴無所庇从虫解聲胡買切 ⿰魚解 蠏或从魚 蛫 蠏也从虫危聲過委切 蜮 短狐也似鼈三足以气䠶害人从虫或聲于逼切 蟈 蜮又从國臣鉉等曰今俗作古獲切以爲蝦蟇之別名 ⿰虫屰 似蜥易長一丈水潛吞人即浮出日南从虫屰聲吾各切 蛧 蛧蜽山川之精物也淮南王說蛧蜽狀如三歲小兒赤黑色赤目長耳美髮从虫网聲國語曰木石之怪夔蛧蜽文兩切 蜽 蛧蜽也从虫兩聲臣鉉等曰今俗別作魍魎非是良獎切 蝯 善援禺屬从虫爰聲臣鉉等曰今俗別作猨非是雨元切 蠗 禺屬从虫翟聲直角切 蜼 如母猴卬鼻長尾从虫隹聲余季切 蚼 北方有蚼犬食人从虫句聲古厚切 蛩 蛩蛩獸也一曰秦謂蟬蛻曰蛩从虫巩聲渠容切 蟨 鼠也一曰西方有獸前足短與蛩蛩巨虛比其名謂之蟨从虫厥聲居月切 蝙

蝙蝠也从虫扁聲布玄切
蝠　蝙蝠服翼也从虫畐聲方六切
蠻　南蠻蛇種从虫䜌聲莫還切
閩　東南越蛇種从虫門聲武巾切
虹　螮蝀也狀似蟲从虫工聲明堂月令曰虹始見户工切
蚒　籀文虹从申申電也
螮　螮蝀虹也从虫帶聲都計切
蝀　螮蝀也从虫東聲多貢切
蠥　衣服歌謠艸木之怪謂之祅禽獸蟲蝗之怪謂之蠥从虫辥聲魚列切

文一百五十三　重十五

蜑　南方夷也从虫延聲徒旱切
蟪　蟪蛄蟬也从虫惠聲日棫切
蠛　蠛蠓細蟲也从虫蔑聲亡結切
虴　虴蜢艸上蟲也从虫乇聲陟格切
蜢　虴蜢也从虫孟聲莫杏切
蟋　蟋蟀也从虫悉聲息七切
螳　螳蜋也从虫堂聲徒郎切

文七　新附

說文解字弟十三上

賜進士及第山東等處督糧道兼管德常臨清倉事務加三級孫星衍重校刊

說文解字弟十三下

漢太尉祭酒許慎記

銀青光祿大夫守右散騎常侍上柱國東海縣開國子食邑五百戶臣徐鉉等奉
敕校定

蚰 蟲之總名也从二虫凡蚰之屬皆从蚰讀若昆古魂切

蠶 任絲也从蚰朁聲昨含切 ⿱我蚰 蠶化飛蟲从蚰我聲五何切 蛾 或从虫 ⿱叉蚰 齧人跳蟲从蚰叉聲叉古爪字子皓切 蚤 ⿱叉蚰或从虫 ⿱卂蚰 齧人蟲从蚰卂聲所櫛切 ⿱冬蚰 蝗也从蚰夂聲夂古文終字職戎切 ⿰虫衆 ⿱冬蚰或从虫衆聲 ⿸展蚰 蟲也从蚰展省聲知衍切 ⿱𢦏蚰 小蟬蜩也从蚰𢦏聲子列切 蠿 蠿蟊作罔蛛蟊也从蚰𢇍聲𢇍古絕字側八切 蟊 蠿蟊也从蚰矛聲莫交切 ⿱寍蚰 ⿱寍蚰也从蚰寍聲奴丁切 ⿱曹蚰 ⿱齊蚰⿱曹蚰也从蚰曹聲財牢切 蠚 螻蛄也从蚰羍聲胡葛切 ⿱卑蚰 ⿱卑蚰蛸也从蚰卑聲匹標切 ⿱卑虫 ⿱卑蚰或从虫 蠭 飛蟲螫人者从蚰逢聲敷容切 ⿱夆人 古文省 蠠 蠭甘飴也一曰螟子从蚰鼏聲彌必切

七·ㄨ二卜ㄨ·七ㄨ 說十三下 一

蜜 𧕫或从宓 ⿱巨蚰 ⿱巨蚰蠓也从蚰巨聲強魚切 蟁 齧人飛蟲从蚰民聲無分切 ⿱昬蚰 蟁或从昬以昬時出也

蚊 俗蟁从虫从文 蝱 齧人飛蟲从蚰亡聲武庚切 蠹 木中蟲从蚰橐聲當故切 ⿱木蚰 蠹或从木象蟲在木中形

譚長說 蠡 蟲齧木中也从蚰彖聲盧啓切 ⿱彖木 古文 蠤 多足蟲也从蚰求聲巨鳩切 蛷 蠤或从虫 ⿱橐蚰

蚍⿱橐蚰也从蚰橐聲縛牟切 蜉 ⿱橐蚰或从虫从孚 ⿱雋蚰 蟲食也从蚰雋聲子兖切 蠢 蟲動也从蚰春聲尺尹切 𢦏 古文

蠢从𢦏周書曰我有𢦏于西

文二十五　重十三

蟲 有足謂之蟲無足謂之豸从三虫凡蟲之屬皆从蟲 直弓切

蟊 蟲食艸根者从蟲象其形吏抵冒取民財則生徐鍇曰唯此一字象蟲形不从矛書者多誤莫浮切 ⿰矛蟲 蟊或从敄臣鉉等按虫部已有蝥莫交切作盤蝥蟲此重出 蛑 古文蟊从虫从牟 ⿱⿰囟比蟲 蚍蜉大螘也从蟲⿰囟比聲房脂切 蚍 ⿱⿰囟比蟲或从虫比聲

𧓉 ⿱民蟲也从蟲⿱冖門聲武巾切 𧕣 臭蟲負蠜也从蟲非聲房未切 蜚 𧕣或从虫 蠱 腹中蟲也春秋傳曰皿蟲爲蠱

晦淫之所生也臬桀死之鬼亦爲蠱从蟲从皿皿物之用也公戶切

文六　重四

風　八風也東方曰明庶風東南曰清明風南方曰景風西南曰涼風西方曰閶闔風西北曰不周風北方曰廣莫風東北曰融風風動蟲生故蟲八日而化从虫凡聲凡風之屬皆从風方戎切

凬　古文風

⿺風京　北風謂之⿺風京从風涼省聲呂張切

⿺風朮　小風也从風朮聲翾聿切

飆　扶搖風也从風猋聲甫遙切

颮　飆或从包

飄　回風也从風㮑聲撫招切

颯　翔風也从風立聲穌合切

飂　高風也从風翏聲力求切

⿺風忽　疾風也从風从忽忽亦聲呼骨切

⿺風胃　大風也从風胃聲王勿切

⿺風日　大風也从風日聲于筆切

颺　風所飛揚也从風昜聲與章切

⿺風利　風雨暴疾也从風利聲讀若栗力質切

⿺風劉　烈風也从風劉聲讀若劉良辥切

文十三　重二

颸　涼風也从風思聲息茲切

颼　飂颼也从風叜聲所鳩切

颭　風吹浪動也从風占聲隻冉切

文三　新附

虫也从虫而長象冤曲垂尾形上古艸居患它故相問無它乎凡它之屬皆从它託何切

它或从虫臣鉉等曰今俗作食遮切

文一　重一

舊也外骨内肉者也从它龜頭與它頭同天地之性廣肩無雄龜鼈之類以它爲雄象足甲尾之形凡龜之屬皆从龜居追切

古文龜

龜名从龜夂聲夂古文終字徒冬切

龜甲邊也从龜冄聲天子巨𪚾尺有二寸諸侯尺大夫八寸士六寸沒閻切

文三　重一

鼃黽也从它象形黽頭與它頭同臣鉉等曰色其腹也凡黽之屬皆从黽莫杏切

大一百卅九

黽 籀文黽

鼈 甲蟲也从黽敝聲并列切

黿 大鼈也从黽元聲愚袁切

鼃 蝦蟇也从黽圭聲烏媧切

鼀 圥鼀詹諸也其鳴詹諸其皮鼀鼀其行圥圥从黽从圥圥亦聲七宿切

䵶 鼀或从酋

䵹 䵹鼀詹諸也詩曰得此䵹鼀言其行䵹鼀从黽爾聲式支切

鼉 水蟲似蜥易長大从黽單聲徒何切

䵸 水蟲也薉貉之民食之从黽奚聲胡雞切

䵷 䵷屬頭有兩角出遼東从黽句聲其俱切

蠅 營營青蠅蟲之大腹者从黽从虫余陵切

鼅 鼅鼄蟊也从黽智省聲陟离切

䵹（或） 或从虫

鼄 鼅鼄也从黽朱聲陟輸切

蛛 鼄或从虫

鼂 匽鼂也讀若朝楊雄說匽鼂蟲名杜林以爲朝旦非是从黽从旦直遙切

鼂（篆文） 篆文从皀

文十三　重五

鼇 海大鼈也从黽敖聲五牢切

文一　新附

卵

凡物無乳者卵生象形凡卵之屬皆从卵盧管切

毈 卵不孚也从卵段聲徒玩切

文二

二

地之數也从偶凡二之屬皆从二而至切

弍 古文

亟 敏疾也从人从口从又从二二天地也徐鍇曰承天之時因地之利口謀之手執之時不可失疾也紀力切又去吏切

恆 常也从心从舟在二之間上下心以舟施恒也胡登切

亙 古文恒从月詩曰如月之恒

亘 求亘也从二从回回古文回象亘回形上下所求物也徐鍇曰回風回轉所以宣陰陽也須緣切

竺 厚也从二竹聲冬毒切

凡 最括也从二二偶也从乃乃古文及浮芝切

文六　重二

土 地之吐生物者也二象地之下地之中物出形也凡土之屬皆从土　它魯切

地 元气初分輕清陽爲天重濁陰爲地萬物所陳𠛱也从土也聲徒內切

墬 籀文地从隊

坤 地也易之卦也从土从申土位在申苦昆切

垓 兼垓八極地也國語曰天子居九垓之田从土亥聲古哀切

墺 四方土可居也从土奧聲於六切

㘾 古文墺

堣 堣夷在冀州陽谷立春日日值之而出从土禺聲尚書曰宅堣夷噳俱切

坶 朝歌南七十里地周書武王與紂戰于坶野从土母聲莫六切

坡 阪也从土皮聲滂禾切

坪 地平也从土从平平亦聲皮命切

均 平徧也从土从勻勻亦聲居勻切

壤 柔土也从土襄

聲如兩切
塙　堅不可拔也从土高聲苦角切
墽　磽也从土敫聲口交切
壚　剛土也从土盧聲洛乎切
垶　赤剛土也从土觲省聲息營切
埴　黏土也从土直聲常職切
坴　土塊坴坴也从土圥聲讀若逐一曰坴梁力竹切
𡋝　土也洛陽有大𡋝里从土軍聲戶昆切
墣　塊也从土菐聲匹角切
圤　墣或从卜
凷　墣也从土一屈象形苦對切
塊　凷或从鬼
堛　凷也从土畐聲芳逼切
堫　種也一曰内其中也从土㚇聲子紅切
塍　稻中畦也从土朕聲食陵切
坺　治也一曰臿土謂之坺詩曰武王載坺一曰塵皃从土犮聲蒲撥切
坄　陶竈窻也从土役省聲營隻切
基　牆始也从土其聲居之切
垣　牆也从土亘聲雨元切
𩫖　籒文垣从𩫏
圪　牆高也詩曰崇墉圪圪从土乞聲魚迄切
堵　垣也五版爲一堵从土者聲當古切
𩫺　籒文从𩫏
壁　垣也从土辟聲比激切
壞　周垣也从土尞聲力沼切
堨　壁間隙也从土曷聲讀若謁魚刻切
埒　卑垣也从土寽聲力輟切
堪　地突也从土甚聲口含切
堀　突也詩曰蜉蝣堀閱从土屈省聲苦骨切
堂　殿也从土尚聲徒郎切
坣　古文堂
臺　籒文堂从高省
垛　堂塾也从土朶聲丁果切
坫　屏也从土占聲都念切
𡋲　涂也从土浝聲臣鉉等案水部已有此重出力踵切
垷　涂也从土見聲胡典切
墐　涂也从土堇聲渠吝切
塈　仰涂也从土既聲其冀切
堊　白涂也从土亞聲烏各切
墀　涂地也从土犀聲禮天子赤墀直泥切

墼 瓴適也一曰未燒也从土毄聲古歷切

坋 埽除也从土弁聲讀若糞方問切

埽 棄也从土从帚穌老切

在 存也从土才聲昨代切

坐 止也从土从畱省土所止也此與畱同意徂臥切

㘸 古文坐

坻 箸也从土氏聲諸氏切

填 塞也从土眞聲陟鄰切又待年切

坦 安也从土旦聲他但切

坒 地相次比也衛大夫貞子名坒从土比聲毗至切

堤 滯也从土是聲丁礼切

壎 樂器也以土爲之六孔从土熏聲況袁切

封 爵諸侯之土也从之从土从寸守其制度也公侯百里伯七十里子男五十里徐鍇曰各之其土也會意府容切

𡉣 古文封省

𡊻 籒文从丰

璽 王者印也所以主土从土爾聲斯氏切

壐 籒文从玉

墨 書墨也从土从黑黑亦聲莫北切

垸 以桼和灰而髹也从土完聲一曰補垸胡玩切

型 鑄器之法也从土刑聲戶經切

埻 射臬也从土𦎧聲讀若準之允切

塒 雞棲垣爲塒从土時聲市之切

城 以盛民也从土从成成亦聲氏征切

𩫨 籒文城从𩫏

墉 城垣也从土庸聲余封切

𩫏 古文墉

堞 城上女垣也从土枼聲徒叶切

坎 陷也从土欠聲苦感切

墊 下也春秋傳曰墊隘从土執聲都念切

坻 小渚也詩曰宛在水中坻从土氏聲直尼切

汷 坻或从水从夂

渚 坻或从水从耆

㙈 下入也从土㬎聲敕立切

垎 水乾也一曰堅也从土各聲胡格切

垐 以土增大道上从土次聲疾資切

堲 古文垐从土即虞書曰龍朕堲讒說殄行堲疾惡也

增 益也从土曾聲作滕切

埤 增也从土卑聲符支切

坿 益也从土付聲符

遏切
塞　隔也。从土从㝥。先代切
圣　汝潁之閒謂致力於地曰圣。从土从又。讀若兔窟。苦骨切
垍　堅土也。从土自聲。讀若泉。其冀切
埱　气出土也。一曰始也。从土叔聲。昌六切
埵　堅土也。从土垂聲。讀若朵。丁果切
埐　地也。从土𠬶聲。子林切
埾　土積也。从土从聚省。才句切
⿰土𠷎　保也。高土也。从土𠷎聲。讀若毒。都皓切
培　培敦。土田山川也。从土咅聲。薄回切
埩　治也。从土爭聲。疾郢切
墇　擁也。从土章聲。之亮切
⿰土則　遏遮也。从土則聲。初力切
垠　地垠也。一曰岸也。从土艮聲。語斤切
圻　垠或从斤
墠　野土也。从土單聲。常衍切
垑　恃也。从土多聲。尺氏切
壘　軍壁也。从土畾聲。力委切
垝　毀垣也。从土危聲。詩曰：乘彼垝垣。過委切
陒　垝或从𨸏
圮　毀也。虞書曰：方命圮族。从土己聲。符鄙切
⿰酉非　圮或从手从非，配省聲
垔　塞也。尚書曰：鯀垔洪水。从土西聲。於眞切
⿵冂⿱㐅土　古文垔
塹　阬也。一曰大也。从土斬聲。七豔切
埂　秦謂阬爲埂。从土更聲。讀若井汲綆。古杏切
壙　塹穴也。一曰大也。从土廣聲。苦謗切
塏　高燥也。从土豈聲。苦亥切
毀　缺也。从土毇省聲。許委切
⿰⿱臼王殳　古文毀从王
壓　壞也。一曰塞補。从土厭聲。烏狎切
壞　敗也。从土褱聲。下怪切
⿰眔土　古文壞省
⿰褱攴　籒文壞。臣鉉等按：攴部有⿰褱攴，此重出
坷　坎坷也。梁國寧陵有坷亭。从土可聲。康我切
㙤　坼也。从土虖聲。呼訝切
⿰𨸏虖　㙤或从𨸏
坼　裂也。詩曰：不坼不疈。从土𢆉聲。丑格切
坱　塵埃也。从土央聲。於亮切
塺　塵也。从土麻聲。亡果切
塿　塺土也。从土婁聲。洛侯切
坋　塵也

从土分聲一曰大防也房吻切

𡋞　塵也从土非聲房未切

埃　塵也从土矣聲烏開切

𡑾　塵埃也从土殹聲烏雞切

垽　澱也从土沂聲魚僅切

垢　濁也从土后聲古厚切

𡔀　天陰塵也詩曰𡔀𡔀其陰从土壹聲於計切

坏　丘再成者也一曰瓦未燒从土不聲芳桮切

垤　蟻封也詩曰鸛鳴于垤从土至聲徒結切

坥　益州部謂螾場曰坥从土且聲七余切

埍　徒隸所居也一曰女牢一曰亭部从土肙聲古泫切

𡏿　囚突出也从土㱿聲胡八切

瘞　幽薶也从土㾜聲於罽切

堋　喪葬下土也从土朋聲春秋傳曰朝而堋禮謂之封周官謂之窆虞書曰堋淫于家方鄧切

垗　畔也爲四時界祭其中周禮曰垗五帝於四郊从土兆聲治小切

塋　墓也从土熒省聲余傾切

墓　丘也从土莫聲莫故切

墳　墓也从土賁聲符分切

壠　丘壠也从土龍聲力歱切

壇　祭場也从土亶聲徒干切

場　祭神道也一曰田不耕一曰治穀田也从土昜聲直良切

圭　瑞玉也上圜下方公執桓圭九寸侯執信圭伯執躬圭皆七寸子執穀璧男執蒲璧皆五寸以封諸侯从重土楚爵有執圭古畦切

珪　古文圭从玉

圯　東楚謂橋爲圯从土巳聲與之切

垂　遠邊也从土𠂹聲是爲切

堀　兔堀也从土屈聲苦骨切

文一百三十一　重二十六

塗　泥也从土涂聲同都切

塓　塗也从土冥聲莫狄切

埏　八方之地也从土延聲以然切

埸　疆也从土昜聲羊益切

境　疆也从土竟聲經典通用竟居領切　墪　門側堂也从土孰聲殊六切　墾　耕也从土豤聲康很切　塘　隄也从土唐聲徒郎切　坳　地不平也从土幼聲於交切　壒　塵也从土蓋聲於蓋切　墜　陊也从土隊聲古通用碌直類切　塔　西域浮屠也从土荅聲土盍切　坊　邑里之名从土方聲古通用埅府良切

文十三　新附

垚　土高也从三土凡垚之屬皆从垚吾聊切

堯　高也从垚在兀上高遠也吾聊切　𡉏　古文堯

文二　重一

堇　黏土也从土从黃省凡堇之屬皆从堇巨斤切　𡋬　𦰩　皆古文堇

艱　土難治也从堇艮聲古閑切　囏　籀文艱从喜

文二　重三

里　居也从田从土凡里之屬皆从里良止切

釐　家福也从里𠩺聲里之切　野　郊外也从里予聲羊者切　𡐨　古文野从里省从林

文三　重一

田　陳也樹穀曰田象四口十阡陌之制也凡田

之屬皆从田待秊切

町 田踐處曰町从田丁聲他頂切 𤰝 城下田也一曰𤰝郤也从田耎聲而緣切 𠷎 耕治之田也从田象耕屈之形直由切 𠃨 𠷎或省

𤳉 燒種也漢律曰𤳉田茠艸从田翏聲力求切 畬 三歲治田也易曰不菑畬田从田余聲以諸切 𤲞 和田也从田柔聲耳由切 畸 殘田也从田奇聲居宜切

⿰田差 殘田也詩曰天方薦⿰田差从田差聲昨何切 畮 六尺爲步步百爲畮从田每聲莫厚切 畝 畮或从田十久臣鉉等曰十四方也久聲

甸 天子五百里地从田包省堂練切 畿 天子千里地以遠近言之則言畿也从田幾省聲巨衣切 畦 田五十畮曰畦从田圭聲戶圭切

畹 田三十畮也从田宛聲於阮切 畔 田界也从田半聲薄半切 畍 境也从田介聲古拜切 ⿰田亢 境也一曰陌也趙魏謂陌爲⿰田亢从田亢聲古郎切

畷 兩陌閒道也廣六尺从田叕聲陟劣切 畛 井田閒陌也从田㐱聲之忍切 畤 天地五帝所基址祭地从田寺聲右扶風有五畤好畤鄜畤皆黃帝時祭或曰秦文公立也周市切

略 經略土地也从田各聲烏約切 當 田相值也从田尚聲都郎切 畯 農夫也从田夋聲子峻切 甿 田民也从田亡聲武庚切

疄 轢田也从田粦聲良刃切 留 止也从田丣聲力求切 畜 田畜也淮南子曰玄田爲畜丑六切 𤲃 魯郊禮畜从田从茲茲益也

疃 禽獸所踐處也詩曰町疃鹿場从田童聲土短切 畼 不生也从田昜聲臣鉉等曰借爲通暘之暘今俗别作暢非是丑亮切

文二十九　重三

畕　比田也从二田凡畕之屬皆从畕　居良切

畺　界也从畕三其界畫也居良切　疆　畺或从彊土

文二　重一

黃　地之色也从田从炗炗亦聲炗古文光凡黃之屬皆从黃　乎光切

㣇　古文黃

䵍　赤黃也一曰輕易人䵍姁也从黃夾聲許兼切

䵒　黃黑色也从黃耑聲他耑切

䵓　青黃色也从黃有聲呼辠切

黇　白黃色也从黃占聲他兼切

黊　鮮明黃也从黃圭聲戶圭切

文六　重一

男　丈夫也从田从力言男用力於田也凡男之屬皆从男　那含切

舅　母之兄弟爲舅妻之父爲外舅从男臼聲其久切

甥　謂我舅者吾謂之甥也从男生聲所更切

文三

力筋也象人筋之形治功曰力能圉大災凡力之屬皆从力林直切

勳能成王功也从力熏聲許云切　勛古文勳从員　功以勞定國也从力从工工亦聲古紅切　助左也从力且聲牀倨切　勴助也从力从非慮聲良倨切　勑勞也从力來聲洛代切　劼愼也从力吉聲周書曰汝劼毖殷獻臣臣乙切　務趣也从力敄聲亡遇切　勥迫也从力强聲巨良切　𢐡古文从彊　勱勉力也周書曰用勱相我邦家讀若萬从力萬聲莫話切　𠢪勥也从力厥聲瞿月切　勍彊也春秋傳曰勍敵之人从力京聲渠京切　勁彊也从力巠聲吉正切　勉彊也从力免聲亡辨切　劭勉也从力召聲讀若舜樂韶寔照切　勖勉也周書曰勖哉夫子从力冒聲許玉切　勸勉也从力雚聲去願切　勝任也从力朕聲識蒸切　勶發也从力从徹徹亦聲臣鉉等曰今俗作撤非是丑列切　勠并力也从力翏聲力竹切　勨繇緩也从力象聲余兩切　動作也从力重聲徒總切　𨔝古文動从辵　𠠲推也从力畾聲盧對切　劣弱也从力少力劣切　勞劇也从力熒省熒火燒冂用力者勞魯刀切　𢡱古文勞从悉　勮務也从力豦聲其據切　勀尤極也从力克聲苦得切　勩勞也詩云莫知我勩从力貰聲余制切　勦勞也春秋傳曰安用勦民从力巢聲

子小切又楚交切

劵　勞也从力卷省聲臣鉉等曰今俗作倦義同渠卷切

勤　勞也从力堇聲巨巾切

加　語相增加也从力从口古牙切

𠢕　健也从力敖聲讀若豪五牢切

勇　气也从力甬聲余隴切

㦷　勇或从戈用

恿　古文勇从心

⿰學力　排也从力學聲蒲沒切

勡　劫也从力票聲匹眇切

劫　人欲去以力脅止曰劫或曰以力止去曰劫居怯切

飭　致堅也从人从力食聲讀若敕恥力切

劾　法有辠也从力亥聲胡槩切

募　廣求也从力莫聲莫故切

文四十　重六

劬　勞也从力句聲其俱切

勢　盛力權也从力埶聲經典通用埶舒制切

勘　校也从力甚聲苦紺切

辦　致力也从力辡聲蒲莧切

文四　新附

劦　同力也从三力山海經曰惟號之山其風若劦凡劦之屬皆从劦胡頰切

恊　同心之和从劦从心胡頰切

勰　同思之和从劦从思胡頰切

協　眾之同和也从劦从十臣鉉等曰十眾也胡頰切

旪　古文協从曰十

叶　或从口

文一　重五

大六十六小二百五十一

說文解字第十三下

賜進士及第山東等處督糧道兼管德常臨清倉事務加三級孫星衍重校刊

說文解字第十四上　漢太尉祭酒許慎記

銀青光祿大夫守右散騎常侍上柱國東海縣開國子食邑五百戶臣徐鉉等　奉

敕校定

五十一部　文六百三　重七十四

凡八千七百一十七字

文十八新附

金　五色金也黃爲之長久薶不生衣百鍊不輕从革不違西方之行生於土从土左右注象金在土中形今聲凡金之屬皆从金 居音切

金　古文金

銀　白金也从金艮聲 語巾切

鐐　白金也从金尞聲 洛蕭切

鋈　白金也从金𣵀省聲 烏酷切

鉛青金也从金㕣聲與專切　錫銀鉛之閒也从金易聲先擊切　鈏錫也从金引聲羊晉切　銅赤金也从
金同聲徒紅切　鏈銅屬从金連聲力延切　鐵黑金也从金𢧵聲天結切　䥫鐵或省　銕古文鐵从
夷　鍇九江謂鐵曰鍇从金皆聲苦駭切　鋚鐵也一曰轡首銅从金攸聲以周切　鏤剛鐵可以刻鏤从金婁聲夏書曰
梁州貢鏤一曰鏤釜也盧候切　鐼鐵屬从金賁聲讀若熏火運切　銑金之澤者一曰小鑿一曰鐘兩角謂之銑从金先聲穌典切
鋻剛也从金臤聲古甸切　鑗金屬一曰剝也从金黎聲郎兮切　錄金色也从金彔聲力玉切　鑄銷金也从
金壽聲之戍切　銷鑠金也从金肖聲相邀切　鑠銷金也从金樂聲書藥切　鍊冶金也从金柬聲郎甸切　釘
鍊鉼黃金从金丁聲當經切　錮鑄塞也从金固聲古慕切　鑲作型中腸也从金襄聲汝羊切　鎔冶器法也从金容聲余封
切　鋏可以持冶器鑄鎔者从金夾聲讀若漁人莢魚之莢一曰若挾持古叶切　鍛小冶也从金段聲丁貫切　鋌銅鐵樸也
从金廷聲徒鼎切　⿰金曉鐵文也从金曉聲呼鳥切　鏡景也从金竟聲居慶切　鉹曲鉹也从金多聲一曰鬵鼎讀若摘一
曰詩云侈兮哆兮尺氏切　鈃似鍾而頸長从金幵聲戶經切　鍾酒器也从金重聲職容切　鑑大盆也一曰監諸可以取明水

於月从金監聲革懺切

鐈　似鼎而長足从金喬聲巨嬌切

鐆　陽鐆也从金隊聲徐醉切

鋞　溫器也圜直上从金巠聲戶經切

鑴　甖也从金巂聲戶圭切

鑊　鑴也从金蒦聲胡郭切

鍑　釜大口者从金复聲方副切

鍪　鍑屬从金敄聲莫浮切

錪　朝鮮謂釜曰錪从金典聲他典切

銼　鍑也从金坐聲昨禾切

鑹　銼鑹也从金贏聲魯戈切

鉶　器也从金荆聲戶經切

鎬　溫器也从金高聲武王所都在長安西上林苑中字亦如此乎老切

鏖　溫器也一曰金器从金麀聲於刀切

銚　溫器也一曰田器从金兆聲以招切

𨫼　酒器也从金䀀象器形大口切

䀀　𨫼或省金

鐎　鐎斗也从金焦聲即消切

鋗　小盆也从金肙聲火玄切

鏏　鼎也从金彗聲讀若彗于歲切

鍵　鉉也一曰車轄从金建聲渠偃切

鉉　舉鼎也易謂之鉉禮謂之鼏从金玄聲胡犬切

鋊　可以句鼎耳及鑪炭从金谷聲一曰銅屑讀若浴余足切

鎣　器也从金熒省聲讀若銑烏定切

鑯　鐵器也一曰鐫也从金韱聲臣鉉等曰今俗作尖非是子廉切

錠　鐙也从金定聲丁定切

鐙　錠也从金登聲臣鉉等曰錠中置燭故謂之鐙今俗別作燈非是都滕切

鏶　鍱也从金集聲秦入切

鍓　鏶或从咠

鍱　鏶也从金枼聲齊謂之鍱與涉切

鏟　鏶也一曰平鐵从金產聲初限切

鑪　方鑪也从金盧聲臣鉉等曰今俗別作爐非是洛故切

鏇

大六十三　二

圜鑪也从金旋聲辭戀切 鍉器也从金虒聲杜兮切 鐪煎膠器也从金虜聲郎古切 釦金飾器口从金从口口亦聲苦厚切 錯金涂也从金昔聲倉各切 䥏鉏䥏也从金御聲魚舉切 鋙䥏或从吾 錡鉏䥏也从金奇聲江淮之間謂釜曰錡魚綺切 鍤郭衣鍼也从金臿聲楚洽切 鉥綦鍼也从金朮聲食聿切 鍼所以縫也从金咸聲臣鉉等曰今俗作針非是職深切 鈹大鍼也一曰劒如刀裝者从金皮聲敷羈切 鎩鈹有鐔也从金殺聲所拜切 鈕印鼻也从金丑聲女久切 玒古文鈕从玉 銎斤斧穿也从金巩聲曲恭切 鈭鈭錍斧也从金此聲即移切 錍鈭錍也从金卑聲府移切 鏨小鑿也从金从斬斬亦聲藏濫切 鐫穿木鐫也从金雋聲一曰琢石也讀若瀐子全切 鑿穿木也从金糳省聲在各切 銛鍤屬从金舌聲讀若棪桑欽讀若鐮息廉切 鈂臿屬从金冘聲直深切 ⿰金危臿屬从金危聲一曰瑩鐵也讀若跛行過委切 鐅河内謂臿頭金也从金敝聲芳滅切 錢銚也古田器从金戔聲詩曰庤乃錢鎛即淺切又昨先切 钁大鉏也从金矍聲居縛切 鈐鈐鑇大犂也一曰類梠从金今聲巨淹切 鑇鈐鑇也从金隋聲徒果切 鏺兩刃木柄可以刈艸从金發聲讀若撥普活切 鉵梠屬从金蟲省聲讀若同徒冬切 鉏立薅所用也从金且聲士

魚切
䥷相屬从金罷聲讀若嬀彼爲切
鎌鍥也从金兼聲力鹽切
鍥鎌也从金契聲苦結切
鉊大鐵也从金召聲鎌謂之鉊張徹說止搖切
銍穫禾短鎌也从金至聲陟栗切
鎭博壓也从金眞聲陟刃切
鉆鐵銸也从金占聲一曰膏車鐵鉆敕淹切
銸鉆也从金耴聲陟葉切
鉗以鐵有所劫束也从金甘聲巨淹切
釱鐵鉗也从金大聲特計切
鋸槍唐也从金居聲居御切
鐕可以綴著物者从金朁聲則參切
錐銳也从金隹聲藏追切
鑱銳也从金毚聲士銜切
銳芒也从金兌聲以芮切
[厂剡]籀文說从厂剡
鏝鐵杇也从金曼聲母官切
槾鏝或从木臣鉉等案木部已有此重出
鑽所以穿也从金贊聲借官切
鑢錯銅鐵也从金慮聲良據切
銓衡也从金全聲此緣切
銖權十分黍之重也从金朱聲市朱切
鋝十銖二十五分之十三也从金寽聲周禮曰重三鋝北方以二十兩爲鋝力輟切
鍰鋝也从金爰聲罰書曰列百鍰户關切
錙六銖也从金甾聲側持切
錘八銖也从金垂聲直垂切
鈞三十斤也从金勻聲居勻切
銞古文鈞从旬
鈀兵車也一曰鐵也司馬法晨夜内鈀車从金巴聲伯加切
鐲鉦也从金蜀聲軍法司馬執鐲直角切
鈴令丁也从金从令令亦聲郎丁切
鉦鐃也似鈴柄中上下通从金正聲諸盈切
鐃小鉦也軍

法卒長執鐃从金堯聲女交切 鐸 大鈴也軍法五人爲伍五伍爲兩兩司馬執鐸从金睪聲徒洛切 鎛 大鐘淳于之屬所以應鐘磬也

堵以二金樂則鼓鎛應之从金薄聲匹各切 鏞 大鐘謂之鏞从金庸聲余封切 鐘 樂鐘也秋分之音物種成从金童聲古者垂作

鐘職茸切 銿 鐘或从甬 鈁 方鐘也从金方聲府良切 鏄 鏄鱗也鐘上橫木上金華也一曰田器从金尃聲詩曰庤乃錢鎛

補各切 鍠 鐘聲也从金皇聲詩曰鐘鼓鍠鍠乎光切 鎗 鐘聲也从金倉聲楚庚切 鏓 鎗鏓也一曰大鑿平木者从金

悤聲倉紅切 錚 金聲也从金爭聲側莖切 鏜 鐘鼓之聲从金堂聲詩曰擊鼓其鏜上郎切 ⿱輕金 金聲也从金輕聲讀

若春秋傳曰䡵而乘它車苦定切 鐔 劒鼻也从金覃聲徐鍇曰劒鼻人握處之下也徐林切 鏌 鏌釾也从金莫聲慕各切

釾 鏌釾也从金牙聲以遮切 鏢 刀削末銅也从金票聲撫招切 鈒 鋋也从金及聲穌合切 鋋 小矛也从金延聲市

連切 鈗 侍臣所執兵也从金允聲周書曰一人冕執鈗讀苦允余準切 鉈 短矛也从金它聲食遮切 鏦 矛也从金從聲七恭

切臣鉉等曰今音楚江切 錄 鏦或从彔 錟 長矛也从金炎聲讀若老聃徒甘切 鏠 兵耑也从金逢聲敷容切 錞

矛戟柲下銅鐏也从金𦎫聲詩曰厹矛沃錞徒對切 鐏 柲下銅也从金尊聲徂寸切 鏐 弩眉也一曰黃金之美者从金翏聲力幽切

鍭 矢金鏃翦羽謂之鍭从金矦聲乎鉤切 鏑 矢鏠也从金啻聲都歷切 鎧 甲也从金豈聲苦亥切 釬 臂鎧也从金干聲矦旰切 錏 錏鍜頸鎧也从金亞聲烏牙切 鍜 錏鍜也从金叚聲乎加切 鐧 車軸鐵也从金閒聲古莧切 釭 車轂中鐵也从金工聲古雙切 銴 車樘結也一曰銅生五色也从金折聲讀若誓時制切 釳 乘輿馬頭上防釳插以翟尾鐵翮象角所以防網羅釳去之从金气聲許訖切 鑾 人君乘車四馬鑣八鑾鈴象鸞鳥聲和則敬也从金从鸞省洛官切 鉞 車鑾聲也从金戉聲詩曰鑾聲鉞鉞臣鉉等曰今俗作鐬以鉞作斧戉之戉非是呼會切 鍚 馬頭飾也从金陽聲詩曰鉤膺鏤鍚一曰鍱車輪鐵臣鉉等曰今經典作錫與章切 銜 馬勒口中从金从行銜行馬者也戶監切 鑣 馬銜也从金麃聲補嬌切 䚃 鑣或从角 鉣 組帶鐵也从金劫省聲讀若劫居怯切 鈇 莝斫刀也从金夫聲甫無切 釣 鉤魚也从金勺聲多嘯切 䥍 羊箠耑有鐵从金埶聲讀若至脂利切 鋃 鋃鐺瑣也从金良聲魯當切 鐺 鋃鐺也从金當聲都郎切 鋂 大瑣也一環貫二者从金每聲詩曰盧重鋂莫桮切 鍡 鍡鑸不平也从金畏聲烏賄切 鑸 鍡鑸也从金壘聲洛猥切 鎎 怒戰也从金氣聲春秋傳曰諸侯敵王所鎎許既切 鋪 箸門鋪首也从金甫聲普胡切 鐉 所以鉤門戶樞也一曰治門戶器也从金巽聲此緣切 鈔 叉取也从金少聲臣鉉等曰今

俗別作抄楚交切

錔　以金有所冒也从金沓聲他荅切

銽　斷也从金昏聲古活切

鉻　鬄也从金各聲盧各切

⿰金亶　伐擊也从金亶聲旨善切

鏃　利也从金族聲作木切

鈌　刺也从金夬聲於決切

鏉　利也从金欶聲所右切

鐂　殺也徐鍇曰說文無劉字偏旁有之此字又史傳所不見疑此即劉字也从金从丣刀字屈曲傳寫誤作田尒力求切

錉　業也賈人占錉从金昏聲武巾切

鉅　大剛也从金巨聲其呂切

鎕　鎕銻火齊从金唐聲徒郎切

銻　鎕銻也从金弟聲杜兮切

鈋　吪圜也从金化聲五禾切

鐓　下垂也一曰千斤椎从金敦聲都回切

鍒　鐵之耎也从金从柔柔亦聲耳由切

錭　鈍也从金周聲徒刀切

鈍　錭也从金屯聲徒困切

⿰金巿　利也从金巿聲讀若齊徂奚切

錗　側意从金委聲女恚切

文二百九十七　重十三

鑺　兵器也从金瞿聲其俱切

銘　記也从金名聲莫經切

鎖　鐵鎖門鍵也从金貨聲穌果切

鈿　金華也从金田聲待季切

釧　臂環也从金川聲尺絹切

釵　笄屬从金叉聲本只作叉此字後人所加楚佳切

鈲　裂也从金爪普擊切

文七　新附

幵 平也象二干對構上平也凡幵之屬皆从幵徐鍇曰幵但象物平無音義也古賢切

文一

勺 挹取也象形中有實與包同意凡勺之屬皆从勺之若切

与 賜予也一勺爲与此与與同余吕切

文二

几 踞几也象形周禮五几玉几雕几彤几髹几素几凡几之屬皆从几居履切

凭 依几也从几从任周書凭玉几讀若馮臣鍇等曰人之依馮几所勝載故从任皮冰切

尻 處也从尸得几而止孝經曰仲尼尻尻謂閒居如此九魚切

処 止也得几而止从几从夂昌與切

處 処或从虍聲

文四　重二

且 薦也从几足有二横一其下地也凡且之屬皆

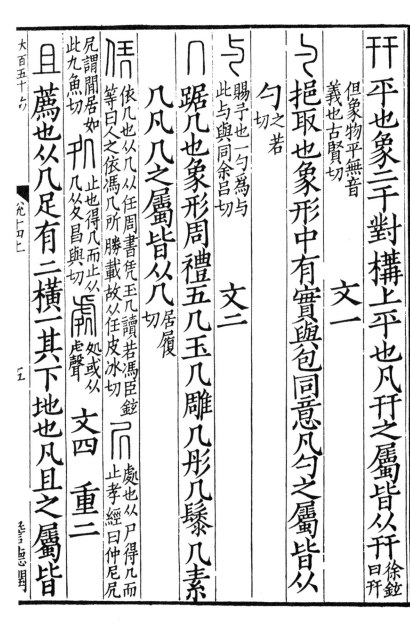

从且 子余切又千也切

俎 禮俎也从半肉在且上側呂切

⿰虘且 且往也从且虘聲昨誤切

文三

斤 斫木也象形凡斤之屬皆从斤 舉欣切

斧 斫也从斤父聲方矩切

斨 方銎斧也从斤爿聲詩曰又缺我斨七羊切

斫 擊也从斤石聲之若切

斪 斫也从斤句聲其俱切

斸 斫也从斤屬聲陟玉切

斲 斫也从斤豆臣鉉等曰豆器也斤以斲之竹角切

⿰畫丮 斲或从畫从丮

釿 劑斷也从斤金宜引切

所 伐木聲也从斤戶聲詩曰伐木所所疏舉切

斯 析也从斤其聲詩曰斧以斯之息移切

斮 斬也从斤昔聲側略切

斷 截也从斤从㡭㡭古文絕徒玩切

⿰皀召 古文斷从皀皀古文叀字周書曰⿰皀召⿰皀召猗無他技

⿰皀召 亦古文

⿰良斤 柯擊也从斤良聲來可切

新 取木也从斤新聲息鄰切

斦 二斤也从二斤語斤切

文十五 重三

斗 十升也象形有柄凡斗之屬皆从斗 當口切

斛 十斗也从斗角聲胡谷切

斝 玉爵也夏曰琖殷曰斝周曰爵从吅从斗冂象形與爵同意或說斝受六升古雅切

料 量也从斗

米在其中讀若遼洛蕭切

斞 量也从斗臾聲周禮曰求三斞以主切

斡 蠡柄也从斗倝聲楊雄杜林說皆以爲軺車輪斡烏括切

魁 羹斗也从斗鬼聲苦回切

斠 平斗斛也从斗冓聲古岳切

斟 勺也从斗甚聲職深切

斜 杼也从斗余聲讀若荼似嗟切

⿰奭斗 挹也从斗奭聲舉朱切

㪵 量物分半也从斗从半半亦聲博幔切

⿰旁斗 量溢也从斗旁聲普郎切

⿰䜌斗 杼滿也从斗䜌聲俱願切

斣 相易物俱等爲斣从斗蜀聲易六切

⿰厖斗 斛旁有⿰厖斗从斗厖聲一曰突也一曰利也尔疋曰⿰厖斗謂之䤚古田器也臣鉉等曰說文無厖字疑厂象形兆聲今俗別作鍫非是土雕切

升 十龠也从斗亦象形識蒸切

文十七

矛 酋矛也建於兵車長二丈象形凡矛之屬皆从矛莫浮切

𢦒 古文矛从戈

⿰矛良 矛屬从矛良聲魯當切

⿰矛害 矛屬从矛害聲苦蓋切

⿰矛昔 矛屬从矛昔聲讀若笮士革切

矜 矛柄也从矛今聲居陵切又巨巾切

⿰矛丑 刺也从矛丑聲女久切

文六　重一

車 輿輪之總名夏后時奚仲所造象形凡車之屬皆

車尺遮切

𨊻籀文

軒曲輈藩車从車干聲虛言切

輜輧車前衣車後也从車甾聲側持切

輧輜車也从車幷聲薄丁切

轀臥車也从車𥁕聲烏魂切

輬臥車也从車京聲呂張切

軺小車也从車召聲以招切

輕輕車也从車巠聲去盈切

輶輕車也从車酋聲詩曰輶車鑾鑣以周切

輣兵車也从車朋聲薄庚切

軘兵車也从車屯聲徒魂切

䡴陷敶車也从車童聲尺容切

轈兵高車加巢以望敵也从車巢聲春秋傳曰楚子登轈車鉏交切

輿車輿也从車舁聲以諸切

輯車和輯也从車咠聲秦入切

⿰車曼衣車蓋也从車曼聲莫半切

軓車軾前也从車凡聲周禮曰立當前軓音範

軾車前也从車式聲賞職切

輅車軨前橫木也从車各聲臣鉉等曰各非聲當从路省洛故切

較車騎上曲銅也从車爻聲古岳切

⿰車反車耳反出也从車从反反亦聲府遠切

轛車橫軨也从車對聲周禮曰參分軹圍去一以爲轛圍追萃切

輢車旁也从車奇聲於綺切

輒車兩輢也从車耴聲陟葉切

䡅車約䡅也从車川聲周禮曰孤乘夏䡅一曰下棺車曰䡅敕倫切

轖車籍交錯也从車嗇聲所力切

軨車轖閒橫木从車令聲郎丁切

⿰車靁軨或从靁司馬相如說

輑軺車前橫木也从車君聲讀若帬又讀若褌牛尹切

軫 車後橫木也从車㐱聲之忍切

轐 車伏兔也从車菐聲周禮曰加軫與轐焉博木切

⿰車𤅊 車伏兔下革也从車𤅊聲𤅊古昏字讀若閔眉殞切

軸 持輪也从車由聲徐鍇曰當从胄省直六切

輹 車軸縛也从車复聲易曰輿脫輹芳六切

軔 礙車也从車刃聲而振切

輮 車軔也从車柔聲人九切

𨏷 車輮規也一曰一輪車从車熒省聲讀若煢渠營切

轂 輻所湊也从車𣪊聲古祿切

輥 轂齊等皃从車昆聲周禮曰望其轂欲其輥古本切

軝 長轂之軝也以朱約之从車氏聲詩曰約軝錯衡渠支切

𩊚 軝或从革

軹 車輪小穿也从車只聲諸氏切

軎 車軸耑也从車象形杜林說徐鍇曰指事于濊切

轊 軎或从彗

輻 輪轑也从車畐聲方六切

轑 蓋弓也一曰輻也从車尞聲盧皓切

軑 車輨也从車大聲特計切

輨 轂端沓也从車官聲古滿切

轅 輈也从車袁聲雨元切

輈 轅也从車舟聲張流切

⿰車翏 籀文輈

輂 直轅車轒也从車具聲居玉切

軏 車轅耑持衡者从車元聲魚厥切

軶 轅前也从車戹聲於革切

⿰車軍 軶軥也从車軍聲乎昆切

軥 軶下曲者从車句聲古候切

轙 車衡載轡者从車義聲魚綺切

钀 轙或从金从獻

軜 驂馬內轡繫軾前者从車內聲詩曰渼以觼軜奴荅切

⿲彳車亍 車搖也从車从行一曰衍省聲古絢切

⿱丞車 軺車後登也从車丞聲讀若易抍馬之抍署陵切

載 乘也从車𢦏聲作代切

軍

說文十四上　七　郎

圜圍也四千人爲軍从車从包省軍兵車也舉云切

軷　出將有事於道必先告其神立壇四通樹茅以依神爲軷既祭軷轢於牲而行爲範軷詩曰取羝以軷从車犮聲蒲撥切

範　範軷也从車笵省聲讀與犯同音犯

⿰車獻　載高皃从車巘省聲五葛切

轄　車聲也从車害聲一曰轄鍵也胡八切

轉　運也从車專聲知戀切

輸　委輸也从車俞聲式朱切

輖　重也从車周聲職流切

輩　若軍發車百兩爲一輩从車非聲補妹切

軋　輾也从車乙聲烏轄切

輾　轢也从車㞋聲尼展切

轢　車所踐也从車樂聲郎擊切

軌　車徹也从車九聲居洧切

⿰車從　車迹也从車從省聲臣鉉等曰今俗別作蹤非是即容切

軼　車相出也从車失聲夷質切

⿰車眞　車⿰車眞鉏也从車眞聲讀若論語鏗尒舍瑟而作又讀若掔苦閑切

⿱埶車　抵也从車埶聲陟利切

軭　車戾也从車匡聲巨王切

輟　車小缺復合者从車叕聲臣鉉等按网部輟與罬同此重出陟劣切

⿰車多　礙也从車多聲康禮切

轚　車轄相擊也从車从毄毄亦聲周禮曰舟輿擊互者古歷切

⿱算車　治車軸也从車算聲所眷切

軻　接軸車也从車可聲康我切

⿱殸車　車堅也从車殸聲口莖切

軵　反推車令有所付也从車从付讀若胥而隴切

輪　有輻曰輪無輻曰輇从車侖聲力屯切

輇　蕃車下庳輪也一曰無輻也从車全聲讀若饌市緣切

輗　大車轅耑持衡者从車兒聲五雞切

⿰車宐　輗或从宐

⿰木兒　輗又从木

軧　大車後也从車氐聲丁礼切

轃 大車簣也从車秦聲讀若臻側詵切 轒 淮陽名車穹隆轒从車賁聲符分切 䡝 大車後壓也从車宛聲於云切

輂 大車駕馬也从車共聲居玉切 䡬 連車也一曰却車抵堂爲䡬从車差省聲讀若遲士皆切 輦 輓車也从車从㚘在車前引之 輓 引之也从車免聲無遠切 軖 紡車也一曰一輪車从車𡉚聲讀若狂巨王切 轘 車裂人也从車睘聲春秋傳曰轘諸栗門臣鉉等曰睘渠營切非聲當从還省胡慣切 斬 戳也从車从斤斬法車裂也側減切 輀 喪車也从車而聲如之切 輔 人頰車也从車甫聲扶雨切 轟 羣車聲也从車三車呼宏切

文九十九 重八

轏 車名从車孱聲士限切 轔 車聲从車粦聲力珍切 轍 車迹也从車徹省聲本通用徹後人所加直列切

文三 新附

𠂤 小𠂤也象形凡𠂤之屬皆从𠂤臣鉉等曰今俗作堆都回切

𡴎 危高也从𠂤屮聲讀若臬魚列切 官 吏事君也从宀从𠂤𠂤猶衆也此與師同意古丸切

文三

說文解字第十四上

賜進士及第山東等處督糧道兼管德常臨清倉事務加三級孫星衍重校刊

說文解字弟十四下

漢太尉祭酒許氏記

銀青光祿大夫守右散騎常侍上柱國東海縣開國子食邑五百戶臣徐鉉等奉

敕校定

𨸏　大陸山無石者象形凡𨸏之屬皆从𨸏　房九切

𨸏　古文

陵　大𨸏也从𨸏夌聲　力膺切

䧢　大𨸏也从𨸏鯀聲　胡本切

阞　地理也从𨸏力聲　盧則切

陰　闇也水之南山之北也从𨸏侌聲　於今切

陽　高明也从𨸏昜聲　與章切

陸　高平地从𨸏从坴坴亦聲　力竹切

𨺵　籀文陸

阿　大陵也一曰曲𨸏也从𨸏可聲　烏何切

陂　阪也一曰沱也从𨸏皮聲　彼爲切

阪　坡者曰阪一曰澤障一曰山脅也从𨸏反聲　府遠切

陬　阪隅也从𨸏取聲　子侯切

隅　陬也从𨸏禺聲　噳俱切

險　阻難也从𨸏僉聲　虛檢切

限　阻也一曰門榍从𨸏艮聲　乎簡切

阻　險也从𨸏且聲　側呂切

陮　陮隗高也从𨸏隹聲　都辠切

隗　陮隗也从𨸏鬼聲　五辠切

阭　高也一曰石也从𨸏允聲　余準切

𨸐　磊也从𨸏厽聲　洛猥切

陗　陖也从𨸏肖聲　七笑切

陖　陗高也从𨸏夋聲　私閏切

隥 仰也从𨸏登聲都鄧切
陋 阸陜也从𨸏㔷聲盧候切
陜 隘也从𨸏夾聲臣鉉等曰今俗从山非是矦夾切
陟 登也从𨸏从步竹力切
𨺻 古文陟
陷 高下也一曰陊也从𨸏从臽臽亦聲戶猎切
隰 阪下溼也从𨸏㬎聲似入切
⿰阝區 敂也从𨸏區聲臣鉉等曰今俗作崎嶇非是豈俱切
隤 下隊也从𨸏貴聲杜回切
隊 從高隊也从𨸏㒸聲徒對切
降 下也从𨸏夅聲古巷切
隕 從高下也从𨸏員聲易曰有隕自天于敏切
隉 危也从𨸏从毀省徐巡以爲隉凶也賈侍中說隉法度也班固說不安也周書曰邦之阢隉讀若虹蜺之蜺五結切
阤 小崩也从𨸏也聲丈尔切
隓 敗城𨸏曰隓从𨸏𡍮聲臣鉉等曰說文無𡍮字蓋二左也眾力左之故从二左今俗作隳非是許規切
𡐦 篆文
⿰阝頃 仄也从𨸏从頃頃亦聲去營切
陊 落也从𨸏多聲臣鉉等曰今俗作墮非是徒果切
阬 閬也从𨸏亢聲客庚切臣鉉等曰今俗作坑非是
⿰阝賣 通溝也从𨸏賣聲讀若瀆徒谷切
⿰谷賣 古文⿰阝賣从谷
防 隄也从𨸏方聲符方切
埅 防或从土
隄 唐也从𨸏是聲都兮切
阯 基也从𨸏止聲諸市切
址 阯或从土
陘 山絶坎也从𨸏巠聲戶經切
附 附婁小土山也从𨸏付聲春秋傳曰附婁無松柏符又切
阺 秦謂陵阪曰阺从𨸏氐聲丁禮切
阢 石山戴土也从𨸏从兀兀亦聲五忽切
隒 崖也从𨸏兼聲讀若儼魚檢切
阸 塞也从𨸏戹聲於革切
隔

障也从𨸏鬲聲古覈切

障 隔也从𨸏章聲之亮切

隱 蔽也从𨸏㥯聲於謹切

隩 水隈崖也从𨸏奥聲烏到切

隈 水曲隩也从𨸏畏聲烏恢切

⿱臾𨸏 ⿱臾𨸏商小塊也从𨸏从臾臣鉉等曰臾古文蕢字去衍切

⿰𨸏解 水衡官谷也从𨸏解聲一曰小谿胡買切

隴 天水大阪也从𨸏龍聲力鍾切

⿰𨸏衣 酒泉天依阪也从𨸏衣聲於希切

陜 弘農陜也古虢國王季之子所封也从𨸏夾聲失冉切

⿰𨸏無 弘農陝東陬也从𨸏無聲武扶切

⿰𨸏卷 河東安邑陬也从𨸏卷聲居遠切

陭 上黨陭氏阪也从𨸏奇聲於离切

隃 北陵西隃鴈門是也从𨸏俞聲傷遇切

阮 代郡五阮關也从𨸏元聲虞遠切

䧊 大𨸏也一曰右扶風郿有䧊𨸏从𨸏告聲苦沃切

陚 丘名从𨸏武聲方遇切

⿰𨸏貞 丘名从𨸏貞聲陟盈切

⿰𨸏丁 丘名从𨸏丁聲讀若丁當經切

⿰𨸏爲 鄭地阪从𨸏爲聲春秋傳曰將會鄭伯于⿰𨸏爲許爲切

陼 如渚者陼丘水中高者也从𨸏者聲當古切

陳 宛丘舜後嬀滿之所封从𨸏从木申聲臣鉉等曰陳者大昊之虛畫八卦之所木德之始故从木直珍切

⿰𨸏申 古文陳

陶 再成丘也在濟陰从𨸏匋聲夏書曰東至于陶丘陶丘有堯城堯嘗所居故堯號陶唐氏徒刀切

⿰𨸏⿱召土 耕以臿浚出下壚土也一曰耕休田也从𨸏从土召聲之少切

阽 壁危也从𨸏占聲余廉切

除 殿陛也从𨸏余聲直魚切

階 陛也从𨸏皆聲古諧切

阼 主階也从𨸏乍聲昨誤切

陛 升高階也从𨸏坒聲旁礼切

陔 階次也从𨸏亥聲古

哀切

際 壁會也从𨸏祭聲子例切

隙 壁際孔也从𨸏从𡭴𡭴亦聲綺戟切

陪 重土也一曰滿也从𨸏咅聲薄回切

䧑 道邊庳垣也从𨸏彖聲徒玩切

陾 築牆聲也从𨸏耎聲詩云捄之陾陾如乘切

陴 城上女牆俾倪也从𨸏卑聲符支切

𩫖 籒文陴从𩫏

隍 城池也有水曰池無水曰隍从𨸏皇聲易曰城復于隍乎光切

阹 依山谷爲牛馬圈也从𨸏去聲去魚切

陲 危也从𨸏垂聲是爲切

隖 小障也一曰庳城也从𨸏烏聲安古切

院 堅也从𨸏完聲臣鉉等按宀部已有此重出王眷切

陯 山𨸏陷也从𨸏侖聲盧昆切

陙 水𨸏也从𨸏辰聲食倫切

䧖 水𨸏也从𨸏戔聲慈衍切

文九十二　重九

阠 陵名从𨸏卂聲所臻切

阡 路東西爲陌南北爲阡从𨸏千聲倉先切

文二　新附

𨺅 兩𨸏之閒也从二𨸏凡𨺅之屬皆从𨺅房九切

䧢 𨺅突也从𨺅決省聲於決切

隘 陋也从𨺅𦐧聲𦐧籒文嗌字烏懈切

𨽗 籒文𨺅从𨸏益

𨽻 塞上亭守𤋮火者从𨺅从火遂聲徐醉切

隧 篆文省

文四　重二

厽 絫坺土爲牆壁象形凡厽之屬皆从厽力軌切

絫　增也从厽从糸絫十黍之重也力軌切　垒　絫墼也从厽从土力軌切　文三
四　陰數也象四分之形凡四之屬皆从四息利切
𠥄　古文四　亖　籀文四　文一　重二
宁　辨積物也象形凡宁之屬皆从宁直呂切
𡬜　㡒也所以載盛米从宁从甾甾缶也陟呂切　文二
叕　綴聯也象形凡叕之屬皆从叕陟劣切
綴　合箸也从叕从糸陟衞切　文二
亞　醜也象人局背之形賈侍中說以爲次弟也凡亞之屬皆从亞衣駕切
𩫖　闕衣駕切　文二

五　五行也从二陰陽在天地閒交午也凡五之屬皆从五　臣鉉等曰二天地也疑古切

㐅　古文五省　文一　重一

六　易之數陰變於六正於八从入从八凡六之屬皆从六　力竹切　文一

七　陽之正也从一微陰从中衺出也凡七之屬皆从七　親吉切　文一

九　陽之變也象其屈曲究盡之形凡九之屬皆从九　舉有切

馗　九達道也似龜背故謂之馗馗高也从九从首渠追切

逵　馗或从辵从坴　文二　重一

獸足蹂地也象形九聲尔疋曰狐貍貛貉醜其足蹞其迹厹凡厹之屬皆从厹人九切

篆文从足柔聲

走獸總名从厹象形今聲禽离兕頭相似巨今切

山神獸也从禽頭从厹从屮歐陽喬說离猛獸也臣鉉等曰从屮義無所取疑象形吕支切

蟲也从厹象形無販切

蟲也从厹象形王矩切

古文禹

周成王時州靡國獻鸒人身反踵自笑笑即上脣掩其目食人北方謂之土螻尔疋云鸒鸒如人被髮一名梟陽从厹象形符未切

蟲也从厹象形讀與偰同私列切

古文禼

文七　重三

犍也象耳頭足厹地之形古文嘼下从厹凡嘼之屬皆从嘼許救切

守備者从嘼从犬舒救切

文二

東方之孟陽气萌動从木戴孚甲之象一曰人頭

宜爲甲甲象人頭凡甲之屬皆从甲古狎切

𠇞古文甲始於十見於千成於木之象

文一　重一

乙象春艸木冤曲而出陰气尚彊其出乙乙也與丨同意乙承甲象人頭凡乙之屬皆从乙於筆切

乾上出也从乙乙物之達也倝聲渠焉切又古寒切　𠦝籒文乾

亂治也从乙乙治之也从𤔔郎段切

尤異也从乙又聲徐鍇曰乙欲出而見閡見閡則顯其尤異也羽求切

文四　重一

丙位南方萬物成炳然陰气初起陽气將虧从一入冂一者陽也丙承乙象人肩凡丙之屬皆从丙徐鍇曰陽功成入於冂冂門也天地陰陽之門也兵永切

文一

丁夏時萬物皆丁實象形丁承丙象人心凡丁之屬

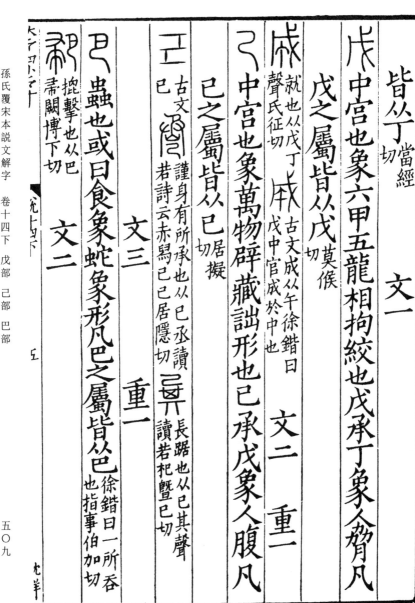

皆从丁當經切

文一

戊中宮也象六甲五龍相拘絞也戊承丁象人脅凡戊之屬皆从戊莫候切

成就也从戊丁聲氏征切 㡴古文成从午徐鍇曰戊中宮成於中也

文二　重一

己中宮也象萬物辟藏詘形也己承戊象人腹凡己之屬皆从己居擬切

己古文己 巹謹身有所承也从己丞讀若詩云赤舄己己居隱切 㠱長踞也从己其聲讀若杞曁己切

文三　重一

巴蟲也或曰食象蛇象形凡巴之屬皆从巴徐鍇曰一所吞也指事伯加切

𢀳搃擊也从巴帚闕博下切

文二

庚　位西方象秋時萬物庚庚有實也庚承己象人齎凡庚之屬皆从庚古行切

文一

辛　秋時萬物成而孰金剛味辛辛痛即泣出从一从辛辛辠也辛承庚象人股凡辛之屬皆从辛息隣切

辠　犯法也从辛从自言辠人蹙鼻苦辛之憂秦以辠似皇字改爲罪非臣鉉等曰自古者以爲鼻字故从自徂賄切

辜　辠也从辛古聲古乎切

㱟　古文辜从死

辥　辠也从辛峕聲私列切

辤　不受也从辛从受受辛宜辤之似茲切

辝　籀文辤从台

辭　訟也从𤔔𤔔猶理辜也𤔔理也似茲切

𤔲　籀文辭从司

文六　重三

辡　辠人相與訟也从二辛凡辡之屬皆从辡方免切

辯　治也从言在辡之閒符蹇切

文二

壬　位北方也陰極陽生故易曰龍戰于野戰者接也

象人褢妊之形承亥壬以子生之叙也與巫同意壬承辛象人脛脛任體也凡壬之屬皆从壬如林切

文一

癸 冬時水土平可揆度也象水從四方流入地中之形癸承壬象人足凡癸之屬皆从癸居誄切

𥎨 籀文从𣥠从矢

文一　重一

子 十一月陽气動萬物滋入以爲偁象形凡子之屬皆从子李陽冰曰子在襁緥中足併也即里切

𢀈 古文子从巛象髮也

𢀇 籀文子囟有髮臂脛在几上也

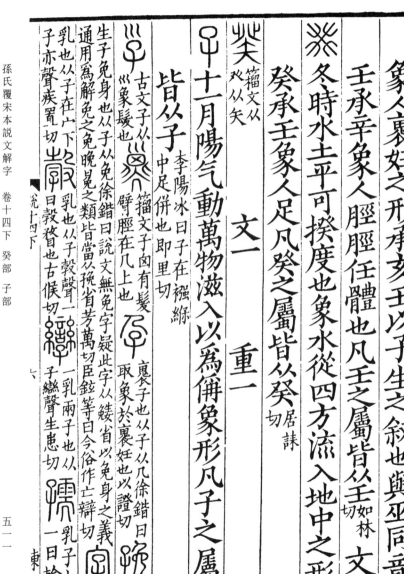

孕 褢子也从子从几徐鍇曰取象於褢妊也以證切

㝃 生子免身也从子从免徐鍇曰說文無免字疑此字从𡙇省以免身之義通用爲解免之免晚冕之類皆當从㝃省芳萬切臣鉉等曰今俗作亾辯切

字 乳也从子在宀下子亦聲疾置切

㝅 乳也从子㱿聲一曰㝅瞀也古候切

孿 一乳兩子也从子䜌聲生患切

孺 乳子也一曰輸

孺 乳子也一曰輸也輸尚小也从子需聲而遇切　季 少偁也从子从稚省稚亦聲居悸切　孟 長也从子皿聲莫更切　𠔫 古文孟

孽 庶子也从子辥聲魚列切　孳 汲汲生也从子兹聲子之切　𢿱 籀文孳从絲　孤 無父也从子瓜聲古乎切　存

恤問也从子才聲徂尊切　𡥈 放也从子爻聲古肴切　疑 惑也从子止匕矢聲徐鍇曰止不通也矣古矢字反匕之幼子多惑也語其切

文十五　重四

了 尥也从子無臂象形凡了之屬皆从了盧鳥切

孑 無右臂也从了乚象形居桀切　孓 無左臂也从了丿象形居月切

文三

孨 謹也从三子凡孨之屬皆从孨讀若翦旨兖切

孱 迮也一曰呻吟也从孨在尸下臣鉉等曰尸者屋也士連切　孴 盛皃从孨从日讀若薿薿一曰若存魚紀切　𡥧 籀文孴从二子一曰𡥧即奇字𣊫

文三　重一

𠫓 不順忽出也从到子易曰突如其來如不孝子

突出不容於内也凡𠫓之屬皆从𠫓他骨切

𠫓 或从到古文子即易突字

育 養子使作善也从𠫓肉聲虞書曰教育子徐鍇曰𠫓不順子也不順子亦教之況順者乎余六切

毓 育或从每

疏 通也从㐬从疋疋亦聲所菹切

文三　重二

丑 紐也十二月萬物動用事象手之形時加丑亦舉手時也凡丑之屬皆从丑敕九切

肚 食肉也从丑从肉女久切

羞 進獻也从羊羊所進也从丑丑亦聲息流切

文三

寅 髕也正月陽气動去黄泉欲上出陰尚彊象宀不達髕寅於下也凡寅之屬皆从寅徐鍇曰髕斥之意人陽气鋭而出上閡於宀臼所以擯之也弋眞切

𡨝 古文寅

文一　重一

卯冒也二月萬物冒地而出象開門之形故二月爲天門凡卯之屬皆从卯莫飽切

卯古文卯

文一　重一

辰震也三月陽气動靁電振民農時也物皆生从乙匕象芒達厂聲也辰房星天時也从二二古文上字凡辰之屬皆从辰徐鍇曰匕音化乙屮木萌初出曲卷也臣鉉等曰三月陽气成屮木生上徹於土故从匕厂非聲疑亦象物之出植鄰切

辰古文辰

辱恥也从寸在辰下失耕時於封畺上戮之也辰者農之時也故房星爲辰田候也而蜀切

文二　重一

巳巳也四月陽气巳出陰气巳藏萬物見成文章故巳爲蛇象形凡巳之屬皆从巳詳里切

用也从反巳賈侍中說巳意巳實也象形羊止切

文二

啎也五月陰气午逆陽冒地而出此予矢同意

凡午之屬皆从午疑古切

逆也从午吾聲五故切

文二

味也六月滋味也五行木老於未象木重枝葉也

凡未之屬皆从未無沸切

文一

神也七月陰气成體自申束从臼自持也吏臣餔時聽事申旦政也凡申之屬皆从申失人切

古文申

籀文申

擊小鼓引樂聲也从申柬聲羊晉切

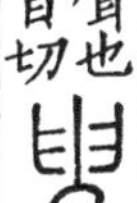束縛捽抴爲臾从申从乙臣鉉等曰乙屈也羊朱切

臾曳也从申丿聲余制切

文四　重二

酉 就也八月黍成可爲酎酒象古文酉之形凡酉之屬皆从酉與久切

丣 古文酉从卯卯爲春門萬物已出丣爲秋門萬物已入一閉門象也

酒 就也所以就人性之善惡从水从酉酉亦聲一曰造也吉凶所造也古者儀狄作酒醪禹嘗之而美遂疏儀狄杜康作秫酒子酉切

䤖 籒生衣也从酉冢聲莫紅切

⿰酉甚 孰籒也从酉甚聲余箴切

釀 醞也作酒曰釀从酉襄聲女亮切

醞 釀也从酉𥁕聲於問切

⿰酉弁 酒疾孰也从酉弁聲芳萬切

酴 酒母也从酉余聲讀若廬同都切

釃 下酒也一曰醇也从酉麗聲所綺切

⿰酉肙 釃酒也从酉肙聲古玄切

⿰酉鬲 ⿰酉肙也从酉鬲聲郎擊切

醴 酒一宿孰也从酉豊聲盧啓切

醪 汁滓酒也从酉翏聲魯刀切

醇 不澆酒也从酉享聲常倫切

醹 厚酒也从酉需聲詩曰酒醴惟醹而主切

酎 三重醇酒也从酉从時省明堂月令曰孟秋天子飲酎除柳切

醠 濁酒也从酉盎聲烏浪切

醲 厚酒也从酉農聲女容切

⿰酉茸 酒也从酉茸聲而容切

酤 一宿酒也一曰買酒也从酉古聲古乎切

⿰酉斲 酒也从酉斲省陟离切

⿰酉監 泛齊行酒也从酉監聲盧瞰切

⿰𠦝酉 酒味淫也从酉⿰𠦝殳省聲讀若春秋傳曰美而豔古禫切

酷 酒厚味也

从酉告聲苦洪切

醰　酒味苦也从酉覃聲徒紺切

⿰酉巿　酒色也从酉巿聲普活切

配　酒色也从酉己聲臣鉉等曰己非聲當从妃省滂佩切

⿰酉弋　酒色也从酉弋聲與職切

醆　爵也一曰酒濁而微清也从酉戔聲阻限切

酌　盛酒行觴也从酉勺聲之若切

醮　冠娶禮祭从酉焦聲子肖切

⿰示焦　醮或从示

⿰酉朁　歃酒也从酉朁聲子朕切

酳　少少歃也从酉勻聲余刃切

醻　主人進客也从酉𠷎聲市流切

酬　醻或从州

醋　客酌主人也从酉昔聲在各切臣鉉等曰今俗作倉故切

⿰酉𥁑　歃酒俱盡也从酉𥁑聲迷必切

釂　歃酒盡也从酉爵省聲子肖切

酣　酒樂也从酉从甘甘亦聲胡甘切

酖　樂酒也从酉冘聲丁含切

醧　私宴歃也从酉區聲依倨切

醵　會歃酒也从酉豦聲其虐切

⿰酉巨　醵或从巨

酺　王德布大歃酒也从酉甫聲薄乎切

醅　醉飽也从酉咅聲匹回切

醉　卒也卒其度量不至於亂也一曰潰也从酉从卒將遂切

醺　醉也从酉熏聲詩曰公尸來燕醺醺許云切

醟　酗也从酉熒省聲爲命切

酗　醉醟也从酉句聲香遇切

酲　病酒也一曰醉而覺也从酉呈聲直貞切

醫　治病工也殹惡姿也醫之性然得酒而使从酉王育說一曰殹病聲酒所以治病也周禮有醫酒古者巫彭初作醫於其切

莤　禮祭束茅加于裸圭而灌鬯酒是爲莤象神歆之也一曰莤榼上塞也从酉从艸春

秋傳曰尔貢包茅不入王祭不供無以莤酒所六切
醨 薄酒也从酉离聲讀若離呂支切
⿰酉韱 酢也从酉韱聲初減切
酸 酢也从酉夋聲關東謂酢曰酸素官切
⿰畯酉 籀文酸从畯
⿱𢦏酉 酢漿也从酉𢦏聲徒奈切
醶 酢漿也从酉僉聲臣鉉等曰今俗作釅非是魚窆切
酢 醶也从酉乍聲倉故切臣鉉等曰今俗作在各切
酏 黍酒也从酉也聲一曰甜也賈侍中說酏爲鬻清移尔切
醬 鹽也从肉从酉酒以和醬也爿聲即亮切
⿰爿酉 古文
⿰爿⿱酉皿 籀文
醢 肉醬也从酉𥁋臣鉉等曰𥁋甌器也所以盛醢呼改切
⿱艸醢 籀文
⿱敄酉 ⿱敄酉⿰酉俞榆醬也从酉敄聲莫候切
⿰酉俞 ⿱敄酉⿰酉俞也从酉俞聲田候切
酹 餟祭也从酉寽聲郎外切
⿰酉畢 擣榆醬也从酉畢聲蒲計切
⿰酉矞 醬也从酉矞聲居律切
䣼 雜味也从酉京聲力讓切
⿱漸酉 闕慈冉切
⿰亻⿱王酉 闕而琰切

文六十七　重八

酪 乳漿也从酉各聲盧各切
醐 醍醐酪之精者也从酉胡聲戶吳切
酩 酩酊醉也从酉名聲莫迥切
酊 酩酊也从酉丁聲都挺切
醒 醉解也从酉星聲按醒字注云一曰醉而覺也則古醒亦音醒也桑經切
醍 清酒也从酉是聲它禮切

文六　新附

酋 繹酒也从酉水半見於上禮有大酋掌酒官也凡

酋之屬皆从酋字秋切

尊　酒器也从酋廾以奉之周禮六尊犧尊象尊著尊壺尊太尊山尊以待祭祀賓客之禮祖昆切

尊　尊或从寸臣鉉等曰今俗以尊作尊卑之尊别作罇非是

文二　重一

戌　滅也九月陽气微萬物畢成陽下入地也五行土生於戊盛於戌从戊含一凡戌之屬皆从戌辛聿切

文一

亥　荄也十月微陽起接盛陰从二二古文上字一人男一人女也从乙象裹子咳咳之形春秋傳曰亥有二首六身凡亥之屬皆从亥胡改切

亥　古文亥爲豕與豕同亥而生子復從一起

文一　重一

說文解字弟十四下

賜進士及第山東等處督糧道兼管德常臨清倉事務加三級孫星衍重校刊

說文解字弟十五上　漢太尉祭酒許愼記

銀青光禄大夫守右散騎常侍上柱國東海縣開國子食邑五百户臣徐鉉等奉

敕校定

古者庖犧氏之王天下也仰則觀象於天俯則觀法於地視鳥獸之文與地之宜近取諸身遠取諸物於是始作易八卦以垂憲象及神農氏結繩爲治而統其事庶業其繁飾僞萌生黄帝之史倉頡見鳥獸蹏迒之迹知分理之可相别異也初造書契百工以乂萬品以察蓋取諸夬夬揚于王庭言文者宣教明化於王者朝廷君子所以施禄及下居德則忌也倉頡

之初作書蓋依類象形故謂之文其後形聲相益即謂之字字者言孳乳而浸多也著於竹帛謂之書書者如也以迄五帝三王之世改易殊體封于泰山者七十有二代靡有同焉周禮八歲入小學保氏教國子先以六書一曰指事指事者視而可識察而可見上下是也二曰象形象形者畫成其物隨體詰詘日月是也三曰形聲形聲者以事爲名取譬相成江河是也四曰會意會意者比類合誼以見指撝武信是也五曰轉注轉注者建類一首同意相受考老是也六曰假借假借者本無其字依聲託事令長是也及

宣王太史籀著大篆十五篇與古文或異至孔子書六經左丘明述春秋傳皆以古文厥意可得而說其後諸侯力政不統於王惡禮樂之害已而皆去其典籍分爲七國田疇異畮車涂異軌律令異法衣冠異制言語異聲文字異形秦始皇帝初兼天下丞相李斯乃奏同之罷其不與秦文合者斯作倉頡篇中車府令趙高作爰歷篇太史令胡毋敬作博學篇皆取史籀大篆或頗省改所謂小篆者也是時秦燒滅經書滌除舊典大發隸卒興役戍官獄職務繁初有隸書以趣約易而古文由此絕矣徐鍇曰王僧虔云秦獄吏程邈善大篆得辠繫雲陽獄增絶

（大篆去其繁複始皇善之出爲御史名其書曰隸書班固云謂施之於徒隸也即今之隸書而無點畫俯仰之勢）自爾秦書有八體一曰大篆二曰小篆三曰刻符四曰蟲書（徐鍇曰案漢書注蟲書即鳥書以書幡信首象鳥形即下云鳥蟲是也）五曰摹印（蕭子良以刻符摹印合爲一體徐鍇以爲符者竹而中剖之字形半分理應別爲一體摹印屈曲塡密則秦璽文也子良誤合之）六曰署書（蕭子良云署書漢高六年蕭何所定以題蒼龍白虎二闕羊欣云何覃思累月然後題之）七曰殳書（徐鍇曰書於殳也殳體八觚隨其勢而書之）八曰隸書漢興有艸書（徐鍇曰案書傳多云張竝作艸又云齊相杜探作㨿說文則張竝之前已有矣蕭子良云藁書者董仲舒欲言災異藁艸未上即爲藁書藁者艸之初也史記上官奪屈原藁艸今云漢興有艸知所言藁艸是創艸非艸書也）尉律（徐鍇曰尉律漢律篇名）學僮十七已上始試諷籒書九千字乃得爲吏又以八體試之郡移太史并課最者以爲尚書史書或不正輒舉劾之今雖有尉律不課小學不修莫達其說久矣

孝宣時召通倉頡讀者張敞從受之涼州刺史杜業沛人爰禮講學大夫秦近亦能言之孝平時徵禮等百餘人令說文字未央廷中以禮爲小學元士黃門侍郎楊雄采以作訓纂篇凡倉頡巳下十四篇凡五千三百四十字羣書所載略存之矣及亡新居攝使大司空甄豐等校文書之部自以爲應制作頗改定古文時有六書一曰古文孔子壁中書也二曰奇字即古文而異者也三曰篆書即小篆秦始皇帝使下杜人程邈所作也徐鍇曰李斯雖改史篇爲秦篆而程邈復同作也四曰佐書即秦隸書五曰繆篆所以摹印也六曰鳥蟲書所以書幡信也

壁中書者魯恭王壞孔子宅而得禮記尚書春秋論語孝經又北平侯張倉獻春秋左氏傳郡國亦往往於山川得鼎彝其銘即前代之古文皆自相似雖叵復見遠流其詳可得略說也而世人大共非訾以爲好奇者也故詭更正文鄉壁虛造不可知之書變亂常行以燿於世諸生競說字解經誼稱秦之隸書爲倉頡時書云父子相傳何得改易乃猥曰馬頭人爲長人持十爲斗虫者屈中也廷尉說律至以字斷法苛人受錢苛之字止句也若此者甚衆皆不合孔氏古文謬於史籀俗儒鄙夫翫其所習蔽所希聞不見

通學未嘗覩字例之條怪舊埶而善野言以其所知
爲祕妙究洞聖人之微恉又見倉頡篇中幼子承詔
因號古帝之所作也其辭有神僊之術焉其迷誤不
諭豈不悖哉書曰予欲觀古人之象言必遵修舊文
而不穿鑿孔子曰吾猶及史之闕文今亡也夫蓋非其
不知而不問人用己私是非無正巧說衺辭使天下
學者疑蓋文字者經藝之本王政之始前人所以垂
後後人所以識古故曰本立而道生知天下之至嘖
而不可亂也今敘篆文合以古籀博采通人至于小
大信而有證稽譔其說將以理羣類解謬誤曉學者

達神恉徐鍇曰恉即意旨字旨者美也多通用分別部居不相雜廁徐鍇曰分部相從自許始也萬物咸覩靡不兼載厥誼不昭爰明以諭其偁易孟氏書孔氏詩毛氏禮周官春秋左氏論語孝經皆古文也其於所不知蓋闕如也

說文解字弟一

一部一　上部二　示部三　三部四　王部五　玉部六

玨部七　气部八　士部九　丨部十　屮部十一　艸部十二

蓐部十三　茻部十四

說文解字弟二

小部十五　八部十六　釆部十七　半部十八　牛部十九　犛部二十

告部二十一　口部二十二　凵部二十三　吅部二十四　哭部二十五　走部二十六
止部二十七　癶部二十八　步部二十九　此部三十　正部三十一　是部三十二
辵部三十三　彳部三十四　廴部三十五　㢟部三十六　行部三十七　齒部三十八
牙部三十九　足部四十　疋部四十一　品部四十二　龠部四十三　冊部四十四

說文解字弟三

㗊部四十五　舌部四十六　干部四十七　谷部四十八　只部四十九　㕯部五十
句部五十一　丩部五十二　古部五十三　十部五十四　卅部五十五　言部五十六
誩部五十七　音部五十八　䇂部五十九　丵部六十　菐部六十一　廾部六十二
𠬞部六十三　共部六十四　異部六十五　舁部六十六　𦥑部六十七　䢅部六十八
爨部六十九　革部七十　鬲部七十一　䰜部七十二　爪部七十三　丮部七十四

鬥部七十五　又部七十六　𠂇部七十七　史部七十八　支部七十九　𦘒部八十

聿部八十一　畫部八十二　隶部八十三　臤部八十四　臣部八十五　殳部八十六

殺部八十七　𠘧部八十八　寸部八十九　皮部九十　㼱部九十一　攴部九十二

教部九十三　卜部九十四　用部九十五　爻部九十六　㸚部九十七

說文解字弟四

𥄎部九十八　目部九十九　䀠部一百　眉部一百一　盾部一百二　自部一百三

白部一百四　鼻部一百五　皕部一百六　習部一百七　羽部一百八　隹部一百九

奞部一百十　萑部一百十一　𦫳部一百十二　𥄕部一百十三　羊部一百十四　羴部一百十五

瞿部一百十六　雔部一百十七　雥部一百十八　鳥部一百十九　烏部一百二十　𠦒部一百二十一

冓部一百二十二　幺部一百二十三　𢆶部一百二十四　叀部一百二十五　玄部一百二十六　予部一百二十七

放部一百二十八　𠬪部一百二十九　𣦼部一百三十　歺部一百三十一　死部一百三十二　冎部一百三十三

骨部一百三十四　肉部一百三十五　筋部一百三十六　刀部一百三十七　刃部一百三十八　㓞部一百三十九

丯部一百四十　耒部一百四十一　角部一百四十二

說文解字弟五

竹部一百四十三　箕部一百四十四　丌部一百四十五　左部一百四十六　工部一百四十七　㠭部一百四十八

巫部一百四十九　甘部一百五十　曰部一百五十一　乃部一百五十二　丂部一百五十三　可部一百五十四

兮部一百五十五　号部一百五十六　亏部一百五十七　旨部一百五十八　喜部一百五十九　壴部一百六十

鼓部一百六十一　豈部一百六十二　豆部一百六十三　豊部一百六十四　豐部一百六十五　䖒部一百六十六

虍部一百六十七　虎部一百六十八　虤部一百六十九　皿部一百七十　𠙴部一百七十一　去部一百七十二

血部一百七十三　丶部一百七十四　丹部一百七十五　青部一百七十六　井部一百七十七　皀部一百七十八

鬯部二百七十九 食部二百八十 亼部二百八十一 會部二百八十二 倉部二百八十三 入部二百八十四
缶部二百八十五 矢部二百八十六 高部二百八十七 冂部二百八十八 𩫏部二百八十九 京部二百九十
亯部二百九十一 𣆪部二百九十二 畗部二百九十三 㐭部二百九十四 嗇部二百九十五 來部二百九十六
麥部二百九十七 夊部二百九十八 舛部二百九十九 舜部三百 韋部三百一 弟部三百二
夂部三百三 久部三百四 桀部三百五

說文解字弟六

木部三百六 東部三百七 林部三百八 才部三百九 叒部三百十 之部三百十一
帀部三百十二 出部三百十三 𣎵部三百十四 生部三百十五 乇部三百十六 𠂹部三百十七
𠌶部三百十八 𥝌部三百十九 𥠚部三百二十 稽部三百二十一 巢部三百二十二 桼部三百二十三
束部三百二十四 㯻部三百二十五 囗部三百二十六 員部三百二十七 貝部三百二十八 邑部三百二十九

𨛜 部二百三十

說文解字弟七

日 部二百三十一　旦 部二百三十二　倝 部二百三十三　㫃 部二百三十四　冥 部二百三十五　晶 部二百三十六

月 部二百三十七　有 部二百三十八　朙 部二百三十九　囧 部二百四十　夕 部二百四十一　多 部二百四十二

毌 部二百四十三　𢎘 部二百四十四　𣐺 部二百四十五　卤 部二百四十六　齊 部二百四十七　朿 部二百四十八

片 部二百四十九　鼎 部二百五十　克 部二百五十一　彔 部二百五十二　禾 部二百五十三　秝 部二百五十四

黍 部二百五十五　香 部二百五十六　米 部二百五十七　毇 部二百五十八　臼 部二百五十九　凶 部二百六十

朩 部二百六十一　林 部二百六十二　麻 部二百六十三　尗 部二百六十四　耑 部二百六十五　韭 部二百六十六

瓜 部二百六十七　瓠 部二百六十八　宀 部二百六十九　宮 部二百七十　呂 部二百七十一　穴 部二百七十二

㝱 部二百七十三　疒 部二百七十四　冖 部二百七十五　𠔼 部二百七十六　冃 部二百七十七　㒳 部二百七十八

网部二百七十九　襾部二百八十　巾部二百八十一　巿部二百八十二　帛部二百八十三　白部二百八十四

㡀部二百八十五　黹部二百八十六

說文解字弟八

人部二百八十七　匕部二百八十八　匕部二百八十九　从部二百九十　比部二百九十一　北部二百九十二

丘部二百九十三　㐺部二百九十四　𡈼部二百九十五　重部二百九十六　臥部二百九十七　身部二百九十八

㐆部二百九十九　衣部三百　裘部三百一　老部三百二　毛部三百三　毳部三百四

尸部三百五　尺部三百六　尾部三百七　履部三百八　舟部三百九　方部三百十

儿部三百十一　兄部三百十二　兂部三百十三　皃部三百十四　𠑹部三百十五　先部三百十六

禿部三百十七　見部三百十八　覞部三百十九　欠部三百二十　㱃部三百二十一　次部三百二十二

旡部三百二十三

說文解字弟九

頁部三百二十四 百部三百二十五 面部三百二十六 丏部三百二十七 首部三百二十八 県部三百二十九

須部三百三十 彡部三百三十一 彣部三百三十二 文部三百三十三 髟部三百三十四 后部三百三十五

司部三百三十六 卮部三百三十七 卩部三百三十八 印部三百三十九 色部三百四十 卯部三百四十一

辟部三百四十二 勹部三百四十三 包部三百四十四 茍部三百四十五 鬼部三百四十六 甶部三百四十七

厶部三百四十八 嵬部三百四十九 山部三百五十 屾部三百五十一 屵部三百五十二 广部三百五十三

厂部三百五十四 丸部三百五十五 危部三百五十六 石部三百五十七 長部三百五十八 勿部三百五十九

冄部三百六十 而部三百六十一 豕部三百六十二 㣇部三百六十三 彑部三百六十四 豚部三百六十五

豸部三百六十六 兕部三百六十七 易部三百六十八 象部三百六十九

說文解字弟十

馬 部三百七十　廌 部三百七十一　鹿 部三百七十二　麤 部三百七十三　㲋 部三百七十四　兔 部三百七十五

萈 部三百七十六　犬 部三百七十七　㹜 部三百七十八　鼠 部三百七十九　能 部三百八十　熊 部三百八十一

火 部三百八十二　炎 部三百八十三　黑 部三百八十四　囪 部三百八十五　焱 部三百八十六　炙 部三百八十七

赤 部三百八十八　大 部三百八十九　亦 部三百九十　夨 部三百九十一　夭 部三百九十二　交 部三百九十三

尣 部三百九十四　壺 部三百九十五　壹 部三百九十六　㚔 部三百九十七　奢 部三百九十八　亢 部三百九十九

夲 部四百　夰 部四百一　亣 部四百二　夫 部四百三　立 部四百四　竝 部四百五

囟 部四百六　思 部四百七　心 部四百八　惢 部四百九

說文解字弟十一

水 部四百十　沝 部四百十一　瀕 部四百十二　𡿨 部四百十三　巜 部四百十四　川 部四百十五

泉 部四百十六　灥 部四百十七　永 部四百十八　𠂢 部四百十九　谷 部四百二十　仌 部四百二十一

雨 部四百二十二　雲 部四百二十三　魚 部四百二十四　𩺰 部四百二十五　燕 部四百二十六　龍 部四百二十七

飛 部四百二十八　非 部四百二十九　卂 部四百三十

説文解字第十二

乚 部四百三十一　不 部四百三十二　至 部四百三十三　西 部四百三十四　鹵 部四百三十五　鹽 部四百三十六

戶 部四百三十七　門 部四百三十八　耳 部四百三十九　𦣝 部四百四十　手 部四百四十一　𠦬 部四百四十二

女 部四百四十三　毋 部四百四十四　民 部四百四十五　丿 部四百四十六　厂 部四百四十七　乁 部四百四十八

氏 部四百四十九　氐 部四百五十　戈 部四百五十一　戉 部四百五十二　我 部四百五十三　亅 部四百五十四

琴 部四百五十五　乚 部四百五十六　亡 部四百五十七　匸 部四百五十八　匚 部四百五十九　曲 部四百六十

甾 部四百六十一　瓦 部四百六十二　弓 部四百六十三　弜 部四百六十四　弦 部四百六十五　系 部四百六十六

説文解字第十三

糸部四百六十七　素部四百六十八　絲部四百六十九　率部四百七十　虫部四百七十一　䖵部四百七十二
蟲部四百七十三　風部四百七十四　它部四百七十五　龜部四百七十六　黽部四百七十七　卵部四百七十八
二部四百七十九　土部四百八十　垚部四百八十一　堇部四百八十二　里部四百八十三　田部四百八十四
畕部四百八十五　黃部四百八十六　男部四百八十七　力部四百八十八　劦部四百八十九

說文解字第十四

金部四百九十　幵部四百九十一　勺部四百九十二　几部四百九十三　且部四百九十四　斤部四百九十五
斗部四百九十六　矛部四百九十七　車部四百九十八　𠂤部四百九十九　𨸏部五百　𨺅部五百一
厽部五百二　四部五百三　宁部五百四　叕部五百五　亞部五百六　五部五百七
六部五百八　七部五百九　九部五百十　禸部五百十一　嘼部五百十二　甲部五百十三
乙部五百十四　丙部五百十五　丁部五百十六　戊部五百十七　己部五百十八　巴部五百十九

庚 部五百二十　辛 部五百二十一　辡 部五百二十二　壬 部五百二十三　癸 部五百二十四　子 部五百二十五

了 部五百二十六　孨 部五百二十七　𠫓 部五百二十八　丑 部五百二十九　寅 部五百三十　卯 部五百三十一

辰 部五百三十二　巳 部五百三十三　午 部五百三十四　未 部五百三十五　申 部五百三十六　酉 部五百三十七

酋 部五百三十八　戌 部五百三十九　亥 部五百四十

說文解字弟十五上

賜進士及第山東等處督糧道兼管德常臨淸倉事務加三級孫星衍重校刊

說文解字弟十五下

漢太尉祭酒許愼記

銀青光祿大夫守右散騎常侍上柱國東海縣開國子食邑五百户臣徐鉉等奉

敕校定

敘曰此十四篇五百四十部九千三百五十三文重一千一百六十三解說凡十三萬三千四百四十一字其建首也立一爲耑方以類聚物以羣分同牽條屬共理相貫雜而不越據形系聯引而申之以究萬原畢終於亥知化窮冥于時大漢聖德熙明承天稽唐敷崇殷中遐邇被澤渥衍沛滂廣業甄微學士知方探嘖索隱厥誼可傳粤在永元困頓之季徐鍇曰漢和帝永元十二年歲

在庚子也孟陬之月朔日甲申曾曾小子祖自炎神縉雲相
黃共承高辛太岳佐夏呂叔作藩俾侯于許世祚遺
靈自彼徂召宅此汝瀕竊卬景行敢涉聖門其弘如
何節彼南山欲罷不能既竭愚才惜道之味聞疑載
疑演贊其志次列微辭知此者稀儻昭所尤庶有達者
理而董之　召陵萬歲里公乘艸莽臣沖稽首再拜
上書皇帝陛下臣伏見陛下神明盛德承遵聖業上
考度於天下流化於民先天而天不違後天而　奉
天時萬國咸寧神人以和猶復深惟五經之妙皆爲
漢制博采幽遠窮理盡性以至於命先帝詔侍中騎

都尉賈逵修理舊文殊藝異術王教一耑苟有可以加於國者靡不悉集易曰窮神知化德之盛也書曰人之有能有爲使羞其行而國其昌臣父故太尉南閣祭酒愼本從逵受古學蓋聖人不空作皆有依據今五經之道昭炳光明而文字者其本所由生自周禮漢律皆當學六書貫通其意恐巧說衺辭使學者疑愼慱問通人考之於逵作說文解字六藝羣書之詁皆訓其意而天地鬼神山川艸木鳥獸蚰蟲雜物奇怪王制禮儀世閒人事莫不畢載凡十五卷十三萬三千四百四十一字愼前以詔書校東觀教小

黄門孟生李喜等以文字未定未奏上今慎已病遣
臣齎詣闕慎又學孝經孔氏古文說文古孝經者孝
昭帝時魯國三老所獻建武時給事中議郎衛宏所
校皆口傳官無其說謹撰具一篇并上臣沖誠惶誠
恐頓首頓首死辠死辠臣稽首再拜以聞皇帝陛下
建光元年九月己亥朔二十日戊午上徐鍇曰建光元年漢安帝之十五年歲在辛酉
召上書者汝南許沖詣左掖門會令并齎所上書十
月十九日中黄門饒喜以詔書賜召陵公乘許沖布
四十匹即日受詔朱雀掖門　敕勿謝
銀青光祿大夫守右散騎常侍上柱國東海縣開國

子食邑五百戶臣徐鉉奉直郎守祕書省著作郎直
史館臣句中正翰林書學臣葛湍臣王惟恭等奉
詔校定許慎說文十四篇并序目一篇凡萬六百餘
字聖人之旨蓋云備矣稽夫八卦既畫萬象既分則
文字爲之大輅載籍爲之六轡先王教化所以行於
百代及物之功與造化均不可忽也雖復五帝之後
改易殊體六國之世文字異形然猶存篆籀之迹不
失形類之本及暴秦苛政散隸聿興便於末俗人競
師法古文既絕譌僞日滋至漢宣帝時始命諸儒修
倉頡之法亦不能復故光武時馬援上䟽論文字之

譌謬其言詳矣及和帝時申命賈逵修理舊文於是
許慎采史籀李斯揚雄之書博訪通人考之於逵作
說文解字至安帝十五年始奏上之而隸書行之已
久習之益工加以行草八分紛然閒出返以篆籀為
奇怪之迹不復經心至於六籍舊文相承傳寫多求
便俗漸失本原爾雅所載艸木魚鳥之名肆意增益
不可觀矣諸儒傳釋亦非精究小學之徒莫能矯正
唐大厤中李陽冰篆迹殊絕獨冠古今自云斯翁之
後直至小生此言為不妄矣於是刊定說文修正筆
法學者師慕篆籀中興然頗排斥許氏自為臆說夫

以師心之見破先儒之祖述豈聖人之意乎今之爲
字學者亦多從陽冰之新義所謂貴耳賤目也自唐
末喪亂經籍道息
皇宋膺運
二聖繼明人文國典粲然光被興崇學校登進羣才
以爲文字者六藝之本固當率由古法乃
詔取許慎說文解字精加詳校垂憲百代臣等愚陋
敢竭所聞蓋篆書堙替爲日已久凡傳寫說文者皆
非其人故錯亂遺脫不可盡究今以集書正副本及
羣臣家藏者備加詳考有許慎注義序例中所載而

諸部不見者審知漏落悉從補録復有經典相承傳
寫及時俗要用而說文不載者承
詔皆附益之以廣篆籀之路亦皆形聲相從不違六
書之義者其閒說文具有正體而時俗譌變者則具
於注中其有義理乖舛違戾六書者竝序列於後俾
夫學者無或致疑大抵此書務援古以正今不徇今
而違古若乃高文大册則宜以篆籀著之金石至於
常行簡牘則艸隸足矣又許慎注解詞簡義奥不可
周知陽冰之後諸儒箋述有可取者亦從附益猶有
未盡則臣等粗為訓釋以成一家之書說文之時未

有反切後人附益互有異同孫愐唐韻行之已久今
竝以孫愐音切爲定庶夫學者有所適從食時而成
旣異淮南之敏縣金於市曾非吕氏之精塵瀆
聖明若臨冰谷謹上
新修字義
左文一十九說文闕載注義及序例偏旁有之今竝
錄於諸部
詔 志 件 借 髦 綦 剔 𩠐 醆 趄
𩕊 璵 㾴 櫾 緻 笑 迓 睆 峯
左文二十八俗書譌謬不合六書之體

亹字書所無不知所从無以下筆易云定天下之亹亹當作娓　个亦不見義無以下筆明堂左右个者明堂旁室也當作介　暮本作莫日在茻中也　熟本作孰享芽以手進之　捧本作奉从廾从手丰聲經典皆如此　遨本作敖从出从放　徘徊本作裴回寬衣也取其裴回之狀　迴本作回象回轉之形　腰本只作要說文象形借爲玄要之要後人加肉　嗚本只作烏烏盱呼也以其名自呼故曰烏呼後人加口　慾說文欲字注云貪欲也此後人加心　揀本只作柬說文从束八八柬之也後人加手　俸本只作奉古爲之奉祿後人加人自暮巳下一十二字後人妄加偏傍失六書之義　鞦韆案詞人高無際作鞦韆賦序云漢武帝後庭之戲也本云千秋祝壽之詞也語譌轉爲秋千後人不本其意乃造此字非皮革所爲非車馬之用不合从革　影案影者光景之類也合通用景非毛髮藻飾之事不當从彡　斌本作彬或份文質備也从文配武過爲鄙浅復有从斌从貝者音頵亦於義無取　悅經典只作說　藝本只作埶後人加艸云義無所取　著本作箸說文陟慮切注云飯敧也借爲住箸之箸後人从艸　墅經典只用野野亦音常句切　蓑衰字本作蘇禾切从衣象形借爲衰朽之衰　賾周易疏義云深也案此亦假借之字當通用嘖　黌學堂也从學省黃聲說文無學部　黈充耳也从纊省主聲說文無纊部　矗直皃經史所無說文無直

部此三字皆無部類可附
麌說文噳字注云麌鹿羣口相聚也詩麀鹿麌麌當用噳字池池沼之池當用沱沱江之別流也

篆文筆迹相承小異

□□本作□□本从二从古文及左右不當引□說文筆下垂蓋前作筆勢如此後代因而不改□不从
人直□左右亲从辛从木說文不省此二□从辛从口中畫不當上作乙□字李斯刻石文如此後人因之曲亦李斯刻石如此上
曲則字形茂□說文作□象二屬□之形李□說文作□亦李斯小美人皆効之斯筆迹小變不言為異變其勢李陽冰乃云
从開口形□說文从屮而垂下於相出入也从入此□如六切說文亦為臆說字从屮下垂當只作屮蓋相承多一畫本作肉後人
相承作□与□說文作□止史籒□此本蕃廡之廡李斯借為有月字相類筆迹小異非別體無之無後人尚其簡便故皆
从之有無字本从亡李陽冰乃云不當加亡且蕃廡字从大从丗數之積也从林亦蕃多之義若不加亡何以得為有無之無□或作□亦止於
筆迹小異□說文作□李斯筆迹小異

說文解字弟十五下

銀青光禄大夫守右散騎常侍上柱國東海縣開國
子食邑五百戶臣徐鉉等伏奉
聖旨校定許愼説文解字一部伏以振發人文興崇
古道考遺編於魯壁緝蠹簡於羽陵載穆
皇風允符
昌運伏惟
應運統天睿文英武大聖至明廣孝皇帝陛下凝神
繫表降鑒機先聖靡不通　思無不及以爲經
籍既正憲章具明非文字無以見聖人之心非篆籒
無以究文字之義眷茲譌俗深惻

皇慈爰命討論以垂程式將懲宿弊宜屬通儒臣等
寔媿謏聞猥承乏使徒窮懵學豈副
宸謨塵瀆
冕旒冰炭交集其書十五卷以編袟繁重每卷各分
上下共三十卷謹詣
東上閤門進
上謹進
雍熙三年十一月　日翰林書學臣王惟恭臣葛湍等狀進
奉直郎守祕書省著作郎直史館臣句中正
銀青光禄大夫守右散騎常侍上柱國東海縣開國子食邑五百戶臣徐鉉

中書門下　牒徐鉉等

新校定說文解字

牒奉

敕許愼說文起於東漢歷代傳寫譌謬實多六書之

蹤無所取法若不重加刊正漸恐失其原流爰命儒

學之臣共詳篆籀之跡右散騎常侍徐鉉等深明舊

史多識前言果能商搉是非補正闕漏書成上奏克

副朕心宜遣雕鐫用廣流布自　我朝之垂範俾永

世以作程其書宜付史館仍令國子監雕爲印版依

九經書例許人納紙墨價錢收贖兼委徐鉉等點檢

書寫雕造無令差錯致誤後人牒至準

敕故牒

雍熙三年十一月　日牒

給事中叅知政事辛仲甫

給事中叅知政事呂蒙正

中書侍郎兼工部尚書平章事李昉

賜進士及第山東等處督糧道兼管德常臨清倉事務加三級孫星衍重校刊

説文考異

〔清〕顧廣圻 撰

董婧宸 整理

整理説明

一　説文考異以中國國家圖書館藏顧氏説文學兩種抄本爲底本進行整理，施以全式標點。點校工作由董婧宸女史完成。

一　顧氏説文學兩種原有説文考異（附説文考異附録）、説文辨疑（附説文條記）二種。説文考異係顧廣圻嘉慶年間應孫星衍之邀，覈定嚴可均校語後撰寫的平津館本説文解字校記；説文考異附録爲顧廣圻據宋小字本説文校汲古閣本的校記；説文辨疑爲顧廣圻考辨嚴可均説文校議誤説之著作；説文條記爲潘錫爵據顧廣圻校本籤條録出的校語。因説文考異附録及説文辨疑（附説文條記）非就孫本説文而作的校勘記，今衹整理説文考異，作爲師顧堂影印孫本附録。

一　説文考異附録後原有潘錫爵跋文一通，述説文考異、説文考異附録之情况，今整理移入説文考異後。

一　書中孫星衍、顧廣圻、管慶祺並潘錫爵批記均置於其相關條目後，提行並前加〇以識别。

一　考異出篆，據孫本説文重編，孫本篆文顯誤者，易以底本篆文。篆下復標真書，以便讀者。

一　抄本間有朱筆校改，今據删訂後文字整理録入。

一　抄本偶有訛誤者，出校説明。

説文考異引用書目

繫傳

五音韻譜

玉篇

廣韻

集韻

類篇

韻會

六書故

此八種係原本首葉第一行下先生手注。今案：書中所引有詩毛傳，禮記周禮鄭注，爾雅郭注；尚書、毛詩、左傳、禮記正義；經典釋文、五經文字、九經字樣；論語、爾雅、孟子等疏；史記索隱、兩漢書注、晉書、荀子注、方言、一切經音義、華嚴經音義、通典、藝文類聚、初學記、御覽、事類賦注、文選注，共計三十餘種。而先生獨舉此八種者，繫傳即説文徐鍇本，五音韻譜全以説文之字易爲韻編，玉篇以下六書亦皆以説文爲本，非若他書之引證，或多竄雜改易，難可專據故也。錫爵記。

説文考異卷一

元和顧廣圻

○内「竹箭如榗」即今文尚書「瑶琨竹箭」，見史記應引。又曰「小兒蠻夷頭衣」，通鑑注引「頭」上有「蒙」字。又「褘褘隋隋」，是衛風文，辛楣經史答問中有證，似俱宜酌改，餘極安。星衍記。

一（一）**太始** 繫傳、韻會「始」作「極」。玉篇引作「始」，與此同。

化成 韻會「成」作「生」。玉篇引作「成」，與此同。

元（元）**从一从兀** 繫傳、韻會無下「从」字。徐鍇曰：「俗本有『聲』字。」六書故引一本「从一，兀聲」，云「兀聲爲是」。九經字樣云：「元，从一，兀聲。」

丅（下）**指事** 繫傳、韻會無此二字，有「从反上爲下」五字。

重七 五音韻譜「七」作「六」，繫傳亦作「六」。

祥（祥）**一云善** 繫傳、韻會無此三字。

福（福）**祐也** 繫傳、韻會「祐」作「備」。

禔（禔）**安福也** 「安」下當有「也」字。史記司馬相如列傳索隱引「安也」，玉篇云：「禔，福也，安也。」廣韻云：「禔，福也，亦安也。」

神（神）**从示申** 繫傳「申」下有「聲」字，徐鍇曰：「疑多『聲』字。」韻會無，與此同。五音韻譜亦無。

祇（祇）**地祇**　韻會「祇」作「神」。

齋（齋）**齊省聲**　繫傳、韻會無「省」字。

禋（禋）**精意**　藝文類聚卅八、初學記十三引「精」作「絜」。

祭（祭）**以手持肉**　韻會「以」作「从」，集韻、類篇引亦作「从」。此及今繫傳作「以」，非。

祡（祡）**燒祡燓燎**　繫傳、韻會「祡」作「柴」，無「燓」字。集韻、類篇引亦作「柴」。

祖（祖）初學記十三載嵇含祖道賦序引「祈請道神謂之祖」，當有「一曰」云云。又藝文類聚五載爲社賦，引「祈請道神爲之社」，未詳。

鬃（鬃）**所以徬徨**　韻會「徬」作「彷」，「徨」下有「也」字。詩楚茨釋文、爾雅釋宮釋文引皆作「所彷徨也」。

祏（祏）**周禮有郊宗石室**　御覽五百卅一引無「周」字、「有」字。今案：説文所謂「周禮」者，周代之禮，非必周官也，御覽删「周」字，非。凡類書非可專據有如此者。

从示从石　韻會、繫傳無下「从」字。

𥙉（𥙉）**祠司命**　韻會「祠」作「祀」，藝文類聚卅八、初學記十三引作「祭」。

祠𥙉司命　韻會無「祠」字。

祫（祫）**从示合**　繫傳、韻會「合」下有「聲」字，徐鍇曰：「詳此義則誤多『聲』字也。」

禜（禜）**从示榮省聲**　繫傳、韻會「示」下有「从」字，「榮」作「營」。

禮記曰雩禜祭水旱 繫傳在「臣鍇案」下。

䄎（祴）**宗廟奏祴樂** 韻會「樂」作「夏」。

禂（禂）**詩曰既禡既禂** 繫傳此六字在「臣鍇案」下。

社（社）**从示土** 繫傳「土」下有「聲」字。韻會無，與此同。

禓（禓）**道上祭** 韻會作「强鬼也」，繫傳仍作「道上祭」。

祲（祲）**見赤黑之祲** 繫傳「祲」下有「是」字。韻會無，與此同。

禍（禍）**害也** 韻會無此二字。

祟（祟）**从示从出** 繫傳、韻會無下「从」字。徐鍇曰：「出又音吹，去聲。」「故又出聲。」是小徐此下有「出亦聲」三字。

文六十 五音韻譜此下有「三」字，繫傳有「五」字。

弎（弎）**从弋** 繫傳無此二字。

皇（皇）**从自** 韻會「自」下有「王」字。

爲鼻子 繫傳「子」下有「是」字。

王（玉）**尃以遠聞** 五音韻譜「尃」作「專」，集韻引與之同，事類賦注引亦作「專」。繫傳作「尃」，徐鍇曰：「尃音敷，布也。」類篇引與之同。

鋭廉而不技 繫傳「技」作「忮」，徐鍇曰：「忮，害也。」五音韻譜、集韻引作「技」，類篇

「枝」，作「枝」訛也。事類賦注引作「劇」，蓋改耳。

○史記封禪書索隱所引三輔決録：「玉氏音肅。」「説文以爲從玉，音畜牧之畜。」當在「玉」文之下。酌之「玉」讀如「畜」，畜者，好也。故「玉女」「玉食」猶云「好女」「好食」。此另有辨一條。

璵（璵）**玉也**　韻會「也」作「名」，玉篇、廣韻皆云：「璵，玉名。」

璠（璠）**璵璠**　「璵」當作「與」，本書無「璵」篆，在新修十九文。定五年左傳釋文：「璵，本又作與。」

○孔子曰：「美哉璵璠，遠而望之，奂若也；近而視之，瑟若也。一則理勝，二則孚勝。」事類賦玉賦引云云，作「逸論語孔子曰」，或吴淑增之。查並不如此。慶祺案：「璵璠」，事類賦作「璠璵」。

○**瑾美玉也**　文選琴賦注引作「玉名也」。考非李善注，是尤延之誤添，此類極多。

𤩽（𤩽）**𤩽瓄玉也**　廣韻引無「𤩽」字。又本書無「瓄」篆，廣韻云：「瓄，圭名。」玉篇云：「𤩽，玉屬也。」「瓄，史記云『昆山出瓄玉也』。」今案：廣雅釋地玉有「𤩽瓄」。晉書輿服志：「九嬪佩來瓄玉。」

○「𤩽瓄玉也」，初學記卷十引晉服制：「婕好佩采瓄玉。」此在晉書之前。御覽六百九十二引尚書舊傳云：「婕好佩采瓊玉。」疑當作「𤩽瓊玉」，故此字次在「瓊」字之前。此另有辨一條。

（珣）**醫無閭珣玗琪**　繫傳、韻會「閭」下有「之」字。

一曰器　繫傳、韻會「曰」下有「玉」字。

（珛）**从玉有聲讀若畜牧之畜**　史記武帝本紀索隱：「三輔決録云『杜陵有玉氏，音肅。』説文以爲从玉，音畜牧之畜。」今案：廣韻一屋云：「玊，朽玉。」疑説文本有「玊」篆，或與「珛」字重文，故小司馬引之如此也。玉篇「玊」「珛」兩見，「珛」下引説文云「朽玉也」，「玊」下不載「朽玉」之訓，蓋二書本不盡同耳。

○索隱引説文以音「肅」之玉爲「玊」，非。應在「玉」下，其「珛」下不妨重出，未必「玊氏」之「玊」爲「珛」也。且「玉」亦有「畜」音，讀如「好」。

（叡）繫傳作「壡」，玉篇、廣韻云：「壡，籀文。」集韻、類篇云：「籀作壡、叡。」

（球）**玉聲也**　繫傳、韻會無「聲」字。五音韻譜「聲」作「磬」，類篇引與之同。集韻引作「聲」。

（璧）**瑞玉圜也**　御覽八百六引「圜」作「環」。

（琥）**从虎虎亦聲**　繫傳、韻會作「虎聲」。

賜子家雙琥　繫傳「家」下有「子」字，「琥」下有「是」字。韻會無，與此同。

（瓏）**禱旱玉龍文**　昭二十九年左傳正義引「玉」下有「也爲」二字。

从龍龍亦聲　繫傳、韻會作「龍聲」。

（璋）**剡上爲圭半圭爲璋**　韻會二「爲」字皆作「曰」。

禮六幣　類篇引「禮」上有「周」字，集韻引無。

（瓛）桓圭　集韻、類篇引「桓」作「瓛」。

公所執　繫傳「公」上有「三」字。韻會無，與此同。

（珇）古文省　繫傳「省」作「从目」二字。玉篇云：「珇，古文。」

（珩）佩上玉也　玉篇引無「上」字、「也」字。詩女曰雞鳴正義引有，與此同。

所以節行止也　玉篇引「止」作「步」。

从玉行聲　韻會無「聲」字。

（瑞）从玉耑

〇慶祺案：「瑞」字條應删。

（瑱）玉之瑱兮　韻會「兮」作「也」，類篇引同。繫傳仍作「兮」，集韻引同。

（琫）佩刀下飾　繫傳、韻會「下」作「上」。五音韻譜作「下」，集韻、類篇引與之同。玉篇云：「琫，佩刀下飾也。」

（珌）佩刀下飾　韻會「下」作「上」。今繫傳仍作「下」，集韻、類篇引與之同。玉篇云：「珌，佩刀上飾也。」廣韻亦云：「珌，佩刀上飾。」

天子以玉　「玉」當作「珧」。「珧」篆下「禮云：佩刀，天子玉琫而珧珌」，毛詩瞻彼洛矣傳文也。

瑑（瑑）篆省聲　韻會去聲引「篆省」二字作「彖」，上聲引仍作「篆省」，與此同。

瓅（瓅）往往冒玉也　繫傳、韻會「往往」作「行行」。詩鳲鳩釋文引「冒」作「置」，又「往往」仍與此同。

玼（玼）玉色鮮也　詩新臺、君子偕老釋文引「玉」皆作「新」。

瑟（瑟）瑟彼玉瓚　繫傳「瑟」作「瑟」。韻會作「瑟」，與此同。

璊（璊）謂之虋言璊玉色如之　詩大車釋文引「虋」作「穈」，無「言璊」二字。玉篇引與此同。

瑕（瑕）玉小赤也　史記司馬相如列傳索隱引「玉」下有「之」字，「也」作「色」。

瑀（瑀）石之似玉者　詩女曰雞鳴正義引作「石次玉也」。玉篇引與此同。

琚（琚）瓊琚　詩女曰雞鳴正義引作「佩玉名也」，玉篇、廣韻皆云「琚，玉名」，當是此下脱。

璓（璓）石之次玉者　詩都人士正義引作「美石次玉也」。淇奧釋文引與此同。

玖（玖）石之次玉黑色者　韻會無「色」字，集韻、類篇引皆無。

碧（碧）石之青美者　一切經音義十一、御覽八百九引無「青」字。玉篇、廣韻引有，與此同。

瑶（瑶）玉之美者　詩木瓜釋文引作「美石」，御覽八百九引「玉」作「石」。

珠（珠）珠以禦火災是也　繫傳無「也」字。玉篇引「以」上有「足」字。

玓（玓）明珠色　文選上林賦注引「色」作「光也」二字，舞賦注引作「珠光也」。

玭（玭）玭珠之有聲　韻會無「玭」字，有「者」字，集韻、類篇引皆有「者」字。

瑎（瑎）士瑎琫而珧珌　「珧」當作「瑎」，瞻彼洛矣傳文也。

瑰（瑰）一曰圜好　玉篇引「曰」下有「珠」字。

璣（璣）珠不圜也　韻會「也」作「者」，玉篇引「也」上有「者」字，書禹貢正義引同。禹貢釋文引無，與此同。

琕（琕）古文玕　繫傳此下有「从玉旱」三字。

珊（珊）色赤生於海　廣韻引作「生海中而色赤也」，御覽八百七引有「中」字。玉篇引與此同。

琊（琊）石之有光　文選江賦注引「光」下有「者」字。

琀（琀）送死口中玉也　文五年左傳釋文、御覽五百四十九引「死」作「終」。

重十七　五音韻譜「七」作「六」，繫傳作「五」。

玨（玨）二玉相合爲一玨　玉篇引無「相合」二字。

班（班）分瑞玉　韻會此下有「也」字，玉篇引「玉」作「也」。

从玨从刀　繫傳、韻會無下「从」字。

䡅（䡅）車笭閒皮篋　文選東京賦注引「笭」作「藺」，「篋」作「筐」，下有「以安其弩也」五字，非許氏元文。

奉玉以藏之　玉篇引「玉」下有「所」字，「藏」作「盛」，集韻、類篇引亦作「盛」。

从車玨　韻會「玨」下有「聲」字，繫傳仍無。

士（士）推十合一爲士　韻會「十」「一」互易，玉篇亦云「推一合十」。

壻（壻）从士胥聲　繫傳、韻會無「聲」字。

壿（壿）舞也　繫傳「舞」上有「壿」字。韻會無，與此同。詩伐木、爾雅釋訓釋文引「舞」上皆有「士」字。

丨（丨）上下通也　玉篇引「上下」作「下上」。

中（中）而也　五音韻譜「而」作「和」，繫傳、韻會亦作「和」。以下朱筆。「而」字疑當作「内」。

○酌添四字可否。

屮（屮）象丨出形　韻會「丨」作「中」。

毒（毒）往往而生　韻會「生」作「有」。廣韻引作「生」，與此同。

从毒　繫傳、韻會作「毐聲」，五音韻譜「毒」作「毐」。此及集韻引作「毒」，非。

芬（芬）屮初生其香分布　韻會無「其香」二字，繫傳仍有，集韻、類篇引無「其」字。一切經音義七及十二、十九引「芬芳也」，當有「一曰」云云。

熏（熏）屮黑　韻會無此二字。

熏黑也　五音韻譜「黑」作「象」，此非。

蓏（蓏）在地曰蓏　御覽九百六十四引「地」作「屮」，玉篇、易説卦釋文引作「地」，與此同。

从㼌　繫傳作「㼌聲」。

（芝）**从之**　繫傳、韻會作「之聲」。

（藿）**尗之少也**　文選阮嗣宗詠懷詩注引作「豆之葉也」，玉篇、爾雅釋草釋文、御覽八百四十一引與此同。下框外朱筆。少言小也。

○酌添四字可否。

（莥）**鹿藿之實名也**　御覽九百九十四引無「名」字。

（蓈）**禾粟之采**　韻會「采」作「穗」，繫傳仍作「采」，「音穗」。詩大田、爾雅釋草釋文引「采」作「莠」，玉篇引作「禾之穗」，非。

（莠）**禾粟下生莠**　繫傳「生」上有「揚」字，韻會作「禾粟不揚生草」。

（薑）**禦溼之菜也**　繫傳「禦」作「御」，廣韻引亦作「御」。

（薇）**似藿从艸**　韻會「藿」下有「菜之微者也」五字，繫傳仍無，非許氏元文也。

（苄）**駭人**　一切經音義十五引「駭」作「驚」。

（芎）**营或从弓**　繫傳、韻會無「或」字。

（葌）**艸**　一切經音義二及八十二引作「香艸也」。

○一切經音義八：「葌，蘭也。」本聲類，引在第十二，非説文。

（蘺）**蘼蕪**　「蘼」當作「蘪」，「蘪」篆見下。

（藒）**芞輿也从艸楬聲**　繫傳、五音韻譜作「藒」作「楬」，與此同。玉篇云：「藒，藒車，香草也。」

「藒，同上。」韻會「藒」下云：「説文『藒車，芞輿也，从艸，揭聲』。」誤衍「車」字，「揭」當作「楬」，用鍇本也。

○慶祺案：「藒」字條影宋繫傳既亦作「从艸，楬聲」，則不得更云「『揭』當作『楬』，用鍇本」矣。此條似應刪。

(苷)**从甘** 繫傳、韻會作「甘聲」。

(芧)**可以爲繩** 文選南都賦注引「繩」作「索」。

(萇)**跳弋** 韻會「跳」作「挑」，繫傳作「銚」，五音韻譜亦作「銚」。

一名羊桃 韻會「名」作「曰」。

(藋)**釐艸也** 繫傳、韻會「釐」作「堇」，集韻、類篇引亦作「堇」，五音韻譜亦作「堇」，此非。爾雅釋草釋文引云「堇也」。

○慶祺案：祁刊繫傳作「堇艸也」，不作「堇」，未識影宋本如何，應查。

(蓩)**務聲** 「務」當作「婺」，五音韻譜不誤。

(苦)**古聲** 韻會此下有「一曰急也」四字，繫傳仍無，集韻、類篇引亦有。文選廣絕交論注引云：「苦，猶急也。」

(蘄)**靳聲** 本書無「靳」篆。釋草釋文云：「蘄，古芹字。」未詳。

江夏有蘄春亭 「亭」當作「縣」，見漢書地理志。

（蒲）**可以作席**　繫傳、韻會「可」作「或」。

（蒻）**蒲子可以爲平席**　文選秋興賦注引無「可」字，「平」作「華」。今案：「華」者，「苹」之誤。「平」「苹」同字。藝文類聚六十九、御覽七百九引「平席」二字作「薦」，非。鄭間傳注有「蒲苹」，釋名有「蒲平」可證，不知者改「薦」耳，徐鍇亦稱尚書傳「蒻苹」也。

（莙）**井藻也**　「井」當作「牛」，五音韻譜不誤。

（苢）**其實如李**　韻會「李」作「麥」。

（蓲）**艸也**　爾雅釋草釋文引「艸也」上有「烏蓲」二字。

（芺）**江南食以下气**　爾雅釋草釋文引「南」作「東」。玉篇引作「南」，與此同，「食」下有「之」字。

（茲）**艸也**　玉篇、類篇引「也」作「名」。集韻引作「也」，與此同。

（蘁）**蘁籀文囿**　繫傳此四字在「臣鍇曰」下。

○慶祺案：祁刊繫傳無此四字，「臣鍇曰」下有「蘁，古囿字也」五字。

（莩）**艸也**　韻會此下有「一曰葭中白皮」六字，六書故二十四引亦有，繫傳仍無。今案：韻會載說文下「一曰」甚多，詳考其例，不必許氏元文也。

（黄）**兔苽也**　五音韻譜「苽」作「瓜」，此非。

（藄）綦朱筆：綦，宋。月爾也　爾雅釋草釋文引作「土夫也」。

（莃）稀省聲　繫傳作「希聲」。

（萷）烏喙也　御覽九百九十引「喙」作「頭」。

（蒐）茹藘　御覽九百九十六引「藘」作「蘆」，本書無「蘆」篆。

从艸从鬼　繫傳、韻會無下「从」字。又韻會「从艸」上有「周禮蒨也」四字，繫傳仍無，必黃公紹添入，非許氏元文也。

（蕼）从艸肆　五音韻譜「肆」下有「聲」字，此脫。

（蔦）寄生也　韻會「也」作「草」。

（芸）淮南子說　繫傳、韻會無「子」字，廣韻引「子」作「王」。

（萿）果蓏也　繫傳「蓏」作「蓏」，本書無「蓏」篆，非也。

（薺）蒺棃也　「蒺」當作「疾」，本書無「蒺」篆。繫傳、韻會「棃」作「藜」。藝文類聚八十二、御覽九百八十引「薺艸可食也」，當有「一曰」云云。

（芐）禮記　繫傳「記」作「曰」，五音韻譜與之同。韻會作「記」，與此同。集韻、類篇引無「記」字。

（荃）黃荃也　御覽九百九十二引「荃」作「芩」。

（芩）艸也　詩鹿鳴釋文引作「蒿也」。

（䕨）綬也　韻會「綬」下有「草」字。

（蘜）案：篆當作「蘜」，下篆省作「蓻」可證。

以秋華　玉篇、廣韻引「以」皆作「似」，五音韻譜、繫傳亦作「似」。韻會作「以」，與此同。

𥷚省聲　繫傳、韻會作「鞠聲」。玉篇、廣韻字作「蘜」，恐是隸變，未必从「𥷚」省者出說文也。

（蓻）五音韻譜篆作「蓻」，非。繫傳篆與此正同也。

（藗）**遬籒文速**　繫傳、韻會無此四字。

（蒹）**雚之未秀者**　「雚」當作「萑」，「萑」篆見下。

（𦵹）**雚之初生**　廣韻引「雚」作「萑」。

一曰鵻　「鵻」當作「騅」，本書無「鵻」篆。

（⿱艹⿰火責）**似莎者**　韻會「莎」下有「而大」二字。

（茚）**益州云**　繫傳「云」作「生」。

（⿱艹閻）**芙蓉華**　一切經音義三及八引「芙蓉」作「扶渠」，本書無「芙蓉」二篆。

（荷）**芙蕖葉**　繫傳、韻會「蕖」作「蓉」。

○祁刊作「夫容葉」。慶祺記。

（蓍）**生十歲百莖**　五音韻譜「十」作「千」，「百」上有「三」字，此非。

（荎）**荎藸艸也**　繫傳無「草」字。

（荇）**莕或从行同**　爾雅釋草釋文云：「莕，本亦作荇。」引說文作「荇」。此篆當作「荇」，下當云「菩或从洐」。

（蕛）**蕛苵也从艸稊聲** 篆當作「䔑」，「蕛」當作「稊」，「苵」下同。「稊」當作「梯」，本書無「稊」篆，玉篇云：「蕛，蕛苵，地生穢艸也。」「苵，蕛苵。」疑許書本亦然也。

（苽）**雕苽** 御覽九百九十九引「苽」作「胡」。

（萸）**一曰萮茈** 「萮」當作「俞」，本書無「萮」篆。

（蕣）**暮落者** 「暮」當作「莫」，本書無「暮」篆。

（莍）**裹如表者** 爾雅釋木釋文引作「裹如裘者」。

（菭）**水衣** 爾雅釋艸釋文引作「水青衣也」，韻會引「菭，藫草名，又水衣也」，非許氏元文。

（萌）**艸芽也** 玉篇引作「草木芽也」。

（茁）**草初生出地皃** 繫傳、韻會無「出」字。

从艸出聲 韻會無「聲」字。

（莖）**枝柱也** 玉篇引作「草木榦也」。

（蘳）**讀若壞** 繫傳「壞」上有「墮」字。

（萋）**艸盛** 韻會「盛」下有「貌」字。

（䔺）**藍蓼秀** 韻會無「藍」字，玉篇引有。

隨省聲 繫傳作「隋聲」。

（芃）**艸盛也**　韻會「也」作「皃」。

（茂）**艸豐盛**　韻會作「草木盛皃」。

（䓆）**艸皃**　文選江文通擬顏特進詩注引說文曰：「䓆雜字如此。」左傳昭十一年釋文云：「說文䓆从艸。」當有「一曰䓆雜」。今案：玉篇云：「䓆，草根雜也。」

（茲）**茲省聲**　繫傳「茲」作「絲」，韻會作「丝聲」。

（蔽）**蔽𡙇**　繫傳「蔽」下有「蔽」字。

（芮）**芮芮艸生皃**　文選西征賦注引「芮，小皃」，疑「生」下脫「小」字。

（葻）**从艸風**　繫傳此下有「風亦聲」三字。

（苛）**小艸也**　後漢書宣秉傳注引「小」作「細」。又一切經音義一及十二引「苛，尤劇也」，當有「一曰」云云。

○「劇」當爲「勮」。

（荒）**艸淹地也**　繫傳「淹」作「掩」，集韻、類篇引亦作「掩」。

○祁刊作「淹」，不作「掩」。慶祺記。

（䔅）**䔅䕅皃**　集韻、類篇引「䔅」上有「艸」字，一切經音義二十一引作「䔅䕅，髮亂也」，疑非此文。

（落）**凡艸曰零**　爾雅釋詁、禮記王制釋文引「零」作「苓」。

（蘀）**艸木凡皮葉落陊地爲蘀**　繫傳、韻會無「凡」字。

○慶祺案：「隓」，本書作「陊」，繫傳作「隓」。

藪（藪）**豫州甫田**　繫傳、韻會「甫」作「圃」。

雍州弦圃　繫傳、韻會「圃」作「蒲」。

菑（菑）**从艸甾**　徐鍇曰：「傳寫誤以巛田合爲甾。」

甾（甾）**菑或省艸**　六書故二十四引唐本曰「古文作甾」。

蘨（蘨）**厥艸惟蘨**　繫傳「蘨」作「繇」。

菿（菿）**艸大也从艸致聲**　爾雅釋詁釋文「菿」下引説文云「草大也」，廣韻四覺「菿」下引説文云「草大也，本音到」，玉篇云：「菿，都角切，韓詩『菿彼甫田』。」篆當作「菿」，下當作「到聲」。

藥（藥）**治病艸**　玉篇引作「治疾之草總名」。

䕻（䕻）**百穀草木䕻於地**　繫傳「䕻」作「麗」，「地」作「土」。集韻引作「䕻於地」，類篇引作「麗乎土」，易離釋文「草木麗，如字，説文作䕻」。

苃（苃）**从艸殳**　繫傳、韻會作「殳聲」。

茨（茨）**以茅葦蓋屋**　韻會引無「以」字、「葦」字，文選東京賦引「茅茨蓋屋也」，倒二字耳。

藍（藍）**監聲**　繫傳云：「臣次立案：前已有藍，此文當从艸，濫聲。」玉篇云：「蘫，瓜菹也。」廣韻云：「蘫，瓜菹也。出説文。」

苬（苬）**讀若陸**　繫傳「陸」作「俠」。

（莜）**艸田器**　韻會「艸」作「芸」。

今作蓧　繫傳無此三字。

（蔓）**覆也**　繫傳作「艸覆地」。玉篇引作「覆也」，與此同。

（茵）**車重席**　一切經音義三及廿一引作「車中重席也」。

（芻）**刈艸也象包束艸之形**　繫傳、韻會「也象」作「爲也」。

（茇）**亂艸也**　廣韻引「艸」作「稾」，玉篇云：「茇，牛馬艸亂稾也。」

（苣）**束葦燒**　韻會「燒」下有「也」字，後漢書皇甫嵩傳注引「燒」下有「之」字，華嚴經音義三引作「謂束薪而灼之」。

（蕘）**薪也**　詩板釋文、文選長楊賦注引作「草薪也」。

（蒸）**折麻中榦也**　廣韻、類篇引「折」作「析」。集韻引作「折」，與此同。

（蒜）**葷菜**　爾雅釋草釋文引「葷菜也，一本云菜之美者，雲夢之葷菜」。御覽九百九十七引與一本同。

左文五十三重二大篆从茻　繫傳無此十一字。今案：有者是也。唯五十三文列左，故「萑」「葦」「葭」不與「蒹」「薍」等字相次，「蘇」「蒿」「蓬」不與「蔚」「蕭」「萩」相次，顯然可知也。

（萑）**詩曰食鬱及萑**　繫傳無此六字。

（⿱艹鷬）**艸也从艸鷬聲**　「鷬」即「難」字，前有「⿱艹難」篆，此疑重出。

（荔）**根可作㕞**　韻會「作」作「爲」，玉篇、顏氏家訓書證篇、御覽一千引亦作「爲」。

（蒙）**王女也** 華嚴經音義十三引「蒙謂童蒙也」，疑有「一曰」云云。

（艿）**艸也** 玉篇引「舊艸不芟，新艸又生曰艿」，未詳。

从艸乃聲 韻會無「聲」字。

（薔）**薔虞蓼** 爾雅釋草釋文引無「薔」字。

（蘇）**从艸繁聲** 韻會「繁」作「緐」，無「聲」字。

（草）**一曰象斗** 玉篇引「象」作「樣」。

（萅）**从艸从日艸春時生也屯聲** 韻會作「从日、艸、屯，屯亦聲。徐曰『春，陽也，故从日。艸，春時生也。屯，草生之難也，亦聲』。」今案：據此，「艸春時生也」五字疑徐鍇語，繫傳仍與此同，或已改耳。

（菰）此字玉篇無，疑後人加入。前有「菥」篆，説解同，蓋重出。

（葪）前有「薣」篆，當作「葪」，此重出。

文四百四十五 繫傳無「五」字。

（薅）**拔去田艸也** 繫傳「拔」作「披」，無「去」字。詩良耜釋文引亦無。

（茠）**既茠荼蓼** 詩良耜釋文引「既」作「以」。

（莫）**从日在茻中** 繫傳此下有「茻亦聲」三字。

（莽）**南昌謂犬善逐菟艸中** 繫傳、韻會「菟」作「兔」，玉篇、廣韻引作「兔」，下有「於」字。

（葬）藏也　「藏」當作「臧」，本書無「藏」篆，後同。

易曰古之葬者　韻會作「易古者葬」。

厚衣之以薪　繫傳此下有「茻亦聲」三字。

伯淵閱（朱筆）

說文考異卷二

元和顧廣圻

（小）**从八丨見而分之**　繫傳、韻會「而」下有「八」字。六書故三十二引唐本作「从八見而八分之」。集韻、類篇引無，與此同。

（尒）**从入丨八八象氣之分散**　韻會作「从丨八，象氣之分散，入聲」。

（必）**从八弋弋亦聲**　繫傳、韻會無「弋亦」二字。

（⿱余余）**二余也讀與余同**　今案：此當有誤也。玉篇「余」下出「⿱余余」字，云「同上」，是「⿱余余」即「余」重文也。下云「文十二重一」亦可證。又案：如今本，則八部不容廁「⿱余余」字，必以「余」建首，「⿱余余」爲「余」之屬，别出一部，方合許書體例，以是知其元係重文無疑矣。

（宷）**知宷諦也**　廣韻引「諦」作「諟」。

从宀从釆　繫傳無下「从」字。

（審）**篆文宷从番**　繫傳「番」作「田」。

（悉）**从心从釆**　繫傳無下「从」字。

（釋）**从睪聲**　繫傳重「睪」字，韻會無。今案：此但當云「睪聲」，「从」字亦衍。

（半）**从八从牛**　繫傳無下「从」字，韻會有。

（胖）从半从肉　繫傳、韻會作「从肉从半」。

（牛）牛件也件事理也　本書無「件」篆，在新脩十九文，未詳。

象角頭三封　韻會「角頭」作「頭角」。

（特）朴特牛父也　繫傳、韻會無「朴」字、「父」字。

（犢）瀆省聲　韻會作「賣聲」。

（⿰牛余）讀若塗　「塗」當作「涂」，本書無「塗」篆。

（⿰牛⿸广隹）畜牷也　五音韻譜「牷」作「牲」，此非。

（牽）从牛象引牛之縻也　韻會「从牛」下有「冂冂」二字，繫傳作「冖，象引牛之縻也」。

（牿）今惟牿牛馬　繫傳「惟」下有「滛」字，韻會仍無，有者非。

（牢）冬省　繫傳「省」下有「聲」字，韻會無。

（犓）以芻莖養牛也　集韻、類篇引「莖」作「莝」，文選七發注引作「以芻莝養國牛也」。

从牛芻亦聲　五音韻譜重「芻」字，此脱。

（牼）春秋傳曰宋司馬牼　今昭二十年左傳云「少司寇牼」，未詳。

（牣）牣滿也　韻會無「牣」字。

（告）牛觸人　易大畜釋文引無「人」字，玉篇引有。

（嚳）急告之甚也　一切經音義屢引「急」下有「也」字，玉篇引無。

（噭）**吼也** 本書無「吼」篆。今案：當作「口孔也」，二字并爲一耳。鄭注禮記曰：「竅，孔也。」注周禮曰：「陽竅七。」蓋凡孔謂之竅，口孔謂之噭也。玉篇引亦作「吼」，則其誤已久。或謂「吼」當作「呴」，甚不然。許氏例以類爲次，又必從部首本字類次而下，倘改訓「呴也」，斷不得居「口」下「噣」上矣，師古漢書注「噭，口也」可借證。

（噣）**从口蜀聲** 韻會無「聲」字。

（咺）**宣省聲** 韻會作「亘聲」。

（咳）**小兒笑也** 韻會「笑」下有「聲」字，玉篇引無。

（含）**嗛也** 繫傳、韻會「嗛」作「銜」，廣韻引亦作「銜」。

（哺）**哺咀也** 爾雅釋鳥釋文引「口中嚼食也」。案：「哺咀」者，醫書之「㕮咀」，與所引不相涉，當有「一曰」云云。又玉篇云：「哺，口中嚼食也。」似亦本說文。

（嚛）**食辛嚛也** 一切經音義十二引無「嚛」字，廣韻云：「嚛，食新也。」似亦本說文，但誤「辛」爲「新」耳。

（噫）**飽食息也** 一切經音義屢引「食」作「出」。玉篇云：「噫，飽出息也。」似亦本說文。

（嘳）**野人言之** 五音韻譜「言之」作「之言」，此倒。

（噤）**口閉也** 韻會無「口」字，玉篇引有。

（君）**从尹發號故从口** 繫傳「尹」下有「口」字，韻會作「从尹从口以發號」。

（命）**从口从令**　繫傳、韻會無下「从」字。

（咊）**相膺也**　繫傳、韻會「膺」作「應」，是也。此因新脩添「膺」篆而誤改，下同，不更出。

（唏）**稀省聲**　繫傳、韻會作「希聲」。

（嘄）**聲嘄嘄也从口梟聲**　五音韻譜篆作「嘄」，下作「聲嘄嘄也，从口梟聲」，集韻「嘄」引説文「聲嘄嘄也」，此及繫傳皆譌。類篇引作「嘄」，或用鍇本耳。

（唉）**讀若埃**　繫傳「若」下有「塵」字。

（咠）**聶語也**　詩巷伯釋文引「聶」作「咠」。

（呷）**吸呷也**　繫傳「也」作「貌」。吴都賦注、一切經音義十七及二十引作「吸也」，無「呷」字。玉篇引「吸呷也」，與此同。

（嘌）**疾也**　韻會下有「聲也」二字。集韻、類篇「嘌」下引無，又別出「嘌」字，下云「疾也，聲也」，不引説文，黄公紹增入，非元文也。

（嘑）**唬也**　繫傳「唬」作「號」，集韻、類篇引作「唬」，與此同。

（启）**从户从口**　繫傳、韻會無下「从」字。

（咸）**从戌戌悉也**　繫傳作「戌聲」二字。韻會、集韻、類篇引皆與此同。

（右）**从又**　繫傳作「又聲」。

（啻）**一曰啻諟也**　韻會無「啻」字，集韻、類篇引亦無，當是衍字也。

𠷎（𠷎）**誰也从𢎘又聲**
𢎘古文疇　繫傳無此四字。
咈（咈）**周書曰**　「周」當作「商微子」，足部「躋」下稱「商書」可證。辵部「退」下誤同此。
嗜（嗜）**嗜欲喜之也**　韻會作「喜欲之也」，一切經音義廿二引作「欲意也」。
啖（啖）**噍啖也**　爾雅釋草釋文、一切經音義廿引作「噍也」，無「啖」字。
一曰噉　本書無「噉」篆，此三字非許氏元文。韻會云「或作噉」，黄公紹未嘗以爲說文，亦可證。
哽（哽）**語爲舌所介也**　繫傳「介」下有「礙」字。
哇（哇）**諂聲也**　韻會「諂」作「謟」，集韻引與之同。玉篇引作「諂」，與此同。本書無「謟」篆，或「諂」字是也。
咅（咅）**語相訶岠也从口岠辛**　繫傳「訶」下有「相」字，「口」下無「岠」字，非。
吺（吺）**投省聲**　繫傳作「殳聲」，六書故十一引唐本「殳聲」。
呧（呧）**苛也**　一切經音義十二引「苛」作「呵」。又「呰」字下「苛也」。一切經音義屢引「苛」作「呵」，華嚴經音義引作「訶」。今案：「訶，大言而怒也」，上云「咅，語相訶岠也」，下云「吒，訶也」，與此「苛」義小異。但後來此「苛」用「呵」「訶」字，如鄭注禮記云「幾，苛察」，注周禮云「則苛其出入」，而釋文一云「本亦作呵」，一云「本又作呵也」。凡注家及類書引用，每有改其本書之字者。

（嗙）**謌聲嗙喻也**　「謌」當作「訶」，玉篇云：「嗙，訶聲也。」蓋本出説文，而其語有詳略耳。以次求之，「訶」是「謌」非。司馬相如説別是一義。又「喻」當作「俞」，下同。本書無「喻」篆也。

淮南宋蔡舞嗙喻也　繫傳「舞」上有「歌」字，無「也」字。今案：臣鍇以爲上林賦，故添之而四字二句，其實非也，近人多以爲凡將而七字一句。

（噧）**春秋傳曰噧言**　未詳。或謂哀廿四年左傳之「躗言」即此，詳「躗」自有，在足部，又注義與此所訓絶遠，未敢專輒。

（嘵）**懼也**　韻會「懼」下有「聲」字，集韻、類篇引無。

唯予音之嘵嘵　韻會無「之」字，集韻、類篇引有。

（嘖）**大呼也**　爾雅釋鳥釋文引無「大」字。

（𠯆）**唸𠯆呻也从口尸聲**　詩板釋文、爾雅釋訓釋文引「𠯆」作「吚」，五經文字引亦作「吚」，張參之書以陸爲本也。玉篇、類篇作「𠯆」，與此同。集韻「𠯆」下重文六，無「吚」，與類篇皆別以「吚」爲「咿」之重文。

（吟）**呻也**　藝文類聚十九、御覽三百九十二引作「歎也」。

（嗞）**嗟也**　嗟當作「𧪘」，本書無「嗟」篆。

（喝）**㵣也**　繫傳「㵣」作「渴」，一切經音義十一引亦作「渴」。集韻、類篇引作「㵣」，與此同。

（哨）不容也　韻會「不」上有「口」字。

（噆）嗛也　一切經音義十八及二十引作「銜也」。

（吝）恨惜也　文選琴賦注引「恨」作「貪」。

（各）不相聽也　繫傳、韻會「也」作「意」。

（否）从口从不　繫傳「从不」作「不聲」，韻會作「从口不，不亦聲」。

（唁）从口言聲　韻會無「聲」字。

（吠）从口犬　韻會作「从犬从口」。

（喈）鳥鳴聲　繫傳「聲」下有「也」字，韻會「聲」作「也」。

（喔）雞聲也　繫傳「聲」作「鳴」。玉篇云：「喔，雞鳴也。」似亦本說文。

（唬）嗁聲也　繫傳「嗁」作「唬」。集韻引作「嗁」，與此同。以次求之，「唬聲」爲長。類篇引作「呼也」，誤。

一曰虎聲从口从虎　繫傳作「从口虎，一曰虎聲」。

讀若暠　本書無「暠」篆，疑「罶」形近譌也。

（喁）魚口上見　一切經音義十二、十三引「魚」作「衆」。今案：玉篇云：「喁，衆口也。」詳此有兩義，一是魚口上見，爲「喁」字本義，所謂水濁則魚喁也。一是衆口向上，爲「喁」字推廣之義，所謂喁喁然也。此既當說本義，且以次求之，自「吠」以下類說獸鳥及魚，「魚」字不誤，一切經音義所引非。

㕣（㕣）山間陷泥也　玉篇引「間」作「澗」。

文一百八十　繫傳下有「二」字。

嗀（嗀）一曰窒嗀　五音韻譜「窒」作「室」，此譌。玉篇引「一曰室穰」，蓋彼脱「嗀讀若」三字。

讀若禳　五音韻譜「禳」作「穰」，此譌。

嚴（嚴）教命急也　廣韻、六書故引「命」作「令」。

㖾（㖾）从口屰聲　繫傳、韻會「屰」下有「亦」字。

喪（喪）从哭从亾會意亾亦聲　繫傳、韻會作「从哭亾聲」，禮記奔喪釋文引「从哭亾亾亦聲」，是「會意」二字非許氏元文。

趫（趫）善緣木走之才　文選西京賦注、一切經音義十一引無「走」字，「才」作「士」，下有「也」字。玉篇云：「善緣木之工。」似亦本説文，但譌「士」爲「工」。

赳（赳）輕勁有才力也　繫傳、韻會「才」作「材」。爾雅釋訓釋文引無「力」字。

讀若鐈　繫傳無此三字。

趯（趯）踊也　繫傳作「躍也」。

趞（趞）趞趞也　五音韻譜作「趬趞也」，此譌。

一曰行皃　繫傳此四字在「昔聲」下。

（趬）**行輕皃**　史記驃騎列傳索隱引「輕」作「疾」。玉篇、一切經音義十六引作「輕」，與此同。

（趀）**蒼卒也**　繫傳「蒼」作「倉」，廣韻引亦作「倉」。

（𧾛）**叡聲**　篆當作「𧾛」，「叡」當作「叡」。廣韻引作「𧾛」。玉篇云：「𧾛，走也。」似亦本說文，「臣鉉等以爲叡聲遠，疑从睿」，非。

（𧾩）**讀若劬**　本書無「劬」篆，未詳。

（𧺇）**疑之等𧺇而去也**　繫傳重「𧺇」字，廣韻引不重。玉篇云：「疑之等𧺇而去。」似亦本說文。

（趛）**低頭疾行也**　「低」當作「氐」，本書無「低」篆。

（趩）**一曰不行皃**　繫傳此在「讀若敕」下。

（趆）**趨也**　「趨」當作「趍」。此與「趍」下、「趙」下相次者，凡有三「趨」字，皆「趍」之誤也。廣韻云：「趆，趍走皃。」可借爲證。集韻、類篇引皆作「趨」，則已誤矣。集韻「趍」下作「趍」，「趙」下作「趨」，歧互。類篇「趍」下「趙」下皆作「趨」，黄公紹於「趍」字曰「本音馳，今亦以爲趨字」云云，故易相涉耳。

（趍）**趨趙久也**　韻會作「趍趙，久也」，玉篇引作「趍趙，夂也」，廣韻「趍」下引作「趍趙，夂也」，「趙」下引「久也」。今案：廣雅釋言云：「遻、趙，及也。」「趙」即「趍趙」之「趙」。「久」「夂」皆「及」之訛。

（趙）**趨趙也**　繫傳作「趙趨也」，韻會無「趙」字，玉篇引作「趍趙也」。

（⿺走侖）从走侖聲　繫傳「侖」下有「侖亦」二字。

（趑）趑趄行不進也　本書無「趄」篆，在新脩十九文，疑當但云「行不進也」。以「趑」字讀若「資」，陸氏引之於易夬卦釋文，則此許氏未必以爲「次且」字。玉篇云：「趑，七私切，趑趄，行不進皃。」不引説文，或别有出。集韻、類篇所引説文有，彼在二徐後也。

（⿺走雚）一曰行曲脊皃　繫傳此在「雚聲」下，無「皃」字。

（⿺走夋）行⿺走束⿺走夋也　繫傳重「⿺走夋」字，無「也」字。韻會作「行速逡逡也」。

（⿺走圭）讀若跬同　本書無「跬」篆，此四字非許氏元文。

（⿺辶㡿）㡿省聲　繫傳「㡿省」二字作「屰」。案：「屰」即「㡿」之訛。「㡿聲」之篆當爲「⿺辶㡿」，鉉本爲「逆」，故增之云「㡿省聲」。以言部鉉「訴」鍇「⿰言㡿」相證，此字鍇本亦不當訛，今繫傳乃依鉉轉改而有未盡也。

（⿺走樂）讀多春秋傳曰輔⿺走樂　案：今左傳作「輔躒」，但本書無「躒」篆，蓋當作「櫟」，如「荀躒」之本又作「櫟」也。

（趡）春秋傳曰盟于趡　此桓十七年經文。

（⿺走甬）喪辟⿺走甬　繫傳「辟」作「擗」，非。集韻、類篇引作「辟」，與此同。

（止）下基也　繫傳、韻會無「基」字。

（歱）跟也　玉篇引「跟」上有「足」字。

（歫）**一曰搶也**　本書無「搶」篆，當是「槍」之訛也。玉篇引亦作「搶」，與此同。

（歷）**過也**　繫傳、韻會此下有「傳也」二字，集韻、類篇引皆無。案：此鉉、鍇不同耳。爾雅有「歷，傅也」，然則「傳」乃「傅」之訛。

（歸）**从止从婦省**　繫傳、韻會無下「从」字。

（疌）**从止**　繫傳此二字在「又手也」下。

以手　五音韻譜「以」作「从」，此訛。

（疌）**機下足所履者**　繫傳「者」下有「疾」字，非。

（址）**足剌址也**　玉篇引作「足有所剌也」。

（登）**象登車形**　繫傳、韻會「象」作「爲」。

（癹）**癹夷蘊崇之**　「蘊」當作「薀」，本書無「蘊」篆。

（此）**从止从匕匕相比次也**　繫傳作「从止，能相比次」，韻會作「从止匕，能相比次」，皆非。

（正）**从止一以止**　繫傳、韻會作「从一从止」。

（𤴓）**足者亦止也**　繫傳無「者」字。

（尟）**是少也**　韻會無「是」字。玉篇引有，與此同。

（辵）**讀若春秋公羊傳曰辵階而走**　「臣鍇曰：今公羊傳『辵』作『躇』。」釋文云：「躇，一本作辵。」案：此「讀若」二字不當有也。

（邁）**蠆省聲**　繫傳作「萬聲」。韻會作「蠆省」，與此同。

（𨘢）**邁或不省**　繫傳「不省」作「从蠆」。

（巡）**延行皃**　五音韻譜、韻會、繫傳「延」作「視」，玉篇、廣韻引作「視行也」，集韻、類篇引作「視行皃」，疑此非。

（隨）**𡐦省聲**　繫傳、韻會作「隨聲」。

（述）五音韻譜、繫傳篆作「[illegible]」，説在後「[illegible]」篆下。

（逾）**𨒫進也**　韻會「𨒫」下有「也」字。

（逪）**迹逪也**　廣韻引「迹」作「这」，玉篇云：「逪，这逪也，今爲錯。」「这，會也，今爲交。」可證。集韻、類篇引已訛「迹」。繫傳「逪」作「道」，更訛。

（逢）**峯省聲**　本書無「峯」篆，當是「夅」之訛也。韻會「峯」作「夆」。

（[illegible]）繫傳篆作「[illegible]」。

（返）**从辵从反**　繫傳無下「从」字。

商書曰祖甲返　「甲」當作「伊」，集韻引「甲」作「伊」。類篇引仍作「甲」，與此同。

（邐）**行邐邐也**　繫傳無「也」字。爾雅釋丘釋文引作「行也」。

（𨘌）**黎聲**　繫傳作「黎省聲」。韻會無「省」，與此同。

（𨘻）**不行也**　繫傳、韻會「不」上有「馬」字。

（逶）衺去之皃　韻會無「之」字，文選舞賦、廣絶交論注引作「衺行去也」，一切經音義十九引作「行去也」。

（違）从辵韋聲　韻會無「聲」字。今案：無者爲長，「韋」下云「相背也」，是其義。或當从辵，韋亦聲。

（迡）怒不進也　繫傳此下有「一曰鷙也」四字。今案：玉篇云：「迡，鷩不進也。」似本亦出説文，此「鷙」乃「鷩」形近之訛。「一曰鷩也」，校者之語，謂「怒」字一曰「鷩」字也，故鉉本無之。鍇本連作正文，非。玉篇於後又出「鷩也」之訓，必「大廣益會」所爲也。

（達）行不相遇也　繫傳無「也」字，子衿釋文引無「行」字。

詩曰挑兮達　繫傳「挑」作「佻」。韻會作「挑」，與此同。五音韻譜「達」下有「兮」字，此脱。

（迵）迵迭也　廣韻引「迭」上無「迵」字。

（迭）一曰达　繫傳「达」作「迭」。案：此三字未必元文，恐亦校者之語耳。

（迷）或也　五音韻譜「或」作「惑」，此訛。

（連）从辵从車　繫傳無下「从」字。

（逑）斂聚也　韻會作「聚斂也」。

（退）周書曰　「周」當作「商」，説見前。

（遯）**从豚**　繫傳、韻會作「豚聲」。

（逃）**亾也**　韻會此下有「避也」二字，蓋增入，非元文。

（逐）**从豚省**　繫傳無「从」字，韻會「豚」作「豕」，非。

（邋）**搚也**　「搚」當作「拹」，本書無「搚」篆。

（⿺辶壐）**古文邇**　繫傳篆作「迩」，五音韻譜作「⿺辶壐」。集韻、類篇皆云：「邇、⿺辶壐、迩，說文近也，古作⿺辶壐，或作迩。」蓋因上文已有「邇」篆，故繫傳改之耳。

（遏）**微止也**　韻會「微」作「徼」。今案：以「臣鍇曰：繳繞使止也」證之，其本當作「繳」。其實乃「繳」字之訛。

（迣）**讀若寘**　「寘」當作「寊」，本書無「寘」篆。

（遱）**連逮也**　五音韻譜「逮」作「遱」，此訛。

（𨑳）五音韻譜與此同，繫傳篆作「𨑳」。案：鉉本前有「𨑳」篆，與此「𨑳」篆筆畫小異。鍇本前作「𨑳」，此作「𨑳」，獨多一畫。而二本說解中則俱云「朩聲」，鉉今前「蒲撥切」，後「北末切」。鍇今前「步捋反」，後「北末反」，皆不讀爲「朩」聲。集韻入聲「𨑳，前頓也」「𨑳，行貌」，筆畫全同。類篇并二訓於一「𨑳」字下，所引說文鉉本正如此也。又集韻去聲「𨑳，前頓也」，類篇同，似兼用鍇本，以「朩」聲讀此而易爲「陟利切」。集韻「𨑳」「跡」「逯」「⿺辶枼」四形一字，與類篇注中「𨑳」字皆「追萃切」「足不前也」。玉篇無「𨑳」，別有「⿺辶枼，口黠切，又竹季切」，訓「前頓也」。意謂玉篇之「蹝」即「迹」，但隸變从「茱」矣。

前頡也　五音韻譜「頡」作「頓」，此訛。

一讀若柗　繫傳「一」下有「曰」字，「柗」作「拾」。

（逞）何所不逞欲　繫傳「何」上有「君」字。

（逴）讀若棹苕之棹　繫傳二「棹」字皆作「掉」。臣鉉等案「棹苕，未詳」，本書無「棹」篆。

（逮）目進極也　五音韻譜「目」作「自」，此訛。

（道）从辵从首　繫傳無下「从」字。

（遽）一曰窘也　繫傳、韻會此四字在「豦聲」下。

重三十一　五音韻譜、繫傳皆無「一」字。

（⿰彳柔）从柔柔亦聲　繫傳無「从柔」二字，韻會無「从柔」「亦」三字。

（循）行順也　「行」下當有「也」字，一切經音義屢引「行也」，尚書泰誓正義亦引之。

（彶）急行也　一切經音義屢引「急」上有「彶彶」二字。

（⿰彳⿰言甹）⿰言甹聲　本書無「⿰言甹」篆，未詳其訛。

（復）一曰行遲也从彳从日从夊　繫傳、韻會作「從彳日夊，一曰行遲也」，又韻會末無「也」字。

（㣙）復或从内　韻會云：「説文或作⿺辶内[一]。」繫傳篆仍作「㣙」，與此同。玉篇「復」下云：「㣙，

〔一〕「⿺辶内」原誤作「内」，據韻會改。

同上」，其「𢓜」字別在「退」下，惟九經字樣有「或作𢓜」之語，但未見其必爲說文，恐黄公紹有譌。

（後）**从彳幺夊者後也**　「夊」字當重，韻會有。

（很）**一曰盭也**　繫傳在「𥃩聲」下，無末「也」字。

（徛）**舉脛有渡也**　韻會「渡」作「度」，爾雅釋宮釋文引作「舉腳有度也」，集韻引與此同。類篇引「脛有」作「足以」，譌。

（彴）**勺聲**　六書故十六云：「唐本旬聲，徐本勺聲。」玉篇「彴」引說文「行示也」，下別出「徇」云「亦同彴字」，然則唐本未必全是也。

（延）**从廴从止**　繫傳無下「从」字。

（行）**从彳从亍**　繫傳、韻會無下「从」字。

（衙）**行皃**　廣韻引作「衙衙，行皃」。

（衎）**行喜皃**　韻會「皃」作「也」。

（𧗳）**行且賣也**　韻會作「自矜」。

从行从言　繫傳無下「从」字。「行從言」傳寫多譌耳。

（衞）**从韋帀从行**　繫傳無下「从」字。韻會作「从韋帀也，从行」，蓋亦傳寫有衍字。六書故十六云：「唐本从行从韋。」今案：九經字樣云「衞、衛，從韋從帀從行，上說文，下隸省」。

唐玄度在開成間，而其本與戴侗所見不同。且戴以此字入「行」之諧聲中，即唐本如其説，亦並非諧聲可知。侗讀説文尚未悉其例，恐不足全信也。

（齗）**齒本也**　一切經音義一及九引作「齒肉也」。

（齔）**从七**　繫傳作「七聲」，一切經音義四及廿引亦作「七聲」。韻會引作「从七，七音化」，與鉉、鍇二本皆不合，未知其所出。

（䶜）**一曰齧也**　繫傳此四字在「責聲」下。

（齜）繫傳篆作「」。

（齞）**口張齒見**　韻會「口張」作「張口」，末有「也」字，文選登徒子好色賦注引作「張口見齒也」，皆非。玉篇引與此同，繫傳亦與此同。

（齺）**齒搚也**　本書無「搚」篆，見前。

一曰齰也　繫傳此四字在「芻聲」下。

（齇）**齬齒也**　一切經音義六引作「齒不正也」，疑此「齒」下當脱「不正」二字。

（齹）繫傳篆作「」。

（齤）**讀若權**　繫傳「讀」下有「又」字。

（齾）繫傳篆作「」。

（齯）**老人齒**　爾雅釋詁疏引作「老人兒齒也」。

（齮）**齧也**　史記高紀索隱引作「側齒也」。

（䶩）**齒差也**　以次求之，此不得云「齒差也」，當云「差齒聲」。

（齨）**一曰馬八歲齒臼也从齒从臼臼亦聲**　繫傳作「從齒，臼聲。馬八歲齒臼也」。今案：玉篇云：「一曰馬八歲曰齨也。」似本出說文。集韻、類篇引皆與此同。

（齥）**羊粻也**　本書無「粻」篆，又「齸」下云「麋鹿粻」。爾雅釋鳥有「其粻嗉」，史記天官書以「張」爲「粻」。詳此字與毛詩之「粻」形同義別，未知本用何字。

（𪙇）**从齒从骨骨亦聲**　繫傳無「骨亦」二字。

（牙）**牡齒也**　「牡」當作「壯」，九經字樣如此，蓋本諸說文也。

（𤘴）**武牙也**　五音韻譜「武」作「虎」，玉篇、集韻、類篇皆作「虎」。此及繫傳沿唐諱字。

从牙从奇　繫傳無下「从」字。

（足）**在下**　玉篇引作「在體下」。

（跟）**足踵也**　「踵」當作「歱」，止部「歱」下云「跟也」。

（跪）**从足危聲**　韻會引無「聲」字，黄公紹删之也。

（𨄔）**詩曰管磬蹡蹡**　繫傳「管磬」作「磬管」。集韻、類篇引作「管磬」，與此同，「蹡蹡」作「𨄔𨄔」。

（𧿒）**趣越皃**　繫傳「趣」作「趨」，非。集韻、類篇引作「趣」，與此同。

（䟦）**輕也**　繫傳作「輕足也」，次在「蹎」「蹬」之間。

（蹻）**舉足行高也**　漢書高紀注晉灼引「行」作「小」。玉篇引作「行」，與此同。

（躋）**商書曰予顛躋**　繫傳「予」上有「若」字，五音韻譜無。

（跧）**一曰卑也绻也**　繫傳此六字在「全聲」下。

（蹴）**躡也**　一切經音義十一、十二引作「蹋也」。

（跨）**夸聲**　五經文字云：「跨、跨，上説文，下經典相承隸省。」詳此云「夸聲」，「夸」下云「亏聲」。張參大部無「夸」字，不知其所見之説文「夸」字从何作。

（蹈）**踐也**　華嚴經音義十五及六十八引作「蹋也」。

（踐）**履也**　一切經音義引作「蹈也」。

（蹢）**適省聲**　繫傳作「啇聲」。

（蹶）繫傳篆作「蹷」。

亦讀若橜　繫傳「亦讀」作「讀亦」。

（踏）**趿也**　繫傳「趿」作「馺」，非。玉篇云：「踏，趿也。」似亦本説文。

（跋）**蹎跋也从足犮聲**　繫傳篆作「蹳」，云：「顛蹳也，從足，發聲。」韻會引同。案：此必鉉、鍇之異也。繫傳又出「䟦」篆，云：「蹎跋也，从足，犮聲。」在「路」後「蹸」前。蓋不知「蹳」已是「跋」而附「跋」入末，故非其次也。韻會「跋」又引説文「跋躠，行貌，从足，犮聲」。

蓋「从足，犮聲」者，兼用鉉本也。「跋躠，行貌」者，今在玉篇，乃取他家之説雜於許書也，黄公紹例自如此。

踼（踼）一曰搶也　本書無「搶」篆，見前。

跛（跛）皮聲　繫傳此下有「讀若罷」三字。

跻（跻）一曰曲脛也　繫傳此五字在「𢍉聲」下。

𨂗（𨂗）困聲　繫傳篆作「䠒」，「困」作「囷」。集韻引作「䠒」，與鍇本同。類篇引作「𨂗」，與鉉本同。

趼（趼）獸足企也　韻會無「企」字，非。

路（路）道也从足从各　繫傳「从各」作「各聲」。韻會作「道路也，从足各」，無「聲」字，黄公紹删之也。鍇袪妄言「古之音字或與今殊」，是也。又言「或多聲字」，則非。鉉因此改爲「从各」，而黄兼用其本。

文八十五　繫傳「五」作「六」。案：校鉉本，於「蹵」「跋」多其一也。

疋（疋）古人以爲詩大疋字　廣韻引「疋」作「雅」。

或曰胥字　玉篇引無此四字。

𤴔（𤴔）从疋疋亦聲囪象𤴔形　繫傳無「疋亦聲」三字，重「囪」字。

𤕟（𤕟）从爻从疋疋亦聲　繫傳、韻會無「从疋」二字。

（喦）从品相連　繫傳、韻會「品」下有「山」字，非。集韻、類篇引無。
春秋傳曰次于喦北　「傳」字不當有，此僖元年經文。

（龡）从龠炊聲　繫傳無「聲」字，韻會作「从籥省，炊聲」，非。

（䶵）管樂也　繫傳下有「七孔」二字，一切經音義十八、十九引有「有七孔」三字。

（龢）調也　一切經音義六引作「音樂和調也」。

（册）諸矦進受於王也　韻會「王」下有「者」字，玉篇引無。

（笧）繫傳篆作「𥫗」。

（嗣）从册从口　繫傳、韻會無下「从」字。

（扁）从户册户册者　繫傳不重「户册」二字，韻會無下「户」字。

伯淵閱（朱筆）

說文考異卷三

元和顧廣圻

（㗊）**又讀若呶**　此本「又」上有空格，五音韻譜連，繫傳作「一曰呶」。案：疑非許氏元文也。

（⿱㗊壬）繫傳篆作「⿱㗊壬」，五音韻譜作「⿱㗊壬」，集韻、類篇皆作「⿱㗊壬」，與此同。玉篇云：「⿱㗊壬，古文。」凡玉篇亦有毛斧季校改之字，恐此非其舊。

（囂）**从㗊从頁頁首也**　繫傳、韻會無下「从」字，「首」上有「亦」字。

（嘂）**一曰大呼也**　繫傳、韻會在「丩聲」下，無「也」字。**魯昭公叫然而哭**　韻會「叫」作「嘂」。繫傳「叫然，忽發聲也。此昭公出奔齊也」十三字當在「臣鍇案」下。

〇慶祺案：繫傳云云，當刪去。

（嚻）五音韻譜篆作「嚻」，繫傳同。

（器）**皿也象器之口犬所以守之**　爾雅釋器釋文引「器，皿也。飲食之器，從犬，從㗊聲也」。玉篇引與此同。

（舌）**所以言也**　玉篇引作「所以立言者」。**从干从口**　繫傳、韻會無下「从」字。

（舓）以舌取食也　玉篇引「食」作「物」。

（干）从反入从一　韻會作「从一，从反入」。

（羊）从干　繫傳「干」下有「倒」字，五音韻譜無。

讀若能　繫傳「能」作「餁」，五音韻譜亦作「餁」。

（屰）不順也　繫傳「不」上有「屰」字，玉篇引無。

从干下屮　繫傳「屮」作「凵」，五音韻譜作「屮」，與此同。

（谷）口上阿也　廣韻引此下有「一曰笑皃」四字。

（臄）或从肉从豦　繫傳作「谷或從豦肉」。

（㐁）从谷省象　五音韻譜「象」下有「形」字，繫傳作「象形，从谷省聲」。玉篇云「从谷省，象形」，似本出説文。繫傳「聲」字衍。

（㐁）弻字从此　案：此非許氏元文。

（⿰甹只）讀若聲　五音韻譜「聲」作「馨」，此訛。

（㕯）从内　繫傳作「内聲」。

（矞）从㕯　繫傳、韻會作「㕯聲」

一曰滿有所出也　廣韻引無「有所出」三字。

（拘）从句从手　繫傳、韻會無下「从」字。

（笱）**曲竹捕魚笱也**　韻會無「笱」字，繫傳無「也」字。
从竹从句　繫傳、韻會無下「从」字。

（鉤）**从金从句句亦聲**　繫傳、韻會無下「从」字。又韻會無「句亦」二字，非。

（䒤）**从茻从丩**　繫傳無下「从」字。

（糾）**从糸丩**　繫傳、韻會「丩」下有「聲」字。案：鉉、鍇二本皆非也。依鍇大例，當作「从糸，丩亦聲」；依鉉例，當作「从糸，从丩，丩亦聲」。

（丈）**从又持十**　繫傳、韻會「又」作「手」。

（千）**从人**　繫傳、韻會作「人聲」。

（肸）**響布也**　文選甘泉賦注、上林賦注引「響」作「蠁」。
从𦚏　繫傳作「𦚏聲」。韻會作「从𦚏」，兼用大徐也。

（卙）**从甚**　繫傳作「甚聲」。

（博）**从十从尃尃布也**　繫傳、韻會無下「从」字，「也」下有「亦聲」二字。

（廿）**古文省**　繫傳、韻會「省」下有「多」字。按：「卄」下「古文省」，繫傳、韻會仍無「多」字，或彼脱耳。

（𠦜）**詞之𠦜矣**　廣韻引作「詞之集也」。按：「集也」爲是。玉篇「𠦜」下云「詞之集」，必本出説文無疑。「臣鍇曰：此詩云『詞之𠦜矣』」云云，或二徐譌改之，故集韻、類篇所引已與此同也。

（言）**論難曰言**　藝文類聚十九、御覽三百九十引「難」作「議」。玉篇引作「難」，與此同。

（謦）**欬籀文磬字**　繫傳無此五字。

（詵）**从言从先**　繫傳、韻會無下「从」字。

詩曰螽斯羽詵詵兮　詩螽斯釋文云：「詵詵，説文作䚻。」今多部無「䚻」，此稱詩亦作「詵」，未知其審。

（許）**聽也**　繫傳「也」作「言」，韻會作「聽言也」。

（諾）**譍也**　韻會「譍」作「應」，「譍」下「猶譍也」同。本書無「譍」「應」篆，「譍」在新脩十九文，當作「應」。

（詩）**志也**　本書無「志」篆，未詳。韻會此下有「志發於言」四字，非許氏元文。

（讖）繫傳篆作「讖」。

（𧥞）**从中**　繫傳作「中聲」。案：「臣鍇曰會意」，故大徐删之也。

（諭）**告也**　史記朝鮮傳索隱引作「曉也」。

（謘）**屖聲**　繫傳「聲」下有「讀若行道遲遲」六字。

（議）**語也**　韻會此下有「一曰謀也」四字。

（詧）**从言察省聲**　繫傳「察」作「祭」。

（信）**从人从言**　繫傳無下「从」字。

會意　繫傳無此二字，詳古文「信」下「臣鍇曰：三字皆會意也」，是此二字乃鍇語耳。

（訦）**燕代東齊謂信訦**　五音韻譜「訦」上有「曰」字，集韻、類篇引有。繫傳無，與此同，下有「也」字。

（㐰）**古文从言省**　繫傳作「古文信省也」。

（誥）**从言告聲**　韻會無「聲」字，今繫傳有，或黄公紹删之也。

（譣）**周書曰勿以譣人**　繫傳、韻會此七字在「从言」上。

（詁）**訓故言也**　後漢書桓譚傳注、鄭興傳注、一切經音義廿二引「故」作「古」。詩抑釋文、爾雅釋詁釋文引作「故言也」，無「訓」字。

詩曰詁訓　繫傳、韻會無「曰」字。詩板釋文云：「告之話言，説文作詁。」似陸德明所見此「訓」字作「言」，亦未知其審。

（藹）**詩曰藹藹王多吉士**　繫傳、韻會此八字在「从言」上。

（証）**正聲**　繫傳此下有「讀若正月」四字。

（諴）**不能諴于小民**　繫傳「不」作「丕」，無「能」字。五音韻譜、集韻引皆作「不能」，類篇引作「丕能」。

（䚻）**徒歌从言肉**　繫傳：「臣鍇按：今説文本皆言『從也』，當言『徒歌』，必脱訛也。下云『从言、肉』，亦誤也。」六書故十一云：「徐本説文無『謡』字，唐本曰『䍃，從也，从言，从肉，肉亦聲』『謡，徒歌也』。」今案：玉篇云：「䍃，與周切，從也。」「謡，與招切，獨歌也。」頗近之。其「謡」字尋序次在「謳」「詠」之上。豈唐本「徒歌也」下有「从言，䍃聲」而戴引不備歟？藝文類聚四十三引「獨歌謂之謡」，一切經音義十五、二十引「謡，獨歌也」。

（訢）**喜也**　繫傳「喜」作「憘」。

（説）**从言兑**　繫傳、韻會「兑」下有「聲」字。

（計）**从言从十**　繫傳、韻會無下「从」字。

（話）**合會善言也**　詩板釋文引「合會」作「會合」，文選秋興賦注、七命注引亦作「會合」。

傳曰告之話言　鈕氏樹玉曰：「『告』當作『著』，文六年左氏傳文也，今涉抑詩而譌。」

（諈）**諈諉纍也**　繫傳「纍」作「累」，「諉」下「累也」同，本書無「累」篆。

（警）**戒也**　韻會「戒」上有「言之」二字。

从言从敬　繫傳、韻會無下「从」字。

（誼）**人所宜也**　韻會無「人」字，脱。

从言从宜宜亦聲　繫傳作「从言，宜亦聲也」。

（誐）**詩曰誐以溢我**　繫傳「溢」作「謐」。

（詷）**一曰譀也**　繫傳、韻會「譀」作「諏」，非。又韻會此在末。

周書曰在夏后之詷　繫傳、韻會無「夏」字，又繫傳此在「共也」下。

（設）从言从殳殳使人也　繫傳、韻會無「从殳」二字，類篇引亦無，集韻引不重「殳」字。

（譞）圜省聲　繫傳「圜省」二字作「睘」。

（誧）一曰人相助也　繫傳此六字在「甫聲」下。

（諰）从思　繫傳作「思聲」。

（譒）商書曰王譒告之　韻會「之」下有「修」字，非。集韻、類篇引無。

（評）召也　繫傳作「召許也」。案：「許」蓋「評」之訛。

（謼）評謼也　韻會作「評也」。

（訝）周禮曰諸侯有卿訝發　繫傳、韻會此在「从言」上。又繫傳「發」作「也」，韻會無，此及五音韻譜皆衍，集韻、類篇引亦衍。

（訥）从内　繫傳、韻會作「内聲」。

（諎）大聲也　繫傳作「諎，大聲」，韻會作「聲也」，皆非。

（諂）讇或省　繫傳作「讇或从臽」。

（謷）不肖人也　韻會「人」下有「言」字。

（譺）騃也　一切經音義十六引作「欺調也」。

（諛）臾聲　本書無「臾」篆，當作「諛」，下當作「畀聲」。

（誣）**加也**　六書故十一：「唐本曰『加諸也』。」一切經音義屢引作「加言也」。

（詶）**譸也**　玉篇引「職又切，詛也」，一切經音義卷六及十四、廿五引亦作「詛也」。案：「職又切」，舊音也，今本或二徐譌改之。

（䜌）**从言絲**　繫傳「絲」下有「形」字。

（詿）**从言圭聲**　五音韻譜「聲」上有「或从言佳省」五字。案：六書故十一云：「説文有兩『詿』，一『圭聲』，一『佳省聲』。」編韻時刪并如此。

（譆）**痛也**　一切經音義卷七引作「痛聲也」。

（謫）**謫詍多言也**　繫傳「詍」下有「也」字，衍。

（訾）**不思稱意也**　一切經音義屢引，或作「量也，思也」，或作「思稱意曰訾」，或作「思稱意也」，皆大非。考釋訓釋文引字林云：「不思稱乎上之意。」玉篇云：「不思稱其上也。」必皆本出説文，此「稱」下當脱「上」字，毛小閔傳云：「不思稱乎上。」又説文所自出也。今本毛傳倒「不思」二字，正義未譌。

（𧬊）**語相反𧬊也**　六書故十一云：「唐本曰：言語相及也。」玉篇云：「嚃喒，語相及。」似本出説文。

（讗）**一曰數相怒也**　繫傳此六字在「巂聲」下。又廣韻「讗，户圭切」，引説文曰「自是也」，疑此有脱誤。

（訇）**騃言聲**　韻會「騃」作「駭」。玉篇：「訇，駭言聲也。」似本出説文。

漢中西城　繫傳「城」作「域」，訛。集韻、類篇引皆作「城」。漢中，郡也；西城，縣也，地理志可證。韻會改云「漢西域傳」，大非。

⿰言口（⿰言口）**从言从口**　繫傳、韻會無下「从」字。

誂（誂）**相呼誘也**　列子楊朱釋文引無「呼」字，玉篇引有。

譄（譄）**从曾聲**

諅（諅）**周書曰上不諅于凶德**　繫傳「上」作「爾尚」二字。玉篇云：「書曰『上不諅于凶德』。」似本出説文。

誇（誇）**譀也**　文選長楊賦注引作「誕也」。

詪（詪）**眼戾也**　繫傳「眼」作「很」。集韻引作「眼」，與此同。類篇引作「很」，與繫傳同。

讃（讃）**中止也**　文選魏都賦注引「列中止也」。今案：涉賦文而衍「列」字耳，廣韻引無。玉篇云：「中止也。」似本出説文。

諣（諣）**疾言也**　繫傳無「言」字。

譟（譟）**擾也**　韻會作「擾聒也」，一切經音義二十引作「擾耳也」，廿二引作「擾耳孔也」，「孔」字誤衍。

詿（詿）**誤也从言佳省聲**　**誤**（誤）**謬也从言吳聲**　繫傳無此二篆，因上「䜌」「誒」之間已出「誤」「詿」二篆而删之也。今案：許君元次蓋當在此，删者但存前去後耳。

（謈）**大呼自勉也**　「勉」當作「冤」，廣韻引作「冤」可證。爾雅釋訓釋文引「大呼也自冤也」，「呼」下衍一「也」字，亦可證。玉篇、集韻、類篇引皆作「勉」，是其訛已久。

（誊）**一曰痛惜也**　繫傳、韻會在「差聲」下，又繫傳無「也」字。

（讋）**失气言一曰不止也**　「言」當在「一曰」下，一切經音義十九引作「失氣也」「一曰言不止也」。可證。玉篇云：「讋，言不止也。」似本出説文。史記項羽紀索隱、驃騎傳索隱、文選東京賦注引「失氣也」，亦可證。

（証）**一曰畏亞**　繫傳「亞」作「証」，集韻引亦作「証」，類篇引無此字，脱。

（讆）**隨省聲**　繫傳「隨省」作「隋」。

（訩）**説也**　「説」當作「訟」，六書故十一云：「唐本説文『訟也』，徐本訛以『訟』爲『説』。」今案：此在爾雅、毛傳。又玉篇云「訟也」，似亦本説文。

（訐）**面相斥罪相告訐也**　韻會無下「相」字，繫傳無「也」字。論語陽貨釋文引「面相斥」。疑本作「面相斥罪也，一曰告訐也」。

（訴）**厈聲**　繫傳、韻會篆作「𧦝」，下作「㡿聲」。六書故十一云：「説文『𧦝，㡿聲』。」

（譙）**嬈譊也**　史記朝鮮傳索隱引作「讓也」。

（誚）**周書曰**　韻會「周」作「尚」。

亦未敢誚公　繫傳、韻會「亦」上有「王」字。

（誶）**讓也**　列子力命釋文引作「責讓也」。

（謥）**繫傳篆作「□」。**集韻引作「謥」，與此同。類篇引作「謥」，與鍇本同。

（䛐）**尉也**　五音韻譜「尉」作「慰」。繫傳作「尉」，與此同。集韻、類篇引亦作「尉」。

（詆）**苛也**　繫傳作「荷也」，非。集韻、類篇引作「苛」，韻會作「訶也」，蓋取下「一曰」耳。

一曰訶也　繫傳此在「氐聲」下，無「也」字。

（譁）**一曰更也**　繫傳此在「讀若戒」下，無「也」字。

（讕）**怟讕也**　繫傳、韻會「怟」作「詆」，五音韻譜作「抵」，集韻引作「詆」，類篇引作「抵」。

（討）**从言从寸**　繫傳、韻會無下「从」字。

（讄）**纍省聲**　繫傳、韻會作「畾聲」。

（謚）**从言兮皿闕**　六書故十一云：「唐本無『謚』，但有『諡，行之迹也』。」一切經音義十三引作「從言，益聲」。五經文字「謚、諡，上說文，下字林，字林以『謚』爲『笑聲』」，與戴氏言唐本正同。玉篇：「諡，説文曰『行之迹也』。謚，同上。謚，笑皃。」與二徐無異，或後人改之。

（譯）**傳譯四方之言者**　後漢書和帝紀注、文選東京賦注引「言者」作「語也」。

（訄）**讀若求**　繫傳作「讀又若丘」。

（譶）**从三言**　繫傳此三字在「讀若沓」下。

文二百四十五　繫傳「五」作「六」，五音韻譜作「七」。

重三十三　繫傳「三」作「四」。

（譱）**此與義美同意**　繫傳、韻會「與義」作「義與」。

（競）**从誩从二人**　繫傳、韻會無下「从」字，此在「一曰逐也」上。

（讟）**春秋傳曰民無怨讟**　案：此有譌也。宣十二年「君無怨讟」，昭元年「民無謗讟」，今未知其審也。玉篇引與此同。

（音）**宫商角徵羽聲**　繫傳、韻會「聲」下有「也」字，玉篇引亦有，集韻、類篇引無。

（章）**从音从十**　繫傳、韻會無下「从」字。

（妾）**春秋云**　案：當作「春秋傳曰」，在僖十七年。類篇引正作「傳曰」，集韻亦云「引春秋傳」，皆知其譌而改之也。

（業）**象其鉏鋙相承也**　韻會「鉏鋙」作「齟齬」。

（叢）**聚也**　史記功臣侯表索隱引作「積聚也」。

取聲　韻會作「从取」，非。

（對）**譍無方也**　韻會「譍」作「應」，集韻、類篇引皆作「應」。

从丵从口从寸　繫傳作「从丵口寸」。

（對）**漢文帝**　案：此有譌也，疑「漢」本作「孝」，後人改之耳。

非誠對　韻會無「對」字。

以从士也　韻會無「也」字。集韻、類篇引「士」作「土」，玉篇亦作「土」，但不引説文。鍇曰：「士，事也。」或鉉「土」鍇「士」耳。

（僕）从業業亦聲　韻會作「業聲」二字。

（廾）竦手也　一切經音義二引「竦」作「拱」。玉篇引與此同。

凡廾之屬　繫傳「廾」作「収」，下盡同，韻會所引各字亦然。案：上云「从刂从又」，玉篇作「収」，然則當如此。

（奐）从廾夐省　繫傳、韻會「省」下有「聲」字。

（弇）从廾从合　繫傳、韻會作「从合，収聲」。案：鍇本轉寫倒「収」「合」二字，較鉉本爲無下「从」字，多「聲」字也。其實當云「从廾合亦聲」。

（畁）晉人或以廣墜　「墜」當作「隊」，本書無「墜」篆。

杜林以爲騏驎字　繫傳「驎」作「驎」，非。

（弄）从廾持玉　繫傳、韻會無「持」字。

（𢍮）采古文辨字　繫傳「辨」作「辧」。

（𢍭）从廾肉　案：「臣鍇曰：肉非聲」，是其本「肉」下有「聲」字。

（戒）从廾持戈以戒不虞　繫傳、韻會「持戈」作「戈持」，亦鍇本轉寫倒二字也。

（兵）从廾持斤并力之皃　玉篇引作「从斤。斤，兵也」。

（具）从廾从貝省　繫傳、韻會無下「从」字。

（攀）𠬜或从手从樊　繫傳、韻會無下「从」字。又韻會「樊」下有「聲」字，非。

（樊）鷙不行也　類篇引「鷙」作「縶」，非。玉篇引，集韻亦引，皆與此同。

从棥棥亦聲　繫傳、韻會無「从棥」二字。

（異）从廾从畀　繫傳、韻會無下「从」字。

（舁）从臼从廾　繫傳無下「从」字。

（與）从舁从与　繫傳、韻會無下「从」字。

（興）从舁从同　繫傳、韻會無下「从」字。

（臼）繫傳卷弟六起此，其目次在廿九卷内者亦然，是鉉、鍇分卷不同耳。

（要）象人要自臼之形　案：繫傳祛妄曰：「説文云『从臼，自臼，交省聲』。臣鍇曰：許不言象形，此義明了，不可强以爲形故也，陽冰所見爲淺近焉。」但鍇上必先引陽冰語而祛妄脱去，疑此即是。蓋鍇本但有「自臼」二字。他本或錯入陽冰語，而鉉本依之耳。今繫傳及韻會與鉉本同，皆非。又玉篇引亦然，當是後人依鉉本爲之。

（晨）从臼从辰　繫傳無下「从」字。

（辳）繫傳篆作「」。

（爨）齊謂之炊爨　案：此有譌也。玉篇云：「齊謂之炊。」似亦本説文。或「爨」上脱，今未知其審。

革（革）繫傳篆作「革」。案：一切經音義十四引云「从〇」，又云「〇音圍」，當是舊音中有此語。

𠦫（𠦫）从三十　繫傳、韻會「三十」作「卅」，下同。

鞹（鞹）去毛皮也　詩載驅正義、韓奕正義引作「革也」。

靬（靬）武威有麗靬縣　案：麗靬縣，地理、郡國二志皆屬張掖郡。晉志則屬武威郡，而此言「武威有」者，或自東漢即改隸，故魏晉以來仍之也。否則非許氏元文，乃轉寫者以當時郡縣竄易耳。近人謂此據武帝以前言之，恐許君未必若是。

鞣（鞣）从柔柔亦聲　繫傳作「柔聲」。

靼（靼）从旦聲

鞼（鞼）韋繡也　繫傳「韋」作「革」。玉篇云：「繡革也。」似亦本說文。

鞔（鞔）免聲　案：依「免聲」，篆似多一筆，但本書無「免」篆，未知其審。

靸（靸）讀若沓　繫傳此三字在「从革」上。

鞵（鞵）革生鞮也　案：「革生」當作「生革」，「䩦」下亦云：「生革也。」又案：玉篇云：「鞵，革鞮也。」似亦本說文，或「生」字衍。

鞀（鞀）鞀遼也　韻會作「遼也」，無上「鞀」字。爾雅釋樂釋文引說文云：「鞀遼也。」蓋連篆引，陸德明所見未有此字也。凡說解首多爲後人添出篆字，如此部「靬」下云「靬乾革也」，「靬」字亦不當有，是其類矣。

（鞦）**鞀或从兆**　繫傳此下有「聲」字。

（鞔）**革冤聲**　繫傳此四字在「一曰」上。

（報）**車革前曰報**　韻會「前」下有「飾」字。

（鞃）**車軾也**　韻會「軾」下有「中靶」二字。案：毛韓奕傳云：「軾中也。」此當有脫訛。

（⿰革孌）**直轅⿱𥫗⿱革車縛**　集韻、類篇引「⿱𥫗⿱革車」作「⿱日⿱革車」，是也，此訛。「⿱日⿱革車」在車部。

（鞥）**讀若膺**　「膺」當作「應」，見前。

（靶）**轡革也**　一切經音義十九引「革」作「飾」。

（韅）**著掖鞥也**　左傳僖廿八年釋文引「鞥」作「皮」，非。

（靷）**引軸也**　荀子禮論注引作「所以引軸也」。

（鞌）**从安**　繫傳、韻會作「安聲」。

（勒）**馬頭絡銜也**　華嚴經音義六十二引「絡」作「鑣」。一切經音義十四、十五引與此同。

（靲）**鞮也**　顧氏廣圻曰：以次求之，「鞮也」不當在此間，「鞮」下當脫「系」字。廣雅云：「鞮，履也。」又云：「其紟謂之綦。」此「靲」與彼「紟」字同，可借爲證。

（鞭）**驅也**　初學記廿二引「驅」下有「遲」字。

（鞅）**頸靼也**　左傳僖廿八年釋文引「靼」作「皮」。

（靬）**𢆉聲**　繫傳篆作「靬」，「𢆉」作「干」。

（鬵）**大釜也**　韻會「大」作「土」。匪風釋文、廣韻引作「大」，與此同。

（鬳）**虍聲**　六書故廿八云「唐本『虔省聲』」，林罕亦曰「虔省聲」。

文五十七

（䰞）**五味盉羹也**　繫傳、韻會「盉」作「和」。又韻會及御覽八百六十一引「羹」作「鬻」，疑即「鬻」之訛耳。

（鬻）**从鬲米聲**　繫傳、韻會無「聲」字。

（鬻）當作「鬻」，玉篇云「鬻，同上」可證。

（羹）五音韻譜作「羹」。

（餗）**鬻或从食束聲**　繫傳無「聲」字。

（餌）**鬻或从食耳聲**　繫傳無「聲」字。

（鬻）**孚也**　五音韻譜作「亯也」，繫傳作「亨也」，此訛。

（鬻）**鬻或从水在其**〔一〕**中**　繫傳無「在其中」三字。

（鬻）**吹聲沸也**　五音韻譜作「吹〔二〕釜溢也」，繫傳同，「臣鍇曰：謂釜沸涌，以口氣吹使低也」，集韻引亦如此。類篇引「吹」作「炊」，非。

〇「水」誤作「水」。

〔一〕「其」原脫，據孫本正文補。

〔二〕「吹」原誤作「炊」，據五音韻譜、繫傳改。

（孚）从爪从子　繫傳、韻會無下「从」字。

（采）从禾禾古文保　繫傳作「从古文禾，禾亦聲」。

（爲）象兩母猴相對形　繫傳無「兩」字、「形」字。

（爪）从反爪闕　玉篇引無「闕」字。

（埶）持亟種之　五音韻譜「亟」作「而」，繫傳、韻會無此字，集韻、類篇引皆作「而」。

書曰　五音韻譜「書」作「詩」，此誤。

（孰）易曰孰飪　案：易無此文，疑有譌。鈕氏樹玉曰：「鼎彖傳『亨飪也』之異文。」今亦未知其審。

（飢）从丮从食　繫傳無下「从」字。

（𢪂）巩或加手　繫傳「加」作「從」。

（谻）相踦之也　五音韻譜「之」作「谻」，此譌。

（𢦚）从丮从戈　繫傳無下「从」字。

（厈）拖持也　五音韻譜「拖」作「亦」，玉篇引同，此譌。

从反丮闕　玉篇引無「闕」字。

（鬭）斲聲　韻會作「从斲」，非。

（𩰫）智少力劣也　繫傳「少力」作「力少」。

（𩰠）鬭連結𩰠紛相牽也　「紛」當作「𩰠」。玉篇引作「紛」，與此同，是其譌已久。

（⿵門賓）賓省聲　韻會「賓聲」。案：非許氏元文也。

讀若賓　繫傳「賓」作「繽」，非。說文無「繽」篆。

（厷）从古文　五音韻譜同，繫傳此下有「厶」字，韻會作「从𠃋」。

（叉）象叉形　韻會無「叉」字。

（叜）从又从灾闕　繫傳無下「从」字、「闕」字，韻會作「从灾，又聲」，非。

（燮）从言从又炎　繫傳、韻會作「从言又，炎聲」。

籀文燮从羊　案：當脱籀文篆，玉篇云：「燮，籀文。」似本出說文。

羊音飪　繫傳無「羊」字。案：此蓋舊音之存於句閒者。

（⿰虘又）又卑也　五音韻譜「卑」作「取」，此譌。繫傳作「又取也」。集韻引作「又取也」，與五音韻譜同。類篇引作「又取也」，與繫傳同。

（㕞）拭也　本書無「拭」篆，或云當作「刷」，或云當作「式」。

（及）从又从人　繫傳、韻會無下「从」字。

（𠬝）从又从卪　繫傳無下「从」字。

（⿰祟又）祟亦聲　繫傳無此三字。

（叔）汝南名收芌爲叔　韻會「名」作「謂」。

（取）从又从耳　繫傳、韻會無下「从」字。

（彗）**从又持甡**　繫傳「甡」作「𤘽」。

（叚）**借也闕**　本書無「借」篆。繫傳祛妄曰：「説文『从又从コ从尸，闕』。」疑楚金析篆體言之耳。

（友）**同志爲友**　一切經音義廿五引「同門爲朋，同志爲友」。非許氏元文。

友也　繫傳、韻會無此二字，御覽四百六引云「愛也，同志爲友」，疑此當本云「一曰愛也」。

（卑）**執事也**　繫傳、韻會「也」作「者」。

从𠂇甲口　五音韻譜「甲」下有「聲」字。此空格必原刻有「聲」，後鑿去之也。繫傳、韻會無「聲」字，鍇以爲會意。九經字樣云：「執事者，从𠂇、从甲。」楚金之所本也。

（𦘒）**手之疌巧也**　韻會「疌巧」作「捷功」。玉篇云「手之捷抒也」，似本出説文。

（𦘫）**从聿希聲**　左傳文四年正義引作「肄，从聿，𢑱聲」，恐是彼改「聿」爲「聿」，改「希」爲「𢑱」耳，此不訛也。

（𦘰）繫傳篆作「𨽸」，集韻云：「籀作『𨽸』。」類篇云：「籀文作『𨽿』。」疑皆「彖」之訛。玉篇云：「𨽸，籀文。」非也。

（聿）**燕謂之弗**　初學記廿一、事類賦筆注引「弗」作「拂」。玉篇引作「弗」，與此同。

（畫）**聿所以畫之**　韻會「聿」作「聿」。

（隶）**从又从尾省**　繫傳無下「从」字。

从後及之也　「从」當作「從」。繫傳倒作「後從」，非。

（臤）**讀若鏗鏘之鏗**　繫傳無「之鏗」二字。本書無「鏗」「鏘」二篆。

（緊）**从絲省**　繫傳、韻會無「从」字。又繫傳「省」下有「聲」字，非，韻會無。

（豎）**豎立也**　繫傳「豎」作「堅」，非。一切經音義十六引作「樹」。

从臤豆聲　韻會無「聲」字，非。

（⿱臧土）繫傳篆作「⿱臧土」，玉篇云：「⿱臧土，籀文。」五音韻譜作「⿱臧土」，與此同。集韻、類篇皆作「⿱臧二」，豈以從古文「上」歟。

（祋）**从殳示聲**　韻會：「詩『荷戈與祋』，从示殳。」在此，或黃公紹改之。

（杸）**軍中士所持殳也**　韻會無「中」字。

司馬法曰執羽从杸　繫傳「从」作「以」，非。廣韻引作「從」。

（㱿）**一曰素也**　繫傳、韻會此四字在「青聲」下。

（⿰豆殳）**古文祋如此**　玉篇云：「⿰豆殳，古爲投」。似亦本說文，然則「祋」是「投」之訛。

（毆）**捶擊物也**　一切經音義廿二引作「擊也」，廿三引作「捶擊也」。

（毃）**高聲**　左傳定二年釋文引「一曰擊聲也」，當在此下。

（殿）**㞋聲**　御覽一百七十五引「殿堂之高大者也」，此下當有「一曰」云云。

（毅）**从殳豙聲**　韻會無「聲」字，在「一曰」上。

(𣪘) **揉屈也**　「揉」當作「煣」，本書無「揉」篆。

㿝古文叀字廄字从此　以前後例求之，此非許氏元文。

(殺) **从殳杀聲**　「臣鉉等曰：説文無『杀』字」云云，今未知其審。「臣鍇曰：杀，從乂，朮聲」，欲分爲兩字，亦近專輒。

重四　五音韻譜作「重三」，最是。繫傳作「重四」，下注云「多説文籀文一字」，蓋張次立語。説文者不繫傳之説文也，然則次立所見繫傳元重「𢿡」「𢽨」「杀」「殺」四字，而次立所見鉉本正作「重三」矣，此鉉本亦作「重四」。「四」字雖非，但所重無「殺」篆，尚不甚訛。今本繫傳於所重四字之上又添「殺，古文殺」，則繆戾已甚。其字無所出，集韻、類篇皆無之，可見鉉、鍇本皆未有，不知何時竄入也。玉篇所重四字與次立所見繫傳相合。

(𠘱) 繫傳篆作「𠘱」。

从几从彡　繫傳作「从彡从几」。

(鳧) **从鳥几聲**　案：「几」下當有「亦」字，韻會及類篇引皆已脱。

(寸) **从又从一**　繫傳、韻會無下「从」字。

(㝷) **从工从口**　六書故十五云：「唐本不从口而从几。」今案：戴説非也。又引唐玄度、林罕云：「古文从尺。」九經字樣無其語，可見其未足信矣。

(専) **六寸簿也**　「簿」當作「薄」，本書無「簿」篆。

（笈）繫傳篆作「笈」。玉篇云：「笈，古文。」似本出説文。

文二　五音韻譜「二」作「三」，此譌。

（㼱）案：篆當作「㼱」。

柔韋也　韻會作「柔皮革也」。

从皮省从夐省　繫傳無二「从」字。

一曰若儁　「儁」當作「雋」，本書無「儁」篆。

（𤭢）繫傳篆作「𤭢」，非。五音韻譜作「𤭢」，與此同。

（𧞤）或从衣从朕　繫傳作「从朕从衣」，在「虞書曰『鳥獸𧞤毛』」下。

文三　重二　繫傳作「文二　重三」。五音韻譜與此同。

（啟）教也　華嚴經音義二引「開也」，廿一引「開也，教也」。

（徹）从育　繫傳作「育聲」，下有「一曰相」三字，韻會亦作「育聲」。案：玉篇云：「通也，明也。」似本出説文。「相」當是「明」之誤也。

（肇）擊也　韻會上有「始也」二字，黄公紹增入，即「肁」字訓也。又玉篇云：「肇，俗肈字。」其所見説文當無此字。

（整）从束从正正亦聲　繫傳、韻會無「从正」二字。

（政）从正正亦聲　繫傳、韻會作「正聲」。

（敷）**从攴尃聲**　韻會無「聲」字。

（潄）**从攴从涑**　繫傳無下「从」字。

（攽）**亦讀與彬同**　繫傳無「亦」字，「彬」作「虨」。

（改）**从攴已**　繫傳下有「聲」字。此及韻會無，皆依李陽冰説刪之也。

（敿）**擊連也**　繫傳、韻會「擊」作「繫」。集韻引作「擊」，與鉉本同。類篇引作「繫」，與鍇本同。

（敆）**从合合亦聲**　繫傳、韻會作「合聲」。

（攸）**行水也**　六書故十五云：「唐本曰『水行攸攸也』，其中作『｜』。」

（𢿣）**羣亦聲**　繫傳無此三字。

（敗）**敗賊皆从貝會意**　繫傳「敗賊」作「賊敗」，無「會意」二字。按：賊从「則」，此必非許氏元文。

（𢿱）**从𤔔𤔔亦聲**　繫傳作「𤔔聲」。

（寇）**从攴从完**　繫傳、韻會無下「从」字。

（𢿌）**閉也**　華嚴經音義七十七引作「塞閉也」。

（鼓）**从攴从壴**　繫傳無下「从」字，韻會無「从壴」二字。

壴亦聲　繫傳此下有「讀若屬」三字。

（敲）**横擿也**　韻會「擿」作「撾」，一切經音義屢引作「撾」，本書無「撾」篆。集韻、類篇引皆作「擿」，左傳定二年釋文引作「擿」，宋潭州本未訛，而今本亦改爲「擿」矣。

（軙）**毁也从攴卑聲** 繫傳此篆上有「**𢿱**，毁也。从攴，褱聲」一字，詳土部「臣鉉等案：攴部有『𢿱』」，張次立亦引其語，是二徐本俱有。五音韻譜無，李燾所見已與此同矣。

（牧）**从攴从牛** 繫傳、韻會無下「从」字。

文七十七 繫傳「七」作「八」，多「𢿱」字也。

（教）**从攴从孝** 繫傳、韻會無下「从」字。

重二 五音韻譜「二」作「三」，此訛。

（卟）**書曰卟疑** 繫傳無此四字，「臣鍇曰」下云「書曰『明用稽疑』」。韻會云：「徐引書『七卟疑』。」

（貞）**貝以爲贄** 「贄」當作「摯」，本書無「贄」篆。

（占）**从卜从口** 繫傳、韻會無下「从」字。

（兆）**古文兆省** 廣韻「兆」引說文「分也」，訛，說文八部「𠔁」字下文也。集韻「𠧞」「兆」「𠔁」三形，類篇同，「臣光曰：按：『𠔁』，兵列切，重八也」。然則「𠧞」「兆」取說文，「𠔁」取廣韻耳。

（用）**从卜从中** 繫傳、韻會無下「从」字。

（甫）**男子美稱也从用父** 韻會作「男子之美稱也，从父用」，廣韻引亦然，「从」上又有「字」字，集韻、類篇引亦作「从父用」。

（庸）**从用从庚**　繫傳無下「从」字，韻會作「从庚从用」。

（楙）**營營青蠅**　「營營」當作「謍謍」，引在言部「謍」下。

（爾）**从冂从㸚其孔㸚**　繫傳無下「从」字，韻會作「从冖，其孔㸚㸚」，六書故一引「从冂从㸚，㸚，其孔也」。

（爽）**从㸚从大**　繫傳、韻會無下「从」字。

伯淵閱（朱筆）

說文考異卷四

元和顧廣圻

（夐）**从旻从人在穴上**　繫傳、韻會無下「从」字。繫傳「上」作「中」，韻會無此字，皆非。

使百工夐求　繫傳、韻會「夐」作「營」，集韻、類篇引作「夐」，與此同。又韻會此下有「諸野」二字，黄公紹添之耳。

（𡕥）**以大旻**　繫傳「旻」下有「聲」字。

（目）**人眼**　繫傳、韻會作「人目也」。玉篇引「人眼」，與此同。

（𡇢）繫傳、韻會篆作「◎」。

（⿰目瞏）**兒初生瞥者**　廣韻引「瞥」作「蔽目」二字。玉篇云：「小兒初生蔽目也。」似本出說文。

瞏聲　繫傳此下有「讀若告之謂調」。

（瞦）**目童子精也**　繫傳「精」下有「瞦」字。

讀若禧　繫傳「若」下有「爾雅福」三字。

（矏）**目旁薄緻宀宀也**　繫傳「緻」下有「從」字。韻會「緻宀宀」作「綴矈矈」，本書無「緻」篆。集韻、類篇引皆作「緻矈矈」。玉篇引「目旁也」，無「薄緻宀宀」四字，疑不全也。

（瞞）**平目也**　一切經音義十七引「目」作「視」。

（暉）**大目出也**　一切經音義一引作「大出目也」。玉篇云：「大出目也。」似本出說文。

（睔）**从目侖**　繫傳「侖」下有「聲」字。

（盼）一切經音義八引「目白黑分也」，或在「詩曰」上。

（盰）**目多白也**　繫傳無「目」字，非。韻會有。

一曰張目也　繫傳無此五字，有「張目也」在「臣鍇曰」下。韻會有「一曰目張」四字。

（眅）**字子明**　一切經音義一引「明」下有「是也」二字。

（睍）**出目也**　一切經音義一引作「目出皃也」，玉篇「目出皃」，似本出說文。

（窅）**深目也**　玉篇引「也」作「皃」。

（眊）**虞書耄字从此**　案：「从」當作「如」，「絑」下「虞書丹朱如此」可證。

○星衍疑是周書呂刑「耄荒」。

（䀡）**讀若詩云泌彼泉水**　繫傳「泌」作「䀡」，詩泉水釋文「毖」下引云：「說文作『䀡』，云『直視也』」。」或陸所見本無「讀若」二字。

（眂）**眂皃**　五音韻譜「眂」作「眡」。集韻引作「眂」，與此同。繫傳作「視皃也」。今案：以次求之，鍇本是也。

（䁴）**視而止也**　廣韻引作「視而不止」。玉篇引「視而止也」，與此同。

（眕）**目有所恨而止也**　韻會「恨」作「限」。玉篇云：「目有所限而止。」似本說文。

罘（罘）**从隶省**　繫傳無「从」字，「省」下有「聲」字，又有「讀若與隶同也」，當是鍇語耳。

睽（睽）**目不相聽也**　韻會「聽」作「視」。集韻、類篇引作「聽」，與此同。今案：「⿱賏女」下云「不相聽也」，其義可互證，然則「聽」是「視」非。易釋文引，潭本作「聽」，不誤。通志堂本亦改爲「視」。廣韻「睽」引説文「目少睛」，「聧」引説文「耳不相聽」，本書無「聧」篆，尤爲舛譌。

〇星衍案：聽猶从也，書「民有不若德，不聽罪」，言不從罪。作「視」者，非。

眽（眽）**目財視也**　廣韻引「財」作「邪」。集韻引作「財」，與此同。類篇引作「略」，誤改之耳。

眢（眢）**夗聲**　繫傳此下有「讀若委」三字。

⿱攸目（⿱攸目）**氐目謹視也**　繫傳「氐」作「低」，五音韻譜亦作「低」，集韻引亦作「低」。今案：本書無「低」篆。上「⿰目冒」「低目視也」、旻部「閺」「低目視也」，皆當依此作「氐」。

相（相）**从目从木**　繫傳、韻會無下「从」字

睗（睗）**目疾視也**　韻會「疾」作「急」，繫傳作「熟」，非。

睠（眷）**顧也**　書大禹謨正義引作「視也」，玉篇、廣韻引作「顧也」。

督（督）**一曰目痛也**　繫傳、韻會此五字在「叔聲」下。

睎（睎）**稀省聲**　繫傳、韻會作「希聲」。

看（看）**睎之**　五音韻譜「之」作「也」，此誤。

（睡）从目垂　五音韻譜「垂」下有「聲」字。

（眵）一曰瞢兜　一切經音義屢引「蔑兜眵也」，當是所見「瞢」作「蔑」也。

（眏）涓目也　繫傳作「睊也」，當是脱「目」字。集韻引作「涓」，類篇引作「睊」。玉篇云「睊目也」，似亦本說文。

（眺）目不正也　一切經音義七引「視也」，當有「一曰」云云。

（眣）目不正也　繫傳「不」下有「从」字。

（矇）童矇也　繫傳、韻會「矇」作「蒙」。

一曰不明也　繫傳、韻會此五字在「蒙聲」下。

（眇）从目从少　繫傳、韻會無下「从」字。

少亦聲　繫傳無「少」字。

（眄）一曰衺視也秦語　繫傳、韻會在「丏聲」下。又韻會無「秦語」二字，黃公紹刪之也，玉篇引有。

（瞽）目但有眹也　案：「眹」當作「朕」，本書無「眹」篆。

（睉）目小也　玉篇引作「小目也」。

（䀢）从目叉　繫傳「叉」下有「聲」字。

（睇）目小視也　繫傳「小」下有「衺」字，詩小宛正義引有「邪」字。

南楚謂眄曰睇　玉篇：「眱，與脂、大奚二切，説文云『目小視也，南楚謂眄曰眱』。」案：説文無「眱」篆。方言曰「睇，眄也。南楚之外曰睇」，郭音「悌」可證。此不誤。蓋「眱」即「睇」或體字耳。

(瞚)**開闔目數搖也**　一切經音義三引作「目開閉數搖也」。

(眝)**一曰張目也**　繫傳作「一曰張眼」，在「宁聲」下。

(盻)**恨視也**　五音韻譜「也」作「皃」，韻會引亦作「貌」，集韻、類篇引皆作「也」。

重八　五音韻譜「八」作「九」，繫傳亦作「九」。

(䀠)**古文以爲醜字**　繫傳「醜」作「䤄」，無「字」字。玉篇引作「醜」，有「字」字，與此同。集韻「醜」重文有「䀠」，類篇「䀠」「又齒九切」。案：皆用鉉本。

(眉)**象眉之形**　韻會無「眉之」二字。

(盾)**象形**　繫傳此下有「厂聲」二字。

(𦤎)**宮不見也**　五音韻譜作「宀宀不見也」，此訛。集韻、類篇引皆作「宀宀」。

(者)**𣥒古文旅字**　繫傳、韻會無「字」字。

(𠷎)**𠃬與疇同**　繫傳無此四字。

(𣉻)**从白从亏从知**　繫傳、韻會作「从白于知」。

(𣉻)繫傳篆作「」。類篇：「臣光曰：案：説文𣉻，古智字。今集韻失收。」是所見與鉉本同矣。

（百）**十十也从一白數十百爲一貫相章也**　韻會作「十千也，从一白，數十十爲一百。百，白也，十百爲一貫。貫，章也」，或其所見鍇本如此。

（百）**古文百从自**　繫傳無「从自」二字。

（鼻）**从自畀**　繫傳、韻會「畀」上有「从」字。

（鼾）**臥息也**　一切經音義屢引「息」下有「聲」字。

（鼽）**病寒鼻窒也**　玉篇引「窒」作「塞」，廣韻引「寒鼻塞也」，無「病」字。禮記月令釋文「病寒鼻窒」，無「也」字。

（習）**从白**　繫傳、韻會作「白聲」。

（翰）**天雞赤羽也**　文選長楊賦注引「毛長者曰翰」，疑當在此下。

大翰若翬雉　繫傳、韻會「大」作「文」。

（翟）**山雉尾長者**　繫傳、韻會作「山雉也，尾長」。

（翡）**赤羽雀也**　藝文類聚九十二引作「赤雀」，非。

出鬱林　繫傳此三字在「非聲」下。

（翠）**青羽雀也**　藝文類聚九十二引作「青雀也」，非。

（翦）**一曰矢羽**　五音韻譜「矢」作「采」，集韻引作「矢」，類篇引作「失」。玉篇云「采羽也」，似亦本説文。

翁（翁）**頸毛也**　韻會「頸」上有「鳥」字。

翭（翭）**一曰羽初彡皃**　五音韻譜「彡」作「生」，此誤。繫傳無「皃」字，在「侯聲」下。

羿（羿）**从羽幵聲**　韻會無「聲」字，在「羽之羿風」下。

翕（翕）**起也**　文選思玄賦注引「翕，熾也」，當有「一曰」云云。

翏（翏）**从羽从㐱**　繫傳無下「从」字。

翜（翜）**讀若濇**　繫傳「濇」作「澀」。

⿱冃羽（⿱冃羽）**从月**　繫傳作「冃聲」。案：「臣鍇曰：會意」，或以此去「聲」字耳。

⿱㞢羽（⿱㞢羽）**飛盛皃**　繫傳作「羽盛貌也」。

翽（翽）**飛聲也**　詩卷阿釋文引作「羽聲也」。

翯（翯）**詩云**　繫傳「云」作「曰」。

翌（翌）**以羽翢自翳其首**　韻會「翢」作「翿」。案：「翳」下云「詩曰左執翿」，二字皆當作「翳」。

翇（翇）**讀若紱**　本書無「紱」篆，當作「帗」。

隹（隹）**鳥之短尾總名也**　「臣鍇曰：亦總名也，當脱『亦』字。」今案：其説誤也，此七字一句讀，後「鳥」下云「長尾禽總名也」六字一句讀，不得有「亦」字甚明。

雅（雅）**楚烏也一名鸒一名卑居**　繫傳、韻會「烏」作「鳥」，「一名鸒」在「卑」字下，「鸒」作「譽」，皆非。又韻會兩見，平聲不誤倒。爾雅釋鳥釋文引「卑居」作「鵯鶋」，非，餘與此同。

（隻）**鳥一枚也**　繫傳、韻會「枚」下有「曰隻」二字。

（雒）**鵋鵙也**　「鵋鵙」疑當作「忌欺」，本書無「鵋」「鵙」二篆。

（巂）**亡去爲子巂鳥**　繫傳「去」下有「化」字。爾雅釋鳥釋文引無，與此同。

（雉）**有十四種**　韻會此上云「鳥名，从隹，矢聲」，黄公紹添改之耳。

鴙雉　韻會「鴙」作「鴩」，本書無「鴙」篆，未詳所當作。

（雊）**雄雌鳴也**　繫傳、韻會作「雌雉鳴也」，皆非。類篇引作「雄雉鳴也」，書[一]高宗肜日正義、詩小弁正義、文選長笛賦注、一切經音義十引皆作「雄雉」可證。

雉鳴而雊其頸　詩小弁正義引「雊」作「句」。

（雡）**鳥大雡也**　繫傳作「天鸙也」。爾雅釋鳥釋文引「鳥大雡也」，與此同。

（䧹）**从隹瘖省聲或从人人亦聲**　韻會作「从隹，从人，瘖省聲」，集韻、類篇引無「或从人人亦聲」六字。

（雃）**一名雝䳼一曰精列**　繫傳、韻會「䳼」作「渠」，又韻會此八字在「幵聲」下。

（雓）**春秋傳有公子苦雓**　繫傳「苦」作「若」。玉篇云「傳有『公子若鳹』」，似亦本説文。

（𨿿）韻會云「鴽本作𨿿」，「奴聲」作「如聲」。玉篇「𨿿」似亦本説文，集韻、類篇皆於「𨿿」下引説文，不更出「𨿿」體。

[一]「書」原誤作「詩」，據尚書正義改。

牟毋也　韻會「毋」作「母」，集韻、類篇引皆作「母」，繫傳作「毋」。

（雇）春雇鳻盾　韻會「盾」作「鶞」，非。

老雇鷃也　繫傳、韻會無「也」字，又繫傳重「鷃」字。廣韻引作「鴳也」。本書無「鷃」篆，鳥部「鴳」下云「雇也」可證。又案：左傳正義引賈逵注云「老雇鷃鷃」，許當亦重一字。

（雄）鳥父也　韻會作「羽屬之父」，非。

（䍜）令不飛走也　韻會「不」下有「能」字，無「走也」二字。玉篇引作「令不得飛也」，廣韻引作「令不得飛走也」。

（奞）鳥張毛羽自奮也　廣韻引「奮」下有「奞」字。玉篇云：「鳥張羽自奮奞也。」似亦本說文。

从大从隹　繫傳無下「从」字。

（奪）从又从奞　繫傳無下「从」字。韻會作「从失，从隹，从又」，誤以他書爲說文也。

（彠）求矩彠之所同　韻會「矩」作「榘」。

（雚）小爵也　後漢書班固傳上注引作「鸛鸛雀也」，御覽九百二十五引作「雚雚雀也」。

（舊）雖舊舊留也　繫傳、韻會不重「舊」字。

（𥄕）从苜从火　繫傳無下「从」字。

（蔑）从苜　韻會「从戍」二字在此下，廣韻引作「从省戍」。

（羊）**祥也**　初學記廿九引作「詳也」。藝文類聚九十四引「祥也」，與此同。

象頭角足尾之形　繫傳「頭角」作「四」，韻會「角」下有「下象」二字，藝文類聚九十四引作「象四足角尾之形」。

（羋）**象聲气上出**　繫傳、韻會無「聲」字。

（𦍩）**讀若霧**　「霧」當作「霚」，本書無「霧」篆。

（羍）**小羊也**　藝文類聚九十四、初學記廿九引作「七月生羔也」。

（羒）**牂羊也**　初學記廿九、御覽九百二引作「牡羊也」。

（牂）**牡羊也**　韻會作「牝羊也」，初學記廿九、御覽九百二引亦作「牝羊也」。

爿聲　韻會作「牀省聲」，黃公紹依鍇說改耳。

（羖）**夏羊牡曰羖**　韻會作「羊牡曰羖」，無「夏」字，非。案：此下言「羯，羊羖犗也」，許氏必以「羖」爲牡，故云爾。上「夏羊牡曰羭」，恐「牡」是「牝」之誤也，與郭注爾雅之「夏羊：牡，羭；牝，羖」不妨互異。

（羸）**瘦也**　御覽三百七十八引「委也」，三百八十六引「痿也」，疑有「一曰」耳。

𣎆聲　韻會作「羸省聲」。

（羌）**西戎牧羊人也**　繫傳「牧」作「從」，非。

僬僥　「僬」當作「焦」，本書無「僬」篆。

羑（羑）从羊　韻會作「从善省」，非。

羼（羼）相出前也　繫傳作「相出前屋在初也」。

瞿（瞿）从隹从䀠䀠亦聲　繫傳、韻會無「从䀠」二字，又韻會無「亦」字。

矍（矍）从又持之矍矍也　韻會「之」下有「从二目」三字，非。

讀若詩云穬彼淮夷之穬　二「穬」字當作「廣」，詩泮水釋文云「説文作廣」，蓋引此也。

一曰視遽皃　文選東都賦注引作「驚視貌也」。

靃（靃）雨而雙飛者　繫傳、韻會「雨」作「兩」，非。

雧（雧）羣鳥在木上也　繫傳、韻會無「羣」字。

鳳（鳳）鴻前麐後　詩卷阿正義、爾雅釋鳥釋文、初學記卅引作「麟前鹿後」。左傳莊廿二年正義引作「鴻前麐後」，與此同。

鸛顙鴛思　詩正義、爾雅釋文、初學記引無此四字。左傳莊廿二年正義引有，與此同。本書無「鸛」篆。韓詩外傳亦無此四字。説苑辨物「鸛顙」作「鶴植」，今未知其審。

龍文虎背　五音韻譜「虎」作「龜」，此誤。

過崐崘　「崐崘」當作「昆侖」，本書「河」下「泑」下可證。

莫宿風穴　左傳正義、初學記、御覽九百十五引「風」作「丹」。詩正義引作「風」，與此同。

鵬（鵬）繫傳篆作「」。

（鸞）**周成王時**　御覽九百十六引「周」下有「書王會」三字，非。

（鷫）**西方鷫鷞**　韻會於「鷞」下移入此節注，又改此句在首，皆非。

五方神鳥也　續漢五行志注二引無「也」字。

从鳥肅聲　繫傳此四字在「五方神鳥也」上。

（鵻）**从鳥隹聲**　一切經音義十五引作「鷱」，六書故十九云：「唐本鵻从鳥，从隼。」玉篇云：「鷱，祝鳩也。」爾雅釋文云：「隼，本或作鷱。按：隹即鳥也，無勞更加。」今案：詳陸語則說文並不作「鷱」，戴所稱唐本未可信矣。

（隼）**鵻或从隹一**　六書故十九云：「唐本隼从隹，从卂省。李陽冰曰：隼，卂省聲。」

一曰鶉字　六書故十九云：「按：說文不以隼爲鷙鳥，詩疏引說文乃曰『隼，鷙鳥也』，說文固多異本耶。」今案：戴所說非也，蓋此當衍「字」字，而「鶉」即「鶽」之隸變。采芑正義所云「鷙鳥也」一句，或本在其下而脫去耳。玉篇鳥部不收「鶽」字，亦以隸變之「鶉」爲「雜」从「鳥」之複而刪也。

（鵙）**伯勞也**　韻會「伯」作「博」，非。

（鷚）**天龠也**　繫傳篆作「[illegible]」，「龠」作「鸙」，本書無「鸙」篆，非。爾雅釋鳥釋文引作「蘥」。集韻引亦作「龠」。

（鷲）繫傳篆作「[illegible]」，韻會同。

師曠曰　韻會作「師曠禽經曰」，非。

五色皆備　御覽九百廿六引下有「一曰雕」。

（鴂）説省聲　繫傳作「兑聲」。

（鴮）刀鴮剖葦　韻會「刀」作「鴚」，「葦」下有「皮」字，非。

（鷗）一曰鳳皇也　御覽九百十五引「鳳」上有「即」字。

（鸔）繫傳篆作「[篆]」。

（鶴）鳴九皐　韻會「鳴」上有「鳥名」，非。

（鵠）鴻鵠也　文選西都賦注、一切經音義四引作「黄鵠也」。

（⿰尗鳥）尗聲　韻會「⿰尗鳥」作「⿰禾鳥」，「尗」作「秋省」，又云「或不省作鶖」。以繫傳證之，乃依張次立妄改，誤之甚矣。

（鴈）从鳥人厂聲　韻會「人」上有「从」字。六書故十九：「唐本曰『从仄从鳥』。」

（鶩）舒鳧也　藝文類聚九十一、御覽九百十九引「舒」作「野」，非。

（⿰⿱丯大鳥）⿰⿱丯大鳥鷿鳧屬　繫傳作「鷿」下有「也」字，「鳧屬」在「臣鍇曰」下。集韻、類篇引有，與此同。文選南都賦注引「⿰⿱丯大鳥鶃，鳧屬」，似因賦文云「⿰⿱丯大鳥鶃」而轉寫，注有脱誤也。

（鷈）繫傳篆作「[篆]」。

（鸕）鸕鷀也　一切經音義廿引「鸕鷀，小鳥也」，「小」當是「水」之訛。

（軀）繫傳篆作「[illegible]」，韻會同。

（鷛）**鳥也**　韻會作「鷛鰈」，今考此黄公紹移徐鍇語於上耳，非許氏元文也，凡韻會如斯例者，宜分别觀之。

（鶃）繫傳篆作「[illegible]」，韻會同。

（䳄）繫傳篆作「[illegible]」。案：當云「从赤隹」也，今繫傳亦脱「隹」字。

（鴦）**从鳥㚒聲**　韻會無「聲」字。案：此因「臣鉉等曰」云云而删之耳。

（鴥）繫傳篆作「[illegible]」，韻會同。詩晨風釋文云：「鴥，説文作鴪。」

鴥彼晨風　繫傳「晨」作「鷐」，非。

（鷩）**周禮曰孤服鷩冕**　案：當作「周禮曰鷩冕」，謂司服云「享先公饗射則鷩冕」也。司服又云：「侯伯之服，自鷩冕而下如公之服。」或「孤服」當作「侯伯」耳。

（鷸）**適省聲**　繫傳作「啻聲」。

（鴴）**鳥似鶡而青**　顔氏家訓勉學篇引「鳥」作「雀」。

（鸚）**鸚鴞能言鳥也**　繫傳無「能言鳥」三字。韻會有，與此同。

（鴞）**鸚鴞也**　韻會有「能言鳥」三字在此下，繫傳有「能言鳥也」四字在「母聲」下。

（鷮）**走鳴長尾雉也**　韻會作「長尾雉，走且鳴」，詩車舝正義引「長尾雉，走鳴」。

（鷕）繫傳篆作「[illegible]」。

(鴮)一名運日　繫傳「日」作「目」，非。集韻、類篇皆作「日」，與此同。

(鳴)从鳥从口　繫傳「从口」作「口聲」，韻會無下「从」字。案：「臣鍇曰：今會意」，必本多「聲」字而去之也。

(烏)孝〔一〕烏也　廣韻十一模、御覽九百二十引作「孝烏也」。玉篇云「孝烏也」，似本出說文。

(於)象古文烏省　九經字樣云：「篆文作『』。」疑「象」上脫「篆文」二字。

(雝)从隹昔　初學記卅引「昔」下有「聲」字。

(焉)焉鳥黃色出於江淮　韻會無「焉」字，廣韻引作「鳥黃色，出江淮間」。

朋者羽蟲之屬　五音韻譜「屬」作「長」，此訛。

(畢)从華　韻會此上有「从田」二字。

象畢形微也　韻會無「微也」二字，非。「微」即「尾」字。

(棄)棄之　繫傳、韻會「之」作「也」。

从去去逆子也　繫傳、韻會「去去」作「㐬㐬」。

(𢍰)籀文棄　繫傳「籀」作「古」，集韻、類篇皆云「古作棄」。今案：「籀」「古」皆非，當作「篆」。

〔一〕「孝」原誤作「考」，據孫本改。

(冓)**交積材也**　繫傳「交」上有「小也象」三字，非。韻會無。

(再)**从冓省**　五音韻譜「从」下有「一」字，繫傳、韻會無，與此正同也。

(幼)**少也**　御覽三百八十四引作「小也」。

(幽)**从山中𢆶**　韻會無「中」字。

(幾)**微也殆也从𢆶从戍**　繫傳無上「也」字、下「从」字，韻會有。

(惠)**从心从叀**　繫傳、韻會無下「从」字。

(疐)**叀者如叀馬之鼻从此與牽同意**　韻會無「者」字，「鼻」作「叀」，無「从此」二字。今案：讀「鼻」句絕，「从」衍字，「此與牽同意」五字爲一句。「譱」下云「此與義美同意」，其句例也。集韻、類篇引至「鼻」字止，句讀未訛。

(予)**推予也**　玉篇引作「推予前人也」，匡謬正俗三引作「相推予也」。

(舒)**伸也**　文選七命注引作「申也」。玉篇引作「伸也」，與此同。

从予予亦聲　繫傳、韻會作「予聲」。

(敫)**讀若龠**　史記王子侯表索隱引「龠」作「躍」。

文二　五音韻譜「二」作「三」，繫傳亦作「三」。

(𠬪)**讀若詩標有梅**　五音韻譜「標」作「摽」，此訛。

(爰)**从𠬪从于**　繫傳、韻會無下「从」字。

（𤔫）从𠬪从自己　繫傳「从己」作「己聲」。今案：「臣鉉等曰：己者，物也」「指事」，其本中爲「己」。「臣鍇曰：乙音甲乙之乙」，其本中爲「乙」。二者不同，繫傳「己聲」必「乙聲」之訛也。

（爭）引也　一切經音義廿四引作「彼此競引物也」。

（𢍏）所依據也　一切經音義九引作「有所據也」。

（𣦼）从歺　繫傳此下有「歺亦聲」三字。

（𣦸）𣦼探堅意也　繫傳「𣦼」上有「𣦸」字，「探」作「深」，無「也」字。五音韻譜「探」作「深」，集韻、類篇引作「深」，此誤。玉篇云：「深堅意也。」似亦本說文。廣韻云：「深堅意。」

貝堅寶也　繫傳「寶」作「實」。

（叡）通也　繫傳、韻會無此二字。

（殊）死也　左傳昭廿三年釋文引此下有「一曰斷也」。

當殊之　繫傳「之」下有「市」字。

（殟）胎敗也　一切經音義七及十三引「暴無知也」，或此上有脫文。

（殤）人年十九　繫傳、韻會無「人」字，玉篇引有。又韻會「从歺傷省聲」五字在此上。

（殂）勛乃殂　集韻、類篇引「勛」上有「放」字。

（𣧛）从歺从作　繫傳篆作「𣦿」，無下「从」字，集韻、類篇皆有「𣧛」，又省爲「𣦿」，而無从「𣦵」之字，亦可證也。

○此不然。

（壹）古文殪从死　繫傳無「从死」二字。

（殯）从歺从賓　繫傳、韻會無下「从」字。

（殣）道中死人人所覆也　繫傳、韻會不重「人」字，左傳昭三年釋文引上「人」字作「者」。

（殠）从歺臭聲　韻會無「聲」字。

（殃）咎也　易坤釋文引「凶也」，或此上有脱文。

（殲）春秋傳曰齊人殲于遂　繫傳、韻會無「傳」字。

（殫）殛盡也　繫傳、韻會「殛」作「極」，文選白馬賦注引無「殛」字。

（𣩵）从嬴　繫傳作「嬴聲」。

（𣧑）俗語謂死曰大𣧑　玉篇引無「謂」字。

（𣩅）亂或爲惽　玉篇引無「亂」字。

（冎）繫傳篆作「」。

剔人肉　「剔」當作「鬄」，本書無「剔」篆。

象形頭隆骨也　韻會無「形」字

（骨）繫傳篆作「」，通部皆如此。

（髀）股也　爾雅釋畜釋文、文選七命注、御覽三百七十二、一切經音義屢引「股」下有「外」字。

（髕）厀耑也　一切經音義屢引「耑」作「骨」，華嚴經音義引作「膝骨關」。

（䯨）讀若易曰夕惕若厲　繫傳無「讀若」二字，臣鍇曰：「當言讀若『易曰』也。」或鉉本依此添之。

（骴）骴或从肉　繫傳無此四字。

（骫）骨耑骫奊也　列子黃帝篇釋文引「骨曲直也」，或當有「一曰」云云。

从骨丸聲　繫傳、韻會無「聲」字。又韻會「丸」誤「九」。

（胎）婦孕三月也　一切經音義七及十三引「三」作「二」，非。

（臚）盧聲　繫傳作「盧[一]省」，韻會作「盧省聲」。

（肓）心上鬲下也　左傳成十年正義引作「心下鬲上也」，玉篇引與此同，後漢書鄭康成傳注引云：「肓，隔也，心下爲膏。」

病在肓之下　「下」當作「上」。玉篇引與此同。韻會「病在」作「膏之上」，亦非。

（肺）金藏也　一切經音義四及二十引「金」作「火」。案：月令正義引五經異義云：「古文尚書説：脾，木也；肺，火也；心，土也；肝，金也；腎，水也。」説文「心」下云：「人

〔一〕「盧」原誤作「盧」，據汪本改。

心，土藏，在身之中，博士説以爲火藏。」博士説即今文尚書説肝木、心火、脾土、肺金、腎水也。疑許氏皆依古説，後人輒以今説改，或兼載而删之耳。

膽（膽）**从肉詹聲**　繫傳、韻會無「聲」字。

胃（胃）**从肉圂象形**　韻會「肉圂」作「圂从肉」，非。

脬（脬）**膀光也**　繫傳「膀」作「旁」，一切經音義三及十一引亦作「旁」。

肊（肊）**胷骨也**　繫傳、韻會「骨」作「肉」，文選登樓賦注引無「骨」字，非。

胳（胳）**亦下也**　繫傳「亦」作「掖」，又「胠，亦下也」，亦作「掖」。今案：「亦」即「掖」也，鍇改未是。

臑（臑）**臂羊矢也**　禮記少儀釋文引「矢」作「犬」，集韻引作「羊豕臂也」，皆非。「臣鍇案：蓋骨形象羊矢，因名之也。」得之。

讀若襦　儀禮鄉射禮釋文、禮記少儀釋文引「襦」作「儒」。

肘（肘）**从肉从寸**　繫傳、韻會無下「从」字。

䐡（齎）**肶**〔一〕**齎也**　一切經音義廿五、廣韻引「肶〔二〕」作「毗」，五音韻譜「肶」作「肶」。

脽（脽）**屍也**　繫傳、韻會「屍」作「尻」，集韻、類篇亦引作「尻」，御覽三百七十六引亦作「尻」。

〔一〕「肶」原誤作「肶」，據孫本改。

〔二〕「肶」原誤作「肶」，據孫本改。

（胲）**足大指毛也**　一切經音義二引無「毛」字。

（肖）**不似其先**　韻會「不」上有「人言」二字。

（胤）**从幺象重累也**　繫傳、韻會無「从」字，「象」上有「亦」字。

（胄）**胤也**　詩崧高正義引此下有「禮謂適子爲胄子」。

（肸）**振肸也从肉八聲**　繫傳無「肸」字。六書故十二云：「唐本作『脤肸也，从肉从八』。」

（脀）**騃也**　韻會作「升也」，非。

（腄）**瘢胝也**　繫傳作「跟胝也」。韻會作「瘢胝也」，集韻、類篇引皆與此同。玉篇引作「瘢腄也」。

（臘）**冬至後三戌臘祭百神**　玉篇引「戌」下有「爲」字，「神」下有「也」字。

从肉巤聲　繫傳無「聲」字，鍇以爲「巤，合也」，故刪之耳。

（膢）**楚俗以二月祭飲食也**　御覽三十三引「二」上有「十」字。

一曰祈穀食新曰離膢　繫傳、韻會無「離」字。

（肴）**啖也**　初學記廿六引作「雜肉也」。今案：以次求之，不得如徐堅所引。「散」下云「雜肉也」，或彼「肴」乃「散」之誤耳。

（腆）**設膳腆腆多也**　繫傳不重「腆」字。

（腯）**牛羊曰肥**　詩我將釋文引無「牛」字。

（胡）**牛顄垂也**　一切經音義屢引「垂」下有「下」字。玉篇引無，與此同。

（脛）**一曰脛五藏總名也**　繫傳無「名」字。

（膊）**薄脯膊之屋上**　初學記廿六引「膊」作「搏」。

（脘）**胃府也**　繫傳「府」作「脯」，初學記廿六引亦作「脯」。今案：此鉉誤改也，鍇引史記濁氏以胃脯致富，自不誤。

舊云脯　繫傳無此三字。案：此鉉校語也。

（膴）**楊雄說**　韻會「楊」作「揚」，非。五音韻譜作「楊」，繫傳亦作「楊」，皆與此同。

（腒）**北方謂鳥腊曰腒**　繫傳無「曰」字。

傳曰堯如腊舜如腒　穀梁莊廿四年釋文引作「堯腊舜腒」，非。

（䐣）**讀若遜**　繫傳「遜」作「選」。

（臊）**豕膏臭也**　韻會作「犬鮏臭也」，非。

（腥）**从星星亦聲**　繫傳不重「星」字，韻會作「星聲」。

（⿰月⿱⺌貝）**⿱骨月也**　本書無「⿱骨月」篆。今案：玉篇、廣韻皆云「⿰月⿱⺌貝，膏骨也」，「骨」未必即「⿱骨月」，而本書亦無其篆，此類亦難以專輒。

（膜）**肉間胲膜也**　一切經音義廿引無「胲」字。

（脃）**小耎易斷也**　韻會「耎」下有「物」字，文選魏都賦注、一切經音義十二、十三引「小」作「少」。玉篇、廣韻引與此同。

从絶省　繫傳、韻會作「絶省聲」。

（肎）从肉从冎省　繫傳、韻會無下「从」字

一曰骨無肉也　繫傳、韻會「曰」作「説」。玉篇引作「曰」，與此同。

（肥）从卪　繫傳作「卪聲」，「臣鍇曰：疑當从己，或从卪，不得云聲」，鉉於是以爲从卪而删之矣。

（筋）从力从肉从竹　繫傳作「从刀肉竹」。韻會有二「从」字，與此同。

竹物之多筋者　繫傳此下有「从力象筋也」五字，非。

（⿱竹⿰夗力）从夗省聲　繫傳無「从」字。

（⿱竹⿰月勺）手足指節鳴也　繫傳作「手足指節之鳴者也」。

重三　五音韻譜「三」作「二」，此譌。

（⿰咢刂）刀劒刃也　韻會「也」作「鋒」，非。

（⿱㓞言）繫傳篆作「」。

（削）一曰析也　繫傳、韻會此四字在「肖聲」下。

（⿰旬刂）鎌也　廣韻引「關西呼鎌爲⿰旬刂也」，或説文舊音中用方言語耳。

（剴）大鎌也　韻會無「大」字。

一曰摩也　韻會此四字在「豈聲」下。

（利）从刀和然後利　韻會無「从」字。

从和省　韻會「和」上有「刀」字，非。

（初）从刀从衣　繫傳、韻會無下「从」字。

（則）从刀从貝　繫傳、韻會無下「从」字。

（剛）彊斷也　繫傳無「斷」字，非。韻會有，與此同。

（切）刌也　一切經音義引此上有「割也」二字。又華嚴經音義引「一切普也」，未詳何書之誤。

（刏）又讀若殪　繫傳無「又」字。

（副）判也　詩生民釋文引作「分也」。

（剖）判也　書泰誓正義引作「刲也」。

（剟）刊也　繫傳作「判也」。

（剝）从刀录录刻割〔一〕也录亦聲　繫傳、韻會作「录聲，一曰录刻割也」，書泰誓正義引作「一曰剝割也」。

（劃）錐刀曰劃从刀从畫　繫傳、韻會「曰劃」作「也」，無下「从」字。

（劑）从刀齊齊亦聲　繫傳、韻會作「齊聲」。

（刷）禮布刷巾　韻會「布」作「有」，集韻、類篇引皆作「布」。

〔一〕「割」原誤作「害」，諸本均作「割」，據改。

（刲）**刺也** 韻會此下有「割也」二字，黄公紹添之耳。

（剶）**周書曰天用剶絶其命** 「周」當作「夏」，甘誓文也。集韻、類篇引皆作「周」，是其誤久矣。

（劀）**一曰剽也釗也** 繫傳無下「也」字，韻會無上「也」字，類篇引無「釗也」二字，集韻引皆有，與此同。

（釗）**从刀从金** 繫傳作「从刀，金聲」，韻會作「从金，刀聲」。今案：依鍇本之例，似當云「从金，刀亦聲」也。

（刵）**从刀从耳** 繫傳、韻會無下「从」字。

（劓）[一]**刑鼻也** 五音韻譜「刑」作「刖」，集韻、類篇引亦作「刖」，繫傳、韻會亦作「刖」，然則「刑」字誤也。一切經音義屢引作「決鼻也」。繫傳「鼻」作「劓」，非。

（魝）**从刀从魚** 繫傳無下「从」字。

（券）**券别之書以刀判契其旁** 繫傳、韻會「券」作「关」，一切經音義十三引無「契」字，御覽五百九十九引「判契」作「刻」。集韻、類篇引「别」下有「書」字。

故曰契券 繫傳、韻會無「券」字，一切經音義、御覽引「券」作「也」。集韻、類篇引有，與此同。

〔一〕抄本篆頭出「劓」，誤，當出「劓」。

文六十二　繫傳「二」作「四」，五音韻譜作「二」，與此同。

重九　繫傳「九」作「七」，五音韻譜作「十」。

（栔）**从㓞从木**　韻會作「从木，㓞聲」。今案：依鍇本之例，似當云「从木，㓞亦聲」也。

（耒）**手耕曲木也**　廣韻引無「手」字，易繫辭釋文引作「耜曲木」。

（耕）**从耒井聲一曰古者井田**　韻會無「聲一曰」三字，非。又「田」下有「故从井」三字，乃集韻、類篇所移改而黃公紹取之耳。

（耤）**帝耤千畝也古者**　初學記十四引作「藉田者，天子躬耕」。

使民如借　「借」當作「藉」，本書無「借」篆，在新脩十九文。

（𦓤）**册叉可以劃麥**　五音韻譜「册叉」作「𦓤叉」。繫傳作「册叉」，與此同。集韻引作「冊叉」，類篇引作「𦓤叉」。

（䎙）**除苗閒穢也**　韻會無「閒」字。「穢」當作「薉」，本書無「穢」篆。

（耡）**商人七十而耡**　繫傳「商」作「殷」。

（䚭）**揮角皃**　繫傳「揮」作「撣」。集韻、類篇引作「揮」，與此同。

梁𨼆縣有䚭亭　「𨼆」當作「傿」，本書無「𨼆」篆。郡國志云：「梁國：𨼆，故屬陳留。」地理志作「傿」可證也。

（觬）**角觬曲也**　繫傳無「曲」字。集韻、類篇引皆有，與此同。

（觷）**一角仰也**　易睽釋文引作「角一俯一仰」。

（⿰爿角）**爿聲**　繫傳此下有「讀若租觕」四字，「租」當是「粗」之訛。

（觸）**抵也**　五音韻譜「抵」作「牴」，此訛。繫傳、韻會、集韻、類篇引皆是「牴」字。

（觲）**詩曰觲觲角弓**　繫傳「詩」上有「讀若」二字。詩角弓釋文云：「説文作弲。」

（衡）**牛觸橫大木其角**　韻會無「其角」二字，非。集韻、類篇引「其」上有「著」字，蓋取「告」下添入此耳。

从角从大　繫傳、韻會無下「从」字。

詩曰設其楅衡　「詩」當作「周禮」二字，封人職文也。集韻、類篇引皆作「詩」，是其訛已久矣。

（⿰角耑）**角善爲弓**　事類賦弓注引「角在鼻堪爲弓」。

出胡休多國　藝文類聚六十引作「出胡休夕國」，御覽三百四十七引作「出胡尸國」，又引一本「出休尸國」，事類賦注引亦作「出胡休國」。

（觟）**牝牂羊生角者也**　韻會無「牂」字、「生」字、「也」字。

（觜）**鴟舊頭上角觜也**　繫傳、韻會「舊」作「⿱奞臼」，非。

（觿）**佩角鋭耑**　廣韻引無「佩」字。

（觶）**饗飲酒角也**　五音韻譜「饗」作「鄉」。集韻引作「饗」，與此同。繫傳、韻會作「鄉飲酒觶」，禮記鄉飲酒義釋文引「鄉飲酒角也」。

觴（觴）**觶實曰觴**　韻會無「觶」字。

𥏻省聲　「𥏻」當作「傷」。繫傳、韻會作「⿱𠂉昜聲」，非。本書無「𥏻」「⿱𠂉昜」篆。

觚（觚）**觴受三升者謂之觚**　繫傳「謂之」作「曰」，韻會無此二字。

⿰角𧦝（⿰角𧦝）**从角𧦝聲**　繫傳、韻會無「聲」字。

𧦝古文詩字　繫傳作「古文詩」。案：此皆非許氏元文。

伯淵閱（朱筆）

又校（朱筆）

說文考異卷五

元和顧廣圻

(箭) 繫傳篆作「[illegible]」。案：繫傳、韻會下皆云「前聲」，然則未必鉉、鍇有異，乃其篆訛也。

矢也　藝文類聚八十九、御覽九百六十三引作「矢竹也」。

([illegible]) **籀文从微省**　繫傳「从微」作「薇」。

([illegible]) **竹萌也**　爾雅釋草釋文引「萌」下有「生」字。

(篇) **一曰關西謂榜曰篇**　繫傳無「曰」字。韻會有此八字，在「扁聲」下。

(籍) **簿書也**　本書無「簿」篆，左傳序正義引作「部」，「部」當作「篰」，玉篇「竹牘也」。

(劉) **劉聲**　本書無「劉」篆，未詳所當作。

(笐) **竹列也**　一切經音義十一引「列」作「次」。

(等) **从竹从寺**　繫傳、韻會無下「从」字。

(笵) **古法有竹刑**　繫傳、韻會「竹簡書也」在此上。一切經音義二引「刑」作「形」，非。

(簭) **从竹从𢍰**　繫傳、韻會無下「从」字。

𢍰古文巫字　韻會無「字」字。

([illegible]) **籅或从角从閒**　繫傳無下「从」字，御覽八百廿五引「从閒」作「閒聲」。

笮（笮）迫也在瓦之下棼上　韻會「迫也」作「屋笮」，「棼」下有「之」字。黃公紹改添，非許氏元文。

籭（籭）可以取粗去細　韻會作「可以除麤取細」，一切經音義六引亦如此。玉篇云「可以除麤取細」，似本出說文。但兩義俱通，當各存其舊耳。

箑（箑）宋楚謂竹箑牆以居也　案：「竹」字、「以」字皆衍。「牆居」是「箑」之一名，見方言、廣雅也。集韻、類篇引皆有，是其譌已久矣。

簋（簋）从竹从皿从皀　繫傳「皿」下無「从」字，韻會作「从竹皿皀」。

䉛（䉛）从竹从皿　繫傳、韻會無下「从」字。

𠥩（𠥩）籒文[illegible]　繫傳此下有「从匚」二字。

篅（篅）以判竹圜以盛穀也　韻會「判」上無「以」字，一切經音義屢引亦無，集韻、類篇引亦無，玉篇、廣韻引有，與此同。

竿（竿）竹梃也　五音韻譜「梃」作「挺」。

籗（籗）籱或省　繫傳此下有「篧」篆，云「籱或從隺」。

箇（箇）竹枚也　六書故廿二云：「唐本曰『箇，竹枝也』。今或作『个』，半竹也。」疑或取「支」字下云云添之。

固聲　繫傳此下有「讀若箇」三字。

𥫼（籠）**一曰笭也** 韻會此四字在「龍聲」下。

簝（簝）**宗廟盛肉竹器也** 韻會「肉竹」作「食」，無「也」字，非。

簴（簴）**飲牛筐也** 韻會「飲」作「飯」，左傳隱三年正義及類篇引亦作「飯」。集韻引作「飤」，玉篇云：「飤牛筐也。」似本出説文。「飲」「飯」皆形近譌也。又玉篇「篼」下云「飼馬器也」，「飼」即「飤」字，疑作「飲」者亦譌。

籚（籚）**積竹矛戟矜也** 韻會「矜」作「柄」，非。

籋（籋）**从竹爾聲** 韻會無「聲」字，黄公紹删之也。

笪（笪）**笞也** 繫傳作「竹也」，非。一切經音義十七、十八引作「箬也」，亦非。

籤（籤）**一曰銳也貫也** 繫傳此六字在「鐵聲」下。

笙（笙）**象鳳之身** 初學記十六引「身」作「聲」。今案：笙象鳳身，簫象鳳翼，「聲」字非也。藝文類聚四十四引作「身」，與此同。

从竹生聲古者隨作笙 韻會無「聲」字，又云「徐曰古者隨作笙」，皆非。

筒（筒）**通簫也** 一切經音義二引作「無底簫也」。

籟（籟）**大者謂之笙** 韻會「从竹，賴聲」在此上。又案：「笙」當作「産」，爾雅可證，必形近而譌也。集韻、類篇引皆作「笙」，是其譌已久矣。

琯（琯）**古者玉琯以玉** 韻會無上「玉」字。

於伶道舜祠下　韻會「伶」作「泠」，集韻引亦作「泠」。

从玉官聲　韻會無此四字。

笛（笛）七孔筩也　初學記十五引「筩」作「龠」，一切經音義十六引作「籥」。文選長笛賦注引云「七孔，長一尺四寸」。今案：諸樂器字皆不言尺寸，恐此所引或出説文音隱之類耳。

筑（筑）以竹曲五弦之樂也　廣韻引「曲」作「爲」，文選吴都賦注引「以竹曲作，似箏」。

箏（箏）鼓弦竹身樂也　御覽五百七十六引作「五弦，筑身樂也」。

簺（簺）从竹从塞　繫傳、韻會無下「从」字。

簙（簙）古者烏胄作簙　韻會「胄」作「曹」，論語疏、藝文類聚七十四、一切經音義二及二十五引皆作「曹」。

⿱竹嚴（⿱竹嚴）惟射所蔽者也　漢書元帝紀注引「者」字在「所」字上。

篽（篽）春秋傳曰澤之目篽　繫傳「目」作「自」，集韻、類篇引亦作「自」，五音韻譜亦作「自」。

筭（筭）从竹从弄　繫傳、韻會無下「从」字。

算（算）从竹从具　繫傳、韻會無下「从」字。

文百四十四　繫傳下「四」字作「五」。

⿱八⊠（⿱八⊠）亦古文箕　繫傳作「籀文箕」，韻會云：「籀作⿱八⊠。」用鍇本也。

⿱⊠丌（⿱⊠丌）籀文箕　繫傳作「古文箕」。

（簸）揚米去糠也　「糠」當作「穅」，本書無「糠」篆。玉篇云「去糠也」，不訛。

（丌）讀若箕同　繫傳無「同」字。

（奠）禮有奠祭者　韻會無「者」字，集韻、類篇引皆無「者」字。

（左）手相左助也　繫傳、韻會作「手左相佐也」。

（𢀩）从左从𠂹　繫傳無下「从」字，韻會「从𠂹」作「𠂹省聲」。

（𢒠）繫傳篆作「⿰王彡」。韻會云「古作⿰王彡」，用鍇本也。

（巧）技也　繫傳作「巧技也」。

（巨）象手持之　繫傳、韻會「之」下有「形」字。

（巫）女能事無形以舞事神者也　一切經音義十六引無「女」字。繫傳、韻會無「者」字，一切經音義十六、御覽七百三十四引皆無。

（覡）能齋肅事神明也在男曰覡在女曰巫　繫傳無「也」，韻會作「者」。一切經音義三引作「在男曰巫，在女曰覡」。

从巫从見　繫傳、韻會無下「从」字。

（甛）从甘从舌　韻會作「从舌，从甘」。

（⿸厤甘）从甘从厤厤調也　繫傳作「厤，調也，从甘厤」。今案：「臣鍇曰：厤音歷，稀疏匀調也」，似鍇、鍇本篆不同，今繫傳有訛。

（猒）从甘从肰　繫傳、韻會無下「从」字。又韻會此上有「足也」二字，黃公紹改之耳。

（甚）从甘甘匹耦也　韻會下「甘」字作「匹」。今案：「匹」字是也，「从甘匹」句絶。集韻、類篇引皆作「甘」，無「也」字，是其誤已久，而誤讀以「甘」下屬也。

（曶）册亦聲　繫傳無此三字。

（沓）遼東有沓縣　「沓」下當有「氏」字，地理、郡國二志可證。

（曹）在廷東从棘治事者从曰　韻會作「从棘，在廷東也；从曰，治事者也」，黃公紹改之也。

（乃）曳詞之難也　玉篇引「詞」作「離」，華嚴經音義引「乃，語詞也」，非。

（卤）籀文卤不省　當脱重文篆字。六書故三十三引「𠧪，籀文不省」，或戴氏添之。

或曰卤往也　繫傳「卤」作「隨」。

（丂）气欲舒出ㄅ上礙於一也丂古文以爲亏字　玉篇引「ㄅ」作「丂」，無「也」下「丂」字。

（𠀀）讀若呵　「呵」當作「訶」，本書無「呵」字。

（兮）語所稽也　韻會「所」上有「有」字。

（乎）語之餘也　繫傳「語」上有「乎者」二字，非。玉篇引無。

（號）从虎　繫傳、韻會作「虎聲」。

（亏）象气之舒亏　韻會無「亏」字。

其气平之也　韻會無「之」字。

粵（粵）周書曰粵三日丁亥　「亥」當作「巳」，召誥文也。集韻、類篇引皆作「亥」，是其誤已久矣。

喜（喜）樂也　御覽四百六十七引作「不言而說曰喜」，爾雅釋詁疏引作「不言而說也」，疑有「一曰」云云。

憙（憙）从心从喜　韻會、韻會無下「从」字。

壴（壴）陳樂立而上見也　廣韻引「陳樂也」，蓋讀「陳樂」句絶，或當有「也」字。

鼜（鼜）旦明五通爲發明　繫傳、韻會「旦」下無「明」字。案：鄭周禮鼓人注引司馬法曰「旦明五通爲發晌」，鉉、鍇二本不同而皆有誤。又上文「昏鼓四通爲大鼓」，注引司馬法「鼓」作「鼛」，「鼛」即「鼜」字，恐「鼓」亦誤。

鼖（鼖）賁省聲　繫傳作「卉聲」。「臣次立曰：當從說文云『鼓賁聲』。」「說文」者，鉉本也。「鼓賁」即「賁省」之誤。

鞼（鞼）賁不省　繫傳作「賁聲」。

鼘（鼘）鼓聲也　韻會此上有「鼘鼘」二字，黃公紹添之。

⿰豈幾（⿰豈幾）⿰豈气也　案：「臣鉉等曰：說文無『⿰豈气』〔二〕字。」「當是訖字之訛。」廣韻引無此二字。

⿱日旦（⿱日旦）繫傳篆作「⿱日旦」，韻會云：「古作⿱日旦。」玉篇：「⿱日旦，古文。」似亦本說文。

〔二〕「⿰豈气」原誤作「⿰豈幾」，據說文改。

（豋）**豆屬**　孟子疏引「棬屈木盂也」，或有「一曰」云云。

（豐）**豆之豐滿者也**　韻會無「也」字，繫傳祛妄亦無。

从豆象形　韻會「豆」下有「从曲」二字。六書故廿八云：「唐本从豆，从山，丯聲。」繫傳祛妄云：「陽冰云山中之丰，乃豐聲也。」戴所謂「唐本」即此耳。今案：鄭大射注云：「其爲字从豆，曲聲。」凡鄭、許説字，不必相同，非可以爲證。

一曰鄉飲酒有豐矦者　韻會無「者」字，今無以訂之。案：此當有脱誤。

（𧯛）繫傳篆作「𧯛」，韻會云：「古作𧯛。」玉篇云：「𧯛，古文。」似亦本説文。

（䖒）**古陶器也**　繫傳「陶」作「祠」。

（㿻）**闕**　案：依此，疑上「器也」非許氏元文。

（虍）**皆从虍**　繫傳此下有「讀若春秋傳曰『虍有餘』」。案：鉉蓋以其不可解而删也。王氏紹蘭曰：「即公羊昭卅一年傳之『盱有餘』。」得之矣。

（虘）**讀若䣜縣**　繫傳「䣜」作「酇」。

（虖）**哮虖也**　繫傳「虖」作「呼」，韻會作「哮也」。

（虐）**从虍虎足反爪人也**　繫傳、韻會無「虍」字。

（虡）**从虍異象其下足**　繫傳、韻會「象」下有「形」字。

（鐻）**虡或从金豦聲**　繫傳無「聲」字。

（虞）**篆文虞省**　繫傳無「省」字。

（虎）**从虍虎足象人足象形**　韻會作「从虍，从儿，虎足象人足也。徐曰象形」。今案：依此，是鉉本有所改，繫傳亦失鍇本之舊矣。

（虤）**从虎斅聲**　繫傳無「聲」字，非。

（虓）**一曰師子**　韻會此四字在「九聲」下。

（虒）**委虒虎之有角者也**　韻會「委虒」作「虒虎」，無「也」字，有「能行水中」四字，黄公紹添之。集韻、類篇引無「也」字，餘與此同。玉篇云：「委虒，虎之有角者。」似亦本説文。

（贙）**讀若迴**　繫傳「迴」作「回」，本書無「迴」〔一〕篆。今案：「回」「迴」疑「同」「迥」之訛，贙今胡畎切，而讀若迥，聲之轉耳。

（皿）**飯食之用器也**　繫傳「飯」作「飲」，韻會「用器」作「器用」，非。玉篇引皆與此同。

象形與豆同意　繫傳「意」作「形」，韻會無此字。

（盂）**飯器也**　繫傳、韻會「飯」作「飲」，後漢書明帝紀注、御覽七百六十引亦作「飲」。

（盛）**黍稷在器中以祀者也**　繫傳無「以祀者」三字，御覽七百五十六引亦無。韻會有，與此同。

（齍）**黍稷在器以祀者**　韻會無「在」字，「以」上有「所」字，御覽七百五十六引「在」作「之」。

〔一〕「迴」原誤作「回」，據校議改。

（⿱有皿）**一曰若賄**　繫傳「一」作「或」。

（盄）**械器也**　集韻、類篇引作「拭器也」。玉篇引作「械」，與此同。今案：本書無「拭」篆，廣韻「盄」下云「拭器」，不引説文，未詳集韻、類篇據何本也。

（醯）**酸也**　文選祭古冢文注引「酸」作「酢」。

以⿱將鬲以酒　韻會作「以酒以⿱將鬲[一]」。

从⿱將鬲酒並省　韻會「酒」上有「从」字。

从皿皿器也　韻會不重「皿」字。

（㚉）**讀若陵**　繫傳「陵」上有「棘」字。

（⿱𦘔皿）**𦘔聲**　繫傳「𦘔」下有「𦘔亦」二字。

（𧗁）**禮記有𧗁醢**　韻會無「記」字，集韻、類篇引亦皆無「記」字。今案：無者是也，「禮」謂公食大夫。

（⿱幾皿）**以血有所刉涂祭也**　韻會無「刉」字，非。玉篇作「別」，即「刉」之訛也。

幾聲　韻會作「幾省聲」，黄公紹添之，非。

（衋）**民冈不衋傷心**　繫傳此下有「讀若憘」。

（⿱贛皿）**峪或从贛**　繫傳篆作「⿱贛皿」。玉篇云「⿱贛皿，同上」，似本出説文。集韻、類篇⿱贛皿引説文用

[一]「以酒以⿱將鬲」原誤作「以⿱將鬲以酒」，據韻會改。

鉉本，云「或从贛省」，添「省」字也，別出「⿱贛皿」，蓋取玉篇。

盇（盇）**从血大** 繫傳、韻會「大」下有「聲」字。

繫傳卷第十起此，其目次在廿九卷内者亦然，鉉、鍇分卷不同耳。

咅（咅）**从丶从否** 繫傳作「从否，从丨」。

丹（丹）**一象丹形** 繫傳、韻會作「丶，丹形也」。

臒（雘）**善丹也** 玉篇引「善」作「美」。

讀若隺 繫傳「隺」下有「同」字。書梓材釋文引作「讀與靃同也」。

彤（彤）**从丹从彡** 繫傳、韻會無下「从」字。

彡其畫也 韻會「也」下有「亦聲」二字，繫傳無「也」字，有「彡亦聲」三字。

井（井）**·罋之象也** 繫傳、韻會無「·」「之」二字。

⿱𤇾井（⿱𤇾井）**从井罃省聲** 繫傳無「聲」字。

阱（阱）**陷也** 一切經音義屢引作「大陷也」。

从𨸏从井 繫傳、韻會無下「从」字。

㓝（㓝）**从井从刀** 繫傳無下「从」字，韻會作「从刀井」。案：韻會下文云：「刀守井，飲之人入井，陷於川，刀守之，割其情也。」與初學記廿引說文云云相同，但恐非元文，今存之以俟再詳。

皀（皀）**又讀若香** 繫傳無「又」字。

（即）**即食也**　繫傳「食」作「飱」，非。

（鬱）**百廿貫**　藝文類聚八十一、御覽九百八十一引無此三字，删之耳。「廿」「卅」字本書罕用，疑仍當作「二十」。

（㡴）**古文爵象形**　繫傳「象」上有「如此」二字。

（𩚔）**以釀也**　初學記廿七、御覽八百四十二引作「所以釀鬯」。

（食）繫傳篆作「□」，通部皆如此。

一米也　韻會無「一」字，玉篇引有。

从皀亼聲　繫傳無「聲」字。

皆从食　繫傳此下有「讀若粒」三字。

（饙）**滫飯也**　詩泂酌正義引作「一蒸米也」。

𠦄聲　韻會作「奔聲」，依鉉等及次立語改之耳。

（餾）**飯氣蒸也**　詩泂酌正義引「蒸」作「流」。

（飪）**大孰也**　韻會「大」作「火」，御覽八百四十九引亦作「火」。

（恁）「臣鍇曰：恁，説文『下齎也』，疑此重出。」今案：集韻「飪」下重文無「恁」字，疑此篆當作「□」，集韻及類篇肉部皆云「飪」「古作䏕」，可借證也。

（𩟄）**籀文飴从異省**　六書故廿六引「省」下有「聲」字，或其所見徐本如此也。

（饊）熬稻粻程也　御覽八百五十七引「粻」作「張」，本書無「粻」篆。玉篇引作「粻」，與此同，是其誤久矣。

（餅）麪餈也　六書故廿八云「唐本曰『麪餈也』」，非。初學記廿六、御覽八百六十引與此此同。

（饘）宋謂之餬　禮記檀弓釋文、初學記廿六引作「宋衛謂之餰」，類篇引亦作「宋謂之餬」。

（餱）周書曰峙乃餱粻　「粻」當作「糧」，費誓文也。

（⿰食巸）饎或从巸　繫傳篆作「⿰食巸」，「巸」作「臣」。

（飤）从人食　繫傳、韻會引作「從食人」，一切經音義二引作「從人仰食」。

（⿰食象）晝食也　御覽八百四十九引作「中食也」。

（⿰食𥏫）⿰食象或从傷省聲　繫傳作「⿰食象或从𥏫」。

（⿰食兼）嘰也　玉篇引「嘰」作「饑」。

一曰廉潔也　玉篇引「潔」作「絜」。

（飧）餔也　詩伐檀正義引作「水澆飯也」，疑有「一曰」云云。

（餉）饟也　韻會作「饋也」，一切經音義十三引亦作「饋也」。

（饗）从食从鄉　繫傳、韻會作「从鄉，从食」。

（⿰食占）从食占聲　繫傳無「聲」字，韻會引在「餂」字下，云「舌聲」，非。

（餜）**从采**　繫傳作「从采聲」，韻會作「从食采」。

（饒）**飽也**　繫傳「飽」上有「饒」字，非。

（餞）**送去也**　左傳成八年釋文引「去」下有「食」字，御覽八百四十九引亦有「食」字。

（叨）**饕或从口刀聲**　繫傳「饕或」作「俗饕」，一切經音義十八引亦作「俗饕」。

（飸）**殄省聲**　繫傳、韻會作「㐱聲」。

（饉）**蔬不孰爲饉**　「蔬」當作「疏」，本書無「蔬」篆。韻會「爲」作「曰」。

（餽）**从食从鬼**　繫傳無下「从」字。

重十八　繫傳「八」作「九」。

（䢅）**日月合宿爲辰**　廣韻引「辰」作「䢅」。

从會从辰　繫傳無下「从」字。

（牄）**鳥獸來食聲也**　書益稷釋文引「來」作「求」，非。

（入）**象从上俱下也**　繫傳「俱」作「頫」，非。

（内）**从冂**　韻會此下有「入」字，集韻、類篇引無。

（缶）**秦人鼓之**　韻會「鼓」作「擊」。

以節謌　史記李斯傳索隱、文選李斯上書注、通典百四十四引「謌」作「樂」。

（𣪊）**讀若筩莩**　繫傳「莩」下有「同」字。

（匋）瓦器也　詩緜正義引「器」下有「竈」字。

古者昆吾作匋案史篇讀與缶同　繫傳此皆在「臣鍇曰」下，無「案」字。今案：疑鉉取鍇語羼入耳。

（罌）缶也　御覽七百五十八引作「䍃也」。

（缾）罋也　後漢書孔融傳注引作「缶也」。

（罋）汲缾也　史記李斯傳索隱引作「汲甁也」，本書無「甁」篆。

（䍇）讀若昜　繫傳作「讀若簿引昜」，本書無「簿」篆。

（⿰缶薦）繫傳篆作「⿰缶薦」〔一〕。

（罄）殸古文磬字　繫傳無此五字。

（矯）揉箭箝也　「揉」當作「煣」，本書無「揉」篆。韻會無「箝」字，非。

（矦）諸矦射熊豕虎　案：「豕」字衍也，司裘注可證，又詳下條。

士射虎豕　繫傳、韻會無「豕」字。今案：上文「諸矦射熊豕虎」，衍「豕」字，鍇本錯此入於彼，鉉本補而彼衍未去耳。集韻、類篇引兩有，用鉉本。

故伉而射汝也　繫傳「伉」作「抗」。

（知）从口从矢　繫傳無下「从」字，韻會「从矢」作「矢聲」。

〔一〕原稿空字，據繫傳補。

（矣）語以詞也　繫傳、韻會「以」作「已」，集韻、類篇引亦作「已」。

（高）象臺觀高之形　韻會「象」上有「人」字。

（冋）从口　繫傳作「从口也」，在「象國邑」下。

（市）从冂从乁　繫傳、韻會無下「从」字。

乁古文及　繫傳此在「之省聲」下，韻會在「象物相及也」下。

（冘）淫淫行皃　後漢來歙傳注引「淫淫」作「冘冘」。玉篇引作「淫淫」，與此同。

（央）中央也　韻會無「央」字。

一曰久也　詩庭燎釋文引「久也，已也」，疑此下脱二字。

（𩫏）或但从口　案：或體無篆。

（⿰𩫏夬）缺省　繫傳作「夬聲」，六書故廿八云：「徐本『缺省聲』，唐本『夬聲』。」今鉉、鍇二本皆與其所見不合，或有訛也。

（就）从京从尤　繫傳作「从尤京」。

（𩫖）讀若庸　繫傳此下有「同」字。

（亶）繫傳篆作「亶」。集韻、類篇皆云「古作亶」，用鉉本。

（厚）从𣆪从厂　繫傳、韻會作「从厂从𣆪」。

（畗）繫傳此部在𣆪部前，非。

从高省象高厚之形　繫傳無「省象高」三字，非。

（嗇）愛濇也　廣韻引「濇」作「歰」。案：「臣鍇曰：歰音澀」，似其本作「歰」，今繫傳有訛。

从來从㐭　廣韻引此下有「來，麥也」三字。

來者㐭而藏之　韻會此下有「㐭，廩也」三字。

故田夫謂之嗇夫　繫傳此下有「一曰棘省聲」五字。

（牆）爿聲　韻會作「牀省聲」，依「臣鍇曰：亦當言牀省」改之。

（來）一來二縫　韻會「二」作「三」，詩思文正義引作「一麥二夆」，御覽八百卅八引作「一麥三縫」。

象芒朿之形　繫傳「象」下有「其」字，詩正義、御覽引亦有。

（䅘）詩曰不竢不來　韻會「詩曰」作「爾雅」，依「臣鍇曰：此爾雅之言也」改之。

（䵒）十斤爲三斗　御覽八百卅八引「十」下有「三」字，非。

（夋）一曰倨也　繫傳此四字在「允聲」下。

（夌）从夊从兲兲高也　繫傳、韻會無下「从」字，「高」下有「大」字。

一曰夌㒓也　「㒓」當作「徲」，本書無「㒓」篆。集韻引作「徲」，類篇引仍作「㒓」。

（竷）舞也　詩伐木釋文引作「舞曲也」。

从章从夅　繫傳、韻會作「从夅，从章」。

詩曰竷竷舞我　韻會「舞」作「鼓」。

畟（畟）**畟畟良耜**　「耜」當作「相」，本書無「耜」篆。

㚇（㚇）**斂足也**　韻會「斂」上有「鳥」字。

夔（夔）**神魖也**　繫傳、韻會「神」作「即」，非。

从夊　韻會此二字在末，黄公紹移之耳。

𦏶（𦏶）**从羽亡**　繫傳此下有「聲」字。

舝（舝）**舝古文偰字**　繫傳無此五字。

䑞（䑞）**蔓地連華**　爾雅釋草釋文引「地」下有「生而」二字。玉篇引無，與此同。

从舛舛亦聲　繫傳、韻會不重「舛」字。

⿰舜生（⿰舜生）**生聲**　案：「生」當作「㞷」，類篇云「篆文作⿰舜㞷」，是也。集韻云「古作⿰舜生」，非。此下及葟下「⿰舜生」皆當作「⿰舜㞷」，五音韻譜篆作「⿰舜㞷」，疑宋時已有誤少一畫之本耳。

韋（韋）**可以束枉戾相韋背**　韻會「束」下有「物」字。

韝（韝）**射臂決也**　御覽三百五十引「決」作「⿰扌沓」，考玉篇云「臂沓也」，或本出説文也。文選李少卿書注引作「臂衣也」，非。

韘（韘）**所以拘弦**　韻會「拘」作「鉤」。

韏（韏）案：手部有「拳」篆，疑此非元文也。

（弟）**韋束之次弟也**　韻會「之」作「相」。

（𦐇）**周人謂兄**　韻會「周」上有「兄也」二字，黄公紹添之耳。

（夂）**从後至也**　繫傳「从」作「從」。

（夃）**秦以市買多得爲夃**　繫傳「以」作「曰」，韻會作「人」，皆非。詩卷耳釋文引作「以」，與此同。

益至也从乃　繫傳無「從乃」二字，六書故八云：「唐本說文曰『益至也，从乃，蓋至也』。」

（乘）**軍法曰椉**　韻會「法」下有「入桀」二字。

此書原本不題撰人，蓋先生當時爲孫觀察撰，故卷三「靲」字條下有「顧氏廣圻曰」云云。今其藁既出自先生手，且有觀察校閱商訂之語，而先生自校「玉」字、「瓄」字等條上方又朱書「此一條另有辨」，今其説載在辨疑中，辨疑爲先生撰，則此書亦竟題先生名，從其實也。錫爵記。

解題（一）

董婧宸

嘉慶年間刊行的孫星衍平津館仿宋刊本説文解字，是清代中期以來流傳最廣、影響最大的大徐本説文版本。同治十二年（一八七三）陳昌治「以陽湖孫氏所刊北宋本爲底本」，改爲一行一篆本。書目答問在介紹晚清通行本説文時有「孫本最善，陳本最便」（二）的評論。

兩百多年來，平津館本的刊刻經過、底本選擇、校記撰寫的諸多往事，還有許多未定之論。平津館本

（一）本文數易其稿，得到了北京師範大學王寧先生、國家圖書館袁媛老師、人民文學出版社董岑仕老師等諸位師友的幫助和指正，特别是岑仕曾一起赴國圖、上圖、南圖、浙圖等地訪書，幫助翻譯相關日文資料，促成此文的寫作，謹致謝忱。

（二）張之洞撰，范希曾補正書目答問補正，上海古籍出版社，二〇〇一年，第五一頁。爲行文方便，本文所引的諸本，遵循前人習慣，沿用簡稱。説文解字簡稱説文，説文解字繫傳簡稱繫傳。段玉裁汲古閣説文訂簡稱説文訂，嚴可均説文校議簡稱校議，顧廣圻説文辨疑簡稱辨疑，題顧廣圻撰説文考異簡稱考異（不指姚文田稿本説文解字考異），孫星衍重刊宋本説文序簡稱重刊序。説文刊本中，毛本指毛氏汲古閣本，涉及毛本試印本、初印本、剜改本的文字差異時，以「毛試印本」「毛初印本」「毛剜改本」加以區别。孫本指孫星衍刊平津館本。藤本指額勒布刊藤花榭本，因額勒布撰序稱其底本爲鮑惜分所藏宋板説文，學界亦稱「鮑本」。陳本指陳昌治刻一行一篆本。陶刻本指陶升甫翻刻孫本。蔣刻本指蔣瑞堂翻刻孫本。丁本指丁艮善刻仿宋監本説文解字。繫傳刊本中，汪刻本指汪啓淑刻説文解字繫傳。祁刻本指祁寯藻刻説文解字繫傳。藏本之中，額本指額勒布舊藏本（不指額勒布刻藤花榭本），因楹書隅録言該本曾藏於汪中，學界亦稱「汪本」。王本指王昶舊藏本。周本指周錫瓚舊藏本。葉抄本指葉萬抄小字本説文解字。趙抄本指趙均抄大字本説文解字。孫顧校本指孫星衍、顧廣圻批校本説文解字。顧校本指袁廷檮舊藏、顧廣圻批校本説文解字。各本刊刻或流傳情況詳下。

封面所題的「嘉慶甲子歲仿宋刊本」，是爲嘉慶九年（一八〇四），而篇首孫星衍重刊宋本說文序則署嘉慶十四年（一八〇九），各圖書館著録該書的版本時間，或早或晚，前後有五年之差。平津館本的底本，孫星衍有「今刊宋本，依其舊式，即有譌字，不敢妄改」之說，六十餘年後的同治十二年（一八七三），陳昌治在附刊説文解字校字記時，僅云「孫刻篆文及解説之字，小有譌誤，蓋北宋本如此」，已莫知其詳。晚清以來，通過比較孫本與其他宋本的文字、版式、行款，結合孫星衍藏書及其流傳，學界提出了孫本祖周錫瓚本〔一〕、王昶本〔二〕、錢曾本〔三〕、額勒布本〔四〕等多種説法，莫衷一是。孫本的翻刻是否忠

〔一〕周錫瓚本今存佚不詳，其字句情況見段玉裁汲古閣説文訂。周祖謨根據段玉裁汲古閣説文訂所録周錫瓚本，認爲孫本「所祖之本必與周氏宋本相近，或即與周氏宋本爲一槧也」，見説文解字之傳本，國學季刊，第五卷第一期，一九三五年，後收入説文解字之宋刻本，問學集，中華書局，一九六六年，第七六七—七六八頁。倉田淳之助也注意到孫本與汲古閣説文訂所載的周本多有一致，並推測孫本採用了與内藤湖南藏本（殘本，存六卷，今藏杏雨書屋）非常接近、漫漶程度也很接近的祖本作爲底本，見説文展觀餘録，東方學報第十册第一分，一九三九年。

〔二〕王昶本今藏日本静嘉堂文庫，鈐有「青浦王昶字曰德甫」「一字述庵别號蘭泉」「阮元私印」「汪印士鐘」「濟陽蔡氏」「蔡印廷楨」「歸安陸樹聲叔桐父印」等印章，曾爲王昶、阮元、汪士鐘、蔡廷相、蔡廷楨、陸心源等人經藏或寓目，影印本收入續古逸叢書、四部叢刊。陸心源北宋槧説文解字跋：「愚謂平津館所刊，即祖此本（指王昶本），行款匡格皆同。」見儀顧堂書目題跋彙編，中華書局，二〇〇九年，第二九九頁。范希曾書目答問補正於説文下云：「涵芬樓續古逸叢書影印北宋刊本（指王昶本）善，此即平津館據刻之本，乃大徐本第一刻也。」見張之洞撰，范希曾補正書目答問補正，第五一頁。孫星衍另藏有影寫王昶本，孫氏祠堂書目内編、平津館鑒藏記書籍續編著録。葉德輝曾得見影寫王昶本，並根據藏書源流、文字比較，提出孫本依據影寫王昶本刊刻：「余借閲旬日，手校一過，知孫刻即據此本（指影寫王昶本）雕刻。」「孫刻源出王本，而以孫刻相校時，有與段訂所引周氏宋本同者。」見葉德輝撰，楊洪升點校郎園讀書志卷二「説文解字三十卷（影寫宋本校平津館本）」條，上海古籍出版社，二〇一〇年，第八七—九二頁。

〔三〕錢曾本今藏北京大學（LSB\9084），存卷一、卷八至卷十三。鈐有「趙氏凡夫」「有明黄翼收藏」「錢曾」「陽城張氏省訓堂經籍記」「葆采印信」「星衍私印」「廣圻審定」「古潭州袁卧雪廬收藏」「李印盛鐸」等印章，爲趙宧光、黄翼、錢曾、張敦仁、張葆采、孫星衍、顧廣圻、袁芳瑛、李盛鐸經藏或寓目。錢曾述古堂書目載「許氏始一終亥説文三十卷，標目一卷，四本」，當即此本。木犀軒藏書書録著録。

實，便由於底本的不詳而無從考索。至於孫星衍重刊序中另外提及的「以傳注所引文字異同，别爲條記，附書而行」，這份校記却未曾面世，人們僅能從光緒初年雷浚撰寫的説文辨疑序中，依稀讀到關於嚴可均、顧廣圻因刊刻時是否改正文字以致失和的傳聞。關於平津館本來龍去脈的很多綫索，還静静地塵封在批語校記、題跋書札和藏書印章之中。

一

追溯平津館本説文解字的刊刻緣起，要從清代説文學的發展和説文版本的流傳説起。

明代以迄清初，舊本説文的流傳不廣，顧炎武日知録卷二十一「説文」條下説：「説文原本次第不可見，今以四聲列者，徐鉉等所定也。」知顧炎武所見，當爲萬曆年間陳大科以説文解字爲題刊行的李燾「始東終甲」的説文解字五音韻譜，而非「始一終亥」的説文。康熙年間，秀水朱彝尊歸里後，與毛扆、張士俊、

張玉範以爲「孫氏平津館翻刻宋本即據此（指錢曾本）」，見張玉範編北京大學圖書館藏善本書録，北京大學出版社，一九九八年，第六三頁。沈乃文亦有「孫星衍翻刻説文解字，依據的是自藏宋刻本」説，見古籍書目的三種功能與傳統目録學的三個層次，書谷隅考，上海古籍出版社，二〇一一年，第二二〇頁。

〔四〕額勒布本今藏國家圖書館（善本 09588），曾爲毛晉、毛表、季振宜遞藏，約乾嘉年間歸額勒布，鈐有「額勒布印」「鄂爾崐索佳氏」等額勒布章，標目頁有「顧印廣圻」，經汪喜孫、楊以增、楊紹和、陳澄中等人遞藏，楊紹和楹書隅録著録，影印本收入許慎撰宋本説文解字，國家圖書館出版社，二〇一七年。丁艮善刊説文解字，跋云：「右仿刻説文解字十五卷，原本即世傳毛氏所得北宋小字本也。其本今藏山東聊城楊氏海原閣，卷中唯毛氏印記及孫淵如先生印最多。」「乃知孫所據者即其本也，而與孫本頗有異同，蓋仿刻時略有變動也。」然額本上並無孫星衍印章，丁説有不實之處，辨詳下。潘妍艷據孫星衍與顧廣圻書札指出「孫氏刊本終改以額鹽政宋本爲據」，見孫星衍山東幕府研究，北京大學二〇一二年碩士論文，第三三頁。但就額勒布本的出借始末、孫本翻刊的前後經過，及孫本翻刻與底本之間的版式及文字異同等問題，文中考論尚有不足，這也是本文所重點關注的。

曹寅等在江南相知，勸刊小學書籍。朱彝尊汗簡跋云：

> 予也僑吴五載，爲贊毛上舍扆刊説文解字，張上舍士俊刊玉篇、廣韻，曹通政寅刊丁度集韻、司馬光類篇。將來徐鍇之説文繫傳、歐陽德隆之韻略釋疑，必有好事君子鏤板行之者。（曝書亭集卷四十三）

這裏，朱彝尊促成的毛氏汲古閣本説文解字，張氏澤存堂本玉篇、廣韻，曹氏楝亭五種本集韻、類篇，歷來爲清代學者所重視。就説文而言，毛氏汲古閣大字本説文付梓後，該本及其翻刻本，即成爲清初通行的説文版本。汲古閣本有初印本和剜改本之區别，初印本不晚於康熙四十三年（一七〇四）刊成，此後屢經剜改，第五次剜改約在康熙五十二年（一七一三）前後〔一〕。六十年後的乾隆三十八年（一七七三），

〔一〕關於汲古閣本的底本、校樣、初印本、剜改本問題，參段玉裁汲古閣説文訂，續修四庫全書影印五硯樓本，上海古籍出版社；孔毅汲古閣刻説文解字略考—兼與潘天楨先生商榷，古籍整理研究學刊一九八九年第二期；潘天禎汲古閣本説文解字的刊印源流，北京圖書館館刊，一九九七年第二期；楊成凱汲古閣刻説文解字版本之疑平議，古典文獻與文化論叢第二輯，杭州大學出版社，一九九九年；郭立暄中國古籍原刻翻刻與初印後印研究「清初毛氏汲古閣刻本説文解字十五卷」條，中西書局，二〇一五年，第三四七—三四九頁。諸家觀點稍有不同，對各本的真僞問題和具體的刊刻情況看法不一。今案：結合趙宧光、趙均的藏書及具體校勘看，趙均抄本篆文順序，基本依始一終亥的宋本説文解字，間有趙宧光舊藏本漫漶造成的趙抄本篆次訛誤。趙均抄本的篆形、説解，則多源出明嘉靖以後自郭雨山本翻刻的白口左右雙邊的五音韻譜的古字、異文。從説文解字和五音韻譜的版本系統看，趙均抄本並非以宋本爲主底本，而是趙均參考家藏的宋本説文篆次，以半頁七行的行款，自明刻五音韻譜抄録而成。汲古閣本刊刻寫樣時，主底本即趙均抄本（或其録副本），並曾據毛晉舊藏的宋本説文及其他字書、韻書校改。毛扆汲古閣本説文解字校樣，目前可知曾有兩本。南京圖書館藏毛扆校跋汲古閣本（GJ115366）爲汲古閣本的試印校樣，有毛扆甲申年（康熙四十三年，一七〇四）朱色校跋、乙酉年（康熙四十四年，一七〇五）藍色校跋，知初刻不晚於康熙四十三年（一七〇四）。

毛扆另有康熙五十二年（一七一三）第五次校改的校樣，即淮南書局摹刻本的底本。根據淮南書局本可知，上有毛扆題寫的「家刻説文校改第四次樣本」，標目末有「癸巳年修板第五次，凡上方有青圈者要修，無者不動」的跋語，段玉裁云，該本「卷中旁書朱字，復以藍筆圈之」，即有朱筆校字，以藍筆圈改。何煌於雍正三年（一七二五）借得此本校勘，「以朱筆糾正而識之」。乾嘉之際，該本藏於周錫瓚處，段玉裁於嘉慶二年（一七九七）借得此本，撰成汲古閣説文訂，並撰跋文於上。嘉慶五年（一八〇〇），顧廣圻又借得此本，另撰跋文指出段氏失校之處。至光緒七年（一八八一），淮南書局由洪汝奎自荆塘義學借得此本並依校樣上的版刻文字影摹開雕，借段玉裁汲古閣説文訂序中介紹的毛扆朱藍校改及何煌朱筆批校，淮南書局本並未摹刻，而毛扆第五次校樣今下落不明。段氏殆因見毛扆題跋及書末的「有明毛晉從宋本校刊」字樣，故撰汲古閣説文訂序時云：「斧季親署云順治癸巳汲古閣校改第五次本。」「今坊肆所行，即第五次校改本也。」指出當時通行本係據此校樣校改後刊行，即「汲古閣五次剜改本」，段氏對汲古閣本的版本源流的考訂大體不誤，唯書中有部分失校、誤校，並誤以康熙癸巳（一七一三）爲順治癸巳（一六五三），致清人多有沿誤。郭立暄考察汲古閣本的印本先後，根據典型異文，將汲古閣本分爲試印本、初印甲本、初印乙本和後印本，這一考察基本正確，但據筆者經眼的汲古閣本説文解字看，尚有待進一步的辨證和細化。一，增刻「附録自毛扆跋以下十一則」爲五次剜改以後的印本特徵，郭氏歸入「初印乙本」，有誤；二，印次的討論上，修版特點和印本先後的認識亦可細化。就五次剜改以前的印本而言，毛試印本多古字，與趙均抄本的面貌有相合，但亦有據小字宋本校改處，蓋毛氏所云「北宋本校刊」即謂此，初印甲本已改去部分古字，並據小篆修正了部分楷書字形。至初印乙本則剜去「有明」二字。淮南書局的底本，亦即第五次剜改校樣，實爲較早的初印甲本。而就五次剜改以後的印本而言，段玉裁已指出第五次剜改多據小徐本。在具體印本方面，國圖藏袁廷檮跋汲古閣本（善本 07316），袁廷檮跋云該本經顧廣圻鑒定，爲「初修印本」「較未修初印本已遜，然比時俗印本遠勝也」。筆者考察發現「初修印本」與乾嘉通行的五次剜改後印本（如上圖綫善 T12153—68 等）文字異文相合，均屬於經過毛扆第五次剜改之後的印本。但在各卷卷首字數、部首字數上，初修印本仍多與宋本、汲古閣初印本一致，而五次剜改後印本的字數則似依據各部内的實際字數進行了剜改。要之，經過第五次剜改之後的汲古閣本亦有版片剜改修補的細微差别。袁廷檮所説的「未修初印本」，指的是未經過五次剜改的早印本，「初修印本」指的是經過五次剜改之後的早印本，「時俗印本」則是經過第五次剜改後，再剜改字數的後印本。就汲古閣本的刊刻底本和各印本的校改情况，筆者擬另外撰文。本文根據文字的差别，採用「毛試印本」「毛初印本」「毛剜改本」作爲大體區分，「毛試印本」專指南京圖書館藏毛扆校跋汲古閣本（GJ115366），「毛初印本」概指包括初印甲本和初印乙本、淮南書局本的底本在内的，反映五次剜改以前的早印本面貌的版本，「毛剜改本」概指包括初修印本、五次剜改後印本在内的，反映五次剜改以後的晚印本面貌的版本。

朱筠視學安徽時，又據汲古閣剜改本翻刻爲椒華吟舫本〔一〕。

在平津館本説文解字出現以前，毛氏汲古閣本影響最大，流通最廣。其書版片在康熙五十二年（一七一三）毛扆去世後曾數易其主，「歸祁門馬氏在揚州者，近年又歸蘇之書賈錢姓。值國家右文，崇尚小學，此書盛行」〔二〕，乾隆年間李文藻送馮魚山説文記中的記述，就頗能窺見一時的學術風氣：

國家以説文治經，惠半農侍讀最先出，其子棟繼之。近日，戴東原大闡其義，天下信從者漸多。高郵王懷祖，戴弟子也，己丑冬，遇之京師，屬爲購毛刻北宋本。適書賈老韋有之，高其直，王時下第囊空，稱貸而買之。（南澗文集卷上）

王念孫科舉落第，向别人借錢方購得汲古閣本説文的故事，發生在乾隆三十四年（一七六九）。此時正值惠棟、戴震倡導説文之學，故京師地區的「毛刻北宋本」一書難求。清人的筆記中，又有阮元嘉慶五年督學浙江後，「時蘇州書賈語人曰：『許氏説文販脱，皆向浙江去矣。』」〔三〕，這説的也是時版在蘇州的汲古閣本説文解字。

〔一〕椒華吟舫本封面題「乾隆癸巳開雕／説文解字／椒華吟舫藏板」，篇首有朱筠重刻説文解字叙，其正文至附録内容，基本依照汲古閣本翻刻，每卷卷首在「徐鉉」下增加「大興朱筠依宋本重付開雕」「宛平徐瀚校字」字樣。文字上間有校改，如説文訂指出卷十四下「𠫓」字例。

〔二〕段玉裁汲古閣説文訂序，汲古閣説文訂，第三二九頁。又淮南書局本説文解字卷首段玉裁跋毛扆手校説文解字：「説文始一終亥之本，亭林未見，毛子晉始得宋本校刊，入本朝版歸祁門馬氏在揚州者，近年又歸蘇之書賈錢景開，當小學盛行之時，多印廣售，士林倆幸矣。」知汲古閣本説文書版，乾嘉時在蘇州萃古齋錢景開處。

〔三〕陳康祺郎潛紀聞二筆，中華書局，一九八四年，第六三三頁。

毛扆在汲古閣本附記中的題識中説：「先君購得説文北宋版，嫌其小字，以大字開雕。」然而，汲古閣本真的如其封面所説，是據「北宋本校刊」麽？隨着小字本説文等舊本説文在藏書家和學人間的相互流傳，學者也得以知曉汲古閣本的不足。集中體現這一過程的，正是以説文研究著稱的段玉裁。考段玉裁乾隆五十五年（一七九〇）左右所作的説文解字讀〔一〕，其採用的説文版本，以毛氏汲古閣剜改本爲主，並以繫傳、五音韻譜、韻會等書參校，其中固有幾處提及「麻沙宋本」〔二〕，但「麻沙宋本」的校語，蓋非親眼得見，而是過録自書商錢景開的校本〔三〕。彼時的段玉裁，還没有機會看到小字宋本説文解字。嘉慶二年（一七九七），段玉裁在藏書家周錫瓚、袁廷檮等人的幫助下，得見説文大字本兩種（毛扆手

〔一〕關於説文解字讀的年代，陳鴻森指出「北京本寫成年代至早應該在乾隆五十五年前後，甚至在尚書撰異五十六年成書之後」，見陳鴻森段玉裁説文注成書的另一側面——段氏學術的光與影，中國文化二〇一五年一期。

〔二〕説文解字讀「蓍」「觷」「槎」「叒」等條下，曾引及麻沙宋本，分别見段玉裁説文解字讀，北京師範大學出版社，一九九五年，第六一、一三八、三〇二、三〇六頁。

〔三〕據黄丕烈蕘圃藏書題識載，乾隆五十五年（一七九〇）冬，黄丕烈「從萃古齋主人錢君景開借得手校説文善本」「今人校書多據宋本，亦有高下之别，即如説文汲古閣校刊據北宋本，而錢君所據以校汲古閣本者，又爲麻沙宋本，是二本者，安知不有瑕瑜耶。金壇段君玉裁，爲今之名儒，取錢君校本，于宋本之謬者，旁抹之，誠爲有識」。知段玉裁所言「麻沙宋本」，即出自錢景開舊藏，非後來汲古閣説文訂的周錫瓚本、王昶本。值得注意的是，説文解字讀「叒」、説文解字注「中」下段玉裁所引麻沙宋本，與今所見諸宋元遞修本皆異，當是由於過録校語的緣故。

校汲古閣本第五次校樣、趙均抄本〔一〕，並小字本三種（王昶本、周錫瓚本、葉萬抄本〔二〕）。經過比勘，段玉裁發現「毛氏所得小字本，與今所見三小字本略同，又參用趙氏大字本。四次以前，微有校改，至五次則校改特多，往往取諸小徐繫傳，亦間用他書」，也就是說，從版本系統上看，通行的汲古閣本，經毛扆第五次校改後，實際上是混合了大徐大字本、小字本及小徐本的新刊本，已非宋本舊貌〔三〕。他以校記的方式，擇要録出各本異同，撰成汲古閣說文訂，提出「夫小徐、大徐二本，字句駁異，當並存以俟定論」，並認爲說文訂「所以存鉉本之真面目，使學者家有真鉉本而已矣」。

〔一〕趙均抄本說文解字，今藏日本大谷大學，存標目、卷一至卷二上，卷十二上至十三下、卷十四上至卷十五下共三册，何煌、周錫瓚、段玉裁、蔡廷相、蔡廷楨、張之洞、王秉恩、王文燾、神田喜一郎等人遞藏或經眼。參大谷大學圖書館藏神田鬯盦博士寄贈圖書善本書影，大谷大學圖書館，一九八八年，第三—四頁。白石將人說文解字文本的歷史獻學研究——以宋代校訂爲中心，北京大學二〇一七年博士學位論文。

〔二〕葉萬抄本今下落不知，乾嘉之際，該本藏周錫瓚處，段玉裁作汲古閣說文訂時曾借觀。關於段玉裁所用的三個小字本，汲古閣說文訂序有「三小字宋本不出一槧，故大略相同而微有異」之說，並於文中録出周本、王本、葉抄本的文字異同。筆者考察存世的說文宋元遞修本的刻工、版刻和文字異文，知小字本說文，有早修本和晚修本之別。段玉裁汲古閣說文訂所言的周錫瓚本與王昶本、葉萬抄本的差異，除個别爲抄寫、描潤的譌脱外，多由於說文早修本和晚修本的版本差異所致。周錫瓚舊藏本，當與額勒布舊藏本同版，屬早修本，經過元代一次板片修補後刷印，而葉萬抄本自錢曾本抄出，該本與王昶本同屬晚修本，經過元代兩次板片修補後刷印。詳拙文宋元遞修小字本說文解字版本考述，勵耘語言學刊二〇一九年第一輯。

〔三〕據清人藏書志及今日傳世的說文解字宋元刊本來看，均爲小字本系統。唯毛晉汲古閣本爲大字本系統。關於汲古閣本的底本及汲古閣本與趙均抄本的關係，段玉裁的看法前後稍有變化。嘉慶二年（一七九七），段玉裁作汲古閣說文訂序，云：「趙靈均所鈔宋大字本，即汲古閣所仿刻之本也。」嘉慶三年（一七九八），段玉裁又於趙均抄本上作跋，云：「宋刻說文多小字，獨此本大字。蓋宋刻有此大字本，而趙氏影抄也。」「毛版方幅字數，正與此本同，未知毛氏有此槧本，抑或當日趙抄在子晉家，故仿刻也。」此後，孫星衍重刊序亦言「毛晉初印本亦依宋大字本翻刊，後以繫傳刓補，反多紕繆」。段玉裁手跋及大字本說文相關問題，參辛德勇也談宋刊說文解字之大小字本問題，書品，二〇一四年第二期。

說文訂奠定了清代中期以來的說文校勘範式。但它的意義，並不僅限於爲「户讀毛氏此書」的清代學人提供說文的校勘成果〔一〕。黄丕烈斷言：「金壇段茂堂先生玉裁來寓吴中，遂有汲古閣說文訂之作，宋本之妙固已洗剔一新。」〔二〕說文訂中揭櫫的諸多異文，極大地唤起了清代學人對說文版本差異的關注，進而激發了他們對段氏所述的「小字宋本」說文的興趣。嘉慶年間，藤花榭本說文解字和平津館本說文解字均依小字宋本開雕，回應了當時學界對宋本說文的迫切需求。

二

嘉慶二年（一七九七），汲古閣說文訂付梓，「嘉慶三年時，此書流播都下，都下翕然稱之」〔三〕。嘉慶十年（一八〇五），在山東平津館的孫星衍致書錢侗，提及「重刊宋本說文，爲之考證于後。」〔四〕這封書信表明，在謀劃刊刻說文時，孫星衍即擬將說文刊刻分爲兩個部分：其一，擇善本重刊宋本說文。其二，廣搜材料撰寫說文考證校記。這兩部分的工作密切相關又各有側重，開始時間大抵相同。爲叙述方便，兹分别述之。

〔一〕袁廷檮跋汲古閣說文訂：「今海内承學之士，户讀毛氏此書，而不知其惡，試略箋記之以分贈同人，則人得一宋本矣。」汲古閣說文訂，第三六六頁。

〔二〕顧廣圻撰，黄丕烈注百宋一廛賦，王欣夫輯顧千里集卷一，中華書局，二〇〇七年，第四頁。

〔三〕嚴可均說文訂訂序，續修四庫全書影印許氏古均閣刻許學叢刻本，上海古籍出版社，第四六一頁。

〔四〕孫星衍與錢同人書，録自陳鴻森孫星衍遺文續補，古典學，華東師範大學出版社，二〇一二年，第四七六—四九七頁。

（一）平津館本説文解字的底本選擇與刊刻經過

孫星衍曾在孫氏祠堂書目序中説：「所交士大夫，皆當代好學名儒，海内奇文秘籍，或寫或購，盡在予處。」重視古籍善本，結交海内學人，是孫星衍刊刻岱南閣叢書、平津館叢書的基礎。平津館本説文刊刻底本的獲得與選擇，亦堪稱一波三折，峰回路轉。

乾嘉時期，王昶藏本説文解字聲名尤著。段玉裁借以作説文訂，錢大昕、黄丕烈、阮元、顧廣圻等學人亦曾獲睹該本。孫星衍也曾和王昶同主講於詁經精舍，但嘉慶十年（一八〇五），孫星衍在山東督糧道任上，無緣南下。是時錢侗在王昶幕下幫助刊刻金石萃編，得以借觀王昶藏本説文[一]。孫星衍於當年八月間遂書錢侗，談及擬刊刻説文並撰寫考證一事：

先從段茂堂處致一札，未知達否？弟欲重刊宋本説文，爲之考證于後，引各書所引説文之詞，訂定其是，附載各卷。即求尊書刊版，想好古如足下，必樂成人之美也。寫就寄到時，必奉潤筆，以酬雅意，千萬留意辦理。

大約此後不久，錢侗即開始襄助孫氏影抄王昶本説文。

嘉慶十一年（一八〇六）冬，嚴可均館於孫氏平津館，撰成校議初稿。次年春天的二三月份，孫星衍以玉篇、廣韻等書，校於大字本説文上。嘉慶十二年（一八〇七）冬，孫星衍又從額勒布處，借得了

[一] 今王昶本卷末有嘉慶十年（一八〇五）「乙丑閏六月錢侗借觀」之跋文，又前舉孫星衍嘉慶十年八月致錢侗札中有「蘭泉師府中朱朗齋諸人，均祈道念」。知孫星衍因錢侗在王昶幕下，托錢侗影抄。

另一帙小字本説文，重校一過〔一〕。今藏國家圖書館的孫星衍、顧廣圻手校大字本説文解字（善本 07315）〔二〕，南京圖書館所藏夾有洪頤煊、孫星衍、顧廣圻手校浮簽的汲古閣初印本説文解字〔三〕，以及國家圖書館所

〔一〕額勒布，姓索佳氏，名額勒布，字履豐，號約齋，生平參包世臣額侍郎別傳（藝舟雙楫卷七）。據張召南撰、王德福續孫淵如先生年譜（藕香零拾叢書本）嘉慶十年（一八〇五）條：「九月，返至濟寧，隨同欽使鹽政額勒布鞫事沛上，十一月回德州。」知孫星衍在山東督糧道任上已結識額勒布。

〔二〕國家圖書館藏孫星衍、顧廣圻校跋説文解字（善本 07315），涵芬樓舊藏，鈐有「王穉之印」「王岡印」「南后」「葉鳳毛印」「恒齋」「海鹽張元濟經收」「涵芬樓」「北京圖書館藏」諸印章，涵芬樓燼餘書録著録爲「嚴鐵橋、孫淵如、顧千里、洪筠軒校」，並云「今觀是本，乃知即雷氏所指，初由嚴氏校改，孫氏從而審之，繼得小字宋本，又校一過，而顧氏最後爲之抉擇也。嚴氏所校，孫氏間有商榷之詞，而顧氏乃嚴加駁詰，語不少遜。至洪氏頤煊，則僅承師命偶參末議而已」。關於該本的入藏，張元濟日記一九一六年十一月二十一日：「還孫、顧校説文解字，五十元。（黄祉安經手。）」十二月六日：「買入孫星衍、顧千里校宋本説文解字，計十二本，洋五十元。由黄祉安買入。」知張元濟於一九一六年爲涵芬樓購入，後入藏國圖。其上校語，嚴可均校語均係孫星衍過録，另夾有顧廣圻手校浮簽四紙，洪頤煊手校浮簽一紙。北京圖書館藏古籍善本書目著録爲「清初毛氏汲古閣刻本，孫星衍、顧廣圻校並跋，十二册」。今考該本，封面雖與汲古閣本相同，實並非汲古閣原刻，而爲據汲古閣剜改後印本的翻刻本，如「尌」下説解有譌，顧廣圻批校「依宋本改，汲古本亦不誤」，即指出其爲翻刻之誤。

〔三〕南京圖書館藏汲古閣初印本説文解字（GJ117527），孫毓修舊藏，鈐有「孫毓修印」「星儒」「小緑天藏書」「南京圖書館藏」諸印章，書中夾有顧廣圻手校浮簽八紙，孫星衍録嚴可均浮簽五紙，並洪頤煊手校浮簽九紙，書上另有孫毓修自涵芬樓舊藏本過録的部分孫星衍、顧廣圻校跋。就國圖藏本、南圖藏本的源流看，嚴可均、洪頤煊曾同在孫星衍山東平津館幕下，顧廣圻則在江南校書，今國圖藏本上的校跋爲孫、顧手跡，而南圖本上的校跋筆跡與孫毓修相近，係過録本，内容遠少於國圖藏本。另一方面，南圖藏本的浮簽則爲孫、洪、顧手跡，考卷十三上頁三「緢，冕也」條，南圖本有洪頤煊浮簽：「頤煊案：玉篇『緢，冤也』，莊子天道篇『緢』十三經釋文引司馬注『緢，煩冤也』。此作『冕』字誤。『冕』與上下文不類。」國圖本無浮簽，板框内另有孫星衍録嚴可均校：「玉篇『冕』作『冤』，如洪説。」由是可知，南圖藏本上的所有手校浮簽，原當附於今藏國圖的涵芬樓舊藏本上。校勘層次上，洪頤煊校語在孫星衍録嚴可均校之前。由於南圖藏本舊藏孫毓修處，孫毓修曾任職於商務印書館，並參與四部叢刊等書籍的影印，蓋孫毓修曾從涵芬樓借得原書並過録校語，而涵芬樓藏本原有的部分浮簽，亦隨之流入孫氏藏書，並最終入藏南圖。關於孫毓修校本，黄永年跋阮元校本説文解字曾云：「余嘗於修文堂見孫氏小緑天舊藏孫淵如校本説文真跡，後見其他藏家書目著録孫校説文數部（間有與他人合校）。」見黄永年黄永年古籍序跋述論集，中華書局，二〇〇七年，

藏袁廷檮、顧廣圻校跋汲古閣初修印本説文解字（善本07316）〔一〕，反映了孫星衍、洪頤煊、嚴可均、顧廣圻諸人的説文校勘經過。其中，孫顧校本上的孫星衍、顧廣圻手跋，透露出了二人校勘説文的具體年月。兹不避瑣碎，條録於左〔二〕：

卷一下〔孫〕嘉慶丁卯歲，以額鹽臺借寄小字宋本説文校一過，十二月十六日狂風竟夜，至午未息。五松居士記于平津館。〔顧〕庚午六月覆勘，澗蘋顧廣圻記。

卷二上〔孫〕丁卯年二月初十日校于安德讓棗軒，孫星衍。〔孫〕是年十二月十六，校小字宋本，犛、氂切音與此互易，宋本是也。〔顧〕庚午七月顧廣圻覆校。〔顧〕癸酉七月再校。

卷二下〔孫〕丁卯歲十二月十七日校宋本。

卷三上〔孫〕丁卯歲十二月十七日校宋本。

卷三下〔孫〕二月十三日閲。〔孫〕丁卯歲十二月十八日校小字宋本于安德平津館。

卷四上〔孫〕嘉慶丁卯歲十二月十八日校小字宋本。

卷四下〔孫〕嘉慶十二年二月十三日，大風夕止，校于南枝軒之燭下，時漏三下。〔孫〕十二

第一五一—一六頁。

〔一〕國家圖書館藏汲古閣初修印本説文解字（善本07316），涵芬樓舊藏，書末有袁廷檮嘉慶三年戊午（一七九八）跋云：「顧君千里知予重出，以所校荀子易去。」涵芬樓燼餘書録云：「嘉慶戊午，袁氏以是本歸於顧千里。越十餘年，至癸酉、甲戌之際，復有人依初印本以朱筆改正。」北京圖書館古籍善本書目著録爲「佚名校、袁廷檮跋」。今考該本上的校語，實出顧廣圻之手，校勘亦多取宋本，而非初印本，具體詳下。

〔二〕跋語除卷十五外，均在各卷卷末，或有顧廣圻跋語在孫星衍之左，引用時以「孫」「顧」標明跋語撰者，並依時間先後排列。

年十二月十九日校宋本。〔顧〕顧廣圻覆勘，辛未閏月。

卷五上〔孫〕丁卯歲十二月廿一日校小字宋本。

卷五下〔孫〕二月十四日讀于安德南枝書屋。〔孫〕廿六日又校玉篇。〔孫〕丁卯年十二月廿二日校小字宋本。〔顧〕顧廣圻覆校。

卷六上〔孫〕丁卯歲十二月廿二日校宋本。

卷六下〔孫〕二月十六日校。〔孫〕嘉慶十二年十二月廿二日校小字宋本于平津館。

卷七上〔孫〕丁卯年十二月廿三日校宋本。

卷七下〔孫〕丁卯年二月十九日校于安德道署。時兩日大風，晦冥，向日然燭，體中不適，五松居士記。〔孫〕卅日舟行東光境中又校。〔孫〕是年十二月廿三日校小字宋本。〔顧〕辛未六月顧廣圻覆勘。

卷八上〔孫〕嘉慶十二年嘉平月廿四日校小字宋本。

卷八下〔孫〕丁卯年十二月廿四日校宋本。

卷九上〔孫〕丁卯二月廿二日大風揚沙，校至此。〔孫〕卅日舟行東光道中又校。〔孫〕是年十二月廿四日校宋本。〔顧〕辛未八月顧廣圻再勘畢。

卷九下〔孫〕丁卯年十二月廿四日校小字宋本。

卷十上〔孫〕丁卯年十二月廿六日曉起，校宋本。

卷十下〔孫〕丁卯二月廿三日校於平津館。〔孫〕三月一日舟行東光河中校。〔孫〕丁卯年十二月廿七日校小字宋本。

卷十一上〔孫〕嘉慶十二年十二月廿八日校小字宋本於平津館。

卷十一下〔孫〕嘉慶十二年十二月廿八日校小字宋本。

卷十二上〔孫〕丁卯二月廿四日校，大風後，春寒倍甚。〔孫〕三月一日東光舟中，又大風。〔孫〕嘉慶十二年十二月廿八日校小字宋本。

卷十二下〔孫〕丁卯歲十二月廿九日校宋本。

卷十三上〔孫〕嘉慶十二年十二月卅日校小字宋本。

卷十三下〔孫〕丁卯二月廿四日校于安德平津館。〔孫〕戊辰正月一日校小字宋本。

卷十四上〔孫〕嘉慶十三年正月初四日校小字宋本。

卷十四下〔孫〕丁卯二月廿四日校于燭下。〔孫〕三月一日舟行東光河中，大風閲竟。〔孫〕戊辰正月四日校小字宋本完，時在安德平津館，五松居士記。

卷十五下〔孫頁四〕嘉慶十二年二月廿四日鼓二下校，在南枝書屋。〔孫頁十四〕嘉慶十三年正月四日，校完小字宋本于安德道署之平津館。

以上跋語，完整而清楚地表明，孫星衍曾通校説文解字兩過，第一次是嘉慶十二年丁卯二月至三月期間，孫星衍以玉篇、廣韻等他書校説文一遍。第二次則是嘉慶十二年丁卯十二月至十三年戊辰一月間，孫星衍從額勒布處借得小字本説文後，又重校説文一遍。顧廣圻的覆校，則從嘉慶十五年庚午（一八一〇）起，嘉慶十六年（一八一一）六月校至卷九上，嘉慶十八年癸酉（一八一三）七月又重校卷二，至嘉慶十九年甲戌（一八一四）校至卷四、卷五〔一〕。孫星衍第一次校勘時，未逐卷作跋，第二次校勘額本時，則逐卷有跋，故今批校本中，有同頁保留孫星衍、顧廣圻不同時期校勘跋語的情況。

借得額勒布本後不久，孫星衍即致書顧廣圻，囑其留意翻刻額本説文〔二〕：

前有札奉寄，托足下在孫子祠辦理刻書之事，每歲與張古餘各奉修金百數十兩，計可安身。刻工即交劉文楷經手，設局在祠内最便，足下亦可移居讀書。尚有借到額鹽政小字説文，遇便寄交尊處翻版等事，乞先爲留意。

此札表明，孫星衍、張敦仁（古餘）各奉修金，邀請顧廣圻在蘇州虎丘孫子祠内辦理刻書事宜。此後，平津館本説文的刊刻，正是由劉文楷經辦刻字，並由顧廣圻在蘇州主持完成的。

巧合的是，嘉慶十三年（一八〇八）正月，錢侗攜抄完的影寫王昶本説文至孫星衍德州道署交付，孫星衍得以同時展閲影寫王昶本和額勒布本這兩帙説文。今存的孫星衍校跋中，標目卷第一頁天頭書「依宋本小字板校」，全書各卷天頭的朱筆「宋本作某」「小字宋本作某」「蘭泉本作某」等，多爲孫星衍

〔一〕國圖07315上的顧廣圻跋語，除各卷跋語的嘉慶十五年庚午、嘉慶十六年辛未、嘉慶十八年癸酉外，天頭上校記所署時間，最晚至嘉慶十九年甲戌，見卷四「瞷、鷗」、卷五「廎」等字下，與國圖07316卷三、卷五下的甲戌跋語相合。

〔二〕孫星衍與顧千里書三，録自陳鴻森孫星衍遺文續補，影印件見國家圖書館藏鈔稿本乾嘉名人别集叢刊（二五册），國家圖書館出版社，二〇一〇年，第一四六—一五〇頁。此札署「二十六日」，考顧廣圻於嘉慶十二年（一八〇七）冬歸吴門，疑即嘉慶十二年十二月所作。

第二次校勘時的校語。其「宋本」「小字宋本」均指額勒布本，「蘭泉本」指影寫王昶本（王昶號蘭泉）。如卷四「𣅀，引也」下，孫星衍有兩行批校「宋本亦作『引』也」「蘭泉本『神』也」。卷六「幢，帳極也」下，孫星衍先録嚴可均校「宋本作『帳柱也』，繫傳、韻會同」，天頭有朱筆校「宋本『極』，模粘」〔一〕。卷九「庚，水槽倉也」下，孫星衍先録嚴可均校「宋本及集韻、韻會引作『水漕倉也』」，天頭朱筆校「小字宋本亦作『槽』」。卷十「喬，从夭从高省」下，孫星衍録嚴可均校「宋本作『高省聲』」，天頭朱筆校「小字宋本亦無『聲』字」。以上校語，孫星衍所録嚴可均校語中的「宋本」，皆本段氏説文訂，實爲段氏校得的王昶本的文字面貌，而孫氏校語的「宋本」「小字宋本」，均爲額勒布本的文字面貌。孫星衍根據額勒布本的文字，重作一番校勘，並訂正了段玉裁説文訂中的失校和誤校〔二〕。

〔一〕「幢」條後，顧廣圻圈去嚴可均校語的「宋本作『帳柱也』」，並在天頭覆校：「審視是『極』字。」顧廣圻校勘宋本時，在板框中的文字，或直接校於字上，或在校訂的文字右下書「宋」字。或在天頭，亦在文字右下角書「宋」字。

〔二〕段玉裁汲古閣説文訂中，有一些失校、誤校之處。清人的説文批校中，多有過録段玉裁説文訂者，以説文訂的失校、誤校爲綫索，可以判斷諸人的校勘，究竟是吸收段氏校語，還是親自校勘。説文訂「𣅀」條「宋本作『神』也，恐是『伸』之誤」。「幢」條「宋本、葉本『極』作『柱』」。「庚」條「宋本、葉本作『漕』」。此三條，説文訂所説的「宋本」，均與王昶本相合，但段玉裁没有説明王本、周本是否有差異。今案：從宋元遞修本説文解字看，額本等早修本，此三條分別作「引」「極」「槽」，而王本的異文乃修版後産生，段玉裁當失校與額本同版的周錫瓚本。孫顧校本中，於「𣅀」條孫氏校語後，另有顧廣圻校語「描寫之誤耳。自段大令不察，載入説文訂，而遂成故實矣。」鈕樹玉説文解字校録卷三「𣅀」下亦引顧廣圻説：「王蘭泉藏本經人描寫，故誤『引』爲『神』。其實予屢見宋槧，皆作『引』。傳之失真，不可不辨。」見鈕樹玉説文解字校録，續修四庫全書影印江蘇書局刻本，上海古籍出版社，第三二五頁。顧、鈕之説，可以旁證段氏失校。又説文訂「喬，从夭从高省」條下「兩宋本一有『聲』字，一無，餘本皆無」。今按：「喬」字，額本無「聲」字，王本此頁爲抄補，作「从夭从高省」，同額本，另於下文「南有喬木」之「木」字下衍「聲」字，段玉裁説文訂所説的「兩宋本一有『聲』字」，當出自王本，而校記有誤植。在説文校議中，「幢」例，嚴可均吸收孫星衍説，云「一宋本亦作帳極」。「庚」「喬」二例，校議則承段氏之説，云：「庚，通觀全書，孫氏校語大部分僅出異文，偶有案語，如卷一上「神」字，毛本作「从示申聲」，孫星衍校「宋本無『聲』字，甚妙」。卷一上「中」字，毛本作「和也」，孫星衍校「宋本作『而』，未詳，然『和』字疑後人所改」。卷十四上「官」字，毛本作「吏事君也」，孫星衍圈改「吏」作「史」，並校云「小字宋本作『史』，好極」〔一〕。經過校勘，孫氏撰跋文於影寫王昶本卷末牒文之後：

此本從王少寇藏祠宋本影鈔。戊辰正月，錢文學侗到德州見付，酬贈工價白銀七十兩。時又借得額鹽政宋本，粗校一過，大略相同，惟有一二處少異。如又部「⿱髟又」，此本作「神也」，額本仍作「引也」之類，恐是補葉改寫之異。今擬重刊，以額本爲定。宋刻如「蟬媛」「蜉游」之屬，不作「嬋媛」「蜉蝣」，勝于毛本者，指不勝屈。吾後人其寶藏之。人日記于平津館，五松居士。〔二〕

案：孫星衍所説「蟬媛」「蜉游」，分别見説文「嬃」「⿰虫京」字下〔三〕。其中「嬃」字，額本、毛試印

宋本及集韻九噳、類篇、韻會七麌，引作『水漕倉也』，此作『槽』，誤。」「喬，宋本作『高省聲』，一宋本脱『聲』字。」考此四條，俱爲段玉裁説文訂校勘中失校和誤校宋小字本，孫星衍則未從段氏，依據額本出校，並指出了段校的失誤。

〔一〕今案：「神」，額本、王本作「从示申」，趙抄本、毛本、繫傳作「從示申聲」。「中」，額本、王本作「而也」，趙抄本、毛本、繫傳作「和也」。「官」，額本、王本作「史事君也」，趙抄本、毛本、繫傳作「吏事君也」。這幾則毛本與小字本的差異，説文訂均未出校，亦爲孫星衍目驗所得。

〔二〕孫星衍舊藏錢侗影寫王昶本，平津館鑒藏記書籍、孫氏祠堂書目著録，共八册，無綫格，行款、板心處大小字及刻工、正文文字悉依王昶本。鈔本鈐「趙堂校本」「孫星衍印」「頤煊審定」等錢侗、孫星衍、洪頤煊印章，後歸袁芳瑛、陳鼎，今藏上海圖書館（綫善 756314—21 ）。葉德輝、李盛鐸曾經眼此書，木犀軒藏書書録於「説文解字（影宋抄本）」條下抄録此跋，見李盛鐸著、張玉範整理木犀軒藏書題記及書録，北京大學出版社，一九八五年，第八四頁。按李氏所録，「正月」誤爲「三月」，其他文句亦有小異，今據原件迻録。

〔三〕孫顧校本説文「嬃」天頭孫星衍校：「宋本作『蟬媛』。」又，孫星衍録嚴可均校：「説文無『嬋』，當從手。」「⿰虫京」天頭孫星衍校：

本及集韻所引説文，均作「蟬媛」，王本、毛初印本、毛剜改本作「嬋媛」[一]。「蜿」字額本、王本作「蜉游」，毛本、繫傳作「蜉蝣」。「嬋」爲説文新附字，「蝣」字説文未收，二例皆「勝于毛本」，前者亦是額本稍勝王本之證。經過粗校，孫氏認爲額本、王本「大略相同」，王本恐有「補葉改寫」，遂決定以額本爲底本翻刻。嘉慶十三年（一八〇八）二月末，孫星衍另作一札與顧廣圻，云：「悉宋刻説文等收到，即爲籌刊，甚慰……錢同人寫本甚整齊，然覓便祈歸，又復遷延時日。吴門如有佳書手，亦不必惜小費，此部留存亦有用也。」[二]知孫星衍於一月校完額本説文後，即將額本寄至顧廣圻處，請顧廣圻代爲尋覓抄手，不惜工本進行影刊，而錢侗影鈔本，則並未寄送至顧廣圻處。之後，嘉慶十三年閏五月初九，孫星衍又與顧廣圻書，催辦説文事宜[三]。是年六月至九月，孫星衍乞假南下，曾至吴門孫子祠與顧廣圻商議刻書事宜。嘉慶十四年（一八〇九），孫星衍作重刊宋本説文序，冠於平津館本説文卷首，言「屬顧文學廣圻手摹篆文，辨白然否，校勘付梓」，則篆文摹寫，出於顧廣圻之手。標目卷末頁有「江寧劉

「宋本作『蜉游』。」

〔一〕今案：「要」字趙抄本、毛試印本作「蟬媛」，與額本合，毛扆於試印本上圈改「女」，故初印本、剜改本均改作「嬋」。

〔二〕孫星衍與顧千里書五，録自陳鴻森孫星衍遺文續補，影印件見國家圖書館藏鈔稿本乾嘉名人别集叢刊（二五册），第一五七—一六〇頁。此札言「家君于廿六日南歸，必至吴門，住孫子祠，刻貲帯上」。考孫淵如先生年譜嘉慶十三年（一八〇八）二月條「父即於是月歸常州，奉贈通奉公神主入大宗祠，又奉許太夫人主入郡城節孝祠。始至金陵祠屋」。與此札年月相合，則當爲二月所作。

〔三〕孫星衍與顧千里書四云：「續古文苑、説文俱爲催辦。」録自陳鴻森孫星衍遺文續補，影印件見國家圖書館藏鈔稿本乾嘉名人别集叢刊（二五册），第一五一—一五六頁。此札云「閏端陽前一日回署」「弟陛見之日，已得請三個月省親假，面奉俞旨允准，當可交卸回南，商辦刻書事宜」。據孫淵如先生年譜，孫星衍於嘉慶十三年（一八〇八）五月十五日入京覲見，閏五月回德州道署，六月乞假南歸，則書作於閏五月初九。

文奎弟文楷模鐫」字，這表明孫本由金陵名工劉文奎、劉文楷、劉文模雕刻上板。平津館本説文刊刻告竣，大約在嘉慶十四年、十五年間〔一〕。

平津館本説文解字先以零本印行，封面題「嘉慶甲子歲仿宋刊本／説文解字／五松書屋藏」，後收入平津館叢書〔二〕。「五松書屋」取於孫星衍書齋之名，而嘉慶甲子爲嘉慶九年（一八〇四）。甲子固然爲吉時，但之所以要題「甲子」，恐與嘉慶十二年（一八〇七）開雕的藤花榭本有關。嘉慶十二年（一八〇七）春，藤花榭本説文解字開雕，並由額勒布撰寫序言。孫星衍於嘉慶十二年底借得額勒布藏宋本，在嘉慶十四年（一八〇九）撰寫的重刊序中提及「近有刻小字宋本者，改大其字，又依毛本校定，無復舊觀」，就是對行字大小介於毛本和孫本之間的額勒布刊藤花榭本的委婉批評〔三〕。誠如孫星衍所指出的，藤本亦出自小字宋本説文，然刊刻中多依毛本校改，不復保留底本面貌。在孫本刊成時，由額勒布撰序的藤本已經流通，孫星衍一方面不便直言平津館本的底本亦自額勒布處借得，一方面在封面題寫了比藤本「嘉慶丁卯年開雕」的更早的「嘉慶甲子」，或許有避免和藤花榭本衝突的考量。另外，孫星衍在重刊序中

〔一〕孫氏祠堂書目内編卷一「説文」條下有「一星衍仿北宋小字刊本。一影寫宋本。一明毛晉刊本。一大興朱氏刊本」。該書刊於嘉慶十五年（一八一〇），則平津館本刊成，至遲不晚於嘉慶十五年。

〔二〕説文解字收入平津館叢書時，有的印本另有平津館叢書的封面。

〔三〕藤花榭本封面題「仿北宋小字本説文／嘉慶丁卯年開雕／藤花榭藏板」，即嘉慶十二年。從文字大小上看，汲古閣本板框高二一三毫米，寬一六一毫米，每半頁七行，大字十五字，小字雙行，約二十字，爲大字本。平津館本板框高一八二毫米，寬一二七毫米，每半頁大字二十字左右，小字二十五至三十字左右，爲小字本。藤花榭本與平津館本行款基本一致，翻刻時增大文字，板框高二一五毫米，寬一五〇毫米，故書目答問「説文」條下有「藤花榭額氏刻中字本」之説。

又提及：

宋本亦有訛舛，然長於今世所刊毛本者甚多。（如：「中，而也」，「而」爲誤字，然如「而」是「内」之譌，今改作「和也」，便失其意。「諴」引周書曰「不能諴于小民」，今依書作「丕」。不、丕俱語助詞。「矯，揉箭箝也」，今本「箝」作「箱」。「帖，幓裂也」，今本作「祭」。「息，喘也」，今本作「端」。「菊，以秋華」，今本作「似秋華」。「揖，攘也」，「扶，左也」，今本作「讓」、作「佐」。「瘨，腹張」，今本作「脹」。或違説文本義，或無其字。）

今核驗相關版本可知，孫氏所指出的「今本」之誤中，「矯、帖、息」三例，爲孫星衍、顧廣圻據以批校的説文解字大字本上的翻刻訛誤，「揖、扶」則爲汲古閣五次剜改本之誤。由此可知，孫星衍既不滿藤花榭本的校改，又不滿汲古閣本（及其翻刻本）的誤字，故另謀以宋本爲底本開雕。

孫星衍選用額勒布本而非影寫王昶本作底本，揆其原因，大約有兩方面的考慮：其一，嘉慶十三年正月收到影寫王昶本時，孫星衍已基本校完額勒布本，且經粗校後發現，二本差異不大。其二，平津館本翻刻工作，由屢見説文宋槧的顧廣圻主持，孫星衍、黄丕烈、顧廣圻等人均曾關注到王昶本曾經人描寫〔一〕，以顧廣圻對古籍版本的審斷，也會主張以較爲可靠的額勒布本爲底本，而不是經過描潤再加影抄的影寫王昶本。由此，孫星衍雖然收藏了影寫王昶本，但並未將之作爲重刊説文的底本。前人多不知孫

〔一〕黄丕烈百宋一廛書録「説文」下：「王本余曾見之，通體皆黄紙，印本較後，已遭俗人描寫。」見余鳴鴻、占旭東點校黄丕烈藏書題跋集（下），上海古籍出版社，二〇一五年，第九八〇頁。顧廣圻説，見前引鈕樹玉説文解字校録卷三「晨」字下。關於王昶本描補一事，另參嚴一萍跋宋本説文解字，大陸雜志十九卷一期，一九五九年。

本自額本而出，是因爲從藏書源流上，額勒布本並無孫星衍印章，而影寫王昶本、錢曾藏本上倒是鈐有孫星衍藏書印。事實上，孫星衍借得額本後旋即寄出，加上此時藤花榭本已由額勒布作序梓行，故孫星衍不便明言其底本所出。至於另一帙鈐有「星衍私印」「伯淵家藏」印章的錢曾藏本，爲宋元遞修晚修本，印次在額本之後，且孫氏祠堂書目、平津館鑒藏記書籍均未著録，根據孫氏祠堂書目刊於嘉慶十五年（一八一〇）這一綫索，則錢曾藏本歸於孫星衍的時間，當不早於平津館本説文刊成（一）。

（二）平津館本説文解字校記與嚴可均顧廣圻之争

嘉慶十年（一八〇五）夏，孫星衍在給錢侗的信中言及刊刻宋本説文時，即擬撰寫考證，附於卷末。這項工作的初稿，主要由在孫星衍山東平津館幕下的嚴可均擔任其事。其前後原委，具見於嚴可均撰説文校議叙、説文校議後叙：

> 嘉慶初，姚氏文田與余同治説文，而勤於余。己未後，余勤於姚氏。合兩人所得，益徧索異同，爲説文長編，亦謂之類考。有天文算數類、地理類、艸木鳥獸蟲魚類、聲類、説文引群書類、群書引説文類，積四十五册。又輯鐘鼎拓本，爲説文翼十五篇，將校定説文，撰爲疏義。乙丑秋，屬稿未半，孫氏星衍欲求先覩爲快。乃撮舉大略，就毛氏汲古閣初印本，別爲校議卅篇，專正徐鉉之失。其諸訓故形聲名物象數，旁稽互證，詳於疏義中，不偏及也。（説文校議叙）

（一）洪頤煊曾在孫星衍德州幕下，佐孫氏校勘書籍、鑒定版本。今影寫王昶本上有洪頤煊印章，無顧廣圻印章，知洪頤煊幫助撰寫平津館鑒藏記書籍時曾寓目此本，而顧廣圻或未曾獲見此本。額勒布本、錢曾藏本均有顧廣圻印章，未見洪頤煊印章，前者當爲顧廣圻校刊平津館本時鈐印，後者或爲嘉慶十六年孫星衍引疾歸里後，顧廣圻同至金陵刊書時得見。

嘉慶丙寅冬，余爲説文校議成，質之孫氏。孫氏繕寫一本，復擇其尤要者，爲余手寫一本，加以商訂。閱二年，又取余底稿手寫一本，亟欲爲余付梓。余以底稿未定，應補改者尚多，且意見不能全合，故力阻之。（説文校議後叙）

從中可知，嘉慶初年，嚴可均、姚文田曾一起輯録説文長編，並編有群書引説文類一種。今國圖藏有題姚文田、嚴可均的説文解字考異稿本兩種〔一〕，其中A02104有多册外封題「群書引説文類」，僅署姚文田名，知嚴可均序中提及的類考中的群書引説文類初稿，即由姚文田完成。該本於各條下抄録大徐、小徐原文，次抄録群書所引説文並注明出處，極少處有案語和考證，是考索群書引説文的最初雛形。

應孫星衍之邀，嚴可均於嘉慶十年乙丑（一八〇五）冬，將類考中的群書引説文類部分「撮舉大略」，別作説文校議。嘉慶十一年丙寅（一八〇六）冬，嚴可均在平津館完成説文校議初稿後〔二〕，孫星衍即謄寫爲兩本，略作商訂。今孫顧校本説文解字上，孫星衍嘉慶十二年（一八〇七）二月至三月前後第一次

〔一〕國圖善本A02104著録爲説文解字考異，第一册外封無題，正文内「説文解字考異一上」（「考異」二字爲後補），下署「歸安姚文田輯」。第二册起，外封書「群書引説文類」，正文内作「説文解字一下」，以下無署名。卷内多有塗乙，當爲姚文田最初的稿本。國圖善本A02102外封題「説文解字考異」，正文卷一署「歸安姚文田輯，大興嚴可均同纂」（「大興嚴可均同纂」爲後補），第二册起，僅署「歸安姚文田輯」。各册鈐有「姚文田印」「秋農」等姚文田印章，並有姚文田於嘉慶十年十一月至次年二月（一八〇五—一八〇六）手校跋語，當爲姚文田清稿本。根據清學部圖書館善本書目、京師圖書館善本簡明書目的記述，此二册稿本在清末自歸安姚氏入藏清學部圖書館，後轉歸京師圖書館，今藏國家圖書館。上海圖書館另藏有姚文田説文解字考異抄本（綫善759049—55），有許槤題款「癸巳六月廣海樓館，從先生喆嗣聖常兄假得原本録此，不勝欣幸之至，七月朔日許槤記」，説明該本爲道光十三年（一八三三）許槤録副。經過文字比勘，知其底本爲國圖A02102本。姚文田説文解字考異，姚氏後人姚覲元曾擬刊刻，亦有多個校定、録副本抄本存世。

〔二〕説文校議卷十五下，署「嘉慶丙寅十一月晦嚴可均書于平津館」，時嚴可均在孫星衍幕下。

校勘説文的跋語，大約與孫星衍録出嚴可均初稿的時間一致。嘉慶十三年（一八〇八），孫星衍又擬將嚴可均稿加以修訂，作爲説文校記付刊。是年閏五月初九，孫星衍致書在蘇州主持説文翻刻工作的顧廣圻：

胡方伯即日東來，中途或可晤見。竹友處當即札屬發銀，續古文苑、説文俱爲催辦。唐律佚弟歸再籌刷印，大約需用百廿部。成無己傷寒論得一部，大妙，感佩搜羅之力。軒轅黃帝傳先疑即黃帝東行記，足下以爲非一書，想已考之史志不誤也。説文校字尚乞暇時核定，附各條於後。足下學識素所佩服，必能折衷至當〔一〕。

其中，催辦説文，指刊刻平津館本説文一事，而乞顧廣圻「暇時核定」的説文校字，當即嚴可均説文校議後序所説的「閲二年，（孫星衍）又取余底稿手寫一本，亟欲爲余付梓」一事。孫星衍或即在這時將過録有嚴可均校語的大字本説文寄給顧廣圻。

考查孫顧校本説文解字上的孫星衍、顧廣圻、洪頤煊校語可知，洪頤煊的校語最早，孫星衍所録的嚴可均據群書引説文校勘的校語在後，其次爲孫星衍據宋小字本校勘的校語，顧廣圻覆核引文校勘衆本的審定校語在末。其中，顧廣圻校語年代最早者，見卷一下末的「庚午六月覆勘，澗蘋顧廣圻記」，是爲嘉慶十五年（一八一〇）六月。不難想見，顧廣圻當是在平津館本説文解字刊成後，方全力投入校記的核定工作。嘉慶十六年（一八一一）秋，孫星衍致仕並移居金陵冶城山館後，顧廣圻即館於孫星衍處〔二〕。

〔一〕録自陳鴻森孫星衍遺文續補，影印件見國家圖書館藏鈔稿本乾嘉名人別集叢刊（二五册），第一五一—一五六頁。

〔二〕孫淵如先生年譜嘉慶十六年（一八一一）條：「十月，移居冶城東麓烈愍祠。」「過臘八日，始歸邀顧君廣圻至寓校訂古籍。」顧廣圻廣復古篇序：「予自辛未冬洎甲戌秋，在孫淵如觀察冶城山館者，幾及三年，爲淵翁校刊續古文苑、華陽國記、抱朴子内篇、古文尚書考異、紹這一年起，顧廣圻始「專力治説文」〔一〕。在孫星衍、顧廣圻批校本上，顧廣圻核對了嚴可均的引文，並在孫星衍所録的嚴氏校語基礎上，删汰譌誤，撰寫案語。同時，顧廣圻另以「宋」「影抄繫傳」等，注出宋本説文、影鈔本繫傳的版本異文，校勘汲古閣本説文解字。此外，顧廣圻嘉慶三年從袁廷檮處换得的汲古閣初修印本説文解字（國圖善07316）上，卷一下有「癸酉六月廿八日校」，卷三下有「甲戌二月廿五日再校」，卷五下「甲戌再校」的跋語〔二〕，並有核對宋本説文篆形、點去譌字、校勘異文的校勘，多與孫顧校本上顧廣圻的校勘相合。這些材料，透露出顧廣圻核對説文校記的工作，集中在嘉慶十五年至嘉慶十九年〔三〕。

今顧校本上，校語不多，當爲核證時所用的參校本。而孫顧校本上，則朱墨爛然，既有孫星衍過録的嚴可均校語，亦有孫星衍的商訂之詞，另有顧廣圻覆勘時的塗乙、訂正和校語，反映出諸人校勘的原

熙雲間志等書，兼爲鄱陽胡中丞重翻元槧通鑑注。」辛未爲嘉慶十六年，甲戌爲嘉慶十九年。收入王欣夫輯顧千里集卷十二，中華書局，二〇〇七年，第一八〇頁。

〔一〕顧廣圻嘉慶十六年（一八一一）秋跋知不足齋本古刻叢鈔：「頃因專力治説文，未遑卒事。」

〔二〕國圖藏汲古閣本説文解字（善本07316），舊題「佚名校、袁廷檮跋」，考該本卷一至卷五的朱筆校勘，「蘆」「荑」「莖」「芛」「呭」「食」等多例，係據宋本校勘汲古閣本的篆形、訓釋，與國家圖書館藏孫星衍、顧廣圻批校本説文解字（善本07315）上顧廣圻以「宋」注明宋本的校改完全相同，且二本的校跋時間前後一致。可以確知，國圖善07316本，各書著録的「佚名」校語，爲顧廣圻手跡，係據小字宋本校勘，該本亦爲顧廣圻覆校校勘記時的參校本之一。

〔三〕孫顧校本上的顧廣圻跋語，除各卷跋語的嘉慶十五年庚午、嘉慶十六年辛未、嘉慶十八年癸酉外，天頭上校記所署時間，最晚至甲戌，即嘉慶十九年。顧校本上的顧廣圻跋語，署嘉慶十八年癸酉、嘉慶十九年甲戌，其中「再」「煩」二條，與孫顧校本上署嘉慶十六年辛未的校語一致。由此可知，顧氏校勘汲古閣初修印本，恐亦不止有題跋的嘉慶十八、十九年這一次。

始面貌。以下，謹摘録數則，以覘見諸家考訂〔一〕：

甲、珍，寶也。〔嚴可均〕御覽八百二引作「琛，寶也」，草書「珍」作「珎」，「琛」作「珎」，相似故譌爲「琛」。〔顧廣圻〕考御覽八百二：「説文曰琛，寶也。揵爲舍人曰：美寶曰琛。」最爲大誤。説文那得有揵爲舍人注耶？必是爾雅無疑。類書之難引如是。癸酉六月書。

乙、䒰，䒰薴皃。〔嚴可均〕一切經音義二十一「鬇鬡」引作「䒰薴，髮亂也」。〔孫星衍〕疑非此文。整理者案：以上孫星衍過録及商訂之詞，顧廣圻用墨筆塗去，又在「疑非此文」邊加圈。〔顧廣圻〕元應引説文作「䒰薴」（止此）。下文「同，仕行反，下女庚反。髮亂也。」（乃元應語。）嚴孝廉總以爲説文誤矣。伯淵觀察云「疑非此文」，最爲卓識。癸酉再校。

丙、䰝，鬻屬。〔嚴可均〕韻會引作「甗也」。〔顧廣圻〕廣圻按：韻會二十五逕云「甑，説文甗也」（引今瓦部文也）。「本作䰝，從鬲曾聲，鬻屬也」（引今鬲部文也）。嚴孝廉以爲韻會引此作「甗也」，蓋沿鈕校之誤，其實蓋鈕誤讀韻會耳。黄公紹並不引「䰝，甗也」，韻會俱在，可覆按而知。今訂正刪之。

丁、橘，果出江南。〔嚴可均〕韻會引「江南」下有「碧樹而冬生」。〔顧廣圻〕顧廣圻曰：韻會此類極多。有以繫傳語并入説文者，又有取諸他書而亦并入説文者，皆不可采。

〔一〕批校之中，嚴可均之説一般由孫星衍録在板框内正文之側，其下間有孫星衍疑詞、斷語。孫星衍校語别在天頭，多用朱筆。顧廣圻之説或在嚴可均説後，或另起在天頭地脚，兼有核對時在嚴可均校語上的塗乙。整理時先節録與討論有關的毛剜改本説文原文，以〔〕注出諸説所本，以小字説明塗乙情况，（）表示原批校爲雙行小注。

戊、蔛，一曰鵻。〔嚴可均〕鵻，繫傳作「騅」，是。〔顧廣圻 天頭〕不然，汪刻改之耳。〔顧廣圻〕案：宋本繫傳、韻會皆作「鵻」字，非。

己、福，祐也。〔嚴可均〕玉篇引作「祐也」，繫傳、韻會引作「備也」，今作「祐」，誤。〔孫星衍〕宋本正作「祐也」。

庚、廎，或从广頃。〔孫星衍〕宋本作「頃聲」，汲古亦有（初印），五音韻譜亦有。〔顧廣圻〕繫傳無，此所謂毛依小徐改者也，訂說文者未及此。甲戌再讀。

辛、卒，隸人給事者衣爲卒。〔嚴可均〕宋本「爲卒」上無「衣」字。〔孫星衍〕小字宋本仍作「衣爲卒」。整理者案：顧廣圻改嚴可均校語「無」爲「有」，又在「仍作衣爲卒」邊加圈。

壬、禔，安福也。〔嚴可均〕史記司馬相如傳，索隱引作「安也」，疑衍「福」字。〔顧廣圻〕玉篇：「福也，安也。」〔顧廣圻 地脚〕廣圻按：繫傳、韻會皆有「福」。

癸、玉，專以遠聞。〔嚴可均〕事類賦「玉」注引作「摶」。〔顧廣圻〕只作「專」，嚴孝廉誤認耳。

子、璠，璵璠。魯之寶玉。从玉番聲。孔子曰：「美哉璵璠。遠而望之，奐若也。近而視之，瑟若也。一則理勝，二則孚勝。」〔嚴可均〕定五年左傳釋文：「璵，本又作與。」。事類賦「玉」注引「孔子」上有「逸論語」三字。〔顧廣圻 浮簽〕查事類賦此條並不引說文也。賦云「魯之璠璵」，注曰「逸論語曰：璠璵，魯之寶也。孔子曰：美哉璠璵」云云。嚴孝廉之校語，可謂孟浪矣。……

（又言引一誤，言在「孔子」上二誤。）

丑、璧，瑞玉圜也。〔嚴可均〕御覽八百二引作「環」也。〔顧廣圻　天頭〕在八百六。

寅、鷗，烏也。其雌皇。从鳥匽聲。一曰鳳皇也。〔嚴可均〕御覽九百十五引作「鳳即皇也」。〔顧廣圻〕甲戌乙正。整理者案：顧廣圻用墨筆乙爲「即鳳皇也」。

卯、酃，長沙縣。〔嚴可均〕地理志長沙國有收酃縣。郡國志長沙郡酃縣，無「收」字。〔顧廣圻〕顧千里曰：長沙有攸縣，又有酃縣。地理志次，攸、酃二縣相連耳，並非有所謂「攸酃縣」也。郡國志次，攸縣之下，以茶陵、安成，再接酃縣，可以曉然矣。嚴孝廉乃云地理志有「收」字，郡國志無「收」字，豈所讀兩漢書有異本耶？六月初一日揮汗書。

例甲至丁主要涉及類書、韻書等他校材料校勘説文的問題。「琛」條，姚文田稿本僅言「琛，寶也（御覽八百二）」。嚴可均進一步認爲，「珍」和「琛」當爲草書相誤。嘉慶十四年（一八〇九）孫星衍作重刊序時曾取嚴可均此説，言「漢人之書多散佚，獨説文有完帙，蓋以歷代刻印得存，而傳寫脱誤，亦所不免」，並將「御覽引『琛，寶也』，乃『珍』字」之説，作爲説文「引字移易」之一例。嘉慶十八年，顧廣圻核太平御覽，據文下小注知「琛，寶也」出自爾雅，論定其爲御覽誤引〔一〕。説文辨疑中，顧廣圻更明確提出：「凡讀書不可率意，讀類書亦不可率意，有如此者。孫伯淵觀察不取説文有『琛』之論，最爲卓識。」今説文校議中並無「琛」條，應當是嚴可均聽從孫星衍商訂之後删去的。這條校語，突出

〔一〕今案：顧廣圻説是也。爾雅釋言：「琛，寶也。」邢昺疏：「舍人曰：美寶曰琛。」知御覽確係引爾雅而誤稱説文。

反映了從姚文田稿本、嚴可均案斷、孫星衍商訂到顧廣圻核定，諸人在校勘上的前後發展脈絡。「䓴」條，姚文田説文解字考異「薴」下：「艸亂也，杜林説：䓴薴貌（韻會八庚）。鬇鬡，作䓴薴（一切經音義卷二十一）。」由於孫星衍所録嚴可均校語，將一切經音義中後文的「髮亂也」一併作爲説文正文收入，孫氏有「疑非此文」之批語。嘉慶十八年，顧廣圻核對一切經音義原文後指出，一切經音義引説文應當分辨層次，故顧廣圻以墨筆塗去嚴校，圈出孫星衍「疑非此文」，在天頭言：「嚴孝廉總以爲説文誤矣。伯淵觀察云『疑非此文』，最爲卓識。」説文辨疑中，顧廣圻更詳細指出：「云『説文作䓴薴，同』者，因經是『鬇鬡』，而以説文辨其字之正體也。」「云『仕行反，下女庚反』者，爲經『鬇鬡』作音。」「云『髮亂也』者，爲經『鬇鬡』解義也。至解經『鬇鬡』之義，則與説文䓴薴所自有之本義，全不相涉。孫伯淵觀察云『疑非説文』，直截了當，萬無異議。不知舊説何以必誤讀而移『髮亂也』三字并屬之許氏也。」顧氏指出，嚴説之誤，乃是把玄應引説文辨析文字正字的部分，誤植爲説文注釋。「䰝」條，嚴可均因誤讀韻會引書，故將「甑」「䰝」混爲一談（一）。「橘」條，亦見於孫星衍重刊序、嚴可均校議，孫氏取以説明今本説文有「節省其文」之例，但是顧廣圻指出韻會所引説文多有闌入他書之例，不可貿然採用。在全書批校中，「祪」「茈」「䞣」「帇」「飪」「牄」「枇」「門」等多條下，顧廣圻均核對了玉篇、廣韻、韻會、御覽、一切經音義等原書，作出了「不引」説文的校語，否定嚴可均的校勘。可以看出，

（一）此條顧廣圻辨疑所引舊説，與孫星衍所録稿本基本相同。嚴可均校議：「䰝，瓦部『甑，籀作鬵』，當與此爲重文。韻會廿五徑引作『甗也』。乃瓦部之説解，亦謂『甑』即『䰝』。」嚴氏此説，較初稿有所修訂，但仍不够謹嚴。

字書、類書、佛經音義中，有些文字存在引文謬誤，有些則有各自體例，嚴可均或未加辨析，或不明其例，造成了校勘結論的錯誤。

例戊至例辛，涉及利用說文大小徐不同善本的本校材料校勘說文的問題。「菿」條，毛本說文作「菿，一曰雔」。嚴可均據繫傳以爲當作「雖」。在版本上，嚴可均所據繫傳，爲乾隆四十七年（一七八二）刊行的汪啓淑刻本〔一〕。顧廣圻所據的「宋本繫傳」，指影宋抄本繫傳〔二〕。顧氏先在版本上說明，汪刻本作「雖」，爲汪刻本刊刻時所改，不符合繫傳舊本面貌。同時，顧廣圻「宋本繫傳、韻會皆作『雔』字，非」的批校，在說明繫傳抄本確實與毛本同作「雔」字的同時，也用「非」表明了顧廣圻對「一曰雔也」的認識。也就是說，顧廣圻同意嚴可均的校勘結論，但又認爲嚴可均的校勘，在版本依據上有不足。與之類似的，「启」「脡」「歆」「饑」「兇」等字下，也有顧廣圻「汪刻脫耳」「汪板繫傳之誤」等說〔三〕，

〔一〕汪啓淑刻本爲清代繫傳第一個刻本，爲繫傳的流通做了很大的貢獻。但汪啓淑所據的繫傳底本即多有脫字，且刊本中又據毛本校改了繫傳的篆形、文字，故舛誤不少。顧廣圻百宋一廛賦云：「南唐繫傳，難弟楚金，漫漶俄傾，點竄侵尋。」黃丕烈注：「今歙人有刊行之者，正文尚脫落數百字，又經不學之徒以大徐本點竄殆遍，真有不如不刻之歎。」由此可見顧廣圻、黃丕烈二人對汪刻本正文脫落、據大徐校改等問題的態度。

〔二〕顧廣圻批校中用影宋抄繫傳者，見「衜」「習」「駚」「傷」等多條下。「衜，迹也」條下，嚴可均校：「繫傳作『踐也』。」顧廣圻校：「汲古影宋繫傳『跡也』。汪刻誤『踐』。」知顧氏所用影宋繫傳，係自顧之逵舊藏毛扆手校繫傳抄本而出，並校於孫顧校本說文解字及顧氏自藏的汪啓淑刻繫傳上。關於顧廣圻校繫傳的相關情況，可參顧廣圻辨疑「詸」條；王獻唐說文繫傳三家校語抉録，山東省立圖書館季刊一九三一年第一集；劉鵬顧之逵小讀書堆善本書志（經部），文津學誌（第七輯），國家圖書館出版社，二〇一四年；董婧宸毛扆手校說文解字繫傳抄本源流考述，民俗典籍文字研究，二〇一九年第一輯。

〔三〕「脡」，毛本、趙抄本篆形作「脠」，趙抄本訓「从肉延聲」，毛本訓「从肉延聲」。額本、王本等宋本，篆形作「脡」，訓「从肉延聲」。

指出汪刻本非繫傳善本。「福」條，嚴可均先據玉篇、繫傳、韻會等小學專書，提出毛本作「祐」有誤。孫星衍進一步比較額本，指出宋本作「祐也」，與玉篇一致。「廎」條，孫星衍、顧廣圻比較了版本差異，顧廣圻指出，毛初印本同宋本，作「或从广頃聲」，毛剜改本同繫傳作「或从广頃」，這一差異，即説文訂指出的汲古閣本據繫傳剜改之例，顧廣圻「訂説文者未及此」，指段玉裁此條失校毛本剜改。「卒」條，嚴可均校語本段玉裁説文訂之説，段玉裁「卒」條云：「『隸人給事者爲卒』，宋本如此。」孫星衍核對額本後，指明宋本作「衣爲卒」。顧廣圻覆核之後，於孫氏之校語邊加圈。此條校語，係由段氏誤校，嚴氏沿誤[一]。在以上校語中，嚴可均主要參考段氏説文訂、汪刻本繫傳校勘。孫星衍主要以宋本説文校勘。顧廣圻則據宋本説文、毛初印本説文、毛剜改本説文、影抄繫傳、五音韻譜等版本覆核校語。

例壬至例丑，係顧廣圻核對孫星衍過録的嚴可均校語中的卷數和引用譌誤。比較姚文田稿本、孫星衍過録的嚴可均校語和嚴可均最終刊成的説文校議刻本可知，在孫顧校本上，嚴可均校語的引用譌誤，有一些來自姚文田稿本之誤，也有嚴可均、孫星衍過録有誤的情況，具體如下：「禔」條，姚文田稿本引史

段玉裁説文訂：「『脡，从肉延聲』，惟趙本如是爲長。」嚴可均：「當作『延聲』，此作『延』，與篆不合。」南圖本顧廣圻浮簽：「五音韻譜『脡』，繫傳『脡』（皆與宋本無異），段玉裁反欲改作『延聲』，豈非巨謬耶？澗蘋記。汪秀峰刻繫傳，篆文皆用汲古閣本剪貼，故亦少一筆，汪不學之過也。」「餀」，毛初印本作「餀謂之喙」，毛剜改本、繫傳汪刻本作「餀謂之餘」，説文額本、繫傳述古堂抄本、祁刻本作「餀謂之喙」。段玉裁説文訂：「今依小徐剜改『喙』作『餘』，以合於今爾雅，豈許所料乎？小徐此等恐是傳寫之誤耳。」嚴可均本之，孫星衍録嚴可均校：「各本作『喙』，毛依繫傳刓改，説文無『餘』。」南圖本顧廣圻浮簽：「影抄繫傳作『喙』，汪板誤改『餘』，依汲古閣也，段茂堂以爲汲古閣依小徐，是爲顛倒也，但不見影抄，必不知段之謬耳。」

〔一〕筆者核額本、王本等宋本説文，皆作「衣爲卒」，與段氏説文訂所言宋本不合，當爲段氏校誤。

記索隱，亦引韻會四支「安福也，從示是聲」，嚴可均不引韻會之說，故顧廣圻以繫傳和韻會的異文補充考證。「玉」條、「璠」條，姚文田稿本引事類賦，分別誤作「摶以遠聞」「魯之寶玉。逸論語：『孔子曰：美哉璠璵』」。孫星衍過録的嚴可均校語，均承姚文田之誤，顧廣圻予以訂正，並在「璠」條下批評嚴可均核對文獻不細，至有「孟浪」之弊。「璧」條，姚文田稿本「瑞玉環也（御覽八百六）」，出處不誤，而孫星衍所録嚴可均校語、嚴可均説文校議刊本，均誤作「八百二」，此條當爲嚴可均過録姚文田時，在自藏的稿本上有誤〔一〕。「鶠」條，姚文田稿本引太平御覽卷九百十五，作「鶠，鳥也。其雌皇。从鳥匽聲。一曰即鳳皇也」，不誤。嚴可均校議亦不誤，則孫顧批本上的校語，當爲孫星衍過録有誤，顧廣圻又另檢原書改訂過録之誤。「鄮」條，姚文田稿本上並未校漢書地理志、後漢書郡國志，孫氏所録的嚴可均校語，與嚴可均説文校議相合，當爲嚴氏校得。然漢書地理志長沙國下轄之「收縣」，即後漢書郡國志長沙郡下轄之「攸縣」，嚴可均誤以收、鄮二縣連讀，結論不可靠，顧廣圻重新核對兩漢書，予以改正。這六條校語，嚴可均説文校議刊本中，「鶠」條不誤，「禔」「玉」兩條不見，「璠」「璧」「鄮」三條，校議與孫顧校本上所録的嚴可均校語之誤處正同。

從説文上的批校中可以看出，姚文田説文解字考異稿本，孫顧校本上孫星衍所録的嚴可均校語、孫星衍案語、顧廣圻案語，與嘉慶十四年（一八〇九）孫星衍撰重刊宋本説文序、嘉慶二十三年（一八一八）刻成的嚴可均説文校議、光緒年間刻成的顧廣圻説文辨疑，有着前後發展的軌跡——嚴可均校語的原始

〔一〕據此可以明確，孫星衍過録的嚴可均校語，就是嚴可均説文校議叙所説的説文校議初稿。

材料，多見於姚文田說文解字考異稿本，另有一些版本異文，本於段玉裁汲古閣說文訂。然姚氏稿本中，僅列異文和出處，嚴可均則增補了較多的考證和案斷。也就是說，嚴可均說文校議「別爲校議卅篇」的具體工作，是在姚文田輯佚的基礎上，吸收說文訂的版本校勘成果，並嘗試對異文的成因加以考訂、解釋。另一方面，孫星衍過録的嚴可均校語，有一些刊入了嚴可均說文校議，有一些則和孫星衍重刊序、顧廣圻說文辨疑所引的「舊說」一致，但不見於最後付刻的說文校議中。這並不是說顧廣圻說文辨疑所引的「舊說」是無的放矢，而是由於嚴可均經孫星衍商訂後，將部分條目補改删定，才形成嘉慶二十三年刊刻說文校議定稿。由此可知，孫星衍、顧廣圻批校本說文解字上，孫星衍過録的嚴可均校語，體現了嚴可均嘉慶十一年至十三年前後說文校議的初稿面貌，而顧廣圻的批校，則反映出顧廣圻嘉慶十五年至十九年校勘說文的情況。

從校勘思路和校勘結論上看，嚴可均和顧廣圻的觀點有很大的分歧。嚴可均作說文校議、說文訂訂，鮮據古本、善本，其說文版本校勘，多本段氏說文訂爲說，至有沿襲段氏說文訂誤校之例。在校訂說文時，嚴可均多以玉篇、集韻、一切經音義、太平御覽、事類賦及經傳舊注引說文爲依據，「專正徐鉉之失」，意在據他本校勘說文。顧廣圻之校勘，一貫主張以本校材料爲主，以他校材料爲輔。由於校記的覆勘工作，是顧廣圻應孫星衍之邀所作，在核對時，顧廣圻主要據說文、繫傳，兼用黄公紹古今韻會舉要、元槧事類賦、澤存堂本廣韻、澤存堂本玉篇等書，詳核引文〔一〕，指出了嚴可均誤讀前人、割裂引文的一些問題，做了

〔一〕事類賦見「鼓」下「以元槧事類賦檢之不得。然則恐誤矣」。廣韻見「算」下「張本作『藩』，恐嚴孝廉誤」。玉篇見「夏」下「不引說文。

核正、訂補的工作。唯顧廣圻措辭嚴厲，對嚴可均、鈕樹玉、段玉裁等同時學人的批評，亦不乏刻薄之辭，涵芬樓燼餘書録所説的「嚴氏所校，孫氏間有商榷之詞，而顧氏乃嚴加駁詰，語不少遜。至洪氏頤煊，則僅承師命偶參末議而已」「且（顧）于毛斧季、錢竹汀、鈕匪石諸氏之説，亦多糾正」〔一〕，亦是實情。

嘉慶十四年（一八〇九），孫星衍在刊刻平津館本説文解字時，撰有重刊宋本説文序，中云：

> 吾友錢明經坫、姚修撰文田、嚴孝廉可均、鈕居士樹玉及予手校本，皆檢録書傳所引説文異字異義，參考本文，至嚴孝廉爲説文校議，引證最備。今刊宋本，依其舊式，即有譌字，不敢妄改，庶存闕疑之意。古人云「誤書思之，更是一適」。思其致誤之由，有足正古本者。舊本既附以孫愐音切，雖不合漢人聲讀，傳之既久，姑仍之。以傳注所引文字異同，别爲條記，附書而行。又屬顧文學廣圻手摹篆文，辨白然否，校勘付梓。其有遺漏舛錯，俟海内知音正定之。今世多深於説文之學者，蒙以爲漢人完帙，僅存此書，次第尚可循求，倘加校訂，不合亂其舊次，增加俗字。唐人引據，多誤以字林爲説文，張參、唐元度不通六書，所引不爲典要，並不宜取以更改正文。後有同志，或鑒於斯。

孫星衍指出，錢坫、姚文田、嚴可均、鈕樹玉的説文校勘，「皆檢録書傳所引説文異字異義，參考本文」，

檢張刻『夏』下無此云云，恐有誤」。

〔一〕見張元濟涵芬樓燼餘書録，收入張元濟全集第八卷，商務印書館，二〇〇九年，第二一六頁。顧氏譏諷時人，如卷二下「迺」，「〔嚴可均〕一切經音義五以爲『愆』之古文。〔顧廣圻〕並無此事，嚴孝廉自撰之説，亟宜删。」卷三下「鬻」，「〔孫星衍〕段云當爲『炊釜鬻溢也』。〔顧廣圻〕段大令臆説，斷不可從。」卷四上「睍」，「〔嚴可均〕御覽九百二十三引韓詩『簡簡黃鳥』。則毛詩古本當是『睆睆黃鳥』。〔顧廣圻〕此條嚴全本鈕氏新附考，其實未可從。」

而説文校議「引證最備」。同時，刊刻之時，孫星衍擬以傳注等引説文的異同，整理爲附書而刊的校記。但嘉慶十五年平津館本説文刊成時，原擬「別爲條記，附書而行」的校記未見刊刻。那麽，這份校記有無綫索？比較孫顧校本説文解字，筆者以爲，舊題顧廣圻獨撰的説文考異和説文考異附録，當即平津館本的校記殘稿。

説文考異和所附的説文考異附録，是潘錫爵録出的顧氏説文學兩種中的一種〔一〕。關於抄本的來歷，潘錫爵於咸豐九年（一八五九）有跋：

咸豐丁巳季春，余薄游城南書肆，得見鈔本説文兩種。一曰説文辨疑，一曰説文考異、附録。辨疑者，采正嚴孝廉説也（每條前列「舊説」，即孝廉説）。考異附録者，考校汲古閣本也（汲古閣本，同爲鉉本，且亦出宋本，故別爲附録。即此可見先生義例之謹嚴）。考異不著名，而辨疑則著先生名，皆屬未竟之藁，余初疑其贋，及讀辨疑數則，乃彌嘆非精於許書義例者不能作，爰購得之。詢其由來，知爲黄君省齋家故物。省齋與先生爲莫逆交。二書原稿具在其家。併向假來，校勘一過。因得見先生手書條記，迺并録之。時河之適館城中張氏，余遂往詢辨疑，冀得全書。豈知先生家無存藁，因假得考異，見

〔一〕顧氏説文學兩種有潘錫爵抄本和劉履芬抄本等抄本存世。潘錫爵抄本，今分藏浙江圖書館（0770）和蘇州圖書館（L1925）。浙圖存考異四卷，外封題「説文考異上」，第一頁題「顧氏説文學兩種」，鈐有「潘印錫爵」「鬯侯」「鬯侯校讀」等印章，缺考異卷五，及説文考異附録。蘇圖存説文辨疑、説文條記兩種，鈐「鬯侯校讀」印，爲潘錫爵手校本。劉履芬抄本，今藏國家圖書館（善本15059），鈐有「劉印履芬」「卯金」「髦遜」「海日廔」印章，過録有潘錫爵撰寫的各書跋文，有説文考異五卷，説文考異附録一卷，説文辨疑一卷，説文條記一卷。李慶曾以題顧氏説文兩種爲題，録劉履芬抄本卷末的潘錫爵跋文，收入顧廣圻研究，第二七一—二七三頁，個別文字小異，今據國圖藏劉履芬抄本原件迻録。

其上有觀察校語，並有先生自校語。而「玉」字、「瓄」字等條上方，又朱書「此一條另有辨」。其説今具載在辨疑中，以是益信其爲先生所作無疑。余即手自艸録考異，屬元和管吉雲明經（慶祺）爲加校正，存諸家塾，而先生説文之書，于是備焉。

知潘錫爵於咸豐七年丁巳（一八五七）在書肆時，見題顧氏撰的説文辨疑及未題撰人的説文考異、説文考異附録，後又從顧廣圻之孫顧瑞清（字河之）處得見有孫星衍及顧廣圻校語的説文考異底稿，遂將正文及孫、顧校語一併録出，並請管慶祺校正〔一〕。

説文考異體例，先録説文篆文，大字抄録宋本説文正文，下雙行小字，爲説文校語〔二〕。上文所舉的條目，見於考異者如下：

甲、福，祐也。（繫傳、韻會「祐」作「備」。）

乙、禔，安福也。（安下當有「也」字。史記司馬相如傳索隱引「安也」。玉篇云：「禔，福也，安也。」廣韻云：「禔，福也，亦安也。」）

丙、玉，專以遠聞。（五音韻譜「專」作「尃」，集韻引與之同。事類賦注亦引作「尃」，繫傳作「尃」，徐鍇曰：「尃音敷，布也。」類篇引與之同。）

丁、璠，璠璵。（「璵」當作「與」，本書無「璵」篆，在新修十九文。定五年左傳釋文「璵，

〔一〕今説文考異上，有録出的孫星衍校跋、顧廣圻校語，及管慶祺校語若干。孫氏跋語，見卷一末、卷二末、卷三末「伯淵閲」，卷四末「伯淵閲，又校」。

〔二〕「福」「中」「犍」「犓」等條下所引説文正文，額本、毛本有所不同，而考異與額本相同，知考異所録正文，爲宋本正文。

本又作與」。）

戊、璧，瑞玉圜也。（御覽八百六引「圜」作「環」。）

己、菿，一曰雛。（「雛」當作「騅」，本書無「雛」篆。）

庚、䔫，䔫藍皃。（集韻、類篇引「䔫」上有「艸」字，一切經音義二十一引作「䔫藍，髮亂也」。）

辛、鷗，一曰鳳皇也。（御覽九百十五引「鳳」上有「即」字。）

疑非此文。）

比較孫顧校本説文上的校語與説文考異可知，顧廣圻在嚴可均、孫星衍等人的校語基礎上，根據文獻的是非，做了不同的處理：一，孫星衍於嚴可均説下有校語者，顧廣圻在考異中多承用，如「䔫」字即是。二，嚴可均之説完全不可從者，顧廣圻加以删汰，另入辨疑下詳加辨析，如上舉的「琛」「䔫」「鼺」等條即是。三，嚴可均之説可從者，考異中承用其説，並補充以顧廣圻的考證，見上舉的「福」「禔」例，以及「一」「元」「下」等多例下〔二〕。四，嚴可均校語，有引文、版本之誤，顧廣圻在核對之後，則另據正確的引文、出處，録於考異相應的條目下，如上舉的「玉」，顧廣圻改爲「事類賦注亦引作『專』」。

〔二〕如「一，惟初太始」，孫顧校本：〖嚴可均〗「太始，繫傳、韻會引作『大極』。」〖顧廣圻，圈去「大」〗考異：「繫傳、韻會『始』作『極』。玉篇引作『始』，與此同。」○「元，从一兀」，〖嚴可均〗「『從兀』下，繫傳云：俗本有聲。」考異：「繫傳、韻會無下『從』字，徐鍇曰『俗本有聲字』。六書故引一本『從一兀聲』，云兀聲爲是。九經字様云：元，從一兀聲。」○「下，底也，指事」。〖嚴可均〗「繫傳作『从反下爲上』，無『指事』二字」，〖顧廣圻，圈改嚴校「反下爲上」作「反上爲下」〗「廣圻案：韻會二十一馬引與繫傳同。」考異：「繫傳、韻會無此二字，有『從反上爲下』五字。」「一」條補充六書故，「元」條補充玉篇，「下」條補充韻會，且顧廣圻訂正了過録本上「一」「下」的引文錯誤，比較考異可知，顧氏在嚴説基礎上，另有補充材料。

「璧」，顧廣圻改爲「御覽八百六」。「璠」條，考異中顧氏篩汰了嚴可均錯誤的事類賦引文，吸收了「璵」下左傳釋文之説〔一〕。「葪」條，删去了嚴可均版本不佳的繫傳汪刻本，而從其校勘結論。「鷊」條，訂正孫星衍過録的校語之誤。今考異天頭、卷末有録副的孫星衍、顧廣圻再校的校語，由此可知，考異的撰寫，是由顧廣圻在嚴可均、孫星衍校語基礎上，經訂補後謄出的校記，並曾交孫星衍審閲修訂〔二〕。考異當即孫星衍重刊序所説的，原擬「以傳注所引文字異同，别爲條記，附書而行」的平津館本校記的主體部分。

説文考異附録體例，先以大字抄録宋本説文的正文，隨後另起一行，以「毛本」注出毛本與宋本的差異及其來源。如：

甲、帝，辛示辰龍童音章。〔考異附録〕毛改「辛」下添「言」字，用鍇本。

乙、福，祐也。〔考異附録〕毛改「祐」作「祜」（初次）。

〔一〕此條天頭有「孔子曰：美哉璵璠。遠而望之，奐若也。近而視之，瑟若也。一則理勝，二則孚勝。事類賦玉賦引云云，作『逸論語孔子曰』，或吴淑增之。」即嚴可均説。下小字「查並不如此」，爲顧廣圻説。此條反映出顧廣圻從孫顧校本校語到撰寫考異，删汰嚴氏之説的經過。

〔二〕孫星衍校語，卷一首頁天頭有「槽」「冃」「禰」等字意見，末云「似俱宜酌改，餘極安，星衍記」，另卷一「中」「藿」，卷四「眊」「睽」字天頭亦有校語。其中，「中，而也」，考異：「五音韻譜『而』作『和』，繫傳、韻會亦作『和』。」下有朱校「『而』字疑當作『内』」，天頭「酌添四字可否」，其説與孫星衍重刊序之説合。「禰」之説，與嚴可均説文校議後叙所引孫星衍説一致。顧廣圻校語，見卷一天頭「玉」「璠」「瑾」「埜」「琄」等條，如「瑾」，説文考異天頭：「瑾，美玉也。文選琴賦注引作『玉名』。考非李善注，是尤延之誤添，此類極多」。孫顧校本有校語：「〔嚴可均〕文選琴賦注引作玉名。〔顧廣圻〕廣圻按：近考定此等非善注。」此條校語，文選琴賦注：「説文：瑾，玉名。」胡克家刻本附顧廣圻撰文選考異：「袁本、茶陵本無此五字。」知亦爲顧廣圻覆核所作。

丙、神，从示申。〖考異附録〗毛改「申」下添「聲」字，用鍇本（初次）。

丁、祰，从告聲。〖考異附録〗毛改去「从」字，用鍇本（初次）。

戊、示部文六十。〖考異附録〗毛改「十」下添「三」字，用五音韻譜。

己、𩏂〖考異附録〗毛改作𩏂，用鍇本（初次）。

庚、𦔮〖考異附録〗毛改作𦔮（初次），此宋本誤。

辛、熏，熏黑也。〖考異附録〗毛改「黑」作「象」（初次），此宋本誤。

根據宋本説文、汲古閣初印本、汲古閣剜改本的文字比照可知，考異附録中，凡注明「初次」的，如上舉的「福、神、祰、𩏂、毒、熏」等例，指的是汲古閣初印本與宋小字本有異。考異附録凡未注明「初次」的，如上舉的「帝」及示部下的篆文數字，爲汲古閣初印本與小字本相同，經過第五次剜改後，與小字本有異。顧氏另以「用鍇本」「用五音韻譜」等，指出汲古閣本的校改來源〔一〕。

同時，比較孫顧校本説文解字、顧廣圻校汲古閣初修印本説文解字可知，考異附録的校勘，與顧廣圻在此二本上據小字本説文所作的校勘有着密切的關聯。以上諸例中，「帝」，孫顧校本「言」旁有顧廣圻批校：「宋本無『言』」。「福」，孫顧校本、顧校本均以朱筆改「祐」爲「祐」。「神」，孫顧校本圈去「聲」字，天頭有孫星衍校：「宋本無『聲』字，甚妙。」「祰」，孫顧校本、顧校本均

〔一〕今按：顧廣圻之所以要注明「初次」，是由於毛後印本中，附有毛扆識語：「先君購得説文真本，係北宋板，嫌其字小，以大字開雕，未竟而先君謝世。」故顧氏特別以「初次」注明毛初印本已與小字宋本有殊。其實，以上諸例，汲古閣初印本均同趙均抄本，可知汲古閣本與趙均抄本或其録副本有密切的聯繫。然顧廣圻校勘汲古閣本時，未能參校趙均抄本，僅能考明汲古閣本與繫傳或五音韻譜的源流關係。

在「告」前以墨筆增「从」字。示部下，毛後印本作「文六十三」，孫顧校本圈「三」，下有批校：「宋無，五音韻譜有。」「墊」，孫顧校本天頭，有顧廣圻批校：「墊，宋。五音韻譜。癸酉再校。毛依小徐。」顧校本上，則徑以朱筆書「墊」宋本篆形於毛本篆形上。「毒」，顧校本上，以朱筆書「毒」宋本篆形於毛本篆形上，右邊點去，表示小字本有譌誤。「熏」，顧校本上，以朱筆書「黑」於「象」旁。考異附録的校勘條目中，「福」「祰」「墊」等例，同時見於孫顧校本和顧校本，「帝」「神」等例，見於孫顧校本，「毒」「熏」等例，僅見於顧校本。而且，卷五「篎」字的篆形校勘，透露出顧廣圻在毛初修印本上，是以宋晚修本校勘，而非宋早修本或是已經刊成的孫星衍平津館本。可以推知，在撰寫考異和考異附録時，顧廣圻所能獲見的，當是今鈐有孫星衍、顧廣圻藏印的趙宧光、錢曾舊藏説文解字宋晚修本〔一〕。從性質上説，考異附録是以宋本説文爲底本，參校汲古閣本説文解字的初印本、剜改本，簡要注出宋本與毛本差異的一部校勘記，當原爲平津館本校記的附録部分。

關於説文考異和説文辨疑的題名，考孫顧校本，「噭」下有顧廣圻校語：「予別有説，今入考異。」「瞯」下有嘉慶十九年（一八一四）校語「甲戌二月校得，此條擬入考異」，今「噭」條在説文考異，「瞯」條未入考異，僅載考異附録，知説文校記，顧氏原擬即稱考異。而辨疑的條目，「鬲」「喁」之説，既見於孫顧校本，亦載入説文辨疑。在批校中，「鬲」下有顧氏案語「予別有辨」。「喁」下則作「此條

〔一〕案，「逮、箁、篎、峪」等例，顧廣圻校勘的字形或説解同宋本，與平津館本不同。其中，「篎」在宋小字本説文解字卷五頁四，此頁晚修本爲補版，篆形與早修本有殊，而孫星衍平津館本則同毛本。從汲古閣初修印本上的校勘看，顧廣圻用以點去校改的字形，與晚修本一致，説明顧氏此時的校勘，乃據晚修本而出。

誤，予別有一解」，其中或作「一解」，或言「有辨」，没有明確的題名。據雷浚説文辨疑序言：「此潤蕢先生未成之書，先生身後，予始見於先生之孫河之孝廉案頭，尚無書名，後河之先生録一副本，借與同人鈔之，則已有書名矣。」「然此四字，實非潤蕢先生手定也。」〔一〕知説文辨疑之名，確爲後人所題。

結合相關校跋年月可知，顧廣圻校勘説文解字並撰寫校記，大約經歷了兩個階段：第一次爲嘉慶十五年六月到嘉慶十六年八月，顧氏在嚴可均校語的基礎上，完成了卷一到卷九的校勘，其校語多見於孫顧校本上〔二〕。第二次約爲嘉慶十八年六月到嘉慶十九年二月，顧氏於孫星衍、顧廣圻校本和袁廷檮舊藏、後歸顧廣圻的汲古閣初修印本説文解字上，重新從卷一起，校至卷五。此次校勘，或與顧廣圻從校本上録出考異和考異附録並別撰辨疑同時。今存的考異、考異附録、辨疑均僅至説文卷五，其校勘材料、校勘結論，與孫顧校本、顧校本上卷一至卷五的校勘情況，多能相應。同時，「予別有説，今入考異」的「嗷」條，考異中考訂詳贍，已經脱稿，而顧廣圻嘉慶十九年校得，「擬入考異」的「瞷」條，今在考異附録，

〔一〕雷浚説文辨疑序，續修四庫全書影印聚學軒叢書本，上海古籍出版社，第四四三頁。

〔二〕另外，顧廣圻有手校汪啓淑刻本説文解字繫傳，曾藏海源閣，後經王獻唐、張景栻遞藏。王獻唐説文繫傳三家校語抉録指出：「其合韻會不合大徐者用『○』，合大徐不合韻會者用『△』，俱不合者亦用『△』，當考者用『<』。以上概用朱筆，並於書眉標注同異，只校至十九卷。其他雖有『○』『△』，均未批注。至以鈔本及殘宋本校者，概用墨筆，校至二十卷止。」小徐本十九卷、二十卷，即大約至大徐本卷九上、卷九下，此亦與孫顧校本上，顧廣圻校至大徐本卷九上的情況相合。又，校勘年月上，「書内校語下間注校時歲月，有書『辛未閏月讀』者，有書『癸酉再讀』者」，即嘉慶十六年、嘉慶十八年，亦與孫顧校本的時間相合。關於顧廣圻手校汪刻本説文解字繫傳的情況，參楊紹和楹書隅録「校本説文解字繫傳四十卷十册」條，收入王紹曾主編訂補海源閣書目五種，齊魯書社，二〇〇二年，第六八一—六九頁。王獻唐説文繫傳三家校語抉録，山東省立圖書館季刊一九三一年第一集。杜澤遜長伴蠹魚老布衣—記藏書家張景栻先生，藏書家第四輯，齊魯書社，二〇〇一年。

極爲簡略〔一〕，知嘉慶十九年時，顧廣圻在謄清校記的同時，仍在大字本説文上作校訂，以期完善考異。不過，由於種種原因，這份校記最終未能如願完成。嘉慶十九年（一八一四）七月，應鹽政阿克當阿之聘，孫星衍赴揚州校刻全唐文，往來于金陵、揚州間。這一年，顧廣圻亦赴揚州，校記的工作或就此中輟〔二〕。關於嚴可均、顧廣圻在説文校勘上的工作，潘錫爵、雷浚二人，曾據顧廣圻之孫顧瑞清之説，有嚴可均「自用其校議説，多所校改」，顧廣圻「以爲不必改」，致「孝廉校改之本，世遂不見」「孝廉頗與茂才不平」的傳聞：

> 詢諸其孫河之孝廉，孝廉云：「觀察刊此書時，同校者尚有烏程嚴鐵橋孝廉。孝廉擬將宋本酌改付刊，曾著校議一書，觀察頗采其説。先祖則學尚持慎，謂宋槧祇當影刊，不可改字，宜別著考異附後，觀察從之。先祖遂依許書之序，著有考異五卷。嗣與孝廉議不合，遂輟而弗爲。」（潘錫爵跋顧氏説文兩種）

〔一〕�，毛初印本、小字本作「江淮之間謂眄曰�」，毛剜改本「眄」改「眂」。繫傳述古堂本、汪刻本「眄」作「眂」，祁刻本「眄」作「眂」。考異附録卷四：「瞯，毛改『眄』作『眂』，用鍇本。」此條僅注明毛氏校改出處。孫顧校本説文有顧廣圻嘉慶十九年校語：「初印本亦作『眄』，五音韻譜同。繫傳『眄』作『眂』，臣鍇曰『眂，古視字』。今按：此與『睎』下『海岱之間謂眄曰睎』，『眄』下云『一曰衺視也，秦語』，『略』下云『眄也』，『睇』下云『南楚謂眄曰睇』互見。方言曰『瞯、睇、睎、略，眄也』云云，最爲可從。鍇誤『眂』，鉉已改正，毛斧季又依鍇改鉉，可謂誤之甚矣。甲戌二月校得。此條擬入考異。」此條結合方言，説明説文「瞯」的訓釋來源和版本差異，論證大徐本作「眄」爲優，其考證較考異附録已更爲深入，故顧氏「擬入考異」。

〔二〕孫淵如先生年譜嘉慶十九年（一八一四）條「至揚州，鹽政阿公聘校刊全唐文」，顧廣圻西園感舊圖序曰：「甲戌、丙子際，同孫觀察伯淵先生在揚」，時在嘉慶十九年、二十年（一八一五）間，見顧千里集卷十四，第二一六頁。

> 陽湖孫觀察星衍得宋小字本，欲重刊行世，延孝廉校字，孝廉自用其校議説，多所校改，元和顧茂才廣圻以爲不必改，觀察從茂才言，今所傳説文孫本是也。孝廉校改之本，世遂不見。孝廉頗與茂才不平。（雷浚説文辨疑序）

潘、雷二人之説，皆出於顧廣圻之孫顧瑞清。但時隔多年，顧瑞清的説法，恐怕與歷史的真實稍有出入。其一，「宋槧祇當影刊」「別著考異」一説，不僅是顧廣圻的理念，也是孫星衍刊刻伊始即有的想法。自段玉裁説文訂指出汲古閣本改易舊本以來，時人已知汲古閣剜改之弊，自不希望新刻蹈襲前轍、隨意校改。同時，嘉慶年間，依宋本開雕並撰寫校記另附書後的出版模式也已成熟。孫星衍嘉慶十年與錢侗的信札中，已提及「重刊宋本説文，爲之考證於後」，這明確表明，孫氏最初就有翻刻宋本和附刊校記這兩項出版計劃。其二，就顧廣圻、嚴可均的分工而言，顧廣圻長於影摹宋本，又有豐富的書籍刊刻經驗，早在嘉慶五年（一八〇〇），孫、顧之間就已因仿宋刊刻孫子、吳子、司馬法而建立了良好的合作關係，故孫星衍在借得額勒布本後，即請身在江南的顧廣圻擔任主持刊刻説文之役並幫助核定校記。嚴可均長於輯佚，他在山東孫星衍幕下時，以姚文田輯的説文解字考異爲基礎，受囑撰寫説文校記初稿。但嚴可均並未實際參與平津館本的刊刻工作。顧瑞清言孫星衍「延孝廉校字」，嚴可均爲「同校者」，並「擬將宋本酌改付刊」的説法，與事實不符。其三，嚴、顧的争端確實存在，但這絶不是因「孝廉校改之本，世遂不見」，而是由説文校勘中的意見分歧引發的。嚴可均説文校議序聲稱，嚴氏擬「就毛氏汲古閣初印本，别爲校議卅篇，專正徐鉉之失」。事實上，嚴氏的校勘底本，是毛氏汲古閣剜改本〔一〕，他主要根據他書引文校勘，旨在正徐鉉之失。顧廣圻核定時，其校勘底本爲額勒布本，其校勘理念是「照依宋本，不必改字，所有異同，附注而折衷之」。校勘底本的差異、目標的不同、理念的區别，都爲嚴、顧之争埋下了伏筆。嚴可均說文校議序中言「或乃挾持成見，請與往復論之」，就寓含着對顧廣圻的不滿。其四，就考異的性質而言，顧瑞清言顧廣圻「依許書之序，著有考異五卷」，但事實上，考異原稿未題撰人〔二〕，並不是顧廣圻獨立的著作。準確說來，說文考異和說文辨疑這兩部著作，均與顧廣圻參與平津館說文校刊的工作有着密切的關係。「說文考異」之名爲顧廣圻所擬，但之所以不題撰人，是因爲這是顧廣圻應孫星衍之邀，以嚴可均校語爲主體，吸納了孫星衍、鈕樹玉、顧廣圻諸人意見後録出的校記。故正文有「顧氏廣圻」「鈕氏樹玉」等案語〔三〕，抄本上亦有「伯淵閱」等孫氏的審閱、商訂之筆，該書撰人題顧廣圻之名，爲後人傳抄時所增。至於說文辨疑，其書名雖未經顧廣圻手定，但根據其撰作經過看，無疑是顧廣圻獨立撰寫的學術著作。

〔一〕段玉裁說文訂「叒，日初出東方湯谷」，段氏言「初印本作湯」，實際上，毛初印本即作「暘谷」，額本、王本等小字本作「湯谷」。又，說文訂「滮」下言初印本作「滮沱北流」，實際上，毛初印本作「滮池北流」，毛剜改本作「滮池北流」，額本、王本等小字本作「滮沱北流」。此二例段氏蓋誤將小字本異文與毛初印本異文相混，致校語有誤。嚴可均作說文校議時，在「叒」「滮」等條下的所言的「毛初印本」，皆沿襲段玉裁說文訂之誤，由此可知，嚴可均實際上並没有以毛初印本作校勘底本，而是參考了段玉裁說文訂的版本校勘成果。

〔二〕潘錫爵跋說文考異云：「此書原本不題撰人，蓋先生當時爲孫觀察撰。」「則此書亦竟題先生名，從其實也。」知考異撰人今題顧廣圻，爲潘氏録出時所題。

〔三〕卷三「鞥」下引「顧氏廣圻」說，「話」「執」下引「鈕氏樹玉」說，即可知顧廣圻最後編訂時，有注明出處之意。

嘉慶二十三年（一八一八）一月，孫星衍去世後，嚴可均在金陵，整理孫星衍遺文爲治城山館遺稿，同時在孫星衍族弟孫星海的幫助下，於當年六月，將昔日的校勘成果修改後，以説文校議爲名刊於金陵治城山館，署「歸安姚文田、烏程嚴可均同撰，陽湖孫星衍商訂」〔一〕。顧廣圻亦曾應吴鼒之邀，赴金陵「料理觀察遺書殘稿」〔二〕，但嘉道之際，他多所轉徙、羈屑傭書〔三〕，説文校勘的工作，顧氏生前並未整理成書，虎丘倉頡廟一詩中，留下了顧廣圻「辛未，予校刊許氏説文，頗多疑義，久未勒成」〔四〕的感慨。四十多年後，潘錫爵、許棟、雷浚等學人，從顧廣圻的親友故舊處録出了多個鈔本〔五〕。其中，説

〔一〕嚴可均説文校議後敘：「（孫星海）通小學，促余付梓，復資其商訂焉。戊寅六月既望嚴可均書於冶城山館。」説文校議刻本的材料、觀點，大體與孫星衍在大字本説文上所録的嚴可均校語一致，有部分條目略有刪改。又，南京圖書館藏有孫星海、嚴可均校跋平津館本説文解字（KB1355），其中孫星海校語，間有引及孫星衍説。其校勘時間，據標目署「嘉慶乙亥四月廿六日」，卷十五署「嘉慶丙子歲四月十三日孫星海校于金陵烈愍祠之冶城山館」。知爲孫星海嘉慶二十年至二十一年（一八一五—一八一六）期間校勘所得。後有嚴可均覆核的手校語，或爲嘉慶二十三年（一八一八）前後嚴可均在冶城山館時所校。

〔二〕顧廣圻西園感舊圖序，顧千里集卷十四，第二一六頁。

〔三〕顧廣圻於道光六年（一八二六）撰嚴小秋詞序，於孫星衍幕下的生活多有回憶，中云：「追思嘉慶辛未洎甲戌之間，陽湖孫伯淵先生解組東省，卜居白門，招予至止，下榻見客，凡一時名流從先生遊者，恒辱下交及之。」「俄爾戊寅之春，先生驟歸道山，予旋多所轉徙。」見顧千里集，第二〇九頁。

〔四〕顧廣圻虎丘倉頡廟，顧千里集，第四七頁。又，顧廣圻曾於道光初年，館於揚州洪瑩，擬刊説文繫傳，事見顧廣圻撰藝芸書舍宋元本書目序、李兆洛與汪孟慈農部（養一齋集卷十八）等。

〔五〕就抄本抄出的時間看，潘錫爵抄本與許棟許學叢刻本的底本抄出大抵同時。據潘錫爵跋，潘錫爵於咸豐七年至九年（一八五七—一八五九）年間自黄省齋、顧瑞清處録副，並請管慶祺校勘。據許棟説文辨疑跋，「此未成之書，咸豐丁巳從先生後裔借録」，知爲許棟於咸豐七年（一八五七）自顧瑞清處鈔録。

文考異及所附的説文考異附録，是平津館本説文校記的草稿，從未刊刻。説文辨疑是顧廣圻在校勘過程中，針對孫星衍録出的嚴可均校議初稿而作的批駁，辨疑目録雖有三十四條，但有考證内容的僅有二十條，其餘則「有目無辨」。辨疑後附的説文條記，是潘錫爵「得見先生手書條記」後從顧廣圻説文簽條中録出〔一〕。光緒年間，説文辨疑的湖北崇文書局本、雷氏八種本、許學叢書本、許學叢刻本、聚學軒叢書等刊本先後面世，由於諸人傳抄時内容互有出入，各本在目録、内容、序跋、正文上略有差異〔二〕。只是説文辨疑付刻之時，距嚴、顧的説文校勘之爭，已如空谷回響，時隔杳渺。

〔一〕説文條記的情況，潘錫爵跋説文條記云：「右十五條，皆先生手書在散紙者，其中『玉』字一條已入辨疑，而不及辨疑中之詳盡。『翡』字亦列在目録，以是知爲辨疑未成之稿本。」今按：潘錫爵抄本所録的説文條記，即光緒三年崇文書局本説文辨疑書後所附説文條記的底本，後聚學軒叢書本又據崇文書局本收入。潘錫爵所見的顧廣圻簽條，有署辛未者，爲嘉慶十六年（一八一一）事，其中條目，有見於孫顧校本，然亦有未見於孫顧校本，或爲顧廣圻另有録副本，或爲孫顧批本的簽條散佚。

〔二〕刻本的刊刻時間，崇文書局本，牌記作「光緒三年三月湖北崇文書局開雕」，即一八七七年。雷浚雷氏八種刻於光緒十年（一八八四）。張炳翔許學叢書本，牌記署「光緒乙亚孟秋栞斁，張氏儀鄦廬藏版」，即光緒十一年乙酉（一八八五），跋署光緒十年（一八八四）冬，跋云刊刻許學叢書時，曾得見崇文書局本、雷氏八種本和潘錫爵手鈔本，細加比勘：「得潘卺侯（錫爵）明經手鈔本互勘，與雷氏本、局本並有不同，殆當時傳抄之各異與？」知雷氏八種稍早於許學叢書本。許槤許學叢刻本，牌記作「光緒十三年丁亥十月海甯許氏古均閣校刊平湖徐惟琨書檢」，譚獻序署光緒十五年正月，刊刻當在光緒十三年至十五年（一八八七—一八八九）前後。劉世珩聚學軒叢書本，跋署光緒辛丑二月，即光緒二十七年（一九〇一）。各本的刊刻時間與底本鈔録時間，不完全一致，内容也各有出入。説文辨疑崇文書局本無目録，正文有辨疑、條記。雷氏八種本有雷浚序，介紹辨疑來龍去脈，並有目録、辨疑，而無條記。許學叢書本有雷浚序、目録、辨疑、張炳翔跋。許學叢刻本有目録、辨疑、許槤跋。劉世珩刊聚學軒叢書時，「今用雷刻付梓，而以崇文本附刻九字列於後」，將雷浚雷氏八種所收的序言、目録、辨疑及崇文書局本條記合爲一編，較爲完備。參劉世珩説文辨疑跋，續修四庫全書影印聚學軒叢書本説文辨疑，上海古籍出版社，第四五六頁。

三

平津館本的底本額勒布本，是流傳至今保存完整的宋小字本説文中刷印最早的一槧。但翻刻並非影印，比較額勒布本與孫星衍本，既能看到平津館本依原樣翻刻的努力和嘗試，也可以發現一些由於底本漫漶、刻工譌誤和主動校改所造成的翻刻本與底本之間的差異。

（一）孫氏平津館本對額勒布本的繼承

就版式而言，額本説文解字，板框高一八一毫米，寬一二八毫米。孫本板框高一八二毫米，寬一二七毫米，大小基本相同。行款方面，各頁字頭、行款、起訖，孫本與額本基本相同。板心方面，額本各頁板心上的字數、魚尾、卷、頁、刻工，孫本基本沿襲底本〔一〕。額本刻工，有部分漫漶，僅可辨識上字，則孫本即刻一字，如三上頁五、三下頁五、五上頁五、七上頁三、卷八上頁九，卷十四下頁六，原刻分別作陳□、吴□、王□、徐□、沈□、陳□，孫本則刻作陳、吴、王、徐、沈、陳。額本因接近下框而漫漶模糊者，孫本即空而不作，如二上頁三、二上頁四、五上頁八、七上頁四等。避諱方面，額本「竟」「貞」「慎」等字間有缺筆，見「桓，竟也」「酲，直貞切」，以及卷五下、卷十三下第一頁的「許慎」下，以上諸處，孫本均依底本原式作缺筆〔二〕。

在文字方面，孫星衍重刊序指出「宋本亦有譌舛」「即有譌字，不敢妄改」。今考額本、孫本，不

〔一〕額本全書板心的魚尾樣式、卷、頁樣式不一，孫本基本依原刻，如卷九下末頁，額本板心作雙魚尾，頁碼標「末」，孫本承襲。板心上方的大小字，孫本翻刻時僅脱漏卷七下頁八，卷十五上頁一、三、五，計四頁。

〔二〕額本又避「胤」字，因與清世宗諱同，故孫本同缺筆。

僅序言中指出的「中，而也」「莍，茮椴實裹如表者」，孫本承襲額本之誤，在一些明顯不合説文體例的譌字、誤字，孫本也依原樣刊行。如「从」和「以」的互譌，見「疌，从止从又」「惄，从心叔聲」條下。形近之誤，如「秨，讀若昨」，額本「讀」誤作「續」。「秳，从禾𠯑聲」，額本誤作「昏聲」。「稍，从禾肙聲」，額本誤作「稍聲」。「宊，从宀久聲」，額本誤作「人聲」。「艱，从堇艮聲」，額本誤作「良聲」。「阺，秦謂陵阪曰阺。」額本「秦」誤作「泰」。這些錯誤，都是宋本中顯而易見的錯誤，在藤本和後來的陳本中多有修改，而孫本則依照底本，未加改動。

平津館説文在刊刻中，孫星衍曾囑「顧文學廣圻手摹篆文，辨白然否，校勘付梓」。饒有趣味的是，重刊序中提及的「誤書思之，更是一適」，正是顧廣圻一貫奉行的校書理念〔一〕。孫本説文基本按照額本的板式、刻工、宋諱進行翻刻，原有的譌字亦多保留，體現了校刊主持者顧廣圻「不校校之」的學術理念，也爲當時學界提供了宋本説文的忠實翻本。

（二）孫氏平津館本對額勒布本的修改

平津館説文翻刻時，依照全書體例，刊刻者也對板式、避諱、墨釘做了相應的處理。其與原刻不同者，孫本在每卷卷末增「賜進士及第山東等處督糧道兼管德常臨清倉事務加三級孫星衍重校刊」一行，清諱缺筆至清仁宗顒琰止，全書行款與額本明顯有異者，僅卷二下第一頁之「愇」「尟」二字。額本「愇」

〔一〕「誤書思之，更是一適」，語出北齊書邢邵傳，北史邢邵傳作「日思誤書，更是一適」。黄丕烈百宋一廛賦注：「居士姓顧，名廣圻，元和縣學生，喜校書，皆有依據，絶無鑿空。其持論謂凡天下書，皆當以不校校之，深有取於邢子才『思誤書，更是一適』語，以之自號云。」

字原换行列於第八行行首，「匙」字次於其後。因「愇」本爲「韙」之籀文，據説文體例不當换行，故孫本將「愇」並之後的「匙」字，遂至第七行「韙」下的空處，行款亦隨之變動，而與額本不同。

就墨釘而言，額本底本有墨釘者，孫本則例不作缺字而有校補。如卷四上「瞤」，額本作「吴■■瞋目■視曰瞤」，孫本補作「吴楚謂瞋目顧視曰瞤」，卷七下「幘」，額本「朱幘鑣■」，孫本補「鑣」字等。經過考察可以發現，孫本所補的墨釘文字，係據當時通行的毛氏汲古閣本。由於汲古閣本不全據小字本刊刻，故孫本所補的文字，有一些與王本等刷印在額本之後、經過修補板的宋刻小字本説文有殊。如卷七下「席」，額本作「天子諸侯席，有■■純飾」，王本同繫傳作「黼黻純飾」，孫本同毛本作「黼繡純飾」。卷九上「[髟/寺]」，額本、周本作「■也」，王本同繫傳作「髻也」，孫本同毛本作「結也」〔一〕。

就文字而言，孫本與額本尚有不盡全同者，約略可分爲以下數端：

其一，額勒布本底本漫漶、上墨不匀，致孫本翻刻時有誤。如「斅」，「尚矇也」，孫本「矇」誤作「朦」。「箋」，「箋或从妾」，孫本「妾」誤作「女」。「青」，「丹青之信言必然」，孫本「必」誤作「象」。「楯」，「闌檻也」，孫本誤作「闌楯也」。「竄」，「匿也」，孫本誤作「墜也」。「鬊」，「鬢髮也」，孫本誤作「鬟髮也」。「魃」，「鄭交甫逢二女」，孫本「女」誤作「久」。「[石彖]」，「陊也」，孫本誤作「陖也」。「磬」，「象縣虡之形」，孫本「虡」誤作「虍」。「玃」，「㲉玃也」，孫本「㲉」字爲譌字，上誤从「㱿」。「卝」，「周禮有卝人」，孫本「卝」誤作「廾」。「湩」，「从

〔一〕段玉裁説文訂：「宋本作『髻』，非也，漪塘所藏宋本此字缺。」按：「宋本作『髻』」，指王昶本。説明周本缺字，與額本同板。

水垂聲」，孫本「垂」誤作「圭」。「摽」，「一曰挈闓壯也」，孫本「闓」誤作「門」。「紙」，「都兮切」，孫本誤作「節兮切」。「阬」，「閬也」，孫本誤作「門也」。這些問題，查驗底本，即知多出於底本漫漶不清，特別是底本靠近板框處的文字偶有模糊，致孫本有誤。

其二，孫本也並非全部忠實于底本，有一些文字，當是刊刻時經過校改。如「丙」，孫本作「讀若三年導服之導」，不從額本之「讀若三年道服之導」。「廾」，孫本作「从屮从又」，與額本「从夕从又」、毛本「从中从又」別。「遱」，孫本同毛本作「連遱」，不從額本作「連逮」。「挂」，孫本同毛本、繫傳作「畫也」，不從額本之「宣也」。「佞」，孫本同毛本、繫傳作「巧讇高材也」，不從額本「巧調高材也」。「厶」，孫本同毛本作「姦衺也」，不從額本之「姦哀也」。「恒」，孫本同毛本、繫傳作「常也」，不從額本之「當也」。

其三，額勒布本原文清晰，但翻刻仍不免手民之誤。例如：「韡」，「于非切」，孫本誤作「千非切」。「粱」，「梁省聲」，孫本誤作「粱省聲」。「倀」，「一曰仆也」，孫本誤作「一曰什也」。「僔」，「詩曰：僔沓背憎」，孫本「憎」誤作「僧」。「忮」，「詩曰：忮彼織女」，孫本「忮」誤作「歧」。「魃」，「从鬼犮聲」，孫本「犮」誤作「友」。「[illegible]」之篆形，額本從「皀」，而孫本誤從「艮」。「霅」，「丈甲切」，孫本「丈」誤作「文」。「抩」，「从手冄聲」，孫本「冄」誤作「井」。「扞」，「从手干聲」，孫本「干」誤作「于」。「盌」，「小盂也」，孫本「盂」誤作「孟」。「[illegible]」，「白[illegible]縞也」，孫本「[illegible]」誤作「約」。「鍭」，「矢金鏃翦羽謂之鍭」，孫本誤作「矢金鏃翦羽謂之鏃」。「申」，「吏㠯餔時聽事，申旦政也」，孫本「㠯」譌「臣」等等。

瑕不掩瑜，以上所指摘的問題多是由於底本的局限、校刊的疏漏造成的，並不影響孫本的價值。需要注意的是，有一些孫本不同於額本的異文，是在此前的說文版本系統中從未出現過的。如「䃍」的訓釋，王本、毛本、藤本均作「陊也」，繫傳訓「墒也」，「墒」即「陊」之俗字，孫本之「陖」，係形近而誤。「阬」，王本、毛本、藤本及繫傳均訓「閬也」，額本漫漶，致孫本翻刻時誤作「門」。又「楯」本訓「闌檻」，王筠說文繫傳校録即云「各本同，惟孫本『闌楯』也」。「鬠」「青」二字，清代中葉諸家皆無異詞，徐灝說文解字注箋「鬠」下之「原本鬠當作髻」云云，即指孫本而言。「青」字至晚清饒炯說文解字部首訂、章太炎小學答問始引作「象然」[一]。「倀」「勦」「鍭」「申」等字的訓釋譌誤，亦僅見於孫本系統。

四

孫本刊行後十分通行，至太平天國時，原板燬於戰火[二]，同治、光緒年間，有多個從孫本衍生出的翻刻本。這一方面說明平津館本說文的刊刻精良、影響深遠。另一方面，孫本的一些譌誤，也爲後來的翻刻本所承襲。

[一] 章太炎說見小學答問初刻本「青」條下，頁廿六。據諸祖耿記本師章公自述治學之功夫及志向，章太炎「亡命東瀛，行篋惟古經解彙函、小學彙函二書」。知章太炎所用說文，當是小學彙函本，亦出自孫本。諸祖耿文載制言，一九三六年第二五期。

[二] 平津館叢書的原版下落，閔萃祥言：「自粵匪之亂，故家典籍，被燬無遺，是書舊板，遂不可復問，書亦尠有傳者，迄今承平二十年來，學者慨慕其書，輒以不得一見爲憾。」朱記榮亦言：「傳未百年，中更兵燹，原板已無遺燼，書亦勵存，岌岌乎若將墜逸。」皆見於朱記榮覆刻本平津館叢書序第一冊首，故知當燬於戰火，亦有傳聞朱氏爲得孫氏版片而改題者，其說不確，辨見下。

（二）依據孫本文字改變行款的翻刻本

陳昌治本、小學彙函本係以孫本文字爲底本，改變原書行款後付刊。

陳昌治一行一篆本，封面題「說文解字／附說文通檢」，牌記楷書題「同治十二年閏六月刊成」（一八七三），標目卷末、十五卷卷末，均有「李承緒篆，黎永椿校，王國瑞覆校，陳昌治校刊」字。後附說文校字記，署「羊城西湖街富文齋刊印」。說文通檢，署「粤東省城西湖街富文齋刊印發兑」。半頁十行，行二十二字，小字雙行，行二十二字，單魚尾，板心以「說文一上 一部 上部」等，標明卷、部，每篆單獨一行，版面舒朗，是出自孫本系統的重要刻本之一。關於陳本的刊刻，陳昌治同治十二年（一八七三）後記云：

> 昌治重刊說文，以陽湖孫氏所刊北宋本爲底本。然孫氏欲傳古本，故悉依舊式。今欲尋求簡便，改爲一篆一行，不能復拘舊式。每卷以徐氏銜名與許氏並列，不復題奉敕之字。徐氏新附字降一字寫之，以見區别。孫刻篆文及解說之字，小有譌誤，蓋北宋本如此。孫氏傳刻古本，固當仍而不改。今則參校各本，凡譌誤之顯然者，皆已更正，别爲校字記附於卷末，昭其慎也。其在疑似之間者，則不敢輕改也。

板式上，陳本改爲一行一篆，一律用方體字，將徐鉉銜名與許慎並列〔二〕，將新附字降一字，方便閲讀。文字上，陳本雖然不瞭解孫星衍本的底本，但通過參校衆本，陳本將孫本「誤之顯然」的部分加以更正，

〔二〕額本有「許慎」改題「許氏」，及避諱缺筆，孫本悉依舊式。至陳本，依全書體例回改，除清諱外不保留宋本避諱行款。

又保留了一部分「在疑似之間」的譌誤，並在卷末附説文校字記，言簡意賅地交代了對孫本的修改之處。如「丨部『中，内也』，『内』誤『而』」，指孫本作「中，而也」，陳本改作「中，内也」。「二部『二，从偶一』，脱『二』字」，指孫本作「从偶」，陳本改「从偶二」。説文校字記篇幅不大，對讀者了解陳昌治本翻刻時的修訂工作，有一定的參考價值。

同時，由於陳本並未獲見宋本並進行校勘，孫本在翻刻中産生的一些譌誤，也爲陳本所繼承。如上文討論的「青」「竄」「鬐」「磟」「摽」「阬」「僔」「𣅝」「㪷」「鍭」「申」等例，皆是如此。而且在翻刻之中，陳本也另有新增的誤字，如孫本「鞄」，「馬尾鞄也」，陳本誤作「馬尾駝也」。「旭」，「讀若勖」，陳本奪「讀」字。「曟」，「日月合宿爲辰」，陳本誤作「日月合宿从辰」。「隓」，「山之隓隓者」，陳本「隓隓」誤作「墮墮」。「魖」，「耗鬼也」，陳本誤作「耗神也」。「慤」，「慲也」，陳本誤作「悑也」。「缸」，「瓨也」，陳本誤作「瓦也」。「銎」，「斤斧穿也。」陳本「斧」誤作「釜」。「劣」，「从力少」，陳本誤作「从力少聲」。「鋃」，「鋃鐺」，陳本誤作「鋃鏜」等等，在使用時也尤當注意。

小學彙函本説文解字，是同治十二年（一八七三）廣東書局刊刻的小學彙函叢書之一種。該本封面題「小學彙函第六／説文解字／陽湖孫氏平津館本」，每卷卷末有「番禺陶福祥陳慶修校字」，每半頁十行，行二十二字，以孫氏平津館本的文字爲底本，正文用方體字，密字連排，改變了孫本原先的行款。從文字上看，小學彙函本譌字稍多，但由於小學彙函還廣收繫傳、方言、釋名、廣雅、玉篇、廣韻等其他小學書籍，在清末之時，流通亦廣。

（二）依據孫本原書行款的翻刻本

東吴浦氏本、平江洪氏本、吴縣朱氏本、山左丁氏本與孫本原書行款基本相同。由於存在版片相同改换牌記、同一牌記而版片有異等不同的情況〔一〕，以下依照標目頁卷末刻工的不同，依次討論陶升甫摹刻本、蔣瑞堂摹刻本及丁艮善校刊本的情況。

陶升甫摹刻本，標目卷末頁有「同治甲戌蘇城陶升甫摹刻」字，封面題「説文解字三十卷　俞樾署檢」。陶刻本正文板片文字完全相同，實爲同板者，有東吴浦氏、平江洪氏、吴縣朱氏三種牌記。東吴浦氏本牌記作篆書「同治甲戌冬月東吴浦氏校定宋本重刊」（同治十三年甲戌，一八七四），平江洪氏本牌記作篆書「光緒乙酉孟秋平江洪氏藏版」（光緒十一年乙酉，一八八五）〔二〕，吴縣朱氏本牌記作隸書「光緒丙戌年春二月吴縣朱氏家塾校刊」（光緒十二年丙戌，一八八六）。東吴、平江、吴縣均屬蘇州，三本中，東吴浦氏本牌記時間與陶升甫摹刻時間一致，蓋後來版片轉手，故僅更换牌記耳。關於陶刻本的版片，葉德輝郋園讀書志卷七「笠澤叢書」條曾云：

〔一〕吴縣朱氏的版本情況較爲複雜，有封面、牌記、行款相同的兩種版片，一種版片標目後署「同治甲戌蘇城陶升甫摹刻」，一種版片標目後署「四明蔣瑞堂鳩工影刊」，二者俱自孫刻翻出，正文字畫、避諱情況不同。筆者於朱氏覆刻平津館叢書本説文解字，各得見此兩種版片的覆刻本平津館叢書數帙，蓋因叢書的零本時有不同，故印本有殊耳。

〔二〕案：牌記的「乙酉」（光緒十一年，一八八一）二字用説文古文，隸定作「乙丣」。部分圖書著録中，因誤以「丣」爲「卯」，牽强改作「己卯」（光緒五年，一八七九），殆誤。

大抵版本之學審定至難，往往有此人所刻轉售他人，一經改題，而藏書家誤以爲兩人刻本者。就近日所見，如同治甲戌吴門浦氏仿宋小字本説文解字，即購得孫星衍平津館刻原版，於標目後補刻「同治甲戌蘇城陶升甫摹刻」十一字，前書面改題「同治甲戌冬月東吴浦氏校定宋本重刊」十六字篆書牌記。

陶升甫是蘇州名工，葉德輝、王欣夫均曾以爲陶升甫東吴浦氏摹刻本即孫本的原版版片〔一〕，從某種程度上也説明陶刻本與孫本的酷似。全書除標目卷末的刻工外，其餘的板心板式（包括大小字、魚尾、刻工）、行款、避諱，基本與孫本一致，連清宣宗、清穆宗的「旻」「寧」「淳」等字亦不避諱。細審孫刻原本和陶刻本，二本的局部點畫、文字，仍有不同。如卷一首頁的「天」字下，「顛」「前」等字筆畫有殊，故知陶刻本與孫本不是同版改題，而是翻刻本的關係。翻刻時，當是將孫氏原刻書葉直接拆出上版翻刻，以至於非常相似。然陶升甫翻刻中，也間有新增的誤字，周祖謨陶刻孫本説文解字正誤〔二〕中曾舉出了「餐」「蒷」「蓄」「越」等字下的多例，可供參考。

蔣瑞堂摹刻本，標目卷末頁有「四明蔣瑞堂鳩工影刊」「江寧劉文奎弟文楷模鐫」字，封面、牌記

〔一〕王欣夫「説文解字三十卷」：「浦本説文雖云重刊，實得孫氏藏版，加一封面耳，故與孫本毫髮無二，不僅虎賁之似而已。」收入蛾術軒篋存善本書録辛壬稿卷一，上海古籍出版社，二〇〇二年，第四三四頁。

〔二〕周祖謨陶刻孫本説文解字正誤，國學季刊第五卷一期，一九三五年。又周祖謨言：「今日常見者皆同治十三年（甲戌）陶升甫摹刻本，即朱氏新斠本也。」知周祖謨所見即牌記作吴縣朱氏的陶刻本。

與陶升甫摹刻的吳縣朱氏本相同，而實爲另一槧孫本翻刻本〔一〕。蔣刻本封面題「說文解字三十卷 俞樾署檢」，牌記作隸書「光緒丙戌年春二月吳縣朱氏家塾校刊」（光緒十二年丙戌，一八八六），封面頁的板心下方有「丁集之二」，指該本收入朱記榮覆刻平津館叢書丁集第一種。每卷末在孫刻本「賜進士及第山東等處督糧道兼管德常臨清倉事務加三級孫星衍重校刊」一行後，增加「光緒歲在閼逢涒灘國子監肄業生吳縣朱記榮校刊」（光緒十年甲申，一八八四）字樣，部分卷末有「光緒甲申小春月白堤八字橋孫谿槐盧家塾」的牌記〔二〕。蔣瑞堂摹刻本依孫本的行款文字翻刻時，「旻」「寧」「淳」等字避諱作缺筆，有部分翻刻文字錯誤。因書手不一，有部分頁面字體風格似方體，不似陶刻本翻刻之精。板心較孫本亦有變化：板心上孫本有大小字字數及刻工，蔣刻本承襲時有脫漏〔三〕。孫本魚尾形式不一，蔣刻本不全依孫本，多作「▲」形。

丁艮善（字少山）刊本，標目卷末頁有三枚木戳，「拾遺補埶」陽文一枚，「丁少山」「艮善校字」

〔一〕叢書集成影印孫平津館本，即係依蔣瑞堂刻本影印，影印時未影印俞樾題署的封面和「光緒丙戌年春二月吳縣朱氏家塾校刊」的牌記，並刪去板心。

〔二〕據朱記榮重刻平津館叢書自序，重刻平津館叢書「所以廣學者之益，與己之姓名，亦得忝坿於簡尾，是又不特備三善而且兼四美。而五者之弊，亦無自勝焉。此僕所以重刻平津館叢書之意也。工始於甲申十月，迄乙酉八月告成」，則蔣瑞堂摹刻本說文解字各卷末的光緒十年甲申的校刊字樣，似爲校刊寫版之始，牌記的光緒十二年丙戌，當爲刊成之時。又，各卷末的「光緒歲在閼逢涒灘國子監肄業生吳縣朱記榮校刊」字樣，及「光緒甲申小春月白堤八字橋孫谿槐盧家塾」的牌記，與其他朱記榮覆刻平津館本一致，當爲朱氏覆刻本原先的版片。

〔三〕蔣刻本大小字脱漏和刻工脱漏情況不一，如大小字多整卷脱漏，見標目卷、卷二上、卷四下、卷六下、卷九上、卷九下、卷十下、卷十一下、卷十二下、卷十三上、卷十三下、卷十四上、卷十五上，而卷二下、卷七上等，部分大小字有脱漏。刻工脱漏較爲散見，如卷一上頁六，卷二下頁七，卷三上頁八、九等。

陰文各一枚。封面題「仿宋監本説文解字」，牌記作隸書「據汲古閣舊藏本重校栞光緒七年冬成」（一八八一）。前有潘祖蔭光緒八年（一八八二）三月序，序言部分每半頁六行，行約二十字，左右雙邊，有書耳，中作「説文」二字。隨後的標目、正文，依孫本作每半頁十行，無書耳。卷末又有丁艮善光緒八年（一八八二）仲春跋文〔一〕。

關於丁本的刊刻經過和刊刻底本，潘祖蔭序中云：

趙氏一代，嗣響無聞，降至有明，師心蔑古，南閣遺文，不絶如綫，汲古毛氏，能於時文帖括叫呼社學之時，刊五百卌部之文，復始一終亥之本，勤守宋槧，景寫古文，平心而論，厥功亦偉。所惜當時監本，未必悉據雍熙，又校寫易譌，婁經脩改，子晉父子，既未深通六書，聲氣所求，大率文士，故有監本舊有而翻刻從删，或初刻不譌而改刊增惑，其不免通人之口實，滋來學之抉披，良有由也。鼎臣於鄦學，服膺既久，來者難誣，故錢、段、嚴、顧諸君，頗申其隱，而小徐繫傳，有承氏培元等爲之校勘也。王氏筠又爲之考異，稍理新誤，漸復舊觀，足慰墜簁之妖，無愧謚「文」之議。獨於大徐此本，多沿毛氏舊刊，謂其不識古音，輒刊聲字，自笥河朱氏、平津孫氏及藤花榭諸本景宋刻出，頗知虞山所據未爲悉真，然未有重刻宋時監本以與毛刻對戡者。丁君少山，山左宿學，著述斐然。昔年許君印林曾校孫氏所仿宋本，摘其差誤，少山受業許君，復取毛氏所據之本精寫重刊，師弟淵源，皋

〔一〕筆者寓目的丁刻本，書前潘祖蔭序及書後的丁艮善跋的情況不一。有全無序、跋，有僅有潘序未見丁跋。考丁本牌記作「光緒七年冬成」，潘祖蔭序、丁艮善跋均署光緒八年春，時間稍晚於牌記。又卷十五下行款，首七頁板心作「説文十五下」，下爲頁碼一至七。第八頁板心已有「説文末」，下頁碼爲八。丁跋二葉，板心亦作「説文末」，頁碼續爲九、十。故知潘序、丁跋，當爲後印時附入。

皮代據，於鼎臣之學，可謂盡心者矣。

丁艮善跋有云：

右仿刻說文解字十五卷，原本即世傳毛氏所得北宋小字本也。其本今藏山東聊城楊氏海原閣，卷中唯毛氏印記及孫淵如先生印最多，咸同間許印林師（瀚）校刊說文解字義證，借至日照，因與家子（楙五）以孫刻說文相對，乃知孫所據者即其本也，而與孫本頗有異同，蓋仿刻時略有變動也。乃案條詳録，見紙背有元時地理，方知爲宋板元印，而寔非北宋本也。其中誤字及磨滅者頗多，從孫本之是者而補正之，兼借以補正孫本，期還大徐之舊。

關於丁本的底本及其價值，究竟是否如其牌記、序跋所言，是直接根據海源閣所藏汲古閣舊藏本？葉德輝認爲，丁本是依孫本翻刻，「非真宋本也」〔一〕，周祖謨則將丁本視爲「傳刻的宋本」之一〔二〕。首先，從遞藏源流上看，許瀚所借的海源閣藏本，即上文所述的額勒布本，其上確有毛晉、許瀚印記，然決無孫星衍印章，丁艮善之言，蓋有不實之處。其次，比較孫本與丁本的文字，上文所述的額本不誤、孫本翻刻新增的譌誤，如「斆」「竄」「鬠」「玃」「侲」「⿺尢艮」等處，丁本多同於孫本，這說明丁本的

〔一〕葉德輝：「余取孫本一再互勘，乃知其即據此本重雕，非真宋本也。凡宋本誤字及孫刻再誤，多半改正。有改之是者，有改之非者。」「凡如此類，以兩本互勘，益見丁翻孫刻，無可遁飾，而乃詭托宋本以欺人。」見郋園讀書志卷二「說文解字三十卷（光緒壬午山東丁氏刻本）」條，第九二—九七頁。

〔二〕周祖謨認爲平津館本、藤花榭本、丁少山覆刻汲古閣舊藏宋監本、四部叢刊影印王昶本陸續刊行後，「這樣，傳刻的宋本說文就有四種之多」，見跋丁少山覆刻宋監本說文解字，天津益世報讀書周刊一九三六年一月一六日，收入周祖謨語言學論文集，商務印書館，二〇〇一年，第四四〇—四四二頁。

刊刻底本，並非直接來自海源閣本，而是從孫本翻刻的。而且，刊刻之中，丁本也對孫本有所校改，丁艮善跋語中，就介紹了「中」字一例〔一〕。此外，如「詪」，額本、孫本作「眼戾也」，繫傳、毛本、丁本作「很戾也」。「湞」，額本、孫本作「南入海」，繫傳、毛本、丁本作「南入洒」。「瓬」，額本、孫本誤作「兑也」，繫傳作「甈也」，毛本、丁本作「瓮也」。「駜」，額本、孫本、毛本、繫傳作「馬飽也」，丁本作「馬肥也」，從桂馥說文解字義證之說。「蔭」，額本、孫本、毛本、繫傳作「艸陰地」，丁本作「艸陰也」，從王筠說文句讀、說文釋例之說。從學術淵源上看，這些校語，有的本於毛氏汲古閣本，有的則並無版本依據，或是出自許瀚「案條詳録」中的桂馥、王筠等人之說〔二〕。因此，丁本不是直接以海源閣本爲底本，而是據孫本爲底本，加以校改後刊成。在板式上，丁本以孫本爲底本翻刻時，板心也有變化：丁本對板心的魚尾、刻工做了省略，一律作「▼」形，單魚尾，删去刻工，大小字則多有刊落〔三〕。在文字方面，丁艮善跋文「從孫本之是者而補正之，兼借以補正孫本」，實際上也説明了丁本並非完全遵照底本，而是參考許瀚校語做了校改，故而不可視爲孫本的忠實翻刻本〔四〕。

〔一〕丁艮善跋：「丨部『中，和也』，『和』誤作『而』，孫氏以『而』爲『内』之誤。案丨部之文皆言旗，部首『丨』即旗干，中象旗形，『和』即周禮大司馬『以序從和出』之『和』，『中』『和』皆旗也。此恐因孫説致誤，特據各本改正。」

〔二〕許瀚曾主持刊刻桂馥説文解字義證，並與王筠交善。故丁本翻刻孫本中，頗有採納桂馥、王筠等説法校改底本之處。

〔三〕丁本不同卷數，保留板心的情況不一，標目、卷一、卷二、卷八、卷九、卷十、卷十一，丁本無大小字數。卷三、卷四、卷五大小字數，丁本多有刊落。卷六、卷七、卷十二、卷十三、卷十四、卷十五，丁本大小字數同孫本。

〔四〕周祖謨跋丁少山覆刻宋監本説文解字提出：「丁少山之校刊監本説文是有師承的，不是任意妄改的。因此他所校改的地方是不可輕易忽略的，最低的限度，可以代表許氏、丁氏的意見，後人也可以借此窺出他們用心之所在。」但從周氏此文來看，丁艮善跋文中明確提及的孫本、丁

五

錢泰吉曝書雜記中說，清代之大徐本説文「自汲古閣大徐本流傳，學者始得見許氏真本，今仿宋之刻已有數本，幾於家置一編」，從清初汲古閣本説文的流布，到平津館仿宋刊本説文的刊行，體現出清代學術史上藏書與刻書的相互推動。

回到清代乾嘉時期的説文學研究場域中，追溯陳鱣、桂馥、錢坫、鈕樹玉、顧廣圻、孫星衍、嚴可均這些與段玉裁同時的説文學研究者的研究歷程〔一〕，就會發現，段玉裁汲古閣説文訂，是清代中期説文研究史、校勘史上不可回避的一部著作，它或明或暗地影響、啓發甚至是干擾着當時的每一位説文研究者的研究結論。在説文訂中，段玉裁通過描寫各本異同，揭示了宋本説文、大小徐歧異及他書引説文的複雜面貌，並提出了較爲合理的解釋。今天看來，段氏的校勘結論未必盡是，也不免失校和誤校之處，但他在校勘中詳實記録的各種版本、文字信息，爲後人追溯説文版本源流提供了重要的綫索。説文訂刊行，在説文學上，促進了當時學界對宋本説文解字的關注。在校勘學上，段氏提出「夫小徐、大徐二本，

本底本和海源閣本關係問題，周祖謨没有涉及，而周氏據牌記推測丁本底本「與平津館本、藤花榭本極爲相近」。由此看來，周祖謨所見的丁本，當是僅有潘祖蔭序言，而無丁艮善跋文的印本。這也造成了文章對丁本價值、來源的誤判。

〔一〕這些學者，或有專著，或有批校，均曾引用或過録説文訂之校語。如國圖藏陳鱣校跋説文解字繫傳（善本 07317），引及王本、周本、葉抄本、趙抄本等，均爲陳鱣嘉慶三年三月重校時從説文訂中過録。又國圖藏孟廣均跋、桂馥手校的汲古閣本説文解字（善本 02093）「朳」「旟」「尌」等簽條，明確引及段玉裁説文訂之説，至桂馥説文解字義證，則「宋本」「小字本」並言，其「宋本」多本段玉裁説文訂説而未注明。臺灣「國家圖書館」藏顧廣圻批校本説文解字斠詮（00943），錢坫開篇「一 斠毛斧扆刊本之誤」下，顧氏批校指出「開口便錯」「此條皆直勦段大令説文訂」「獻之勦説而又粗心浮氣，以致如此可咲」，均可見説文訂之影響。

字句駁異，當並存以俟定論」「合始一終亥四宋本及宋刊、明刊兩五音韻譜，及集韻、類篇稱引鉉本者，以校毛氏節次剜改之鉉本，詳記其駁異之處，所以存鉉本之真面目，使學者家有真鉉本而已矣」，主張在大徐本説文系統内進行本校，同時參考小徐本繫傳和他本材料進行他校的校勘方法，也對後來的説文研究影響深遠。

平津館本説文，原擬隨書刊刻校記，孫星衍、洪頤煊、嚴可均、顧廣圻均曾參與其中。與汲古閣説文訂的校勘理念形成對比的是，嚴可均在説文校議序中提到「今僅存二徐本，而鉉本尤盛行，謬譌百出，學者何所依準」「（校議）不敢謂盡復許君之舊，以視鉉本，則居然改觀矣」。嚴氏的目標是超越宋代徐鉉，恢復許慎舊本，這與段玉裁「存鉉本之真面目」的目標顯然不同。在鉉本「謬譌百出」的預設下，嚴可均本擬以群書引文作爲主要材料來校訂説文。但在具體操作中，嚴可均對類書、字書、韻書引説文的體例辨析不細，對他書引説文中存在的誤字、誤植篩汰不嚴，故其校勘結論中，材料錯誤、結論粗疏者往往而有，亦是令人遺憾。顧廣圻對説文研究的態度，在後來的與阮芸臺制府書中，有很明確的表述：

> 許氏自有義例，具在本書。後來治此者馳騖於外，遠相矜炫，非徒使叔重之指轉多沉晦，且致他書亦苦牽合附會。意欲刊落浮詞，獨求真解，就本書之義例疏通而證明之，自然可與群籍並行而不悖，似於小學、經學皆爲有益。

當然，歷史不能假設，正如這封書信所説，顧氏「草創大綱，奔走傭筆，事多冗雜，究難卒業」，終究沒有完成他的説文著作。但在主持刊刻平津館本説文並覆核嚴可均校記之時，他立足於版本校勘、諸書體例，在校勘實踐中指出了嚴可均校記中存在的考訂不足，並指出「嚴孝廉總以爲說文誤矣」這一預設在版本研究中的弊病。顧廣圻在核定嚴可均說文校記初稿時附帶撰成的說文辨疑，也針對嚴氏校勘中存在的諸多問題，作出了精密的剖判。只是時過境遷，當顧氏辨疑書稿經同人傳抄並最終付刊時，辨疑和校議的作者均已謝世，再也無法回到嘉慶年間校刊說文的對話語境中，唯有手校本上那些鋒芒畢露的校語，還能讓人感受到真實而又執着的顧廣圻。

嘉慶二十年（一八一五），費盡周折後，段玉裁的說文解字注最終刊成。此時的段玉裁，已經突破了單純的版本校勘，轉向挖掘許書義例，以小學的形音義互求之思想全面注釋說文。如果說，嘉慶二年的汲古閣說文訂代表着段玉裁早期以版本校勘爲主的說文校勘理念的話，嘉慶二十年的說文解字注則代表着段玉裁後期的大膽理校。段注的是非得失及其在說文學史上的影響，學界已有較多的討論，兹不贅述。

孫星衍覓得額勒布所藏善本，依宋本翻刻說文解字並廣佈學林，爲當時士人獲見宋本說文面貌，提供了重要的契機。比較額本和孫本的文字、刻工、行款的翻刻情況，孫星衍重刊宋本說文序中「今刊宋本，依其舊式，即有譌字，不敢妄改」的說法基本屬實，體現了刊刻主持者顧廣圻「不校校之」的校勘主張。然而客觀看來，影摹之時額本底本漫漶之處，孫本亦間有誤字。在翻刻之中，依照毛本校補墨釘，有意或無意的新增譌誤，亦在所難免。考察從額本到孫本的過程，並進一步梳理孫本的翻刻本，不難發現，每一次翻刻，都不可避免地會產生一些譌誤，並伴隨着下一個刊本的流傳而產生新的影響。這些問題，是今人使用孫本及從之衍生而出的翻刻本時，尤其應當注意的。另一方面，孫本忠實於底本，依原先版式翻刻，保留了一些底本的避諱、譌字、刻工等刊刻信息。靠近版框而産生的譌誤、錯漏等底本的版面信息，在陳昌治本等改變行款的翻刻本中，就無從尋覓。追溯平津館本説文解字的刊刻過程，對今人重新認識清代仿宋刊本有所啓發，而平津館本本身的版本價值，亦值得充分肯定。

丁酉歲冬艸成於京師爾雅居，戊戌新正改於滬上，己亥七夕定稿，時客居蓉城

師顧堂叢書已刊書目

儀禮圖　〔清〕張惠言　撰
覆宋嚴州本儀禮鄭注　〔漢〕鄭玄　注
武英殿聚珍版儀禮識誤　〔宋〕張淳　著
張敦仁本儀禮疏　〔漢〕鄭玄　注　〔唐〕賈公彦　疏
景宋單疏本周易正義　〔唐〕孔穎達　疏
鉅宋廣韻　〔宋〕陳彭年　修
儀禮正義　〔清〕胡培翬　撰　〔清〕胡肇昕　楊大堉　補
景宋蜀刻本孟子趙注　〔漢〕趙岐　注
張敦仁本鹽鐵論　〔漢〕桓寬　撰
宋蜀刻本論語注疏　〔魏〕何晏　集解　〔唐〕陸德明　音義　〔宋〕邢昺　疏
增廣司馬温公全集　〔宋〕司馬光　著
景宋八行本周禮疏　〔漢〕鄭玄　注　〔唐〕賈公彦　疏
孫氏覆宋本説文解字　〔漢〕許慎　撰